HEYNE BIOGRAPHIEN

Zum Autor

Berndt W. Wessling wurde 1935 in Bremen geboren. Nach dem Studium der Geschichte und der Musikwissenschaften wandte er sich dem Journalismus zu, arbeitete Anfang der sechziger Jahre in Brüssel als Diplomat und kam über die Zentralredaktion der Deutschen Presse-Agentur in Hamburg 1965 als leitender Redakteur der Reihe ›Glauben und Denken‹ zum NDR-Fernsehen. Seit 1970 lebt er als freier Publizist und Schriftsteller in der Hansestadt. Schon Ende der fünziger Jahre begann er essayistische, dramatische und biographische Arbeiten zu schreiben, die international erfolgreich waren.
In der Reihe Heyne Biographien liegen von Berndt W. Wessling vor:
Beethoven (12/36), Franz Liszt (12/140), Gustav Mahler (12/75)

Berndt W. Wessling

FURTWÄNGLER

Eine kritische Biographie

Wilhelm Heyne Verlag
München

HEYNE BIOGRAPHIE
12/151

Lizenzausgabe mit Genehmigung der Deutschen Verlags-Anstalt, Stuttgart

Printed in Germany 1987
Umschlagbild: Archiv für Kunst und Geschichte, Berlin
Innenbilder: Archiv für Kunst und Geschichte, Berlin (13),
Archiv des Autors (7), Ullstein Bilderdienst, Berlin (1)
Zeittafel: Dr. Hubert Fritz, München
Bildteil: RMO, München
Gesamtherstellung: Presse-Druck Augsburg

ISBN 3-453-55152-4

Inhalt

Paul Hindemith:

»Furtwängler besaß das große Geheimnis der Proportion.«

Einleitung

Der Goethe-Mensch

»Er war der größte! – War er der größte?« schrieb Carl Orff in einem Nachruf auf den am 30. November 1954 im Alter von 68 Jahren zu Ebersteinburg bei Baden-Baden verstorbenen Dirigenten und Komponisten Wilhelm Furtwängler.[1] Laudatio und ihre Negierung, Behauptung und Infragestellung in einem Atemzug; aber doch keine paradoxe Bekenntnischiffre, sondern auf originelle Art und Weise Zeugnis dessen, was das künstlerische Phänomen Furtwängler darstellte. Gewaltiger Anspruch, eine fast kühne Absetzung von all den übrigen stabführenden Musikanten des Jahrhunderts, eine nicht unerwartete Graduierung zum Jupiter des Konzertpodiums und Orchestergrabens, gleichwohl eine notwendige Einschränkung und Reduzierung, weniger den Dirigenten als den Komponisten betreffend.

Erst das Fragezeichen schafft die Symmetrie, die Auslotung und Ortung, die uns den Rang Wilhelm Furtwänglers als den eines unvergleichlichen Musikers definiert. An Fähigkeit zur Realisierung des ›fessellos Subjektiven‹ hat es ihm keiner seiner Kollegen gleichgetan, auch nicht an dem Übermaß, durch Musik dem Weltlauf einen Sinn zu geben, wodurch er – ungewollt – auch zu einer tragisch-politischen Figur dieses Jahrhunderts wurde.

Mit der ›Sprache‹ der Musik verstand es Wilhelm Furtwängler, sich ergreifend und komplex mitzuteilen. Wer ihn als Dirigenten erlebte, war sogleich von seiner Monumentalität, von seinem Machtvolumen und seiner Einzigartigkeit überzeugt. Der Kundige stieß schon beim ersten Satz der

Fünften von Beethoven auf die Furtwänglerschen Grundschichten, auf den ›Kultus‹ hinter der Konzeption von Kunst. Aufbruch und Durchbruch, gedankliche Frische und Heroisierung, Intimität und Individualisierung. Der Gestus offenbart Klarheit und poetische Verklausulierung zugleich. Es entsteht eine dialekthafte Nähe, überlagert von der Erfahrung leidvoller Gebrochenheit. Zwiespalt. Für die einen wird solche Interpretation, die sich bis auf Urphänomena verdeutlicht, problematisch und unerträglich, für die anderen steigert sie sich zum mystischen Ereignis, an dem jede Kritik versagt ist und dem man mit sachlichen Argumenten nicht beizukommen vermag. Dieses Ereignis ist niemals bloße Fiktion; für seine Dauer ist es demjenigen, der die Frequenzen aufnehmen kann, das Absolute musikalischer Existenz.

Furtwänglers Ausmaß an Subjektivität, dieses schier unerschöpfliche Sich-Hineinsteigern in vernutzte Formen und Elemente, dieser faustische Vertrag mit der ihm anvertrauten Materie und ihren Schöpfern, hatte ihren Ursprung in einer unumstößlichen, lebenserfüllenden Hinwendung zu den Werten (auch den negativen und rein positivistischen) des neunzehnten Jahrhunderts. Gebärdeten sich die meisten seiner ambitionierten Zeitgenossen und Kollegen als ›Fauves‹, als Wilde, die längst vor tradierten Ordnungen resigniert hatten, so lebte er seine Existenz rückwärtsgewandt, in den ästhetischen und ethischen Kategorien der Humboldt-Schule aus. Was nicht heißt, daß er den gesellschaftlichen Verpflichtungen und Erfordernissen in seiner Zeit entkam. Nur: Sein Naturell wies die ›Barbarisierung‹ der Menschheit und der Kunst entschieden zurück. Die Erinnerung an die selbstgewisse Ordnung der letzten Jahrzehnte des neunzehnten Jahrhunderts schuf ihm Behagen; er negierte den totalen Zusammenbruch des konservativen Überdachs; ihn schreckte das Aufbegehren gegen bürgerlich-konventionelle Moral, gegen den geschlossenen Kulturkreis der Romantik, der ihm als unabdingbares, existenzwichtiges Trägersystem vorkam.

Er war nicht taub gegen den Aufbruchssturm der neuen Wiener Schule, versagte sich nicht den Kryptogrammen der

Moderne, doch er stellte sich taub, jedenfalls streckenweise, und verbannte den heraufdämmernden Negativismus aus seinem Denken. Er war kein Dostojewsky-Mensch, der das Banale und Pervertierte als Ausdruck der Zeit akzeptiert und an der gesellschaftlichen Umstrukturierung mitträgt, der waghalsig das Überschaubare und Integrierte aufopfert, um aus Verfall neue Dimensionen und Gesetze zu schaffen, er war eher ein Goethe-Mensch, jeglicher Rebellion abhold, suggestiver Ordnung ausgeliefert und selber durch Suggestion wirkend, der Kunst reiner Unmittelbarkeit folgend, naturselig, beherrscht von Kategorien, die seit Aristoteles und Sophokles das Denkgefüge bestimmen und die man nicht negiert, es sei denn, man wolle die entschlossene und konstruktive Aufbauarbeit von Jahrtausenden per Handstreich zerstören.

Furtwängler ein Konservativer, ein Bewahrer, ein Platzhalter klassisch-moralischer Denkmodelle, dynamisch-archaischer Impulse, der nichts als die ›Eigentlichkeit‹ der Musik kennt und akzeptiert, damit unerhörten Erfolg hat und zum Propheten des Gestern wird. Man kann das mit dem Begriff Anachronismus belegen, doch damit würde man dem Phänomen Furtwängler nicht gerecht. Wie ließen sich unter solchen Aspekten der einzigartige Welterfolg und der geradezu gigantische Nachruhm erklären?

Furtwängler-Bewunderer waren und sind keine Anachronisten, jedenfalls nicht in der Mehrzahl. Sie anerkennen vielmehr – bewußt oder unbewußt – die Tatsache, daß er in einer Zeit der Desintegration, der auseinanderstrebenden Moralbegriffe, der Aufspaltung der Musik in unversöhnliche Dissonanzen und Schizotyme, ein Fels in der Brandung blieb, auf jeden Fall allen ›Modes‹ abhold und dem immer mehr in den Vordergrund drängenden Show-business sich mannhaft und konzentriert entgegenstemmend. Furtwängler war der letzte Dirigent, dem es gelang, sich jeglicher akrobatischen Zur-Schau-Stellung zu entziehen. Er war nicht der Mensch danach, auch nicht der Tpy. »Stellen Sie sich vor, Doktor Wilhelm hätte wie Bernstein beim Dirigieren geschaufelt und getanzt, er hätte doch wie eine hysterische

Giraffe gewirkt und sich dabei den Hals gebrochen!« Diese Meinung eines seiner Berliner Konzertmeister trifft ins Schwarze. Doch es wäre Furtwängler sicherlich gleichgültig gewesen, welchen Eindruck er bei seinen Musikern und Zuhörern hinterlassen haben würde, hätte er sich entsprechend wild und unbeherrscht gebärdet, sofern ihm das zur Durchsetzung seiner interpretatorischen Idee angemessen erschienen wäre. Sein Gestik war alles andere als ›konservativ‹, das heißt: üblich, nach der Gewohnheit, überliefert, gängig. Sie war eigenwillig, aber auch wieder nicht exzessiv, eher impulsiv und manieristisch durchsetzt. Man konnte ihm folgen, wenn man es wollte, doch dazu bedurfte es praktisch einer Desensibilisierung, um sich dem Klangrausch oder der Klangdämonie zu entziehen, die er entfachte und die den Zuhörer magisch bannte, so daß er meist gar nicht fähig war, dem Doktor Wilhelm auf die Finger zu sehen. So sehr vom Klangerlebnis gepackt, so sehr eingebunden in die Strategie und das ›Nerven-Abenteuer‹ seiner zu Hypnose führenden Demonstration.

Hans Heinz Stuckenschmidt schreibt: »Wer ihn noch am Pult erlebt hat, der weiß, wie genau die eigene Deutung auf seine Art dirigierender Improvisation zutrifft. Es gab niemals auch nur einen Augenblick des Voraussehbaren. Allzeit mußte man auf die Überraschungen des Genieblitzes gefaßt sein. Damit trat in den Gestaltungsvorgang ein Moment von Unruhe, die sich mitunter bis zur qualvollen Erwartung steigern konnte, um dann desto beseligender in die ersehnte Lösung einzumünden. In diesem Sinne war jede Leistung Furtwänglers am Pult ein sublimierter Liebesakt, etwas völlig Intimes, das dennoch die Kommunikation mit einer großen Menge mitempfindender Menschen brauchte.«[2]

Improvisation – und sei's auch nur eine scheinbare – in der Attitude eines Dirigenten ist zweifellos auch kein konservatives Element. Im Gegenteil: Sie hat etwas weg von der zum Prinzip erhobenen Aleatorik der sechziger und siebziger Jahre dieses Jahrhunderts, die nicht nur die Komponisten beeindruckte und sie einer ungehemmten Zufallsproduktion auslieferte, sondern auch auf die Interpreten übergriff, die mit allen möglichen Kniffen und Verrenkungen auszudrükken und zu formen versuchten, was früher ein Richard Strauss mit einem Kopfnicken oder dem leichten Taktieren mit dem Zeigefinger bewerkstelligte. Was bei Furtwängler so oft als ›Improvisation‹ ausgewiesen wurde, war in Wirklichkeit nichts anderes als eine Versubjektivierung des klassischen Dirigier-Gestus. Eine charismatische Führungspersönlichkeit, wie er es war und wie er sie zu sein beanspruchte, bedurfte auch der individuellen Zeichengebung. Darin erkannte er seine ›subjektive Objektivität‹.

Klar, daß diese Zeichengebung nicht anhielt, daß sie wechselte, daß sie Haken und Bögen schlug, die man gestern noch nicht erlebt hatte. Doch das irritierte die Orchestermusiker nicht, die seinen ›Strömen‹ folgten, nicht der Motorik seiner Hände. Allerdings waren die Kritiker aufgebracht, die es bekümmerte, daß Furtwängler ›so ungenau‹, ›so verwirrend abstrakt‹, ›so unkontrolliert‹ schlug. Sie bekümmerte es auch, daß seine Interpretationen ›überhaupt‹ schwankten, daß er nicht festzunageln war, heute die Fünfte oder Neunte von Beethoven so machte, morgen ganz anders. Wie sollte man festlegen, was seine Vorstellungen von einem Werk waren? Wie vermochte man ihn zu katalogisieren, einzustufen, abzugrenzen und einzukreisen? Bisher gab es für jeden Dirigenten ein ›Schubfach‹, in das er gehörte. Doch Furtwängler ließ sich partout in keines hineinzwängen. Eine Interpretation schaffte nichts Endgültiges – wie auch eine Partitur an sich nichts Endgültiges sein konnte. Zu Curt Riess sagte er: »Nur Einzelheiten kann man fertig ausarbeiten, ausrechnen, ›in spiritus setzen‹; ein in sich ruhendes Ganzes behält dagegen stets etwas Inkommensurables. Für wen nun dieses Inkommensurable das Wesentlichste und Letzte ist, der wird die Probenarbeit niemals überschätzen.«[3]

Dergleichen der Kritik zu sagen, ein Vergehen, etwas Unlauteres, Widerborstiges. Das tut man nicht. Neville Cardus meint: »Vermutlich hätte Furtwängler den Kritikern keine Antwort schuldig zu bleiben brauchen, als sie die Freiheiten beanstandeten, die er sich bei den Tempi und dynamischen Zeichen offensichtlich herausnahm, aber er verachtete die Kritiker. Da er durch und durch deutsch war, hätte er bestimmt Argumente vorzubringen vermocht, metaphysisch wohlbegründete Argumente, um zu beweisen, wie schwer es sei, die ›objektive Wahrheit‹ einer Partitur oder irgendeiner andern Sache zu entdecken, es sei denn, man fände einige Unterstützung durch das subjektive Ich. Seine Pianissimi wurden von Londoner Kritikern häufig abgelehnt; vielleicht hätte er – einen gewissen Sinn für Humor vorausgesetzt, den er jedoch nicht besaß – schlagfertig erwidern können: ›Wissen Sie genau, meine Herren, daß Ihre Ohren heute abend objektiv in Ordnung sind?‹ Oder: ›Ist Ihr Platz im Saal Thron und Sitz der objektiven Wahrheit?‹ Furtwängler war von der Notwendigkeit eines Aktes der Improvisation am schöpferischen Punkt überzeugt, an jenem Punkt, wo der Interpret sozusagen die Wellenlänge der ›Station‹ des Komponisten findet.«[4]

Es gab also bei Furtwängler keine Festlegung, keine Terminierung irgendwelcher interpretatorischen Entschlüsse. »Erst der Augenblick der Darstellung entscheidet!« Wie schwer ist darum eine Analyse dessen, was seine Interpretationen ausmachte. Womöglich ist sie unmöglich. Furtwängler zu Cardus: »Ich verstehe nicht, warum sich die Kritiker dauernd darüber beschweren, daß ich in meine Programme immer wieder die gleichen Beethoven-Symphonien übernehme. Für mich sind es nie dieselben. Jedesmal, wenn ich sie durchlebe, ist es mir, als käme ich näher an die Musik – aber es ist noch immer eine weite Entfernung!«[5]

Dergleichen hatte nie zuvor ein Künstler, ›der sich hinter das Werk zu stellen hat‹, verkündet. Richard Strauss, der oft genug das Gegenteil als Tugend eines reproduzierenden Musikers auswies, tadelte seinen Kollegen heftig, bezichtigte ihn des Hochmuts und der Arroganz. Nichts dürfe dem Zufall oder der Augenblicksstimmung überlassen bleiben, das ›Ich dien'!‹ sei über die Maßen großzuschreiben, wenn Furtwängler entgegengesetzt verfahre, müsse er sich gefallen lassen, als Eigenbrötler, wenn nicht Opportunist abgestempelt zu werden.[6] Doktor Richard und Doktor Wilhelm begegneten sich auf dem gesellschaftlichen Parkett mit

Hochachtung und Liebenswürdigkeit, in künstlerischen Dingen waren sie Katz' und Hund und wußten sehr wohl, daß sie auf kosmische Längen voneinander getrennt wirkten. Sie unterschieden sich nicht nur grundlegend als Dirigenten, sondern auch als Komponisten. Hier der ›griechische Germane‹, der seine bis an den Rand der Tonalität getriebenen Akkorde mit jugendstilartiger Ornamentik verschminkte, dort der ›teutonische Germane‹, der sich nicht scheute, die abgestandenen klassischen Floskeln, die schematisierenden Proportionen der Tradition unabgewandelt zu übernehmen und mit großer Kunstfertigkeit erneut einzuschleifen. Die übernommenen Zitate werden jedoch nicht bloß in den Raum gestellt. Furtwängler, der Geübte, versieht sie mit kolossalen Fassungen, wie sie Gustav Mahler vorgeprägt hat. Doch im Gegensatz zu Mahler, der sich der expressionistischen Situation voll bewußt war, der ›von unten nach oben‹ komponierte und seine Klangideen zu gleichberechtigt übereinandergelagerten Collagen türmte, dessen Architekturen von einer für den romantischen Musikbereich atypischen Logik gestützt wurden, steckte Furtwängler seine Thematik nach dem klassisch-symphonischen Muster ab. Er komponierte von links nach rechts, sorgte sich um Sonatenform und strenge Verknüpfung, schuf ›Petrefakte‹ der Tradition in säuberlicher, übersichtlicher Kalligraphie, machte es den Analytikern leicht (den ordnungsfreudigen Ohren!) und ließ nur soviel Einblicke in sein selbstschöpferisches Innenleben zu, als daß er seine wenig reflektorischen Themen melancholisch melismatisierte oder – wie es Arnold Schönberg formulierte, der allerdings die zweite und dritte Sinfonie und vermutlich auch das Klavierkonzert nicht kannte – »in eine ziemlich düstere und wolkige Ursuppe tunkte«.[7]

Vertieft man sich in die beiden Furtwänglerschen Sinfonien, so kommt man von der Vorstellung nicht los, Mahler habe auf diese eingewirkt, zumal in den langsamen Sätzen, die eine scheinbare Nähe zum Adagio der Neunten inaugurieren. Aber die akustischen Felder und Ebenen des einen wie des anderen Werkes unterscheiden sich doch grundlegend, es besteht keine Verwandtschaft, keine auch nur annähernde Übereinstimmung. Ähnliche Tonarten und ähnliche Rhythmisierungen verursachen eine ›Hör-Ähnlichkeit‹. Die Einzelimpulse kommen aus gänzlich verschiedenen Ursprüngen und Verhaltensweisen. Furtwängler war durchaus mahler-kundig, hatte vor allem in den frühen Berliner Jahren die eine oder andere Symphonie des ›Gottes der südlichen Zonen‹ ausprobiert, war jedoch vor der ›Unidentität der musikalischen Erscheinung mit dem, was dahintersteht‹, gescheitert. Furtwängler kam zu keiner Synthese bei den symphonischen Ideen-Komplexen Mahlers, ihm fiel dieser Kosmos auseinander, er begriff nicht die Abhängigkeit der Collagen voneinander, so daß er das Banale nicht relativierte und als Banales stehenließ. Es gab dann eine Zeit, in der er Mahler verdrängte. Das Aufführungsverbot durch die Nationalsozialisten, das er zwar für unverantwortlich, grotesk und beschämend hielt, kam ihm aber doch irgendwie entgegen, denn der Komponist Furtwängler, der sich nach jahrzehntelangem Schweigen erneut meldete, drohte von den ›Mahlerismen‹ vereinnahmt zu werden. Nicht der ›süßliche‹ oder ›sentimentalische‹ Mahler drang immer wieder in die Vorstellungswelt des nach musikalischen Ausdrucksmitteln suchenden und darum ringenden Dirigenten, sondern der Komponist ›der großen Form‹, der mit den hervorpreschenden Posaunen und Hörnern, Serpenten und Kontrafagotten, der sich vom Hedonismus seiner Epoche durch rücksichtslose Vergeistigung unterschied. Ohne Mahlers formale Eigenschaften wäre der Komponist Wilhelm Furtwängler nicht denkbar; vielleicht auch nicht ohne die neue Art von Metaphysik, die das Absurde nicht ausschließt, aber immer nur dann akzeptiert, wenn es darauf hinausläuft, daß es mit dieser Welt und ihren Menschen am Ende doch besser werden müsse. Das unlogische Prinzip Hoffnung bei Mahler hat Furtwängler interessiert. Er war ja häufig genug darauf angewiesen, der politischen Unvernunft, die ihm rigoros begegnete, ein solches Pseudo-Prinzip entgegenzusetzen.

Wie immer man Furtwänglers Kompositionen auch einschätzen mag, sie sind ein wesentlicher Bestandteil seiner Existenz. Er sah sich durch sie nicht bloß als ›Nur-Dirigent‹.

Im Gegenteil. Seinen eigenschöpferischen Anteil bewertete er wesentlich höher als den nachschöpferischen, was nicht ausschloß, daß er sich – als das Dirigieren überhand nahm und vorrangig wurde – auch als ›verhinderter Komponist‹ deklarierte. Die rein hypothetische Frage, wohin er sich entwickelt haben würde, wenn ihm Zeit genug geblieben wäre, ›dem Notenschreiben zu frönen‹: Vermutlich hätte es gar kein anderes Ergebnis gegeben als jenes, das auf uns überkommen ist. Hans Heinz Stuckenschmidt: »Furtwänglers Musik ist nicht avantgardistisch im Sinne Schönbergs, Bartóks oder auch nur Hindemiths, wie sie auch nicht an der kühl wägenden Neoklassik des mittleren Strawinsky teilhat. Sie mehrt das Erbe der Klassiker und Romantiker, sie gibt in Richard Wagners Geist dem allgegenwärtigen, in Diskant, Mittellage und Baß wirkenden Melos eine individuelle, stark profilierte Ausweitung. So sehr sich Furtwängler theoretisch gegen den Subjektivismus wendet, liegt doch die Wirkung und Besonderheit seiner Musik... gerade in dem unbedingten, hemmungslosen, subjektiven Bekenntnis. Aus ihm resultiert die Einheit von struktureller Form und gedanklichem Inhalt.«[8]

Der Komponist Furtwängler teilt das Schicksal vieler Eklektiker, deren Werke man gelegentlich zur Bereicherung des symbolischen Angebots aus dem Archiv nimmt und aufführt, die aber niemals jene Repertoirewürdigkeit erreichen, die künstlerische Größe eindeutig und absolut macht. Furtwängler hat die Hintansetzung seiner musikalischen Erzeugnisse gespürt und zeitweise darunter gelitten, daß er nicht wie Mahler oder Strauss hat mitziehen können. Wie das so ist: ›Kinder‹ mit dem Makel der Beschränkung liebt man besonders, man verhätschelt sie, und bei jeder geringsten Erwähnung ihrer Schwächen wachsen sie sich vom locus minoris resistentiae zum beherrschenden Problem, wenn nicht zum neuralgischen Exzeß aus.

Furtwänglers ›Amt‹ als der bedeutendste Dirigent seiner Zeit deckte die Schrunden weithin zu, die ihm die Tatsache schlug, als Komponist keine globale Bestätigung zu finden. Das ›Amt‹ war einmalig in Anspruch und Zuschnitt und garantierte ihm ohne Abstriche eine ›Papabilität‹, um die sich auch andere strebend mühten, ohne sie je zu erreichen. Von seinem Niveau waren bestenfalls Bruno Walter und Arturo Toscanini, der religiös-spirituelle Antipode und der milanesische Präzisionsakrobat, der Verdi und Puccini in ihrer Stretta-Hybridität und dolorosen Morbidität durcheiferte, ehrgeizig an Beethoven verkümmerte und den ›Tristan‹ zu einer operettenhaften Farce degradierte. Neben dem grüblerischen Faustus Furtwängler der assisische Bruno Walter und der Mephisto Toscanini...

Bei einem faustischen Menschen, der stets aus der Verteidigungsposition handelt, der lange wägt und nicht spontan losschießt, der ständig sein Ich zur Disposition stellt, sich dem Zwiespalt aufopfert und nach all dem Zaudern und Zögern den endlich für richtig erkannten Entschluß mit Herzblut bekundet, kann man immer nur ad hominem demonstrieren. Der Mensch ist nicht von seinem Werk zu trennen, der Geist nicht von der Wirkung, sein persönliches Gesetz nicht von der Empfindung und dem Affekt. Dies macht es für den Nachgeborenen schwer, sich mit einem künstlerischen Phänomen auseinanderzusetzen, das – gewollt oder ungewollt – auf den verschiedensten Ebenen Niederschläge verursachte, die so außerordentlich schwer meßbar sind. Der Antinomist Wilhelm Furtwängler, wie kein anderer abhängig vom Widerspruch des Gesetzes mit sich selbst, wurde durch die Zwänge und Paradoxien der Zeitgeschichte ungewollt zu einem homo politicus, eine schicksalhafte Fügung, die seine späten Jahre radikal bestimmte. Der faustische Parsifal mußte sich, wenn er nicht untergehen wollte, mit aller Macht gegen eine dämonisierte und pervertierte Umwelt stemmen, die ihn ungeniert beanspruchte und okkupierte. Vor dem Pakt mit dem Teufel, sprich: Adolf Hitler, schreckte der Goethe-Mensch zurück, aber er wollte im Dunstkreis dieses Widersachers aller im Abendland für den Menschen errungenen Freiheiten leben und wirken, den Fuß auf der Schwelle lassen, damit die Tür zu den idealistischen Denkräumen des Gestern, die – davon war er überzeugt – auch jene der Zukunft sein würden, nicht endgültig zuschlüge. Das bedeutete Diplomatie ›auf höchster Ebene‹, ein ständiges Lavieren und Ausweichen, aber auch Arrangement und Kompromißbereitschaft, vor allem aber beständiges Beharren an den für wahr und unabdingbar erkannten Prärogativen christlicher, zumindest allgemeingültig-humanistischer, Moralbegrifflichkeit.

So widerwärtig und widersinnig die Erscheinungsformen des Nationalsozialismus Furtwängler dünkten, so sehr sie seinen Entscheidungsradius einengten, er wollte das Terrain nicht räumen, das einst von Kant und Leibniz, Fichte und Schelling, Goethe und Schiller, Beethoven und Brahms abgesteckt worden war und von dem Generationen hindurch eine von den meisten Kulturvölkern beneidete Vorbildlichkeit ausging. Den Kampf gegen Demagogie, Opportunismus und menschenverachtende Autokratie anzutreten, war Furtwängler schon 1933 bereit, als sich die Zeichen mehrten, auf welche Weise die Abkehr der neuen Machthaber von demokratischen und auf das Wohl des einzelnen bezogenen Denkmodellen betrieben werden sollte. Doch wie etwa Gottfried Benn und Hans Carossa schloß auch er die Möglichkeit nicht aus, es werde sich ›zurechtwachsen‹, die Auswüchse könnten beschnitten und die großdeutsche Idee auf dem Humus des klassischen Moralerbes kultiviert werden.

Man muß sich vorstellen, welche Atmosphäre in dem teutonischen Treibhaus herrschte, in dem Furtwängler heranwuchs. Die Vokabel ›deutsch‹, ausgenutzt für jede noch so geringfügige patriotische Episode, hochstilisiert zu einem »heilig-krönenden Attribut« (Hans Pfitzner), geriet des Tages dutzendmal zu geistiger Nutzanwendung in seine Ohren. Wenn etwas gut war, war es gut oder besser. Die Steigerung war darauf nur durch das Adjektiv deutsch möglich, wie es Hans Bertram formulierte, als er sich zu dem Satz verstieg: »Es genügt nicht, als Deutscher gut zu sein, besser zu werden, nein, man muß das Ziel erreichen, deutsch zu denken und zu handeln und auf diese Weise an der deutschen Identität genesen und wachsen.«[9]

Auch Fichte und Schelling, Schopenhauer und Nietzsche hatten, wenn auch mit nachträglich als anzuzweifelnder

Eindringlichkeit beschrieben, welche »gewaltige Saat« aufgehe, »die Männer deutschen Wesens in die Furche des geistigen Ackers ihres angestammten Glaubens« (Bismarck) gelegt; doch wer, von Kindesbeinen auf die magische Formel ›deutsch‹ verpflichtet, wollte zu Beginn des ›Dritten Reichs‹ schon einsehen, daß die ›gewaltige Saat‹ sich rasch in eine ›Saat der Gewalt‹ verwandeln würde? Furtwängler gehörte zu denen, die hofften, die nicht gleich resignierten, die wie Erich Kästner sagten: »Schlagt alle Sinne in mir einzeln tot, den Goethe in mir werdet ihr nicht treffen!«

Der ›Fall Hindemith‹ (1934) verschärfte Furtwänglers ablehnende Haltung gegenüber dem totalitären System. Aber es blieb eben nur bei der Ablehnung. Zu einer vollständigen Abkehr, sprich: Emigration, vermochte er sich nicht durchzuringen. Einerseits glaubte er, genügend Profil und Popularität zu besitzen, um ein gehöriges Wort mitreden zu können, politische Urteile in Sachen Kunst zu revidieren und radikalste Pläne abzublocken, andererseits aber wirkte er ohn' Unterlaß an der Stabilisierung seiner Position, man könnte auch sagen: am Bau seines Denkmals. Nicht allein, weil er eitel war oder weil ›deutsche‹ Deutsche besonders eifrige Denkmalsbauer sind. Die Fundamentierung eines gewissen Machtpotentials schien ihm das geeignete Mittel zu sein, sich von den braunen Barbaren nicht unterjochen zu lassen und ihnen, hin und wieder, Paroli zu bieten. Wie machte man das, ohne die künstlerische Leistung mit Konzessionen zu belasten? Wie zu einem Monopol gelangen, das nicht nur ein Stück ökonomischer Schein ist? Zunächst einmal akzeptiert man die zu nichts als Repräsentation verpflichtenden ›Hof‹-Ämter. Furtwängler läßt sich als Vizepräsident der Reichsmusikkammer huldigen, als Preußischer Staatsrat und ›Reichs-Senator‹. Ihm wächst Prestige und Autorität zu. Im Inland. Die schon draußen sind, fallen erbarmungslos über ihn her.

Bronislav Huberman: »Deutsche Geistesführer von der internationalen Bewegungsfreiheit und Bedeutung eines Richard Strauss, Furtwängler, Gerhart Hauptmann, Werner Krauss, Kolbe, Sauerbruch, Eugen Fischer, Planck, unter anderen noch bis gestern das deutsche Gewissen, den deutschen Genius darstellend, zur Führung des Volkes durch Beispiel und Tat berufen, finden von allem Anfang an keine andere Reaktion auf diesen Anschlag gegen die heiligsten Güter der Menschheit als Kokettieren, Paktieren, Kooperieren.

Und zum Schluß, als ihnen Usurpation und Halbbildung ihre ureigensten Begriffe aus ihrer geistigen Werkstatt raubt, um dieser Verkörperung von Terror und Feigheit, Unmoral und Geschichtsfälschung, innerer und äußerer Volksaufwiegelung auch noch die Gloriole von Freiheit und Heroismus, Ethik und Wissenschaftlichkeit, Mystizismus und Pazifismus zu verleihen, da treiben sie ihren Verrat auf die Spitze: ducken sich und schweigen!«[10]

Huberman, der berühmte Geiger, formuliert milde gegenüber dem unversöhnlichsten Vertreter aus der emigrierten Musikantengilde, nämlich Hanns Eisler, über dessen ›Agitprop-Linie‹ Furtwängler schon in den Endzwanzigern Gift und Galle spie: »Eine furchtbare Nachricht für alle Menschen, die Musik lieben: Beethoven – einer der größten Komponisten der Musikgeschichte – mißbraucht von Mördern. Wir klagen Herrn Staatsrat Dr. Furtwängler der Begünstigung an wie: Mord – Brandstiftung – Raub – Diebstahl – Betrug – Folterung von Wehrlosen und vor allem: Verschweigung der Wahrheit. Staatsrat Dr. Wilhelm Furtwängler hat durch Taten und Worte bewiesen, daß er das blutbefleckte Henkerregime Hitlers mit seiner Kunst und unter gleichzeitigem Mißbrauch der großen Werke der Klassiker ›verschönern‹ und ›decken‹ will. Er ist Staatsrat von Gnaden Görings und Goebbels! Staatsrat Furtwängler hat, ohne Protest zu erheben, zugelassen, daß die besten deutschen Künstler wie: Otto Klemperer, Bruno Walter, Artur Schnabel, Arnold Schönberg aus ihrer Heimat Deutschland herausgetrieben wurden. Staatsrat Furtwängler hat nie protestiert gegen die Folterungen der sozialistischen Arbeiter und deren Hinrichtung. Staatsrat Furtwängler hat alles verziehen und alles verstanden. Das heißt: Er hat sich gegen die Wahrheit auf seiten der Mörder gestellt. Staatsrat Furtwängler ist unwürdig, wahrheitssuchenden freiheitsliebenden Menschen noch ferner große Musik vorzuführen.«[11]

Eisler hatte diesen Text auf Flugblätter drucken lassen, die 1934 vor dem Gastspiel Furtwänglers an der Pariser Oper verteilt wurden. Der Schauspieler Werner Krauss hat erzählt, wie sehr dieser Text den Dirigenten traf: »Nachdem er das Blatt hatte sinken lassen, wankte er einen Augenblick. Kalkweiß im Gesicht, alles Blut heraus, einer Ohnmacht nahe. Dann übermannte ihn der Zorn, die Zähne schlugen aufeinander und er sagte: ›Die verstehen mich nicht!‹ Er empfand dieses Pamphlet als schreiende Ungerechtigkeit. Er war sich keiner Schuld bewußt.«[12]

Hans Heinz Stuckenschmidt nennt Hanns Eislers Äußerungen »böse und ungerecht«. Man sollte aber bedenken, daß Furtwängler zum Beispiel nicht gegen den Inhalt der Entlassungsurkunden aus der Reichsmusikkammer (nach dem 15. 11. 1933) protestierte. Diese Urkunden wurden allen Funktionsträgern zur Begutachtung vorgelegt. Mit diesen Entlassungen, von Staatssekretär Ihlert »im Auftrage« unterzeichnet, sei »Sauberkeit und Ordnung« im »Dom der deutschen Kunst« wieder eingekehrt, bekundete Staatskommissar Hans Hinkel, der bald zu einem der erklärtesten Gegner Furtwänglers werden sollte. Hinkel ärgerte sich vor allem darüber, daß »der Herr Staatsrat sein Sekretariat durch eine hochgradige, mit allen jüdischen Wassern gewaschene, mannweibische und verseuchende Nicht-Arierin besetzt hielt«.[13] Das war Berta Geißmar, die er schon von Mannheim her kannte. Sie mußte bald das ›Reich‹ verlassen und wurde Sekretärin von Sir Thomas Beecham in London. ›Musik im Schatten der Politik‹, ihr Bekenntniswerk von 1945, wird in keiner Dokumentation ausgelassen, die sich ernsthaft mit der Problematik nationalsozialistischer Kulturumtriebe auseinandersetzt. Als sie gegangen war, erklärte der Präsident der ›Deutschen Kunstgesellschaft‹, Prinz August Wilhelm von Preußen, dem Geschäftsführer des Vereins, Hans Esdras Mutzenbecher: »Endlich ist es uns gelungen, Furtwängler von der Juden-Sau zu befreien!«[14] Man war in der Wortwahl nicht zimperlich, selbst nicht in offiziösen Geschäftsbriefen.

Zackig, treudeutsch, direkt, Männer-Jargon. Fragt sich nur, ob Wilhelm Furtwängler die Verjagung seiner ›rechten Hand‹ als einen Akt von Befreiung ansah.

Furtwängler ein Mitläufer, ein Mittäter, ein Paktierer? Oder wirklich ein so naiver Zeitgenosse der braunen Mafiosi, daß ihm keine Schuld angelastet werden kann, keine aktive, keine moralische, weil der »nicht sah und nicht hörte, was links und rechts neben ihm vor sich ging, denn er war nur auf seine Musik fixiert, auf sonst gar nichts«, wie es der nach seinem Entnazifizierungsverfahren als ›belastet‹ eingestufte Staatsschauspieler Werner Krauss zur Entlastung seines Freundes Wilhelm vorbrachte?

War es wirklich möglich, Entlassungsurkunden einfach nur zur Kenntnis zu nehmen, ohne sich die Frage nach dem weiteren Schicksal der Verworfenen und Gedemütigten und ihrer materiellen Existenz Beraubten zu stellen? Jeder in Berlin wußte doch, warum Franz Schreker 1934 ›so plötzlich und unerwartet‹ gestorben war. Maria Schreker: »Mein Mann ist zwar, wie es auf dem Totenschein heißt, eines natürlichen Todes verblichen, doch es war der Herztod eines gebrochenen Mannes, den man bei der allgemeinen Treibjagd erbarmungslos in die Enge getrieben und niedergeknüppelt hatte. Diejenigen, die ihn aus seinen Ämtern hinauswarfen, wußten, was sein Herz zerrissen hatte.«[15]

Für Paul Hindemith engagierte sich Furtwängler, für Franz Schreker nicht, der in seinem Repertoire keinen Platz fand und von ihm als ein »vor Sinnlichkeit und Geilheit triefender Apologet hybrider Jugendstilklänge« (›Völkischer Beobachter‹ vom 2. 4. 1929) abgewertet wurde. Für jeden wollte man auch nicht den Buckel hinhalten, sah lieber weg und überhörte die Schreie der Gefolterten. Es kam nicht vor, daß der Staatsrat Furtwängler die obligate ›Horst-Wessel-Hymne‹ abschmetterte, bevor er mit dem eigentlichen symphonischen Programm begann. Mußte dieses »rheinische Schunkellied« (Elisabeth Furtwängler) unbedingt einen festlichen Abend eröffnen, weil lamettabehängte ›Breeches-Promis‹ in der ersten Reihe saßen und dieses ›Weiheakts‹ bedurften, so dirigierte ein subalterner Kollege Doktor Wilhelms das

›Kampflied der Bewegung‹ vorab. Es gab genügend Anwärter der ›Stabführung‹, die sich damit ein kleines Zubrot verdienten, denn für die ›philharmonische Ehrung‹ des vor seiner frühen Parteikarriere als Zuhälter tätigen Horst Wessels wurden fünfzehn Reichsmark ›auf die Hand‹ ausbezahlt. Der Staatsrat verfolgte diese ›feierliche‹ Einstimmung mit zynischem Lächeln aus dem verdeckten Seitenzugang. Um dem ›Gruß der Bewegung‹ auszuweichen, schwang er bereits beim Auftreten den Taktstock. Adolf Hitler empfand das als eine besondere »Artikulation des deutschen Gestus, gesteigert aus künstlerischer Emphase«. Göring und Goebbels sahen das anders, realistisch; sie hielten Furtwängler für einen reinen Karrieristen, dem nicht zu trauen war. »Der ist nach allen Seiten offen«, erklärte der Preußische Ministerpräsident und Reichsmarschall. Der Propagandaminister und oberste Volksaufklärer ätzte: »Es gibt überhaupt keinen dreckigen Juden mehr in Deutschland, für den sich Herr Furtwängler nicht eingesetzt hätte!«[16]

Klar, daß die nationalsozialistische Führung den Direktor der Staatsoper Unter den Linden nicht umsonst mit soviel Ehrentiteln bedacht hatte. Man verlangte eine Gegenleistung, Propaganda für die neue Ära, für den ›großdeutschen Geist‹, der Auschwitz, Sobibor, Treblinka und Belsen ersann. Doch Furtwängler machte sich rar, sparte sich aus, und als er nach dem Hindemith-Skandal auf alle Ämter und Funktionen im Reich verzichtete, schien es so, als würde »der erste Mann an der Spritze« (Hinkel) in der Versenkung verschwinden. Demonstrationen des Hasses, Verfluchung, Jauche kübelweise über ihn ausgegossen. Am ärgsten trieben es die, denen Furtwängler in seinen Programmen keinen Raum gegeben hatte. Paul Graener zum Beispiel, das Liebkind der braunen ›Kulturträger‹. Er hatte ja schon immer gesagt, daß dieser »anmaßende, übereitle Fatzke« zu nichts taugte. Ohne künstlerisches Gewissen und vor allem ohne politisches. Graener stellte sich in der ›Akademie‹ hin und putzte den »Schleimer, Aggressor, Schieber und Defraudanten« nach »Strich und Faden« runter.[17] Sänger-Parteiobmann Rudolf Bockelmann war zugegen. Ihm war »nicht gut« ob dieser Tiraden, und er ahnte, »daß Furtwängler bald wieder auferstehen und Rache nehmen würde«. Das mit der Auferstehung stimmte. Doktor Wilhelm hatte sich nämlich endgültig überlegt, daß eine Emigration für ihn nicht in Frage kam. Auf Berlin und die übrigen ›großdeutschen‹ Metropolen verzichten, Bayreuth auslassen? Unmöglich! Österreich drängte mit Macht ›heim ins Reich‹. Bald würden Wien und Salzburg kein Ausland mehr sein. Die Angebote aus Ankara und Tokio und den USA boten kein ausreichendes Äquivalent. Das war ›zweiter Rang‹. Und in Amerika hatte Arturo Toscanini das Sagen, dieser »italienische Kleintierzüchter«, wie ihn Hitler genannt hatte, nachdem jener sich anno 1933 Bayreuth und den übrigen deutschen Bühnen verweigerte. Sich mit Toscanini auseinandersetzen zu müssen, von dessen Entscheidungen abhängig zu sein: Unmöglich!

Aber das alles waren nicht die wesentlichsten Beweggründe, warum Wilhelm Furtwängler die ›innere‹ der ›äußeren Emigration‹ vorzog. (Dieser Begriff ›innere Emigration‹ war nach dem Zweiten Weltkrieg von einer Handvoll Literaten geprägt worden, darunter Manfred Hausmann und Frank Thieß, die sich damit in der Auseinandersetzung um den ›äußeren Emigranten‹ Thomas Mann gegen Behauptungen abzuschotten versuchten, durch ihr Verbleiben im ›Reich‹ dem Hitler-Staat und dessen Verbrechen Vorschub geleistet zu haben.) Furtwängler wußte, daß er – sofern er seine alte Position wieder behaupten wollte – den Nationalsozialisten wenigstens in kleinen Schritten entgegenkommen mußte. Dazu gehörte nicht nur sein spektakulärer Wiedereinzug in die geheiligten Hallen am lieblichen Hügel zu Bayreuth (1936), nein, dazu bedurfte es stärkerer Beweise der Sympathie für die ›Bewegung‹. Hatte er schon am 10. September 1935 im Opernhaus Nürnberg die ›Festvorstellung in Anwesenheit des Führers anläßlich des Reichsparteitages der Freiheit‹ dirigiert (Hitler: »Ich beglückwünsche Sie von Herzen, Herr Staatsrat, zu diesen herrlichen ›Meistersingern‹, unserer eigentlichen deutschen Volksoper, und versichere Sie meiner uneingeschränkten guten Gesinnung für Ihre Leistung!«)[18], so mußte er nun diese ›Kür‹ vor der inzwischen weitaus gefestigteren Staatsführung wiederholen. Rudolf Bockelmann, diesmal der Hans Sachs und als ehemaliger Philologe ein pingeliger Chronist der ihn betreffenden Ereignisse, notierte die Besetzung vom 5. September 1938 in seinem Repertoirebuch und vertraute ›im stolzen Bewußtsein einer Großtat für Führer, Volk und Vaterland‹ seinem Tagebuch an: »Man kann sich keine stärkere Begeisterung vorstellen als nach dem letzten Vorhang, da sich zwei Führer der Nation im Jubelorkan des festlich gestimmten Publikums begegneten, zwei wahre, bedeutende, Ewigkeitswerten zustrebende Führer: Adolf Hitler und Wilhelm Furtwängler!«[19]

Möglich, daß Bockelmann nichts von der ›wahren Natur‹ des Dirigenten ahnte und angesichts seines eigenen Erfolges alles in eitel Harmonie getunkt sah. Doch man muß sich fragen, warum Furtwängler noch 1938, nachdem die schändlichen ›Nürnberger Gesetze‹ längst verkündet waren, den Mut aufbrachte, für die Mordbrenner eine Gala-Vorstellung zu dirigieren. Mochte er in Berlin mit Scheuklappen in die Philharmonie oder Staatsoper gehen und sich dem Propagandageschwätz der partei-engagierten Solisten entziehen, in Nürnberg – und auch in Bayreuth! – konnte er das nicht. Da war er eingesponnen in das gesellschaftliche Gewebe, das Alfred Rosenberg und Julius Streicher, Joseph Goebbels und Heinrich Himmler, Winifred Wagner und Gertrud Scholtz-Klinck erzeugten.

Auf die Frage, warum er noch 1938 in Nürnberg dirigierte, abgesichert durch ein Sonderhonorar aus der Privatschatulle Hitlers, gibt es keine bündige Antwort. Keine Briefe, keine der Öffentlichkeit zugänglich gemachten Notizen, nur eine diffuse Aussage beim Berliner Entnazifizierungsverfahren im Jahre 1946. Eine Tatsache, ein Faktum. Höchstens Mutmaßungen: Hätte eine Absage die Bevorzugung anderer Dirigenten bedeutet? Es war vieles im Schwange, und wenn es seine eigene Existenz betraf, blickte Furtwängler sehr wohl nach links und rechts. Dienstbare Zuträger gab's genug, die in den Minister-Etagen ausspähten und die Lauscher weit offenhielten. Karl Böhm stand parat. Das wußte Furtwängler. Der eilfertige Grazer hatte schon soviel Ergebenheitsadressen abgegeben und so oft den Kotau vor der Hitler-Riege gemacht, daß es nicht schwerfiel, sich vorzustellen, wohin es ihn drängte. Böhm war überhaupt keine Konkurrenz für Furtwängler. Ein im Windschatten von Clemens Krauss durch Richard Strauss lancierter Karrierist, der nicht zuletzt deswegen im Alter eine Sonderstellung einnahm, weil alle wirklichen Konkurrenten um ihn herum vorzeitig weggestorben waren.

Die Tarantel, die schon stach, bevor sie ihn überhaupt berührt hatte, hieß Herbert von Karajan. Das war der Mann, der gegen ihn ausgespielt werden sollte, sofern er, Furtwängler, sich dem Regime nicht mehr verpflichtet zeigte. Seitdem der Aachener GMD in Berlin aufgetaucht war, steckte man es Doktor Wilhelm, daß jener ›der künftige Mann‹ sei. Der braunen Clique ergeben, gleich zweimal in die NSDAP eingetreten, überall herumwuselnd und sich Liebkind machend, ein sportiver alerter Jüngling, hochbegabt, risikofreundlich und voller Energien, sich in die vorderste Reihe zu spielen.[20] Furtwängler halste sich alsbald das ›Karajan-Syndrom‹ auf, von dem ihn niemand zu heilen vermochte. Natürlich hatte er den sehr viel Jüngeren nicht nur beobachten lassen, sondern auch selber ›visitiert‹. Der – und nur der – konnte ihm gefährlich werden. Das wußte er von der ersten ›Prüfung‹ an. Es gibt Kenner der damaligen Szene, die behaupten, Karajan habe durch sein Auftauchen in Berlin eine Emigration Furtwänglers verhindert. Diese Theorie hat was für sich. Auf jeden Fall sind nicht wenige Entscheidungen, die der Ältere im Laufe der folgenden Jahre traf oder zu treffen gezwungen war, auf das ›Karajan-Syndrom‹ zurückzuführen. Dem Aufsteiger gegenüber mußte er sich unbedingt als der Stärkere erweisen. Jupiter duldet keine Götter neben sich. Der Kampf um den künstlerischen Primat zehrte Furtwängler aus, so daß ihn viel eher als seine meisten Kollegen die physischen Kräfte verließen. Doch er gewann. Und mit dieser Gewißheit ist er achtundsechzigjährig hinübergegangen.[21]

Furtwängler, dem man Humorlosigkeit nachsagte, taute auf, befand er sich im Kreise von ›Gesinnungsgenossen‹, die ungeniert vom Leder zogen und meist die Kompetenzrivalitäten der verschiedenen Gruppen im Dritten Reich zum Anlaß ihrer Spötteleien und Drolerien machten. Werner Krauss, Spezialist für schlüpfrige Politikerwitze, mußte ›zur Entspannung‹ nach manchem philharmonischen Konzert sein gesamtes Repertoire an seichten Anekdoten herunterschnurren, und dabei lachte sich Doktor Wilhelm dann ›halbtot‹.

Die kessen Krauss-Geschichten nachzuerzählen gelang ihm nur selten, denn entweder verpatzte er die Pointen oder er verzerrte sie zu epischer Länge, so daß niemand lachte. Auch zum Witze-Erzählen muß man witzig sein. Das war ›W. F.‹ nicht. Im Gegenteil. Stammten degoutante Episoden von jemand anders als Krauss, nahm Furtwängler diese dem ›Narrator‹ krumm. Er konnte fuchsteufelswild werden, führte sich in seiner Nähe jemand ›unanständig‹ auf. Er hielt auf sich, forderte ›einwandfreie Charaktere‹ in seiner Umgebung. Deutsch, sauber, moralisch... Wie gesagt: Die ›Kraussiaden‹ bildeten da eine Ausnahme. Seine Philharmoniker wußten das. Wollte einer zur Auflockerung der Atmosphäre nach deftigem Knartsch, den es öfters gab, beitragen, brauchte er nur zu sagen: »Krauss hat übrigens erzählt...« Schon lichtete sich das Antlitz Doktor Wilhelms – und todsicher fragte er nach: »Was hat der Krauss gesagt...?« Und wie der Herr Staatsschauspieler und ›Reichs-Senatskollege‹, so war auch der dirigierende Herr Staatsrat ein ausgesprochener homme à femmes.

Mit Witzen allein entlastete man sich nicht von den ungeheuerlichen Eindrücken, die nach der ›Reichskristallnacht‹ im November 1938 jeden verfolgten, der wachen Auges durch die großdeutsche Welt schritt. Die Querelen mit Goebbels und dem federführenden Intendanten Heinz Tietjen, denen Furtwängler fast tagtäglich ausgesetzt war, bezeugten, wie die ›bevölkerungspolitisch drängenden Aufgaben‹, deren Lösung man Himmler und Heydrich zugeteilt hatte, daß Hitler einem totalitären, sehr effizienten Herrschaftssystem vorstand, dessen tödliche Automatik auch ihm, Furtwängler, zum Verhängnis wurde, bewegte er sich allzu deutlich außerhalb des abgesteckten Gefüges, außerhalb der Kontrolle. Und doch gelang es Furtwängler immer wieder, sich der vollständigen Umklammerung zu entziehen. Zwar stand er schon 1937 im Fahndungsbuch mit dem Vermerk »Ist an der Ausreise zu hindern«, was aber offensichtlich nichts zur Sache tat, denn er reiste aus, mehrfach, zum Beispiel nach Salzburg. Niemand hinderte ihn. Eine Zurückweisung hätte ja auch nur die Meinung der Emigranten bestärkt, daß sich selbst Prominente inzwischen nur noch ›unter den Augen des großen Führers‹ bewegen durften.

Von Furtwängler kamen keine liebedienerischen Parolen wie von Karl Böhm oder Gustaf Gründgens. Er schwieg und handelte entsprechend zurückhaltend, woraus manche Großkopfeten zu erkennen glaubten, daß er zumindest ›die große Linie‹ der neuen Politik still goutiere. Seine verbale Enthaltung machte ihn auf jeden Fall weniger verdächtig als Gründgens, der oft Mühe hatte, einen versehentlich oder leichtfertig erzeugten Paukenschlag durch diplomatisches Gesäusel in seiner Wirkung abzuschwächen. Der ›Säusler‹ Gustaf war nicht nach dem Geschmack Doktor Wilhelms; es gab eigentlich wenige Beziehungen; man sah sich bei den repräsentativen Veranstaltungen und ging sich ansonsten aus dem Wege, es sei denn, ein Verfolgter hatte sich in seiner großen Not an beide um aktive Hilfe gewandt, so daß man ›wie von ungefähr‹ mit dem gleichen Anliegen im Salon von Emmy Sonnemann-Göring zusammentraf. Kein größerer Unterschied zwischen Männern etwa gleichen Rangs und gleicher Machtbefugnis läßt sich herausfinden als der zwischen ›G. G.‹ und ›W. F.‹! Dem Dirigenten lag das Komödiantische fern, dem Schauspieler das faustische Ringen um Selbstgerechtigkeit und humanistische Ideale. Furtwängler war Faust, Gründgens Mephisto. Der ›Herr der Fliegen‹ lavierte sich durch die Zeiten, eckte, wie eine mobilisierte Billardkugel, stets und ständig an und fand am Ende doch das ›Loch‹, das Sicherheit und Gewinn eintrug. Während sich Gründgens der drohenden ›Liquidierung‹ dadurch entzog,daß er sich ›einberufen ließ‹, wodurch er der inhumanen Komödie um Glanz und Elend der Kunstprotagonisten des

Dritten Reichs einen ›touch‹ à la Jacobowsky gab, glaubte Furtwängler, das durch Bomben und Hungersnot vergewaltigte Volk mit seinen Beethoven- und Brahms-Programmen kräftigen zu können. Eine Überlebenschance durch die Musik. Tausende von Menschen haben ihm attestiert, den Willen zum Weitermachen, zum Überstehen nur durch seine Hilfe, seine suggestive Vermittlung in sich erzeugt zu haben. Man kann es auch anders sehen, wie zum Beispiel Wolfgang Porth: »Vergeistigung der Barbarei ist..., wenn etwa 1944 die Berliner Philharmoniker unter Furtwängler in den Fabrikhallen von Borsig Brahms zelebrierten, um die demoralisierten Rüstungsarbeiter wieder aufzumöbeln.«[22]

Wer will den Stein werfen?

»Was auf uns überkommt, müssen wir nicht nur doppelt und dreifach kritisch untersuchen und ausleuchten«, schreibt der Soziologe Max Weber, »wir müssen es so lange in uns verwerfen, bis wir aus dem partikularen Wissen über die Erfahrung zur Erkenntnis kommen und durch die Frage nach Zweck und Mitteln Verstehen und ein hohes Maß an Evidenz erreichen.«[23] Aus solcher Perspektive, die aber die angemessene ist, erscheint es dem Nachgeborenen besonders schwierig und verantwortungsvoll, zu wertender Beurteilung einer so kompakten und vielschichtigen Persönlichkeit zu kommen, wie sie der Dirigent und Komponist Wilhelm Furtwängler darstellte. Wie ergreift und begreift man das Totale eines künstlerischen Phänomens, seine Subjektivität, ohne die empirische Wirklichkeit durch intuitiven Wildwuchs mit dem ›Wesen des Seins‹, mit der inneren Wahrhaftigkeit und der sich weithin aller Logik entziehenden Gefühlswelt zu verflechten?

Zunächst einmal gilt es, den Großteil des bisherigen Schrifttums über Furtwängler zu ignorieren. Die gutgemeinten ›Sekretärinnen‹-Memoiren, mit Ausnahme der Berta Geißmars, geben meist nur Ambiente wieder; sie beweisen auch eine gewisse Verschleierungstaktik, durch die erreicht werden soll, den Beschriebenen als eine rundum naive Persönlichkeit hinzustellen. Das hat aber dieser bedeutende Musiker einfach nicht verdient. Mit Naivität (»Ausbruch der

der Menschheit ursprünglichen Aufrichtigkeit wider die zur andern Natur gewordene Verstellungskunst«, Kant) lassen sich weder Furtwänglers künstlerische noch politische Entscheidungen erklären. So unbefangen, kindlich, unreflektierend und einfältig, wie es manche glauben, ist er nie vorgegangen. Auch war er gewiß nicht der große »Verdrängungskünstler«, der das »wilde Abenteuer des zwanzigsten Jahrhunderts« unberücksichtigt ließ, »im neunzehnten Jahrhundert verweilte« und sich an den »Exzessen der Nationalsozialisten weder aktiv noch inaktiv beteiligte«, wie es der deutsch-amerikanische Dirigent Fritz Zweig vor einigen Jahren in einer Fernsehsendung behauptete. Auch klingt es fast hohnvoll, wenn jener hinzufügt: »Furtwängler beschäftigte sich so sehr mit seiner Musik, daß er für andere Probleme überhaupt keine Zeit mehr hatte.«[24] Er hatte genügend Zeit für andere Probleme, zum Beispiel wenn es darum ging, vier jüdische Mitglieder der Berliner Philharmoniker möglichst lange und ungeschoren in ihrer Position zu belassen. Er hat für diese Männer gekämpft und erreicht, daß sie dann mit Erlaubnis von Goebbels weiterspielten. Er fand auch Zeit, als führendes Mitglied der Kulturkammer, an parteigelenkten, zu repräsentativen Demonstrationen ausgeweiteten Film-Uraufführungen im UFA-Palast ›beizuwohnen‹. Sogar an internen Voraufführungen, zu denen Hans Hinkel ›im vertraulichen SA-Kreis‹ einlud (›Horst Wessel‹ von Hanns Heinz Ewers), nahm der Staatsrat Furtwängler in vorderster Reihe neben Hanns Johst, Georg Kulenkampff, Hermann Göring, Hjalmar Schacht und Graf Luckner teil. Bilder von den Uraufführungen der Reichsparteitagsfilme ›Triumph des Willens‹ und ›Sieg des Glaubens‹, die Leni Riefenstahl im Auftrag der Reichsleitung NSDAP abgekurbelt hatte, zeigen den Dirigenten im Plausch mit Papen, Neurath, Frick, Streicher, Meißner und Schacht. Heß und Hitler im Hintergrund. Als Staatsrat mußte sich Furtwängler ja zumindest orientieren, denn dieses Amt galt als ›beratende Körperschaft des preußischen Staatsministerums‹, es wurde auf Lebenszeit verliehen. Man erhielt im Jahr zwölftausend Mark an Aufwandsentschädigung und kam in den »Genuß«, bei Göring auch »ohne großes Anmeldungspalaver« (Gründgens) vorgelassen zu werden. Staatsrat war offensichtlich nicht nur ein Ehrentitel, man hatte Verpflichtungen und seien es rein repräsentative. Als Staatsrat konnte man sich nicht auf Dauer den Empfängen und Rencontres der Parteioberen entziehen. Und so erschien Furtwängler, nachdem er Jahre hindurch solche Einladungen negiert hatte, am 19. April 1942 zu einer NSDAP-Feierstunde am Vorabend des Führer-Geburtstages. Nicht nur als Staatsrat, auch als Dirigent, denn er bescherte die in Vollwichs angetretene Corona mit Bach und Beethovens Neunter. Zwischen den Programmtiteln hielt Goebbels eine markige Geburtstagsrede auf Hitler, die zu Beginn auch eine captatio benevolentiae an Furtwängler enthielt, der gerade »die Kunst des Reichs« auf einer Konzertreise nach Stockholm, Uppsala, Malmö und Kopenhagen »so ausnehmend glänzend« vertreten habe. Furtwängler – der Größte, der Unerreichbare, der Helfer, der Heros, »der einzig wirkliche Beweis für die künstlerische Großtat des neuen Großdeutschlands«.[25]

In keiner Dokumentation über die Berliner Philharmoniker und Furtwängler, in keiner Biographie über den Dirigenten (nicht einmal in der ›politischen‹ von Curt Riess, die noch zu Lebzeiten Furtwänglers erschien und dessen ›großes Unbehagen‹ hervorrief), in keiner ›Sekretärinnen-Erinnerung‹ taucht dieses Konzert zu Ehren Hitlers auf. Man hat es geflissentlich ausgelassen. Fred Prieberg dokumentiert den »Zufallsfund«[26], den man nun gewiß nicht damit abtun kann, das Ganze sei ja nichts weiter als eine Lappalie, eine Bagatelle gewesen. Wer 1942, als Hunderttausende in den Gaskammern auf grauenhafteste Weise umkamen, den Initiator des ›Holocaust‹ mit Beethovens Neunter feierte, im exklusiven Kreis, nichts als Mörder, Erpresser, Haudegen und Kriminelle im Parkett, der muß sich dabei doch etwas gedacht haben. Es gibt keine Naivität, die so weit reicht, den Nutzen eines solchen Unternehmens für die Sache des Dritten Reichs nicht zu erkennen. Der ›Völkische Beobachter‹ schlachtete die Beteiligung Furtwänglers an der »grandiosen Demonstration für den Führer« bis ins Detail aus.[27] So laut und eindringlich wurde herumgetönt, daß selbst die Emigranten im Norden und Süden und in Amerika aufmerkten und sich sagten: Da sieht man's wieder, der Furtwängler! Sollten Bronislav Huberman und Hanns Eisler recht behalten?

Man fragt sich, wieso Furtwängler dieses eine Mal (und nur dieses eine Mal?) genau das tat, was er sich sonst geschworen hatte, nicht zu tun, nämlich »der Räuberbande in den Arsch zu kriechen« – wie es Werner Krauss anstelle des Freundes interpretierte.[28] Aus der ›geistigen Hinterlassenschaft‹ Furtwänglers wird uns keine Antwort zuteil, die noch lebenden Zeugen schweigen sich aus. Und doch muß man nach einer Erklärung für diese seltsam-makabre Verhaltensweise suchen. Prieberg deutet eine Aufschlüsselung an: Furtwängler wollte sich Deckung durch Goebbels verschaffen, weil die Auseinandersetzung mit Karajan gerade hohe Wellen schlug, der »an der Verdrängung des Älteren arbeitete«. Etwa zur gleichen Zeit wurde Furtwängler zugetragen, Karajans Konzertagent sei ein Betrüger großen Stils (was er fünfzehn Jahre zuvor tatsächlich gewesen war). Goebbels wurde informiert, und der reagierte höchst empfindlich. Der Agent erhielt Arbeitsverbot und wurde aus der Reichsmusikkammer ausgeschlossen. Damit war Karajan, bis auf die Arbeit an der Staatsoper, isoliert. Furtwängler »atmete Freiheit«.[29]

Wer inzwischen zur Kenntnis genommen hat, mit welchen Methoden Karajan sich im Dritten Reich durchzusetzen versuchte, dem wird Furtwänglers Vorgehen durchaus verständlich erscheinen. Das ›Karajan-Syndrom‹! Man muß es unbedingt mit in die Analyse einbringen. Nicht um Furtwängler zu rechtfertigen, sondern: ihn zu verstehen. Mit Adorno sollte man sagen: »Das Allerplausibelste verkehrt sich jener verhärteten wissenschaftlichen Gesinnung, die ihr Ethos daran hat, gegen die Erfahrung der Gegenstände sich blind zu machen und nur Reflexe darauf zu studieren, zum spekulativen Dogma.« Wer, um das Phänomen Furtwängler zu erklären, sich etwa auf die von Elisabeth Schwarzkopf herausgegebenen Erinnerungen ihres Mannes Walter Legge beruft,[30] wer glaubt, daß die mit Furtwängler zusammenwirkenden Intendanten und Assistenten in ihren mehr oder weniger geschickt zusammengebastelten Memoiren der Weisheit letzten Schluß über Dasein und Sosein des Dirigenten geliefert hätten, der muß damit zufrieden sein, daß sich ihnen nicht der ›wahre‹ Mensch und Künstler Furtwängler zeigt, sondern ein Popanz, eine Marionette. Es bedarf keines sentimentalisch-glorioler Mumifizierungsversuches, um die Erinnerung an ›den Größten‹ wachzuhalten, sondern durchaus raffinierter, ehrlicher Erhebungsmethoden, um in Sachen Furtwängler mit einem befriedigenden Resultat belohnt zu werden. Die Synthesis aus all dem, was man über ihn weiß (oder wissen sollte), ist lange vertagt worden; sie wird sich freilich auch nur als ein Annäherungsverfahren erweisen, denn die Dechiffrierung der meisten Regungen eines vor allem an die Kunst gebundenen Lebens wird, wie schon Max Weber feststellte, eine Utopie bleiben.

Wer in einer so brisant politischen Zeit dicht am ›Focus‹ seine Kunst vertrat und offenbarte, geriet ohne Rücksicht in das Fahrwasser der gefährlichen Machtströme. Es ist niemandem zu verdenken, wenn er Furtwängler als eine Kapazität definiert, die auf die eine oder andere Weise dem Regime zu Prestige und sogar Glaubwürdigkeit verhalf. Doch das ist, wie immer bei solchen Definitionen, die mehr dem Gefühl als dem Intellekt entstammen, nur die halbe Wahrheit. Auf der Waage der Gerechtigkeit wird garantiert die Schale weit nach unten ziehen, auf der sich Furtwänglers anti-nationalsozialistische Taten türmen. Wozu gehört, daß er Anfang September 1943, die eigene Sicherheit aufs Spiel setzend, die ›Absperrungsvorrichtungen‹ zu Goebbels und Göring durchbrach, um den jungen, von ihm als äußerst befähigt erkannten Pianisten Karlrobert Kreiten vor dem Fallbeil in Plötzensee zu retten, der von einem Standgericht verurteilt worden war, weil er im Freundeskreis gemeint hatte, es müsse wohl bald mit dem Dritten Reich zu Ende gehen. Furtwänglers persönlich überbrachtes Gnadengesuch wurde abgelehnt und er selber verwarnt, sich nie wieder in die ›Interna‹ des Sicherheitsdienstes einzumischen.[31] Hans Hinkel: »Der funkt überall dazwischen. Warum läuft der noch frei herum?«[32] Erwähnt werden muß auch, daß sich Furtwängler weigerte, nach dem gewonnenen Frankreich-Feldzug die Berliner Philharmoniker auf ihren Konzertreisen durch Frankreich zu begleiten. Das mochten andere tun. Böhm und Krauss waren immerzu »irgendwo vor oder hinter dem Westwall anzutreffen« (Bockelmann).

Schicksalhaft, daß Furtwänglers Vita so eng mit den politischen Ereignissen der dreißiger und vierziger Jahren verknüpft ist. Die Auseinandersetzung um Pro und Contra nimmt so vieles von dem musikalischen Ingenium weg, das sich uns, den Nachgeborenen, als einzigartig darstellt. Das Halogenlicht der ungezählten Scheinwerfer, die Woche für Woche Karajan in den Konzerthallen und Studios von außen bestrahlen, mag für den Augenblick, wie es in einem Werbeprospekt seiner Produktionsfirma heißt, »das gleißendste aller Zeiten« sein. Es ist auch viel Gleißnerisches dabei, und das ›innere Licht‹, das Furtwängler durch seine Interpretationen in Millionen von Menschen rund um den Globus erzeugte und erweckte, wird beständiger sein als das künstlich mit allen Mitteln neuzeitlicher Technik erschaffene. »Das Licht Jupiters aber«, schreibt Seneca, »kommt aus dem Auge, dem Herzen und dem Sinn. Es leuchtet anders als die Sonne, versengt nicht und verbrennt nicht, es wärmt und ist dem Odem gleichzusetzen, durch den wir leben.«

Man kann vor der Geschichte nichts erzwingen. Die Wahrheit kommt irgendwie immer an den Tag, ob man sie nun akzeptiert oder nicht. Gleich nach dem Tode Furtwänglers erschienen in Amerika die ersten nahezu kompletten Akten, die Karajans braune politische Vergangenheit bezeugten. Walter Legge, einer der einflußreichsten Schallplatten-Produzenten, der bestimmen konnte, wer ›oben‹ sein durfte und wer nicht, Ehemann der Schwarzkopf, beschloß, daß diese »schamlosen« Enthüllungen in Europa, zumindest in der Bundesrepublik Deutschland, in der Schweiz und in Österreich, unberücksichtigt und unveröffentlicht blieben, um den Ruf des »einzig legitimierten Furtwängler-Nachfolgers« nicht zu ruinieren.[33] Legge war es, der das ›Karajan-Syndrom‹ in Furtwängler wieder voll aufbrechen ließ. Es gab einen Vertrag mit EMI/Electrola, die Salzburger ›Zauberflöte‹ mit den Wiener Philharmonikern, Irmgard Seefried, Wilma Lipp, Anton Dermota, Josef Greindl und Paul Schöffler im August 1951 aufzuzeichnen. Furtwängler freute sich auf diese Aufgabe, denn er hatte das Werk bisher noch nicht für die Phono-Industrie eingespielt. Nach drei Aufführungen in der Saison sollten die Proben beginnen. Und sie begannen auch, aber ohne Furtwängler. Legge hatte anders entschieden. Er setzte nicht mehr auf den ›Alten‹. Karajan hieß seine Devise. Elisabeth Furtwängler: »Ohne meinem Mann auch nur ein Sterbenswörtchen zu sagen. Ein Handstreich!« Die Seefried kam an, die Lipp genierte sich. »Herr Doktor, was sollen wir bloß machen? Wir können doch dem Legge nicht absagen!«[34]

Die Wunschvorstellungen des Platten-›Papstes‹ Legge und seiner Ehefrau, die historischen Abläufe nach ihrem Gusto zurechtzuklittern, gingen nicht in Erfüllung. Aber immerhin schaffte man es, zweieinhalb Jahrzehnte hindurch das ›Geheimnis‹, das ja für die Insider gar keines war, zu bewahren. Karajan mystifizierte sich selber, die Schwarzkopf tat ihre gute Gesinnung sogar in Israel kund, behandküßt von einer Garde alter masochistisch-gefallsüchtiger ›Verehrer‹, die kräftig mit an der Legende von der »sauberen politischen Vergangenheit der großen unvergleichbaren Primadonna« woben.[35] Sie war ja damals erst eben über zwanzig, was kann sie folglich bewirkt haben?[36] So argumentierte man. Das Ergebnis: Schwarzkopf-Schallplatten ließen sich in Jerez Israel wie die Semmeln, respektive Matzen, absetzen. Und Karajan wurde eifrig gegen Furtwängler ausgespielt.

Doch die Verhältnisse blieben nicht so. Ein junger Schweizer Autor, Robert C. Bachmann, und sein bundesdeutscher Kollege Fred Prieberg dokumentierten lückenlos, was wirklich geschah. Unerhörtes kam ans Licht. Und plötzlich ließ sich überdeutlich erkennen, warum der größte Dirigent dieses Jahrhunderts an einem ›Karajan-Syndrom‹ gelitten hatte. Das Paradoxe: Hat sich eine Legende einmal in den Köpfen der Menschen festgesetzt, dann kriegt man sie kaum aus diesen wieder heraus. Karajan profitiert noch immer von der Heiligsprechung durch diejenigen, die am meisten an ihm verdienten. Und Furtwänglers Platten sind nach wie vor in Israel verboten. Die von Böhm nicht, die von Krauss nicht... Viele Juden lieben ›Tristan‹ und den Mann im Halogenlicht. Kaum zu glauben, aber wahr.

Karajan verschloß sich der Nazi-Ideologie nicht. Furtwängler war felsenfest davon überzeugt, durch die Macht der Musik Deutschland gegen diese teuflische Ideologie verteidigen zu können. Zu Curt Riess soll er 1952 gesagt haben: »Ich bin nicht gegen die Partei direkt aufgetreten, weil ich mir sagte, dies sei nicht meines Amtes, und weil ich damit niemandem genützt hätte. Ich habe aber mit meiner Meinung nie hinter dem Berge gehalten. Als Künstler wollte ich dafür sorgen, daß wenigstens mein eigenes Gebiet unangetastet blieb. Hätte ich mich aktiv in die Politik gemischt, dann wäre meines Bleibens nicht gewesen. Ich wußte, daß eine einzige Aufführung eines großen deutschen Musikwerkes aus sich heraus eine stärkere und wesenhaftere Verneinung des Geistes von Buchenwald und Auschwitz war, als alle Worte es je hätten sein können. Man verstehe mich recht: Der Künstler selbst darf nicht unpolitisch sein. Er muß Stellung nehmen, denn er ist ein Mensch wie jeder andere. Als Staatsbürger ist der Künstler verpflichtet, seiner Überzeugung Ausdruck zu verleihen. Aber als Künstler, als Musiker, bin ich nicht nur Staatsbürger. Hier bin ich Deutscher in jenem ewigen Sinn, von dem der Genius der großen Musik Zeugnis gibt.«[37]

Ist einem Intellektuellen, der Furtwängler ja nun wirklich war, soviel Widersprüchliches und Widersinniges zuzutrauen? Die entsetzlichen Todesschreie von Buchenwald und Auschwitz zugedeckt und übertönt durch die ehernen, weltenbefreienden Klänge von Beethovens Neunter? Wie grotesk! Oder: Welch eine Tragödie in der Tragödie, für den, der so argumentierte. Thomas Mann schrieb dazu an Walter von Molo am 7. September 1945: »Ein Kapellmeister, der, von Hitler entsandt, in Zürich, Paris oder Budapest Beethoven dirigierte, machte sich einer obszönen Lüge schuldig – unter dem Vorwand, er sei ein Musiker und mache Musik, das sei alles. Lüge aber vor allem schon war diese Musik auch zu Hause. Wie durfte denn Beethovens ›Fidelio‹, diese geborene Festoper für den Tag der deutschen Selbstbefreiung, im Deutschland der zwölf Jahre nicht verboten sein? Es war ein Skandal, daß er nicht verboten war, sondern daß es hochkultivierte Aufführungen davon gab, daß sich Sänger fanden, ihn zu singen, Musiker, ihn zu spielen, ein Publikum, ihm zu lauschen. Denn welchen Stumpfsinn brauchte es, in Himmlers Deutschland den ›Fidelio‹ zu hören, ohne das Gesicht mit den Händen zu bedecken und aus dem Saal zu stürzen!«[38]

Doch es gibt auch Zeugen der Zeit, die das anders sehen. Zum Beispiel der Sozialdemokrat Willy Brandt. Er hatte Furtwängler Mitte der Dreißiger in der Berliner Philharmonie erlebt und sich mit etlichen Genossen davon beeindrucken lassen, daß der große Dirigent »das andere, bessere Deutschland« vertrat. In einem Fernsehinterview zu seinem 70. Geburtstag sprach er davon, auf welche Weise Furtwängler gänzlich andere Ideale verkündete als die nationalsozialistischen Machthaber.[39] Und daß dieser Mann es »ehrlich« gemeint habe. Auch von Naivität war die Rede. Nicht aber von Verdrängung, Kontemplation oder Dummheit. Brandt, der Sozialist, vermochte Furtwängler zu begreifen, verstand dessen Verhaltensweise. War ›Beethoven contra Auschwitz‹, denn das ist ja die Quintessenz der angeblichen Aussagen Furtwänglers, doch nicht nur eine aufgedonnerte Phrase?

Wer der Musik soviel Macht, soviel positive Gewalt zubilligt, muß von ihr besessen sein. Besessenheit aber entzieht sich leicht den etablierten Kriterien. Allzu leicht, so flicht man zweifelnd und zögernd ein, mischt sich ihr Betrügerisches, Ideologisches, Sektiererisches bei. Doch bei Furtwängler, in dem, was er uns war und was er uns als akustisches Vermächtnis hinterlassen hat, bedeutet Besessenheit etwas Eindeutiges: Nämlich das Durchbrechen des absoluten Geistes in die reinen Bereiche der Kunst, die sich der immanenten Logik uneingeschränkt überantwortet. Furtwängler – der Goethe-Mensch!

Elternhaus

Nicht erst Sigmund Freud und C. G. Jung haben die Bedeutung der Kindheit, ihre latenten und aktiven Erfahrungen, für die Mannesjahre herausgestrichen. Was in den frühesten Tagen der Bewußtwerdung ›angelegt‹ wird, stimuliert späterhin die Verhaltensweisen. Auch dem bürgerlichen Jahrhundert waren solche Erkenntnisse gemäß, und sie bestimmten weithin die klassische Anthropologie. Nicht erst Biographen der Neuzeit leuchten jeden Winkel in der juvenilen Phase ihrer darzustellenden Objekte peinlichst genau aus, »um den Anlaß zum Keimen eines Genies schon in den Vorstadien zu den Artikulationsmechanismen festzustellen« (Jung), auch die Humboldt-Schule spekulierte längst mit diesem Verfahren, freilich noch mit prekärer Logik und ohne die Grundlagen der Psychoanalyse. Wenn Hegel forderte, daß das Wesen erscheinen müsse, sowohl in den manifesten gesellschaftlichen Phänomenen wie in den künstlerischen, so bezogen die frühen Soziologen und Verhaltensforscher das ohne weiteres auch auf die Ergründung ›infantiler‹ Entstehungs- und Entwicklungsprozesse. Für manchen Geist sei es heilsam, spätere Entscheidungen an Einfluß und Macht des Elternhauses zu messen, befand Pestalozzi. »Sag mir, wer du als Kind warst, und ich sage dir, wer du bist!« formulierte etwas pauschal, aber dennoch durch die Erfahrung legitimiert, daß sich Persönlichkeit in einem Medium zwischen Erbanteil und Gesellschaft entwickle, Karl Marx.

Man kann das exemplarisch an der Vita Wilhelm Furtwänglers ablesen. Kaum ein geistiges Verhaltensmuster, das er später an den Tag legte, ohne Bezug zu den allerfrühesten

Erfahrungen im Elternhaus. Wenn er 1946, sechzig Jahre alt, schrieb: »... die Liebe zu meiner Heimat und meinem Volke, die ein körperlich-seelisches Ding ist...«, so bezieht er sich damit fast instinktiv auf ein moralisches Gebot, auf einen kategorischen Imperativ, den ihm schon Vater und Mutter nicht nur vorlebten, sondern als ordre du coeur geradezu ins Bewußtsein implantierten. Das Furtwänglersche Elternhaus entließ seine Kinder nicht ohne Vereidigung auf die Tradition, auf die ›hohen deutschen Werte‹, inkarniert in Goethe, Schiller und Beethoven. Und deren Abkömmlinge, Epigonen wie selbstsichere Existenzen, galten als Tagesgötter: Freytag und Dahn, Harnack und Nietzsche, Mommsen und Bismarck, kurzum jene, für die das Eigenschaftswort (oder mehr noch: die Eigenschaft) deutsch ein Absolutum war: »Ein Sanctus ohnegleichen!« (Stefan George).

Befaßte man sich im Hause des Archäologen Adolf Furtwängler (1853–1907) aus professionellen Gründen auch vordringlich mit griechisch-hellenistischer Thematik, so geschah das alles doch stets durch die teutonische Brille, die aufzusetzen niemand vergaß, erging er sich in ideellen wie praktischen Erwägungen, das antike Griechenland und seinen Einfluß auf die ›Moderne‹ betreffend. Diese ›griechischen Germanen‹, zu denen sich mit Hingabe Richard Strauss zählte, waren ein seltsam zwitteriges Geschlecht. Ihr ›Zeus-Glaube‹ tendierte im Zeichen der großdeutschen Erstarkung immer mehr zu einem ›Wotans-Glauben‹, wie denn auch die Bildhauer jener Zeit, von Bertel Thorwaldsen bis Peter Breuer, Franz Stuck und Adolf Hildebrand, ihren ›body building‹-Gestalten zwar griechische Namen und Bezeichnungen gaben, aber typisch nordische Ingredienzien. Ein Achill von 1880 hat die Kolossal-Figur des ›Eisernen Kanzlers‹ und ein Gesicht wie die Hohenzollern; die olympischen Attribute wirken wie aus den gerade entstehenden Museen und Glyptotheken entliehen.

Der antike Geist Griechenlands – oder was man dafür hält – belebt das Haus Furtwängler in Schwabing vor den Toren Münchens. Eine ehemaliges Jagdhaus des wittelsbachischen Lohengrins: Ludwig II. Es ist umwiest wie die Dependance am Tegernsee, die man sich von dem einträglichen Salär als Universitätsprofessor und Ständiger Berater für fast alle wichtigen europäischen Antiken-Sammlungen leisten kann, die ›Tanneck‹ heißt und beinahe ›Tannenberg‹ genannt worden wäre, weil ihre Fundamente in einem winzigen Hügel eingelassen sind. Doch es bleibt bei ›Tanneck‹ und die zufällige Beziehung zu einem späteren Ort zweifelhafter preußischer Grandeur, dem ›Hindenburgion‹, muß unausgespielt bleiben. Im Jagdhaus, zu einer repräsentativen Villa umgestaltet, und im idyllischen ›Tanneck‹ versammelt Adolf Furtwängler jene Münchner und – gastweise – Berliner Utilités um sich, die sich griechisch gerieren, aber preußisch denken. Zwar verwaltet Professor Adolf die archäologische Pfründe an der bajuwarischen Alma mater und die schöne von Ludwig I. begründete Glyptothek, doch mit den Bayern tut er sich schwer, weswegen man ihn hinter der Hand auch den ›Scherben-Preußen‹ nennt, der die Kunstschätze der Antike zusammentöpfert und ungezählte grundgescheite Werke über ›Mykenische Vasen‹, die ›Bronzen von Olympia‹ und ›Griechische Originalstatuen‹ schreibt. Adolf Furtwängler zählt zur Münchner Prominenz, aber Münchner wird er nie. In seinem Salon hängen keine Porträts der Wittelsbacher, sondern preußische Miniaturen und Stahlstiche von preußischen Schlachten, die seltsam zu den antiken Interieurs kontrastieren.

Es sind nur wenige ›Aussässige‹, die im akademischen Kunstleben Münchens eine Rolle spielen, und man hätte meinen können, sie wären gern und überhaupt zu einer Art von Solidargemeinschaft zusammengekommen. Die meisten der ›Zugeroasten‹ haben nämlich in den Augen sowohl der bayerischen als auch der großdeutschen Patrioten einen erheblichen Makel: sie sind ›mosaischen Glaubens‹, wie zum Beispiel die Pringsheims. Der Mathematiker Alfred Pringsheim und seine Frau Hedwig, geborene Dohm, führen ein offenes Haus für die ›jeunesses‹ der Kunst, die sich nach und nach in Schwabing ansammeln und das Klima der Isar-Metropole verpesten – wie die Konservativen meinen. Das Haus Furtwängler pflegt keine Kontakte mit dem Haus

Pringsheim. Eben darum. Und Professor Alfred muß des öfteren vernehmen, was Professor Adolf laut und ohne Umschweife über die semitischen Kulturbanausen sagt, daß sie nämlich den ganzen mediterranen Kreis mit ihrer Ideologe »versaut« und nicht wenig zum Untergang des alten Hellas beigetragen hätten. Es wundert eigentlich nicht, wenn in der nächsten Generation die Sprossen beider Sippen kaum Interesse füreinander aufbringen und im Fall des Falles geradezu ungeschlacht übereinander herfallen. Katia Pringsheim, verehelichte Frau Thomas Mann, weiß – wie ihr bestens informierter Gatte – um das ›Geschichtsbild‹ der Furtwänglers, von dem sie auch, haarklein, ihren überintelligenten Kindern, Klaus und Erika, erzählt. Die Aversion gegen Adolf Furtwänglers Sohn Wilhelm, der es zu Weltruhm bringt, entspringt dem Wissen über das ›teutonische Gebaren‹ in der Familie des ›Scherben-Preußen‹. Thomas Mann wird nach dem Zweiten Weltkrieg sein Verdikt gegen den Dirigenten aus der Mitteilsamkeit seiner Frau und Schwiegereltern anreichern, und seine Kinder steigern die Antipathie zu leidenschaftlichem Haß.

Adolf Furtwängler wird nicht nur als besonders preußenhörig beschrieben, sondern auch als arrogant und zynisch. Er durfte sich auf seinen Ruf etwas einbilden; weit und breit keine Kapazität in seinem Metier, die auch nur annähernd über den gleichen Wissensstand wie er verfügte. In den Jahren 1878/1879 war er bei den Ausgrabungen in Olympia dabeigewesen und überraschte die Koryphäen mit mancherlei raschen Analysen und Kombinationen. In seiner Heimatstadt Freiburg im Breisgau hatte er studiert, dann in Leipzig und München und nun, nach dem ›Abenteuer Olympia‹, habilitiert »und von einem ausgezeichneten Ruf verfolgt«, wie er selber bekundete, fand er an den Königlichen Museen zu Berlin eine gutdotierte Anstellung. Das war 1880. Vier Jahre später durfte er die Ernennungsurkunde zum außerordentlichen Professor an der Alma mater Spree-Athens entgegennehmen. Als er 1894 nach München berufen wurde, verwandelte sich das ›außerordentlich‹ in ›ordentlich‹, was sich auch materiell äußerst günstig niederschlug, und da ihn das Lese-Soll nicht gänzlich ausfüllte, akzeptierte er auch noch die Position des Konservators im Museum der Gipsabdrücke. Prinzregent Luitpold fand des öfteren Anlaß, seine Fingerfertigkeit zu loben, wenn der Gelehrte aufgefordert wurde, dem anstelle seines schwachsinnigen Neffen regierenden Landesvater die Zusammensetzung einer vom Zahn der Zeit beinahe bis zur Unkenntlichkeit zerstörten Vase oder Urne ad oculos zu demonstrieren.

Luitpold war ein Scherzbold und versprach dem zu diesem Anerbieten gezwungenermaßen lächelnden Wissenschaftler, alle zerdepperten Tassen und Kannen des Schlosses herbeizuschaffen, damit auch diese von so kundiger Hand wieder instandgesetzt würden. Das Schulterklopfen und die bigotten Sprüchlein des ›alten Herrn‹ mußte Professor Adolf ertragen, denn der Serenissimus zeigte sich ansonsten überaus spendabel, steckte ihm gelegentlich nicht nur am Ende der Visite in der Glyptothek einen hübschen Orden an, sondern finanzierte auch üppig weitere Ausgrabungen und Untersuchungen ›an der antiken Front‹. So konnte Adolf Furtwängler 1901 Teile des Athenatempels in Ägina bloßlegen und 1903 die Aufdeckung des Orchomenos leiten.[1]

Das war was. Alle Welt staunte. Nicht nur die Blätter der Wissenschaft berichteten pausenlos über den eifrigen und erfolgreichen Ausgraber, der – wie es Luitpold in seiner derben Art formulierte – die Münchner Museen und Schlösser »mit dem alten Geröll und fürchterlich zerschneckelten Gelumpe« anfüllte, sondern auch die sogenannten ›Gesellschaftsblätter‹, die dem wilhelminischen ›Set‹ auf der Spur waren und deren Reporter denen der Yellow-press des Atomzeitalters in nichts nachstanden. ›Sport und Gesellschaft‹ zeigte den ›Scherben-Preußen‹ Anno 1904 in der Pose eines Siegers über das bei Ägina ausgegrabene Monster: mit dem Fuß auf dem Kopf des geduckten Sphinx, die Rechte zum Victory-Gruß nach oben ausgestreckt, Schweißperlen an den Enden des stattlichen ›Es-ist-erreicht‹-Schnurrbartes. Während Professor Adolf in der Ägäis und auf dem griechischen Festland herumwirtschaftete, versorgte daheim in München Frau Adelheid Haus und Herd. Die geborene

Wendt, Tochter des Karlsruher Gymnasialdirektors und badischen Geheimrates Gustav Wendt und der Anna Dohrn, war nach der Einschätzung des Bildhauers Adolf von Hildebrand ein ›fleißiges Lieschen‹, die den umfangreichen Haushalt in Schwung hielt und daneben auch noch Zeit zu allerhand Kunstpflege fand. In ihrem Elternhaus war sie Johannes Brahms begegnet, der des öfteren mit ›Geheimrats‹ nach Thun in die Sommerfrische reiste und dem der ebenfalls auf den Griechenkult eingeschworene Pädagoge seine Sophokles-Übertragungen widmete. Bei den Wendts hatte Meister Johannes die eine oder andere Komposition ›ausprobiert‹, weil er wußte, daß ihm bei jenen ›ehrliche Kritik entgegenschlug‹. Manchmal lud Brahms, immer spendabel, die Karlsruher auch nach Bad Ischl ein, und einer der letzten, mit dem er insgeheim kaum noch zum Sprechen fähig, konferierte, war Gustav Wendt.[2]

Die ›Brahms-Tradition‹, der sich Adelheid Furtwängler-Wendt verpflichtet fühlte und in die sie ihren Ehemann einband, stand natürlich den musikalischen Gepflogenheiten und Tendenzen der Münchner um 1900 strikt entgegen. An der Isar regierten die Wagnerianer, die auf ihr ›Richardl‹ nichts kommen ließen, auch wenn sich der ›Meister‹ ihrem Märchenkönig Ludwig gegenüber allzu schnöde, ausnehmerisch und betrügerisch benommen hatte. »Mit dem Wagner sind wir was, ohne ihn sind wir gar nichts!« erklärte Regent Luitpold, schuf als Konkurrenz zu Bayreuth das akustisch außerordentlich günstige Prinzregenten-Theater und kümmerte sich ›einen Dreck‹ darum, wenn Witwe Cosima wilde Bannflüche gen München ausstieß, weil man dort in Regie und Interpretation ihren seligen Richard »von allen Seiten schamlos vergewaltige«.

Im Hause Furtwängler wurde also um den Erfinder des Musikdramas ›wenig Gewese‹ gemacht. Auch so eine ›Ausnahmeerscheinung‹, an der sich die anderen wissenschaftlichen und gesellschaftlichen Großkopfeten, wie zum Beispiel die Pringsheims, entsetzlich rieben. Ohne Wagner war man nicht ›in‹. Diese preußischen Kulturbanausen mit ihrem stocksteifen Brahms! Adelheid Furtwängler taten solche Ein-

oder Geringschätzungen nicht das geringste an. Sie war viel zu fidel, unprätentiös und über das Floskelhafte der bajuwarischen High-Society erhaben, als daß sie sich wegen des Bayreuthers mit irgend jemand angelegt hätte. Musik spielte für sie eine große Rolle, aber war doch kein Medium, Zwietracht zu säen oder gesellschaftliche Fehden heraufzubeschwören.

Adelheid und Adolf Furtwängler waren sich in vielem einig, ihre Ehe wird als glücklich beschrieben, doch sie müssen auch stark unterschiedliche Wesensmerkmale gehabt haben. Gegensätze ziehen sich an. Der bewußte, von seiner Arbeit besessene, manchmal cholerische Alemanne und die nonchalante, mütterliche, oft mehr instinktiv als intellektuell reagierende Preußin. Wir wüßten über das ›Erbgut‹ der beiden wenig auszusagen, könnten wir nicht einen Vorteil aus jener perfiden Gesetzgebung der Nationalsozialisten ziehen, die es jedem deutschen Staatsbürger aus Gründen der ›Rassehygiene‹ auferlegte, dem ›Ruf des Blutes‹ zu folgen und genealogische Forschungen bis ins Aschgraue zurück zu betreiben. Der Ahnenpaß des Dirigenten Wilhelm Furtwängler bewies eine ›kerndeutsche Substanz bis weit ins Mittelalter hinein‹. In manchen genealogischen Forschungsberichten aus den Enddreißigern wird der Stammbaum der Furtwänglers – wie jener der Knappertsbuschs! – als ein Dokument »des arischen Triumphes und Durchsetzungsvermögens wider die semitischen und ostischen Vermischungstendenzen einer okkupationsbesessenen Unterschicht« angeführt. Der völkische Musikologe Friedrich Herzfeld beeilte sich, in der ersten ausführlichen Furtwängler-Biographie (1941) die »durch intensive Stammeskunde« gewonnenen Fakten ausführlich mit der Irrelevanz der nationalsozialistischen ›Blut-und-Boden-Theorie‹ zu verknüpfen. Was mag der Dirigent sich wohl bei der Lektüre gedacht haben, als er zu den amorphen und widersinnigen Beschreibungen seiner ›gottvollen Rasse‹ vorstieß, die Herzfeld zudem noch unter der Überschrift ›Blut‹ krude und fürchterlich aufblähte?[3] 1950 beeilte sich der seltsame Ahnenforscher, seine zehn Jahre zuvor gesammelten Erkenntnisse einer Revision zu unterziehen. Von ›Blut‹ und ›rassigster Rasse‹ war nun nicht mehr die Rede, und was ›unter dem Diktat der Nazis‹ entstanden, so hieß es nun, sei nur deswegen publiziert worden, weil er, Herzfeld, als Halbjude »gar nicht anders« habe argumentieren können. Die glut- und blutvollen Auslassungen über Furtwängler hätten ihn »gedeckt«, ihn »über die Fährnisse der Zeiten« gebracht, und ganz bestimmt habe er »mit dem größten Einverständnis des weltberühmten Dirigenten« gehandelt.

Nehmen wir aus dem hybriden Gewusel des angeblich halbjüdischen Nationalsozialisten Friedrich Herzfeld[4] nur die Konkreta: Demzufolge liegt am Ende des Katzensteintals im Schwarzwald das ›Furtwängle‹, ein ansehnlicher Bergbauernhof mit tief herabgezogenen Dächern und einer bis zur Wende zum 14. Jahrhundert zurückreichenden Tradition. Wo Brig und Elz ihre Quellen haben, unweit der Gemeinde Furtwangen, siedelten die Furtwänglers, die neben dem Viehweiden, der Kelterei, dem Fischfang und dem Obstanbau von morgens bis abends für nichts anderes als die Reinhaltung ihrer seit Urzeiten arischen Sippe Gedanken hatten. So liest es sich jedenfalls bei Herzfeld. Auch die nach Schwefeldobel und ins Heubachtal abgewanderten Furtwänglers sollen »Blut und Boden bis ins Mark treu« geblieben sein, ohne daß der Chronist definiert, was dieses zu bedeuten hatte.

Kurz vor der Wende zum 18. Jahrhundert ist Bernhard Furtwängler der pater familias, die folgenden Stammhalter hörten auf die vielgebräuchlichen Namen Georg, Martin und Michael. Bis Bartholomäus Furtwängler (1772–1845) einer Art von Mutation anheimfiel, da es ihn nicht mehr ständig auf seinem Anwesen hielt. Mit seinem Eselsgespann klapperte er die nächstliegenden Städte und Märkte ab. Sie nannten ihn Schmittebartle, weil er am Ende seiner Tage in einer abseits gelegenen Waldschmiede hauste.

Mit einer geborenen Dodd hatte Schmittebartle ein Dutzend Kinder gezeugt: einige zogen nach Amerika, wo sie es zu Ansehen brachten, der Philipp entschloß sich, Orgelbauer zu werden, während die sechs Jüngsten allesamt das Uhrmacherhandwerk erlernten. Der Lorenz baute, wie sich rasch herausstellte, die besten Schwarzwälder Kuckucksuhren. Er, der Schmittelenz, gründete 1868 eine Uhrenfabrik, deren Fabrikate nicht nur einen verblüffend echten Kuckucksruf beim Viertel-, Halb- und Vollschlag erschallen ließen, sondern auch auf Westminster-Gang umgeschaltet werden konnten: deutsche Kuckucke mit britischem Parlamentston... Die Firma ›Lorenz Furtwängler und Söhne‹ florierte viele Jahrzehnte hindurch, bis die Kuckucksuhren ein wenig aus der Mode kamen.

Was der Schmittelenz im Handwerklichen an Hervorragendem leistete, das bewies sein Bruder Wilhelm, der Schmittewill, auf dem geistigen Sektor. Er interessierte sich für das Lateinische und Griechische, las mit Eifer Schwabs Heldensagen und Simrocks Geschichten über die germanischen Volksbräuche. Schmittebartle schickte ihn nach Freiburg aufs Gymnasium, was zwar eine Stange Geld kostete, aber er hatte das Gefühl, der fleißige Bub würde die Ausgaben schon irgendwie wettmachen. Nach dem Maturum beschloß Schmittewill, es mit der Theologie zu versuchen, doch es haperte an Frömmigkeit. Wem die alten Germanen und Griechen Liebfreund sind, der hält meist nicht allzuviel von den christlichen Dogmen. Und so warf sich der Herr Studiosus aus dem Furtwängle auf die Archäologie, von der die Seinen nur die Vorstellung hatten, sie müsse etwas mit komplizierten Vornamen zu tun haben, denn wurde in der umfänglichen Sippe ein Kindlein geboren, so beschwätzte der Schmittewill die Eltern und Taufpaten, doch von den langweiligen alemannischen Namen abzurücken und statt dessen wohlklingende aus dem klassischen Hellas zu erwählen. Tatsächlich entdeckten die Genealogen für eine oder zwei Generationen hindurch im Katzensteintal und im Heubachtal Furtwänglers, die Hektor, Archimedes, Charitas oder Konkordia gerufen wurden.

Leider war auch damals schon die Archäologie nicht in erster Linie eine Profession zum Broterwerb. Schmittewill wurde Gymnasialprofessor und leitete dann ein Dutzend Jahre hindurch das Berthold-Gymnasium zu Freiburg im

Breisgau, nachdem er sich in Heidelberg, Mannheim und Konstanz den Wind um die Nase hatte wehen lassen. Jedenfalls bezeichnete er sich als weitgereist und welterfahren. Seinen Wunschtraum, einmal nur an die Gestade von Hellas geworfen zu werden, konnte er sich freilich nicht erfüllen, dazu reichte der Inhalt seines Geldbeutels nicht aus. Desto eifriger gab er sich dem Studium der Schriften über Pindar und Sophokles, Archimedes und Aischylos hin. ›Großes‹ Wissen gedieh in ihm; er mußte es der Öffentlichkeit bekunden, und so kamen in einem Privatverlag unter hoher eigener Kostenbeteiligung seine neugefaßten Siegesgesänge Pindars und die Abhandlung ›Idee des Todes in den Mythen und Kunstdenkmälern der Griechen‹ heraus. Auch seine Frau mußte sich den ›antiken Launen‹ ihres weit über die Grenzen des Breisgaues geachteten ›Männle‹ unterwerfen, indem sie, von ihm Aurelia ›getauft‹, in klassisch-griechischen Gewändern herumzulaufen hatte.

Versteht sich, daß die Kinder von Schmittewill und Christine-Aurelia schon ihren Milchzwieback mit altgriechischen Aufmunterungszurufen eingepappt bekamen. Besonders der Drittgeborene, Adolf, reagierte zur Freude der Eltern äußerst positiv auf die graecophile Früherziehung. Die Fama will, daß er die Brust der Mama, die – wie damals üblich – auch noch den Zwei- und Dreijährigen gereicht wurde, mit einem erwartungsfrohen »Heureka!« begrüßte. So kann man mit einiger Gewißheit sagen, der nachmals so berühmte Griechen-Forscher habe seine Leidenschaft für das antike Hellas buchstäblich mit der Muttermilch eingesogen.

Werfen wir anhand der Herzfeldschen ›Blut‹-Analyse auch noch einen Blick auf den Stammbaum der Wendts, die seit der Zeit Johann Ciceros und Albrecht Achilles' (sic!) im Brandenburgischen beheimatet waren: Stadt- und Staatsbeamte in den erblühenden Residenzen, Höflinge, Parochiale, Patronatsherren, geschniegelt und gebügelt einherschreitende Gutbürger, die ländlichen Hautgoût verschmähten und über Bauern und Kätner die Nase rümpften. Den preußischen Potentaten und Junkern auf Gedeih und Verderb verpflichtet, schlugen sie sich – auch in geistiger Fehde – für die Sache der Zollern. Erzkonservativ, die Katholiken mit Hurenkindern gleichsetzend, für Zucht und Ordnung in schärfster Ausprägung eintretend. Kein Wunder, daß sich die strammen, Drill und Ordre gewohnten Wendtschen Kerle bestens als Zuchthausbeamte, Akziseure, ›Schniffler‹, Aktuariusse und Schulinspektoren eigneten. Die preußische Zuchtrute lag ihnen fest in der Hand. Herzfeld mildert diese ›Umstände‹ im Hinblick auf den ›hohen Rang‹ der späteren Wendtschen Nachfahren. Die brandenburgischen Ahnen Wilhelm Furtwänglers seien »Träger der alten gefestigten Kultur bester deutscher Geistesbildung« gewesen, schreibt er. Friedrich Wilhelm I. befiehlt dem Schuleffizienten von Strahlau, Hieronymus Wendt, keine Rücksicht walten zu lassen, wenn er die »Enfanten des Peubles grün und bleue traktire« und ihnen »die Scheysse bis an den Kragen treibe«. Solcher Verpflichtung war Karl Heinrich Wendt (1803–1859) ledig. Er unterrichtete als Preußischer Schulrat am Grauen Kloster zu Berlin die Knaben der Fahnenjunker und Hofchargen, darunter den widerborstigen, vor allem in den Naturwissenschaften völlig versagenden Otto von Bismarck.[5] Auch zu Posen, Stettin und Magdeburg vermittelte Wendt seine pädagogischen Kenntnisse, weswegen ihn am Ende seines Schul- und Staatsdienstes der Titel eines Staatsrates verliehen wurde, ein Prädikat, das dann auch seinen Urenkel Wilhelm Furtwängler schmücken sollte.

Staatsrat Karl Heinrich war, wie seine Vorfahren, äußerst zeugungsfreudig. Seine Liebe jedoch galt vor allem dem ältesten seiner fünf Söhne, Gustav, der in die Fußstapfen seines Vaters trat und ebenfalls seinen Weg als Pädagoge machte. Über Posen, Stettin, Greifenberg in Pommern und Hamm in Westfalen kam er nach Karlsruhe, wo es ihm oblag, das badische Schulwesen »gründlich auf das preußische Niveau hinaufzuprügeln«. Es dauerte eine Weile, ehe die behäbigen alemannischen Scholaren auf das blitzende ›Zack-zack!‹ des übereifrigen Preußen reagierten. Doch Gustav Wendt schaffte es unter der »allergnädigsten Anteilnahme seines Großherzogs«, das Karlsruher Elite-Gymnasium im Sinne der preußischen Erziehungstheorie ›zu reformieren‹.

Geheimrat wurde man darob. An der ›Penne‹ ein Tyrann, zu Hause ein generöser, pingelig und weitherzig zugleich um das Wohl seiner Familie besorgter Gatte und Vater. Brahms lobte seinen unerhörten Familiensinn, seine humanistischen Wertvorstellungen. »Ein Mann, der preußischen Ordnungstrieb mit antiker Liberalität verbindet!« Gustav Wendts Eheliebste, Anna Dohrn, stammte aus einer kunstsinnigen Familie, weit verzweigt im Preußischen. Ihre Ahnentafel durchsetzt von Wissenschaftlern, Schulmeistern, Dirigenten und Sängern. Ein Dohrn begründete die Zoologische Station zu Neapel, ein anderer befruchtete Jahrzehnte hindurch das Breslauer Musikleben, wieder ein anderer gehört zu den Mitbegründern der umstrittenen ›freigläubigen‹ Schule Hellerau bei Dresden. Dohrns wie Wendts sind aus der Geschichte des wissenschaftlich engagierten ›gehobenen Bürgertums‹ preußischer Provenienz nicht wegzudenken.

Die Wendts unterhielten in Karlsruhe einen musikalischen Salon, in dem sich traf, was gerade die Großherzogliche Bühne und den Konzertsaal frequentierte. Ignaz Brüll und Hans von Bülow, Joseph Joachim nebst Gattin Amalie Weiß, Ingeborg von Bronsart und August Bungert labten sich unter den schweren rotsammeten Baldachins, zwischen den Riesenpalmen, die in Gips nachgegossene griechische Kolossalstatuen befächterten (und deren Blößen kunstvoll abdeckten!), an den handfesten Butterbröten, die Madame Anna mit »Naturalien aus den Speisekammern märkischer Verwandter« belegte. Das war so richtig nach dem Geschmack von Brahms, der sich nicht genierte, in Anwesenheit der Karlsruher ›Hautevolaute‹ einen Brotkanten und ein Stück Speck mit dem Schälmesser ›über den Daumen‹ zu verspeisen. Manchmal musizierte Frau Anna mit, denn das Klavezimbelschlagen verstand sie auf vorzügliche Weise seit dem Kindesalter. Sie vererbte diese Fähigkeit ihrer ältesten Tochter, Mathilde. Kind Nummer fünf, Adelheid, hatte zwar auch viel Sinn für romantische Musik, doch sie zog es in erster Linie an die Staffelei. Sie malte ›klassisch‹, fotografisch genaue Porträts.

Wie Adolf Furtwängler die 1863 geborene Adelheid Wendt nahm, darüber hat sie – in Unkenntnis der stramm-nationalsozialistischen Haltung, die dieser bekundete, und nichtahnend, zu welcher idologischen Propaganda ihre Auskünfte dienen würden – Friedrich Herzfeld umfassende Auskunft gegeben. Das nimmt sich dann so aus: »Nur einen Abend lang... hatte sie Adolf Furtwängler gesehen, aber beide waren sich sofort einig, daß sie zueinander gehörten. In allem fühlten sie sich verbunden. Sie bewunderte die Würde und Reinheit seiner Hingabe an die leuchtende Welt der griechischen Kultur, und er war beglückt, wie mühelos sie in allem folgen konnte. Anscheinend war sie von jeher mit seinen Gedanken vertraut. Ihre Wesen schmolzen zusammen, wie wenn sie auch bisher, obwohl getrennt durch Zeit und Raum, für einander gelebt hätten. Er warb auch gleich um sie, und Adelheid Wendt wußte genau, daß sie ihm gehören werde. Aber schon am ersten Abend? Das verstieß allzusehr gegen die guten Regeln. Darum verschoben sie ihre Verlobung auf – den nächsten Abend.«[6] Das Ganze kriegt nun auch noch einen verklärenden Aspekt: »In Adelheid Wendt muß etwas Wunderbares vorgegangen sein, denn das Schicksal hatte bitter an ihr gehandelt. Ihre drei Schwestern Mathilde, Toni und Marie waren als bildschöne Mädchen der Stolz ihrer Eltern (sie heirateten, was Herzfeld geflissentlich übersieht, deutsche Juden, nämlich den Rechtsanwalt Otto Grumbacher, den Oberlandesgerichtsrat Karl Eller und den Kaufmann Helmut Sachs, Anm. d. Verf.)[7]. Adelheit aber hatte ein Geburtsfehler entstellt: ihre rechte Gesichtshälfte war verunstaltet. Das Augenlid umschloß den Augapfel nicht fest, was später in vielen Operationen gebessert, aber nie vollkommen geheilt werden konnte... Sie sei wohl sieben oder acht Jahre alt gewesen, als ihr zum erstenmal Gedanken über diese Entstellung kamen. Einmal sah sie sich im Spiegel und entdeckte dabei ihre Häßlichkeit. Dann dachte sie an die bildschönen Schwestern und fragte sich – wie in einem alten Märchen –, warum jene vom Schicksal so bevorzugt und sie so schwer geschlagen worden sei. Die Frage ging bald in Hadern über. Ein Druck umklammerte ihre junge Seele, die sich von der Last der bitteren Einsicht nicht mehr freimachen konnte. Warum war ihr so Schweres zuteil geworden? Als sie zum Mädchen heranwuchs, suchten ihre Gedanken einen Ausweg aus dieser Not. Das Schicksal, so sagte sie sich, müsse ihr irgendwie entgelten, was es ihr angetan habe. Mit etwas Großem und Schönem müsse sie entschädigt werden... Als sie wohl zwölf oder dreizehn Jahre alt war, kam ihr immer deutlicher zu Bewußtsein, womit das Schicksal sie allein entschädigen könne: mit einem großen Sohn. Daß ihr ein großer Sohn geschenkt werden müsse, das trug Adelheid Wendt seitdem als feste, tröstende, ja sogar beglückende Gewißheit in sich. Als sie nun Adolf Furtwängler gefunden und sich ihm verbunden hatte, stand zur Entscheidung, ob das Schicksal ihr diese geheime Sehnsucht stillen werde.«[8]

Vielleicht war es so, wenn auch aus der spätwilhelminischen Zeit Hunderte solcher Legenden und rührseligen Geschichten überliefert sind. Das häßliche junge Entlein, das entweder selber zum Schwan wird oder aber einen solchen, nach leidenschaftlichen Kontakten mit einer Persönlichkeit prinzlichen Ranges, hervorbringt. Jedenfalls beglückt das grundgütige Schicksal Adelheid Furtwängler-Wendt mit der Lösung ihrer Probleme im obigen Sinne: Am 25. Januar 1886 gebiert sie in der Berliner Wohnung, Maaßenstraße 25, Nähe Nollendorfplatz, ihren ersten Sohn. Er wird auf den Namen Gustav Heinrich Ernst Wilhelm Furtwängler getauft, gedeiht von Anfang an prächtig, der Abgott der Mutter, die in den nächsten Jahren, rasch hintereinander, einem weiteren Knaben, Walter, und zwei Mädchen, Mathilde und Marie, das Leben schenkt. Die Wohnung in der vierten Etage des ›Massenblocks‹ wird bald zu eng. Man zieht in die Nachbarschaft des Joachimsthalschen Gymnasiums, also nach ›Deutsch-Wilmersdorf‹, Nürnbergerstraße. Doch hier ist des Verweilens nicht lange, denn Professor Adolf erhält die Berufung nach München.

Über die Woche haben die Kinder wenig von ihrem Vater, doch an den Sonn- und Festtagen und in den Ferien, draußen im ›Tanneck‹, erschließt sich ihnen sein idealistisches Wesen. Als Graecophiler ist er natürlich von einem weitschweifigen Pantheismus, von der Allbeseeltheit der Natur, erfüllt.

Wanderungen und ausgiebige Untersuchungen der bodenständigen Flora und Fauna stehen auf der Tagesordnung. In den stillen Hainen ist man dem lieben Gott näher als in den finsteren Domen. Im ›Poseidonischen Element‹ und in der frischen Bergluft, beim Schwimmen und Turnen stählt man zudem die von den großstädtischen Bequemlichkeiten, wie Trambahn und Fiaker, geschwächten Muskeln. Ein guter Geist kann nur in einem gesunden Körper gedeihen. Adolf Furtwängler sagt die antiken Spruchweisheiten nicht nur so daher, er setzt sie – nach Maß und Möglichkeiten – auch gern in die Praxis um. Viel hält er von der olympischen Idee des alten Griechenlands, von gestähltem Willen und körperlicher Disziplin. Das sind schließlich auch preußische Tugenden. Das Deutsche Reich setzt, seiner Meinung nach, das griechische Erbe fort. Virtus ist keine römische Erfindung, sondern eine spartanische. Die Kinder müssen ›Reform-Kleidung‹ tragen. Die Mädchen werden nicht geschnürt, als es zum Schnüren Zeit wird, die Knaben vollbringen ihre Lockerungsübungen im ›Matrosen-Anzug‹. Der ist nicht nur luftdurchlässig, körperaktiv und unbelastend, sondern zugleich auch – sozusagen – patriotisch abgesteppt, denn Wilhelm II. läßt die stattliche Zahl seiner Söhne gern in diesem sportlichen ›dress‹ fotografieren, der noch keine Uniform ist, aber die jugendlichen Träger dennoch uniformiert. Wälder und Berge, Flußläufe und Seen, Adolf Furtwängler erschließt sie seinen Kindern auf natürliche Weise. Sie sollen späterhin nicht ›blinden Auges‹ durch die Landschaften eilen, sondern »Pan auf den Zweigen sehen« – wie es bei Walt Whitman heißt.

Der junge Wilhelm nimmt diesen Weg, den der Vater aufzeigt, an. Der pantheistische Wesenszug bleibt ihm das ganze Leben hindurch. Ohne gelegentliches Verschnaufen in der Natur funktionieren Körper und Geist nicht recht. Vor jedem Konzert treibt es ihn zwei oder drei Stunden hinaus in Wald und Flur, sich – wie er seinen Musikern erzählt – zu entstinken und gleichzeitig aufzuladen. Er kann weniger bekannte Pflanzen nach ihrer Art bestimmen, weiß Vögel durch ihren Gesang zu identifizieren, wird vom Frühlingsrauschen und durch Herbstfarben ungemein stimuliert. Allerdings: Naturerscheinungen vermögen seine Stimmungen bisweilen auch dunkel einzufärben. Einen Hang zu Melancholie stellt er bei sich selber sehr früh fest. Ein schwankend' Gemüt, das leicht verzagt, aber ebenso schnell wieder Oberwasser gewinnt, von der Idee geleitet, daß etwas Superiores sein Schicksal lenke und daß es auf Geleisen fahre, die es aus eigener Kraft nie verlassen könne.

›Willi‹ sammelt um sich herum eine Kleintier-Arche-Noah. An Großmutter Christiane und Tante Minna Furtwängler schreibt der Elfjährige: »Die Salamander leben so vergnügt im Springbrunnen, welcher jetzt auch eine Eidechse, heute gefangen, 16 Goldfische, 3 Ellritzen, 4 Forellenbarsche, über zwanzig Stichlinge, und allerlei andere Tiere, Pflanzen aller Art beherbergt...« Oder: »Auch die Salamander kamen sehr gut an, und jetzt sind sie alle im Aquarium. Neulich waren wir auch am Forellenbächlein, und fingen lauter Fische. Aber wieviel? 88. Ja, 88 kleine Stichlinge, darunter auch viele größere, fingen wir und einen Salamander. Gestern waren wir wieder dort, fingen aber noch viel mehr. Keiner, selbst der Papst wollte es uns nicht glauben, daß wir so viel gefangen hatten. Nicht 88, nein, auch nicht 176, was die doppelte Anzahl wäre, nein, 210 Stichlinge, darunter auch 2 Ellritzen, auch Pfrillen genannt, fingen wir. Allerdings kein Mannesalter, wie bei uns die Salamander genannt werden, fiel uns anheim. In unserem Aquarium aber wimmelt es so von Fischen und Salamandern, daß man gar keinen Grund mehr sehen kann. Daher ist es leicht erklärlich, daß, wenn man einen Regenwurm hinein thut, er sogleich zerrissen wird, und seine verschiedenen Körperteile in Fischmägen wandern müssen. Auch waren wir neulich beim Fischmann, und kauften allerlei Fische, zum Beispiel: 24 ganz reizende Ellritzen, die außerordentlich zur Belebung des Springbrunnens beitragen; 8 Karpfen verschiedener Größe, die ihr wohl kennen werdet; 2 Schleien, die sehr gut zum Essen sind, und wundervolle Schuppe haben; 6 Goldorfen, die weit hübscher und lebhafter sind, als die langweiligen Goldfische; eine Forelle, die du Michele, wohl vom Wolfsbrunner her kennen wirst, und 4 Steinbarsche, die nach meiner Meinung zu den merkwürdigsten Fischen Europas gehören. Ursprünglich aus Amerika eingewandert, halten sie sich hier ganz gut. Auf hell illisirtem Grunde liegen dunkle, schlangenartige Streifen, und gegen den Bauch zu tiefschwarze, herzförmige Flecke...«[9]

Die erstaunliche Beobachtungsgabe eines Elfjährigen. Ein reichlich altklug anmutender Schreibstil, von den Hauslehrern oktroyiert, die jede seiner geistigen Regungen kontrollieren. Natürlich erfährt man aus den frühen Briefen nicht nur Detailliertes über Fischzucht und Fischarten. Immer wieder ist die Rede vom Musikunterricht. Zuerst hat Adelheid Furtwängler ihrem Buben die Unterschiede zwischen weißen und schwarzen Tasten plausibel gemacht und ihn in die Welt der Inventionen und Etuden eingewiesen. Sie förderte auch seine Mallust, die ihr – von den eigenen Intentionen her – besonders am Herzen liegen mußte. Was sein Kinderseelchen bewegte, wurde in Farbmodelle und immer realistischere Zeichnungen umgedeutet. Zoo-Tiere und Fische, Pflanzen und Interieurs aus dem Salon, aber meist Lebendes, gelangten auf jedes nur greifbare Papier, bisweilen auch auf Tischplatten und Stubenwände. Viele Bilder erhielten ein Programm, zum Beispiel: »Die Mami freut sich auf den Murmelsack.« Vielleicht drängte es den keinen Willi mehr vom Zeichnerischen als dem Akustischen her, festzustellen, wie das mit den Notenlinien und den darauf tanzenden Noten sein mochte, die sich die Erwachsenen aufs Pianoforte stellten und die sie mit wachen Augen ablasen, während sie das Tastenfeld nach den entsprechenden Werten absuchten. Sieben Jahre alt war Wilhelm Furtwängler, als er dahinterkam, was das Komponieren bedeutete. Und von nun an komponierte er, sein ganzes Leben hindurch, wenn es auch längere Phasen gab, in denen er sich dem Notenpapier versagen mußte. Opus 1 aus dem Jahre 1893 trägt den Titel: ›Das Stücksche von den Tieren‹. Die Kalligraphie ist noch sehr holperig und manche Noten haben die Hälse auf der falschen Seite. Auch mit den Pausen in dem Es-Dur-Stück ist's nicht ganz geheuer.

Den Text unter den Noten kann man dechiffrieren. Die Eltern haben ihn daruntergeschrieben: »Im Schnützelputzhäusel, da singen die Mäusel...«

Bei diesem ›kleinen Nichts‹ bleibt es nicht. Schon wird ein Festmarsch vorgelegt, dem ein weiterer Marsch und eine Sonate folgen. Zu vier Händen gar wird eine Fantasie ausgeschrieben, die in weichem ges-Moll steht. ›Versiegte Trähnen‹ ist ein Lied des Neunjährigen betitelt, in dem der mitfühlenden Umwelt erklärt wird: »Ich möchte noch mal weinen, so weinen wie als Kind!« Was geht in einem Knaben vor, der sich zu solchen Sentimentalitäten versteigt? Auf jeden Fall ist die Suggestivkraft einiger Erwachsener aus seinem Umkreis erheblich und bedenklich. Der Elfjährige will ein Oratorium schreiben, der Dreizehnjährige vertont siebzehn Abschnitte aus Goethes ›Walpurgisnacht‹. Opus sieben. Inzwischen füllen sich die Mappen mit Skizzen und Vorwürfen zu Trios und Streichquartetten, Klavier- und Violinsonaten. Fragt man ihn, was er denn einmal zu werden gedenke, so antwortet Willi ohne Umschweife: »Komponist!«

An die Großmutter Christiane Furtwängler, München 1894: »... ich laufe hier Schlittschuh, und lerne immer mehr im Klavierspielen... Ich hab' auch wieder ein neues Klavierstückchen gemacht, das ich dir schenken werde.«[10]

Ebenfalls an die Großmutter, München 1898: »Mir geht es, wie gewöhnlich, in Schule und Musik ganz leidlich... Beim Herr Beer habe ich augenblicklich Fugen, das heißt, er nimmt mit mir die Bachschen Fugen durch und erklärt ihre Form. Es mag wohl schon zwei Monate sein, daß wir Fugen haben, aber jetzt sind wir auch bald fertig damit. Infolgedessen habe ich vor ungefähr zwei Wochen eine Fuge geschrieben, welche ganz hübsch klingt... Auch habe ich neuerdings eine kleine vierhändige Fantasie gemacht... Wenn es mir möglich wird, die neue Violinsonate – du erinnerst dich wohl noch daran, als ich in Mannheim den Anfang componierte – fertig zu machen und abzuschreiben bis zu deinem Geburtstage, so bekommst du sie geschenkt. Es ist vielleicht das schönste Stück, das ich bisher gemacht habe. Auch in der Klavierstunde geht es mir gut. Augenblicklich spiele ich eine Sonate von Beethoven, Opus 10 Nr. 2, eine Fuge mit dem dazugehörigen Praeludium von Bach und ein Capriccio von Mendelssohn.«[11]

München 1899: »... soviel ich mir auch Mühe gebe, so fiel es doch bei dem Meisten bisher garnicht zu meiner Zufriedenheit aus. Vielleicht geht es ja später besser, doch wenn es immer so fort geht, so kann ich nicht dafür bürgen, daß ich jemals ein guter Klavierspieler werde. Zudem ist meine Zeit jetzt sehr eingeschränkt, weil zu den ohnehin sechs Musikstunden, denn ich bekomme noch zwei Klavierstunden von Herrn Dohrn zu denen der Frau Sulger, noch zwei Violinstunden bekomme. Also muß ich jetzt auch täglich, wie der Lehrer verlangt, noch zwei Stunden Violine üben. Doch jetzt wieder zurück zum Klavier. Auch bemerke ich jetzt eine große Steifigkeit in der rechten Hand. Wenn auch die Frau Sulger sagt, daß das nur vom vielen Arbeiten im Garten, und Tennisspielen und Radfahren käme, so kann oder darf ich jetzt das ja nicht unterlassen, also wie soll ich denn dann jemals ein besserer Klavierspieler werden? Es ist traurig genug, aber leider nur wahr, das wißt ihr auch ganz gut. Jetzt spiele ich augenblicklich das C-moll-Concert von Mozart, einen Bach, und Czerny-Etuden. Beim Herr Beer habe ich jetzt Verschiedentliches über Orchester, Orchesterinstrumente, Notation und Instrumentation. Die Musikstunden sind überhaupt immer sehr interessant, auch die Violinstunde. Mein neuer Violinlehrer, ein Hofmusiker, Herr Wägner, ist ziemlich streng, doch als Lehrer sehr gut. Bei ihm spiele ich jetzt hauptsächlich Übungen, auch sieht er sehr auf guten Bogenstrich und reine Intonation.«[12]

Man hat den Eindruck, als hätten die gesellschaftsbewußten Furtwänglers in jenen Jahren ihren Willi gründlich überbefrachtet. War er überhaupt in der Lage, das alles zu verdauen, was man ihm auf dem künstlerischen Sektor abverlangte? War das Wunschdenken der Eltern, aus ihrem Filius einen neuen Mozart, Schubert oder Mendelssohn zu machen, nicht bedeutend größer als die Realität, als die Ergebnisse? Zwar testete der berühmte Geiger Joseph Joachim den Buben in Berlin auf Herz und Nieren, Kontrapunkt und vierstimmigen Satz, und der ›Meister‹ befand, der ›Eleve‹ sei ›ganz zum Musiker geboren‹ und zeige die besten Anlagen, doch der von Adolf Furtwängler erwartete Begriff ›Genie‹ fiel weder während des musikalischen Vortrags noch nach diesem in dem ›Gespräch unter vier Augen‹. Wilhelm macht es natürlich auch gewaltigen Eindruck, daß Joachim ihm wohlgefällig auf die Schultern klopft und daß bei einer Abendgesellschaft, an der auch Max Bruch teilnimmt, sein Quartett gespielt wird, doch die Seelöwen, Bären und Affen, Fische und Schlangen im Berliner Zoo und dem Aquarium regen ihn weitaus mehr auf. Was dem Vater gar nicht so sehr gefällt.

Anzunehmen, daß auch Joseph Joachim Professor Adolf in dem Plan bestärkte, den Sohn aus der öffentlichen Schule zu nehmen und durch Privatlehrer unterrichten zu lassen, damit mehr Rücksicht auf die speziellen Fähigkeiten des Knaben genommen werden könne. Die ›Penne‹ ist dem Sprößling des bekannten Archäologen ohnehin stinklangweilig. So scheu er sich einerseits gibt, mit den Schulmeistern legt er sich dauernd an. Sie attestieren ihm, er sei arrogant, faul und ›des Lernens überdrüssig‹. Auch mit den Schulkameraden hat er Schwierigkeiten. Sie sehen ihn scheel an, weil er aus so feinem Hause kommt und dauernd über irgendwelche griechischen Helden schwätzt, die nicht einmal die Schullehrer kennen. Aber wenn's ans Algebra und die Regeldetri geht, muß er bei den anderen ›spicken‹.

Alle Beteiligten sind auf ihre Weise froh darüber, daß der Willi aus der Schule ›enthoben‹ wird. Adolf Furtwängler hat inzwischen einen genauen Bildungsplan entworfen, nach dem sein Ältester ›zu geistigem Konsenz‹ angeleitet werden soll. Zunächst einmal wird er ihn mit auf eine große Griechenland-Tour nehmen, und dann sollen Walter Riezler und Ludwig Curtius, die Archäologie-Assistenten, das ›allgemeine Pensum‹ bewältigen. Für das Musikalische tragen Anton Beer-Walbrunn, Joseph Rheinberger und Max von Schillings die Verantwortung. Daneben gibt es eine Reihe von Tutoren und Korrepetitoren, und zwischendurch, wenn eine ›Klimaveränderung die Lust am Pianofortespiel erhöhen‹ soll, geht's auf zu dem berühmten Virtuosen Conrad Ansorge zu Berlin. Der hat schon manchem Eleven die ›höheren Weihen‹ erteilt.

Adolf Furtwängler will mit Macht aus dem Buben ›etwas machen‹. Die glänzenden Anlagen, von denen sich weltbekannte Utilités überzeugt haben, dürfen nicht verkümmern. Die Münchner Musiklehrer gelten längst als Zelebritäten von ausdrücklich konservativer Gesinnung: königstreue, allem Avantgardismus abholde, höchstmoralische, bigotte und autoritäre ›Persönlichkeiten‹, die garantiert nichts verpfuschen können. Die Erziehungsnormen sollen nicht starr durchgepaukt werden, aber doch als Richtschnur, als Reglement dienen. Hat sich der Privat-Eleve an seine Privatgelehrten gewöhnt, kann man nach und nach die Zügel etwas lockerer halten. So wird die Strenge in der Zucht allmählich ›sauf imprévu‹ zugunsten der eigenschöpferischen Entfaltung.

Doch es läuft nicht so, wie es sich Professor Adolf ausgedacht hat. Oft zeigt sich der Knabe sperrig, in Abwehr, widersetzt sich mancher hausbackenen, allzu reaktionären Bildungsaufgabe. Er harmonisiert nicht mit den Geschmackskategorien des alten Rheinberger und hätte es womöglich beim Kompositionsunterricht etwas avantgardistischer, sagen wir: in Richtung auf Ludwig Thuille oder Richard Strauss, die gerade in München sehr en vogue sind. Max von Schillings wird da einige Lockerung in das System bringen, er hat gediegenen Geschmack und mosert selber an den Errungenschaften der Gralshüter des fixen Satzes und des Generalbasses herum.

In der wenigen Freizeit, die ihm fünf oder gar sechs ›ausgewachsene‹ Pädagogen belassen, haben Sport und Tierbeobachtung Vorrang. Auch Vater Adolf begeistert sich fürs Skifahren. Der Sohn ererbt diese Leidenschaft. Ansonsten geht man in die Kammermusik, weniger in die Oper, sprich: Nationaltheater, wo zuviel ›moderne Schandtaten‹ im Programm stehen. Zu jenen zählt man im Hause Furtwängler die Musikdramen Richard Wagners und die Symphonien eines gewissen Gustav Mahler, den man vor einiger Zeit in Paris – worüber sich Rheinberger und Beer-Walbrunn vor Lachen ausschütten möchten – als ›Gustav Malheur‹ plakatiert hat. Max von Schillings ist es, der Jung-Wilhelm dann an den ›Wagnerschen Kosmos‹ heranführt.

Furtwängler später: »Die Leitsterne meiner frühen Jugend waren: Haydn, Mozart, Beethoven. Wagner lernte ich erst später kennen; je mehr ich ihn – auf meine Weise als Musiker – kennenlernte, desto mehr begann ich ihn zu bewundern und zu lieben. In diese Zeit fällt ein für mich merkwürdiges Erlebnis. Ich bekam von meinem Vater Billette für alle vier Aufführungen des Ring des Nibelungen unter der Leitung des bekannten Wagner-Dirigenten Franz Fischer mit den besten Sängern der Münchner Bühne geschenkt. Diese Aufführungen waren gewiß nicht besser oder schlechter als viele andere. Und doch haben sie meine Wagner-Illusion und -Liebe gründlich zerstört auf Jahre hinaus. Was mir ... [unleserlich] erschien auf einmal als Theater. Die wundervollsten Melodienbögen wurden durch die Bewegungen der Sänger und die Art ihres Singens trivialisiert, banalisiert. Ich verstand auf einmal Nietzsche und all die anderen, die Wagner ablehnen, und in deren Ablehnung, mag es sonst Gründe haben wie es wolle, doch das Moment des echten Pathos nicht zu verkennen war, nichts als Theater ... [unleserlich]. Dieser Prozeß der Ernüchterung wiederholte sich mehrmals. Es war immer an das Erleben von Aufführungen Wagnerscher Werke geknüpft. Erst später, eigentlich erst, als ich selber anfing, die Werke zu dirigieren, begriff ich den ganzen Umfang ihrer Größe, kam auf das frühere Verhältnis wieder zurück.«[13]

Adolf Furtwängler ist davon überzeugt, für seinen Ältesten alles zu tun, was dessen ›Geist- und Menschwerdung‹ fördert. Doch allzu früh schiebt die Natur allen erdachten und erwünschten Pädagogerien den Riegel vor. Die körperliche Frühreife Jung-Wilhelms läßt das theoretische Zucht-Gebäude zusammenfallen. Sexualität und Eros brechen mit Macht über den Knaben, der schon längst keiner mehr ist, herein.

Darum muß der raffiniert ausgeklügelte Ausbildungsplan umgeleitet werden. »Freiheit braucht der Held, sobald sich die Genien der Liebe ihm zugesellen«, heißt es bei Pindar. Die ›griechische Luft‹ wird seinem Filius guttun, und dann sollen Riezler und Curtius ihr Glück versuchen. Curtius, Lehrer, Tutor und ›väterlicher Freund‹, der sich (mit einem Hauch unbewußter Homophilie) an den hübschen, muskulösen Beinen, an den kurzen Sporthosen und dem weißen Sweater des Knaben, an dem von blonden Locken umrahmten Gesicht delektiert: »Die Augen waren schon über sein Alter hinaus wissend...«[14]

Curtius unterrichtet auch privatim den Sohn Adolf von Hildebrands. In dessen Villa ›San Francesco‹, vor den Toren von Florenz, wird vom Herbst 1902 an der Unterricht fortgesetzt. Für eine Weile bleiben die Münchner Musikanten zurück, doch sie haben ihren Eleven so mit Aufgaben beladen und belastet, daß er auch ohne sie ›im Elementaren der Musik vorankommt‹. Dem jungen Mann eröffnet sich eine gänzlich andere Kultursphäre, als er sie von München her gewohnt ist. Adolf Furtwängler, zu der Zeit selber wieder mal aushäusig, freut sich über den Effekt, den der Ortswechsel bewirkt. Auf jeden Fall ist der ›Bub‹ abgelenkt und hat wenig Zeit, an sich selber und die Veränderungen zu denken, die in seiner Seele und seinem Körper vor sich gehen. ›Kompensation‹ heißt die Devise, nach der Curtius ›arbeitet‹. Professor Adolf, der Überbesorgt-Fürsorgliche, und seine Adelheid bejahen alles rückstandslos. Solange der Wilhelm kompensiert, bleibt gewiß der Bildungsplan im Lot.

Die Lehrer

Merkwürdig, daß in den meisten Büchern über Furtwängler die Lehrer kaum eine Rolle spielen. Sie werden aufgezählt, gerühmt, bestenfalls mit ein paar lexikalischen Bemerkungen versehen. Das ist alles. Ihr Einfluß auf den Dirigenten und Komponisten wird zwar nicht geleugnet, aber kaum analysiert und diskutiert. Furtwängler gedenkt ihrer bis zu seinem Lebensende mit großen, aber wenig ergiebigen Worten, erstirbt in Ehrfurcht vor ihnen, aber wenn's darauf ankommt, weicht auch er aus und flüchtet sich in die abgenutzte, schöntuende Floskel, seine eigentlichen Lehrmeister hätten auf die imposanten Namen Beethoven, Brahms und Bruckner gehört. Allerdings geben die Briefe, die er in jungen Jahren mit Riezler und Curtius wechselt, manchen Aufschluß, doch auch sie durchleuchten mehr den Eleven als die Pädagogen, die sich ehrgeizig einen kleinen Anteil an dem Nachruhm des von ihnen ›zubereiteten‹ Genies ausrechnen.

Von der Psychoanalyse, Entwicklungspsychologie und Individualpsychologie sind Curtius und Riezler nahezu unberührt. Der ethische Wert der Persönlichkeit des jungen Furtwängler, sein ›intelligibler Charakter‹, wird immer nur an den Erfolgen gemessen, die er verbuchen kann. Auch der Mißerfolg, zum Beispiel einer frühen Komposition, mit der Publikum und Kritik nichts anzufangen wissen, wird sofort in etwas Positives umgedeutet. Der Knabe, das Wunderkind, sei seiner Zeit weit voraus, eines Tages werde die Öffentlichkeit den Geniestreich begreifen. Sie hängen sich an den ihnen Anvertrauten und wissen sehr wohl, daß sich unter ihren Fittichen, aber nur bedingt von ihren Einflüssen abhängig, eine echte Persönlichkeit entwickelt hat – mit einem gänzlich anders strukturierten, fest gefügten, durchsichtigen Wertreich. ›In bildender Nähe‹ zu Natur, Kunst und Menschen hat in dem jungen Mann ein Prozeß der Selbstentfaltung stattgefunden, den sie mit Sprachlosigkeit registrieren. Zunächst glaubten sie an ein fugenloses Sich-Anpassen, daß einzig und allein sie das Genie züchten könnten, doch dann mußten sie erleben, wie sich der Eleve rasant emanzipierte, sich an kulturellen Interieurs erbaute, denen sie mit Abscheu begegneten, und selbst vor groben sinnlichen Stimuli nicht zurückschreckte. Auch die Musiklehrer waren erstaunt und womöglich vergrätzt darüber, daß sich Professor Adolfs Sohn manchen ihrer Vorstellungen ungeniert entzog, oft einen bedrohlichen Mangel an spezifischer Beziehung zur Sache zeigte und Musik – ganz allgemein – nicht nur als Sinnzusammenhang deutete, sondern als zu verwerfende Reizquelle benutzte. Rheinberger, der es für unsittlich hielt, daß sich Männer und Frauen (!) auf Skibrettern talwärts begaben, warnte vor der Suche nach Süchtigmachendem in der Musik und schalt das ›sportliche Hören‹ als pervers. Bach und Beethoven hätten Religion vermittelt, keine Sexualität. Ehe sich's die für teures Geld engagierten Pädagogen und Vater Adolf versahen, war Jung-Furtwängler den schulmeisternden Fallenstellern und Lassowerfern entwichen, die ihn an ihre Moral von gestern zu fesseln versuchten.

Nun hätte man annehmen können, die Trotzreaktion müsse schnurstracks zu Freiräumen geführt haben, in denen sich die intelligentesten seiner Altersgenossen auslebten. Doch nicht Strauss und Schreker, Debussy und Ravel, Puccini und Mascagni, Reger und Skrjabin, Zemlinsky und Mahler hießen die Götter, nicht die ›jungen‹ Wiener galten als Propheten. Nein, Schüler Wilhelm zog aus, die Alten zu entdecken, sie neu zu deuten, ihren Standort in der abendländischen Musikhierarchie endgültig zu bestimmen. »Bei Furtwängler ging die Revolution nach hinten los!« sagte einst Arnold Schönberg zu Olin Downes und versuchte damit, das ihm unverständliche, anachronistische Beharrungsvermögen des Dirigenten an Klassik und Romantik zu erklären.

Aus mancherlei Aufzeichnungen geht hervor, daß sich der junge Furtwängler eine Art von Geistes- oder Funktionslinie vorstellte, die Haydn, Beethoven (weniger Mozart), Schubert, Schumann, Brahms und Bruckner aufzählte und als Schlußglied sich selber hintanstellte. Insofern schlugen Lehrauftrag und Lernziel der Musiklehrer voll durch. Doch die vermeintliche Rückwendung, dieses Sich-Festsaugen an dem Kapital der Klassik, hatte in Wirklichkeit auch eine scharfe zukunftsweisende Perspektive: die festgeschriebenen, ›hohen‹ geistigen und künstlerischen deutschen ›Kulturtümer‹ zur beherrschenden Substanz eines europäischen, wenn nicht globalen Kulturdenkens zu machen, ›großdeutsche‹ Musik. Der unbändige Stolz auf Beethoven! Nichts kommt dem gleich. Mit der ›Eroica‹ und der Neunten auf den Fahnen besiegt man die morbiden französischen Impressionisten, schiebt man die ganze ›neue‹ Wiener Schule in die Odelgrube der Abartigkeiten. Nur Goethe kommt dem gigantischen Ludwig gleich, bestenfalls noch Schiller. Vor diesem Dreigestirn muß die übrige Welt doch kuschen, damit kann man sich durchsetzen, wenn's drauf ankommt, sogar erfolgreich Politik machen. Das ist die Quintessenz der Pädagogik Riezlers und Curtius'. Diese Saat geht in Wilhelm Furtwängler voll auf. Max von Schillings, der zwar mit mancherlei avantgardistischen Zutaten seine spröden Partituren ›zusammenhudelt‹, haut in die gleiche Kerbe.[1] Schreker ist für ihn eine ›jüdische Fratze‹, Schönberg ein ›Crétin‹. Als ›deutsche Runen‹ bezeichnet er die diversen Schmisse, die er von studentischen Mensuren davongetragen hat. Er ist ›völkisch‹ durch und durch, ein arroganter Junkertyp, der die Kollegen Strauss und Pfitzner noch gerade neben sich gelten läßt. Der Erfinder des unseligen Begriffs Kulturbolschewismus[2] zählt Houston St. Chamberlain (Richard Wagners Schwiegersohn) zu seinen Intimfreunden, schließt sich schon Mitte der Zwanziger dem Anstreicher aus Braunau am Inn an und wird von jenem »im Stadium der Planung des dirigistischen Instrumentes der Reichskulturkammer« (Joseph Wulf) als künftiger Präsident einer reichsdeutschen Musikkammer designiert. Was nicht deutsch und ›arisch‹ ist, hat vor den Augen Schillings keine Gnade. In allen Reformbünden, die auf eine ›Wiederherstellung der großdeutschen Idee‹ abzielen, hat er Sitz und Stimme.

Uns wären die Denkanstöße des Komponisten der ›Mona Lisa‹ gleichgültig, wäre er nicht der Lehrer von Wilhelm Furtwängler gewesen und von diesem als solcher ausdrücklich bestätigt. Im teutonischen Dunstkreis dieses zweitrangigen Komponisten und kruden Herrenmenschen wuchs Furtwängler auf, den zwar mancher gedankliche Walkürenritt des ›Barons‹ irritierte, der es aber auch wiederum als ganz schneidig empfand, wenn der ›ritterliche Mann‹ in einer Art von Hermes-Kostüm und weichgeputzten Stulpenstiefeln mit seiner Stute ›Badenia‹ durch den Englischen Garten zum Monopteros ritt, um sich dort, inmitten blühender Wiesen, von den Musen küssen zu lassen.

Nach der Mutter, etlichen weiblichen und männlichen Verwandten, einer Mutters-Freundin und dem ›Onkel Dohrn‹ übernahm Anton Beer-Walbrunn (1864–1929) im Herbst 1898 den Musikunterricht Wilhelms.[3]

Der gewesene Eichstätter Domorganist hatte nach Jahren emsigen Studiums von Rheinberger das Meister-Diplom erhalten und lebte seit einer Weile mit Unterstützung des Grafen Schack in der Bayern-Metropole als freischaffender Tonsetzer. Später wurde er Lehrer an der Münchner Akademie. Strauss nannte ihn einen »gewöhnlichen Trampel, ohne Manieren, aber bauernschlau«.[4] Von Rheinberger auf strikte Einhaltung der klassischen Prinzipien verpflichtet, unterwies er seinen Schüler ›in strenger Form‹, was diesen natürlich rasch ermüden mußte. Fugen und Sonatensätze, darin bestand das A und O der Beer-Walbrunnschen Methodik. Die harte Kost dieser Kompositionsschule wurde zudem saft- und kraftlos dargeboten. Witz verpönt. Gelächter eine Erzsünde. Schmunzeln schon eine Herausforderung. Ständig wurden die Ahnen und Manen beschworen. Die Namen Strauss oder Thuille unbedacht in das karge Gespräch gestreut, schon brauste der ›Meister‹ auf, als sei ihm der Gottseibeiuns auf die Füße getreten. Zwischen dem heiligen Johann Sebastian und dem heiligen Ludwig van spielte sich das musikalische Leben ab, wobei die ›Theatraliker‹ nur ganz am Rande mitwirken durften: Händel oder Gluck. Und Mozart auch, nur ohne den schamlosen ›Don Giovanni‹ und die ›unmusikalische‹ comique ›Così fan tutte‹. Beethoven hatte die ›Così‹ abgelehnt. Und Wagner auch; aber davon keine Rede. Beethoven über alles. Also taugte das Mozart-Stück nichts.

Sahen die Furtwänglers auch bald ein, daß der Anton ›leicht deppert‹ war, so wagten sie jedoch nicht, in irgendeiner Form dem alten Rheinberger zu widersprechen, der ins Haus geholt wurde, als Beer-Walbrunns Unterrichtsmethoden gänzlich zu versagen drohten.

Der aus Vaduz stammende Joseph Gabriel Rheinberger (1839–1901) galt in den letzten beiden Jahrzehnten vor der Jahrhundertwende in München als absolute Autorität. Er behauptete ungefähr eine Position wie gut hundert Jahre zuvor Antonio Salieri in Wien. Der Sechzigjährige flößte dem Knaben Ehrfurcht ein. Das war wirklich so ein Erzengel Gabriel im Gewande des Franziskus. Rheinberger hatte Dutzende von Komponisten ›gemacht‹; sie saßen mittlerweile auf den wichtigsten Musikthronen Europas oder leiteten die ruhmreichsten pädagogischen Institute. Meister Joseph Gabriel galt als gewaltiger Kontrapunktiker, dessen nicht enden wollende Orgelsonaten so gebaut waren, »daß sie vor dem Geiste Bachs bestehen konnten« (sein Biograph Molitor)[5]. Als ›der Alte‹ ins Haus Furtwängler kam, zeigte er sich schon reichlich verkalkt und welk. Vorzeitig senil, verblich er im November 1901, und sein jüngster Schüler hätte ihm gewiß bei den feierlichen Funeralien das Bahrtuch gehalten, doch er weilte nebst Vater im Mediterranen. Nun war Max von Schillings dran. Flottes, forsches rheinländisches Gemüt, Dürener Jahrgang 1868, Jurist, Philosoph, Kunstgeschichtler und Musiker. Er hatte auf Empfehlung von Richard Strauss 1892 in Bayreuth musikalische Assistenz gemacht und den Segen Cosimas erhalten. Strauss verschaffte ihm manches Zubrot, denn es fand sich lange kein Haus oder Institut, das Schillings anzustellen geneigt war. Von den Opern bis dato, ›Ingwelde‹ und ›Der Pfeifertag‹, ließ sich nur schwach existieren. Belle Étage und Reitstall kosteten einen beachtlichen Monatszins. Darauf verzichten kam nicht in Frage. Also: Börsenspekulationen und zahlungskräftige Schüler. Durch beides arrangierte man sich, bis dann endlich 1908 der Ruf aus Stuttgart kam. Der württembergische König hatte an dem ›Gent‹, der nun immerhin schon vierzig Jahre alt war, einen Narren gefressen. Der Thron der Stuttgarter Hofoper stand verwaist. Schillings wurde Generalmusikdirektor. Vier Jahre später erhielt er den persönlichen Adel. Unaufhaltsamer Aufstieg. Später Intendant der Preußischen Staatsoper (1919–1925), Leiter der Zoppoter Waldfestspiele (1926– 1933), Generalintendant der Städtischen Oper Berlin (1933) und Präsident der Preußischen Akademie der Künste.

Er wollte noch höher hinaus. Mit Hitlers und Görings Extrasegen. Doch am 23. Juli 1933 ›berief ihn die Vorsehung ab‹. Der Führer zeigte Staatstrauer, versenkte die Urne mit den sterblichen Überresten seines ›Blutsbruders‹ selber ins Grabloch und versprach der Witwe, Barbara Kemp, man werde sich im Deutschen Reich des Musikers Max von Schillings so lange erinnern, wie es Bestand habe.[6] Dieser Mann, der in seiner kurzen nationalsozialistischen Karriere ungeheuerliche Entscheidungen traf (er warf alle bedeutenden ›nichtarischen‹ und ›kulturbolschewistischen‹ Musiker aus der Akademie und aus ihren Ämtern), war drei Jahrzehnte hindurch ein enger Vertrauter von Wilhelm Furtwängler, sein Lehrer und derjenige, der dem ›jungen Spunt‹ in die Karriere verhalf.

Gewiß hat Furtwängler die musikalische Urteilsfähigkeit und den künstlerischen Sachverstand – beides Schillings nicht abzusprechen – in erster Linie geschätzt, aber der stramme Herrenmensch, »der deutschesten Deutschen einer« (Hermann Göring im Nachruf)[7], imponierte ihm ebensosehr.

Schillings unterrichtete gänzlich anders als Beer-Walbrunn und Rheinberger. Er gab ›offene Stunden‹, das heißt: verpflichtete den Schüler zu nichts als Augenblicksreaktionen. Keine Fugen, keine Sonaten. Was einem gerade einfiel. Eben noch über Wagner und die Prügelszene aus den ›Meistersingern‹, jetzt bei Wiener Walzern oder den Sentimentalitäten der ›schmutzigen‹ Italiener. Furtwängler konnte seinen Horizont erweitern. Außer Vorklassik, Klassik und Romantik gab es auch eine musikalische Gegenwart, die beeindruckte. Wenn nicht Riezler immer wieder gebremst und Curtius von den wesentlichen Aufgaben und Betrachtungen abgelenkt hätte, wer weiß, welchen Weg der Komponist Wilhelm Furtwängler eingeschlagen. Die – nach Riezler – grauenhaften Erfahrungen und ›Belege der Amoralität und Verruchtheit‹ aus dem Umkreis der Belle Epoque mußten, mit aller Konsequenz, von dem Heranwachsenden ferngehalten werden. Kam da auch nur die geringste Neigung zur Mondänität und Wendung zum Irrationalen zutage, wurde dieser ›Dämonismus‹ gleich mit inquisitorischer Härte bekämpft. Erdreistete sich Schillings, am Flügel in der Furtwänglerschen Villa über Themen von Puccini, Mascagni, Leoncavallo oder Giordano zu improvisieren, stand Riezler sofort auf der Schwelle, um mit Schwurfingern auf die verfälschte Totenmaske Beethovens zu weisen. Dann lächelte Schillings süffisant, klopfte die ›Schicksalsschläge‹ aus der Fünften auf die Klaviatur und warf den Deckel zu. Riezler siegte. Immer. Auch in Sachen Literatur. Da war er meist mit Curtius und Adolf Furtwängler einer Meinung. Den ›Simplicissimus‹ durfte der Junge nicht in die Finger bekommen. Ibsen, Strindberg und Wedekind: Pfui! Curtius hatte ›größte Bedenken‹, was Beardsley und Toulouse-Lautrec, Klimt, Stuck und Whistler anbetraf. Wie Wilhelm II. nannte er deren Produktionen ›scheußliche Afterkunst‹. Es ging dem jungen Furtwängler viel verloren. Gewisse Bildungsdefizite in Literatur und Malerei hat er sein Leben lang nicht aufholen können. Die Route, die ihm Curtius und Riezler vorschlugen, führte zu Goethe und Kleist, zur »deutschen Erhabenheit«, aber weit weg von den »Wiener Schmieranten« (Furtwängler), wozu Hofmannsthal und Schnitzler, Roth und (später) Horváth gezählt wurden. Ob Furtwängler je am ›Schwejk‹ von Hasek Gefallen hätte finden können? Wer sich zu dem ›heroischen‹ Kleist und Uhland, Freytag, Dahn, Freiligrath und Wildenbruch und in der Reife dann zu Frank Thieß,

Werner Bergengruen, Manfred Hausmann, Agnes Miegel, Hans Carossa, Ernst Jünger und John Knittel bekennt, der findet schwer zu Georg Büchner, Karl Marx, Heinrich Heine, Alfred Jarry, Frank Wedekind, Hans Henny Jahnn, Bert Brecht, Heinrich Mann, Thomas Mann oder Friedrich Wolf, Sartre und Camus.

Riezler und Curtius haben Wilhelm Furtwängler gelehrt, konservativ zu sein. Konservativ-deutsch. Ein weitschweifiger Begriff. Er enthält die ausgefransten ›Populismen‹ Vaterlandsliebe, Heimattreue, Stammesehre, äußert sich in bis zu exorzistischen Ausmaßen getriebenen Haßgefühlen gegenüber der ›Brecht-Weill-Schule‹ und in ›Wohlgelittenheit‹ gegenüber den hundertzweiprozentigen Nationalsozialisten (ohne Parteibuch!) vom Schlage des Hans Pfitzner und Heinz Tietjen. Was Furtwängler später vor den politischen Hintergründen zu schaffen macht, seine ›vaterländische Pflicht‹, aber auch seine Desorientierung, seine Entscheidungsunfreudigkeit und Naivität, sein ›ewiges‹ Moralisieren und der sich zwangsläufig daraus ergebende Lebenspessimismus, haben ihm seine beiden ›humanistischen‹ Lehrer eingebrockt: Riezler und Curtius!

Unter ›normalen‹ Umständen hätte man den jungen Willi, wenn nicht in der exaltiert-pervertierten Atmosphäre der Renaissancevilla des Malerkönigs Franz von Stuck, so doch im Schwabinger Milieu herumhastend erleben müssen: Wo man ›Die Jugend‹ diskutierte oder ›Die Scholle‹, von Thomas Theodor Heine und Albert Langen, Frank Wedekind und Gulbransson, Thöny, Pascin, Hermann Obrist und die Gebrüder Endell sich ›rauften‹. Oder im etwas feineren Cercle von Karl Wolfskehl, Melchior Lechter, Alfred Schuler, Ludwig Klages und Friedrich Gundolf, die sich um ihren ›Papst‹ Stefan George mit feierlichem Pathos und schauerlicher Exorbitanz der privatesten Gefühle (»Alles war geil!« Klages) lagerten. Da überall, wo Gegenwart geschah, war Wilhelm Furtwängler nicht. Einige Lockerung brachte der Kreis um Adolf von Hildebrand, wenngleich dieser »edle konservative Klassizist« (Willy Haas)[8] dem Leben auch ziemlich einäugig zugewandt war. Hildebrands frühreife Tochter Bertel verliebte sich in den frühreifen Willi, und ehe die Erwachsenen es hätten verhindern können, war die angestaute Sexualität der beiden Kinder explodiert. Es bedurfte keiner unnützen und umständlichen ›Einführung‹ in das Erwachsenenleben durch Gesellschaft und Salon, Tradition und gute Ratschläge. Abgesehen vom Erlebnis der ›Matthäus-Passion‹, das den Zwölfjährigen beinahe um den Verstand gebracht haben soll (auf jeden Fall war es nach Riezler »das musikalische Damaskus« des Knaben)[9], wird die sexuelle Befriedigung an und mit Bertel Hildebrand den geistig das längst noch nicht alles mitvollziehenden Jungmann am meisten aufgebracht haben. Klar, daß sowohl Curtius als auch Riezler sich vornehm über den unerquicklichen Casus, der so gar nicht in ihr Konzept paßte, ausschwiegen. Man muß vor allem Riezlers auf weite Strecken leicht als unehrlich identifizierbaren Bericht über jenen Zeitabschnitt im Leben Wilhelm Furtwänglers mißtrauen. Vollgepfropft mit geistigen, auf das ›Genie‹ bezogenen Exponaten und Topoi, die das Wesen des Sechzehnjährigen gründlich verzeichnen, versucht Riezler die Legende vom Außergewöhnlichen zu nähren (oder sie erst in die Welt zu setzen), als ginge es hier darum, die Geschichte vom ›zwölfjährigen Jesus-Willi im Tempel bei der Matthäus-Passion‹ ohne Rücksicht auf die Realitäten weiterzuspinnen.

Verzichten kann man auf Riezlers Ergüsse nicht. Sie sind, abgesehen von den Briefen Furtwänglers aus jenen Tagen und den knappen Aufzeichnungen von Curtius, die einzige Überlieferung.

Riezler: »Das erste große musikalische Erlebnis des Knaben war die Matthäus-Passion. Zum ersten Male offenbarte sich ihm die Gewalt und Erhabenheit größter Musik. Es ist bedeutsam, daß in des Knaben schöpferischen Versuchen dieser Zeit keine Spuren des großen Erlebnisses zu entdekken sind. Anders ist es mit dem zweiten aufwühlenden Erlebnis großer Kunst: als der Sechzehnjährige 1902 mit seinem Lehrer Ludwig Curtius ein halbes Jahr in Florenz lebte, dort in täglichem nächsten Verkehr mit dem Hause des Bildhauers Adolf Hildebrand, einer Stätte höchster künstlerischer Bildung, trat ihm nicht nur die Welt der südlichen

Kunst zum ersten Male in ihrer ganzen Lebenskraft entgegen – er sah Michelangelo, vor allem die Figuren der Mediceerkapelle, und erfuhr dort eine Erschütterung ganz besonderer Art. Offenbarte sich ihm in der Matthäus-Passion der Geist der Musik selber, der sich des genialen Menschen nur wie eines vollkommenen Werkzeugs bedient, so erlebte er vor den Figuren des Michelangelo die schöpferische Gewalt des Künstlers, der auf sich selbst gestellt eine ganze Welt mächtiger Gestalten wie aus dem Nichts erschafft, auf einem Wege, den ihm kein Vorgänger gewiesen und der nach ihm jeden, der ihm folgen wollte, in die Irre führte. Der einsame schöpferische Mensch, dem es gegeben war, die ungeheuren tragischen Spannungen seines Ichs in einem heroischen Kampfe konzentrierteste Gestalt werden zu lassen und damit das Subjektive in ein Objektives, das heißt Allgemeingültiges, zu verwandeln: das erschien dem jungen Furtwängler als ein höchster Gipfel, zu dem der Menschengeist jemals vorgedrungen ist. Und so tief traf den Jüngling, der damals noch allein den Weg des schöpferischen Musikers vor sich sah, diese Erkenntnis, daß von dieser Stunde an sein Verhältnis zur Musik anders wurde...«[10]

Alles muß sich auf einer gediegenen, nur geistvollen Ebene abwickeln. Als wenn Riezler und Curtius nicht gewußt hätten, welch drastisch-realistischen Tatbeständen die meisten Michelangelo-Werke ihre Existenz verdankten: nämlich den starken homoerotischen Vorstellungen und Bindungen des Künstlers. Freilich war's ein Genie, das auf unnachahmliche Weise, geistbeflügelt, charmeerfüllt, sehnsuchtsvoll die Objekte abkonterfeite und in Stein schlug. Darüber zu sprechen, verboten Anstand und Sitte. Vielleicht aber wäre die seelische Erschütterung des jungen Furtwängler wirklich so in die Tiefe gegangen, wie es behauptet wird, wenn er die Hintergründe des Buonarotti-Wunders erfahren hätte. Selber den Trieben unausgesetzt überantwortet, auch wenn – in der Tat – manches kompensiert werden konnte, wäre er sicherlich auch dem Menschen Michelangelo auf die Spur gekommen, nicht nur dem begnadeten Künstler. Daß hinter dem, was sich ihm in Florenz und besonders in der Mediceerkapelle entdeckt, auch eine tragische Macht am Wirken ist, spürt er sehr deutlich. Buonarottis Sehnsüchte nach dem Vollkommenen in der menschlichen Gestalt, Verrat der Jugend am Alter, Ideal- und Lichtgestalten, die einem immer entrückt bleiben... Doch Furtwängler formuliert das so: »Das was die künstlerische Produktion zu dem macht was sie ist und jedes große Kunstwerk zu einer Heldentat, das ist der Kampf!«[11]

Riezler meint, in diesen Worten wirke das Michelangelo-Erlebnis nach. Man muß sich allerdings vergegenwärtigen, daß Adolf von Hildebrand unter diesem Motto seine Kunst angetreten hatte. ›Kampf‹ nicht so sehr im ideellen, den inneren Konflikten Ausdruck verleihenden Sinn, sondern im formellen. ›Kampf‹ als Struktur, als bloßes äußerliches Thema, als ›Medium der Form‹. Nicht ohne Grund lautet der Titel von Hildebrands theoretischem Hauptwerk: ›Das Problem der Form‹. Daß ›Kampf‹ im ideellen Sinn die Zielrichtung Freiheit hat (Freiheit von Normen, Zwängen, Traditionen), begriffen weder Hildebrand noch Furtwängler.

Seltsam, welche Auffassung von Freiheit Riezler vertrat. Im Hinblick auf die Kinder von Adolf und Adelheid Furtwängler schrieb er: »...und so wuchsen sie in größter Freiheit auf, von Rücksicht auf die Mitmenschen hörten sie nicht viel, so daß es ihnen später schwer wurde, in natürlichen Kontakt mit der Mitwelt zu kommen. Es war eine reiche geistige Welt, die die Kinder umgab. Aber ein eigentliches Zentrum hatte sie nicht: griechische Kunst, Gotik und romantische Musik standen unverbunden, unvermittelt nebeneinander.«[12]

Riezler und Curtius unternahmen nichts, um aus all der hehren Geistigkeit, die auf jene jungen Menschen eindrang, eine Synthese zu formen. Wie sollten sie auch! Sie waren ja selber befangen in ihren konventionellen und konservativen Konzepten. Diese übertrugen sie rücksichtslos auf die Jugendlichen, ohne nach deren Anspruch auf Naivität und Fehlurteile zu fragen. Aus kleinen Kindern – und das scheint das ›klassische‹ Erziehungsprinzip der Romantik gewesen zu sein – hatten ohne Übergänge Erwachsene zu werden.

Was es mit Adolf von Hildebrand und seinem edel konservativen Gewese auf sich hatte, darüber läßt sich Riezler seitenlang aus. Über die ›Sache‹ zwischen dem Willi und der Bertel, der Jüngsten Meister Adolfs, erfahren wir nur zwei Sätze: »Das ›Bertele‹ lebte ganz in der Musik, komponierte, ohne nur die Noten zu kennen, reizende Lieder und Singspiele. Mit ihr war der junge Furtwängler in einer innigen Jugendfreundschaft verbunden. (Sie heiratete später den Komponisten Walter Braunfels.)«[13] Andere Autoren sprechen vom ›Bertele‹ als der Verlobten Wilhelms, Herzfeld verschweigt sie uns verschämt überhaupt, und auch Riess ›hebt‹ nicht weiter auf den Vorfall oder Unfall ›ab‹. Nur Elisabeth Furtwängler, die spätere Nachfolgerin der übersinnnlichen Hildebrand-Nymphe, bekennt ohne Umschweife, was war, und zitiert jene: »Die Bergwelt liebte er, ihre weite einsame Größe paßte gut zu ihm, denn er hatte sehr stark etwas Einsames trotz seiner Liebesfähigkeit, etwas Ringendes in sich, was seine Welt einsam machte.«[14] Einen solchen Satz kann man natürlich nicht von Riezler erwarten, aber er hat doch die ›Szene‹ aus nächster Nähe überwacht, auch wenn Curtius nach und nach den gesamten ›gymnasialen‹ Unterricht übernahm. Kein Wort von der großen Liebesfähigkeit des ihm Anvertrauten, Agape und Eros, bloß: Jugendfreundschaft. Genügt nicht, schafft keine Realitäten. Die Briefe an Bertel sprechen eine deutlichere, wenn nicht eindeutige Sprache. Kaum einer der Lehrer hat sie je zur Kenntnis genommen, kein Biograph sie redlich und gebührend gewürdigt. Wenn es um die hohe Empfindsamkeit, die ›Romantik‹ des jungen Furtwängler geht, nicht in seinen frühen Kompositionen ist sie zu finden, wohl aber in seinen Liebesbriefen, die freilich auch nur, durch den prüden Zensor Frank Thieß zusammengestrichen und ausgewählt, als Torsos auf uns überkommen sind.

München 1901:

»Am liebsten wollte ich gar nicht schreiben und sagen, daß ich nicht Dummes sage, aber ich möchte doch. Dein so lieber Brief hat mich sehr gefreut. Ich wollte Dir gern ebenso lieb antworten oder noch lieber. Ich weiß garnicht, warum Du mir anders in Deinen Briefen vorkommst. Eigentlich bist Du ja doch dieselbe...«

München1901:

»Deine beiden Briefe habe ich heute morgen bekommen und es hat mich so aufgeregt, daß die Violinstunde von vorhin gänzlich verunglückt ist, weil ich immer und immer, als ob ichs absichtlich thäte, falsch griff und der Lehrer sich sehr geärgert habe... Ich wollte nur, daß dieser Sommer schneller vorüberging, daß ich Dich bälder sehen könnte. Ich sehne mich sehr danach. Lebe wohl, alles Liebe und es grüßt Dich Schnucklichste zärtlich Dein Willi...«

Tanneck 1901:

»Gestern haben wir eine wunderschöne Bootsfahrt gemacht auf dem See in der Nacht, da sieht alles geheimnisvoll aus. Wir sind ziemlich weit gefahren, aber es war leider kein Vollmond. Wir haben jetzt auch ein Segel und wenn Wind weht, segeln wir spazieren, es ist zu lustig, man braucht garnichts thun, und meint immer, man bliebe stehn. Wir wollen uns dann auch noch ein Floß machen zum baden. Nun leb' wohl, liebes Bertele, es grüßt Dich zärtlich Dein Willi.«

Tanneck 1903:

»...Nur hat der Wagner gerade in den Meistersingern Sachen gemacht, wie sie nach Beethoven nicht mehr gemacht worden sind, auch musikalisch ausgezeichnete. Von meiner Musik ist er allerdings am weitesten entfernt, denn er sucht die Stimmung und ich suche die Empfindung in der Musik. Ich habe jetzt auch den Parsifal kennen gelernt..., da ist die Stimmungssucherei am ärgsten, und das ganze unangenehm einseitig. So steht musikalisch eigentlich am wenigsten drin, und ist ein riesiger Rückschritt gegen die Meistersinger z.B. Aber so etwas wirkt vom Theater herunter kolossal, allerdings nicht auf alle Menschen; Dir würde es sicher furchtbar langweilig sein. Im Ganzen hab' ich's aber nicht gern, den Wagner einseitig und gänzlich zu verurteilen, und über seinen Fehlern seine Vorzüge nicht sehen zu wollen... Überhaupt, wenn man über den Wagner urteilen will, muss man ihn auch kennen. Und mir scheint er doch jetzt neben dem Schubert der grösste aus der Zeit nach Beethoven. Aber ich höre jetzt auf, morgen mehr. Liebstes, Liebstes!«[15]

Stürmen und Drängen. Das ›Pantscherl‹ mit dem Bertele flaut ab, als andere Probleme in den Vordergrund drängen, nämlich die des zukünftigen Berufsweges. Riezler entdeckt am Ende dieser Phase ›im Banne der Hildebrandschen Welt‹ folgende Episode: »1911 erschien das letzte Werk des früh (1914) verstorbenen Friedrich Huch, des Vetters der Ricarda: ›Enzio, ein musikalischer Roman‹. Es ist nicht in allem ein gutes Buch, aber wichtig als Dokument. Seit etwa 1905 stand Friedrich Huch, selbst sehr musikalisch, in freundschaftlicher Verbindung mit dem jungen Furtwängler. Das Erlebnis dieses genialen Jünglings verdichtete sich allmählich zu einer poetischen Figur, dem ›Richard‹ des Romans, dessen Held, Enzio, das genaue Gegenteil jenes Richard ist: ein hochbegabter, aber leichtfertiger, haltloser Jüngling, der schließlich zugrunde geht. ›Richard‹ hatte sich immer wieder bemüht, seinem Freund die höchsten Maßstäbe ins Bewußtsein zu rufen. Was er ihm aber in Gesprächen und Briefen sagt, das ist genau das, was der junge Furtwängler über Musik damals dachte, nicht nur dem Sinne nach, sondern auch im Wortlaut: Friedrich Huch hatte seinen jungen Freund gebeten, ihm dies niederzuschreiben, weil er selber sich dem nicht gewachsen fühle. Alles, was im Roman Richard seinem Freunde Enzio sagt oder in seinen Briefen an ihn schreibt, ist in höchstem Grade erhellend für Furtwänglers Entwicklung...«[16]

Richard-Wilhelm über Bach: »Mit Deiner Abneigung gegen Fugenschreiben hast Du recht. Gewiß muß man wissen, wie man Fugen baut, aber man kann sie nicht mehr, so wie Bach, um ihrer selbst willen schreiben, da man nicht mehr an sie glaubt. Man kann sie nur zu einer Absicht außerhalb ihrer selbst gebrauchen, zum Zweck einer größten Steigerung etwa, so wie es Beethoven tat in dem ›Gloria‹ seiner Messe, um einen höchsten Jubel auszudrücken. Bach bannt die Empfindung in eine starre, riesige Form. Mir ist immer, als wenn er für gar keine Zuhörer geschrieben hätte; wenn er seine großen Werke, etwa die Matthäus-Passion, anfängt, ist man stets gleich mitten drin, es gibt keine Einleitung, keine Entwicklung, seine Stücke sind so gebaut, daß er beinahe in jedem Moment enden könnte. Er schließt nicht ab, er hört auf; er hat keine Steigerung, keine Kontraste innerhalb eines Stückes, nur Ausbau. Er ist großartiger als irgendein anderer, aber auch einseitiger.«[17]

Richard-Wilhelm über Mozart: »Er ist so in sich und seiner Zeit, daß man ihn hinnehmen muß, so wie er ist. Es fehlt uns jeder Maßstab für ihn. Wäre ich kein Musiker, würde ich ihn vielleicht mehr lieben als jeden anderen; so aber hüte ich mich vor ihm und gehe ihm aus dem Wege! In ihm ist nichts, was mich auf mich selbst zurückweist, was meine eigenen Kräfte erhöht. Bedingungslose Hingabe ist ihm gegenüber das einzig mögliche, und dazu bin ich nur selten imstande.«[18]

Richard-Wilhelm über Beethoven: »Für mich gibt es – auch trotz aller modernen Musik, trotz Wagner, Berlioz, Bruckner, Brahms nur einen Musiker – nicht der auf mich wirkt, aber der mich befruchtet, über sein eigenes Werk hinaushebt...: Beethoven. Er ist der einzige, der wirkliche, absolute Musik schreiben konnte, wenn man einen strengen, das heißt seinen Maßstab anlegt. Bei ihm ist die Musik rein auf sich selbst gestellt und spricht nur aus sich. Er hat trotz der Wildheit und Kraft seines Temperaments eine ungeheure Leidenschaft für das Direkte, Gesetzmäßige, Natürliche, keiner hat mehr über die Launen seiner Natur gewacht als er, und aus eben diesem Trieb heraus. Er hat nicht geruht, bis er einen Gedanken auf den einfachsten, selbstverständlichsten, natürlichsten Ausdruck gebracht hat; das ist den Heutigen gerade entgegengesetzt, und deshalb kann man mehr von ihm lernen als von einem andern.«[19]

Und dann folgt der Abschnitt, von dem Riezler sagt, er stünde durch Furtwänglers ganzes Leben fest: »Die Wege, die uns Beethoven gewiesen hat, sind nicht relativ richtig, sondern absolut. Die Musik und besonders die reine Instrumentalmusik, kann, was man heutzutage auch dagegen sagen mag, ohne gewisse Gesetze nicht auskommen. Alle großen Meister haben sich ihnen mehr oder weniger unterworfen und sie anerkannt; denn sie stammen aus dem innersten Wesen der Musik selbst. Sie sind nicht persönlich, und wenn Beethoven sie mehr als irgendein andrer erkannt und erlebt hat, so hat er sie nicht für sich usurpiert; sie sind freies Gut für jeden freien Künstler. Schubert hat durchaus nicht Beethovenisch geschrieben, und doch liegt seinen Werken dieselbe unmeßbare tiefe Wahrheit zugrunde, die Wahrheit, die wirklich aus der Natur der Dinge, aus der Natur der Musik stammt, durch menschliche Willkür nicht verzerrt. Diese Wahrheit, dies Gesetz ist, wenn man will, im Grund immer dasselbe; oder auch es ist ein jedesmal neu, denn es muß ein jedesmal neu erschaut und neu erlebt werden; der Künstler darf es nicht wissen, nicht wollen, er darf das allgemeine Gesetz nicht denken, er muß es jedesmal neu aus dem Gegenstand heraus entwickeln und erleben. Dieses jedesmal Neue des Gegenstands, dies Einmalige, Einzige, das in den zufällig ergriffenen, zu den Grundpfeilern des ganzen Satzes gemachten Themen und Motiven liegt, ist das, was die bildenden Künste Natur nennen; das, was dem Gesetz ewig widerstrebt, und durch das es doch einzig nur möglich ist, das Gesetz lebendig und wirksam zu machen.«[20]

Riezler hat schon 1903 sein pädagogisches Soll im Hause Furtwängler erreicht: Beethoven ist zum lieben Gott geworden, neben dem alles andere in den Schatten der Zweitrangigkeit tritt. Auch Adelheid und Adolf, die Eltern, beglücken sich nun gegenseitig mit der Exegese Beethovenscher Texte und machen die eine oder andere Aussage des Symphonikers zum geflügelten Wort. Begehrt ein Besucher Einlaß ins Haus, wird er garantiert mit der banalen Phrase begrüßt: »So klopft das Schicksal an die Pforten!« Kolportiert wird auch die Meinung der stets zu Drastik neigenden Komponistengattin Pauline Strauss: »Die Geheimrat Furtwänglers schauen allesamt drein wie der Beethoven beim Nachdenken über das Heiligenstedter Testament.«[21] Klar ist, daß sich die Münchner über den Beethoven-›Wahn‹ bei Professor Adolf mokieren. Und wenn die fortschrittlichen Tonsetzer Hermann Bischoff, Walter Braunfels, Ernst Boehe oder Rudolf Siegel hereinschauen, um sich in erster Linie mit dem Wilhelm zu unterhalten, dann kriegen sie, wie es Braunfels sagt, »die Riezlersche Brühe eimerweise über den Kopf gegossen«. Sie haben natürlich nicht das geringste gegen Beethoven einzuwenden, wohl aber gegen den ›Kultus‹, dem sie sich rasch entziehen. Auch was die Haltung jener anbetrifft, gesteht sich Riezler nicht ein, daß er womöglich des Guten zuviel getan haben könnte. Man kann nicht ständig, wenn man ›die Himmel rühmt‹, in das Halleluja über den gottgeschaffenen Kosmos den großen Ludwig mit einbeziehen.

Die von den Furtwänglers angebetete ›Viereinigkeit‹ erwirkt Spott und Häme. Riezler weicht aus: »Der junge Furtwängler interessierte sie wohl sehr, aber er war ihnen unheimlich in seiner ihnen so fremden Wesensart, sie fühlten sich ihm gegenüber in allem Handwerklichen überlegen, nicht mit Unrecht, und wenn sie es wohl auch nicht offen sagten, hielten sie ihn im Grunde für einen Dilettanten.«[22] Sie sagten es offen, und Adolf Furtwängler erboste sich maßlos: »Diese Hornochsen merken nicht, daß Willi das, was sie vermissen, sehr wohl genau so wie sie könnte, daß er aber das alles nicht will!«

In dieser Beethoven-getränkten Atmosphäre entstehen 1903 zwei Chöre zu Texten aus Goethes ›Faust‹ und die erste Sinfonie in D-Dur, die ein Jahr später unter der Leitung Onkel Georg Dohrns in Breslau uraufgeführt wird. Eklatanter Mißerfolg! Man empfand das Einstandsopus des jungen Wundermannes aus München als langweilig und altmodisch, abgestanden und altklug. Der alte Rheinberger habe es verschuldet, die Anleihen bei Bach und Beethoven allzu offenkundig.

Aber immerhin: Der Bub stellt sich der Öffentlichkeit, und Vater Adolf ist stolz darüber, daß nun wenigstens die Schlesier den Namen Wilhelm Furtwängler gehört und gelesen haben. Wer weiß, eines Tages wird ihnen der Kamm schwellen, wenn sie feststellen, daß einer der größten Musiker der Nation in ihrer Metropole die ersten künstlerischen Gehversuche unternahm.

Mit der Aufführung der ›Ersten‹ ist eigentlich die Lern- und Lehrzeit Furtwänglers abgeschlossen. Inzwischen hat

Schillings die Werbetrommel gerührt. An Engelbert Humperdinck, spezialisiert auf deutsche Märchenopern, Bayreuth-zugewandt, »Die große Güthe in Person!« (Siegfried Wagner), einflußreich und hilfsbereit, wenn es um den konservativen Nachwuchs geht, schreibt er: »Wilhelm Furtwängler, der Sohn des hiesigen bekannten Archäologen, jetzt siebzehn Jahre alt, ist ein ganz merkwürdiges Talent. Eigenartig weltabgewandt aufgewachsen und in der Erziehung sich ganz selbst überlassen, hat er sich in einer für sein Alter erstaunlichen Art und Weise in die Empfindungswelt und Stilarten des letzten Beethoven hineingebohrt. Die Entwicklung, die die Musik seit Beethoven durchgemacht hat, ist fast ganz ohne Einfluß auf ihn geblieben: ein jugendliches Phänomen!«[23]

Ob Meister Engelbert nicht etwas für den »Neophyten der Musik« tun könne. Nicht fest steht, ob sich Humperdinck Kompositionsabschriften zuschicken oder den von Schillings so eindringlich beschriebenen Individualisten mit Beethoven-Syndrom gar vorstellen ließ. Möglich wäre es, denn der Schöpfer von ›Hänsel und Gretel‹ und den ›Königskindern‹ war ein Duzfreund des Pianisten Conrad Ansorge in Berlin, und bei dem versuchte Wilhelm nun, seinem Klavierspiel Meisterschliff zu geben. War Engelbert Humperdinck von den ihm vorgelegten Werkproben nicht sonderlich erbaut? Wollte er von einer Komponistenlaufbahn abraten und dem jungen Mann das Klavier-Virtuosentum schmackhaft machen?

Auch Felix Mottl, seit 1903 in München und mit einem Herrn Bußmeyer Direktor der Königlichen Akademie der Tonkunst (erst 1907 wurde er Chef des Nationaltheaters), hielt wenig von den Notenkünsten des Professorensohnes. Die ›Faust‹-Chöre seien ein billiger Abklatsch Beethovenscher ›Influenzien‹. Überall Abbreviaturen aus der ›Missa‹, kaum etwas Eigenständiges, alles doch sehr bedenklich. Mottl nahm Wilhelm nicht in die Akademie auf, war aber Jahre später, als er sich ›von der wahren künstlerischen Natur des jungen Freundes‹ überzeugt hatte, gern bereit, diesen in der Dirigierkunst zu unterweisen.

Da Curtius und Riezler, offenkundig mit ihrem Latein am Ende, ihren Eleven für geistig majorenn erklärten und – um ihr eigenes Fortkommen bemüht – in der Weltgeschichte herumreisten, war der ›Meisterkurs‹ bei Ansorge in Berlin gerade das richtige, um die Strategie der Kompensation noch für eine Weile fortzusetzen.

Ansorge genoß den Ruf eines ›Energikers‹, der seine Schüler sechs oder sieben Stunden lang am Tag traktierte, in Gruppen, die er wie ein Feldmarschall befehligte. Nur sehr gelegentlich machte er Ausnahmen und erteilte Einzelunterricht. Nachdem er den jungen Furtwängler gehört hatte, erklärte er sich sofort zu einer ›Individualschulung‹ bereit. Offenbar war der Meister kein so schlechter Psychologe – wie ihn manche darstellen –, denn er merkte sogleich, daß man in diesem Fall mit friderizianischem Drill und ›kurzem Prozeß‹ nichts erreichen würde. Furtwängler lernte Ansorge als ›Poeten des Klaviers‹ kennen, der sich, im Gegensatz zu den meisten klavieristischen ›Paradegäulen‹ um eine Intimität des Ausdrucks bemühte. Daß die Werke Franz Liszts, von denen Furtwängler bis dahin kaum etwas kannte, im Vordergrund der Unterweisung und Analyse standen, versteht sich, denn Professor Conrad war Mitte der Achtziger in Weimar und Rom der erklärte Meisterschüler des weltberühmten Abbés gewesen. Aber gleich nach Liszt kam Beethoven. Schubert und Schumann zählten zu den weiteren Hausgöttern in der Ansorgeschen Villa im Grunewald.

Aber Furtwängler muß wohl bald gemerkt haben, daß ein Pianist vom Range Ansorges nicht in ihm steckte. Der Meisterkurs brachte ihn weiter, berührte jedoch kaum seine Existenz. Inzwischen hatte er ein Streichquartett komponiert, von dem Ansorge ›auf den ersten Blick‹ höchst angetan war. Joseph Joachim, der den ›Buben‹ ja schon kannte, schwerhörig und von Gicht geplagt, kam zum Tee, studierte das Opus, ließ sich ein paar Takte vorspielen, hüstelte verächtlich und krächzte: »Makulatur!« Bald darauf kam Max Reger, der riesige Epikureer, hörte sich – unkonzentriert – das Quartett an, murmelte was von Talent und »ganz interessant«, erklärte aber Ansorge bei der Verabschiedung geradheraus, daß er bei dem jungen Tonsetzer jegliches Können vermisse. Riezler behauptet, er habe das Treffen zwischen Reger und Furtwängler arrangiert, wie er sich überhaupt anmaßt, alles gelenkt und geleitet und vorgedacht zu haben, was in jenen Tagen geschah. Dabei war er während des Meisterkurses bei Ansorge in Berlin nicht anwesend. Furtwängler schreibt am 10. Mai 1904 an den in Griechenland weilenden Curtius über sein derzeitiges Verhältnis zu Riezler: »... mit dem komme ich leider immer mehr auseinander, es ist eigentlich die Trennung schon vollständig. Jeder geht so sachte seinen Weg und die führen auseinander, so ist da nichts zu machen. Es kostet mich immer viele Schmerzen, er, glaub' ich, hat's überhaupt noch nicht recht gemerkt. Doch ist's sinnlos, Ihnen von ihm zu erzählen, Sie werden selber sehn, wie er ist wenn Sie wieder herkommen.«[24]

Aus dem gleichen Brief entnimmt man, daß Furtwängler einsah, wie sehr ihn Riezler klammerte und welchen Gewinn er an dem weitaus flexibleren Curtius hatte: »... ich bin doch gar froh, Ihnen wieder sagen zu dürfen, dass ich viel an Sie denke, und schreiben zu können. Eigentlich habe ich, ich kanns nicht anders sagen, eine große Sehnsucht nach Ihnen, Ihre Gegenwart ist mir ganz ungewohnt geworden, und ich weiss manchmal nicht, ob Sie noch der alte sind.«[25] Curtius erfährt von neuen Kompositionen: »Ein Tedeum im kirchlichen Stil, ausserdem eine Sinfonie, wo nur der Mittelsatz fertig ist bis jetzt, am Anfangssatz bin ich gerade. Ihr geliebtes Adagietto, wenn Sie sich daran erinnern, hab' ich jetzt, als ein gemeiner Dieb, wieder genommen und eingeschmolzen, und nun hat es seinen Platz im Tedeum beim Miserere, mit grossem Chor, und thut eine gute Wirkung.«[26] Unterzeichnet ist der Brief mit »Dette«. Das gibt eine gewisse Vertraulichkeit wieder, wie sie in keinem Brief an Riezler zu finden ist. Aus Ludwig Curtius wird ein Freund, ein selbstloser Berater.

Das Vertrauen in Riezlers Welt- und Kunstsicht schwindet, Curtius arbeitet auf griechischem Felde, Schillings hat nichts mehr zu bieten. Vater Adolf kränkelt, fühlt sich überlastet. Mutter Adelheid sähe es liebend gern, wenn der Bub Grund unter die Füße bekäme. Sie berät sich mit dem stets hilfsbereiten Georg Dohrn in Breslau, der ohnehin einen Narren an seinem ›Spezi‹ gefressen hat. Die Sache mit dem Bertele... Wenn so etwas zu Konsequenzen führe, nicht auszudenken. Der Mann braucht eine Profession, was Festes, und ein Mann ist der Willi schon längst.

Onkel Dohrn braucht nicht lange zu überlegen. Schließlich ist er der ›Musikpapst‹ von Breslau. Er holt den ›Spezi‹ für ein gutes ›Salär‹ als Korrepetitor ans Stadttheater. In der ›Fürstbischöflichen Hofoper‹, wie die Schlesier ihren Musik-Tempel gern benennen, soll er sich den Wind um die Ohren brausen lassen. Praxis kann nur guttun. Nach ein oder zwei Jahren wird man weitersehen. Der Wilhelm schnürt sein Bündel.

Gesellenjahre

Für die Münchner lag Breslau ›fern in der Türkei‹. Frank Wedekind hatte einmal hämisch zusammengereimt: »Wo sich Deutschland grenzt an Asien, is' sich Oberschlasien.« Tiefste Provinz, an die man nicht im Traume denkt. Doch die Furtwänglers wissen es anders: durch Onkel Dohrn. Das Stadttheater am Exerzierplatz, neben der Generalkommandantur und St. Dorothea, gegenüber dem Kunst-Museum und dem königlichen Palais, sei das renommierteste im ganzen deutschen Osten, mit großer Tradition und einem erstaunlich hohen Etat. Das ›Fürstbischöfliche Hoftheater‹, in dessen Gästebücher man die wichtigsten Namen der europäischen Musikszene verzeichnet finde, werde von den einflußreichen Magnaten der Umgegend frequentiert. Die Fürsten Pless und Radolin unterhielten Ehrenlogen wie die stinkreichen Translateurs aus Carlsruh, die Oppenheimers, Hönigsbergs, Cohns und Sinauers. Nicht allzu lange lag es zurück, daß ein Cohn den Fürstbischofsthron bestiegen. Und Georg Henschel, der ›schöne Isidor‹, Liebling der Königin Victoria von England und von dieser in den erblichen Adelsstand erhoben, habe das schlesische Opernhaus zu einer Hochburg internationaler Begegnung gemacht. Die besten Kräfte der Berliner Lindenoper, Hermann Jadlowker und Emmy Destinn voran, legten größten Wert auf ihre Gastverträge mit dem Haus am Exerzierplatz. In Breslau könne man was werden, wenn man auf der Hut sei.

Das klang alles ganz verlockend, und als Onkel Dohrn vermeldete, er habe für den Willi eine kleine, nette Wohnung in der Zwingergasse, gleich hinter dem Theater, gefunden, nahm das Abenteuer seinen Anfang. Die Fremde, das Elend. So ziemlich auf sich allein gestellt. Die erste Bewährung im Leben. Als Korrepetitor war man zunächst ›Mädchen für alles‹. Wünschte Herr Kammersänger X die Transponierung einer Arie um einen halben ›Schritt‹, so verlangte Primadonna Y, wenn sie nicht aufgelegt war, einen ganzen. Außerdem hatte sie Accessoireprobleme, und der Herr Korrepetitor mußte den Cul de Paris – oder was man dafür hielt – zurechtrücken. Kaffeeholen und ähnliche ›kleine Bestellungen‹ gehörten ebenso zu den obligaten Aufgaben. Wer aufmuckte, dem wurde ein miserables Verhältnis zur Musik attestiert. Und ›Intriguen‹ gab's! Jeder gegen jeden. Korrepetitoren mußten als postillion d'amour herhalten und als Zeugen, wenn die Giftereien zu Verbalinjurien geführt hatten. Sich an solche Tagespolitik zu gewöhnen, dazu gehörte nicht nur ein dickes Fell, sondern auch ein Gutteil Diplomatie, um nicht mitgerissen zu werden in die Gruben der routinierten Theaterfüchse. Der junge Furtwängler scheint rasch begriffen zu haben, wie man sich am besten durch den Operndschungel hindurchmanövriert. Das tun, was man von ihm verlangt, und ansonsten schweigen und gute Miene zum bösen Spiel machen. Vor allem bei den Damen am Breslauer ›Institut‹ kam die reservierte Haltung an. Das war kein Hallodri, mit dem man die Nächte durchsaufen konnte, der wollte zu was kommen. Ehrgeizig. Irgendwie aristokratisch. Von so betäubend sinnlicher Ausstrahlung. Curt Riess sammelte Eindrücke, die ihm wohl alte Breslauer überlieferten: »... schmal, hochaufgeschossen, das Gesicht noch immer von Locken umrahmt, ein ungewöhnlich gut aussehender junger Mann, er war auch einer, der sich ungewöhnlich benahm. Er hatte nichts von der abgeklärten Ruhe älterer Korrepetitoren oder Dirigenten. Wenn er am Klavier saß, spielte er nicht nur mit den Händen. Der ganze Körper, die Arme, die Beine, das Gesicht musizierten mit, er war immer in Unruhe, fast immer in Ekstase. Dabei war alles Technische erstaunlich gekonnt. Der junge Mann spielte auch die schwierigsten modernen Werke aus dem Klavierauszug fehlerlos vom Blatt. Das erregte ein gewisses Aufsehen...«[1]

Der Opernalltag erweckte Furtwängler aus dem Dornröschenschlaf. Nie hätte er sich vorstellen können, daß Kunst in solchem Maße Konsumgut war, daß alle Vorbereitungen zu einer ›Carmen‹ oder den ›Meistersingern‹ ohne jegliche Kunstreligion nach ganz banalen, technischen Schemata abliefen. Musik als Trägerin der Metaphysik? Hier auf der ›nackten‹ Opernbühne wurde sie ihres höheren Anspruchs entweiht, hier war sie reines Mittel zum Zweck. Attitude anstelle geistiger Bewegung, Effekt ohne Empfindsamkeiten. Die Darstellung forderte die völlige Usurpation der Metaphysik. Die Disziplin des dramatischen Ablaufs, das Eingehen auf den Geschmack des Durchschnittspublikums. Wie waren Wagner und Beethoven (›Fidelio‹) damit zurande gekommen? Wagner, indem er mit seiner ganzen Autorität für transzendentale Inhalte bürgte; Beethoven, der diese persönliche Macht nicht besaß, gescheitert. Die ungeschliffene Aufgeblasenheit des Komplexes Oper verwirrte Furtwängler. Hätte es ein auf schmetternde Prätention verzichtendes, psychologisches Musiktheater (wie es in den fünfziger Jahren des 20. Jahrhunderts aufkam) gegeben, die Oper möchte Furtwängler auch als Komponisten gereizt haben. So aber wandte er sich von dem gemachten gesellschaftlichen Produkt Musik ab und suchte, wie bisher, nach Formen ihrer Verabsolutierung. Es entstand ein Adagio in h-moll, vermutlich als Satz einer zweiten Symphonie gedacht.

Nach dem Scheitern mit der ›Ersten‹ war nicht daran zu denken, den Breslauern alsbald mit einer Novität aufzuwarten. Aber beweisen wollte sich der unermüdliche Komponist schon, der es nicht begriff, daß die Leute in Onkel Dohrns Symphoniekonzerten bei Straussens Tondichtungen außer Rand und Band gerieten, Gefallen an Grieg und Saint-Saëns, Debussy und den scheußlichen Veristen fanden. Ihm war zugute gekommen, daß er gelegentlich als Aushilfskapellmeister Bühnenmusiken und ein paarmal sogar Schauspiel-Illustrationen hatte dirigieren dürfen. Dabei war ihm bewußt geworden, welche Kräfte man zu investieren gezwungen, wie Macht ausgeübt werden mußte, wenn nicht Suggestion. Sich als Dirigent zu verwirklichen, vor allem in der Aufschlüsselung und Präsentation eigener Werke, konnte ihm das auf die Dauer Erfüllung bringen?

Klar, daß die Familie und die Freunde darauf drängten, zu demonstrieren, was er in der Fremde an Erfahrungen gesammelt. Da gab es in München den Dr. Franz Kaim, der ein repräsentatives Orchester leitete, das – vergleichbar dem früheren Bilseschen zu Berlin, aus dem Hans von Bülow die Philharmoniker machte – zu den verschiedenartigsten Anlässen herangezogen wurde, sei's zu akademischen Redouten, Hofbällen, Volkskonzerten im Freien und im Odeon, aber auch zu regulären Symphoniekonzerten mit Beethovens Neunter oder den vier Symphonien von Johannes Brahms. Die Dirigenten wechselten wie die Programme. Prominentester Gast bei den ›Kaimschen‹ war alle Jahre Felix von Weingartner. Schillings und Riezler, aber auch Adolf Furtwängler und Gattin Adelheid hätten es gar zu gern gesehen, wenn der ›Bub‹ es einmal mit dem auch von der Kritik wohlgelittenen Privatorchester versucht hätte. Dr. Kaim, darauf bedacht, die Attraktivität und den Avantgardismus seiner Unternehmungen ständig zu beweisen, sagte zu, als Professor Adolf und Schillings bei ihm vorstellig geworden waren, »um das Münchner Debüt für den Willi zu richten«. Kaim forderte ein Probedirigieren. Jung-Furtwängler bat in Breslau um Urlaub, reiste frohgemut gen München und stellte sich vor das Orchester, probierte dies und das und merkte an dem zustimmenden Kopfnicken sowohl der Orchesterleitung als auch der ehemaligen Lehrer, daß er gefiel. Eine Ausnahme: Der bei Kaim für ein Fixum arbeitende Kapellmeister Raabe, gut für alles, in dem ›Neuen‹ einen Konkurrenten witternd, fand Stil und Haltung unmöglich. Gern sei er bereit, dem Dirigier-Aspiranten das Notwendigste beizubringen, damit überhaupt eine Verständigung mit dem Orchester zustande käme. Doch Furtwängler verzichtete dankend; er sei längst in der Lage, einen umfänglichen philharmonischen Apparat zu beherrschen. Deswegen habe er sich auch Bruckners Neunte ausgewählt, die er nach Beethovens ›Die Weihe des Hauses‹ und seinem jüngst komponierten Adagio ins Programm zu nehmen gedächte.

Diese Mitteilung verschlug den meisten Anwesenden, vor allem aber Raabe, die Sprache. Dieses Kolossalwerk, an das sich selbst Nikisch und Mottl nur ungern herantrauten? Skepsis. Das geht doch garantiert schief. Solch ein Hybris! Kaum trocken hinter den Ohren – und Bruckners Neunte! Raabe versuchte noch mehrfach, Furtwängler von dem Plan abzubringen. Das sei doch keine Musik für einen Anfänger, lieber was Leichtes, einen ›kleinen‹ Haydn oder einen ›zu nichts verpflichtenden Mozart‹. Und überhaupt: Bruckner, so was von zweitrangig, vom Publikum abgelehnt, meist bearbeitet, zu mystisch, zu religiös, nichts Gängiges. Je abfälliger sich Raabe (der spätere Präsident der nationalsozialistischen Reichsmusikkammer!) über Bruckner äußerte, desto mehr fühlte sich Furtwängler dazu berufen, den Münchnern zu zeigen, was es mit diesem gigantischen Werk auf sich hatte und mit ihm selbst.

Schon damals, als noch gar nicht feststand, daß er sich der Dirigentenlaufbahn widmen würde, war er sich im klaren darüber, daß er für den Meister von St. Florian kämpfen würde. Und was er 1939 beim Fest der Deutschen Bruckner-Gesellschaft – deren Präsident er war – im Wiener Musikvereinssaal bekannte, das hätte er dem Sinn nach auch schon dreiunddreißig Jahre zuvor formulieren können, als er sich anschickte, zum erstenmal die Neunte zum Klingen zu bringen: »Bruckner ist einer jener in der gesamten europäischen Geschichte nur ganz selten erschienenen Genien gewesen, deren auferlegtes Schicksal es war, das Übernatürliche wirklich zu machen, das Göttliche in unsere menschliche Welt hineinzureißen, hineinzuzwingen. Sei es im Kampfe der Dämonen, sei es in Klängen seliger Verklärung – auf das Göttliche in ihm und über ihm war zutiefst das ganze Sinnen und Trachten dieses Mannes gerichtet. Er war gar kein Musiker. Dieser Musiker war in Wahrheit ein Nachfahre jener deutschen Mystiker, jener Ekkehardt, Jakob Böhme usw. ...«[2]

Für den ›Mystiker mit der Dornenkrone‹, dieser Mischung aus ›Volkskind, Bauer und für alle Ekstasen sublimster Art empfänglichen Künstler‹, mochte es nützlich sein, nachschöpferisch tätig zu werden. ›Gewinn in sich selbst‹ sollte es ihm schaffen, Bruckner ›Auge in Auge‹ gegenüberzutreten, ihm mit völliger Hingabe, ja Entrückung zu dienen. Bruckner, der Erbe aller Kunstmittel der Hochromantik, war ihm seelenverwandt: »Er steht inmitten einer Epoche, in der die Klangwelt bereits allenthalben in Teil-Sensationen, in Einzelreize aufgelöst wird. Er wendet die Mittel dieser seiner Zeit unbedenklich an, wo und wie er sie findet, er weicht ihr in keiner Weise aus – und doch bleibt er, der er ist. Er allein in seiner Umgebung scheint die Kraft zu besitzen, eine von Richard Wagner zu ganz anderen Zwecken erfundene Klangwelt und Harmonik eigenen Zielen dienstbar zu machen, jene Kraft des Siegfried, den Nibelungenring, der jedem anderen Verderben bringt, zu tragen, ohne von seinem Fluch getroffen zu werden. Er wird damit zu dem großen Unzeitgemäßen, der er – auch heute – immer noch ist, und der doch an das rührt, was der Zeit zuinnerst nottut. Und das ist die jenseits aller nur genialen, nur privaten Willkür liegende Allgemeingültigkeit künstlerischen Ausdrucks, die verpflichtende Aussage, der Bruckner sich nicht weniger unterzieht als sein großer Schicksalsgenosse Brahms, als seine großen Vorgänger. Hier ist der Punkt, wo sein Schicksal an das unsere, wo unser Schicksal an ihn geknüpft scheint.«[3]

Wenn Furtwängler ›uns‹ sagt, so meint er doch in erster Linie sich selber, denn seine Vorstellung von musikalischer Schöpfung läuft synchron mit der Bruckners. Sie verdingen sich in ihren Kompositionen zu keiner religiösen Mimikry. Ihrer Musik ist ›Das Religiöse‹ immanent, sie spüren und erleben die Schwerkraft von Superiorität: des Göttlichen und lassen sich durch keine noch so interessante oder überzeugende neue Ideologie von ihrem Weg abbringen. Das musikalische Gottesgnadentum Anton Bruckners ist auch das Wilhelm Furtwänglers. Sie stemmen sich gegen den intellektuell geprägten Radikalismus, der alle Kompositionsmaterialien umwälzt, sie akzeptieren nicht die Innovationen an Rhythmik und Harmonik. Sie wollen die Musik nicht systematisieren, das Gefühl – sozusagen – unterpflügen, sondern dabei verharren, daß sie als Medien einen höheren, ›kosmischen‹ Auftrag durchführen, der es erfordert, sich in den vorgeprägten, konventionellen Modi zu artikulieren. Nicht sie schaffen, sondern ›es‹ schafft.

Klar, daß ›tout‹ München aufmerkte, als in den Gazetten angekündigt wurde, der junge Furtwängler gebe bei den ›Kaimschen‹ mit Bruckners Neunter seinen Einstand. Man kam schon Adolf Furtwänglers wegen: der beste Werber für die Sache seines Sohnes. Aufmunternde Vorberichte, wie sonst in den Feuilletons üblich, scheint es nicht gegeben zu haben. Das hatte weniger mit der Person des Debütanten als mit dem Hauptwerk des Abends zu tun, mit dem man partout nichts anzufangen wußte. Hinterher rangen sich die Herren der Kritik zu verhaltenem Lob durch. Der sich »ungestüm gebärdende Most« werde gewiß durch einen Prozeß der Gärung zu »edlem Wein«, hieß es. Der junge Mann zeige Begabung, Talent, doch es mangele noch an Zucht. Bis zum Ende der Saison kehrte Furtwängler nach Breslau zurück, wo er noch mehrmals Gelegenheit hatte, Schauspielmusiken zu dirigieren und Orchesterproben (›Der Widerspenstigen Zähmung‹ und ›Djamileh‹) zu leiten. Im Archiv des Breslauer Hauses haben sich weiter keine Hinweise auf Furtwänglers Tätigkeit finden lassen, bis auf jene unbedeutende Eintragung im Kontobuch des Jahres 1906, die besagt, daß er außer seinem monatlichen Fixum neun Mark für drei Orchesterproben gegen Quittung behoben habe. Gleich daneben ist die Buchung der Star-Gage für den Tenor Hermann Jadlowker verzeichnet: 6000 Goldmark ›bar cassa‹ nebst 600 Mark Spesen für einen Auftritt als Eleazar in ›La Juive‹.

Auf die Vakanz am Zürcher Stadttheater hatte Max Schillings hingewiesen. Er dirigierte des öfteren in dem eidgenössischen Musentempel und war zudem mit dem Intendanten Alfred Reucker und dem Musikchef Lothar Kempter eng befreundet. Als Furtwänglers Bewerbungsschreiben eintraf, waren die Herren aus der Chefetage jedenfalls informiert. Sie ließen den Anwärter kommen und entschieden sich nach kurzer Beratung für ihn. Chordirektor und zweiter Kapellmeister an einem so renommierten Haus, das war doch ein ganz erhebliches Avancement. Wo Hans von Bülow, Friedrich Hegar, Emil Nikolaus von Reznicek und Karl Muck gearbeitet hatten, da mußte sich doch mancherlei bewirken lassen. Neben Kempter, einem eingefleischten Wagnerianer, dirigierte Max Conrad das Hauptkontingent der Spielopern und Operetten. Er rückte auf, als der ›Erste koordinierte‹ Kapellmeister, Richard L'Arronge, ausschied. Und nun kam der junge Furtwängler auf den ›Wurzen-Platz‹. Außerdem hatte er den ›Musikdienst‹ im Pfauen-Theater zu versehen, der Sprechbühne des Stadttheaters, sofern dort Schauspiele ›mit musikalischer Garnierung‹ gegeben wurden. Solche Schauspielmusiken schrieb damals für Zürich vorwiegend Hans Pfitzner, mit dem Furtwängler in künftigen Jahren mancherlei Beziehungen anknüpfen sollte.

Der »hochaufgeschossene Jüngling von etwa zwanzig Jahren, mit langem Hals und langen Armen« (Max Conrad) erwies sich als exzellenter Pianist und »Vom-Blatt-Leser«. Das kam ihm bei den Klavierproben mit Chor und Solisten natürlich ungemein zustatten. Nicht immer die gängigsten Stücke standen zur Debatte. Kempter und Reucker setzten ihren Ehrgeiz darin, den ›gemischten Spielplan‹ durch allerhand Novitäten zu würzen. Nie zuvor hatte Furtwängler von Umberto Giordano oder Alexander von Zemlinsky gehört, geschweige denn von Hermann Noetzel oder Franz Lehár. Neben den Klavierproben stellvertretend für Kempter das ›Accompagnement‹ bei den Arrangier- und Stellproben des Regisseurs. Max Conrad: »... was für einen jungen Eleven außerordentlich lehrreich ist, manchmal aber auch ziemlich langweilig sein kann. Unser Novize scheint sich die Zeit mit Nußknacken vertrieben zu haben, denn nach solchen Proben fand man das Klavier meist voller Nußschalen, was schon damals seine Neigung zum Vegetarismus erkennen ließ.« Conrad fügt hinzu: »Zu dieser Vorliebe für gesunde Lebensweise gehörte auch der Sport, zu dem ihm die ›Seegfrörni‹ des Winters 1906/07 willkommene Gelegenheit bot. Ein solcher Ausflug mit Kameraden aufs Eise hätte ihm beinahe das Leben gekostet. Etwa auf der Höhe von Stäfa brach ein Mitfahrender in seiner Nähe plötzlich ein; bei dem Versuch, ihn zu retten, fiel Furtwängler gleichfalls ins Wasser und wäre unfehlbar ertrunken, wenn ihm nicht ein Fischer vom Lande her zu Hilfe gekommen wäre, indem er ihm eine Planke über das Eis zuschob, an der er sich dann hinaufziehen konnte. Gott sei Dank scheint ihm das kalte Wasser nicht weiter geschadet zu haben, und vermutlich war das der einzige Durchfall in seinem Leben.«[4]

Furtwängler wohnte bei Verwandten, die es merkwürdig fanden, wie er im Salon vor einer Anzahl leerer Stühle seine ›Generalproben‹ abhielt. Max Conrad: »... auf den leeren Stühlen sitzen sah er in seiner Phantasie ein imaginäres Orchester, das die Musik ausführte, die er aus der vor ihm liegenden Partitur im Geiste vernahm. Es heißt, daß diese Art stiller Generalprobe bei ihm zur ständigen Gewohnheit geworden sein soll, wenn auch ohne Stühle und Partitur.«[5] Am 10. Oktober 1906 durfte Furtwängler zum erstenmal ans Pult. Er dirigierte ein Tanz-Divertissement zwischen zwei von Conrad geleiteten Opereinaktern. Bald darauf wurde ihm die Musik zu Ibsens Schauspiel ›Das Fest auf Solhaug‹ von Pfitzner übertragen und dann mußte er das Weihnachtsmärchen ›Rübezahl‹ en suite musikalisch illustrieren. Zu Silvester 1906 hatte Alfred Reucker eine Operetten-Novität einstudiert: Franz Lehárs ›Die lustige Witwe‹. Seit der Uraufführung im Jahre 1905 machte diese musikalische Komödie, von den Libretto-Routiniers Victor Léon und Leo Stein kokett – und wie man damals meinte, auch kokott – zusammengeschneidert, Schlagzeilen. Der größte Welterfolg des leichtgeschürzten Genres seit der ›Fledermaus‹. Die Zürcher hatten auf diese Show im Dreivierteltakt warten müssen, da die Geistlichkeit zunächst Einspruch erhoben hatte. Der Antistes war davon überzeugt, es mit einem Teufelswerk zu tun zu haben, zumal Dr. Hans Trog, der gefürchtete Kritiker der ›NZZ‹, nach der Wiener Premiere geschrieben hatte, es würde reichlich Beinfleisch »und nicht nur Seelenblöße« gezeigt. Reucker hatte einen Entwurf ohne Beinfleisch und ohne Seelenblöße eingereicht und nach etlichem Verstreichen die (zögernde) Zustimmung des geistlichen Oberhauptes von Zürich erhalten. Wenn er sich auch sonst keiner

Zensur beugte, in diesem Falle aber war das Veto zu gravierend gewesen. Durch die Querelen ergab sich eine nützliche Werbung: Die Zürcher strömten ins Stadt-Theater, selbst diejenigen blieben dem Ereignis nicht fern, die sonst nur das Wagalaweia Richard Wagners gelten ließen. Zudem galt es, die Publikumslieblinge in dieser »Orgie aus Dreivierteltakt-Frivolitäten« (Dr. Trog) zu bewundern: Ida Holms als Valencienne, Aurelie Revy als Hanna Glawari, Bruno Wünschmann als Gesandter und Bernardo Bernardi als Camille de Rosillon. Die bildschöne Valerie Lindau (Furtwängler nicht unbeeindruckt lassend!) stand für die Choreographie ein und tanzte zum Ergötzen ihrer nicht nur männlichen Bewunderer den großen Tanz-Walzer »auf herausfordernd erotischer Spitze«. Max Conrad hatte die Einstudierung der Novität übernommen, aber von der siebenten Aufführung an mußte Furtwängler beweisen, daß er die Valsons und Polkons und die Cancans mit konzentriertester Leidenschaft ›zu durchgeistern‹ vermochte. Von Kempter und Conrad mit den notwendigen ›Eizes‹ versehen, legte er los. Es muß ungeheuerlich gewesen sein. Endlich mit einer abendfüllenden Aufgabe betraut, glaubte der junge Kapellmeister, er müsse nun ad hoc unter Beweis stellen, was alles in ihm steckte. Und so schlug er drauf los, als sei das Chanson von der ›anständ'gen Frau‹ die Leonoren-Arie aus dem ›Fidelio‹ oder das große Gesellschaftsfinale des letzten Aktes die Apotheose zum Schlußsatz von Bruckners Neunter. Das Publikum ging mit, die Kritik schlug die Hände über dem Kopf zusammen und schrie laut auf: Der hat ja überhaupt kein Verhältnis zur leichten Muse![6] Womit sie recht hatte. Nach dem Zürcher Gesellenjahr hat Furtwängler nie wieder eine direkte Berührung mit der walzerseligen Hanna Glawari und ihren offenherzigen Schwestern gehabt. Auf die Frage des Kritikers Alexander Berrsche, warum er die »subjektive Musik der Romantiker heilige und die objektive verneine«, antwortete er Mitte der Dreißiger: ». . . weil die objektive von Franz Lehár stammt!«[7] Der Operetten-König war übrigens höchst indigniert, als er erfuhr, welchen Schabernak »ein gewisser Herr Furtwendler« mit seinem Werk in Zürich treibe. An Gattin

Sophie schrieb er: »Da hat der Capellmeister, ein gewisser Furtwendler, die wilde Gungl zum Eroica-Orchester machen wollen und ist drauf gedroschen wie ein Fiaker auf der Nacht seine Spannerl antreibt. Behüte Gott, daß ich noch einmal so verkannt werde! Dieser Hallodri hat dadurch meine Witwe so sehr geschändet, daß sie bald in der Schweiz keiner mehr anschaut. Und das, wo man dort so gut zahlt! Ich sage…, den Namen Furtwendler soll man sich merken, daß keiner auf solch eine sinfonische Remasuri reinfallt!«[8] Von der siebzehnten Aufführung an übernahm dann Max Conrad die ›Lustige Witwe‹ wieder. Furtwängler hatte an dem ›Schmarrn‹ vollständig die Lust verloren. Bevor er die ›Bürde‹ zurückgab, hatte sich, nach Conrads Erzählung, folgendes begeben: Längerer Dialog im zweiten Akt. Das Orchester soll wieder einsetzen. Doch Furtwängler rührt sich nicht. Er ist mit seinen Gedanken ganz woanders. Der Darsteller des Danilo, Albert Trebe, bringt das Stichwort zum zweitenmal. Dasselbe Resultat. Darauf geht Trebe vorn an die Rampe und schmettert das Stichwort zum drittenmal ins Orchester. Als Furtwängler immer noch nicht reagiert, geht er wütend mit den Worten ab: »Na denn nich!«[9]

Furtwängler ist frustriert. Kempter und Conrad dirigieren ihm alles vor der Nase weg. Ihm bleiben nur die ›Wurzen‹. Was kümmern ihn Franz Lehár und Leo Fall, Oscar Straus und Emil Ascher. Wenn schon Musiktheater, dann möchte er ›Fidelio‹ und ›Meistersinger‹, ›Zauberflöte‹ und ›Tristan‹ machen. Nur bei Schillings und Curtius beklagt er sich über die undankbaren Aufgaben. Zu Hause läßt er sich zunächst nichts anmerken, daß ihm Zürich und seine Musikwelt gründlich mißfallen und daß er baldmöglichst anderswo sein Heil in der Kunst versuchen möchte. Adolf Furtwängler kränkelt seit einiger Zeit. Mutter Adelheid schreibt, man müsse vorsichtig mit ihm umgehen. Noch immer werkelt er tagtäglich in gewohnter Weise zwischen Universität und Gipssammlung, noch immer kann man ihn, fast schon ein Münchner Original, in der Stadt ausmachen. Der Dichter Hans Brandenburg hat ihn, ›den berühmten Adolf‹, trefflich beschrieben: »Drei männliche Gestalten…, die man in den

Straßen nur auf dem Fahrrad sah, wie mit ihm verwachsen. Der eine war Hermann Obrist, der Gründer einer Kunst- und Kunstgewerbeschule, vornehm auch auf dem Rade und in seiner Eigenkleidung wie ein höchst gepflegter Engländer. Der zweite war Adolf Furtwängler, der berühmte Archäologe und Professor... Sein Haus stand in der kurzen Maria-Josefa-Straße, die den Nikolaiplatz mit der Mandlstraße verbindet. Es stand dort, wo Carl Sattler später als ersten großen Bauauftrag die palazzoartige Villa in Klinkersteinen ausführte, in der sich heut ein Adreßbuchverlag befindet. Furtwänglers Haus war ein Gartenhaus. Auf Säulen ruhte sein Dach, archaischen Holzsäulen, von wildem Wein umrankt. Und hier wuchs sein Sohn Wilhelm heran, der berühmte Dirigent, von seinem Privatlehrer Ludwig Curtius unterrichtet. Draußen radelte der Vater mit fliegenden grauen Haaren zur Universität, und wenn er beim Prinzregenten zur Tafel geladen war, auch mit fliegenden Frackschößen und klingelnd in die Residenz. Der dritte war der noch junge Dichter Friedrich Huch, mit stahlblauen Augen im sonnverbrannten Römerkopf...«[10]

Gegen den Willen von Frau Adelheid und den Rat der Internisten fuhr Adolf Furtwängler im Spätsommer 1907 erneut nach Griechenland. Das Verhängnis nahm seinen Lauf: Anfang Oktober brach er ›auf dem Felde der Wissenschaft‹ zusammen. Die Ärzte eines Athener Spitals vermochten ihm nicht zu helfen. Am 9. Oktober starb er an der Ruhr. Wie ein Fürst wurde er zu Grabe getragen. Ehrenspalier. Pompöse Nachrufe. Der ›Vater der modernen Archäologie‹ in den Sielen gestorben. Luitpold von Bayern bedauerte, ihn nicht geadelt zu haben. »Was stirbt er denn auch so einfach ohne Ankündigung hinweg!« soll der ›weise‹ Regent bei der Abfassung des Trauerbriefs an die Hinterbliebenen geraunzt haben. Sohn Wilhelm war nun ›Herr im Haus‹. Ihn drängte es mit Macht nach München zurück. Einmal, um der Mutter beizustehen, zum anderen aber auch, um ›die künstlerische Zukunft zu richten‹. Außerdem war das immer noch nachwirkende Verhältnis zu Bertel Hildebrand endgültig zu beenden. Man hatte sich lange nicht mehr gesehen, aber das

Verlöbnis bestand noch ›pro forma‹. Es wurde nun gelöst. Offiziell.

In Zürich hatte Furtwängler mit dem Tenor Max Merter-ter-Meer Freundschaft geschlossen. Maxl war um einige Jahre älter, längst ein Arrivierter, der auch gelegentlich an der Münchner Hofoper gastierte. Hin und wieder hatte er den Willi mit in die ›deutsche Kolonie‹ der eidgenössischen Metropole genommen. Und wenn Merter die ›Winterreise‹ oder die ›Schöne Müllerin‹ vor den Industriellen und ›Hochmezzen‹ sang, mußte ihn Furtwängler begleiten. Das warf ein nicht unansehnliches Extrahonorar ab und brachte Berührungen mit der ›großen Welt‹, denn vor allem die Damen der Industrie kümmerten sich ausnehmend gern um hübsche und gescheite junge Musici. Im Hause Sprüngli, wo Merter besonders oft Verpflichtungen hatte, residierten in der Saison häufig hanseatische ›Pfeffersäcke‹. Aus Bremen, Hamburg und Lübeck. Konsuls und Senators. Leute mit penetranter Arroganz. Ida Boy-Ed, die Sappho aus der deutschen Marzipan-Metropole, verwickelte ›ihre‹ Kunstgenossen in hohle, aber mit Leidenschaft und Emphase artikulierte Gespräche. Sie wolle sich ›liebend gern‹ in Lübeck für ›Maestro Wilhelm‹ engagieren. Auf ihr Wort höre man, sie bestimme das kulturelle Procedere an der Trave. Furtwängler nickte verbindlich. Vergaß das ›Bla-Bla‹ rasch. Und war verblüfft, als Poetin Ida nach geraumer Zeit ihre Sprüche in die Tat umsetzte.

Max Merter-ter-Meer wies offenbar als erster darauf hin, daß es Furtwängler guttun würde, für eine Weile nochmals einen Lehrer zu finden, um in der Kunst des Dirigierens voranzukommen, denn dieses ›Handwerk‹ gründlich zu beherrschen, darauf versteifte sich der an Lehárs frivoler Witwe Verdrossene immer mehr. Merter riet zu Mottl, den er gut kannte. Schillings wurde eingeschaltet. Traf sich günstig, daß Mottls Gattin Zdenka Faßbender, Primadonna der Münchner Hofoper, eine Reihe höchst problematischer Partituren einzustudieren hatte und keinen geeigneten Korrepetitor finden konnte, der ihr das ›Neumodische G'sudel‹ verdolmetschen würde. Dame Zdenka bestellte Furtwängler zu sich, überzeugte sich ›mit eigenen Ohren‹ und behielt den ›talentierten Blondschopf‹ gleich mehrere Stunden bei sich. Toll, wie der Junge das konnte! Ansorges Meisterschüler. Viel zu schade, um nur zu begleiten. Das sagte sie auch ihrem berühmten Herrn Gemahl, dem Königlichen Generalmusikdirektor Dr. h.c., Dr. h.c., Dr. h.c. Felix Mottl, der als weltbester ›Tristan‹-Dirigent galt und als musikalischer Testamentsvollstrecker des Bayreuther Meisters ›in toto‹. Frau Zdenka beschäftigte den jungen Mann über Gebühr. Fünf, sechs Stunden pro Tag. Er durfte auch zum Tee bleiben, manchmal zum Dinner. Ihr Wohlgefallen an dem ›Beau‹ wuchs von Woche zu Woche. Wie sympathisch er wirkte, wie romantisch! Und so sinnlich. Frau Mottl hegte nichts Amoralisches. Sich nur mal an dem juvenilen Götterbild weiden... Sie lebte ziemlich abstinent, weil Gatte Felix lieber Ballett-Epheben nachsah. Kurz und gut: Furtwängler wurde für eine Weile unter die Fittiche der Mottls genommen. Er profitierte von der unerhörten Créativität und der sprichwörtlichen Bildungsbeflissenheit des Chefs der Münchner Hofoper. Wenn er später auch Nikischs Einfluß weitaus stärker zu Buche schlagen ließ, so erschien es ihm dennoch, als habe er unter Mottl erst seine eigentliche Lehrzeit durchgemacht.

Bei Kempter in Zürich hatte, fast zum gleichen Zeitpunkt, noch ein anderer vielversprechender junger Mann ›im dritten Glied gedient‹, der aus Straßburg stammende Robert Heger. Auch er kam über Schillings zu Mottl und hat uns beschrieben, wie es bei dem ›Wagner-Apostel‹ zuging: »Von regelrechtem Dirigierunterricht hielt Mottl nicht allzuviel, deshalb versammelte sich bei allen seinen Proben ein kleiner ausgewählter Kreis angehender Dirigenten um ihn. Seine Proben waren deshalb so lehrreich, weil er alle Ensembleproben und sogar die Bühnenproben mit Klavier selbst spielte. Wir ›Buben‹ – wie er uns immer nannte – durften dann um den Flügel herumstehen und konnten uns jede Ausdrucks-Nuance, jeden Übergang und jede Themenverbindung merken und in unsere Klavierauszüge eintragen. Während Mottl Klavier spielte, machte er oft aufschlußreiche Bemerkungen über das einzustudierende Opernwerk, würzte auch manchmal die Arbeit mit humorvollen Einwürfen.«[11] Robert ›Bobby‹ Heger war später einer der zuverlässigsten Staatskapellmeister an der Berliner Linden-Oper, ein präziser ›Schlag-Techniker‹, der es sich zur Aufgabe gemacht hatte, Mottls Ideen und Auffassung vom Dirigieren weiterzutragen. Selber ein feinsinniger Komponist (›Der Bettler Namenlos‹) hat er in den dreißiger und vierziger Jahren die meisten Uraufführungen am Berliner Haus einstudiert und vorgestellt. Aus dem gleichen ›Stall‹ wie Furtwängler, verstand er seinen künstlerischen Auftrag dennoch gänzlich anders. In einem Radio-Interview sagte ›Bobby‹ Heger 1965: »Ich bin eigentlich immer diesseitig geblieben und habe den ›Tristan‹ – wie Mottl – nicht als Mystifikation verstanden, als ein nur ins Transzendente hinüberspielendes Seelendrama, dem man nur mit Weihe und tiefer Religiosität beizukommen vermag. Die Nachtgeweihten mußten auf der Erde, hier, in einem erfaßbaren gesellschaftlichen Umkreis, verbleiben. Mein Freund Furtwängler sah das anders. Er spielte die Transzendenz in den Vordergrund und führte eine ›unio mystica‹ ohne Bezug zu irgendwelchen Wirklichkeiten herbei. Diese größte aller Musiktragödien trägt beide Systeme. Für den Menschen freilich, der mit Tristan und Isolde lebt und sich mit ihnen identifiziert, ist die Lebensnähe das wirksamere Element. Mottl pflegte zu sagen: ›Hinter dem Ganzen steht nicht irgendein lieber Gott, der das Verhängnis ausnutzt, um die Akteure in seinen Bann zu ziehen, sondern der tödliche Eros der diesseitigen antiken Tragödie.‹ Mein Freund Furtwängler demonstrierte den Überbau, entschlackte die Verstricktheit der Liebenden ineinander zu einem fast allgemeingültigen Geschehen. Das war nicht im Sinne von Felix Mottl, der von der Psychoanalyse zwar noch nichts wußte, sie aber in seiner Interpretation voll und ganz praktizierte.«[12]

Furtwängler lernte in der Umgebung Mottls großartige Sänger und Sängerinnen kennen: Berta Morena oder Luise Willer, Paul Bender oder Fritz Feinhals. Zum ersten Mal konnte er mit wirklichen Stimm-Autoritäten arbeiten, wenn ihm Mottl den Klavierschemel überließ, was immer häufiger vorkam, da sich alle Welt um den berühmten Münchner Opernchef riß, der von Wien nach London, von dort nach Paris und Madrid, Stockholm und Budapest eilte, um sich als Pultfürst feiern zu lassen, der sich darauf berufen konnte, von Wagner persönlich instruiert worden zu sein. Kein Wunder, daß er ein Streß-Opfer wurde und in der hundertsten Aufführung des ›Tristan‹ im Münchner Nationaltheater, am 2. Juli 1911, in der dritten Szene des ersten Aktes bei der Stelle »... und heim nach Hause kehre, mit dem Blick mich nicht mehr beschwere« zusammenbrach und leblos aus dem Orchesterraum getragen werden mußte.

Dem Dunstkreis von Mottls Wagneromanie entzog sich Furtwängler, wenn er mit Friedrich Huch per Fahrrad die Münchner Umgegend durchstreifte oder mit jenem die heißen Tage im Ungererbad verbrachte, wo über Gott und die Welt gestritten wurde, wenn die kühnen Springer und Schwimmer nicht gerade im Bassin wetteiferten. Huch hauste in einer Mansarde an der Altschwabinger Keferstraße unter dem Baronsbergl, gegenüber vom Osterwaldgarten. Hier schrieb er für Wilhelm Langewiesche Einemarkachtzig-Bücher, und hier entstand, mit Hilfe Furtwänglers, der ›Enzio‹. Gelegentlich nahm Friedrich den Willi mit zu seiner Cousine Ricarda, mit dem Zahnarzt Cecconi verehelicht. Stammlokal war das ›Leopold‹, in dem sich die Antiwagnerianer trafen. Klar, daß Huch auch von den neuesten Kompositionsplänen Willis erfuhr, einem Tedeum, zu dem jener schon in früheren Jahren Materialien gesammelt hatte. Gewiß inspirierte ihn ›Bruckners letzte Offenbarung‹ zu diesem Gewaltakt. Riezler schreibt über das im Herbst 1910 von ›Onkel Dohrn‹ in Breslau uraufgeführte Werk: »Ohne Zweifel: Die in mangelnder Reife des Könnens begründeten Schwächen sind nicht zu übersehen. Chorsatz und Instrumentation sind primitiv. Es ist ein Jammer, daß Furtwängler nicht die Zeit fand, die immer wieder geplante Umarbeitung vorzunehmen... Das Werk hat auch sonst noch seine Mängel. Sie sind begründet in einem bedenklichen Hang zur Übersteigerung, die nicht durch Bereicherung des Ausdrucks, sondern nur durch ewige Wiederholung kurzer

Motive erreicht ist. Man möchte sagen: Er hat zu viel an Michelangelo dabei gedacht. Der Tragiker ist dem nur auf Aussage religiöser Erhebung Bedachten dazwischen gekommen.«[13] Gegenüber Furtwänglers eigener Meinung, der später die Schwächen des Werkes erkannte, es zwar nicht gänzlich – wie die erste Symphonie – verwarf, aber doch als ›Jugendsünde‹ mehr schamhaft beiseite tat, übersteigert der Lehrer die Bedeutung dieser Komposition unangemessen, peinlich, wenn er behauptet: »Keine der neuen Vertonungen dieser Hymne, weder die von Anton Bruckner noch die wahrhaft verehrungswürdige des alten Verdi, ist ihr an Erhabenheit und echter Religiosität der Aussage überlegen. Und es gibt kein zweites Te Deum größeren Umfangs, das nicht in mehrere in sich abgeschlossene Teile zerfällt, sondern in einem System weit gespannter Bogen als ein Ganzes gestaltet ist, mit mächtigen Steigerungen, bis mit dem ›in te Domine speravi‹ die höchste Höhe erreicht ist. Ein sinfonischer Plan ersten Ranges!«[14] Ein interessanter Plan, aber doch weitgehend im Status nascendi steckengeblieben. Furtwängler war seinen eigenen Schöpfungen gegenüber viel zu kritisch, als daß er dem dauernden Drängen Riezlers nachgegeben hätte, das Tedeum einer gründlichen Revision zu unterziehen und in der Zeit der Reife formal und inhaltlich neu zu gestalten.

Immerhin brachte es die Breslauer Uraufführung mit sich, daß auch andere Musiker aufmerksam wurden, zum Beispiel Hans Pfitzner in Straßburg, der es den Komponisten selber dirigieren ließ, und Hermann Abendroth in Essen, der damit Schiffbruch erlitt. Nach diesen drei Aufführungen wurde das Opus ad acta gelegt. Furtwängler hat dann fünfundzwanzig Jahre lang den Prozeß des Eigenschöpferischen nicht weiter gefördert und fortgesetzt, kaum ein Notenblatt gefüllt und sich damit versagt, in jungen Jahren vorrangig als Komponist behandelt zu werden.

Mit dem Tedeum hatte er die Aufmerksamkeit von Hans Pfitzner erregt, der seit 1908 in Straßburg als Städtischer Musikdirektor und Chef des Konservatoriums wirkte. Möglich, daß es schon früher zu Kontakten gekommen war, denn

Pfitzner gastierte oft mit dem Kaimschen Orchester im Odeon und hatte sicherlich von der Aufführung der Brucknerschen Neunten durch Furtwängler gehört, der die frühen Werke des vermeintlichen Wagner-Antipoden (›Der arme Heinrich‹, ›Die Rose vom Liebesgarten‹ und ›Das Christ-Elflein‹) außerordentlich schätzte, unterschieden sie sich doch wohltuend von der ›Quacksalberei‹ und der ›süßen Breiigkeit‹ jener Märchen-Opern, die Engelbert Humperdinck und Siegfried Wagner fabrizierten. Pfitzner, der ewig Quängelnde und Mäkelnde, bei dem es kein Musiker länger als eine Saison aushielt, holte Furtwängler aus der »Mottlschen Seiche«, wie er's nannte, weg, um ihm die Chance zu geben, sich in Straßburg ›zu tummeln‹. Kaum angekommen, erhielt der ›zweite koordinierte Kapellmeister‹ erst einmal eine Standpauke über Bruckner. Pfitzner: »Ich persönlich halte nämlich gar nichts von ihm, wie ich überhaupt mißtrauisch bin gegen alle Komponisten, die nur ein einziges Gebiet bebauen. Wagners Mission ist eine Ausnahme. Ich finde Bruckner maß- und formlos, monoton, langweilig, und kenne kaum ein Thema von ihm, was mich innerlich stark berührte, sagen wir: was mir gefällt.«[15]

Das Thema Bruckner durfte nicht weiter erörtert werden, es sei denn, Furtwängler wollte den cholerischen Chef in die Raserei treiben. Zwischen Furtwängler und Pfitzner entspann sich ein merkwürdiges Verhältnis, das trotz mancherlei Zerwürfnisse und Disharmonien ›unverbrüchlich‹ bis zum Tode jenes Eigenbrötlers währte, dem wir – nach Ansicht des Dirigenten – die bedeutendste deutsche Oper nach ›Tristan‹ und ›Meistersingern‹, nämlich den ›Palestrina‹ von 1917, verdanken. Wann immer es nach seiner Meinung notwendig war, hat Furtwängler ›seinen‹ Hans verteidigt, sei es 1920, als der Musikkritiker Paul Bekker eine resonanzreiche Kampagne gegen den ›fürchterlichen Musikteutonen‹ startete, der sich gegen jeglichen Avantgardismus aufbäumte und in völkischen Gazetten die »atonalen Wanzen« und »konstruktiven Schleimscheißer« runtermachte,[16] oder nach dem Zweiten Weltkrieg, als man den ›unverbesserlichen Nationalsozialisten‹ wegen seiner ›rücksichtslosen

Parteigängerschaft‹ in Acht und Bann tat. Was Bekker zur Rechtfertigung der ›neuen Schulen‹ gegen Pfitzner anführte, bezeichnete Furtwängler als »willkürliche und intellektualistische Kunstpolitik«.[17] Kein Wort über die Anbiederungen, die entsetzlichen Ergebenheitsadressen an Führer und Gefolgschaft, die grotesken Attacken gegen den vermeintlichen Kulturbolschewismus und die »jüdische Versklavung des deutschen Geistes«,[18] die Sympathiebekundungen für Heinrich Himmler und seine sadistischen Schergen, als er 1948 ›zu den Werken Hans Pfitzners‹ Stellung nahm. Die ›deutsche‹ Erscheinung faszinierte Furtwängler: »Dieser Geist freilich ist Geist der deutschen Musik.«[19] Daß dieses Attribut ›deutsch‹ inzwischen gründlich pervertiert worden war, wollte Wilhelm Furtwängler nicht zur Kenntnis nehmen. Er dividierte das zurückliegende Geschehen auseinander, trennte – unzulässigerweise – die Kunst von der Person, die sie bewirkte. Nur bei wenigen anderen Komponisten aber waren Kunst und Ideologie, Produktion und Bekennertum so zusammengeschweißt wie bei Hans Pfitzner, der in den Pamphleten ›Die neue Ästhetik der musikalischen Impotenz‹ und ›Futuristengefahr‹ genau das verkündete, was Rosenberg und Goebbels und Hitler zu hören wünschten, und dem schon in der Dezember-Ausgabe von ›Die Musik‹ 1933 bescheinigt wurde:

»Es gibt kaum einen lebenden deutschen Komponisten, der in seinem Gesamtwerk eine so enge und gültige Verbindung mit dem deutschen Wesen eingegangen ist, wie Hans Pfitzner... So war Pfitzner ein geistiger Wegbereiter der nationalsozialistischen Idee zu einer Zeit, als die NSDAP noch nicht gegründet war. Und heute, da der Nationalsozialismus den Staat erobert hat und ihn in seiner Totalität erfüllt... konnte Pfitzner darauf hinweisen, daß er den Kampf gegen das Judentum schon zu einer Zeit führte, als er noch gefährlich war... Hans Pfitzner gehört in die erste Front der geistigen Führer des neuen Deutschlands.«[20] Als diese ›Fanfare für Hans Pfitzner‹ erklang, studierte Furtwängler an der Berliner Linden-Oper den ›Palestrina‹ neu ein, nachdem er am 12. November 1931 schon ›Das Herz‹ mit einem »Totalerfolg für den anspruchsvollsten musikalischen Denker der deutschen Nation« (›Berliner Lokal-Anzeiger‹ vom 14. 11. 1931) uraufgeführt hatte.

Rudolf Bockelmann, der in dem Pfitznerschen Mirakel den Doktor Athanasius sang, schrieb in seinen Tagebuchaufzeichnungen: »Wir alle begrüßten dieses Werk als einen mutigen Beitrag zur Kunstauffassung der Bewegung. In ihm schlugen sich keine artfremden Neurosen nieder... Hier wiederholte sich der ganze Zauber sauberer deutscher Romantik wie überhaupt Pfitzners Tugend darin zu liegen scheint, daß er als spätgeborenes deutsch-romantisches Phänomen die völkische Seele erkennt und sie freilegt und sie nicht durch verderbliche undeutsche Stilmittel in eine Aura der Perversion taucht...«[21]

Was Wilhelm Furtwängler in Straßburg bei Pfitzner zu dirigieren hatte, war gewiß auch nicht in eine ›Aura der Perversion‹ getaucht: Flotows ›Martha‹ und Maillarts ›Das Glöckchen des Eremiten‹, dazu ein paar Singspiele und Operetten, die so ›reinrassige‹ Tonschöpfer wie Paul Lincke und Arthur Sullivan angefertigt hatten. Die großen Werke behielt sich Pfitzner vor, der sein kleines Orchester tyrannisierte und bei jedem noch so geringen Mißverständnis gleich auf die Barrikaden stieg. Das Ensemble, das mit ihm eine Einstudierung begann, war Mitte der Proben garantiert auseinandergestoben, von wilden Flüchen des autoritären Musikdirektors verfolgt. So verschoben sich meist die Premierentermine, und die ›Subalternen‹, wozu Furtwängler zählte, durften dann, wenn Pfitzner Fünfzehn-Stunden-Proben abhielt, auch mal an ›Stattlicheres‹ heran, zum Beispiel an den ›Rigoletto‹. Gerade als Furtwängler diesen von heute auf morgen übernehmen mußte, besuchte der Münchner Kritiker Rudolf Louis das Straßburger Opernhaus. Er war entsetzt über den wilden Gestikulierer am Pult, der gewiß kein ›geborener Dirigent‹ sei: »Ein völlig hoffnungsloser Fall, aus dem niemals ein brauchbarer Kapellmeister werden kann!«[22]

Das Querulantentum Pfitzners verdarb Furtwängler rasch die Freude an dem neuen Amt. Er empfand – Curtius gegenüber – Straßburg als Verbannung. Auch wenn ihm

Pfitzner, zumindest als Komponist, imponierte. Als er dem ›Bärbeißer‹ andeutete, nach Lübeck gehen zu wollen, war der Teufel los, und lange Zeit hat es Pfitzner dem ›Abtrünnigen‹ nachgetragen, ihn »im Stiche gelassen zu haben«. Maestro Wilhelm wurde mit Bissigkeit verabschiedet, die – bei all den Sympathiebekundungen des Jüngeren für den Älteren – auch künftig im Dialog miteinander durchdrang. In der Berliner Zeit dirigierte Furtwängler einmal die Ouvertüre zum ›Käthchen von Heilbronn‹. In den Konturen für Pfitzners Ohren zu weich, im Tempo zu gedehnt. Schrieb Pfitzner: »Ich danke Ihnen für den Genuß. Das war zwar auch ein sehr schönes Stück, aber nicht von mir!«[23] Bei den Proben zum ›Herz‹ saß Pfitzner in der ersten Parkettreihe und feuerte den Dirigenten an: »Mein Gott, machen Sie doch schneller!« Der fuhr, wie von der Tarantel gestochen, herum und raunzte den Alten an: »Ich verbiete Ihnen, mich vor dem Orchester zu korrigieren!«[24] Damals saß noch Gregor Piatigorsky als Konzertmeister am Cellopult der Berliner Philharmoniker. Er war des öfteren Zeuge solcher Affronts seines Chefs, die er damit erklärte: »Furtwängler hatte einen widerspruchsvollen Charakter. Er war ehrgeizig und eifersüchtig, vornehm und eitel, ein Feigling und ein Held, ein Kind und ein Mann voll Weisheit...«[25] Was Pfitzner widerfuhr, konnte jeden Tag einem anderen berühmten Mann zugemutet werden, zum Beispiel Sergej Rachmaninoff, der dem aufmüpfigen Dirigenten freilich Paroli bot, daß in der Philharmonie die Fetzen flogen, oder dem Violinvirtuosen Carl Flesch. Piatigorsky: »Das Doppelkonzert von Brahms führte ich in Görlitz mit Carl Flesch auf. Dies war bei den von Furtwängler geleiteten Festspielen, wo Flesch ein bemerkenswertes Beispiel seiner Demut gab. Als ich bei der öffentlichen Probe meine Kadenz am Anfang des ersten Satzes beendet hatte und Flesch die seine begann, unterbrach ihn Furtwängler. ›Bitte fangen Sie leiser an.‹ Flesch begann nochmals. ›Es ist zu langsam‹, sagte Furtwängler, laut genug, daß ein großer Teil des Publikums es hören konnte. Flesch begann unbeirrt immer wieder von neuem und wurde wieder unterbrochen. Er bemühte sich, Furtwängler zufriedenzustellen, bis dieser schließlich achselzuckend mit dem Doppelkonzert fortfuhr. Nach der außerordentlich erfolgreichen Aufführung entschuldigte sich Furtwängler bei Flesch, und dieser sagte: ›Man kann immer lernen, sei es von einem Genie, sei es von einem anmaßenden Menschen!‹«[26] Launig war Furtwängler selten, launisch, wie es scheint, häufiger. »Heute hat er wieder gepfitznert«, pflegten die Philharmoniker zu sagen, wenn dem ›Doktor‹ gar nichts rechtgemacht werden konnte und er schon ›mit verhagelter Petersilie‹ in den ›Bau‹ kam.

Von Straßburg ging es also nach Lübeck. Die ›Sappho von der Trave‹, gnädige Frau Ida Boy-Ed, hatte Wort gehalten. Hermann Abendroth wanderte nach Essen ab. Vakanz für den Chef im ›Verein der Lübecker Musikfreunde‹. Präsidiale: Madame Ed. Siebenundneunzig Bewerber meldeten sich für die gutdotierte Pfründe in der noblen Seestadt, der Thomas und Heinrich Mann gerade nichts Rühmliches nachgesagt hatten. Die ›engere Auswahl‹ war schon in Aktion getreten und hatte probedirigiert, als Furtwängler auf der Szene erschien. Friedrich Herzfeld kommentiert das Folgende so: »Die meisten Aussichten hatte Dr. Rudolf Siegel, der spätere Krefelder Generalmusikdirektor..., der selbst dem ungemein begabten Paul Scheinpflug das Nachsehen gegeben hatte. Scheinpflug war verärgert und trat von seiner Bewerbung zurück. Das verstieß gegen den lübischen Ordnungssinn. Es wurde darum bestimmt, daß für ihn wieder ein vierter Bewerber eintreten solle, obgleich er nicht die mindeste Aussicht zu haben schien. Frau Boy-Ed war anscheinend anderer Meinung, denn sie drängte einerseits in Wilhelm Furtwängler, sich trotzdem noch zu bewerben, und andererseits in Hermann Abendroth und die Lübecker Musikvereinsvorstände, diese Bewerbung zu berücksichtigen. So kam es, daß sich zu den beiden schon abgelehnten Kapellmeistern aus Glogau und Metz noch ein dritter aus Straßburg gesellte. Wenigstens wurde Wilhelm Furtwängler zum Probedirigieren nach Lübeck eingeladen. Am ersten Abend sollte er eine Chorprobe leiten, denn zu der Lübecker Tätigkeit gehörten die großen Konzerte des Philharmonischen Chors. Vor ihm saß die Zierde der Lübecker Weiblichkeit in allen Altersklassen, und hinter ihm stand das Vorstandsmitglied Konsul Schulz, um jedes Wort und jede Bewegung des Prüflings genauestens zu verfolgen und abzuwägen. Der fünfundzwanzigjährige Jüngling wurde unter soviel Bewachung und Beobachtung reichlich nervös und machte einen ziemlich hilflosen Eindruck. Als er nach der Prüfung auf Herz und Nieren bei Frau Boy-Ed ins Zimmer trat, fragte sie, wie es denn gegangen sei. Wilhelm Furtwängler antwortete recht kleinlaut ›Schlecht!‹. Aber dann raffte er sich auf und fügte hinzu: ›Aber das macht nichts. Ich kann's doch!‹ Wie er es konnte, zeigte sich am nächsten Morgen in der Orchesterprobe...«[27]

Ida Boy-Ed hat das verschiedenenorts viel poetischer dargestellt. Der kleine, hübsche Junge, von ihr entdeckt und seit zwei oder drei Jahren mit Argusaugen aus der Ferne bewacht, sie habe ihn, als es in der ersten Probe nicht so ›erquicklich‹ habe laufen wollen, an ihren königlichen Busen genommen, seine Nervosität gestillt und ihn vermöge ihrer mütterlichen Suggestivkraft am nächsten Tage zu einem mit perlendem Veuve-Clicquot begossenen Success geführt. Nachtigallentöne habe der Junge den Schalmeien entlockt, womit gewiß die Klarinetten gemeint waren, und die ansonsten zu meisterlichen Taten befähigte Harfenistin habe sich angesichts des melodeienmengenden Adonis permanent verfingert: »Oh, Allmacht und Gewalt allerliebster Kose-Jugend...! Oh, trunkenmachende Verfänglichkeit aus dem Gewirr der Harmonie...!« Frau Ida wußte, wie man Pegasus ritt. Nicht umsonst zählte ihre Leserschaft nach Hunderttausenden. Sie war die Hekate, die Wegegöttin, die dem hübschen ›Baldur‹ den Einzug in Lübeck ermöglichte. Längst hatte sie unter den Töchtern an der Trave die Mär von dem wundersamen Tannhäuser verkündet, den sie alsbald zum Sängerkrieg vor das Holstentor bringen würde. Nun war er da, der Langersehnte, der auf den Namen Wilhelm Furtwängler hörte. Was auch die Vereinsvorstände befinden mochten, es war ausgemacht, noch bevor er auf der Szene erschien, daß der künftige musikalische Lenker der Städtischen Philharmonie Furtwängler hieß.

Eine der Busenfreundinnen von Frau Ida, die patriziöse Lilli Dieckmann, hat die ›Ära‹ Furtwängler in Lübeck im nachhinein tagebuchähnlich gerafft. Zu Beginn ihrer auf Publikation berechneten Mitteilungen an die Mutter schreibt sie: »Lübeck ist in fanatische Aufregung durch die Dirigentenwahl versetzt. Es gilt, für Hermann Abendroth, der nach Essen berufen wurde, einen Nachfolger zu finden... Im hiesigen Fall handelt es sich besonders um zwei Kandidaten, welche in engster Wahl stehen. Der eine heißt Siegel, ist von Abendroth empfohlen – der andere heißt Wilhelm Furtwängler, und Ida Boy-Ed hat ihn herangeholt... Nach allem, was man hörte, muß dieser Furtwängler eine ganz geniale Persönlichkeit sein, dabei von einem schönen, fast parsifalisch anmutenden Äußeren. Kein Weltmann wie Abendroth, sondern still und versponnen in seine innere Welt. Übrigens sollten die glänzendsten Empfehlungen von Mottl und Schillings über Furtwängler vorliegen. Bei der allgemeinen Begeisterung sind sie aber gar nicht mehr vonnöten.«[28]

Orchesterprobe am zweiten Tag. Herzfeld: »Jetzt hatte es Wilhelm Furtwängler nur mit seinen Musikern zu tun. Es störten ihn weder tuschelnde Mädchen vor ihm noch prüfende Konsulaugen hinter ihm. So gab er sich ganz dem Musizieren hin. Noch während der Probe fiel es allen wie Schuppen von den Augen. Welche Leidenschaft und welche musikalische Besessenheit sprachen aus diesem Jüngling! Nach einigen Minuten hatte er das Orchester fest in der Hand. Sie spielten wie unter einem berühmten Gastdirigenten und nicht wie unter einem unbekannten Kapellmeisterlein aus Dingsda. Die Begeisterung des Orchesters war groß. Als Furtwängler nach der Probe durch das Stimmzimmer ging, schallte ihm ›Hurrah!‹ entgegen.«[29] Die Abendroth-Clique machte Front gegen den ›Rasenden‹, den ›Tober‹ am Pult. Das war doch Zirkus, was der Protegé Ida Boy-Eds da vorführte! Der Chronist fährt fort:

»Seine Bewegungen waren, gemessen an denen Abendroths, hastig, nervös, fahrig und bisweilen fast zappelig. Das Schlenkern der Arme, das Stampfen der Beine und manches andere des immer noch um seine äußere Form Ringenden erschienen im ersten Augenblick sogar etwas wunderlich. Hier und da stieg ein Lächeln auf. Aber nach der ersten Überraschung fühlten auch die Lübecker das Außergewöhnliche in diesem Erzmusikanten.«[30]

Lilli Dieckmann im April 1911: »Der Würfel ist gefallen – Wilhelm Furtwängler ist gewählt. Es herrscht eine Feststimmung in der Stadt. Trifft man Bekannte, fragt man nicht nach der ›werten Gesundheit‹ oder nach den ›lieben Kindern‹ – man ruft schon in einigen Metern Entfernung sich zu: ›Wie herrlich, Furtwängler!‹ – diese drei Worte sagen alles.« September 1911: »Heute machte der neue Kapellmeister Wilhelm Furtwängler seinen Antrittsbesuch. Leider wurde kein Besuch angenommen, ich sah ihn aber noch zufällig aus dem Gartentor spazieren, groß und schlank im schwarzen Bratenrock mit einem unwahrscheinlichen Zylinder, den ihm gewiß Ida Boy-Ed mit liebevollem und energischem Zwang auf sein lockiges Haar gedrückt hatte.«[31] September 1911: »Vom gestrigen Abend wäre zu berichten, daß wir den langen, überschlanken und doch athletenhaften Furtwängler und den lieben Dr. Sch. bei uns bewirteten. Er trug ein paar schlimme Stiefel, mit denen er wohl kurz vorher eine Moor- und Lehmwanderung gemacht haben mochte und die er selbst mit einigem Erstaunen und Entsetzen betrachtete, als er unser elegantes Schuhwerk, beleuchtet von den Flammen des Kaminfeuers, bemerkte. Wir haben den großen Jungen ordentlich mit seinen Stiefeln geneckt, und er frug mich ganz ernsthaft, ›ob er fürs Sinfoniekonzert sich etwa auch Lackstiefel kaufen müßte‹ – für ihn jedenfalls der Inbegriff eines Modemannes.«[32] Oktober 1911: »Die äußeren Manieren von Furtwängler sind allerdings noch unbeschreiblich komisch. Er schlägt mit seinen Armen wie eine Windmühle herum und verzieht sein Gesicht zu den grausigsten Grimassen. Die Beine haben wieder ihre speziellen Bewegungen, so daß das Ganze in einem Aufruhr ohnegleichen scheint. Aber alles vergibt und vergißt man über das, was die Ohren zu hören bekommen.« Dezember 1911: »Gestern waren wir mit Frau Boy-Ed im volkstümlichen Konzert und hielten mit großem Vergnügen bis zum letzten Marsche aus. Dabei ergötzten wir uns gleichermaßen an Furtwänglers Talent wie an seinen Bewegungen. Einmal fuhr ihm, im Eifer des Gefechts, sogar die Zunge zehn Zentimeter lang heraus.«[33] Frau Boy-Ed und die Dieckmanns wollen ›Staat‹ mit ihrem jungen Maestro machen. Etwas mehr ›Gent‹ müsse er werden, Courtoisie und Courschneiden lernen. Sie schleppen ihn in die Tanzstunde. Ein hoffnungsloser Fall! Mit den großen Füßen weiß er nie wohin. Nach der vierten Stunde bleibt er weg. Zu den Konzerten des Musikvereins drängt inzwischen ›ganz Schleswig-Holstein‹, Agenten tauchen auf. Und wenn Furtwängler mal einen freien Abend hat, fährt er nach Hamburg hinüber, um im Conventgarten oder dem Stadttheater an der Dammtorstraße berühmte Kollegen zu hören: Felix von Weingartner oder Ernst von Schuch, Karl Muck und Richard Strauss. Am meisten hat es ihm Arthur Nikisch angetan, der in der Hansestadt die Tradition der Bülowschen Konzerte mit den Berliner Philharmonikern fortsetzt und gelegentlich auch mit dem Gewandhaus-Orchester gastiert. Frau Boy-Ed und die Dieckmanns haben zu Maestro Arthur denkbar gute Kontakte. Was die bourgeoise Autorin stört, ist die Tatsache, daß Nikisch speziell für Arbeiter Konzerte dirigiert, um deren Hilfskassen anzufüllen. Mit den Sozialdemokraten sympathisieren und Beethoven vor dem ›Plebs‹ ausbreiten. Das zeugt von einem schiefen Ethos. »Wie kann das bloß angehen«, fragt Dame Ida in ihrem Heimatblättchen, »daß der Aristokrat des Taktstockes sich in die Niederungen des gemeinen Volkes verirrt.«[34]

Von Schuch, dem Dresdner ›Musikpapst‹, und Weingartner ist Furtwängler enttäuscht. »Gebündelte Halbherzigkeit« stellt er bei dem edlen Felix fest; Schuch schlägt präzise, aber ohne Anteilnahme, kalt, zäh, kalkulierend, ohne Elan, ohne ›Blut‹. Lilli Dieckmann will ein Zusammentreffen mit Nikisch arrangieren: »Die langweilige Bummelzugfahrt verging bei unserer intensiven Unterhaltung wie im Fluge, und Furtwängler sagte, er würde zum Schluß ins Künstlerzimmer kommen, und ich sollte ihm Nikisch vorstellen. Da ich sein absprechendes Urteil über Schuch und Weingartner kannte, hatte ich eigentlich wenig Hoffnung, daß Nikisch seine besonderen Ansprüche erfüllen würde, und sagte: Ich wollte ihn gerne vorstellen, er müßte dann aber auch ein paar bewundernde Dankesworte hervorbringen. ›Das tue ich nur, wenn er mir gefallen hat‹, worauf ich ihm andeutete, im anderen Falle lieber gar nicht oben zu erscheinen.«[35] Und was geschah? – »Das Konzert war hinreißend schön, und zu meiner großen Freude sah ich Furtwängler in heller Begeisterung applaudieren. Er erschien dann auch zum Schluß pünktlich im Künstlerzimmer, und Nikisch, in seiner unendlich gütigen Art, von mir schon seit dem Herbst auf unser junges Genie aufmerksam gemacht, reichte ihm voll Wärme beide Hände und drückte seine Freude aus, ihn, ›den vielgenannten Freund seiner jungen Freundin‹ nun kennenzulernen. Furtwängler bekam bei der ganzen Szene nun doch kein Wort heraus, obgleich er aufrichtig begeistert war, und blickte nur etwas verlegen lächelnd auf den kleinen Nikisch herunter.« Furtwänglers Kommentar nach der Rückkehr von diesem Konzert: »Der einzige, von dem ich lernen kann, wenn ich es auch anders machen werde!«[36]

Acht große Konzerte hatte Furtwängler pro Saison zu dirigieren, daneben die Volkskonzerte am Mittwochabend und zwei Sonderveranstaltungen des Philharmonischen Chores am Karfreitag und Bußtag. Für die ›Nikisch-Wochen‹ in Hamburg hielt er sich immer genügend Zeit frei. Nach und nach kam er in Kontakt zu dem ›Pultfürsten‹, der ihn am meisten beeindruckte, so daß er später schreiben konnte: »Wie lange habe ich als junger Kapellmeister, der anfing wie andere junge Dirigenten auch, gebraucht, um dahinterzukommen, warum unter den einfachen Schlägen Arthur Nikischs jedes Orchester so verändert klang, warum hier sofort die Bläser ohne die üblichen übertriebenen sforzatis, die Streicher mit klingendem legato, das Blech mit natürlicher Einbettung in die übrigen Instrumente spielten und der Gesamtklang des Orchesters eine Wärme erhielt, die er bei anderen Dirigenten nicht hatte. Ich lernte begreifen, daß dieser schöne Zusammenklang unter Nikisch kein Zufall war; daß dies Phänomen, um es genauer zu sagen, an der Art lag, wie Nikisch in den ›Klang‹ hineinschlug. Daß es also nicht eine Folge seiner Persönlichkeit, seiner ›Suggestion‹ – so etwas gibt es bei nüchternen Berufsmusikern nicht –, sondern seine ›Technik‹ war.«[37]

Was aber heißt ›Technik‹ des Dirigenten? Furtwängler: »Wie mache ich es, daß ein Orchester nicht nur rhythmisch präzis zusammenspielt, sondern auch singt, singt mit all jener Freiheit, die zur Verwirklichung jeder lebendigen Gesangsphrase gehört. Mechanisch-rhythmische Präzision und Freiheit des Singens – anscheinend unvereinbare Gegensätze –, wie sollen sie vereint werden? Oder umgekehrt: Wie bringe ich ein Orchester, das singt – mit all jenen zahllosen, unsagbar, durch Proben niemals festzulegenden rhythmischen Eigenwilligkeiten, die allem echten Singen eigen sind –, dazu, bis in alle Einzelheiten hinein rhythmisch präzis zusammenzuspielen? Hier haben wir den Grund der Wirkung des Dirigierens Arthur Nikischs, von der ich mich selber noch überzeugen konnte. Nikisch vermochte es eben, ein Orchester singen zu machen. Dies, darüber möge man sich klar sein, ist etwas höchst Seltenes. Denn mit diesem ›Singen‹ sind ja nicht nur die relativ einfachen Stellen gemeint, wo tatsächlich die Musik in leicht übersichtlichen breiten Melodien dahinströmt, sondern jene unendlich vielfältigen Bildungen, wie sie vor allem in der klassischen Literatur vorkommen, wo die Gesangslinie, das ›Melos‹ (wie Wagner es nannte), zwar immer vorhanden, aber beständig bis in Bruchstücke einzelnen Takte hinein den Ort, die Lage, die Stimme wechselt. Es ist deshalb für das Verständnis des jeweiligen Werkes nicht weniger wichtig, aber allerdings in seinen tausend Verkleidungen schwerer zu erkennen.«[38]

Furtwängler lernt von Nikisch. Nach jedem Hamburger Konzert fühlt er sich, wie er Ludwig Curtius wissen läßt, dankbar bereichert. Er kann nun präzisieren, was er bis dahin mehr intuitiv aufgeführt hat: »Die Möglichkeit, einen Ton zu beeinflussen, liegt... durchaus in der Vorbereitung des Schlages, nicht im Schlag selbst. Das ist in dem kleinen, oftmals winzig kleinen Moment des Niederschlags, bevor der Punkt des Zusammenklangs im Orchester erreicht ist.

Wie dieser Niederschlag, wie diese Vorbereitung beschaffen ist, so wird der Klang kommen, und zwar mit einer absolut gesetzmäßigen Genauigkeit. Es ist auch für den erfahrensten Dirigenten immer wieder von neuem erstaunlich, mit welch unglaublicher Präzision sich in einem gut eingespielten Orchester alle, auch die kleinsten und minutiösesten Bewegungen des Dirigenten spiegeln. Gerade dies ist der Grund, weshalb der Dirigent, der wirklich einer ist, im Konzert gar nicht die Möglichkeit hat, Bewegungen ›für das Publikum‹ zu machen. Man hat früher immer behauptet, ein Dirigent wie Arthur Nikisch wäre posiert. Nun, ich kann aus persönlicher Kenntnis dieses Dirigenten – und diese meine Kenntnis ist sehr genau – bezeugen, daß Nikisch jede Art von Pose fremd war, wogegen andere Dirigenten, die im Gegensatz zu Nikisch schulmäßig dirigierten, nicht frei von Pose waren, denn sie hatten bei relativ primitiven technischen Einstellungen Zeit dazu, nebenbei an das Publikum zu denken, etwas, was einem Dirigenten, wie Nikisch es war, nie in den Sinn kommen mochte. Er hatte schließlich mit dem Klang als solchem, der Bildung und Gestaltwerdung dieses Klanges zu tun.«[39]

Was er durch Nikisch erfährt, setzt er auf seine Weise um. Die Lübecker merken, daß seine Interpretationen immer intensiver, immer durchgeistigter werden. Ida Boy-Ed trifft den Nagel auf den Kopf, wenn sie schreibt: »Unser junger Freund macht einen ungeheuren Lernprozeß durch. Man kann das Genie buchstäblich wachsen sehen. Ihn beflügelt ein guter Geist. Jedes Konzert unter ihm löst im Publikum heftigste Bewegungen aus. Er trifft den nervus rerum, ist die Musik selber.«[40] Lilli Dieckmann: »Furtwängler wächst von Mal zu Mal und hält uns alle in seinem Bann. Auch seine Bewegungen fangen jetzt an, geordnet und plastisch zu werden. Unbeschreiblich ist seine linke Hand – die lockt und besänftigt, mit einem zarten Vibrieren in den Fingerspitzen, als ob ein Falter seine Flügel erzittern läßt. Dazu kommt oft der fast überirdische Ausdruck des Gesichts, das von innerem Leuchten verklärt scheint. Man steht völlig gefangen unter dem Eindruck dieses genialen Künstlers.«[41]

Ida Boy-Eds Lobeshymnen auf Furtwängler in der ›Eisenbahnzeitung‹ werden immer bombastischer. Mal bezeichnet sie ihn als »Ganymed des Taktstockes«, dann ist er ein »Beethoven redivivus«, auch »der Goethe-Betörte« und »der sich an der Tragödie Kleists waidwund Reibende«.[42] Lübeck habe noch nie zuvor einen solchen »Großen Kurfürsten der Musik« in seinen Mauern beherbergt. Sie schlägt dem Stadttheater-Direktor vor, den jungen »Caesar« Wagnersches dirigieren zu lassen. Man zögert. Doch als Ferdinand Loewe Furtwängler zu einem Gastkonzert nach Wien ruft und es durchsickert, daß »der edelste aller Zugewinne« möglicherweise in die Donau-Metropole »entrücken« werde, da offeriert man ihm, was er will. Und er will die ›Meistersinger‹.

Lilli Dieckmann im Dezember 1913: »Ein großes Ereignis waren die ›Meistersinger‹ unter Furtwängler. Was er aus den Solisten und dem Chor herausholte, war erstaunlich. Es ist, neben allem eisernen Studieren, doch die Suggestion, elektrische, geniale Ströme, von ihm ausgehend, die die Mitwirkenden weit über sich und ihr tatsächliches Können herausheben. Das Schönste waren natürlich die reinen Orchesterteile mit dieser Schar ergebenster Diener, die von seinem Geist und Willen geformt und erzogen. Das Vorspiel – der Schluß des zweiten Aktes – der Anfang des dritten – von unbeschreiblicher Schönheit – Poesie – tiefstem Einfühlen und Neuschöpfen. Der erste Akkord vom Vorspiel ›saß‹ in voller Präzision, so daß man, nach Hans von Bülows Ausspruch, dem Gelingen des ganzen Werkes mit Freude und Ruhe entgegensehen konnte.«[43]

Nicht alles lief so glimpflich ab, wie es Lilli Dieckmann in ihrem Memorial kundzutun bemüht war. Vor allem mit den Sängern tat sich Furtwängler schwer. Das Personal des Stadttheaters war überaltert, der Tenor ›von der alten Sorte‹, ein Rampensänger, der mit den Füßen für sich den Takt schlug und Furtwängler maßlos irritierte. Ebenso der David, an die sechzig ›Lenze‹ alt, verschnörkelt und verschroben, blasiert und auf nichts als Pose aus, weder des Textes noch der Musik im einzelnen kundig. Die Generalprobe ein Fiasko. Das Evchen schmeißt das Quintett, der David kriegt einen Tobsuchtsanfall. Läßt sich krankschreiben. Die Plakate hängen aus. Was tun? Woher Ersatz? Kein erreichbares Stadttheater verfügt über einen einsatzfähigen Schusterbuben. Die ›Stars‹ in Hamburg sind viel zu teuer. Doch dort gibt es einen jungen Wiener Spieltenor, ein noch ziemlich unbeschriebenes Blatt, Paul Schwarz mit Namen, bisher nur in Lortzing- und Kienzl-Opern eingesetzt. Der hat den David drauf, aber noch nie gesungen. Schwarz springt ein. Der Neunzigjährige erinnert sich an jenen ›Hals-über-Kopf-Einsatz‹, bei dem er seine spätere Paraderolle zum erstenmal sang: »Mittags gegen zwölf Uhr erklärte mir Intendant Dr. Löwenfeld, ich müsse eine Aufführung in Lübeck retten. Da ich ihm berichtet hätte, den David einstudiert zu haben und jederzeit singen zu können, habe er mich vorgeschlagen. Achtzig Mark Gage auf die Hand plus Reisespesen. ›Schauen Sie sich die Partitur noch einmal gründlich an‹, sagte er zu mir. ›Da dirigiert ein junger Raufbold, dem man nicht trauen kann. Und wenn der Sie im Stiche läßt, müssen Sie die Szene beherrschen und allein weitermachen!‹ Ich kam in Lübeck an, eine Stunde vor Beginn der Vorstellung. Man war in hellster Aufregung und nicht einmal mehr in der Lage, umzuplakatieren, so daß die meisten die Umbesetzung erst erfuhren, als sie den vermeintlichen Darsteller nicht auf der Bühne sahen. Auf mich stürzte ein junger Mann zu, der mich um zwei Köpfe überragte, fürchterlich mit den Armen herumfuchtelte und mir erklären wollte, welch eine Auffassung er von der Partie des David habe. Doch vor lauter Stotterei begriff ich gar nichts. Ich verließ mich ganz auf meinen Bühneninstinkt und meine, wenn auch noch nirgendwo erprobte, Erfahrung. Die Rolle konnte ich. Im Schlafe rückwärts! Die Aufführung begann, nachdem man mich in ein viel zu großes Kostüm gesteckt hatte. Ich stellte mich so hinter den Vorhang, daß ich von der Seite einen Blick auf den Orchestergraben und den Dirigenten werfen konnte. Das Vorspiel zum ersten Akt. Im ersten Moment glaubte ich, der junge Mann erleide einen epileptischen Anfall. Ich wandte mich konsterniert an einen neben mir stehenden Kollegen, der mich beschwichtigte und sagte: ›Paß mal auf, was da gleich kommt!‹ Und tatsächlich, das Orchester blühte auf, wie ich es selten zuvor erlebt hatte, bestenfalls an der Wiener Hofoper unter Mahler. Die Schlagtechnik war auf den ersten Blick verwirrend, ich hatte so etwas noch nicht erlebt. Doch schon nach wenigen Minuten erkannte ich, daß in dem Verhalten Ökonomie lag. Wie würde es sein, wenn die Stimmen einsetzten? Schwierigkeiten hatten nur die, die ihre Partie nicht korrekt beherrschten. Und das waren zwei der Protagonisten, die uferlos herumschwammen. Mir ging sofort auf, daß man bei diesem Dirigenten nur reüssieren konnte, wenn man bis ins allerletzte Detail mit seiner Aufgabe vertraut war. Dann fühlte man sich eingebettet in den Strom, der von den konvulsivischen Bewegungen des Dirigenten ausging. Ein Strom, der weitaus mehr als nur anregende Impulse vermittelte. Man war eine Stimme unter vielen, ohne Vorrang vor den Orchesterstimmen. Daß dieser Mann in erster Linie ein Instrumental-Analytiker war, merkte ich gleich. Seine Zukunft würde auf dem Konzertpodium liegen. Ich sollte recht behalten. Hinterher gab er mir die Hand und sagte gar nichts. Was mich verwunderte. Ich hatte ihm die Vorstellung gerettet. War das alles? Man belehrte mich, wie schüchtern er doch eigentlich sei und daß schon ein Handschlag eine besondere Auszeichnung war. Gleich darauf bat mich das Lübecker Stadttheater, in einer geplanten Neuinszenierung des ›Nibelungenrings‹, vielleicht war's auch die Lübecker Erstaufführung, den Mime zu übernehmen. Ich fuhr dazu zweimal in die hanseatische Schwesterstadt hinüber, doch dann zerschlug sich der Plan, weil mich Hamburg nicht freigab. Und außerdem hatte sich der junge Dirigent mit dem Lübecker Intendanten zerstritten, so daß auch er an der Inszenierung nicht beteiligt war. Aber die beiden Male, die ich mit dem jungen Furtwängler zusammengekommen war, zeigten mir doch, daß er ein ganz außergewöhnliches Einfühlungsvermögen besaß. Er kannte den ›Ring‹, als hätte er seit einem Jahrzehnt nichts anderes getan, als dieses gigantische Werk zu dirigieren.«[44]

Nach den ›Meistersingern‹ übernimmt Furtwängler am Lübecker Stadttheater hin und wieder auch den ›Fidelio‹.

Das paßt famos zu seiner Augenblicksstimmung: Er ist ganz auf den ›sinfonischen Jupiter‹ eingeschworen, gibt mit dem Geiger Szanto Sonatenabende und feilt an der ›Eroica‹ herum, die das Publikum – sechs Monate nach Beginn des Ersten Weltkrieges – ›braucht‹! Er hat Bruckners Achte zur Diskussion gestellt und Brahms zelebriert, alles Höhepunkte der abendländischen Musik. Doch Beethoven hat, wie er meint, »Höhepunkte der Höhepunkte« geschrieben. Keiner hat neben ihm Bestand. So sehr geht er in seiner Interpretation auf, daß die Leute im Saal »scharenweise der Ohnmacht nahe sind, so nimmt sie seine Offenbarung mit« (Ida Boy-Ed). Madame hat alle Hände voll zu tun, die Behörden davon zu überzeugen, daß ihr Protegé untauglich für den Dienst an der Waffe sei. Überall hat sie Einfluß, Gewährsleute. Die Medizinal- und Kriegsräte küssen ihr galant die Hand und versprechen, beide Augen zuzudrücken. Ohnehin ist der Gesundheitszustand des ›Auszuhebenden‹ prekär, was auch ein Attest des Münchner Konsiliar-Arztes Preller bestätigt. Von ständigen Kopf- und Nervenschmerzen ist die Rede, nicht intakten Füßen und einem Anflug von Hühnerbrust. Das alles genügt, um Furtwängler als ›nicht kriegsverwendungsfähig‹ von der Einberufung freizustellen. Frau Ida triumphiert, doch zu früh. Oder zumindest betreibt sie – unbewußt – mit der Zurückstellung den Fortgang ihres ›Ganymeds‹ aus Lübeck. Inzwischen hat sich nämlich Mannheim gemeldet. Doch davon erfährt sie erst, als der Vertrag mit dem Hof- und Nationaltheater perfekt ist. Daß mehrere Intendanten und Agenten mit Furtwängler liebäugeln und ihm Avancen machen, weiß man. Es ›kitzelt‹, daß der ›Konzert-Papst‹ so umschwärmt wird. Durch ihn zeigt das Musikleben an der Trave doch was her. »Hoffen wir, daß ihn nicht einer alsobald wegkitzelt!« schreibt Frau Boy-Ed. »Wir sind so unendlich verwöhnt. Furtwängler ist für Lübeck unersetzlich geworden. Er beherrscht Tschaikowsky und Bruckner, eigentlich überhaupt alles. Und er schafft auch selber, wovon er mich intim überzeugt hat.«[45]

Madame Boy-Ed paktiert mit Tod und Teufel. Vor allem ›Bismarck-Verteidiger‹ imponieren ihr. Sie hat mit dem Eisernen Kanzler noch selber Tee getrunken und ihm frühe Werke dediziert. Auch unter den Musikern gibt es ›steife‹ Bismarckianer, zum Beispiel den Orgelvirtuosen und Leiter des Leipziger Bach-Vereins Karl Straube, der in fast jeder Saison im Dom oder St. Marien spielt. Sie duzt sich mit dem späteren Thomas-Kantor (ab 1918), und es ist nicht auszuschließen, daß sie ihn mit Furtwängler bekannt machte. Auf jeden Fall studiert Straube das Tedeum und ist entzückt. Opus summum! Übersteigt alles Dagewesene! Riezler hat uns von den Erstaunensschreien des großen Bach-Interpreten berichtet. Der habe sich angesichts der ›genialischen‹ Partitur überhaupt nicht fassen können. Straube schickt den Konvolut an Abendroth in Essen, und der arrangiert die dortige, von der Presse abgelehnte dritte Aufführung des Werkes, das Straube beim Verleger Peters in Leipzig gedruckt sehen möchte. Gern will er vermitteln. Doch Furtwängler winkt ab. Er wolle das Opus erst noch einmal gründlich bearbeiten, dann werde er Straube instruieren. Dieser hat eine ›unerklärbare Affinität‹ zu dem jungen Dirigenten, will ihn überall sehen, in Berlin, dann in Kopenhagen, man hat so unendlich viele gemeinsame Themen: Bach und Händel und Beethoven und ›das Deutsche an sich‹. Als eingefleischter Bismarckianer ist Straube ein Verfechter der ›großdeutschen Idee‹. Alle Länder, in denen die deutsche Sprache erklinge, müßten ›heim ins Reich‹ geführt werden. Dankbar begrüßt Straube »als einer der deutschen Musiker in vorderster Reihe« später die »einzigartige Tat des Führers Adolf Hitler«, den er mutig den »Vordenker der deutschen Nation« und den »Alexander der deutschen Wiederkehr« nennt.[46] Doch Furtwängler ist in Lübeck so eingespannt, daß er sich mit dem ›neuen Freund‹ extra muros nicht treffen kann. Kaum Zeit für eine gepflegte Korrespondenz. Lübeck, den 24.3.1915: »Ich habe die letzte Zeit blödsinnig viel zu thun gehabt und habe Ihnen deshalb noch nicht geschrieben... Über meine Hofkapellmeisterei in Mannheim werden Sie gewiß sehr unzufrieden sein. Ich habe die Sache tausendmal erwogen, auch mit Hausegger, und ich komme dazu, daß ich mich nicht für berechtigt halte, eine so große äußere

Verbesserung, die mir geradezu in den Schoß fällt, zurückzuweisen.«[47]

Als die Lübecker erfahren, daß ihr ›Gold-Wilhelm‹ sie verlassen will, bricht für sie eine Welt zusammen. Lilli Dieckmann: »Nun hat uns das Schicksal getroffen – Furtwängler verläßt uns und geht nach Mannheim. Im ›Fidelio‹ saß eine Abordnung vom dortigen Theater und hat ihn sofort zu glänzenden künstlerischen Bedingungen engagiert, ohne wie üblich ein Probegastspiel zu fordern. Dabei bewarben sich allererste Kräfte um den Platz, die in der Musikwelt viel bekannter als unser blonder Langer!«[48] Vier Wochen später leitet Furtwängler das letzte Sinfoniekonzert in der Trave-Stadt. Auf dem Programm die Achte von Beethoven und zuvor die c-moll von Brahms: »Viele Menschen hatten Tränen in den Augen, Frau Boy-Ed war aufgelöst. Es ist ein ganzer Lebensabschnitt, den wir mit diesem wundervollen Künstler gelebt haben und der nun unwiederbringlich zu Ende geht. Als er da oben stand, von Lorbeeren und roten Rosen überschüttet, der kleine Szanto, totenblaß vor schmerzlicher Erregung, ihm den Kranz der Kapelle, die sich für ihn hinopfern lassen würde, überreichte – der überfüllte Saal in endlosen Jubel ausbrach – das Orchester einen rauschenden Tusch spielte – es war so traurig und rührend, und man drückte sich stumm die Hände voll Beileid und Verstehen.«[49] Beim letzten Mittwochabendkonzert wiederholen sich die Ovationen. Der Nachfolger Arthur Bodanskys in Mannheim verließ die Hansestadt mit gemischten Gefühlen. Einerseits war er froh, daß er weiterkam, andererseits waren ihm die zwischen patrizischer Arroganz und provinzieller Naivität hin- und herschwankenden ›Buddenbrookler‹ so ans Herz gewachsen, daß er sich nur schwer von ihnen zu trennen vermochte. Lübeck, das wußte er, als er ging, würde eine ›Furtwängler-Stadt‹ bleiben.

Mannheim

Kaum zu glauben, daß es eine Zeit gab, in der Furtwängler ›semplice e ben misurato‹ am Pult die Schicksalstakte der Zigeunerin in der ›Carmen‹ abzählte und mit der bei ihm üblichen, ziemlich langarmigen Schleifbewegung die ›Bedrohung‹ aus Moll und kleinem Nonenakkord (mit folgendem Orgelpunkt in f) ausruderte. In Mannheim geschah es. Wenn sich der Maestro auch vor der ›sinnlichen impassibilité‹ und den banalen Flötenterzen schüttelte, durch unabdingbaren pathetischen Gestus noch unterstrichen, so mag ihm dennoch aufgegangen sein, daß die Stimmung dieser Szene gar nicht so grundverschieden von der im ersten Satz jener ›Hoffnung jenseits der Hoffnungslosigkeit‹ transzendierenden Fünften Beethovens ist. Hier wie dort wird nach mollsüchtigem Walten das Verhängnisvolle und Unabwendbare durch ein mähliches Hinüberkadenzieren der Harmonien nach Dur noch besonders verdeutlicht. Es ist – wie es Paul Bekker formuliert hat – nicht das Dur als Gegensatz zum Moll, sondern das Dur, das sich als Übersteigerung, man könnte vielleicht auch sagen: als Hybridwuchs, aus der tiefbekümmernden Melancholie herauswächst. Dur als ›Übermoll‹.

Furtwängler hat die Schicksalsverwobenheit der Bizetschen Musik als Antithese zu der enigmatischen Themenstellung in der Fünften von Beethoven verstanden und sie daher abgelehnt. Dennoch hat er sie in seiner Mannheimer Zeit durchanalysiert und mit der ›Carmen‹, wenn man der Kritik aus jenen Tagen trauen darf, das Publikum in besonderem Maße beeindruckt. Das lag natürlich an der Griffigkeit des

Stoffes und dem dramatischen Impetus. »Kein Drama wie dieses!« sagt Victor Hugo. Doch es kam auch daher, weil Furtwängler die Sache, die ihn im Grunde abstieß, ehrlich nahm. Hatte er sich einmal zu einem Projekt entschlossen, dann brachte er es durch, gleichgültig, zu welchem Ergebnis er dabei für sich kam. Durch Heidelberger Freunde zum Studium der Schriften Nietzsches und seiner Epigonen angeregt, hatte Furtwängler entdeckt, daß der Wagner-Paulus, aus dem am Ende ein Saulus geworden war, gerade die ›Carmen‹ gegen den ganzen Bayreuther ausspielte und zu der Formel gefunden hatte: »Auch dies Werk erlöst!« Nachdem er das Werk gründlich einstudiert und mehrfach geleitet hatte, kam ihm die Erkenntnis, Nietzsche habe nichts anderes, als aus Trotz reagiert. Wo war denn in dem gesamten Opus eine intensive, ehrliche Bekenntnishaftigkeit zu entdecken? Ein raffiniert angelegter Operncoup mit oberflächlicher Boulevardmusik. ›Französische‹ Musik. Eine unkonzentrierte, zwitternde, unordentliche und banale Klangwelt. Kitsch in Hochpotenz, wie ihn auch schon Rameau und Grétry, Méhul und Hérold, Meyerbeer und Gounod, Saint-Saëns und Massenet, Offenbach und schließlich auch Debussy und Ravel produziert hatten. Furtwängler lehnt diese ›Richtung‹ in Bausch und Bogen ab. Wenn er sich später auch – ganz gelegentlich und eher verschämt – an die Impressionisten herantraut, so geschieht das halbherzig, eher aus Neugier, denn aus Begeisterung oder gar Zwang. Wenn Furtwängler auf ›deutsche‹ Musik hinweist oder den ›typisch deutschen Charakter einer Musik‹ bloßlegt, vergleicht er sie nicht selten mit den ›Pariser Schmarrn‹, über die er sich lebhaft mokiert, die er herunterputzt, weil sie nicht nach seinem Geschmack sind und er sie nicht entschlüsseln kann. Was ihm zuwider ist, kann er nicht mit Noblesse übergehen. Er muß es irgendwie ›töten‹. Mit Worten oder Taten.

Wie er Bizet oder Gounod negiert, desavouiert er auch die Italiener, die für ihn nicht existieren. Eher werde er Straßenbahnschaffner, als daß er auch nur acht Takte von Puccini ›anfasse‹, soll er gesagt haben, als ihn der preußische Generalintendant Heinz Tietjen 1933 ›löcherte‹, die ›Turandot‹ an der Linden-Oper herauszubringen.[1] Als er nach dem Zweiten Weltkrieg erfuhr, daß die Besatzer im Bayreuther Festspielhaus ›Madame Butterfly‹ und Glamour-Paraden aufführten, kränkte es ihn am meisten, daß »dieser triviale Schurke« an einer der »heiligsten Stätten der deutschen Nation« zum Zuge gekommen war.[2] (Fragt sich nur, ob Puccini es nicht seinerseits als Verhöhnung empfunden haben würde, seine kleine Frau Schmetterling gerade dort leiden und lieben zu sehen, wo sonst die wüstesten Inzest- und Schiebergeschichten – siehe ›Ring des Nibelungen‹ – abgewickelt wurden!) Wie Puccini kam auch Verdi bei Furtwängler fast nicht vor, abgesehen von der ›Aida‹ und dem ›Othello‹ in Mannheim und der spektakulären Inszenierung des venezianischen Mohren-Dramas nach dem Zweiten Weltkrieg in Salzburg (7.8.1951). ›Othello‹ war für ihn »das Werk von dem anderen Verdi, der Wagner akzeptiert hat« – wie der Regisseur Herbert Graf seinen Dirigenten zitierte.[3] Der frühe und mittlere Verdi blieb vor der Tür. War nichts. Die Mannheimer ›Aida‹ deckte die lokale Kritik mit dem Mantel der Liebe zu. Furtwängler ›kann‹ den Gefangenenchor im ›Fidelio‹, für das versammelte ›Pharaonen-Glichter‹ hat er keinen Nerv.

Offenbar nahmen ihm die Mannheimer Opernfans die Einseitigkeit nicht übel. Im Spielplan kamen gewiß auch die Veristen und Franzosen, die Russen und ›klassischen‹ Italiener vor, aber damit mußten sich die subalternen Dirigenten auseinandersetzen, in die Chefetage drang man mit dem ›Geschmeiß‹ nicht vor. Dort ging es ›erlesen‹ zu: ›Fidelio‹, ›Fliegender Holländer‹, ›Ring des Nibelungen‹, ›Meistersinger‹, ›Tristan‹, ›Parsifal‹, ›Orpheus‹, ›Freischütz‹, fast alles von Pfitzner, ein paar Mozarts, die ›Mona Lisa‹ von Schillings, ›Sulamith‹ und ›Klein Idas Blumen‹ Paul von Klenaus, den er bei Huch in München kennengelernt hatte, ›Dandolo‹ von Rudolf Siegel, einem der Mitbewerber in Lübeck, ›Scheherazade‹ von dem Frankfurter Bernhard Sekles, ›Ariadne‹ und ›Salome‹ (mit Widerwillen!), Marschners ›Hans Heiling‹ (eine Aufführung), ›Die Fledermaus‹, ›Aida‹, ›Othello‹ und ›Carmen‹. Die meisten dieser Werke hatte Furtwängler bis dahin noch nicht dirigiert. Ein unerhörtes Pensum, das er in kurzer Zeit zu bewältigen gedachte und tatsächlich meisterte. Erneute Lernzeit, aber doch aus einer andere Perspektive als zuvor. Niemand drängte ihm ein Werk auf, seine Kompetenzen neben dem Intendanten waren ›auf pari‹. Und so – als sein eigener Herr – bekam er Lust zur Sache. Das Metier erfüllte und faszinierte ihn. Wenn er auch noch im Dezember 1915 schrieb, er arbeite auf eine völlige Unabhängigkeit hin und Karl Straube wissen ließ: »Ich bin überzeugt, daß ich in zwei Jahren so weit bin, wie ich eigentlich will, nämlich entweder die mir zusagende Konzertdirigentenstelle, die mir zur eigenen Arbeit Zeit läßt, oder die Möglichkeit des ehrenvollen Ausscheidens aus dem Beruf«,[4] so waren das doch nur Augenblicksempfindungen, Restbindungen an bisher gehegte Ideale, die ihm immer mehr entwichen, je erfolgreicher die neue Aufgabe als Opernchef wurde. Je intensiver Furtwängler an sich als Dirigent zu glauben begann, desto weniger lockte ihn das Eigenschöpferische, an das er immer mit Wehmut zurückdachte, das nicht gänzlich verdrängt werden, sondern später einmal wieder in den Vordergrund treten sollte. Aber die glückhafte Bewältigung des ›Rings‹ und des ›Tristans‹ hatten ihm doch gezeigt, daß Frau Musica in verschiedenen Räumen zu Hause ist und sich mit ihr höchst erfolgreich auch außerhalb des Komponierhäusls anbändeln läßt. Seit Mannheim ›datiert‹ der Dirigent Wilhelm Furtwängler, der zuvor ›auch‹ komponiert hatte.

Die Bewältigung fast aller Wagner-Musikdramen, mit Ausnahme der Jugendwerke und des ›Lohengrin‹, schaffte nun auch eine Klärung des Verhältnisses zu dem autokratischen Beherrscher der dramatischen Musikszene in der zweiten Hälfte des neunzehnten Jahrhunderts. Die ihm aufgeschwatzten Meinungen und Theorien der einstigen Lehrer und des Vaters, die lange Jahre hindurch sein Wagner-Bild prägten, verblaßten und berührten ihn in keiner Weise mehr, als er unter Strapazen den Kosmos des Bayreuthers zu durchdringen begann, der für ihn nie zum ›Gott-Meister‹ wurde, wohl aber zum ›Genius des zukunftsweisenden psychologischen Musiktheaters‹. Als das Ensemble des

Mannheimer Nationaltheaters 1919 mit dem ›Ring‹ in Baden-Baden gastierte, schrieb Furtwängler für das Programmheft: »Der ›Ring des Nibelungen‹ ist und bleibt Wagners umstrittenstes Werk. Er errang nicht die unbeschränkte Popularität seiner Frühwerke, vermochte aber auch nicht die Musiker in demselben Maße zu gewinnen wie etwa ›Tristan‹ oder ›Die Meistersinger‹. Alle Opposition gegen Wagner wandte sich von jeher in erster Linie gegen den ›Ring‹. In der Tat bestehen nicht ganz leicht zu erkennende Unterschiede zwischen ihm und den übrigen Werken Wagners. Wenn wir an eines von diesen, etwa ›Tristan‹ oder ›Die Meistersinger‹ herantreten, so empfinden wir gleich von Anfang an etwas, das dem ganzen vielgestaltigen Werk eine unbeschreibliche Einheit gibt. Es ist wie eine gemeinsame Atmosphäre, die alles umgibt und alles durchdringt. Es ist wie ein geheimnisvoller Mittelpunkt der Zeugung, von dem alles ausstrahlt, alles gespeist wird. Von hier aus entsteht der einem jeden Werke und nur ihm allein eigentümliche Stil, der dann in der Musik zutage tritt und – vom Vorspiel angefangen, das den Sinn des Ganzen gleichsam in nuce enthält – bis in die letzten Takte hinein sich auswirkt. Ein solcher Mittelpunkt fehlt dem ›Ring‹. Nicht, daß er nicht auch seinen eigenen Stil hätte; aber Art und Charakter dieses Stiles sind anders als in den übrigen Werken. Haben wir dort von Anfang an eine bestimmte menschlich-dichterische Atmosphäre, die dem Ganzen Wesen und Farbe gibt, so baut sich hier alles erst langsam aus vielerlei Einzelheiten auf – jene Götter, Riesen, Zwerge, die Tiefe des Rheins, die Höhlen Nibelheims – die zunächst viel mehr um ihrer selbst willen dazusein scheinen, als für die kahle Handlung, die sie dürftig verbindet. Nur ganz allmählich gewinnt das Menschliche Raum mit Siegmund und Sieglinde, um schließlich in der Idealgestalt Siegfrieds abzuschließen. Aber auch dies alles geschieht immer auf dem Hintergrunde jener Welt von Fabelwesen und Zauberdingen, die doch keinerlei Ersatz geben kann für die dichterisch erlebte Grundstimmung in den übrigen Werken, zum Beispiel die Liebes- und Todessehnsucht des Tristan, die strahlende Heiterkeit der ›Meistersinger‹. Jedenfalls nicht für den

Musiker; denn dieser braucht eben das dichterisch Gesehene, menschlich Erlebte dieses Mittelpunktes, dieser Grundstimmung, um produktiv zu werden: Gerade dies – das wird uns damit klar – ist die eigentliche Quelle seiner Kraft und Entfaltung, dies erst läßt sich von der Musik völlig durchdringen und mit ihren eigensten Mitteln zur lebendigen Wirklichkeit bringen. Während dessen das, was man als Mittelpunkt des ›Rings‹ bezeichnen kann – etwa die Idee des mit dem geraubten Rheingold verbundenen tragischen Verhängnisses – eben eine Idee bleibt, nur abstrakt, gedacht, und daher der Musik nicht erfaßbar.«[5]

Wie gänzlich anders hat doch zwei Generationen später Wieland Wagner das ›tönende Schaugedicht von der Welt Anfang und Ende‹ analysiert, wenn er gerade von der abstrakten Idee abrückt und die Probleme dadurch erfaßbar macht, daß er sie vermenschlicht, auf urtypisches menschliches Verhalten zurückführt, archaisiert, mit seinen Worten: Das Tragische im ›Ring‹ wie bei jedem echten und ursprünglichen Mythos nicht in den Dingen, den Geschehnissen, dem Schicksal sucht, sondern in der lebendigen Wesenheit und dem Charakter des handelnden und leidenden Menschen.[6] Für Furtwängler scheint Mythos Mysterium bedeutet zu haben, jedenfalls keine zu relativierende realistische Auseinandersetzung – zum Beispiel um den unvereinbaren Gegensatz der Begriffe Macht und Liebe. Wieland entdeckt den Mythos als Dialog, der von Richard Wagner in immer neuen Variationen dialektisch abgehandelt wird. Auch die Musik ist für ihn nichts anderes als ein Vehikel, den Dialog zu transportieren. Furtwängler hingegen spricht 1919 von ›Theatermusik‹. Er kenne keine echtere: »Die Musik erhält überhaupt einen ausgesprochen dekorativen Charakter; das zeigt sich bis in die Behandlung des Orchesters hinein – daher das ganze Riesenaufgebot orchestraler Mittel. Es kommt hier Wagner nicht wie in anderen Werken auf den einheitlichen Gesamtcharakter des Klanges an, sondern auf größtmöglichen Reichtum an Einzel-Wirkungen, Ausnützung der Einzelfarben in ihrer ganzen Leuchtkraft. Die ganze Musik hat jeden Rest von geschlossenem absolutem Charakter verloren, rein musikalischen Formen ist möglichst aus dem Wege gegangen. Die Struktur ist locker, mäßig, oft gleichgültig, zuweilen nur Fetzen, notdürftig verbunden. Statt großer sinfonischer Zusammenhänge grandios-dekorative Potpourris, wie etwa Rheinfahrt, Trauermarsch in der Götterdämmerung.«[7]

Den dekorativen Charakter der ›Ring‹-Musik hat später Wieland Wagner ebenfalls erkannt, jedoch nicht in der Ausschließlichkeit Furtwänglers. Ihm blieb die gigantische Partitur eine ›Terra incognita‹, beladen mit erklärbaren und unerklärbaren Chiffren zur Unterstreichung der Charaktere einzelner Symbolfiguren. Der junge Dirigent, der sich in Mannheim an den ›Koloß‹ heranwagte, ging davon aus, daß die Richtlinien für die Aufführung des ›Rings‹ ausschließlich von der Musik gegeben werden könnten: »Von ihr muß daher jede Geste, jede Szene ausgehen, zu ihr wieder zurückkehren.« Der Musiker als der eigentliche Vollstrecker des dichterischen Willens. Von dieser Ansicht ist Furtwängler niemals abgewichen. Womöglich sind deswegen seine späteren Studioaufnahmen des ›Rings‹ sehr viel effizienter als die Aufführungsmitschnitte, da die Regie der neuen Zeit, seiner Meinung nach, in völliger Verkennung der Wagnerschen Grundidee den Primat der Musik leugne. In Mannheim konnte er davon ausgehen, daß ihm am Pult Wohl und Wehe der Aufführung allein oblägen. Es gab zwar eine Mise en scène, aber in Wirklichkeit kamen die Regieanweisungen vom Dirigenten.

Mehrere Lesarten existieren, auf welche Weise die Mannheimer Instanzen ›sich des jungen Furtwänglers bemächtigten‹. In der Rhein-Neckar-Metropole regierten Carl Hagemann als Theaterleiter und Artur Bodansky als Musik-Chef. Beide hochgeachtet, erfolgreich, die weit zurückreichende Tradition der ehemaligen Residenzstadt aufrechterhaltend, kreativ und überregional anerkannt. Wenn beflissene Chronisten meinen, die beiden erwähnten Mannheimer Kunst-Protagonisten hätten sich im entscheidenden Augenblick, als Bodansky das Engagement an die New Yorker Metropolitan-Opera akzeptierte, daran erinnert, wie der neun Jahre alte

Willi Furtwängler unter den Augen der Großmutter Christine, der geborenen Schmidt, im Salon von deren Busenfreundin Christiane Hirschbrunn in der Belle-Etage der Löwen-Apotheke seine Jubelkantate auf die Oma einstudierte und leitete, so scheint das an den Haaren herbeigezogen und nur der Fama von dem Wunderkind Furtwängler dienlich. Auch der einflußreiche Rechtsanwalt Leopold Geißmar, mit Sitz und Stimme in den wichtigsten Mannheimer Kunstgremien, kammermusikbegeistert und mit dem Streichquartett des Fünfzehnjährigen vertraut, konnte die Erfahrungen mit dem Knaben wohl kaum als ausreichend erachten, um ihn für die Position des Musik-Chefs prädestiniert erscheinen zu lassen. Den Anstoß gab Bruno Walter, der in ›Thema und Variationen‹ schreibt: »Vergnügen bereitete mir auch... die Einladung nach Straßburg, das damals noch zu Deutschland gehörte und dessen Oper unter der Leitung Pfitzners stand... Es war schön, wieder mit Pfitzner zusammenzusein und den gewählten Kreis kennenzulernen, der sich um ihn gebildet hatte. Auch freute es mich, meine Symphonie mit dem recht guten Orchester aufzuführen. Ein junger Musiker, der als Kapellmeister-Aspirant Pfitzner zur Seite stand, machte mir den Eindruck einer begabten und eigenartigen Persönlichkeit; es war der dreiundzwanzigjährige Wilhelm Furtwängler.«[8]

Offensichtlich verfolgte Bruno Walter den Weg seines künftigen Kollegen weiter, erfuhr von der großen Zuneigung der Lübecker zu jenem und empfahl ihn wärmstens, als die Mannheimer ihn wegen eines geeigneten Nachfolgers für Bodansky konsultierten. Wie weit Herzfelds Hinweis zutrifft, die Mannheimer hätten auch mit Nikisch geliebäugelt und seien gar in Leipzig vorstellig geworden, läßt sich nicht ergründen. In den wichtigsten Biographien über jenen ist davon keine Rede, ebenso nicht in den mit der Nachfolge emsig befaßten Lokalblättern. Nikisch war damals längst der Konzert-›Papst‹ Deutschlands, wenn nicht Europas, und Mannheim, bei allen Meriten, die sich die dortigen Kulturmacher zueignen durften, eben doch nur eine Pfründe zweiten Ranges. Möglich allerdings, daß Nikisch, über die

Vakanz informiert, ebenfalls für Furtwängler eintrat, den er ja inzwischen zur Genüge kannte und schätzte. Nikisch und Bodansky hatten fürs Ausland den gleichen Berliner Agenten, der auch ein Wort bei der künftigen Besetzung des Mannheimer Thrones mitredete, denn durch ihn, den hochrespektierten Isidor Schwarzer, kamen immer mal wieder Weltstars nach dort, die sonst an der schmucken Residenz vorbeigereist wären. Auf die eine oder andere Weise möchte also auch Nikisch für Furtwängler eingetreten sein. Der Ansturm auf die neu zu besetzende Pfründe war ungeheuerlich. Hofkapellmeister in Mannheim zu werden, lockte selbst in Ehren ergraute Maestri aus Wien und Paris. An die hundert Bewerbungen trafen ein. Die Findungskommission, aus Bodansky, Landgerichtsrat Dr. Oskar Grohe und Stadtrat Dr. Sally Stern bestehend, zog Furtwängler sogleich in die engere Wahl und beschloß, sich in Lübeck eine ›Fidelio‹-Aufführung mit dem Kandidaten anzuhören.

Natürlich hatte man Furtwängler informiert, der offensichtlich fürchtete, nicht genügend Routine zu haben, und deswegen an Dr. Grohe schrieb: »Ihren Vorschlag, daß ich für etwa vierzehn Tage nach Mannheim kommen solle und dort mit dortigen Kräften eine Oper herauszubringen, scheint mir sehr praktisch und gut. Sie können sich dann überzeugen, ob ich die nötige ›Routine‹ habe (wenn das nach ›Fidelio‹ noch nötig ist), und ich bin in der Lage, meine Fähigkeiten gleich an Ort und Stelle zu zeigen. Im allgemeinen bin ich allerdings der Ansicht, daß ›Routine‹ nicht gleichbedeutend mit der ›Anzahl‹ der Opern ist, die man schon dirigiert hat, sondern in erster Linie mit der manuellen Dirigiertechnik, die ja eine ungeheure Rolle spielt. Und in diesem Punkt glaube ich allen Anforderungen gewachsen zu sein.«[9]

Zehn Tage später: »Daß meiner Bewerbung um den Posten des I. Hofkapellmeisters in Mannheim meine verhältnismäßig geringe Theaterpraxis im Wege stünde, war mir von Anfang an klar. Dennoch hätte ich mich wohl nicht darum beworben, wenn ich nicht der Anschauung wäre, daß diese Bedenken, so sehr sie äußerlich recht zu haben scheinen, doch in Wirklichkeit durchaus unwesentlich sind... Die Stellungen, die ich vor Lübeck am Theater innehatte, waren freilich alle mehr oder weniger untergeordneter Art. Und wie wenig man da Gelegenheit hat, seine eigentlichen künstlerischen Fähigkeiten geltend zu machen, werden Sie selber wissen. Was in solchen Stellungen in erster Linie verlangt und geschätzt wird, ist die – freilich auch sehr wichtige – Routine.«[10] Alle Bedenken, die er selber noch hegen mochte, zerstreuten die Mannheimer Kommissare gleich nach besagter Aufführung, die allerdings mit großen Pannen über die Bretter gegangen war, worüber Helmut Grohe, der Sohn des einen Findungskommissars, schrieb: »Jene Lübecker ›Fidelio‹-Aufführung stand tatsächlich unter keinem günstigen Stern. Die beiden Partner meines Vaters wurden, wie er mir später berichtet hat, im Verlaufe der Vorstellung doch etwas skeptisch. Mein Vater aber, der schon als Richter lieber einen Vergleich zustande brachte als eine Verurteilung, redete den beiden zu, es doch mit dem jungen Künstler zu versuchen. Furtwängler schrieb mir später, er habe das Pult mit dem Gefühl verlassen, sich ›um Kopf und Kragen‹ dirigiert zu haben. Zur Urteilsverkündung im Lübecker Ratskeller schritt er, als ob es zum Schafott ginge. ›Erst auf eine Bemerkung Bodanskys, die er so nebenbei hinwarf: Daß ich in Mannheim natürlich einen ganz anderen Chor zur Verfügung habe, kam mir siedend heiß zum Bewußtsein, daß ich gewählt sei‹, hieß es in einem Brief an den Verfasser.«[11]

Die Mannheimer Hofbühne, nach 1918 in Nationaltheater umbenannt, war ein Haus mit Geschichte. Hier waren Schillers ›Räuber‹, der ›Fiesco‹ sowie ›Kabale und Liebe‹ zum erstenmal in Szene gesetzt worden, Mozart hatte sich ins Gästebuch mit einem Hymnus auf die Hofkapelle eingetragen, Beethoven und Wagner konnten sich rühmen, an dieser Statt nach Gebühr gewürdigt worden zu sein. Zu den gewichtigsten Opern-Uraufführungen im Laufe der Generationen zählten sie Hermann Götzens ›Der Widerspenstigen Zähmung‹ und Hugo Wolfs ›Der Corregidor‹. Die Liste der wohlbekannten Kapellmeister ist lang. Vor Furtwängler: Franz und Vincenz Lachner, Ernst Frank, Franz Fischer, Felix von Weingartner, Emil Nicolaus von Reznicek und dann Artur Bodansky. Furtwängler kam also in ein ›gemachtes Bett‹. Helmut Grohe: »Schlank und schmal, mit der damals noch dichten blonden Lockenkrone über der hohen Stirn, mit tiefgründigen Augen, ragendem Hals, abfallenden Schultern und langen Armen, die zu den schönen formenden Händen führten, mit träumerisch-weichem und doch männlich-herbem Gesichtsausdruck, so trat er am 7. September 1915 zum erstenmal an das Mannheimer Opernpult, um Beethovens ›Fidelio‹ zu dirigieren. Etwas ungelenk und gehemmt mochte er erscheinen, schon damals mehr um Ausdruckskraft als um Pultschönheit bemüht, schon damals kein Taktschläger im üblichen Sinn, sondern ein Gestalter der musikalischen Perioden, des Materials, aus dem er die von ihm erspürten Architekturbögen aufbaute.«[12] Die Kritiker fanden, Furtwängler habe das ›Hohelied der Gattentreue‹ im Gegensatz zu dem Präzisionsmusiker Bodansky eher zelebriert, man habe weniger das Gefühl gehabt, in einem Opernhaus als in einer Kathedrale zu sitzen. Absicht. Furtwängler: »Dieser ›Fidelio‹ ist wahrlich weit mehr eine Messe als eine Oper. Die Gefühle, die in ihm angerührt werden, streifen fast durchweg die religiöse Sphäre oder gehören doch einer ›Religion der Menschheit‹ an...«[13]

Vierunddreißig Opern und das Dreifache der Zahl an Konzerten hat Furtwängler in seinen Mannheimer Jahren einstudiert. Achtunggebietende Leistung. Dabei waren Orchester und Ensemble wegen der Einberufungen zum Kriegsdienst in dauernder Unruhe. Bald fehlten die Konzertmeister, bald Solisten. Das Tagespensum war über die Maßen hart; Furtwängler litt permanent an Überreizungen, Kopfschmerz und Schlaflosigkeit, die er offenbar nie ganz wieder los wurde. Helmut Grohe: »Nicht nur aus der ihm angeborenen, vom Vater ererbten Menschenscheu, sondern auch aus Ökonomie der Kräfte suchte er die Einsamkeit. Man sah ihn täglich regelmäßig spazierengehen, was er sein ganzes Leben hindurch beibehielt. Damals begleitete ihn auf Schritt und Tritt ein großer Neufundländer. Mit Bedacht wählte er wohl seine Wohnung gerade auf dem Lindenhof, weil es nicht weit zum Waldpark war. Man sah ihn mitunter in Mannheim auch hoch zu Roß.«[14]

Der neue Hofkapellmeister hatte natürlich auch gesellschaftliche Verpflichtungen. Gleich ging es mit der ihm wenig genehmen, allerhand Umstände erforderlichen Vorstellungs-Cour los. Die tonangebenden Mannheimer Bürgerfamilien legten auf tradierte Rituale Wert. Karte abgeben, warten, bis man sich zu einer Einladung herabläßt, kommt diese endlich, muß sie bestätigt werden, nach Betätigung der Bestätigung die Anfahrt mit Droschke und Bouquet, in Frack und Clacque... Furtwängler kannte dergleichen aus Lübeck. Ihm war alles gräßlich zuwider. Aber bei den Troeltschs und Tillessens, den Grohes und Geißmars war die ›Etiquette‹ nicht zu übergehen. Bei den Geißmars in der Mollstraße 45! Rechtsanwalts verfügten über eine höchst komfortable Villa, stradivariteure Instrumente und globale Beziehungen. Sprach man von ›Leuten‹, sprach man garantiert von den Foulds und Rothschilds, Oppenheimers und Bleichröders. Der alte Geißmar knüpfte die Fäden. In der Industrie und auf dem Kunstmarkt. Mehr im Hintergrund, aber haltbar. Und dann gab es in jenem einflußreichen und hochherzigen Haus eine Tochter: Berta, nicht nur hochherzig, sondern auch hochbusig, aber dabei so abgrundhäßlich, daß manche erschraken, wenn sie das ›Geschöpf‹ zum erstenmal sahen. Zu allem Unglück pflegte sich das Fräulein auch noch ›against the fashion‹ zu kleiden. Reformschnitt. Sack und Asche. Zu diesem grobgewebten Mädchen fühlte sich der junge Furtwängler von der ersten Begegnung an hingezogen. Das Schicksal hatte ihr nämlich als Ausgleich für die äußeren Unbilden ein wundersames Gemüt und einen überwachen Intellekt mitgegeben. Damit imponierte die Berta dem Willi. Nicht, daß sich zwischen beiden jemals etwas ergeben hätte, was in den Bereich des Erotischen oder Sexuellen gehört, nein, aber es verband sie doch eine Art von höherer Sinnlichkeit, die sich darin erwies, daß Berta nach und nach die mediale Fähigkeit entwickelte, für den ›Chef‹ voraus-, mit- und nachdenken zu können. Druckste er an einer Frage herum, wußte sie gleich, auf was er hinauswollte. Und sie hatte auch immer die rechte Antwort parat, wenn es galt, seinen Pessimismus und sein fatalistisches Insistieren kleinzuhalten. Eine Psychologin von tollem Format! Sie kennt Gott und die Welt, Tod und Teufel, ist ein wandelndes Lexikon, duzt sich mit einem Dutzend berühmter Philosophen und Soziologen (»...als ich mit Jaspers schwimmen ging und ich ihm sagte: Speck' dich mal ab, damit man endlich einmal die schönen Seiten an dir erkennt!«), gängelt die Agenten der Kunst und schröpft sie bis aufs Mark, so daß ›Königin‹ Louise Wolff in Berlin aufstößt: »Sie muß in ihrem vorigen Leben Blutegel gewesen sein!«[15]

Berta Geißmar hat nicht nur politische Ansichten, sondern politisiert an vorderster Front. Wie viele ihrer intellektuellen jüdischen Mitbürger hat sie längst der Orthodoxie abgeschworen und ›assimiliert‹ sich auf der Ebene zwischen Naumann-Liberalismus und Deutschnationalen. Doch den Schwenk zu den Nationalsozialisten vollzieht sie natürlich nicht mit, denn sie hat rechtzeitig die richtigen Erkenntnisse aus der Lektüre von Adolf Hitlers ›Mein Kampf‹ gezogen. Sie befürchtet schon 1930, daß der ›fürchterliche Kriminalroman‹ demnächst in den deutschen Heimen als Hausbibel ausliegt. Doch sie ergreift nicht das Hasenpanier, sondern probiert erst einmal auf vielen Ebenen aus, wie es denn mit ihrem eigenen Machtpotential bestellt ist, ob man sich nicht durch Verträge und Anbiederungen unentbehrlich machen und im Windschatten des großen Furtwängler über die Runden kommen könne. Doch das Ausmaß der Katastrophe kann natürlich auch sie nicht im voraus ermessen. Und als sie gehen muß, als sich abzeichnet, daß selbst Furtwänglers Kompetenzen nicht ausreichen, sie zu halten, macht sie aus ihrer Emigration eine hinreißende Commedia dell'arte: Am Ende des ›zweiten Aktes‹ aus der Chef-Etage geworfen und von den Flüchen der zeternden Staatssekretäre begleitet die Treppe ihres ›Zuhauses‹ an der Bernburgerstraße hinuntergestoßen, schlüpft sie unversehens in ein neues Kostüm, eilt die Prachtstufen zur Londoner Philharmonie wieder hinauf und direkt in das Privatbüro von Sir Thomas Beecham, der sie mit Kußhand als ›rechte Hand‹ akzeptiert und – welch

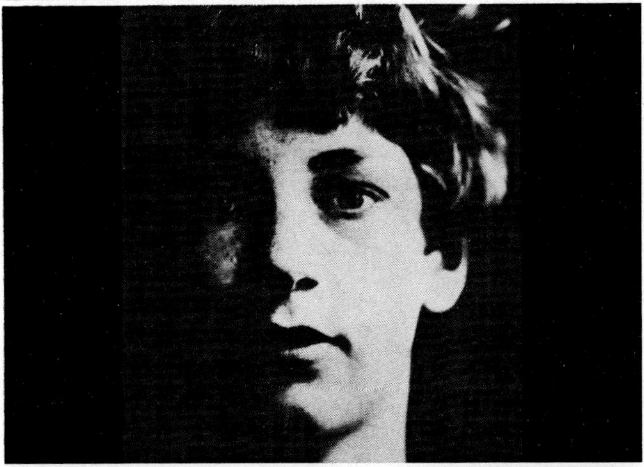

Oben:
Frau Elisabeth Furtwängler fand dieses Knabenfoto
ihres Mannes in ihrem Archiv
Unten:
Professor Dr. Adolf Furtwängler,
der Vater (1853–1907)

Furtwängler als Kapellmeister
am Züricher Opernhaus

Der Bergsteiger Wilhelm Furtwängler
mit seinem Kollegen Otto Klemperer 1928 in
Sankt Moritz

Furtwängler am Kaffeetisch in Bayreuth,
Anfang der dreißiger Jahre

eine ausgeklügelte Ironie! – zunächst einmal, geschützt durch einen britischen Paß, nach Deutschland zurückschickt, um dort seine nächste Tournee auszurichten und in Bayreuth (sic!) für ihn Gutwetter zu machen. Als Göring und Goebbels davon erfuhren, sannen sie darüber nach, wie sie der ›Judenmagd‹ beikämen, ihr das Handwerk legen und sie in die ›Pension‹ (Goebbels) nach Buchenwald oder Dachau zu schicken vermöchten. Doch es fiel ihnen nichts ein, sie mußten grollend klein beigeben und sich das Gelächter und den Spott der internationalen Musikwelt gefallen lassen, die Bertas Schläue und Diplomatie unbändig lobte. Am meisten aber freute sich Wilhelm Furtwängler, der zwar die Sekretärin verloren hatte, nicht aber die kluge Beraterin, die ihm, wo's nur ging, den meist politischen Schotter aus dem Weg räumte.

Dies vorweg, um gleich anzudeuten, was es mit Berta Geißmar auf sich hatte, die sich schon in Mannheim an die Fersen des Dirigenten heftete und nicht wieder von ihm ließ. Eine dieser hellwachen, durch nichts zu erschütternden, überall und in allem herummengenden Jüdinnen vom Schlage der Rahel Lewin und Henriette Herz. Für ihre Ideen läßt sie sich kreuzigen. Eine Königsmacherin, diplomatisch wie Madame de Staël, draufgängerisch wie Eleonore Prohaska und geschäftstüchtig wie Glückl von Hameln, die vom Morgen auf den Abend aus Similis hochkarätige Amsterdamer Diamanten zu machen wußte. Sie wird Furtwänglers zweites Gewissen. Ein Glücksfall sondergleichen: Für ihn, weil sie nichts unterläßt, um an seiner Karriere herumzuputzen, bis der ›Star‹ so glänzt, daß alle Welt von seinem Schein geblendet ist; für sie, weil ihr das Leben nichts anderes bietet, als durch Macht für den Mächtigen ihre Existenz zu beweisen. Bis Mitte der Dreißiger, da es den Nationalsozialisten nach vielen Versuchen gelingt, diese ›Ehe‹ auseinanderzudividieren, kommt keiner an den ›Doktor‹ heran, es sei denn durch den Inkubationsraum der alleswissenden Berta. Wie ein Sakrament nimmt sie ihre Verbindung zu Furtwängler, und wenn dem nach Kriegsende mancher aus politischen Gründen auf die Füße tritt, dann boxt sie zurück, lanciert

Artikel in die Presse, wie jenen, der Fritz Busch gegen den ›Doktor‹ ausspielen sollte (als es um dessen amerikanische Engagements ging), und verteidigt bis zum letzten Atemzug den Mann, der die Hauptrolle in ihren Memoiren randvoll ausfüllt.

Furtwängler begriff es streckenweise kaum (oder wollte es nicht begreifen), wie sehr er von Berta Geißmar abhängig geworden war, die nicht nur alle Konzertabschlüsse für ihn tätigte und über Gagen und Gehälter verhandelte, die Presse informierte und mißliebige Personen von ihm fernhielt, sondern auch privatim den Lauf der Dinge steuerte, wenn abenteuerliche Vorstellungen von Ehe und Gemeinschaft die Verbindung zwischen Furtwängler und seiner ersten Frau zu zerreißen drohten. Daß sie – bei all der ersprießlichen Kooperation – nicht immer mit ihm übereinstimmte und manche Entschlüsse seinerseits in der Hoch-Zeit des ›Dritten Reichs‹ durchaus nicht befürwortete, vermochte er nicht zu begreifen. Kritik, zumal aus ihm nahestehenden Kreisen, konnte er einfach nicht verkraften. In solchen Fällen nahm sein Mißtrauen pathologische Züge an. Dann war er ungerecht und böswillig, wie es nur ein Autokrat zu sein vermag. Als Berta Geißmar ihre Memoiren publiziert hatte, fühlte er sich – zu Unrecht – angegriffen. Es enttäuschte ihn maßlos, daß jene, der er sich rückhaltlos anvertraut, keine Laudatio über ihn verfaßt hatte, sondern durchaus Eigenschaften attestierte, die er nur ungern wahrhaben wollte. Scheint so, daß er sich nur die Stellen vorlesen ließ, die ihm nicht gefallen konnten. Und so war sein Eindruck von dem Buch einseitig. An Emil Preetorius schrieb er 1947: »... will einem gewissen Erstaunen Ausdruck geben, dass Sie sich wiederholt mit solcher Nachdrücklichkeit für Geissmars Buch einsetzen. Vorausgeschickt sei gleich, dass die persönliche Integrität und Loyalität von Geissmar niemals von mir angezweifelt worden ist oder angezweifelt werden soll. Sie ist mir eine gute Freundin zeitlebens gewesen und hat mir unendlich viel Gutes erwiesen, für das ich ihr immer dankbar bleiben werde. Dass sich in ihrem Buch auch ihre Schwächen, resp. gewisse Insuffizienzen gezeigt haben, ist nicht anders als natürlich. Bei aller Lebhaftigkeit der Beobachtung und der Darstellungsgabe ist sie nicht imstande, einen wirklichen Menschen zu zeichnen, was sowohl bei mir wie bei Beecham in dem Buch zu fühlen ist. Sie hat aber, was die tiefere Auffassung meiner Person und meiner Tätigkeit betrifft, doch weit mehr versagt, als ich es annehmen konnte. Den ersten Teil des Buches, die Vornazizeit, habe ich nicht gelesen und kann darüber nicht urteilen. Was sie aber über die Nazizeit und besonders die Zeit der erzwungenen Trennung Ende 1934 schreibt, ist doch so, dass es im großen und ganzen auf einen völlig falschen Eindruck meiner Tätigkeit und Haltung herauskommt. Ich bin niemals nur der haltlose, nervöse Künstler gewesen, der nicht weiss, was er will und dessen hervorstechendste Eigenschaft in den Augen eines amerikanischen Journalisten offenbar persönliche Feigheit ist. Frl. Geissmar hat diese Partien nachträglich – ich glaube das Buch kam 1943 heraus – unter dem Druck und dem Einfluß ihrer Emigrantenumgebung geschrieben, die ihr bis zum gewissen Grade vorschrieb, wie sie die Dinge zu sehen hätte. Einige Absätze empfinde ich sogar als Versagen ihrer sonst durchwegs fühlbaren Loyalität und also auch von ihr aus untragbare Konzession gegenüber ihrer Emigrantenwelt, die nachträglich weder ungeschehen gemacht noch irgendwie beschönigt werden kann, sie mag darüber heute sagen, was sie will.«[16]

Mit diesem Brief hat sich Wilhelm Furtwängler auf peinliche Art decouvriert: Nicht nur die verletzte Eitelkeit schlägt durch, sondern das völlige Unverständnis denen gegenüber, die geschichtliche Abläufte in den dreißiger und vierziger Jahren anders analysierten als er. Dieses Unfehlbarkeitsdogma, das er für sich aufstellte und das bedingungslos anzuerkennen er seine Jünger zwang, beweist entweder, daß er ›ex cathedra‹ für sich eine Generalabsolution forderte, oder aber, daß es ihm an der Fähigkeit mangelte, Einsichten zu zeigen, Fehlverhalten aufzudecken und auch so etwas wie den Mut zu Reue aufzubringen. Es war eben alles korrekt, was er getan hatte, und wer daran zweifelte, mußte sich – wie Berta Geißmar – Illoyalität, Rechthaberei und Abhängigkeit von anderen vorwerfen lassen. Mit erstaunlichem Gleichmut, manche sagen sogar: bewundernswürdiger Haltung, hat Berta hingenommen, daß ›Doktor Wilhelm‹ mit ihren Memoiren ins Gericht ging und sich getroffen fühlte. Sie kannte ihn genau und wußte, daß seine Empfindsamkeit nicht die geringste Beschädigung ertrug, auch wenn die kleinen ›Dellen‹ um der geschichtlichen Wahrheit willen unvermeidbar waren. Jupiter duldet keine Niederlagen. Für Blessuren rächt er sich wie der ›rasende Roland‹. Berta Geißmar sagte: »Ich habe ihn nirgendwo entmutigt, nirgendwo mißdeutet. Ich habe ihn fotografiert, aus der Perspektive der Objektivität. Niemals hätte ich es mir zugestanden, ihn auch nur in der geringsten Kontur zu verzeichnen. Daß er sich en detail nicht wiederzuerkennen glaubte, kann ich verstehen. Jeder hat das Recht, sich so zu sehen, wie man's möchte. Das ist aber dann nicht das objektive Bild. Furtwängler ist für mich ja nicht nur der bedeutendste Musikant dieses Jahrhunderts, sondern auch ein Mensch. Und ein Mensch hat Schwächen. Gesteht er sie nicht ein, stellt er sein Menschsein in Frage.«[17]

So sind die Beziehungen zwischen Furtwängler und Berta Geißmar am Ende nicht mehr so vertrauensselig wie zuvor. Sie wird in den Anflug von Verfolgungswahn, der sich auf die Emigranten schlechthin bezieht, auf unstatthafte Weise mit eingeflochten. Ist sie, die plötzlich nicht mehr zu allem ja und amen sagt, anders als die ›Unflat und Abgunst ausstreuende Sippe Mann‹, als die ›crew‹ um Fritz und Adolf Busch, die mit der Mafia Toscaninis allein auf sein Verderben und die Zerstörung des Bildes vom Samariter unter den Künstlern des ›Dritten Reiches‹ gesetzt haben? Befangen und erzürnt zugleich, liest er Bertas Bekenntnisse, die jene Juden und ›Nichtdeutschen‹ (oder Nicht-mehr-Deutschen!) mit Bosheiten und Verleumdungen angereichert, denen er im Wege ist. Von dieser ›fixen‹ Idee, daß es so sei, kann ihn niemand abbringen. Hinzu kommt, daß ihm Frank Thieß und jenes Häuflein betriebsamer ›Kerndeutscher‹, wie er sie nennt, permanent einflüstern, wo die Schlemihle und Demagogen sitzen, die den Abbau seiner Grandeur mit den raffiniertesten Mitteln betreiben. ›Bertas Rache‹ ist der eine

Akt dieser Tragödie des Mißtrauens überschrieben. Sie selber erfährt, Gott sei Dank, von der einseitigen Demontage der Freundschaft nur wenig. Leidend verbringt sie die Nachkriegsjahre. Sie stirbt in dem Glauben, für den ›Doktor‹ ein weiblicher Kurwenal gewesen zu sein.

Im Mannheimer Haus Geißmar verkehrt auch der Architekt Speer, dessen 1905 geborener Sohn Albert später dem ›Führer‹ als Bau-Gigantomane und Rüstungsexperte dient. Klein-Alberts erster Opernbesuch fällt mit dem Debüt des neuen Hofkapellmeisters zusammen, der eine merkwürdige Figur am Pult abgibt und in dem Jungen die Vorstellung nährt, dirigieren habe etwas mit ›fighting‹ auf dem Fechtboden zu tun. Speer, neben Göring und Goebbels einer der wenigen aus der nächsten Umgebung Hitlers, die sich wirklich für Musik interessieren, wird den Aufstieg Furtwänglers mit Argusaugen verfolgen. Der ›blonde Barde‹ fasziniert ihn. Der kann wirklich was. Der Größte. Geht in seiner Kunst auf, als habe er allein sie gegenüber den banalen Mechanismen des Alltags zu verteidigen. Furtwängler ist die Musik! Ansonsten kann man von ihm nicht viel verlangen. Ein politischer Traumtänzer, weltfremd, einäugig. Wie die Geißmars und die Grohes und die Tillessens votieren auch die Speers deutschnational. Sie halten sich sämtliche völkischen Blätter und konsumieren zu allererst die Kommentare und Kolumnen Houston St. Chamberlains, Hans von Wolzogens, Max Nordaus, Leopold von Schroeders, Adolf Bartels' und Otto Weiningers. In den Salons dieser Mannheimer Bürger-Aristokraten hängen die gezeichneten und gepinselten Hymnen teutonischer Malerpropheten, die Franz Stassen, Fidus, Hans Thoma, Ernst Seeger oder Hermann Hendrich heißen. Kolossalbüsten verherrlichen Wotan und Fricka, Siegfried und Parsifal, die Hohenzollern und Bismarck und Fortinbras und die Göttin Ostera, Germania, Viktoria, Königin Luise und Richard Wagner, Beethoven, Luther, Karl den Großen und den Alten Fritz, Moltke, den Großen Kurfürsten und Nietzsche. Dem Ambiente der Salons und Wintergärten entspricht der ›hohe‹ Ton in der Konversation. Weihe, Pathos, Distinguiertheit. Was im Hause Adolf Furtwänglers griechisch verbrämt, unterfüttert und parfümiert wurde, gedeiht hier im Schwalm und Dunst der großdeutschen Wetterlage. Germania sei's Panier, einig und treu! Man unterstützt die Heidelberger Burschenschaften. Je schlagender die Verbindungen, desto schlagender der Beweis, daß sie sich dereinst für die völkische Idee totschlagen lassen werden. Furtwängler kann ein ausführliches Wort mitreden, was das Deutsche in der Kunst anbetrifft, die ›nordische Art‹, über die er noch 1937 vertieft philosophieren wird, dann nämlich, wenn das Thema aufgrund der politischen Verhältnisse ganz besonders akut geworden ist.

Berta Geißmar findet an den teutonischen Verbrämungen in den Mannheimer Bürgerhäusern wenig Gefallen. Sie ist viel zu wach, als daß sie nicht auch die anderen, liberaleren Strömungen ortete, sogar die radikalen, die alle anachronistischen Absolutismen beseitigen und ein geistiges sowie geographisches Neudeutschland aufpäppeln wollen. Sie doktoriert bei Wilhelm Windelband und diskutiert die Nächte mit Max Weber, Friedrich Gundolf, Heinrich Rickert und Karl Jaspers durch. Wenn Furtwängler mal nicht dirigiert oder probt und vom Minnedienst befreit ist, kommt er mit rüber. Eine ›pluralistische‹ Clique, die beansprucht, in der Welt von morgen das Ruder in die Hand zu nehmen. Furtwängler empfindet die ›Heidelberger‹ bisweilen als zu progressiv. Denen laufen die Ideen davon, die haben keine Kontinuität in ihren Programmen, keine feste Doktrin. Schon gar nicht Ludwig Curtius, was Furtwängler mit größtem Bedauern herausfindet. Eine Koryphäe auf dem Gebiet der Archäologie, doch politisch voller Widersprüche, längst nicht mehr so eisern auf ›deutsche Idologie‹ (sprich: faschistische) festgelegt wie in früheren Jahren. Der einstige Privatlehrer freute sich, daß sein Schüler es gelernt hatte, sich auch jenseits der musikalischen Thematik freigemut zu äußern. Der Wilhelm habe sich »in allem geistig freigeschwommen« schreibt der Professor an die darob beglückte Mutter Adelheid. Berta Geißmar: »Furtwängler war ein komplizierter Charakter. Er hatte eine logische und eindringliche Art zu denken, und seine geistige Überlegenheit machte sich schnell im Gespräch geltend. Anderseits war er schüchtern bis zur Überempfindsamkeit... Er verband einen klaren Geist mit fast übertriebener Weltfremdheit. Seine Sensitivität vertrieb ihn in jeder Gesellschaft in irgendeinen Winkel, aber auf Frauen übte er eine große Anziehungskraft aus. Wenn sie nicht von seinem musikalischen Genie gefangen wurden, so sicherlich von seiner Persönlichkeit. Viele sagten, es sei etwas von einem Parsifal in ihm, mit seinem reinen und klaren Blick und der weichen Stimme, die manchmal so schmeichelnd war, daß der einfachste Satz wie eine leidenschaftliche Liebeserklärung klingen konnte. Trotzdem gab es niemanden auf der Welt, auch nicht die geliebteste Frau, die imstande war, ihn jemals von seiner Arbeit abzuziehen. Immer kam seine Musik zuerst. Vor seiner Heirat gab er in einem Brief an mich, die er so vertraut mit seinen Lebensgewohnheiten wußte, seiner Sorge Ausdruck, ob seine zukünftige Frau ihn in dieser Hinsicht ganz verstehen würde.«[18]

Wer ihn bei den Proben beobachtete, mochte bisweilen den Eindruck von einem Blindwüterich haben. Das Mannheimer Orchester war entschieden besser als all die übrigen, mit denen Furtwängler zuvor gearbeitet hatte. Der ›energiegeladene Disziplinator‹ Bodansky brachte in sechs Jahren einen äußerst geschulten, hochwertigen Klangkörper zustande. Sein Nachfolger durfte zufrieden sein und konnte ›so weiter machen‹. Doch das genügte Furtwängler nicht. Als Pfitzner nach Mannheim kam, um von der Hauptprobe an der Inszenierung des ›Palestrina‹ beizuwohnen, sagte er ihm: »Wenn ich nicht wüßte, daß mit besseren Musikern etwas Besseres zu erreichen wäre, würde ich jetzt verzweifeln.«[19] Dabei war er auch von schonungsloser Selbstkritik. Berta Geißmar: »In seinen Entwicklungsjahren hatte er oft mit dem Konflikt zwischen Technik und künstlerischer Vision zu kämpfen. Er kannte seine Schwächen und trachtete sie zu überwinden. In solchen Momenten der Unsicherheit dirigierte er manchmal unruhig und nervös, und dann war es nicht leicht für das Orchester, ihm zu folgen. Unzweideutig waren von Anfang an die ausdrucksvollen Bewegungen seiner wunderbaren Hände, welche die Musik auf eine unsichtbare Leinwand zu malen oder aus einer unsichtbaren Masse zu modellieren schienen. Aber sonst gestikulierte er nach allen Richtungen, schüttelte dauernd den Kopf, ging auf dem Podium herum, schnitt Grimassen, wenn ›etwas vorkam‹, stampfte, sang, schrie und spuckte sogar, so daß es ein bekannter Witz unter den Musikern war, daß die ersten Pulte bei Furtwängler mit einem Regenschirm bewaffnet werden müßten. Durch gelegentliche Unklarheit seiner Bewegungen entstanden hin und wieder Schwierigkeiten mit den Musikern, die sich darüber beklagten, daß sie seine Zeichengebung nicht verstünden – und dies grämte ihn sehr. Aber nach und nach meisterte er die Situation. Er sah ein, daß er sein Augenmerk auf zwei gleich wichtige Dinge richten müsse: seine Technik einerseits und sein Verhältnis zum Orchester andererseits. Er war sich wohl bewußt, daß es nichts Empfindlicheres und Feinfühligeres, aber auch nichts Klarersehendes und Schonungsloseres gibt als ein Orchester. Nur mit großer Einfühlungsgabe, mit feinstem Takt, mit unbeirrbarer Geschicklichkeit Stimmungen zu handhaben, mit Güte, aber auch mit unbestrittener Autorität war es zu meistern. Im Laufe der Zeit ergab sich das alles. Seine Orchester vergötterten ihn, obwohl er oft das Unmögliche verlangte und selten ein Wort des Lobes oder des Dankes hatte. Aber seine Musiker wußten allmählich, daß ein ermunterndes Nicken von ihm während der Aufführung, halb in Trance, eine größere Anerkennung bedeutete als ein gesprochenes Wort des Lobes.«[20]

Schon im Frühherbst 1918 stand fest, daß Berta Geißmar ›in irgendeiner Form‹ mit Furtwängler zusammenarbeiten werde. Sekretärin, Beraterin, Agentin...: »Immer häufiger besprach er mit mir die Dinge, die ihn gerade bewegten, und zog mich so mehr und mehr in sein Leben hinein. Ich fühlte, daß ich benötigt wurde, und das war es, wonach ich mich stets mehr als nach irgend etwas anderem gesehnt hatte.«[21] Noch ehe das Kaiserreich zusammenbrach und aus dem Hoftheater das Mannheimer Nationaltheater wurde, bahnten sich für Furtwängler verschiedene Möglichkeiten an, seine Tätigkeit nach auswärts zu verlagern oder die Stätte seines Wirkens seit 1915 gänzlich zu verlassen. Willem Mengelberg, Chef der Frankfurter Museumskonzerte, wollte in seiner Heimat, Holland, eine andere Aufgabe übernehmen. Noch ehe seine Kündigung spruchreif wurde, hatten die Kulturträger der Main-Metropole bei Furtwängler angefragt, ob er geneigt sei, die vom Publikum außerordentlich stark frequentierten Konzerte zu übernehmen. Fast zum gleichen Zeitpunkt meldete sich eine Findungskommission aus der Hansestadt Hamburg, auf der Suche nach einem neuen Chefdirigenten für das Philharmonische Staatsorchester. Sowohl in Frankfurt als auch an der Elbe kannte man den überaus befähigten Nachwüchsler, hatte er doch Mengelberg schon des öfteren vertreten und im Conventgarten nächst der Alster ein ›Brahms-Fest‹ – wie es in den ›Hamburger Nachrichten‹ hieß – »mit respektgebietenden Leistungen auf die Ebene der Internationalität gehoben«.[22] Doch zu Hamburg hatte Furtwängler ›wenig Affinität‹; er sagte den Frankfurtern zu, die freilich einsehen mußten, daß ihr neuer, so erfolgversprechender Maestro nicht allein am Main seine Zelte aufzuschlagen gedachte, sondern auch in Wien und Berlin.

Schon im Dezember 1918, nach einem Konzert mit dem dortigen Symphonieorchester (Dritte von Brahms), waren sich eine Reihe von Kritikern, darunter Julius Korngold und Max Kalbeck, darüber einig, daß Wilhelm Furtwängler in Zukunft das europäische Musikleben wesentlich beeinflussen werde. Seit Mahler hatte keiner soviel ›geistvolle Exposition‹ gezeigt und soviel Imposanz der Bewegung, des Kalküls und der Empfindung, weder Weingartner noch Muck. Auch nicht Strauss. Berta Geißmar: »Von diesem Augenblick an suchten die Wiener ihn für sich zu gewinnen, wann es nur möglich war, und seine erste Wiener Verpflichtung war eine Reihe von Konzerten mit dem Symphonieorchester, der sogenannte ›Tonkünstlerzyklus‹, dessen Leitung er 1919 übernahm. Er selbst war von Wien berauscht. Unter seinen Freunden dort waren Menschen, die Bruckner, Brahms und Mahler gekannt hatten, und er fühlte sich zu Hause in dieser Atmosphäre von Tradition und wirklichem Verständnis.«[23]

In Wien hatte er bereits erfahren, daß Richard Strauss die Konzerte mit der Berliner Staatskapelle aufzugeben gedachte, um mit Franz Schalk die Leitung der Wiener Staatsoper zu übernehmen, wie seit Abschaffung der Monarchie die Hofoper am Ring hieß. Auch damals gab es schon ein Intendantenkarussell, das zwar noch nicht von den ›Aggregaten‹ eines Jet-set angetrieben wurde, sondern mit ›Pferdestärken‹ arbeitete, denn Strauss verkündete bei seinem Wechsel von der Spree an die Donau, sein Kompagnon und er seien gezwungen, solche zu entwickeln, um den »alten, vermoderten Singekasten« durch »moderne Inszenierungen« wieder attraktiv zu machen. Strauss verließ Berlin, Max von Schillings übernahm die Linden-Oper und redete seinem ehemaligen Schüler zu, die Konzerte des Hauses zu leiten. Furtwängler akzeptierte. Und da sein Vertrag in Mannheim mit Ende der Saison 1919/20 ablief, ihn also dort nichts mehr band, beschloß er, in die Reichshauptstadt zu übersiedeln. Ein Entschluß, der ihm nicht schwerfiel, denn noch immer galt Berlin neben Wien als die wichtigste Musik-Metropole Europas. Hier knüpfte man Verbindungen an, hier wurden auf dem Sektor Oper die entscheidenden Schlachten geschlagen, hier stand das Konzertleben in höchster Blüte, stimuliert und aufgetrieben durch die berühmtesten und berüchtigtsten Dirigenten der Zeit: Muck und Nikisch, Schillings und Blech, zu denen sich bald Otto Klemperer, Erich Kleiber, Bruno Walter und George Szell gesellen sollten.

Frankfurt, Wien, Berlin... Um allen drei Pfründen gerecht zu werden, bedurfte es einer exakten Koordination. Am Reißbrett des Furtwänglerschen Sekretariats saß fortan ›die‹ Berta und steckte Routen, Ziele und Programme ab. Nicht nur, daß ihr Chef auf drei Hochzeiten tanzte, zusätzlich halste er sich Dutzende von Gastkonzerten auf, die auch noch ein-, aus- und durchgeplant werden sollten. Vor allem mit der Berliner Philharmonie kokettierte der Herr Chefdirigent. Erstmals hatte er am 14. Dezember 1917 im Haus an der Bernburgerstraße einen Wagner-Strauss-Abend gewonnen, als er durch seine Interpretation der ›Tannhäuser‹-Ouvertüre und des ›Don Juan‹ die Gesangsdarbietungen der Herren

Heinrich Hensel und Fritz Feinhals völlig in den Hintergrund drängte. Die Kritiker überschlugen sich und priesen den jungen Mann als Wunder. Tatsächlich: »Das Wunder Furtwängler!« Mit dieser hypertrophen Kennzeichnung des Außerordentlichen muß es im Berliner Pressewesen seine Bewandtnis haben, denn gut zwanzig Jahre später hob die Schlagzeile »Das Wunder Karajan« des Rezensenten Edwin van der Nüll den philharmonischen Nachfolger Furtwänglers in den festen Sattel. Die Mirakel-Verkündung in der ›Vossischen‹[24] nützte dem einen wie die in der ›B.Z. am Mittag‹[25] dem anderen. Uns ist in ›deutschen‹ Märchen des Wunders viel gesagt...

Im Frühjahr und Herbst 1918 hatte ›Wunder Nr. 1‹ seinen Ruf durch weitere Konzerte mit den Philharmonikern festigen können, im Februar 1920 konfrontierte er die Berliner mit der Achten von Bruckner, die sie bis dahin, wie die meisten Werke des Einsiedlers von St. Florian, nicht hatten leiden können, und Edwin Fischer spielte unter ihm das B-Dur-Konzert von Brahms. Klar, daß schon zu der Zeit die Insider munkelten, Furtwängler sei derjenige welcher, sollte der ›olle‹ Nikisch mal die Landschaft verlassen. Daß man ihn zunächst an die Staatskapelle holte, empfanden denn ganz Hellgesichtige (im nachherein) als Umweg. Aber Maestro Arthur schien ja noch kerngesund, saß Dutzende von feinen Konzerten hintereinander aus und hatte keine Sorge, sich um einen Kronprinzen kümmern zu müssen. Wohlwollend empfing er den ›Herrn Kollegen‹, der am 2. April 1920 das Publikum mit der ›Eroica‹ und tags darauf mit der Neunten von Beethoven buchstäblich aus den Sesseln riß. Die Staatsoper als Konkurrenz zur Philharmonie? Nikisch belächelte solche Sticheleien in der Spree-Athener Presse. Insgeheim mußte er sich eingestehen, daß ihm ›der liebe Wilhelm‹ die Schau zu stehlen begann. Doch er war nicht eifersüchtig wie das ›junge Gemüse‹, das sich Stiedry oder Wohllebe unterschrieb, und nicht müßig ward, den willig zuhörenden Redakteuren in den Häusern Ullstein und Mosse ›Eizes‹ über das Privatleben des Aufsteigers und Konkurrenten zu geben, der – kaum in Berlin ›angewachsen‹ – schon das x-te Verhältnis mit einer Primadonna des Linden-Hauses angeknüpft haben sollte. Das war immer so: Wo Furtwängler auftauchte, verbreiteten sich in Windeseile Gerüchte über seine Omnipotenz dem weiblichen Geschlecht gegenüber. Auch die Weimarer Republik hatte eine Yellow-press und kolportierte mit List und Lust solche Geschichten.

Als Furtwängler Mannheim verließ, war aus dem musikalischen Gesellen längst der Meister geworden. Der Intendant Carl Hagemann schickte ihm in seinen Memoiren nicht gerade eine Ruhmesadresse hinterher. Allzu sehr hatte sich der ›Offizial‹ von dem Kapellmeister zurückgedrängt gefühlt, der nun ein Dirigent geworden war: in vorderster Reihe. Hagemann über Furtwängler: »Ihm fehlte für so manches im Theater Sinn und Erkenntnis. Der schnelle Entschluß, die manchmal sogar improvisatorische, das heißt leichtfertige Art beim Anordnen, die Lust am Wagnis und der feste Glaube an sein Gelingen, auch wenn es erfahrungsgemäß schief gehen mußte, fehlten ihm ganz... die Fünf auch einmal gerade sein lassen und dennoch letzte Wirkungen erzielen können, dieser im Bereich der Bühne wirksame Grundsatz mutete ihm etwas zu, das gegen sein Gefühl und seine Einsicht und damit über seine Fähigkeit ging.«[26] Der gleiche Autor hatte kurz zuvor in den ›Mannheimer Theaterblättern‹ über die ›Ring‹-Inszenierung mit Furtwängler am Pult bekannt, vor allem durch dessen geistige Zutaten sei die Aufführung zu einer ungemein geschlossenen und einwandfreien Ensembleleistung gediehen. Als solche blieb die Inszenierung lange im Bewußtsein der Opern-Fans aus der Rhein-Neckar-Region. Paul Bekker, Zeuge des ›Ring‹-Gastspiels in Baden-Baden, meinte in der ›Frankfurter Zeitung‹: »Von dem ganzen Unternehmen bleibt eigentlich nur der Eindruck des Musikalischen. Nicht etwa die Solisten dominieren, sondern das kleine Orchester unter Furtwängler, der um das Wagnis eines solchen Unterfangens in beschränktem Rahmen weiß... Selten hat man einen jungen Dirigenten ökonomischer, das heißt: umsichtiger und alle Möglichkeiten des ihm zu Gebote stehenden kühn ausschöpfend am Werke gesehen. Das ist untrüglicher Musikinstinkt, aber ebenso auch untrüglicher Theaterinstinkt. Erstaunlich, wie er seine eigenen Gesetze formt und sich nie unterordnet... das ist Profil von lauterster Klarheit und Absicht. Der Mann wird seinen Weg mit Diligence machen!«[27] So war's. Furtwängler machte seinen Weg mit ›Diligence‹, mit Eilpost! Er war in eine Phase der intellektuellen Hochspannung geraten. Hans Heinz Stuckenschmidt: »Für den jungen Musiker... nichts Ungewohntes. Er hatte den Vater auf manchen Forschungsreisen begleitet und kannte sich in der Kunst der Antike so aus wie in seinen Partituren. Das romantische ›plus ultra‹ stand wie ein Motto über seiner Existenz. Er begriff instinktiv Musik als ›Mittel der Welterfassung‹.«[28]

Der Gewandhauskapellmeister

Erstaunlich, mit welcher Gelassenheit Wilhelm Furtwängler die Berliner Szene betrat, die – wie Alfred Kerr meinte – jeden Hals über Kopf verschluckte, der es wagte, sich ihr auszuliefern. Weder München, geschweige denn die Provinzstädte, in denen er bisher gewirkt hatte, waren ein solcher Brodelkessel. Die Ereignisse nach dem verlorenen Krieg unterschieden sich wesentlich von denen in seiner Kindheit; die frühen Eindrücke waren verblaßt und verstärkten sich höchstens wieder in den Erzählungen von Mutter Adelheid. Berlin der Zwanziger, das war für die einen ›der größte Verschiebebahnhof an Kultur‹, für die anderen eine Art von Neo-Sodom, in dem die berüchtigten ›Ring-Vereine‹ das noch kapitalkräftige und kokssüchtige Belle-Etagen-Volk des Westens kontrollierten und ausnahmen, mittenmang der degoutante Salon der Betty Stern, Treffpunkt der Babelsberger Film-Snobs mit der Edelnutte Anita Berber an der Spitze, dicht daneben die Chefetagen von Mosse, Scherl, Ullstein und Wolff, die ›Logen der höheren Zeitungspolitik‹, die Show-Bühnen mit Haller-Girls und Flüsterbaritonen, die Literaten-Cafés, Heroin-Bazars, Mechthild Lichnowskys Wohnung als Treffpunkt der radikalen Sozis, Sportpalast, Leichenpuff an der Tauentzien, Konzerthaus Translateur, in dem die Damen Damen und manchmal auch Herren aufforderten, Kroll-Oper und Reichstag und Niquet an der Leipziger, wo die tollsten Börsenspekulationen im Stehen bei ›Wurscht und Molle‹ abgewickelt wurden...

Adolf Hitler redete später von der Systemzeit, in der Chaoten die ›deutsche Ordnung‹ untergruben. Berlin – Pool der Sittenlosigkeit, der Korruption und des Verfalls. Und daß es so war, daran hatten – wie die Nazis behaupteten – natürlich die Juden schuld. Von diesem ›Otterngezücht‹ gab es hundertfünfzigtausend in der Vier-Millionen-Stadt. Die Krume der Intelligenz war von den ›Moseskindern‹ durchsetzt. Theodor Wolff und Georg Bernhard beherschten neben Alfred Kerr und Siegfried Jacobsohn die Presse, auf den Bühnen nahmen Albert Bassermann und Elisabeth Bergner, Fritzi Massary und Conrad Veidt und Richard Tauber und Gitta Alpar den ›Ariern‹ das Zuckerbrot weg. Aber die ›Nationalen‹ ließen sich nicht so einfach unterdrücken. Sie machten Staat mit Käthe Dorsch und Friedrich Kayßler, Michael Bohnen und Barbara Kemp, Tino Pattiera und Werner Krauss, die schon früh zu der ›Bewegung‹ stießen, später dafür mit ›Blutorden‹ dekoriert wurden, so lange es ging, aber von den geschäftstüchtigen und einflußreichen Juden profitierten, die sich mit den ebenso engagierten ›Kulturbolschewisten‹ die Macht teilten und alle Bühnen, Ateliers und Akademien beherrschten: Leopold Jessner und Max Reinhardt neben Erwin Piscator und Jürgen Fehling, Rudolph Nelson neben Bert Brecht, Schönberg, Krenek und Weill neben Busoni und Hindemith, Georg Kaiser neben Remarque, bei den ›Bildenden‹ Max Pechstein, Lesser Uri und Max Liebermann neben George Grosz und Zille und...

Was nicht alles in diesem Hexenkessel passierte: Heinrich von Ficker erfand die Wettervoraussage, Otto Hahn und Lise Meitner schickten sich an, Atome zu spalten, Theodor Wiegand stellte die sensationellen Pergamon-Funde aus, Sauerbruch öffnete den Brustkasten. Man baute die Avus, das Funkhaus, richtete die erste Luftpostlinie ein; Wissenschaftler ließen sich ausmachen wie Sand am Meer: Planck und Butenandt, Einstein und Heisenberg, Schrödinger, Warburg, Stark oder von Laue. Carl von Ossietzky brillierte in der ›Weltbühne‹, Leopold Schwarzschild im ›Tagebuch‹, Herbert Ihering im ›Querschnitt‹. An der Universität lasen Spranger und Oncken, Harnack und Sombart, Bergmann und Siebeck. Im ›Milieu‹ arbeitete Käthe Kollwitz, Mendelsohn konstruierte seine Zweckbauten, und von der kessen

Cläre Waldoff sagte man, sie sei der Bräutigam einer gewissen Greta Garbo. Heinrich Mann und Döblin, Fallada und Klabund beschrieben die aktionsberstende Szene, Ringelnatz und Gottfried Benn bedichteten das Ambiente, der eine links, der andere rechts. Kapp-Putsch und Notverordnungen, Rathenaumord und Erzbergermord. In der ›Lunte‹ oder bei ›Cassel‹ gab's die deftigsten ›Orchideen‹ (sprich: Orgien), im Sportpalast Sechstagerennen und in der Philharmonie Auseinandersetzungen wegen Strawinsky und Schönberg. Wo es nicht klassisch zuging, jaulten die Saxophone der Jazzbands. Jack Smyth kommentierte mit schwülem Bariton: »That's the soul of Berlin!«

Als Furtwängler sein erstes Amt an der Spree übernahm, klebten in den Straßen Plakate mit den rätselhaften Ankündigungen »da da sagt da da!«. Wieder so ein neuer ›Ismus‹, mit dem die Radikalinskis schockieren wollten. Neuer Schöpfergeist, proklamiert durch zynische Weltverachtung. Max Scheler schrieb: »Nicht nur auf einer, sondern auf sehr verschiedenen Ebenen wird sich die Umbildung der Weltanschauung vollziehen... sie wird sein wie der erste Tritt eines jahrelang im dunklen Gefängnis Hausenden in einen blühenden Garten.«[1] Andere riefen unaufhörlich nach Ordnung. Der Jurist Otto von Gierke empfand sie, die Ordnung, als hohe Himmelstochter und beschwor die deutsche Heldenkraft, die »wieder als leuchtende und wärmende Erinnerung das deutsche Volksgemüt durchdringen und von neuem deutsche Männer und deutsche Frauen mit Begeisterung für deutsches Wesen« erfüllen werde.[2] Hans Pfitzner rechnete scharf mit den Linken ab. Ein Berserker gegen die Avantgardisten: »Das atonale Chaos, nebst den ihm entsprechenden Formen der anderen Künste, ist die künstlerische Parallele zum Bolschewismus, der dem staatlichen Europa droht. Die Jazzwelt bedeutet die Niedrigkeit, die Aharmonik, den Wahnsinn!«[3]

Furtwängler bekümmerten die Rivalitäten und Fehden nicht, die vor, hinter und neben ihm ausgetragen wurden. Kein dickes Fell, kein Phlegma. Schon damals kam ihm sehr zugute, daß er die Gabe mitbekommen hatte, für sich Gedanken und Aktionen zu selektieren. Was ihm frommte, ließ er an sich herankommen. Alles übrige wurde sozusagen vor dem Konsumieren ad acta gelegt. Das war diplomatisch und heilsam, denn die permanenten Anspannungen der künftigen Jahre forderten ihm mehr als genug ab. Ein Engagement für die Sache Max von Schillings', der im Strudel der politischen Oppressionen unterzugehen drohte, hätte auch seine Kräfte womöglich ruiniert. Er bemühte sich, neutral und unbeteiligt zu bleiben. Berlin war für ihn zunächst nichts anderes als die Staatsoper Unter den Linden und dann die Philharmonie. Das heißt: Auch der Salon von ›Königin Louise‹ gehörte dazu, denn die ebenso kluge wie gerissene Inhaberin der Konzertagentur Wolff und Sachs, die nicht nur an der Spree Musik und Geschäft verkuppelte, regelte ›bis auf weiteres‹ seinen künstlerischen Verkehr, schloß für ihn Verträge ab und pendelte seine Einkünfte aus. Die Musikszene war in Bewegung, wenn nicht im Aufruhr. Leo Kestenberg, Referent für musikalische Angelegenheiten im Preußischen Ministerium für Wissenschaft, Kunst und Volksbildung, steuerte einen bewußt linken Kurs und biß sich ständig mit den Konservativen, die den Primat über alle staatlichen Kunsteinrichtungen nach wie vor beanspruchten. Im ›Berliner Lokal-Anzeiger‹ zeterte der Kritiker Walter Abendroth über das »zerstörerische Treiben jener parteipolitischen Kräfte« los, die in Kestenberg »höchst energische Vertretung« fänden.[4] Innovatoren der ›sogenannten Neuen Musik‹, deren Seelenlosigkeit und Irrsinn zur Ausmerzung des Altbewährten beitrüge. Systematische Zersetzungsarbeit, Symptome des Verfalls, Aushöhlung der nationalen Produktionskraft, Kampf gegen die bürgerliche Musikkultur, Unterminierung des deutschen Kulturbodens... Abendroths Vokabular schien in dieser Hinsicht unerschöpflich.[5] Die ›Neue Musik‹ schufen meist jüdische Intellektuelle, allen voran Schönberg und Strawinsky, den man kurzerhand ›einjudete‹, und die Spruchsprecher dieser artfremden Kulturbolschewisten hießen Kerr und Kestenberg, Georg Schünemann und Heinrich Unger, zu denen sich bald Alfred Einstein und der junge Hans Heinz Stuckenschmidt gesellen sollten, von dem Fritz Stege ein wenig später behauptete, er habe »den Dünger für die munter sprießende Saat marxistischer Sumpfblüten geliefert« und »vermummte, irreale Schweinigeleien in Tönen« verteidigt.[6]

Kestenberg opponierte nicht ohne Grund gegen den Muff und das Reaktionäre in den Berliner Musikinstitutionen. Die Philharmonie unter Nikisch hatte zwar ein ziemliches Eigenleben geführt, sich den Avantgardisten nicht gänzlich verschlossen und durch die volkstümlichen Konzerte ›mit Bier- und Stullengenuß‹ auch in weniger betuchten und weniger etablierten Kreisen Anklang gefunden (seit 1915 leitete Nikisch selber pro Saison ein oder zwei ›Arbeiterkonzerte‹, die außerordentlich stark frequentiert wurden), doch die übrigen Häuser und Säle huldigten auch weiterhin dem Prinzip ›das Feinste für die Feinen‹. Die Rechtspresse mokierte sich über die ›Borsig-Konzerte‹ des Leipziger ›Gewandmeisters‹. Kronprinz Wilhelm, der Bornierteste unter allen Hohenzollern, fragte einen Kritiker: »Und die machen da auch wirklich Musike?« Und als Nikisch gestorben war, wurden die Pleps-Konzerte der Philharmoniker, für die er sich so engagiert hatte, als »verwerfliche Sympathie für die Sozialdemokraten« gewertet.[7] Auf solch eine ›niedrige‹ Stufe hätten sich Staats- alias Hofoper nebst konzertantem Anhang nie gebracht. Strauss und der Edle von Weingartner in Hemdsärmeln vor Schlossern und Schweißern, Hinterhöflern und Kellerasseln? Unvorstellbar! Nikisch war da anders, und als in der ›Vossischen‹ mit leichtem Naserümpfen darüber berichtet worden war, Maestro Arthurs Leichnam sei in Leipzig »ohne christlichen Beistand« kremiert worden,[8] kamen einige völkische Berichterstatter auf die Idee, es habe sich um ein ›kommunistisches‹ Begräbnis gehandelt.[9] Der ›rote Arthur‹!

Strauss sah immer ein wenig scheel auf die Philharmonie in der Bernburger Straße. Wo Bierdunst und Zigarrenrauch sich eingenistet, da konnte ja keine ›große‹ Kunst gedeihen. Er und Weingartner pflegten die Konzerte in der Linden-Oper mit klirrenden Ordensketten um den Hals, den Adler-Orden nächst der Frackbrust, zu dirigieren. In den Logen deutscher Adel, Wissenschaftler und hochmögende Ästheten. Denen schuldete man das Erlesenste. Bis 1918 hatte die Hofintendanz in enger Absprache mit den Allerhöchsten die Programme der Konzerte festgelegt. Beethoven und Brahms ›ja‹, Bruckner als ›zu katholisch‹ abgelehnt; Volkmann und Draeseke, Bungert und Reinecke, das waren doch gesunde deutsche Symphoniker. Mendelssohn mit kaiserlicher Vorliebe, Schumann mit Maßen. Mozart und Schubert »wenn's denn unbedingt sein muß«, öfters mal Händel und Graun und Markgräfin Wilhelmine von Bayreuth und Gluck. Mit Strauss als Chef ward Neuland beschritten. Diese ›Hofbusenschlange‹ machte die High-Society mit seinen ewigen symphonischen Dichtungen Gähnen. Schon lieber mal einen ›flotten‹ Liszt oder die ›Meistersinger‹-Ouvertüre, Gades ›Ossian‹ oder die allerliebsten Serenaden von Tschaikowsky. Für Kaiserin ›Dona‹ Auguste Viktoria mußte Strauss viel ›Wiener G'schnas‹ auflegen, für Wilhelm Zwo immer mal wieder die aufrichtenden Fackeltänze von Meyerbeer, Rossini-Ouvertüren und Potpourris von Leoncavallo, den der teutonische Empereur für ›stark wie Beethoven‹ hielt. Staatsgäste wurden besonders oft den Konzerten im Linden-Bau zugeführt, ob sie nun Edward von England oder Amanulla von Afghanistan hießen. Die Pausen mußten so lang wie die obligaten drei Konzertteile sein. Wegen der Konversation. Fürstin Daisy Pless kennzeichnete die Hofkonzerte als Heiratsmarkt für die Aristokratie. In den Foyers appetitliche kalte Büfetts. »Können Sie bei der nächsten Flanagerie in der Oper nicht wenigstens die Eroica ohne Trauermarsch abschmettern?« fragte Wilhelm von Preußen seinen ›General‹ Richard von München. Und der spielt sie ohne Murren ›ohne‹.[10]

Das alles bleibt im Prinzip auch nach 1918 so. Redet zwar kein Kaiser mehr in die Planungen, sitzen keine Fürsten mehr in den Logen, gibt es keine Büfetts mehr, aber das Ambiente, die Preise und Programme wie ehedem. Wer ein Abonnement für die ›Konzerte der Staatskapelle‹ ergattert, besitzt eine ›erste Adresse‹. Für sie steht nun der emeritierte Mannheimer Hofkapellmeister Wilhelm Furtwängler ein. Schillings wird den schon ›impfen‹, ist ja sein Schüler. Für die Konservativen ist ›Maxe mit dem Birnenkopf‹, den die Karikaturisten besonders gern aufs Korn nehmen, ›der‹ Mann. Hat er doch gerade einen ›offenen Brief‹ gegen die jüdischen Ministeriellen losgelassen, die ihm angeblich dauernd was ans Zeug flicken wollen: »...und dann sind da Alberiche am Werk, die in der Presse flau machen und ewig das Thema variieren: Wo bleiben die großen Fragen der Gegenwart?« Indirekt zitiert er seine Feinde, die ihn für ›anschmiegsam‹ halten: »Ohne Mut zum Radikalismus.« Er gehe an den Neutönern vorbei, sei reaktionär, gestrig. Und dann holt er aus der Kiste seiner gesammelten Vorwürfe das, nach seiner Meinung, wichtigste Argument seiner Gegner hervor: »Mein Ariertum!«[11] Schillings ist längst der Vorstellung erlegen, die Juden hätten Angeln ausgelegt, ihn zu Fall zu bringen. Das geht bis zum Verfolgungswahn, in den er sich so hineinsteigert, daß er seinen Sturz – 1925 – dann selber provoziert.

Natürlich hatte Schillings seinen ehemaligen Schüler eingeweiht, was ihm in Berlin ins Haus stünde. Doch Furtwängler schob alle Hinweise auf mögliche Risiken und von Juden gesteuerte ›Intriguen‹ beiseite. Sein Eindruck von Kestenberg war nämlich äußerst positiv: Ganztägiges Gespräch über die Notwendigkeit einer ›Entschlackung‹ des klassischen und romantischen Repertoires, Reduzierung auf das Wesentliche, die ›großen B's‹ als Säulen der Konzertprogramme in der Linden-Oper, die Wiederentdeckung Schuberts und Schumanns, Einschränkung der bloßen Programm-Musik, Mahler, Reger und Co. nur in homöopathischer Dosierung. Das kam Furtwängler außerordentlich entgegen. Von ihm jedenfalls hatte der von den Rechten verteufelte Kestenberg keine radikale Kursänderung gefordert.

Bevor er sein Amt im Linden-Bau antrat, gastierte er in Stockholm mit diversen Programmen. Auch die dortigen Philharmoniker hätten ihn liebend gern als Chef gewonnen, doch die schwedische Metropole lag zu weit von den übrigen Stätten entfernt, an denen zu wirken er sich vorgenommen hatte. Noch gab es keine Fluglinien. Die Reisen zwischen Wien, Berlin und Stockholm würden einen Großteil der kostbaren Zeit verschlingen. Er verzichtete. Und während er nun im Süden, im Engadin, wo er wenige Jahre später, nämlich zwischen Pontresina und St. Moritz, das Haus ›Acla Silva‹ als Refugium erwarb, mit Berta Geißmar die Programme für die ersten Spielzeiten an den neuen Wirkungsstätten entwarf, überlegte er genau, ob die veränderte gesellschaftliche und politische Situation womöglich auch von ihm im Hinblick auf das ›Altbewährte‹ ein gewisses Umdenken und Umdisponieren erforderte. Er fand zwischen seinen Vorstellungen vom Bewahren-Müssen und einer neuen ›Ver-ehrlichung‹ der Klassiker sowie der Aufbruchsstimmung bestimmter ›liberalisierender‹ Avantgardisten, worunter er zum Beispiel Busoni und Wilhelm Backhaus einstufte, keine unüberbrückbaren Gräben. Im Gegenteil! Auch ihn drängte es einerseits nach Versachlichung der Materie, das heißt: weg von der hohlen Phrase, der ›wilhelminischen‹ Attitüde, und hin zur ›neuen Subjektivität‹, das heißt: der Verwirklichung eines Werkes mit eigenem Anspruch und eigenen Impulsen, ohne das kleinbürgerlich Muffige und die Vermauerung pseudopathetischer Gesinnung, die bis dahin den Ton der Musik tangiert hatten. Keine idealistische Künstlermetaphysik mehr, sondern ein bis dahin ungeahnter Auftrieb der Produktivkraft des musikalischen Gehalts aus dem Reservoir der Eigenverantwortlichkeit. »Das Ich in der Herausforderung sich mit dem anderen Ich zu vergleichen« – wie es Max Scheler sagt. Ein gewaltiger Einspruch gegen die Interpretation der Alten, gegen herrschende Un-Sitten und den Gestus früherer Generationen.

Furtwängler wußte genau, als er sich in Berlin niederließ und von dort aus Wien und Frankfurt bereiste, daß die augenblicklichen Lösungen für ihn nicht ›den Idealfall‹ darstellten. Das Staatsorchester war erste Garnitur, die Wiener Symphoniker rangierten über den dortigen Philharmonikern, die gleichzeitig den Operndienst versahen, während ihm Frankfurt rasch zum Nebengeleise wurde. Hatte man schon Nikisch wegen seiner Beschäftigungen vielerorten einen Reisedirigenten genannt, so war es Furtwängler in noch weitaus stärkerem Maße. Es gelang ihm, in der Main-

Metropole zwei bis dahin getrennte Konzertreihen zusammenzulegen, so daß an den Freitagabenden – als Voraufführungen – die gleichen Programme wie am Sonntagmorgen gegeben werden konnten. Was Furtwängler nicht erreichte (und weswegen er sich dauernd mit der Intendanz der Museumskonzerte anlegte), war die Verhinderung der Gewohnheit, in jeder Veranstaltung eine Ur- oder Erstaufführung unterzubringen, was natürlich für den Dirigenten eine erhebliche Lernarbeit bedeutete. Casella oder Respighi, Busoni oder Sekles, Sibelius oder Honegger und Ravel waren anspruchsvolle Modernisten, deren Produkte man nicht so ohne weiteres aus der ›Lamäng‹ schütteln konnte. Was Furtwängler ja auch überhaupt nicht lag. Intensiver als er bereitete sich wohl kaum ein anderer Dirigent vor. Die Frankfurter Erfordernisse machten ihm das Planen schwer. ›Eroica‹ und Brahms eins bis vier, Bruckners Achte und Neunte mochten von ihm noch so durchdrungen sein, ausgelotet bis in für den Laien nicht mehr erfaßbare Tiefen, das Publikum in der Messestadt nahm das zufrieden zur Kenntnis, geriet aber erst aus dem Häuschen, wenn ihnen der Maestro eine attraktive Cabaletta von Casella servierte oder wenn die ›Pinien von Rom‹ rauschten. Kaum mit der Aufbauarbeit begonnen, sann Furtwängler darüber nach, wie er sich auf anständige Weise von den Frankfurtern wieder trennen konnte. Gegenüber dem Berliner Publikum war das am Main geradezu mediterran. Was Wunder, daß es Opern-›General‹ Rottenberg und sein Schwiegersohn Hindemith vor Ort wesentlich leichter hatten, Avantgardistisches durchzusetzen als die Vorreiter des Neuen anderswo.

Das geplante Aufgeben der Frankfurter Position ließ Furtwängler überlegen, wohin er denn andernorts seine Fühler auszustrecken vermochte. Spitzenpositionen gab es bestenfalls noch in Dresden und München, aber dort waren die ›Throne‹ ohne Aussicht auf baldige Veränderung besetzt, in Wien (die Philharmoniker, fest in der Hand Weingartners), in Berlin (ebenfalls die Philharmoniker, von der Institution Nikisch beherrscht) und in Leipzig (Gewandhausorchester, Nikischs Basis). Wenn irgendwo demnächst jemand ausscheiden würde, dann vielleicht an Pleiße und Spree: Nikisch, knapp 65 Jahre alt, marschierte stramm auf die Pensionierung zu und hatte schon des öfteren geäußert, daß er ›in späteren Jahren‹, der Ämter ledig, nur noch hier und dort als Gast in Erscheinung zu treten gedächte. Um allen Eventualitäten und drohender Konkurrenz vorzubeugen, machte Furtwängler in Leipzig bereits Stimmung für sich. Dort hatte sich am Stadttheater der ihm von Straßburg her bekannte Lothar Koerner etabliert, dem es rasch gelungen war, sich in den ›ersten‹ Familien Liebkind zu machen. Außerdem lebte Straube am Ort, einer seiner gewandtesten Fürsprecher.

Furtwängler Ende 1919 an Koerner: »Die Stellung des Leiters der Gewandhauskonzerte wäre für mich allerdings ein Ziel, weil ich glaube, damit Gelegenheit zu haben, auf eine mir gemäße Weise musikalisch wirken zu können. Über meine Qualitäten als Dirigent zu urteilen, ist die Sache anderer. Was Sie von den Anforderungen der Leipziger Stellung in bezug auf Allgemeinbildung, Wirkung auf die Jugend und gesellschaftliche Repräsentation schreiben, ist wichtig, ja geradezu unerläßlich bei einer Stellung, bei der geistige Werte in praktisch-lebende Wirklichkeit übertragen werden sollen. Es würde mir nicht einfallen, mich um eine solche Stellung zu bewerben, ohne das Bewußtsein, im Besitze der Fähigkeiten und des Willens dazu zu sein. Über meine Allgemeinbildung wissen Sie, der Sie mich kennen, ja selber Bescheid. Außerdem möchte ich auch auf Straube verweisen, der nicht nur mich persönlich, sondern auch Kompositionen von mir kennt. In letzter Zeit habe ich mich allerdings nur ganz vorübergehend und nur nebenbei auch schriftstellerisch betätigt. All dies hängt letzten Endes zusammen mit dem, was ich als reproduktiver Künstler für meine Aufgabe halte, die großen, im weiten Sinne klassischen Werke wieder lebendig zu machen. Die Schwierigkeit und Größe dieser Aufgabe wird heute größtenteils nicht begriffen und völlig unterschätzt. Wie viel schwerer ist es, Beethoven oder Schubert gut aufzuführen, als Tschaikowskij und Strauss. In der Interpretation dieser Sachen, sehe ich – so weit man etwas sagen kann – meine Aufgabe als Dirigent, das zeigen auch meine Berliner Programme, wo ich, entgegen den Anforderungen der ›Presse‹, nur alte, vielgespielte Werke dirigiere.«[12]

Koerner zeigte diesen Brief überall dort herum, wo er's für ratsam hielt: bei den Direktoriumsmitgliedern des Gewandhauses und den einflußreichen Stadträten, die nicht nur konservativ votierten, sondern ihren geistigen Anspruch mit und in den Kategorien des 19. Jahrhunderts verfochten. Davon gab es mehr als genug. Sie fielen dadurch auf, daß sie die Gewandhauskonzerte dann demonstrativ verließen, wenn Nikisch es wagte – was höchst selten vorkam –, ihre Ohren mit einer zeitgenössischen ›Maltraitaise‹ heimzusuchen. In die Oper gingen sie schon gar nicht. Otto Lohse hatte es ständig mit Novitäten, und das Ärgste stand ihnen dort noch bevor: als nämlich Gustav Brecher Mitte der Zwanziger begann, die Leipziger Bühne zu einer Heimstatt für die Avantgardisten zu machen. »Krawall-Gustav!«

Zu den Direktoriumsmitgliedern des Gewandhauses gehörte der Verleger Max Brockhaus. Von Koerner erfuhr er, daß Furtwängler bereit sein würde, im Falle eines Falles Nachfolger Nikischs zu werden. Straube wurde ventiliert und beschwor den Verleger, den ›guten Wilhelm‹ nicht aus den Augen zu lassen. Ein Diamant! Und das Gewandhaus möchte die passende Fassung für dieses Juwel abgeben. Pfitzner, sein ›Christelflein‹ an der Pleiße absegnend, beschwor mit: der lange Kerl sei zwar schwierig im Umgang, aber besonders befähigt. Schließlich habe er jenen in Straßburg ›gemacht‹. Aus der Pfitznerschen Schule seien bisher nur Koryphäen hervorgegangen. Er inauguriere das Deutsche in der Musik, das Kerndeutsche, ›Freischütz‹-Mentalität gepaart mit dem Ernst des Heiligenstedter Testaments. Nichts wie ran an den ›Buben‹, der doch für Berlin viel zu schade sei. Das Gewandhaus-Orchester: unüberbietbar! Zweihundertfünfzig Jahre Tradition. Felix Mendelssohn, Hiller, Reinecke, Nikisch. Und wenn ›gewisse Kreise‹ auch jetzt schon für den in Stuttgart wirkenden Fritz Busch plädierten, den wische ›der Wilhelm‹ doch allemal mit einer Handbewegung weg.[13] Das war so laut geklingelt, daß es selbst die Direktoriumsmitglieder vernahmen, denen es letztlich ganz egal war, wer das Orchester in den Konzerten ›beschlug‹. Wenn der Brockhaus sich für den pp. Furtwängler so stark machte, dann in Gottes Namen. Eile tat ja nicht not. Noch war Nikisch im Amt und frisch und rüstig wie ein Vierzigjähriger.

Max Brockhaus: »Ich ließ mich ermächtigen, mit Furtwängler, damals in Frankfurt, direkte Fühlung zu nehmen; vor allem sollte er sich nicht anderweitig binden ohne unser Wissen. Bei aller Treue zu unserem verehrten Meister Nikisch hatten wir doch die Pflicht, die Frage seiner Nachfolgeschaft ernstlich zu erwägen. Einen gleich genialen Dirigenten gab es wohl überhaupt nicht, und die vielleicht in Frage kommenden waren in festen Stellungen. Er stand damals im 65. Lebensjahr, und die Erfahrungen der letzten Zeit hatten gelehrt, daß wir ihn auf einen abermaligen verlockenden Ruf hin plötzlich doch einmal verlieren könnten. Darauf mußte man vorbereitet sein, wenn auch stets in der Hoffnung, daß der Genius loci dem Gewandhause noch lange erhalten bliebe. Im Februar 1920 kam Furtwängler zum ersten Male nach Leipzig zu Besuch. Nur in Gegenwart des damaligen Direktoriumsvorsitzenden Dr. William Göhring sprachen wir uns aus und wurden darüber einig, ihn zu gewinnen, wenn einmal Nikisch sein Amt niederlegen würde. In Koerners Begleitung führte ich ihn nachmittags ins Gewandhaus. Schweigend und nachdenklich verweilte er lange in dem auch im leeren Zustand stimmungsvollen, unerleuchteten Saal, von der hochgelegenen Vorstandsloge aus herbblikkend auf das Orchesterpodium. Träumte er wohl von den Wundern, die er dereinst dort hervorzaubern würde? Erst nach anderthalb Stunden verließen wir das Haus. Ohne auf Einzelheiten einzugehen, waren wir grundsätzlich einig, daß wir verhandeln wollten, wenn einmal Nikisch ausscheiden würde. Kurz darauf übernahm ich den Vorsitz des Direktoriums. 1921 bot sich eine gute Gelegenheit, Furtwängler zu engagieren, und zwar als Gastdirigent zweier Sonderkonzerte (mit gleichem Programm) anläßlich der Leipziger Messe. Bester Verlauf und Erfolg; eine Zeitung erkennt in Furtwängler bereits ›einen Großen‹. Irgendwelche Zukunftsfragen wurden damals nicht erörtert.«[14]

Die ›eine‹ Zeitung war die ›Vossische‹ in Berlin, deren Sonderkorrespondent ausgesandt war, über das kulturelle Messe-Angebot zu referieren. Die örtlichen Rezensenten, allen voran Dr. Max Steinitzer und Dr. Alfred Heuss, waren von Anfang an keine Furtwängler-Freunde. Für Steinitzer, Jahrgang 1864, war ›der Berliner‹ zu wenig progressiv, für den Chefredakteur der Schumannschen ›Neuen Zeitschrift für Musik‹, die dieser in ein »Kampfblatt für deutsche, gegen neue und internationale Musik« umfunktionierte[15], war er zu wenig völkisch. Heuss monierte, daß der Debütant »auch« Mendelssohn im Repertoire habe und die »eigene Art zu kraftlos durchdrücke«. Später geifert der Duz-Freund Heinrich Himmlers in regelrechten Schmähorgien dagegen, daß Furtwängler nie ein Podium mit dem »Deutschen Gruß« betrete, daß er weder der NSDAP noch irgendeiner anderen Organisation des »Neuen Deutschlands« angehöre und sich über den »Hymnus der Bewegung«, also das Horst-Wessel-Lied, hinwegsetze.[16] Die ›Zeitschrift für Musik‹ wird beinahe zu einem Kampfblatt gegen Furtwängler, und nur durch ein gelegentliches Versehen, wenn Dr. Heuss in den Protektoraten zur Inspektion der Provinzbühnen weilt, kommt auch mal ein gutes Wort über den ›Berliner Großmufti der Musik‹ in die Spalten. Steinitzer in der ›Neuen Leipziger‹ kommt, wie gesagt, in den Zwanzigern von der anderen Seite. Müdigkeit überfalle ihn in den Furtwängler-Konzerten, ›Bruckner mit Baldrian‹, die Ouvertüre zum ›Frei-i-i-i-schützen‹, Beethoven als Dauerverordnung oder mit Stefan George gesagt: Salbungsvolle Salbe für den Gesalbten... Verhängnisvoll, daß die wenigen Regionalzeitungen Furtwängler nicht recht zu würdigen wissen. Sie vermissen an ihm den Charme, die Nonchalance Nikischs. Der steckt sich nie eine Gardenie ans Revers, kann nicht lächeln, schneidet Grimassen, dirigiert zu Silvester keinen Strauß und keinen Waldteufel. Eine arme, auf Beethovens Leidenspsychologie geeichte und getrimmte Seele! Und immer gehetzt. Ein Phantom, das erscheint, den Jubel abnimmt und wieder verschwindet. Immer wieder tauchen in den nächsten Jahren solche Schmähungen, Vorhaltungen und Andeutungen in der Leipziger Presse auf. Ist Furtwängler an der Pleiße beliebt? Ja und nein. Die einen, die ihm nach Berlin und Wien nachjagen und ihn vergöttern, heiligsprechen, die anderen, die diesem ›Gott‹ eher kühl begegnen, neugierig seiner Akrobatik folgen und hinterher angeregt darüber schludern, was diese nach allen Seiten Musik verspritzende Zentrifuge bewirkt oder nicht bewirkt habe.

Furtwängler kam eher als Chef ins Gewandhaus, als er sich's erträumte. Zuvor hatte es einige Querelen gegeben: Nikisch wollte im Winter 1921/22 mit seinem Sohn Mitja, Pianist, eine Südamerika-Tournee unternehmen. Darum mußten die letzten Konzerte der Saison an Gäste vermittelt werden. Einen Abend sollte Otto Lohse von der Leipziger Oper, den anderen Furtwängler übernehmen. Gerade hatten die beiden mit den Vorbereitungen zu diesen Konzerten begonnen, als Nikisch telegraphierte, er werde zeitiger als geplant zurückkehren, wodurch sich die Vertretungen erübrigten. Peinliche Situation. Brockhaus mußte sowohl Lohse als auch Furtwängler absagen. Maestro Wilhelm war über die Maßen gekränkt, dämmte seinen Zorn jedoch ein, um das Gewandhaus-Direktorium im Hinblick auf künftige Verbindungen nicht zu verprellen. Kaum, daß den Leipzigern seine Präsenz bewußt geworden war, hieß es, Nikisch werde demnächst weitere Konzerte absagen, um auswärts zu gastieren, in anderen Ländern, wo die Währung noch stabil. Am 26. Januar 1922 hätten die Amsterdamer das Vergnügen. Dafür käme Furtwängler nun definitiv an die Pleiße. Er reiste an, doch zu einem gänzlich anderen Anlaß als dem vertraglich besiegelten: Nikisch war am 23. Januar plötzlich gestorben. So wurde das für drei Tage später angesetzte Konzert zu einer Trauerkundgebung umfunktioniert. Nikischs Abgang muß für die Musikfreunde in aller Welt schockartig gewirkt haben. Nicht nur die deutschen und europäischen Zeitungen würdigten seinen Genius in seitenlangen Nachrufen, sondern auch die amerikanischen. In der ›Carnegie Hall‹ und der Londoner ›Royal Albert Hall‹ veranstalteten die philharmonischen Gesellschaften Trauerkonzerte, die großen Opernhäuser zeigten Trauerbeflaggung, selbst der japanische Tenno und der US-Präsident kondolierten der Familie Nikisch. In Leipzig und Berlin zelebrierte Furtwängler die Gedenk-Konzerte, tief betroffen und wissend, daß ihn das Schicksal dazu auserkoren hatte, Nikischs Ideen von den ›weltenumspannenden Segnungen der Musik‹ weiterzuspinnen – in den beiden Funktionen, die der Verewigte randvoll erfüllt hatte.

Max Brockhaus: »Am 24. Januar früh übermittelt mir der Sohn Arthur Nikisch die Trauerkunde. Unmittelbar darauf meldet mir Furtwängler sein Eintreffen. Ich teile ihm das erschütternde Ereignis mit, und wir vereinbaren sofort, das bisherige Programm (2. Leonoren-Ouvertüre, Brahms: Haydn-Variationen, Berlioz: ›Phantastique‹) abzuändern und jedenfalls die Eroica zu spielen; Frau Onegin soll statt Mozart und Mahler die ›Ernsten Gesänge‹ von Brahms singen. Dem zur Probe versammelten Orchester gebe ich Kenntnis vom Tod seines geliebten und verehrten Dirigenten und setze die Probe ab. Der Erwartung der Familie Nikisch, das bevorstehende Konzert ganz ausfallen zu lassen, kann aus zwingenden technischen Gründen nicht entsprochen werden. Vielmehr wird die Umgestaltung zu einer Trauerfeier beschlossen: ›Coriolan‹-Ouvertüre, ›Ernste Gesänge‹ (am Klavier Raucheisen) und die ›Eroica‹. Ein Bote fährt nach Berlin, um Furtwänglers eigene Stimmen zur Sinfonie zu holen. 25. Januar Orchesterprobe. Abends Anruf aus dem Trauerhause: Die Familie bittet dringend, die beiden letzten Sätze der Sinfonie zu streichen, als ungeeignet für eine Trauerfeier. Es war nicht leicht, am nächsten Morgen diese Bitte an Furtwängler weiterzugeben. Er erwidert mir verbittert: ›Da werde ich lieber überhaupt nicht dirigieren und abfahren.‹ Die beiderseitigen Standpunkte waren durchaus verständlich. Es wurde abends schließlich von der Sinfonie nur der Trauermarsch von dem Orchester stehend gespielt und von der tief ergriffenen Hörerschaft stehend angehört. Am Nachmittag war die Beisetzung im Krematorium gewesen, bei der, als einziger Sprecher, der Sohn Arthur seinem

Vater eine ergreifende Abschiedsrede hielt. Da Furtwängler am nächsten Morgen abreiste, konnten nur wenige Vertragspunkte oberflächlich erörtert werden.«[17]

War auch die Öffentlichkeit nach diesem Gedenkkonzert davon überzeugt, der Nachfolger Nikischs werde Furtwängler heißen – und kaum jemand zweifelte daran, daß er's auch in Berlin bei den Philharmonikern sein würde –, so waren die entscheidenden Gremien dennoch höchst beflissen, alles unter dem Siegel der Verschwiegenheit abzuwickeln. Furtwängler wollte zunächst auch an der Spree klare Verhältnisse schaffen. Das hieß: Leo Kestenberg mußte ihn aus dem Vertrag mit dem Staatsorchester entlassen und seiner Nominierung zum Chef der Philharmoniker ›pro forma‹ zustimmen. Das war leichter gedacht als getan, denn auch der Kulturreferent des Preußischen Ministeriums hatte sich an gewisse Spielregeln, sprich: Gesetze zu halten. So einfach, wie das in den meisten biographischen Abrissen dargestellt wird, ging das nicht vonstatten. Kestenberg, überzeugt von Furtwänglers großen Qualitäten, hätte an der Spitze der Philharmoniker lieber Bruno Walter gesehen. Das war ein offenes Geheimnis; aber er wollte sich dem Wunschkandidaten des Orchesters und der Konzertdirektion Sachse und Wolff nicht entgegenstemmen, von deren Entscheidung letztlich die Neubesetzung abhing. Kestenberg suchte also nach einer Lösung und fand sie darin, daß die Staatskapelle – unter dem Einfluß Schillings' – von sich aus eine Trennung mit ihrem Chef-Konzertdirigenten empfahl. Mittlerweile aber standen in Leipzig die Zeichen auf Sturm, denn das Gewandhaus-Orchester hatte sich offiziell gegen Furtwängler ausgesprochen. Man wollte Fritz Busch, den Stuttgarter Operndirektor (der dann bald Musikchef in Dresden wurde). Doch mit dem ›roten Fritz‹ zeigte sich das Gewandhaus-Direktorium nicht einverstanden. Busch bot keine Gewähr für eine kontinuierliche, das heißt konservative Fortsetzung des ›Systems‹. Unklugerweise hatte er ausgestreut, in Leipzig eine musikalische Revolution entfachen und das Repertoire des Gewandhauses von Grund auf entmotten und entmiefen zu wollen. Für Busch plädierten übrigens auch

Richard Strauss und der in Leipzig hochgeschätzte Franz Schmidt (›Notre Dame‹), die sich von einem ›neuzeitlich eingestimmten‹ Dirigenten Vorteile für ihr eigenes Œuvre ausrechneten, zumal das Gewandhaus-Orchester ja auch die Leipziger Oper bespielte und der Konzertdirigent – jedenfalls bis dahin – auch oft am Pult des Stadttheaters in Erscheinung trat. Das Orchester ›rächte‹ sich wenig später, nach der Besetzung des Konzertamtes durch den vermeintlichen ›Konservativen‹ Wilhelm Furtwängler mit der Berufung Gustav Brechers als Opern-Chef, der in jeder Hinsicht einen linksradikalen Kurs verfocht und dessen Favoriten Kurt Weill und George Antheil, Igor Strawinsky und Arnold Schönberg, Ernst Krenek und Hans E. Pero hießen.

Max Brockhaus kommentierte die Berufung Furtwänglers ans Gewandhaus so: »Inzwischen gab ich – am 1. März – zwei Orchestermitgliedern, und zwar einem Mitglied des Orchester-Vorstandes und einem besonders geachteten Kollegen, vertrauliche Kenntnis, mit wem wir verhandelten. Dies geschah ohne Wissen Furtwänglers, dessen Verbot mir doch bedenklich erschien. In Erwartung der Berliner Entscheidungen wurde mit Furtwängler weiter verhandelt, als plötzlich des Helden Widersacher auftauchten, und zwar an einer Stelle, wo dies nicht erwartet werden konnte. Am 8. März teilte mir der Vorsitzende des Orchester-Vorstandes mit, daß sich das Orchester auf einen bestimmten Dirigenten festgelegt und die Presse davon verständigt hätte. Wenn das Direktorium an seinem dem Orchester unbekannten Kandidaten festhielte, würde diesem gegenüber passive Resistenz geleistet werden. Dies wurde Furtwängler so lange wie möglich verschwiegen, und unsere Verhandlungen mit ihm nahmen ihren Fortgang. Mit Rücksicht auf seinen Berliner Plan und auf seine Wiener Verpflichtungen, vor allem aber wegen der wenigen ihm in Leipzig zugestandenen Proben, kann er sich nicht für zweiundzwanzig Konzerte in einem Winter verpflichten. Auch ist ihm die Bindung durch einen mehrjährigen Vertrag unsympathisch. Nach langem Hin und Her kommt man endlich Mitte März zu einem Ergebnis. Der große Zauderer ist nicht dazu zu bewegen, einen Vertrag zu unterschreiben. Dennoch gelingt es unserem stellvertretenden Vorsitzenden Dr. Anschütz, einen Schriftsatz zu formulieren, der alles Notwendige enthält, Wort für Wort von Furtwängler genehmigt wird und auch ohne Furtwänglers Unterschrift rechtsgültig ist, wie dies unser Direktoriumsmitglied, der große Jurist Adolf Wach, gutachtlich bestätigte. So schien der große Wurf gelungen, Furtwängler ab Herbst 1922 für fünf Jahre mit je sechzehn Konzerten (und seinem Rücktrittsrecht bereits nach dem ersten Winter) als Gewandhaus-Kapellmeister zu besitzen.«[18]

Nun kam Furtwängler hinter die Absichten des Orchesters. Sofort bat er um seinen Rücktritt. Beschwichtigungsversuche von seiten der Leipziger. Ungezählte Kotaus. Furtwängler ist der Schwierige ›schlechthin‹. Einige der Direktoriumsmitglieder bedauern inzwischen, nicht auch für Busch plädiert zu haben. Oder für Muck. Weingartner taucht in den Schlagzeilen auf. Nach peinlichem Hickhack, auch in der Lokalpresse, ringen sich Vorstand und Orchester zu einer offiziellen Stellungnahme durch: Es gehe ja nur um die »prinzipielle Frage der Berechtigung zur Beteiligung an der Wahl von seiten des Orchesters«. Niemand opponiere gegen die Person des Herrn Furtwängler: »Wenn wir rechtzeitig erfahren hätten, daß die Gewandhausdirektion mit Herrn Furtwängler verhandele, hätten wir uns dieser Wahl selbstverständlich angeschlossen. Bei der nunmehr erledigten Frage stellen wir uns daher in künstlerischer Beziehung vollständig hinter die Gewandhausdirektion.« Das war die Unwahrheit! Aber es ging zu diesem Zeitpunkt darum, Furtwängler nicht endgültig wieder zu verlieren. Der durchschaute zwar alles, tat dann aber so, als fühle er sich geschmeichelt. Brockhaus: »Als am 15. April 1922 die offizielle Orchester-Erklärung in den Zeitungen erschien, war Furtwängler endgültig der Unsere. Ich möchte aber nicht verschweigen, daß seine Zusage wohl schwerlich erfolgt wäre ohne das Zutun seines Freundes Karl Straube, der sich wiederum als treuer Ekkehard des Gewandhauses erwiesen hatte.«[19] Straubes Engagement war nicht nur lauterer Freundschaftsdienst. Da Furtwängler sich weigerte, die großen Chor-Konzerte einzustudieren und zu leiten, fielen diese dem Thomas-Kantor in den Schoß. Der fühlte sich wie weiland Sternentaler beschenkt und lobte und pries das Direktorium und seinen ›lieben Wilhelm‹, die ihm von heute auf morgen ein Zubrot von rund zehntausend Mark bescherten, aus dem dann freilich rasch Billionen und Trillionen Inflationsmark wurden.

Furtwängler hat sich in den Jahren seiner Zusammenarbeit mit dem Leipziger Orchester (bis 1928) nie ganz von dem Eindruck freimachen können, die Gewandhaus-Philharmoniker seien eigentlich gegen ihn gewesen. Auch sein Verhältnis zu Fritz Busch blieb unterkühlt, da er diesem in seinem grenzenlosen Mißtrauen immer wieder unterstellte, gegen ihn zu intrigieren, was überhaupt nicht der Fall war. Das konnte bis zum Eklat ausgreifen. Grete Busch hat in den Erinnerungen an ihren Mann mehrere solcher schier unverständlichen Reaktionen Furtwänglers beschrieben. Sie begegnete ihm zum erstenmal 1924 im Haus des Stuttgarter Klavierfabrikanten Apollo Klinckerfuß, dessen Frau Johanna eine berühmte Liszt-Schülerin gewesen war. Grete Busch: »Dort lernte ich auch Wilhelm Furtwängler kennen und gewann bestimmende Eindrücke, an denen sich Wesentliches im späteren Leben nicht geändert hat. Mein Mann befand sich damals schon zur Wiedereröffnung der Festspiele in Bayreuth. Man hatte gerade ein von Furtwängler dirigiertes Konzert gehört und die Gäste standen im Wohnzimmer beisammen, in Erwartung des Künstlers. Als er eintrat, gab es einen Augenblick befangenen Schweigens. Der hochgewachsene Mann mit dem imposanten Kopf wirkte offenkundig einschüchternd und tat nichts, dem abzuhelfen. Da es auch kein anderer tat, trat ich auf ihn zu, sagte meinen Namen, und daß ich mich freute, ihm zu begegnen, was ihn sichtlich erleichterte. Ich glaube, auf seine Art war er selber schüchtern, jedenfalls ungewandt. Bei Tisch überließ er es mir häufig, den Faden des Gesprächs wieder neu anzuknüpfen; ich dachte, für einige Dauer vorgesorgt zu haben, als ich Furtwängler ganz ehrlich einiges Schöne über seine Reorganisation der Berliner Philharmoniker gesagt hatte, und wie diese Wiedergeburt eine Freude für eine alte Berlinerin wie mich sei. Da belebte sich Furtwänglers verschlossenes Gesicht. ›Sie müssen aber auch bedenken‹, sagte er, ›daß ich für das Orchester alles tue, was möglich ist. Wenn wir zum Beispiel in Elberfeld zu spielen haben, sage ich ihnen: ‚Also heute kommt's nicht so sehr darauf an – aber morgen in Köln, da müßt ihr euch wieder anstrengen!'‹ Ich weiß nicht mehr, wie das Gespräch dann auf München kam – aber auch diesen Strohhalm ergriff ich und sagte: ›Werden Sie in diesem Sommer bei den Münchener Festspielen dirigieren?‹ Jetzt traf mich sein voller Blick. ›Jawohl. Das muß ich ja!‹ Und als ich zu wissen verlangte, warum er das *müssen* nenne, kam die betonte Antwort: ›Ja, wenn Ihr Mann in Bayreuth dirigiert, dann *muß* ich doch in München dirigieren!‹«[20]

Als Fritz Busch nach der ›Machtübernahme‹ durch die Nationalsozialisten kaltgestellt und aus Dresden vertrieben wurde, als die bedeutenden internationalen Zeitungen mit bittersten Worten über diese Schandtat der braunen Machthaber herfielen, konnte sich der ›Reichskommissar für Sachsen‹, Manfred Freiherr von Killinger, darauf berufen, daß die wichtigsten Kulturträger des Reichs gegen die »Beurlaubung und Entsetzung« Buschs nichts einzuwenden gehabt hätten: »...denn sie sagten nichts!« Furtwänglers Kommentar ist überliefert: »Busch kann ja nach Hamburg gehen!«[21] Da schlug diese alte, völlig einseitig von ihm gesehene Rivalität wieder durch. Als Richard Strauss daraufhin den ›werten Kollegen‹ zurechtwies und auf die verdienstvolle Tätigkeit Buschs an der Dresdner Staatsoper zu sprechen kam, revozierte Furtwängler verschämt und schlug vor, Busch könne sich in der nächsten Saison mit ihm die Konzerte in Berlin teilen. Grete Busch: »Zu der Zeit aber war Fritz Busch schon auf dem Wege nach Buenos Aires und hätte mit Furtwängler weder tauschen noch teilen mögen.«[22] Als Furtwängler im Jahre 1934 während des Hindemith-Skandals alle seine Ämter niederlegte, schickten Goebbels und Göring einen Abgesandten in das Budapester Hotel Hungaria, in dem Busch – wie sie herausgefunden hatten – abgestiegen war. Wenn der

Herr Professor ›halbwegs‹ widerrufe und dem Führer huldige, der natürlich genau wisse, welchen Schmäh er, Busch, über den ›ersten‹ und größten aller Deutschen ausgegossen, dann gäbe es kein Hindernis, Furtwänglers Amt mit allen Privilegien auf ihn zu übertragen. Der Herr Busch sei ja ein ›Vollarier‹ und politische Meinungen müsse man doch, wenn es um eine solch hervorragende Position ginge, ändern können. Der Naziemissär hieß Odilo Globocnik, zu dem Zeitpunkt Gauleiter in Wien, einer der brutalsten Massenmörder in der Weltgeschichte.[23] Buschs Forderungen, erst einmal einige Künstler aus den Konzentrationslagern freizulassen, wurden erfüllt, bevor er überhaupt richtig Atem geholt und sich die ›Abfuhr‹ überlegt hatte. So sehr brannte es den Nazis unter den Nägeln, Furtwängler abzuservieren, was nur möglich war, wenn man ihm einen gleichwertigen Dirigenten vor die Nase setzen konnte. Wo aber war ein solcher? Walter, Kleiber, Klemperer (und mehr gleichwertige gab's nicht!) hatten der Diktatur längst den Rücken gekehrt. Busch mokierte sich über das Angebot, ließ Berlin zappeln und erfuhr, wie erbost Furtwängler sich gebärdet hatte, als der von der ›Mission‹ Globocniks durch Spitzel aus der Bendlerstraße unterrichtet worden war. Auch diese Episode trug nicht dazu bei, in Furtwängler Sympathien für Fritz Busch zu erwecken. Die Geschichte wurde noch grotesker und dramatischer, als nach dem Zweiten Weltkrieg amerikanische Künstler gegen den vermeintlichen Nazi-Konspirateur Furtwängler Stimmung machten und mit allen Mitteln versuchten, ihn von der US-Szene fernzuhalten. Offenbar glaubte Furtwängler, daß nicht nur die Clicque um Toscanini hinter diesen Machenschaften steckte, sondern auch Fritz Busch.

Nehmen wir diese Eskapade in unserem Bericht auch noch vorweg, kennzeichnet sie doch das Verhältnis der beiden kongenialen Dirigenten zueinander mit aller (tragischen) Deutlichkeit: Ende 1948 sollte Furtwängler mehrere Konzerte des Chicago Symphony Orchestra dirigieren. Heftigste Proteste der bedeutendsten in Amerika wirkenden Dirigenten und Instrumental-Solisten. Wenn der ›Nazi‹ Furtwängler auftauche, werde man fürderhin Chicago von allen Seiten boykottieren. Furtwängler verzichtete. Grete Busch: »Mein Mann stand in keinerlei Beziehung zu Furtwängler. Im Privatleben hat er der Äußerung seiner Meinung über ihn wie über andere, deren Verhältnis zum Nationalsozialismus irgendeine Rolle spielte, keinen Zwang auferlegt. Sie dem Presseklatsch zur Nahrung zu geben, Anteil an dem ausnehmend widerlichen und törichten Schauspiel zu nehmen, das der Welt in dieser Nachkriegszeit geboten wurde, ging ihm gegen den Strich. Trotzdem kam die Behauptung auf, er habe im Falle Furtwängler eine Mitteilung an die Öffentlichkeit gegeben. Er telegrafierte dem Chicago Symphony Orchestra: ›Habe soeben von Behauptung erfahren, die ich im Fall Furtwängler gemacht haben soll. Hiermit erkläre ich erstens, daß ich Furtwängler seit mindestens 1932 niemals getroffen habe, noch anderweitig mit ihm in Verbindung gewesen bin. Zweitens, daß er jedoch im Juli 1933 mit mir in Verbindung trat, als ich in Buenos Aires dirigierte, und vorschlug, daß ich die Berliner Philharmonischen Konzerte im folgenden Winter mit ihm teile, was ich nicht annahm. Drittens, daß ich, seitdem der Fall Furtwängler gegen Ende des letzten Krieges aufkam, strikt abgelehnt habe, der Presse oder öffentlichen Organisationen Auskunft zu geben, wenn ich darum gebeten wurde. Alle anderen Informationen sind falsch.‹ Eine neugierige Journalistin, die zu Sommerfestspielen unter Furtwängler nach Europa geschickt worden war, wußte in der ›Chicago Tribune‹ zu berichten: ›Als ich mit Furtwängler sprach, wollte er wissen, ob es wahr sei, daß Fritz Busch über ihn gesagt habe, er ermangele der moralischen Voraussetzung, Beethoven zu dirigieren. Man hatte ihm einen Zeitungsausschnitt mit diesem Zitat geschickt. Ich sagte ihm, daß ich es gelesen habe, aber daß die ‚Tribune' es nicht gedruckt hat und daß ich keine Ahnung habe, ob es wahr sei. Da ihm sichtlich viel daran lag, dies zu wissen, habe ich es bei meiner Rückkehr nachgeprüft.‹ Über jene öffentliche Äußerung Buschs konnte sie nichts in Erfahrung bringen, da sie nicht existierte. Sie mußte sich damit begnügen, das Telegramm Buschs zur Kenntnis Furtwänglers und der Öffentlichkeit gelangen zu lassen. Sie setzte dem Text hinzu: ›Offengestanden weiß ich noch immer nicht, welche Haltung Mr. Busch damit einnimmt, außer der des Mannes, der nicht sprechen will.‹ Damit traf sie den Nagel auf den Kopf. Busch sah keine Veranlassung, seine Beurteilung eines Kollegen mit der Presse zu diskutieren. Was mein Mann im Innersten dachte, hatte er ein halbes Jahr vorher an Erich Engel geschrieben, der zu Buschs tiefster Erregung mit ›entnazifizierten‹ Künstlern, darunter Furtwängler, am Colón in Buenos Aires zusammenarbeitete: ›... Wie Martial Singher (Schwiegersohn Buschs, Anm. d. Verf.) eine Allergie gegen Senf hat, so habe ich die gleichstarke Allergie gegen die Nazis. Sie besteht schon seit 1924 und wird mit zunehmendem Alter immer stärker. Ich kann über das Geschehen einfach nicht hinwegkommen. Man sage mir nicht, daß alle diese XX und wie sie heißen, ‚nichts gewußt' hätten! Richard Strauss habe ich nicht übelgenommen, wie er sich in der ‚Arabella'-Frage zu mir verhielt. Das ist unbedeutend. Aber daß er, wie alle diese ‚großen' Künstler, sich nicht angeekelt ins Ausland begab, wo er zweifellos nicht verhungert wäre – sehen Sie, lieber Freund, das kann ich, je älter ich werde, um so weniger vergessen! Hätten diese Opportunisten Deutschland zu Hunderten verlassen, einschließlich anderer Vertreter der sogenannten geistigen Elite – ich bin überzeugt, das Tausendjährige Reich hätte nicht zwölf, sondern höchstens zwei Jahre gedauert – und der Menschheit wäre der größte Jammer seit Dschingis-Khan erspart geblieben.‹ Ich habe nicht das geringste Recht, einem so erprobten, ungewöhnlich noblen Menschen und Freund Vorwürfe zu machen; nur gewundert habe ich mich. Was glauben Sie wohl, wie die X und Konsorten sich heute zu Ihnen in Buenos Aires benehmen würden, wenn Hitler gesiegt hätte!«[24]

Daß Fritz Busch sich so abfällig über die ›inneren‹ deutschen Emigranten zu äußern pflegte, regte nicht nur Furtwängler über die Maßen auf, sondern auch dessen ehemalige Sekretärin Berta Geißmar, bei Beecham in Amt und Würden. Die Jüdin mit heftigem Assimilations-Syndrom hatte sich nach dem Zweiten Weltkrieg zu der seltsamen Ansicht durchgerungen, daß nur Juden das legitime Recht zur Emigration gehabt, ›Politiker‹ hingegen nicht. Diese hätten sich vielmehr dazu durchringen müssen, als Heckenschützen oder Partisanen den ›Feind‹ aus nächster Nähe fertigzumachen. Nun, Fritz Busch war weder Politiker noch eine Partisanen-Natur. In Bertas Augen aber war er zuförderst wegen Glyndebourne ein Konkurrent Thomas Beechams, und da sie über allerhand Verbindungen zu Schweizer Blättern verfügte, griff sie Busch an, der es darauf abgesehen habe, Sir Thomas aus dem ›britischen Bayreuth‹ zu vertreiben und Furtwängler von Amerika fernzuhalten.[25] Dazu wählte sie sich die verschiedensten Pseudonyme, aber die Insider wußten natürlich sofort, wer über soviel Sachkenntnis, sowohl die zurückliegenden deutschen Verhältnisse als auch die englischen betreffend, verfügte. Berta war, wenn es darauf ankam, ein äußerst geschicktes Luder, und sie hatte schon damals, als Furtwängler mit den Leipzigern um die Gewandhaus-Pfründe schacherte, kräftig mitgespielt. Sie war im Verbande mit ›Königin Louise‹ Wolff gegen eine Aufteilung des Genies, das sie lieber allein für die Berliner Philharmoniker ausgespart sehen wollte. Zudem hatte sie ihre Zelte an der Spree aufgeschlagen; bis nach Leipzig reichten ihre Fühler, die sich oft in gefährliche Krebsscheren verwandeln konnten, nicht. So hat sie denn auch über Furtwänglers Gewandhaus-Periode in ihren Erinnerungen nur knapp und mit Geringschätzigkeit und Häme referiert. Wie über Furtwänglers Hochzeit. Daß jener die Dänin Zitla Lund, zuvor schon zweimal verehelicht, heimführte, paßte Berta wenig ins Geschäft, und so hat sie nach Kräften der hübschen, für deutschen Adel und Edelwuchs schwärmenden Jütländerin gegen das Schienbein getreten. Es ging schon los, bevor die künftige Frau Furtwängler sich dem Gatten ›ensemblierte‹. Die Geißmar in ihren Memoiren: »Auf seiner ersten Auslandsreise begleitete ich Furtwängler, ebenso wie auf einer kurz darauf folgenden Schweizer Reise mit dem Gewandhausorchester, wofür ich die Vorbereitungen traf. Ende Mai 1923 wollte er heiraten, und ich half, sein Heim in Ordnung zu bringen. Seine zukünftige Frau war Skandinavierin und wurde erst am Tage vor der Hochzeit (22. Mai) erwartet, und so nahm er mich mit, um die Eheringe zu kaufen. Der Verkäufer, der natürlich annahm, daß ich die Auserwählte sei, wollte mir den Ring anprobieren, zu Furtwänglers Entsetzen.«[26] Wahrlich! Daß ihm jemand ein Verhältnis – und dann noch ein zu sanktionierendes – mit dieser Frau zutraute! Was ging in Berta vor? Sigmund Freud hätte die Antwort gewußt. Sie stürzte sich in Arbeit, wuselte von einer Instanz zur anderen und weinte sich in Mannheim an Mutters Busen aus. Der Wilhelm, so ein Scheusal! Doch die Mutter sagte, Maidele, du bist nicht für jenen Goi gemacht, aber wenn de ihn beherrschen willst, mach dich ihm unentbehrlich. Berta: »Kurz nach der Hochzeit mußte er an der Tagung des Allgemeinen Deutschen Musikvereins in Kassel teilnehmen. Einige Tage später, etwa um drei Uhr nachts, rasselte mein Telefon. Es war Furtwängler, der von Kassel nach Mannheim gefahren war und mir vom Bahnhof aus mitteilen wollte, daß er auf dem Wege zu uns sei. Am nächsten Tag sollte er nach Italien weiterfahren, wo er zum erstenmal als Dirigent erwartet wurde. Ich hatte ihn bisher stets auf wichtigen Reisen begleitet, aber diesmal gar nicht daran gedacht, denn diese Fahrt war schließlich eine Art Hochzeitsreise. Er hatte aber vorausgesetzt, daß auch bei dieser Gelegenheit alles beim alten bleiben würde, und so mußte ich schleunigst packen. Wir fuhren nach Stuttgart, wo Frau Furtwängler uns erwartete.«[27] Die hatte derweilen in Adel gemacht; denn ihre Busenfreundinnen waren die Prinzessinnen Wrede, mit denen sie im Internat gewesen, und die italienische Königstochter Mafalda von Savoyen, die unter Hitler im Konzentrationslager Buchenwald umkommen sollte. Übrigens: diese Ehe ging nur zehn Jahre gut. Schon nach der Bayreuther Saison von 1931 trennte man sich. Es hieß, der Tenor Sigismund Pilinsky habe dabei eine Rolle gespielt. Andererseits ein reichlich kniefreies Chormädel. Gerüchte. Genaues weiß man nicht. Frau Zitla ging ihrer Wege, Doktor Wilhelm die seinigen. Erst im Frühjahr 1943 wurde die Scheidung ausgesprochen. Die erste Frau Furtwängler starb 1975 in Kopenhagen, neunundachtzigjährig.

Wie gesagt: Mit dem Leipziger Engagement Furtwänglers hatte Fräulein Geißmar wenig im Sinn. So erschien sie denn auch schon in der ersten Saison bei Max Brockhaus, um jenem zu erklären, der Meister gehöre ein für allemal nach Berlin, das Direktorium solle ihn entlassen. Brockhaus: »Später teilte Frau Furtwängler ihre Ansicht. Mehrmals kam es zu erfolglosen Kündigungen, bis einer solchen zum 1. Oktober 1928 stattgegeben werden mußte. So schwer es uns wurde, konnten wir uns Furtwänglers Gründen nicht verschließen. Trotz dem hohen Range und Rufe der Gewandhaus-Konzerte hatte Furtwängler in Leipzig nicht die weltweite Entfaltungsmöglichkeit wie in Berlin mit seinem internationalen Publikum. Vor allem aber war ihm auf die Dauer nicht zuzumuten, daß er sich mit den Proben begnügte, die ihm mit Rücksicht auf den Operndienst vom Rat der Stadt zugestanden werden konnten. Wir durften uns glücklich schätzen, ihn sechs Jahre lang als würdigsten Nachfolger von Arthur Nikisch besessen zu haben, mußten aber bedenken, daß die ganze musikalische Welt noch viel von ihm zu erwarten hätte.«[28] Ob das wirklich alle bedachten, muß dahingestellt bleiben. Vor allem die Kritik war anderer Meinung und kreidete es Furtwängler dick an, daß er mit den Leipzigern ein so »abwertendes Katz-und-Maus-Spiel« betrieben habe. In der ›Neuen Leipziger‹ erschienen bereits seit 1926 regelmäßig Angriffe an seine Adresse. Er vernachlässige das Orchester, sei nicht »voll auf der Höhe« und brüskiere die Orchestermusiker, wo er nur könne. Selbst Brockhaus, ein Furtwängler-Anbeter, mußte zugeben, daß der ›Göttliche‹ bisweilen seine Kompetenzen überschritt: »In der Hauptprobe zu Beethovens Neunter wartet das hochgespannte Publikum vergeblich auf den Dirigenten. Ich werde zu Furtwängler in das Bureau gerufen, der mir in großer Aufregung eröffnet, er sei, im Begriff den Saal zu betreten, vom Orchestervorstand brüskiert worden und nicht imstande, zu dirigieren. Er sollte eine in der letzten Probe gemachte herabsetzende Äußerung einem Orchesterkollegen gegenüber sofort zurücknehmen, anderenfalls würde das Orchester nicht spielen. Furtwängler hatte sich energisch geweigert und das Kapellmeister-Zimmer verlassen; erst nach längerer Zeit konnte ich, unterstützt von dem hinzugebetenen Oberbürgermeister, ihn beruhigen. Nach einer halben Stunde betrat er in dieser Verfassung den Saal und zelebrierte für ein ahnungsloses Publikum das ›Lied an die Freude‹!«[29]

Am 22. April 1926 sang Rudolf Bockelmann zum erstenmal im Gewandhaus Beethovens Neunte unter Furtwängler, worüber er elf Jahre später in seinen Tagebuchaufzeichnungen berichtete: »Inzwischen habe ich wohl vier Dutzend Mal unter Wilhelm Furtwängler gesungen, Oper und Konzert. Vorwiegend ›Meistersinger‹, ›Ring‹, und Beethovens ›Neunte‹. Als ich mit seiner ›Wahrtraum-Deuterei‹ der symphonischen Apotheose Beethovens 1926 in Leipzig zum erstenmal konfrontiert wurde – ich müßte besser sagen: als mir durch F. überhaupt erst aufging, was Intuition im Zusammenhang mit einer Interpretation bedeutet –, war ich überrascht, daß dieser Mann, der uns einen sowohl überzeitlichen als auch übersinnlichen Beethoven lehrte, im Grunde ein Kriminalist ist. Und zwar einer, der sein Handwerk von der psychologischen Seite her anpackt. Von der Architektur ausgehend, die jede noch so unbedeutsam erscheinende Phrase stützt, rekonstruiert er in großen Bögen das Ganze. Doch gleichzeitig sammelt er Indizien für den transzendenten Überbau, wenn man so will: für den Mörtel, für die geistige Bindung, in der die Phrasen gebettet sind. Er kämpft um den Ausdruckswillen, wobei die Betonung auf ›Willen‹ liegen muß, um nicht seinen Willen zu exemplifizieren, sondern den des Komponisten. Darin unterscheidet er sich ganz erheblich von den übrigen Ausdrucksmusikern, mit denen wir gesegnet sind. Während jene sich um den persönlichen Ausdruck bemühen, sozusagen an jeden Eckpunkt des Gebälks ihre Visitenkarte hängen und ihre Initialen einbrennen, strebt Furtwänglers Wille von dieser Exponierung des Eigenmächtigen weg und sucht die Individualität des Schöpfers rationell und gefühlsmäßig zu ergründen. Ratio und Gefühl sind aber niemals auseinanderdividiert, sondern hängen synthetisch zusammen, werden auf eine Formel gebracht, wie man denn im Hinblick auf klassische Definitionen davon sprechen könnte, daß in Furtwängler zum ersten Mal das Apollinische und das Dionysische auf intellektueller Basis unverbrüchlich zusammengetroffen sind. Dadurch wird Beethoven für uns auf einer völlig anderen als der gewohnten Basis entdeckt und hier gewinnt auch die Parole ihre Begründung, von mehreren Musikfachleuten und Philosophen gleichzeitig auf die Tagesordnung gesetzt, Furtwängler sei doch eigentlich ein ›Revolutionär des Klassischen‹. Hier werden Widersprüche, wie man sie ad hoc bei einer solchen Parole zu erkennen glaubt, ins Gegenteil verkehrt, nämlich in einen Sinnspruch. Furtwängler präsentiert uns die ›Neunte‹ niemals wie einen einzigen Koloß, wie ein zementiertes Testament, wie eine eherne Pyramide, an deren Spitze Schillers Chor aufgesteckt ist. Wenn Pyramide, dann wird sie auf natürliche Weise durchsichtig. Dazu bedarf es keiner Zauberformel, keines Sesam-öffne-dich. Furtwängler denkt. Aber während er denkt, sucht und dechiffriert er, macht er den Unter- und den Oberbau klingend. Er ist ein Baumeister des Klanges, der nichts dem Zufall überläßt, es sei denn, man verstehe unter Zufall die nützliche Eingebung des Augenblicks, die nicht willkürlich auftaucht, sondern aus erreichter Seelenangleichung transparent wird. Dergleichen ist dem Hörer schwer vorstellbar zu machen, doch der Interpret, der genau verfolgt, was sich aus Furtwängler in diesem und jenem Augenblick herausdrängt, um der höheren Wahrheit willen, um die seelische Dimension eines Werkes wie der ›Neunten‹ restlos auszudeuten, kann, wenn er sich nicht ablenken läßt, diese grandiose Idee mitvollziehen. Dabei habe ich beobachtet, daß sich Furtwängler mit dem einmal Erreichten nie zufrieden gibt. Es gibt kein Furtwänglerisches Gesetz, von Logik und Arithmetik erzwungen. Dagegen steht aber eine Gesetzmäßigkeit, die nämlich besagt, daß nichts in der Interpretation endgültig sein kann. Ständige Lernprozesse sind erforderlich; es kommt kein plötzlicher ›heiliger Geist‹ aus irgendwelchen Unwirklichkeiten, um die notwendigen Zeichen zu geben und Erfüllung zu verheißen. Ich kann mir nicht vorstellen, daß es einen anderen Dirigenten gibt, der so sehr darauf aus ist, ein Werk von innen her, also vom Kern aus, zu begreifen. Aber der Kern allein wäre nicht transportierbar ohne das architektonische Gerüst um ihn herum, mit dem er auf vielfältige Art und Weise verwachsen ist. Furtwängler geht es um das ›Alles‹, keine Nietung, keine Lötung bleibt unentdeckt und ununtersucht. Er findet auch in seinem Kontext für alles eine Begründung. Dem einen erscheint sie logisch, dem anderen unabdingbar für die Regulierung des Gefühls. Allein an der Aufspaltung und der dieser folgenden Relativierung und Zusammensetzung der ›Neunten‹ ist der gesamte Furtwänglersche Ideenplan des Interpretatorischen als eines Aktes der konsequenten Nachschöpfung zu erkennen. Alles hängt davon ab, wie es Furtwängler sieht, wie er sozusagen zwischen und hinter den Notenlinien der Partitur lesen kann; man könnte auch sagen: wie aus Form und dem, was die Form trägt und bindet, Beethoven zu ihm spricht. Weil das so ist, wird allerdings niemand sich später rühmen können, Furtwängler eingeholt zu haben, sein Schüler zu sein oder mit ihm gleichgezogen zu haben. Nachschöpfung dieser Art muß mit dem Begriff der Einmaligkeit belegt werden. Gewiß, jeder andere Dirigent ist auf seine Art auch einmalig; jeder Mensch ist einmalig; keiner ist dem anderen gleich. Aber Furtwängler ist nicht nachvollziehbar; man kann ihn nicht einmal imitieren, geschweige denn ... im Allerletzten verstehen. Die Unio mystica, die sich zwischen ihm und seinem Beethoven vollzieht, nehmen wir Interpreten, als hätten wir teil an einer Art von musikalischer Eucharistie. Wir nehmen zwar teil, empfangen und geben weiter, begreifen aber das Sanctissimum doch nur als Geheimnis, das zwischen den Göttern besteht. Der göttliche Funke entzündet sich in dem, der davon getroffen wird – und nur der verspürt das Brennen und den Wohlschmerz, das fromme Erdulden des Augenblicks ...«[30]

Kaum ein Künstler jener Jahre dürfte so intensiv gespürt haben, um was es Wilhelm Furtwängler ging, wenn er ans Pult schritt, auf dem die Partitur der ›Neunten‹ lag. Fast vierzig Jahre später beschreibt ein Musikologe, der – anders als der Sänger von 1937 – die Erfahrungen der modernen Musikpsychologie und Musiksoziologie nutzen konnte, nämlich Sigurd Schimpf, Furtwänglers nachschöpferisches Bemühen fast aus der gleichen Perspektive, in dem er sich auf zwei Zitate des Dirigenten aus der Zeit des Zweiten Weltkrieges beruft: »Beethovens Persönlichkeit stellt eine merkwürdige Mischung von ursprünglich-chaotischem Temperament und wiederum Sehnsucht nach Klarheit und Harmonie dar.« Und: »Was bei Beethoven vor allem ins Auge fällt und mehr zur Auswirkung kommt als bei anderen, ist das, was ich das ›Gesetz‹ nennen möchte. Er erstrebt wie keiner sonst das Natürlich-Gesetzmäßige, das Endgültige, daher die außerordentliche Klarheit, die seine Musik kennzeichnet. Die Art von Einfachheit, die in ihr waltet, ist nicht die Einfachheit der Naivität, ist nicht Primitivität... Und dennoch ist niemals eine Musik geschrieben worden, die so direkt, so offen, gleichsam so nackt dem Hörer entgegentritt... jedes seiner Werke stellt den konzentrierten Extrakt einer ganzen Welt dar, ist aus einem grenzenlos chaotischen Leben und Erleben erst zu Ordnung, Form und Klarheit durch den eisernen Willen des Künstlers hinaufgeführt worden.«[31] Daraus folgert Schimpf: »Es sind exakt jene beiden strukturbildenden Parameter, auf die Furtwängler höchstes Gewicht legt, nämlich Architektur und Phrase, die mehr als alle anderen geeignet sind, die in Beethovens Sinfonien vereinigten Gegensätze zu gestalten. Die Bedeutung der architektonischen Gestaltung liegt gerade bei Beethoven auf der Hand; sie ist die Voraussetzung für das Erkennen und Verstehen der musikalischen Zusammenhänge und Verläufe, kurz des musikalischen Sinnes. Die Phrase erfüllt für Furtwängler bei der Interpretation Beethovenscher Sinfonien eine doppelte Funktion. Sie trägt einerseits zur architektonischen Gestaltung bei, insofern nämlich als sie den Kontext gliedert, die Zäsuren markiert, die formalen und inhaltlichen Abschnitte zugleich unterscheidet und verbindet. Und andererseits ist sie jenes entscheidende Mittel der Artikulation, das über das musikalische Referat oder die musikalische Analyse hinausführt, die musikalische Idee zum klingenden Ereignis macht und den Interpreten über den bloßen Exekutor hinaus zum Nachschöpfer.«[32]

Dr. Max Steinitzer, der Kritiker der ›Neuen Leipziger‹, war sicherlich nicht in der Lage, Wilhelm Furtwänglers Gestaltung einer Beethoven-Symphonie so auszuloten. Nach dem Konzert mit Bockelmanns Einstand im Gewandhaus schrieb er: »...muß sich jeder selber aus dieser merkwürdigen Peristaltik seinen Vers machen. Gewiß, man hört Beethovens hymnische Krönung, aber so entsetzlich breiig, zerdehnt und alles unmotiviert. Keine Klarheit, dafür Mulm und Wulst... Wann lernt der das endlich einmal?«[33] Und gut ein Jahr später, als Furtwängler nach einem dreitägigen Beethoven-Fest in Heidelberg von der dortigen Alma mater den ›Dr. h. c.‹ verliehen bekommen hatte (eine Auszeichnung, die er besonders hoch einschätzte), kommentierte Steinitzer: »Doktor häufiger Cumulationen!«[34] Steinitzer, der große und leidenschaftliche Mendelssohn-Verehrer, starb wenige Monate, bevor unter Furtwänglers zweitem Nachfolger, Hermann Abendroth, in einer Nacht-und-Nebel-Aktion das Mendelssohn-Denkmal vor dem Gewandhaus zerschlagen und abtransportiert wurde. Auf Anordnung des zweiten Bürgermeisters, Haake mit Namen. Thomas Beecham wollte anderntags gerade einen Lorbeerkranz vor dem Monument niederlegen, aber weder er noch seine Begleiter konnten die Statue entdecken: »Sie suchten vorn, sie suchten hinten, sie suchten an beiden Seiten des mitten auf einem freien Platz stehenden Gebäudes: das Denkmal war verschwunden.«[35] Es hatte, wie die Kreisleitung der NS-Stadtverwaltung erklärte »öffentliches Ärgernis erregt«, weil es einen »Vollblutjuden« darstellte. Die deutsche Presse nahm von diesem Akt der Barbarei kaum Notiz. Erster Bürgermeister Dr. Goerdeler (nach dem 20. Juli 1944 hingerichtet) schämte sich dermaßen, wie der Korrespondent von ›Allgemeenen Handelsblad‹, Amsterdam, vom 19.11.1936, wörtlich zitiert, daß er die Lokalpresse und die am Ort tätigen Korrespondenten auswärtiger Zeitungen händeringend bat, den nichtsbedeutenden, kleinen Vorfall zu übersehen.[36] Gerhard Ritter behauptet dagegen in seiner Goerdeler-Biographie, dieser habe aufgrund des Vorfalls sein Amt als Oberbürgermeister zur Verfügung gestellt. Der amtierende Gewandhauskapellmeister, Hermann Abendroth, schwieg und das Direktorium kuschte. Die meisten etablierten Leipziger standen sowieso zu der Bewegung und hatten ja schon immer gesagt, daß Mendelssohn zu den Undeutschen, den Pilotfischen der Romantik, zu den Feilschjuden und Abartigen gehöre. Thomas-Kantor Straube radierte schleunigst Teile seiner Vergangenheit aus, vergaß, daß er Jahr für Jahr den ›Paulus‹ oder den ›Elias‹ und all die frommen Singe-Psalmen des leipziggetreuen Felix aufgeführt hatte, betonte in den Zeitungen, daß Richard Wagner mit der Abkanzelung des zweitrangigen ›Mendelmeier‹ recht gehabt und daß er eingesehen habe, welch ein Eklektiker, um nicht zu sagen Dilettant, jener doch gewesen sei. Nur Bruno Walter und Wilhelm Furtwängler, vor dem linientreuen Abendroth die Chefs des Gewandhauses, sandten geharnischte Protestnoten an Bürgermeister Goerdeler und den braunen Oberbonzen Manfred von Killinger, die diese unterschlugen, gar nicht zur Kenntnis nahmen oder gaben. Im Gegenteil: Der Reichskommissar für Sachsen informierte die Zentrale in Berlin, man müsse mehr auf den Furtwängler achten, der betreibe Defätismus, habe überhaupt kein Gespür für ›Augenblicksentscheidungen‹ und schwimme gegen den Strom. Über den Juden Walter alias Schlesinger brauche man weiter kein Wort zu verlieren, aber Furtwängler, wie gesagt, dem traue er nicht über den Weg.

In der deutschen Presse fand die ›Mendelssohn-Affaire‹ nicht statt; aber der Amsterdamer ›Courant‹ berichtete ausführlich darüber, so daß die Emigranten informiert waren, und auch Thomas Beecham gab den britischen Journalisten zu Attest, daß in Deutschland ›ein Ungeist‹ herumspuke, der sich sogar an Mendelssohn vergreife, an dem deutschen Komponisten, den man in Großbritannien nächst Händel am meisten schätze. Und so setzte er bei der Neujahrs-Gala in der Albert Hall demonstrativ drei Werke des Verfemten aufs Programm, was die deutsche Botschaft als Affront empfand, so daß sie dem Konzert fernblieb und erst hinterher zur Cour vor der Königsfamilie erschien. Rudolf Bockelmann berichtet, Botschafter Ribbentrop habe ihn und Furtwängler noch am 13. Mai 1937 während eines Empfanges im Carlton House in Gegenwart der Sopranistin Frida Leider und des Pianisten Michael Raucheisen gefragt, warum ›bestimmte Kreise‹ noch immer wegen Mendelssohn soviel Aufhebens machten. Bokkelmann: »In einem sehr lebhaften Gespräch mit dem musikinteressierten Außenminister Eden beging Frau Leider die Instinktlosigkeit, den Diplomaten nach seinem Interesse für ›the Lied‹ auszuhorchen, worauf dieser antwortete, er sei vor allem ein Verehrer Mendelssohns und bedaure es sehr, an diesem Abend nichts von dem bedeutenden Komponisten gehört zu haben. Wie sich zeigte, war der Botschafter über dieses Gespräch in höchstem Maße indigniert und stellte beim Buffet Frau Leider zur Rede. Da ergriff Furtwängler für sie Partei und behauptete, man könne eine so starke Person der Geschichte, wie sie Mendelssohn nun einmal darstelle, nicht im Nu auslöschen. Die Stürzung des Leipziger Denkmals habe nichts bezweckt. Im Gegenteil bestimmte Kreise erst richtig aufmerksam gemacht. Ribbentrop fragte mich, was ich von M. hielte, worauf ich ihm sinngemäß erklärte, vieles von M. zu kennen, da ich oft unter Straube und Papst Oratorien dieser Art gesungen hätte, aber natürlich schätzte ich Bach und Händel weitaus höher ein. Ribbentrop beendete das für alle unerquickliche Gespräch mit den Worten, daß er von deutschen Künstlern mehr Zurückhaltung erwarte und daß es ihm unverständlich sei, wie sehr doch manche noch immer mit der unseligen Vergangenheit belastet wären. Zu meinem Bedauern fiel die Verabschiedung des Botschafters frostig aus, und ich mußte mich mit Recht erbost zeigen, als einer der umstehenden Herren es offenbar als lustig empfand, den Anfang des Hochzeitsmarsches aus dem ›Sommernachtstraum‹ zu pfeifen ...[37]«

Das Gewandhaus sank in Trümmer, Ribbentrop wurde 1946 in Nürnberg gehängt, die Scherben des Mendelssohn-Denkmals verdreckten in einem Gerümpelkeller. Leipzig, ein Zentrum in der Deutschen Demokratischen Republik. 1947: hundertster Todestag Mendelssohns. Wilhelm Furtwängler dirigiert das Gedenkkonzert und hält die Festansprache: »Die Zeit ist nicht fern, wo ein engstirniger Rassenmaterialismus Mendelssohn die Zugehörigkeit zur deutschen Musik absprach. Gerade diese Zugehörigkeit ist es, die, wenn man objektiv ist, außer jedem Zweifel steht. Mendelssohn ist zwar nicht, wie der ebenso sehr zum deutschen Kulturkreis gehörende Gustav Mahler, eine im engeren Sinne ›deutsche‹ Angelegenheit geblieben. Seine Wirkung war zu seinen Lebzeiten in hohem Maße gesamteuropäisch. Dennoch sind die Einflüsse, die er erfahren und dann wiederum ausgeübt hat, sind die Vorbilder, denen er nachgestrebt hat, alle deutsch im eigentlichen Sinne. Er gehört ganz und gar in die deutsche Musikgeschichte.«[38]

Philharmonie

Adelheid Furtwängler trug im Herbst 1922 in ihr Tagebuch ein: »Willi hat Nikischs Stelle und nun ist er wohl oben auf der höchsten erreichbaren Stufe.«[1] Das war er. Doch der Sprung auf das philharmonische Piedestal geschah nicht ohne Behinderungen, denn die Berliner Presse fühlte sich rigoros übergangen. Sie hatte keine Chance gehabt, um die Neubesetzung ein zünftiges Gerangel zu entfachen; war vor vollendete Tatsachen gestellt worden. Das nahm man weniger den im Hintergrund waltenden Managern und Agenten – wie zum Beispiel ›Königin Louise‹ – krumm, als dem ›Gegenstand‹ der Ereiferungen, nämlich Furtwängler. Von einer gefährlichen Monopolisierung des Musiklebens in der Spree-Metropole war die Rede, von »autokratischen Eigenmächtigkeiten bestimmter Cliquen« (die ›Völkischen‹ fügten hinzu: jüdischen Cliquen), von »wahnwitziger« Überschätzung des Künstlers Furtwängler, der gewiß seine Meriten habe, aber doch nicht der einzige sei, den philharmonischen Thron zu besteigen. Besonders der Chefkritiker der ›Vossischen Zeitung‹, Gerhart Hauptmanns Schwager Max Marschalk, attackierte den (nach seiner Meinung) gründlich Überschätzten: »Wilhelm Furtwängler ist der Held des Tages. Er hat seine Verdienste – wer wollte es in Abrede stellen – und er hat nebenbei noch in Erscheinung und Auftreten das, was gefällt. So erinnert er an Felix Weingartner in seiner Blütezeit, der auch der erkorene Liebling der Berliner war. Nur mußte sich Weingartner als Konzertdirigent auf die Symphonieabende der Königlichen Kapelle beschränken, während Furtwängler Freiheit genießt; außer den Symphonieabenden der

Staatsopernkapelle dirigiert er noch seine eigenen Konzerte mit dem Philharmonischen Orchester. Wir hatten früher strengere Sitten und Anschauungen, und wir brauchen uns nur an den Verruf zu erinnern, in den Weingartner geriet infolge seines Konfliktes mit dem Intendanten: die Verehrer seiner Kunst und seines bezwingenden Lächelns mußten sich bequemen, nach Fürstenwalde zu fahren. Nun ist Furtwängler auch designiert, das nächste große Philharmonische Konzert zu dirigieren, und wir erleben es, daß er innerhalb von acht Tagen sechsmal die hohe Wonne fühlen kann, Liebling des Volkes zu sein. Wollen wir dem glückhaftesten aller Dirigenten einen Vorwurf daraus machen, daß er sich von der Woge seines Erfolges willen emporheben läßt und gern alles entgegennimmt, was ihm dargereicht wird? Wir haben uns längst daran gewöhnt, daß der Berliner Musikbetrieb durchaus von Zufälligkeiten abhängig ist, daß Sinn und großzügige Disposition immer wieder vermißt werden; und so wollen wir diesen Zustand, diesen Übergangszustand, der zum Teil durch das erwartete, beklagenswerte Ableben Arthur Nikischs herbeigeführt worden ist, ertragen, ohne zu murren.«[2]

Marschalk und Genossen übergingen geflissentlich, daß es Nikischs Wunsch gewesen war, Furtwängler später einmal in seinen Fußstapfen zu sehen. Zwar hatte Maestro Arthur dieses Vermächtnis in keiner Weise schriftlich fixiert, aber die Familie Nikisch selber erklärte vor der Öffentlichkeit, daß es der sehnlichste Wunsch des nunmehr Verblichenen gewesen sei, seine Arbeit durch Furtwängler fortgesetzt zu wissen. Am 6. Februar 1922 gedachte das Publikum in der Philharmonie Nikischs. Trauerbespannungen, Palmkübel, Kandelaber. Weihestimmung zu Inflationspreisen. Das Programm: ›Nänie‹ von Johannes Brahms mit dem Bruno Kittelschen Chor unter Leitung seines Dirigenten. Darauf die ›Vier ernsten Gesänge‹ von Brahms, wie in Leipzig von Sigrid Onegin gesungen, Furtwängler am Flügel. Und dann die Eroica. Trauermarsch stehend ergriffen. Kein Beifall. Wie achtundzwanzig Jahre zuvor bei den Funeralien für Hans von Bülow, dem ersten ständigen Dirigenten der Philharmoniker, die aus der ›Bilseschen Kapelle‹, gegründet 1868, hervorgegangen waren. Benjamin Bilse, zuvor Stadtmusikus in Liegnitz, hatte eine Gruppe von ausgezeichneten Streichern, Holz- und Blechbläsern zusammengebracht, mit denen er ›intern und offen‹ konzertierte, das heißt: im Hofdienst und gegen Eintrittsgeld auf Sälen und Tanzböden. Das einzige größere Orchester in der Reichshauptstadt – mit einem ziemlich despotischen ›Führer‹ an der Spitze, der seine Untertanen kümmerlich löhnte und häufig genug schikanierte. Bilses Vorstellungen von Klassik und Romantik waren zudem höchst einseitig, dilettantisch, naiv. Große Symphonien wurden kaum gespielt und wenn, dann ermangelte es des Überblicks und der Intuition des Kapellmeisters, so daß meist alles ›durcheinanderschoß‹. Anfang 1882 war es in der Bilseschen Gilde zum Aufstand gekommen, was damit endete, daß der ›Unternehmer‹ mitsamt der Orchesterkasse in die Schweiz reiste und die Kapelle für aufgelöst erklärte. So waren die vierundfünfzig Musiker sich über Nacht selbst überlassen. Brotlos, aber nicht mutlos. Der zweite Hornist und ein zweiter Geiger übernahmen die Leitung der Geschäfte. Eine ›Gesellschaft mit beschränkter Haftung‹ entstand; die Anteile blieben bei den einzelnen Musikern. Unverbrüchliches Zusammenhalten forderte der Paragraph Nummer 1 der Statuten, und Nummer 2 besagte, daß Dirigent und neue Mitglieder stets nur durch das Votum der Gesamtheit bestimmt werden könnten. Im Mai 1882 ging es unter der Firmierung ›Berliner Philharmonisches Orchester‹ los. Auch ein Haus stand bald zur Verfügung, in dem die seriösen und die unterhaltsamen Konzerte (bei Bier und Buletten) abgehalten werden konnten: der alte sogenannte Skating-Ring an der Bernburgerstraße, die Rollschuhbahn. Am Hauptportal der nunmehrigen ›Philharmonie‹ klebten fortan die Plakate mit den illustren Programmen des Orchesters – bis dieser Musentempel 1944 während eines Großangriffs anglo-amerikanischer Bomber in Schutt und Asche sank und der Hausmeister, seine Familie zu informieren, über die Ankündigung von Bruckners Achter mit Rotstift geschrieben hatte: »Alles im Arsch. Wohne bei Elli. Heil Hitler!«

Nachdem verschiedene Kapellmeister, darunter Joseph Joachim, den Philharmonikern über die ersten Runden geholfen hatten, wurde Bülow 1887 deren Chef. Das heißt: Er dirigierte pro Saison an zehn Abenden, hinzu kamen die öffentlichen Generalproben. Außerdem übernahm er eine Konzertreihe mit dem Orchester in Hamburg. Als einen ›nationalen Auftrag‹ empfand er seine Arbeit. Bisweilen schwang er vor den Aufführungen oder in den Pausen weitschweifige patriotische Reden, die manchem streng-konservativen Politiker zur Ehre gereicht haben würden. Als er sein fünfzigstes Berliner Konzert beendet, hielt er spontan die Partitur der Eroica in die Höhe, streckte seine Rechte zum Schwur aus und ›widmete‹ das Werk dem Fürsten Bismarck, der gerade von Wilhelm II. in den Sachsenwald geschickt worden war. Aber sonst brachte Bülow ›sein‹ Orchester in den ersten Rang, und als Nikisch den ›erlesenen Klangkörper‹ nach dem Ableben Bülows (1894) übernahm, konnte er mit Recht von »den weltbesten Kapellen eine« sprechen. Nun war die Ära Nikisch auch vorüber, und Furtwängler trat zur Bewährung an. Dabei muß man wissen, daß die Philharmoniker zwar eine eigenständige GmbH waren, aber ihre Geschäfte durch Generalvertrag von der Konzertagentur Wolff und Sachs abwickeln ließen, seit dem Tode Hermann Wolffs durch dessen Witwe Louise repräsentiert. Die außerordentlich geschäftstüchtige Dame, ein Berliner Original, kassierte fünfundsiebzig Prozent aller Einnahmen und bestimmte die Einsätze des Orchesters inner- und außerhalb der Philharmonie. Ein prominentes Leih-Orchester, mit dem sich vorzüglich wuchern ließ. Staatliche Subventionen gab es nicht. Am meisten brachten die populären Konzerte ein, deren Leitung in den Händen Richard Hagels lag. Daneben bestanden Abonnements-Reihen mit Bruno Walter und Georg Schneevoigt. Die fortschreitende Inflation und der hohe Einbehalt durch die Agentur Wolff machten die Situation der Philharmoniker immer prekärer, so daß Furtwängler, kaum bestallt, seine Musiker in einer »offenen Crisis« sah. Die Philharmoniker in Not. Aufrufe in den Zeitungen, in denen die Regierung ersucht wird, dem Orchester »ausreichende Subventionen aus Staatsmitteln« zuwenden zu wollen. Zunächst einmal bewilligt der Berliner Magistrat 700 000 Mark. Ein Tropfen auf dem heißen Stein. Aber immerhin... Bis zur staatlichen Unterstützung ist's noch weit. »Erst die Nationalsozialisten mußten kommen!« heißt es dazu Anfang der Dreißiger in den völkischen Gazetten. Um das Los der Musiker erträglicher zu gestalten und auch die Dirigenten besser abzusichern, muß ›Königin Louise‹ nach und nach ihre Anteile an den Einnahmen schrumpfen lassen. Sowohl die extrem Linken als auch die Rechtsradikalen beschimpfen sie als Ausbeuterin und Blutsaugerin, die den armen Philharmonikern das Mark aussauge. Karikaturisten zeichnen sie als ›jüdische Metze‹ mit Dutzenden von Fangarmen, die wie ein Oktopus mit Golem-Fratze die Instrumentalisten umschlingt. Doch ohne die Beziehungen der Wolff lägen die Philharmoniker zwei Drittel des Jahres brach. Man ist auf *jene* angewiesen und muß ihr das meiste Kapital aufopfern. Als ›Königin Louise‹ und ihre mit im Geschäft tätige Tochter nach der ›Machtübernahme‹ vertrieben werden, zeterte Hans Hinkel: »Diese Brut war am verderblichsten! Ein Bordell-Betrieb, der die renommiertesten deutschen Künstler auf die Straße schickte, anzuschaffen...«[3]

Furtwängler versuchte, mit der anstrengenden Louise auszukommen. Nicht immer konnte er ihrer Sonntagmittagtafel entfliehen, an der sich ›tout‹ Berlin traf. Nicht immer war er mit ihren Nücken und ihrer übertriebenen Geschäftstüchtigkeit (nicht selten zu Lasten der Programme) d'accord, aber er ließ sie gewähren, zumal der Teil der Presse, der noch gelegentlich gegen ihn Stimmung zu machen versuchte, rasch von ihr gegängelt und ›umtransformiert‹ werden konnte. Mit Scherl und den Ullsteins eng verwandt, genügte bisweilen ein Telefonanruf, um ›drohende Gewitter‹ abzuleiten. Von Anfang an gab Furtwängler zu verstehen, daß er im Hinblick auf die Programme über das von seinem Vorgänger Nikisch Erreichte weit hinausgehen wolle. Auch die ›Moderne‹ müsse zu ihrem Recht kommen, er billige ihr ›demokratische Grundrechte‹ zu. Das war allerdings reichlich vollmundig und propagandistisch dahergeredet, denn Furtwängler fand innerlich nur selten Zugang zu einem avantgardistischen Werk – und wenn er das eine oder andere tatsächlich in den künftigen Jahren realisierte, so mehr aus Pflichtbewußtsein und Wahrung des Scheins, denn aus wirklicher Überzeugung. Und oft genug erlitt er Schiffbruch mit den ›Modernskys‹. Geschickt manövrierte er sich durch die manchmal nicht einfach zu dechiffrierenden Partituren. Intellektuelle Neugier erfüllte ihn, aber geliebt hat er weder Strawinsky noch Schönberg. An beiden störte ihn »das Zugewanderte«, sie paßten einfach nicht in den »deutschen« Umkreis (nicht einmal in die westliche Zivilisation), sie hatten »den ersten wirklichen Bruch mit der Geschichte« vollzogen, und ihre Werke standen auf einer Linie zwischen »modernem Infantilismus« und »beladener Mühe«. Alles, was von der Klassik wegführte, was die Stilideale von Schumann, Brahms und Wagner negierte, auf Protest und Opposition aus war und den Trieb über den Geist rangieren ließ, betrachtete Furtwängler mit größtem Mißtrauen. Daß irgend etwas bestehende Ordnungen beschädigte, ob auf dem künstlerischen Sektor oder in der Politik, entsetzte ihn maßlos. Er lebte in einer tiefen, unerschütterbaren Konkordanz mit der Tradition. Daran war nicht zu rütteln. Selbst die Apokalypse von 1945 änderte nichts an seiner Einstellung zu den ›Werten von gestern‹. Welch ein libidinöses Verhältnis zu Beethoven, zu Brahms, zu Bruckner! Wie ein Geist der Homerischen Nekyia stillt er seinen geistigen Durst allein an der Neunten. Das ist Religion. Glaube von hyper-pietistischer Dichte. Kein befreiender Glaube, sondern einer von der Sorte, der dem Zwang des Ghettos erwächst.

Manche Kritiker – wie Paul Bekker – fühlten die Aversion Furtwänglers gegen die Avantgardisten, gegen den Absolutismus neuer Formen und Inhalte, ›auf Schritt und Tritt‹. Bekker: »Wer so eng den Nervus rerum bei Beethoven und Brahms … einzementiert, kann für das musikalische Geschehen der Gegenwart nur ein müdes Lächeln erübrigen … oder aber, er läuft gegen die Tendenzen amok.«[4] Nicht, daß die Berliner Philharmoniker ohne Beziehung zu den Tonsetzern der ›roaring twenties‹ blieben. Im Gegenteil. Louise Wolff setzte auf Franz Schreker, mit dem sie eng befreundet war, und förderte Schönberg, zudem war sie fasziniert von den ›Sowjets‹, vor allem von Prokofieff, den sie mehrfach nach Berlin lud, und sie initiierte als erste neo-israelische Musik, wie sie Bloch und Toch zu erfinden verstanden. Doch Programme mit solcher Musik mußten Ernest Ansermet, Gustav Brecher, Klaus Pringsheim oder Alexander von Zemlinsky übernehmen. Furtwängler fühlte sich dazu nicht berufen. Anzunehmen, daß es verschiedener Anstöße bedurfte, damit er schon in einem seiner ersten philharmonischen Konzerte, nämlich am 10. Dezember 1922 (Wiederholung tags darauf), Schönbergs ›Fünf Orchesterstücke‹ zur Diskussion stellte. Musik, die nicht schmückt, sondern wahr ist, so genuin und eindrucksvoll wie sonst nur die von Alban Berg und Anton Webern. Furtwängler versucht, die ›Organisation‹ dieser Orchesterstücke von der Form her zu durchdringen, das heißt: von außen. Doch von der Form her, allein aus der Struktur, erschließt sich dieses Werk nicht. Man kann die Takte nicht technisch einwandfrei aneinanderreihen, um dann zu erwarten, daß sich etwas tut. Es bedarf einer regelrechten ›Kernspaltung‹, um der Intention auf die Schliche zu kommen, einer spontanen und von innen nach außen aufbrechenden Erfahrung der Individualität. Nur wem das gelingt, der erkennt die ›Theologie‹ des Ganzen, die das Wesentliche dieser Ausdrucksmusik darstellt. Die technische Vermittlung ist weithin Nebensache. Um die aber kümmert sich Furtwängler in erster Linie. Er disponiert, sucht nach den Proportionen. Wie die meisten seiner Kollegen und Zeitgenossen ist er's gewohnt, einen Gegensatz aus Konsonanz und Dissonanz zu konstruieren, nicht aber die vermeintliche Dissonanz in sich aufzuspalten, sie praktisch neu zu hören in einer Art von vertikaler Dimension. Da er das nicht kann, schlägt er sich mit einer lapidaren, fast banalen Rhythmik herum, womit er das Werk nicht annimmt. Man könnte auch sagen: Ihm gelingt es nicht, das Mosaik eines Bildes zusammenzuhalten und sichtbar werden zu lassen, weil er dauernd am Rahmen herumspannt, der ihm am Ende auseinanderfällt – und damit das ganze Bild.

Schönberg begreift während der Proben und des Konzertes, daß Furtwängler nicht auf seiner Seite stehen kann. Seine Musik kennt keine Verbindlichkeiten. Ein ›klassischer‹ Dirigent, bemüht um Agogik und Stentato-Wirkungen, um Beschleunigungen und Ritardandi, wird rasch mit seinen Mitteln am Ende sein. Da ihm das ›Zusammenhören‹ der einzelnen Reibungsflächen, der für ihn dissonanten Klangkoeffizienten nicht gelingt, kommt die Sache nicht ins Lot, er schlägt die verrücktesten Volten und glättet das, was widerspenstig vom Inhalt her sein soll; er geht unehrlich mit der Materie um. Daß Schönberg bei Furtwänglers Interpretation ins Schwitzen gerät und sein Opus nicht wiedererkennt, darf nicht verwundern. Es gehört Mut dazu (und eine starke Portion Naivität!), ein solches Werk aus traditionalistischer ›Dramaturgie‹ heraus anzugehen. Heute sind wir entschieden weiter als die Auditoren von 1922, deren Sensorium schon nach den ersten Phrasen aufbegehrte. Nichts Ohrenfälliges, eine fremde ›Sprache‹ und Faktur. Warum erdreistet sich Furtwängler, dem Publikum dergleichen vorzusetzen? Er kriegt den vollen Unmut der Konzertbesucher und der Kritik zu spüren, nicht der Komponist, den man ohnehin für verrückt hält. Ein sensibler, großartiger Dirigent, der mit den Klassikern die ganze Welt beeindruckt, hat der es nötig, sich mit den schizophrenen Gebilden der Neutöner auseinanderzusetzen? Das Gewandhaus-Direktorium läßt durchblicken, der Herr Chefdirigent möchte sich auf jeden Fall in Leipzig solcher unnützen Experimente enthalten.

Als Furtwängler sich mit den ›Fünf Orchesterstücken‹ zu beschäftigen begann, wußte er natürlich genau, daß es bei einer Probe aufs Exempel bleiben würde. Er kannte das Werk, da es einige Zeit zuvor sowohl ihm als auch Nikisch, Weingartner, Schillings und Bruno Walter zur Begutachtung von der Wiener Musikzeitschrift ›Der Merker‹ zugesandt worden war. Der ›Merker‹ veröffentlichte die Antworten, die durchweg ablehnend ausfielen, zumeist aus ›handwerklichen‹ Gründen. Weingartner erklärte: »Im übrigen fand ich, daß Schönbergs Partitur-Notierung mit seiner Musik vollkommen übereinstimmt!«[5] Furtwängler schloß sich dieser spöttischen Bemerkung an. Und so wußte der Komponist ganz genau, daß die Sache in Berlin halbherzig durchgeführt werden würde. Dennoch stimmte er einer Einstudierung zu. War ja die Philharmonie. Und wann kam es schon mal vor, daß in diesen geheiligten Hallen ein Avantgardist zur Aufführung gelangte? Louise Wolff spornte Dirigent und Orchester an. Auch ein Eklat, den sie offenbar einkalkulierte, trüge zur Werbung für das Orchester bei. ›PR‹ sei dringend geboten, die roten Zahlen rutschten immer mehr nach links rüber. Schönberg auf Deubel-komm-mal-raus! Furtwängler zog mit, mehr belustigt als beteiligt. Und als ihn die ›Meute‹ ausbuhte, hielt er seinen Buckel hin. Das traf ihn herzlich wenig. Schönberg rotierte, schrie gegen den Pöbel an und mußte durch Gattin und Freunde ›gebändigt‹ werden.

Skepsis gegenüber Furtwängler blieb. Und als dieser Mitte der Zwanziger, wieder einmal mutig geworden, darum nachsuchte, Schönbergs Instrumentierung Bachscher Orgelwerke ausprobieren zu dürfen, war der Komponist eher zur Absage geneigt. Doch er war pekuniär so schlechtgestellt, daß ihm jede Aufführung, die Geld einbrachte, recht sein mußte. Und so kam es zu einem weiteren Schönberg-Konzert unter Furtwänglers Leitung, das jedoch – im Gegensatz zu dem von 1922 und dann zu der ›historischen Revolte‹ von 1928 – ohne Schlagzeilen in den Gazetten blieb. Anfang Dezember 1928 führte Furtwängler in der Philharmonie zum ersten Mal die ›Variationen für Orchester‹ von Schönberg auf. Der dritte Versuch, dem ›Verfechter der musikalischen Asymmetrie‹ beizukommen. Die völkischen Zeitungen hatten schon Wochen zuvor opponiert. Fritz Stein fragte bei Furtwängler an, warum sich dieser eine solch »schamlose Vergewaltigung« gefallen lasse.[6] Auch im Orchester rumorte es, denn unter den Geigern und Holzbläsern saßen inzwischen Männer, die in ihrer Freizeit Braunhemden und Breeches trugen. Doch Furtwängler ließ sich nicht beirren. Inzwischen hatte er so manche Erfahrung mit Novitäten gemacht, sein Ohr an Strawinsky und Hindemith geschult, so daß er ›weiter‹ war als sechs Jahre zuvor und begriff, worin sich Schönbergs metaphysisches Ingenium manifestierte. Der

Komponist war dem Dirigenten gegenüber skeptisch geblieben. »Ich bin abermals der ›schlagenden Verbindung‹ Furtwänglers ausgesetzt!« schrieb er an den Operettenkomponisten Paul Abraham, für den er »ein paar Werke« instrumentieren sollte (was er dann aus Geldmangel auch tat).[7]

Furtwängler ackerte sich durch die Partitur. Nach Meinung des Komponisten keine Evidenz, kein Zutrauen, kein Kombinationsvermögen. Keine Zusammenschichtung der Klangebenen zu einem Simultanerlebnis. Alles brach auseinander, war nicht miteinander verfugt, explodierte ohne Sinn in die verschiedensten Richtungen. Schönberg war verzweifelt. Das Desaster geschah zu Recht. Furtwängler hatte die ganze Aufführung verpfuscht. Die Kritiken waren verheerend. Der Rezensent der ›Signale‹ schrieb: »Der Abend in der Philharmonie war einer der wildesten, die ich je erlebt habe. Trotz Furtwängler und dem herrlichen Orchester lehnte das etwas auf sich haltende Publikum das Werk eisig still ab. Nur die jugendlichen Heißsporne auf beiden Seiten, die aber eigentlich nur eine Minderheit der Gesamthörerschaft bildeten, pfiffen so andauernd und so durchdringend und spektakelten so gründlich, daß die Schönberg-Freunde trotz wilden Bemühens sich in dem Hörersaal nicht durchsetzen konnten. Durch diese Begleitumstände wurde die Schönberg-Aufführung doch so etwas wie ein aufrüttelndes Erlebnis... Die Aufführung fügte dem bekannten Bilde Schönbergs keine Note bei. Von dem ursprünglichen Musiker, der, noch von Wagner befangen, wirklich nicht unbedeutende Werke geschaffen hat, zeigt sich nur hin und wieder in einer melodischen Phrase, in der kontrapunktischen Stimmführung oder in einer eigenartigen Färbung noch ein kleiner Rest. Alles Übrige ist errechnete und erklügelte, nur vom Intellekt diktierte musikalische Mathematik eines von einer verstiegenen Idee Besessenen. Ich habe volles Verständnis für die unerbittliche, fast tragisch anmutende Konsequenz, mit der Schönberg ohne einen Blick zur Seite seinen Weg geht. Ich glaube sogar, daß es ihm wirklich ernst ist um das Suchen nach einem ganz neuen Stil. Aber trotzdem kann ich ihn und sein Werk nicht ernst nehmen, dessen Logik zum Unsinn führen muß, weil die Prämissen seines Werkes falsch sind. Furtwängler und die Philharmoniker, die in der Überwindung der fast grotesken Schwierigkeiten dieser Partitur ihr überragendes Können von neuem bewiesen, konnten einem leid tun. Aber warum führt Furtwängler, der solchen Skandal voraussehen mußte, dieses Werk überhaupt auf? Ich kann nicht glauben, daß dieser große Herzensmusiker, in dem ich den Idealtypus des deutschen Dirigenten erkenne, irgend welche innere Beziehungen zu dieser seelenlosen musikalischen Rechenkunst hat.«[8] Das glaubte auch Schönberg nicht.

Der Kritiker der ›Zeitung für Musik‹ ging mit dem Werk noch härter ins Gericht: »Alle Rettungsversuche der wenigen, ehrlichen, aber verrannten Fanatiker des ›Fortschritts um jeden Preis‹, alle auf grobe Irreführung des Publikums berechneten Beschönigungsversuche unehrlicher Mitläufer der radikalen Moderne, die als gewissenlose Ausbeuter der Zeitkonjunktur aus dem edlen Geschäft der Gefühlsverwirrung ein einträgliches Gewerbe machen, alle Lamentationen der Geräusch-Anwälte, ja die Beschwörungen der liebenswerten Bewohner der Insel ›Melos‹ (gemeint ist natürlich die gleichnamige Zeitschrift), sie steht seit jenem Uraufführungstag, dem 1. Dezember 1928, unter Wasser – können an der Tatsache nichts ändern, daß die Sache der Atonalität, wie sie Schönberg und Kompagnie vertreten, eine katastrophale öffentliche Niederlage erlitten hat.«[9] Die Schönberg-Anhänger ließen sich nicht beirren. Sie gaben wiederum dem Dirigenten die Schuld an dem Eklat. Der sei nicht ›sauber‹ gewesen und habe die Sache kaum begriffen. Ein halbes Jahr nach der Aufführung schrieb Schönberg an Furtwängler: »Ich habe, aufrichtig gestanden, erwartet, daß Sie das Stück im nächsten Konzert wiederholen werden und dem Gesindel zeigen, daß Sie nur so tun, was Sie für recht halten!... Es ist nicht meine Absicht, hiermit irgendeine Bedingung stellen zu wollen; denn gut in allen solchen Angelegenheiten ist nur, was man freiwillig tut.«[10] Furtwängler reagierte nicht. Eine nochmalige Aufführung der ›Orchester-Variationen‹ hielt er nicht nur für unergiebig, sondern auch für riskant.

Die Kritiker-Szene begann ganz allmählich umzukippen. Völkische Durchsetzung. Schönberg ist nicht nur schizophren, sondern auch Jude. Und die Juden machen vor allen in Metaphysik. Wenn sie mit ihrer Weisheit am Ende sind, flüchten sie sich in irgendwelche philosophischen Abgründe und Winkel gedanklicher Perversionen. Die Hugenberg-Presse weiß das genau. Täglich impft sie ihren Lesern antisemitisches Gift ein. Und das wirkt. Viele Hugenberg-Leser sind Abonnenten in der Philharmonie. Wenn Juden aufgeführt werden, boykottieren sie die Konzerte. Silvester 1928 wird Franz Lehárs ›Friederike‹ mit der völkisch gestimmten Käthe Dorsch uraufgeführt. Das sei doch wirkliche Kunst! Die Hugenberg-Presse überschlägt sich. Lehár – das gesunde Volksempfinden; Schönberg – perverse Juden-Mathematik. Verschwiegen wird nur, daß der Darsteller des Goethe auch eine ›beschnittene Kreatur‹ ist: Richard Tauber.

Machten ihm Schönbergs Werke ›allerhand Umstände‹, so fielen ihm die von Igor Strawinsky sehr viel leichter zu. Dessen neo-klassizistische Musik wahrte den Schein des Organischen, war oft nichts anderes als eine blanke Parodie auf vorgegebene, klassische Muster; Verfremdung, Verspottung. Das gefiel Furtwängler. Klebten die Straussschen Helden vom Don Juan bis zum Tyll Eulenspiegel an der kunstvoll ausgelegten Seim-Spur spätromantischer Sentimentalitäten, gerierten sie sich im Sinne der Klangästhetik des 19. Jahrhunderts realistisch, das heißt: tonal-kontrapunktisch, so verwahrlosten diese Prinzipien bei Igor Strawinsky, der das konventionelle Material ad absurdum führte, es aufweichte, verpanschte, mit neuartig erscheinendem Kolorit durchmengte und ins Anrüchig-Banale abgleiten ließ. Theodor W. Adorno formuliert das so: »Strawinsky bleibt ein Skandalon, weil er, Prestidigitateur sein Leben lang, das Uneigentliche der Objektivität durch deren Erscheinung zur Grimasse gestaltete.«[11] Seine Musik sei allem Provinzialismus dadurch so weit entrückt gewesen, daß sie ihre Tricks immer zugleich auch erklärte, wie nur unnachahmliche Magier es sich gestatten dürften. Man könnte sagen, das sei banausisch. Doch es war im Hinblick auf die Zeitformen klug ersonnen. Adorno spricht von einer »äffenden« Zeit: die zweite Hälfte der Zwanziger. Schönberg empfindet den Strawinsky-Stil als pure Kalauerei, der unabdingbar in eine Sackgasse führe (»Keine Gasse ist sacker als die seine – Le sacre du printemps!«). Ein Mann ohne ernsthaftes Bemühen, ›untheologisch‹, von witzelnder Gestik, unidentifizierbar, ein Pharisäer, ›sophisticated‹. Furtwängler nimmt das, was er von Strawinsky aufführt, als circensisches Abenteuer. Man kann die Effekte, etwa die Valeurs der Perkussion, so scharf ausflankieren, daß die Leute vor Entsetzen aus dem Saal fliehen. Die ständige Wiederholung trivialer Harmonien tut den Ohren weher als die schrägste Dissonanz bei Schönberg. Die Freisetzung der Animalischen: das genaue Gegenteil der ›Mathematik‹ des einen Vaters der Zwölftonmusik. Furtwängler weiß, daß die Leute auf die Sensation aus sind, daß sie Effekte und Affekte bewundern. Eine Prise musikalisches Heroin, Verwilderung, das Schwanken zwischen physischer Roheit und Beseelung durch geile Chimären. Solche Eindrücke vermitteln die denaturierten Streicher, die sausenden Hörner, die ächzende Ziehharmonika und als Hauptaktionär in der Gesellschaft das endlos erweiterte Schlagzeug. Abgefeimte Klavierfarben, und die Bässe und Celli ›sul ponticello‹ oder ›col legno‹. Bei Strawinsky lernt Furtwängler, wie man eine Partitur aufreißt, wie man Effekte schafft, auf die zuvor noch keiner gekommen ist, wie man das Banale aufwertet und stupende Techniken überhaupt nutzt, um zu einer Wertigkeit zu kommen. Furtwängler lernt, aber er akzeptiert nicht. Für eine Weile findet er als Dirigent Gefallen daran, sich mit dem ›Sacre‹ oder dem ›Feuervogel‹, ›Petruschka‹ oder dem ›Kuß der Fee‹ auseinanderzusetzen und zur Schau zu stellen. Das gelingt ihm mit solchem Elan und solcher Verve, daß selbst Strawinsky ›seinen‹ Dirigenten über den grünen Klee lobt und nicht verstehen kann, was Kollege Schönberg an jenem zu bemängeln habe.

Am 6. Januar 1924 setzte Furtwängler den ›Sacre du printemps‹ in der Philharmonie aufs Programm. Klar, daß die konservative Presse losheulte. Nun habe man endlich einen so durch und durch deutschen Star-Dirigenten, aber der sei offenbar von ›bestimmten Kreisen‹ abhängig, die ihm Chancen im verjudeten Amerika ausrechneten und bei der ›Isra-Elite‹ Wiens für ihn Reklame liefen..., denn sonst könne man sich nicht vorstellen, warum Furtwängler ausgerechnet den Kulturbolschewisten Strawinsky in der deutschen Reichshauptstadt großzumachen versuche. ›Signale‹ im Januar 1924: »So kam es, daß nach der Vorführung über eine peinliche Phase hinweg ein kleiner Skandal ausbrach, bei dem die paar wütenden Applaudeure (meist ausländische Jünglinge) durch energisches Zischen und Pfeifen von ihrem Wahne, dem deutschen Volke das Machwerk als Kunst aufzudrängen, gründlich geheilt wurden... Zieht man, ganz abgesehen von der Wertlosigkeit der Ware, in Betracht, daß das Konzertleben in dieser Saison auf ein Zehntel seines früheren Betriebes zusammengeschmolzen ist – daß diese Aufführungen minderwertiger Ausländer Kräfte absorbieren, die auf anderem Gebiete weit nutzbringender zu erproben wären, so wird man die Entrüstung der musikalischen Mehrheit der Zuhörerschaft verstehen. Obendrein haben wir wohl die ernste Pflicht, in erster, zweiter und dritter Linie an unsere vernachlässigten deutschen Komponisten zu denken und ihnen zum Rechte zu verhelfen, das sie tausendmal mehr verdienen als dieser russische ›trash‹, der mit Zeitverirrungen entsteht und fällt... Endlich aber ein ernstes Wort an Wilhelm Furtwängler, den geistigen Träger und Verantwortlichen dieser Veranstaltungen, die unter des unvergessenen Arthur Nikisch ästhetisch feinsinniger Führung das höchste Ansehen erworben haben. Identifiziert sich Furtwängler mit dieser Art von ›Erziehung zur Kunst‹, so wird er die Konsequenz aus dieser Tatsache ziehen müssen und sich nicht wundern dürfen, wenn wir bekennen, daß wir uns in ihm und seiner Führung getäuscht haben. Kommt es ihm aber nur darauf an, die Leute mit der grotesken Fratze des krankhaften Modernismus bekanntzumachen, so mag er es mit den ›Kostproben‹ Strawinsky-Schönberg des grausamen Spiels genug sein lassen. Er wird erkannt haben, daß für diese Art der intuitiven ›Methode‹ an dieser Stelle kein Platz und keine Gegenliebe zu finden ist und daß ein Weiterverharren auf seinem Standpunkte ihn selbst wie die Philharmonischen Konzerte im Renommee gefährdet.«[12]

Die meisten Kritiker waren unfähig, auch nur in groben Zügen der neuen Musik Verständnis entgegenzubringen. Da sie die Partituren nicht lesen konnten, ihre Ohren nicht schulten und demzufolge weder eine Analyse noch eine Bewertung zu wagen vermochten, wichen sie auf das ›kultur‹-politische Terrain aus, wobei die ›Völkischen‹ es sich besonders einfach machten, indem sie parteiinterne Grundsatzerklärungen einfach abschrieben und kommentarlos in ihre ›Rezensionen‹ einbauten. Wie bedauerlich, daß aus jenen Jahren kaum wirkliche musikalische Besprechungen vorhanden sind, denen man entnehmen könnte, wie Furtwängler beispielsweise den ›Sacre‹ Anno 1924 dirigierte. Marschalk schreibt von einer »hohen Affinität« des Dirigenten zu dem Werk, Adolf Weissmann bekennt, daß Furtwängler über »intime Kenntnisse der abnorm schwierigen Partitur« verfügte, Kerr – der Nicht-Musiker – fühlt, daß »in Furtwängler eine Leidenschaft für das musikalische Chaos tobt«. Das ist alles. Graener und Pfitzner beschwören ihren »Kameraden«, doch künftig solches »Affentheater« zu lassen. Strawinsky sei Kehricht, Schönberg der Auswurf der Synagoge. Doch Furtwängler verteidigt seine Versuche, mit den Modernen ins reine zu kommen, was der Komponist des ›Palestrina‹, wie er dem Münchener Siegmund von Hausegger mitteilt, »grausam störrisch« findet.[13]

Der dritte ›Modernsky‹, dem sich Furtwängler zuwendet, ist Paul Hindemith, dessen ›rudesse‹ auf viele Hörer am revolutionärsten wirkt. Manche Kritiker jener Tage sagen seinen Sachen eine gewisse Schnödheit in Ton und Habitus, ohne Scheu vorm Brutalen, nach. So Theodor W. Adorno, der in Frankfurter Nachbarschaft dem Orchestergeiger und vorzüglichen Kammermusiker auf die Finger sah: »Wurde bei Schönberg der Umschlag gerade dadurch gezeitigt, daß er die Tradition so schwer und verbindlich nahm, bis er über den Forderungen, die er aus ihr herauslas, zersprang, so hat Hindemith die Tradition, die ihm... keineswegs fremd war, rebellisch beiseite geschoben, aber gelassen, wie sie ist...

Hindemith war es, der einer Totenmaske Beethovens den Schnurrbart anmalte.«[14] Furtwängler führte im Dezember 1925 das Orchesterkonzert Hindemiths, Opus 38, in der Philharmonie auf, das Werk eines Mannes, der gegenüber jeder Autorität die Faust ballte und sich damit brüstete, daß ihn die Kritiker einen ›Barbaren‹ nannten. Hindemith war damals ein Vielschreiber, der Kokoschka und Brecht und August Stramm und Marcellus Schiffer, Hölderlin und Trakl vertonte. Er probierte alles aus, ließ sich von Strawinskys Zirkus-Polkons inspirieren wie von den Errungenschaften der ›Six‹ in Paris. Doch das Wesentliche, wie Adorno feststellt, ist das ›deutsche Ferment‹, das Hindemith den damaligen Kompositionsmethoden hinzuführt. Adorno: »Allzu gut vertrug sich sein Habitus mit jener Innerlichkeit deutscher Art, die selten des Angedrehten ermangelt, genährt von Sehnsucht nach vorkapitalistischen, emsig sturem Gewerbefleiß. Dieser hatte von Anbeginn im down to earth der Hindemithschen Sachlichkeit seine Stätte, längst ehe er sich ihm verschrieb; stets hat er mit zuhandenem Zeug komponiert.«[15] Die ›deutsche Innerlichkeit‹ (die ihn am Ende des Lebens in eine fürchterliche Reaktion trieb) war es, der sich Furtwängler verbunden fühlte. Sie schlug weniger in den Tänzen aus ›Das Nusch-Nuschi‹ (1928 aufgeführt), im Konzert für Orgel und Orchester (1929), im ersten Bratschenkonzert (1929) oder in der Ouvertüre zu ›Neues vom Tage‹ (1930) durch als im ›Marienleben‹ und in der Oper ›Mathis der Maler‹, deren Entstehungs- und Aufführungsgeschichte eng mit Furtwänglers Taten verbunden ist. Als die ›Mathis‹-Oper in der Nazizeit – gegen den Willen des Komponisten, der sich einem Arrangement mit den neuen Machthabern nur allzu gern unterworfen hätte – zum Explosivstoff wurde, war Hindemith längst zu einem harmlosen Neoklassizisten geworden (»Den Strawinskyschen Pfiff hatte er zurückgepfiffen!« Adorno), den so gewiefte Nazi-Adepten wie Paul von Klenau an Radikalität des kompositorischen Systems längst überboten. Aber dem ›Enfant terrible‹ hing die Sünde der wilden Ragtimes und der ›kommunistischen‹ Gleichgültigkeit gegenüber Formen und Inhalten aus den Twenties an.

Der gewesene Anti-Romantiker, der lästige Aufmucker und Fäusteballer, dem man mißtraute. Dabei war jener längst angepaßt. Nur eines formellen Schrittes hätte es bedurft, und Hindemith wäre zum musikalischen Protagonisten des ›Dritten Reichs‹ geworden. Daß er es heimlich war, hat er viel später in einer demaskierenden Rede wider den Avantgardismus der fünfziger Jahre dieses Jahrhunderts erkennen lassen, als nach dem ›Staatsbegräbnis‹ der ›Harmonie der Welt‹ der Super-Konservative von den Brunnenvergiftern sprach, die ihm und der Schar Gleichziehender und Gleichdenkender ans Zeug wollten. Das alles in einem Jargon, dessen sich die Braunhemden in den Dreißigern bedienten, um ihn kaltzustellen.[16] Das Gediegene an dem Geschehen des Jahres 1934, als nach Furtwänglers Aufführung der ›Mathis‹-Symphonie der Sturm gegen Hindemith losbrach und den Dirigenten (zeitweilig) mit aus seinen Festen riß: Ohne das lautstarke Engagement Furtwänglers, der die Situation völlig falsch einschätzte und den ihm sympathischen Komponisten um den Preis der eigenen Diffamierung und Diskreditierung beipflichtete, wäre es nie zum ›Fall Hindemith‹ gekommen, der so hohe Wellen schlug und seismographisch genau nachzeichnet, welche Gratwanderungen in der ersten Zeit nach der ›Machtübernahme‹ notwendig waren, um sich oder eine Idee zu behaupten. Furtwängler – um das dem detaillierten Bericht über die Vorfälle vorwegzunehmen – glaubte, sein Freund würde ins offene Messer der Nazis rennen. Doch die wurden erst aufgeklappt (und sehr zögernd), als der ›Fall‹ so hochgespielt worden war, daß man nicht anders konnte, als die Inkulpanten mit den sonstigen Kulturbolschewisten und Artfremden in einen Topf zu werfen. Hindemith kam glimpflich aus der Affäre heraus; Furtwängler wurde raschest rehabilitiert. Ohne den unüberhörbaren Protest des Dirigenten, ohne dessen ostentatives Eingreifen in aller Öffentlichkeit, wäre vermutlich nichts geschehen: Eine Verwarnung für den Komponisten, bald darauf Shakehands und die Inthronisierung des ›Mathis‹-Schöpfers zum Musikpapst der ›Bewegung‹. Adorno: »Nachdem Hindemith Grünewald als den schlichten herzin-

Oben:
Rudolf Bockelmann (1892–1958), Star und Chronist
der Bayreuther Festspiele
Unten:
Die ›Meistersinger‹ am ›Tag von Potsdam‹
mit Lotte Lehmann und Fritz Wolff

Karikatur von Olaf Gulbransson,
1935

Bayreuther Gesellschaftsfoto, 1936;
v. l. n. r.: Frau Zitla Furtwängler, Prinzessin C. Wrede,
der Dirigent, Prinzessin Mafalda von Savoyen
und Heldenbariton Rudolf Bockelmann

Furtwängler
mit seinem 1944 geborenen
Sohn Andreas

nigen deutschen Meister Mathis veropert hatte, war kein Halten mehr. Daß die Spekulation, die wahrscheinlich mitspielte, dem Realisten Hindemith mißlang, sagt wenig; nie konnte ein Künstler oder ein Denkender es den Faschisten schlecht genug machen, sie verlangten das Letzte.«[17]

Was Furtwängler ansonsten in den Zwanzigern an Modernem aufarbeitet, ist beinahe an einer Hand abzuzählen: von Ravel ›Daphnis und Chloe‹, ›La Valse‹, ›Bolero‹ und die ›Rhapsodie espagnole‹, von Debussy ›La Mer‹, ›Nocturnes‹ und ›Sirènes‹. Mehr Aufgewärmtes von gestern als bahnbrechend Neues. Aber für Furtwängler sind auch solche Werke, jenseits von Beethoven, Brahms und Bruckner, schon Ereignisse auf dem Experimentierfeld. Man nimmt es ihm ab, daß die Stücke für ihn neu sind. Das Publikum begrüßt sie als alte Bekannte, die Kritiker haben hinreichend Möglichkeiten, an die Vorführungen durch prominente Dirigenten hinzuweisen. Neu muß ja nicht modern sein. Und so gereicht es natürlich dem Busenfreund Hans Pfitzner zur ›unaussprechlichen‹ Ehre, daß Furtwängler ihm unter den Lebenden in der Philharmonie den absoluten Vorrang läßt. Alles, was gut, schlecht und noch schlechter aus der Produktion des ›lieben Hans‹ ist, wird im Haus an der Bernburgerstraße realisiert. Während Klaus Pringsheim, der Schwager Thomas Manns, den ›Ersten deutschen Gustav Mahler-Zyklus‹ vorbereitet – 1923/24 –, paukt Furtwängler, mit Walter Gieseking als Solisten, Pfitzners Klavierkonzert durch. »Eine vaterländische Tat!« heißt es in den ›Signalen‹.[18] Und so sieht es auch der Komponist, der zwar ›wieder einmal‹ nicht voll zufrieden ist, aber dennoch den Dirigenten – auf seine Weise – belobigt: »Ich bin heilfroh, daß Sie nicht in erster Linie Pianist sind; aber als Kapellmeister haben Sie sich wacker für mich geschlagen. Nicht anders hätte ich's erwartet, so Sie mir soviel Dank schulden!«[19] Bei den Proben hat es ›fulminantes Geratsche‹ gegeben. Pfitzner, in der ersten Reihe des Saales sitzend, unterbricht dauernd. Furtwängler fuchsteufelswild. Ohne die Schlichtungsversuche Mimi Pfitzners wäre wohl alles in die Brüche gegangen. Sie ist der gute Geist, der alles richtet, wenn der cholerische Gatte ›stets verneint‹. Schon in der Straßburger Zeit hat sie sich mütterlich um ›den Willi‹ gemüht und ihn in Schutz genommen, wenn der ›Alte‹ am Rasen war. 1934 hebt Furtwängler, wie er schreibt, das spröde Klavierwerk zum zweitenmal aus der Taufe, doch auch diesmal hat der nörgelnde Tonsetzer mancherlei zu bemängeln, weil es ihn maßlos irritiert, daß Furtwängler bei rhythmisch prekären Stellen mit dem Fuß wie Beelzebub aufstampft, was den Solisten »so fickerig macht, daß er die ganzen Läufe verpinkelt«! So Pfitzner in einem Brief an Peter Raabe.[20]

Die Inflationsjahre setzen den Philharmonikern erheblich zu. Die Gehälter, kaum ausgezahlt, sind schon wieder entwertet, verfallen. Was gilt es Besseres zu tun, als die Einkünfte durch Devisen aufzubessern. Im Mai 1923 geht's in die Schweiz, darauf nach Italien. Volkmar Andreae hat die Gesamtleitung. Furtwängler beschließt, vom kommenden Jahr an mit den Philharmonikern regelmäßig ins Ausland zu fahren. Er sondiert das Terrain und besucht Anfang 1924 zum ersten Mal England, zwei Konzerte der Royal Philharmonic Society zu leiten. Das Publikum akzeptiert ihn. Ovationen, Dacapos. Nur Ernest Newman, Doyen der Londoner Kritiker, hat an der ›Attitude‹ des Gastdirigenten allerhand auszusetzen. Man sei von Hans Richter und Muck her bei deutschen Kapellmeistern »klassische Gelassenheit« gewohnt, doch der »neue Herr« besäße nicht von dieser »guten Tradition«, benähme sich wie ein Manierist, ein Akrobat oder ein Orchesterbändiger. Ein zerklüfteter, uneinheitlicher Beethoven, den man nur mit Mühe als solchen zu identifizieren in der Lage gewesen sei...[21] Das saß. Doch das Gros der britischen Kritiker empfand völlig anders und begrüßte den ›frischen Wind‹, den Furtwängler vom Kontinent herübergelenkt habe. Berta Geißmar, die offenbar alle Zeitungsberichte vorsortierte, bevor sie diese an den ›Meister‹ weitergab, sonderte Ernest Newmans Report aus der ›Sunday Times‹ behende ab, so daß ihr in puncto Rezensionen höchst empfindsamer Brötchengeber von der Tirade verschont blieb und der Meinung war, er habe in der kunstbegeisterten Metropole der Windsors ›round about‹ obsiegt.

Die künftigen Tourneen arrangierte Berta Geißmar. Bis in die Nazizeit hinein entledigt sie sich dieser Aufgabe mit soviel Geschick, daß man sie überall in Europa für eine der besten Konzert-Managerinnen hält. In ihren Erinnerungen schreibt sie: »Der Ausbau dieser Reisen war für mich eine wunderbare Verbindung von Freundschaft und Beruf. Ich wußte genau, was Furtwängler vorschwebte und was das Orchester anstrebte. Die enge Verbundenheit der Philharmoniker mit ihren Dirigenten, auf die sie restlos vertrauten, war die Grundlage meines eigenen Verhältnisses zu ihnen. Dieses ideale Verhältnis hielt ungetrübt an, bis ich sie alle verlassen mußte und ihnen jede Verbindung mit mir untersagt wurde.«[22]

Im Sommer 1924 geht's mit den Philharmonikern durch Nord- und Westdeutschland. Anschließend wird die Schweiz bereist. Der ›Bund‹ schreibt über das Konzert vom 8. Mai in Bern: »Heuer stand Wilhelm Furtwängler am Pult –, doch nein, er stand nicht am Pult, er dirigierte auswendig. Die Paukenschlag-Symphonie von Haydn, den Till Eulenspiegel von Strauss und die c-Moll von Beethoven. Also nicht ein Programm, das Eigenwert hat, sondern ein typisches Repertoire-Programm... Was man unter Furtwänglers Stab hörte, war technisch von höchster Vollendung – das Orchester mit seiner prachtvollen Streicherbesetzung klingt ganz wundervoll. Man braucht nur im zweiten Satz der Fünften an die Stelle zu denken, wo die Celli sich in breiten Wogen auf dem Thema zu wiegen scheinen. Dieser Satz und das Finale der Symphonie waren die eindringlichsten Kundgebungen, von größter Wirkung die Vorbereitung und Ausführung der Steigerung zu den C-Dur-Fanfaren des Finales. Furtwängler hält fast bis zum letzten Augenblick das Orchester in einem die Spannung unerhört steigernden Pianissimo, das mächtige Crescendo leuchtet dann um so gewaltiger, wie ein prachtvoller Sonnenaufgang... Der Beifall der Hörer äußerte sich in enthusiastischen Kundgebungen für Orchester und Dirigent.«[23]

Ähnliches kann man in den übrigen Schweizer Zeitungen lesen. Nach der Rückkehr aus dem alpinen Schlaraffenland ist auch die Berliner Presse voll des Lobes. Furtwängler – der deutsche Botschafter der Musik... Der Aufbruch der Philharmoniker in die große Welt erfordert natürlich auch technische Voraussetzungen. Furtwängler kann den Orchestervorstand dafür gewinnen, daß nun ein ›ständiges Sekretariat‹ eingerichtet wird. Berta Geißmar: »Im Anfang unserer gemeinsamen Arbeit hatten die Berliner Philharmoniker kein Büro. Die drei Geschäftsführer teilten sich die Pflichten und erledigten das Nötige zu Hause. Otto Müller, der Vorsitzende, trug immer alle Papiere in seiner Brieftasche mit sich herum, in der er suchend kramte, wenn etwas zu klären war. Ich selbst hatte natürlich auch keinen Büroraum; ich verfügte lediglich über ein Zimmer mit einem Schlafsofa und einer Schreibmaschine. Bald wurde mir eine Stenotypistin dreimal in der Woche zur Verfügung gestellt, und das war der Anfang des Berliner Philharmonischen Orchesterbüros. Die Organisation des Orchesters wurde ständig ausgebaut und verbessert. Einer der Wendepunkte in der Existenz der Berliner Philharmoniker war ein besonderes Abkommen mit Furtwängler. Beide Teile verpflichteten sich, keine anderweitigen Engagements einzugehen, ohne sich zuvor ihre freie Zeit gegenseitig zur Verfügung zu stellen. Diese ›Ehe‹ der Philharmoniker mit Furtwängler bildete für viele Jahre den Mittelpunkt ihrer Tätigkeit, um den sich ihre Verpflichtungen mit anderen Dirigenten, ihre Solisten- und Choraufführungen und ihre traditionellen populären Konzerte gruppierten.«[24]

Es blieb nicht aus, daß man auch in Übersee auf Furtwängler aufmerksam wurde. Agenten und Vorstände aus Chicago, Cleveland, Boston, San Francisco und New York meldeten sich und überboten sich mit ›Gratitudes‹ und Honoraren. Da er sich von seinen Inlandsgehältern kaum einen Anzug kaufen konnte und in den Staaten Milch und Honig flossen, sagte er den New Yorker Philharmonikern für Ende 1924 zu. Doch es war nicht nur eine ›Sanierungs-Tour‹, wie sie zu der Zeit viele Künstler unternahmen, sondern auch der letzte Versuch, mit der Eroberung der ›Neuen Welt‹ zu beginnen. Der Einstand gelang vorzüglich. Berta Geißmar, mit von der

Partie, arrangierte Dutzende von Meetings, heute mit den Steinways, morgen mit Rachmaninoff, Kreisler, Casals oder den Carnegies und den Foulds. Nach dem ersten ›run‹ schon bot man Furtwängler den Direktorposten für die Philharmoniker an, doch er lehnte ohne Überlegung ab, versprach aber, in den folgenden ›Seasons‹ für einige Konzerte herüberzukommen. Es blieb auch Zeit genug, sich das eine oder andere Orchester anzuhören und mehrfach in die ›Met‹ zu gehen. Furtwängler war von dem Standard der Aufführungen überrascht. Die ›Bostoner‹ und die ›Philadelphianer‹ imponierten ihm. Welche Möglichkeiten für Dirigenten von Rang! Doch er war sich dessen bewußt, daß man nicht alles nebeneinander haben und miteinander verquicken konnte. Die Aufgaben in Berlin, Leipzig und Wien füllten ihn randvoll aus. Für gelegentliche Gastspiele war er zu haben, nicht aber auf Dauer. Zudem unterschied sich Amerika von Old-Germany ganz erheblich. Und ohne das ›deutsche Ferment‹ vermochte er nicht zu existieren. So war er froh, wieder in die Bernburgerstraße gehen zu können, die ›Quadratlatschen-Stullen‹ von Haushälterin Lenchen im ›Schangsionetten-Koffer‹, die für eine Weile mit Corned beef und Mulligatawny-Cream belegt wurden, die Berta auf dem englischen Rückfahrtsdampfer kistenweise erstanden hatte.

Während Furtwängler in New York Triumphe feiert und in der Gesellschaft herumgereicht wird, übernehmen in der Berliner Philharmonie Erich Kleiber und Otto Klemperer für eine Weile das Ruder. Sie konfrontieren das Publikum nicht nur mit ›heißen‹ Novitäten, sondern auch mit großen Klassiker-Aufführungen. Daß Klemperer ›hinter seinem Rücken‹ Brucknersches aufführt, macht Furtwängler unwirsch und kribbelig. Solche ›Schinken‹ wie die Neunte und Achte möchte er sich selber vorbehalten. Debatte und Zornesfuge im Chefzimmer von Wolff und Sachs. Ein halbes Dutzend Meißner Tassen geht zu Bruch. Cholerischer Anfall, der daraus resultiert, daß ›Königin Louise‹ auch noch zugeben muß, Klemperer mit der ›Bruckner-Feier‹ zum hundertsten Geburtstag des Komponisten im Oktober betraut zu haben. Das ist der Gipfel. Neue Bedingungen für Orchester- und

Solistenkonzerte werden ausgehandelt, Furtwänglers Kompetenzen gestärkt. Louise Wolff weiß, daß sie dem ›Dickschädel‹ nachgeben muß, da sie ihn sonst verlieren könnte. Aus Amerika hat man ihr ›Atemberaubendes‹ herübergefunkt... Ihr ›lieber Willi‹ möchte auch die Gastereien von Erich Kleiber ein wenig eingeschränkt sehen. Zu viele gute Dirigenten auf einem Haufen, das führe zu nichts. Und was der Erich mit seinen Avantgardisten beschicke, das brächte er, der Wilhelm, doch im Handstreich zusammen. Während jener noch an mehreren Busoni-Stücken herumfeilt, setzt er von heute auf morgen Strawinskys Klavierkonzert mit dem Komponisten am Flügel ins Programm. Louise ist gegen dieses ›moderne Wettrüsten‹. Die ganze Spielzeit sei durch Kakophonisten und Neutöner versaut. Damit man nicht ihr die Schuld in die Schuhe schöbe, wenn's zum Eklat käme, läßt sie in der Presse ausdrucken: »Die Firma Wolff und Sachs, Konzertdirektion, legt Wert auf die Tatsache, daß Herr Strawinsky auf alleinigen und ausdrücklichen Wunsch von Herrn Furtwängler von ihr für das fünfte Philharmonische Konzert vom 8. Dezember aufgefordert wurde.«[25]

Schon bei der Hauptprobe geht es los. ›Zeitung für Musik‹: »Infolge des geschickt organisierten Presselärms drängte sich das Publikum Kopf an Kopf, und es entspann sich ein Kampf zwischen Zustimmenden und Ablehnenden, daß man glauben konnte, es handle sich um nichts weniger, als die Zukunft der Musik!«[26] In den konservativen ›Signalen‹ geht es wiederum weniger um das Werk als um Politik: »Ob all diese Machenschaften auf das Konto Furtwänglers als des Mitschuldigen zu setzen seien, da er doch nun einmal nach außen hin die künstlerische Verantwortung trägt... Eingeweihte wissen längst, daß bei der Auswahl der Solisten für die Philharmonischen Konzerte nicht nur rein künstlerische Dinge mitsprechen, während die Wahl des übrigen Programms dem nominell Verantwortlichen überlassen bleibt. Nun, Furtwängler hatte die Ouvertüre zum ›Corsar‹ von Berlioz und die große Symphonie in C-Dur von Schubert angesetzt – vielleicht um damit zu sagen: ›Was mich betrifft, so will ich mein Bekenntnis erneuern; für das Übrige wolle man sich an eine andere Adresse wenden!‹ Dieses Übrige war der Russe Igor Strawinsky mit seinem Klavierkonzert. Dem aufmerksamen Beobachter der Symptome wird es nicht entgangen sein, daß jene oben erwähnte geschäftige Sippe sich seit längerer Zeit müht, Strawinsky bei uns durchzudrücken und dabei vielleicht mehr Glück zu haben, als mit Schönberg, Krenek und den vielen anderen, die alle zu gleicher Zeit heute Epoche machen wollen, aber vom Gros der Konzert- bzw. Opernbesucher mit unzweideutiger Geste abgelehnt wurden. Der seitherige Verlauf der Strawinsky-Propaganda ist ebenfalls wenig ermutigend gewesen. Wir erinnern uns an ›Petruschka‹, an ›Sacre du printemps‹, die man hier sofort nach dem ersten Erklingen in ein ›Massacre du printemps‹ umtaufte. Strawinsky ist ein rein deskriptives Talent; er ist der Vertreter der Geräuschmusik und des Rhythmus, feinere Kultur ist bei ihm nach den verschiedentlichen Proben nicht zu finden. Im Verein mit der mimischen Ausdeutung auf der Bühne durch das Ballett mag diese Art von Musik hingehen. Sie ist grobdrähtig, stark aufs Kitschige zugeschnitten, man hat sie nicht mit Unrecht als Kinokunst bezeichnet... Völlig verfehlt und unangebracht war es, ihn in der Weise zu placieren, wie es geschehen ist.«[27]

Hatte er aus seiner Sicht und aus der jener Pressekreise, die sich seit dem Zusammenbruch des Kaiserreichs offiziell als ›völkische‹ bezeichneten, Mitte der Zwanziger mit den ›Modernskys‹ überzogen, so kroch er in den folgenden Jahren gänzlich ins Klassisch-romantische Schneckenhaus zurück, um nur – wenn's gar nicht anders ging und ihm Klemperer und Kleiber zuviel Konkurrenz auftürmten – vorsichtig nach Modernistischem die Fühler auszustrecken. Das allerdings auch nur auf der Berliner Szene. Leipzig und Wien erlebten ihn streng rückwärtsgewandt – was er natürlich nur nach der Auswahl der Stücke war, nicht nach der Art seiner Interpretation, die man auch an der Donau für neuartig, sensationell und tiefenwirksam hielt. Nachdem er schon mehrere Saisons hindurch mit der Gesellschaft der Musikfreunde in Wien zusammengearbeitet hatte, kam er 1922 zum ersten Mal mit den Wiener Philharmonikern in Berührung. Gedächtniskonzert zum 25. Todestag von Johannes Brahms. Die Musiker waren mehr verblüfft als begeistert, denn einen solchen ›Temperaments-Bolzen‹ hatten sie – an den sanften Grandseigneur Weingartner gewöhnt – bisher noch nie erlebt. Aber nach und nach begriffen sie schon, wie ›organisch‹ das war, was Furtwängler mit ihnen durchzusetzen versuchte. Da auf den edlen Felix allmählich nicht mehr zu zählen war, sannen die Wiener darüber nach, wie sie mit List und saftigen Honoraren an den umworbenen Mann kämen, dem das Publikum aus der Hand fraß und dem die gefürchtetsten Kritiker wahre Lobeshymnen sangen. Es dauerte einige Jahre, ehe aus dem beiderseitigen Ge- oder Verlöbnis eine kurze, aber heftige Ehe wurde. Von der Spielzeit 1927/28 an befehligte Furtwängler auch die Philharmonie in der Donau-Metropole. Bis dahin kannten ihn die Wiener in- und auswendig, denn es hatte so viele Sonderkonzerte mit ihr gegeben und außerdem die Abonnements in der Gesellschaft der Musikfreunde, die auch die Aufführung bedeutender Oratorien einschlossen. Brahms' ›Requiem‹ und die ›Missa Solemnis‹ kehrten immer wieder in den Programmen. Händels ›Saul‹, ›Samson‹ und ›Messias‹ standen zur Diskussion. Bachs ›Matthäuspassion‹ und die ›Johannespassion‹. Haydns ›Schöpfung‹, Pfitzners ›Von deutscher Seele‹ neben Mozarts und Verdis ›Requiem‹, Berlioz' ›Fausts Verdammnis‹. Oft Bruckners und Beethovens Neunte. Einmal auch Mahlers Dritte...

Nach Mahler hatten die Wiener Philharmoniker unter Mottl, Schuch, Nikisch und Muck gespielt, bis dann auf neunzehn Jahre Weingartner ihr Chef gewesen war. Gäste: Mengelberg, Strauss, Krauss, Kleiber, Walter und Furtwängler. Die zuständigen Kräfte im Wiener Magistrat setzten alle Hebel in Bewegung, Furtwängler ›für fest‹ zu bekommen. Sie wußten, daß er das Gewandhauskapellmeister-Amt aufgeben wollte und – neben Gastspielverpflichtungen in aller Welt – lediglich die ›Achse‹ Berlin–Wien beizubehalten gedachte. Dieses Pensum war schwer genug zu bewältigen, allein aus der Beschränkung der damaligen Reisemöglichkeiten. Berta Geißmar: »Meistens mußten wir früh morgens nach einem Konzert von Berlin abreisen. Der Zug ging um acht Uhr vom Anhalter Bahnhof und führte einen alten österreichischen Wagen mit einem sogenannten Halbcoupé, einem einseitigen Abteil mit nur drei Sitzen. Es lag Furtwängler viel daran, dieses Abteil zu bekommen, denn er benutzte die langen Reisen zur Arbeit und fürchtete jede Störung... Jahre hindurch fuhren wir mit diesem Zug. So ein langer Reisetag – damals kam man erst um elf Uhr abends in Wien an – wurde immer sorgfältig eingeteilt. Erst frühstückten wir, dann herrschte Schweigen. Furtwängler las entweder ein neues Buch oder studierte sein Programm, wobei er es sehr genoß, daß ihn während solcher Fahrt nichts in seiner Konzentration stören konnte. Ich entsinne mich, wie er auf einer solchen Reise Spenglers ›Untergang des Abendlandes‹ studierte und daß er einmal zwischen Berlin und Wien Strawinskys ›Sacre du printemps‹ auswendig lernte...«[28]

Kaum mit den Philharmonikern im festen Kontakt, schlug Franz Schalk, Chef der Wiener Staatsoper, vor, Furtwängler solle doch auch im Haus am Ring sein Debüt geben und in Hinkunft mit einem von ihm zu bestimmenden Repertoire dem Institut als Gast zur Verfügung stehen. Das war verlokkend, denn die Wiener Oper galt damals – neben der New Yorker ›Met‹ – als die bedeutendste der Welt. Am 17. Oktober 1928 stand Furtwängler zum ersten Male am Pult jenes auch architektonisch glanzvollen Sangestempels, der durch Gustav Mahler »zur Hofburg der Musikdramatik« (Julius Korngold) erhoben worden war. Neueinstudierung von Wagners ›Rheingold‹ mit Schipper als Wotan, Wiedemann als Alberich, Helene Wildbrunn als Fricka und Richard Schubert als Loge. Die Presse war überschwenglich. Weder Strauss noch Muck oder Schalk hätten je einen so ›dionysischen Ring-Auftakt‹ dirigiert. Wenn Furtwängler überhaupt mit jemandem zu vergleichen sei, dann mit Mahler. Beide hätten ganz ›unterschiedliche Gesichter‹ gehabt, jedoch das gleiche Ziel im Hinblick auf die ›interpretatorische Erfüllung‹. Julius Korngold: »Furtwängler atmet jede musikalische Phrase mit; seine Zeichen sind Ausdruck der inneren Bewegtheit und des Pulsschlages seines Herzens. Hier wird

Ausdruck in eine so gründliche innere Anteilnahme verwandelt, daß die von Wagner erkorene Subjektivität mit der des Dirigenten kongruent ist. Seitdem Furtwängler mit Wagner umgeht, bedarf es im Hinblick auf die musikalische Deutung der Analyse einer neuen, bis dahin ungekannten Philosophie...«[29]

›Rheingold‹ war Wiener Tagesgespräch. Mit Spannung erwartete man die Fortsetzung des ›Rings‹. Doch dazu kam es nicht, denn am 31. August 1929 legte Franz Schalk sein Amt als Staatsoperndirektor nieder. Wer würde das Rennen um die Nachfolge machen? Aus den Kreisen der Philharmoniker, die ja auch den Theaterdienst versahen, kamen diverse Vorschläge, die sich alle mit Wilhelm Furtwängler als ›dem einzig möglichen‹ befaßten. Auch die Presse plädierte für den »Berliner, der Wiener Intimkenntnisse besitzt«. Doch dann ging die ›Remasuri‹ los, weil ›bodenständige‹ Musiker – wie der Symphoniker Franz Schmidt – einen ›österreichischen Eigenbedarf‹ anmeldeten. Auch ehemalige Hofkreise, immer noch einflußreich und illegal mitspracheberechtigt, wandten sich gegen den Berliner, der womöglich die ganze Szene ›verpreußisiere‹, wie es einst der von den Hohenzollern ›zwangsgermanisierte‹ Münchner Richard Strauss getan habe. Diejenigen, die noch habsburgisch fühlten, wollten plötzlich Clemens Krauss, den sie deswegen für besonders ›arteigen‹ hielten, weil er ein Abkömmling der Franz-Josephs-Familie sein sollte. Marcel Prawy, der stets dann bestechend realistisch argumentiert, wenn's ums Wiener ›Milieu‹ geht, schreibt zu den damaligen Vorfällen: »Hinter der letzten Direktionskrise verbarg sich ein ganzes Netz von persönlichen Eitelkeiten und Intrigen, deren Zentralfigur der Generalintendant der Bundestheater, Franz Schneiderhan, war, ein gebürtiger Wiener und von Beruf eigentlich Hutfabrikant...; das Unterrichtsministerium hatte ihn aus Breslau in seine Heimatstadt zurückberufen, damit er, als Beamter, Ordnung in die wackeligen Finanzen der Bundestheater bringe. Schneiderhans erster Gedanke war es nun, Wilhelm Furtwängler, der als Nachfolger Felix von Weingartners ständiger Dirigent der Philharmonischen Konzerte geworden war und als solcher in der Saison 1927/28 enorme Erfolge errungen hatte, zum Operndirektor zu machen. Er ging schrittweise vor. Zunächst kam im Frühjahr 1928 ein Vertrag mit Furtwängler zustande, der den Künstler für eine begrenzte Tätigkeit während der Saison 1928/29 an die Oper verpflichtete; Furtwängler leitete dann auch im Oktober 1928 jene ›Rheingold‹-Neuinszenierung, die beim Publikum so großen Jubel auslöste. Mit dieser Inszenierung begann der dritte Nibelungenring der Wiener Oper... Was lag angesichts des großen Erfolges näher, als über eine weitere Tätigkeit Furtwänglers an der Wiener Oper zu verhandeln? Schneiderhan ging aber noch weiter und bot Furtwängler ganz offen (das heißt: hinter dem Rücken Schalks) die Direktion der Oper an, und zwar ab 1930, dem Jahr, da Schalks Vertrag abgelaufen wäre. Schalk erfuhr davon, und man sagt, daß weniger die neue Dienstinstruktion von 1928 als vielmehr dieses Geheimangebot an Furtwängler den letzten Anstoß zu seiner Demission gegeben habe. In welche Form Furtwängler seine Zusage kleidete, wird wohl niemals mehr völlig geklärt werden können; jedenfalls war man auf offizieller Seite der Meinung, Furtwängler so gut wie gebunden zu haben, und rechnete mit ihm als dem künftigen Direktor.«[30]

Was nun folgte, liest sich bei Berta Geißmar wie die dramatische Konfektion aus einem Stummfilm-Drehbuch Thea von Harbous: »Endlich beschloß Furtwängler, die Verhandlungen in Wien persönlich zu führen. Ich blieb in Berlin zurück, hatte ihm aber versprochen, sofort nachzufahren, falls er mich brauchen sollte. Kaum war er in Wien angekommen, ersuchte er mich telegrafisch, auf der Stelle abzureisen. Der Vorstand der Berliner Philharmoniker, in größter Besorgnis, Furtwängler könnte das Wiener Angebot annehmen, brachte mich an die Bahn. Bei meiner Ankunft in Wien fand ich Furtwängler in einer Art von Belagerungszustand... Für Furtwängler war der Entschluß sehr schwer. Während vieler Jahre war Berlin der Mittelpunkt seiner Tätigkeit gewesen, er schaltete frei über die prachtvollen Philharmoniker, die so viel mit ihm reisen konnten, wie er nur wollte; auch die

Berliner Opernhäuser standen ihm offen. Andererseits übte Wien auf ihn jene besondere Anziehungskraft aus, der sich kein Musiker entziehen kann.«[31] Und nun tritt Schneiderhan auch bei Berta wie ein buhlender Mephisto auf den Plan. Er ließ alle seine Verführungskünste spielen, versprach ihr den Posten einer Generalsekretärin der Oper und das frühere Direktionszimmer von Richard Strauss als Büro. Den ganzen Tag über kniete er vor Berta, um sie für Furtwänglers Inthronisierung zu gewinnen. Sie dürfe auch jeden Monat eine ganze Woche lang in Berlin weilen, alles finanziert aus den Schatullen der Bundestheaterverwaltung. Fehlte nicht viel und er hätte ihr ein ›Pantscherl‹ angetragen, um den Plan durchzusetzen. Doch Schneiderhan wich vor dem ›Letzten‹ zurück. Abenddämmerung in Wien. Die Donau schlammt dahin und Berta und Wilhelm sitzen in einem Beisel und erwägen das Für und Wider. Sie erwägen die ganze Nacht durch. Fröhliche Zecher, von heimlichen Melancholien heimgesucht. Daß Frau Furtwängler auch irgendwo herumsitzt, wird in der Chronik nicht erwähnt. Sie schweigt mit den beiden beim lauwarmen Nußdorfer an die zwei Stunden, dann ›kriegt sie's‹ und verschwindet ›auf Gaudee‹ beim Wiener Naschmarktadel, was den Gatten, als er's hinterher erfährt, maßlos vergrätzt. Aber die Ehe wackelt seit langem. Warum hat er ›sie‹ überhaupt mitgenommen? Das fragt sich auch Berta, die Hauptperson. Der nächste Morgen. Katerstimmung. Der Umworbene schweigt noch immer. Berta weiß nicht, wie er sich vor Magnifizenz Schneiderhan entscheiden wird. Sie ist ganz wankelmütig, weil sie ahnt, daß ein historisches Ereignis bevorsteht: »Schneiderhan eröffnete das Gespräch mit diplomatischer Gewandtheit. Furtwängler antwortet ihm in einer Art von lethargischer Apathie, als ob er erwartete, daß ihm die Entscheidung irgendwie von einem deus ex machina abgenommen würde. Plötzlich nahm Schneiderhan Furtwänglers Hand, die schlaff herunterhing, und sagte: ›Ich sehe, wir sind uns einig, also beenden wir die Unterhaltung, hier ist der Vertrag zur Unterschrift.‹ Ich fühlte plötzlich, daß irgend etwas nicht stimmte. Furtwängler war so erschöpft, daß er im Moment überhaupt keine

Entscheidungskraft mehr hatte, und ich empfand mit Unbehagen, daß ein unfairer Druck auf ihn ausgeübt wurde. Keinesfalls schien er in der Lage, einen so schwerwiegenden Entschluß zu fassen, und wie ein Blitz traf mich die Erkenntnis, daß ich ihn schützen müsse. Die Dringlichkeit des Augenblicks gab mir Mut. Ich schlug mit aller Kraft auf Schneiderhans Hand, die Furtwängler gefangen hielt. Beide Männer ließen ihre Arme fallen. Furtwängler faßte sich schnell, und wir verließen die Bundestheaterverwaltung, nachdem vereinbart worden war, daß Furtwängler seine Entscheidung in aller Ruhe nach seiner Rückkehr in Berlin treffen könnte.«[32]

Während das ›Entscheidungsdrama‹ in Wien den letzten Höhepunkt erreichte, spielte sich in Berlin – freilich ohne die Protagonisten – eine kühne Variante ab. Eine Art von Interludium, pièce bien faite, Divertissement. In der ›Vossischen Zeitung‹ war ein Artikel erschienen: »Geht Furtwängler nach Wien?« Schlug wie eine Granate ein. Der Oberbürgermeister ›wackelt‹, Preußen und das Reich im derbsten ›Schmäh‹. Vorwürfe über Vorwürfe. Kaum ist Hauptakteur Maestro Wilhelm daheim, um von Zullmutter Lenchen nach Herzenslust betütelt zu werden, meldet sich ›OB‹ Böß, der den ›Doktor‹ anfleht, ihm nicht die größte Schande seines Lebens anzutun und während seiner Amtsperiode abzuziehen. Alles, was überhaupt zu erreichen wäre, solle unverzüglich in Angriff genommen werden: Gehaltsaufbesserung und Beamtenstatus und Geld und nochmals Geld ... Inzwischen hat Schneiderhan in Wien davon erfahren, was in Berlin vor sich geht. Per Nachtschnellzug trifft er an der Spree ein und bekniet seinen Kandidaten noch einmal von allen Seiten. Dann fällt die Entscheidung, die Berta Geißmar wie folgt kommentiert: »Furtwängler erklärte, wenn die Philharmoniker die notwendige, von Preußen, der Stadt Berlin und dem Reich versprochene Subvention zugesichert bekämen, und wenn er in die Lage versetzt würde, die Kontrakte der Musiker so auszustellen, wie es für die Aufrechterhaltung des Orchesterstandards unerläßlich sei, wäre er bereit, in Berlin zu bleiben. Wenn nicht, würde er das Wiener Angebot annehmen. Dieses Ultimatum wurde angenommen. Furtwängler blieb in Berlin und wirkte in Wien nur als Gastdirigent. Das Reich, Preußen und die Stadt Berlin übernahmen die Garantie für das Orchesterbudget, und der Reichsrundfunk verpflichtete sich zu einer bestimmten jährlichen Anzahl von Rundfunkübertragungen durch die Philharmoniker.«[33]

Nach dem Scheitern der Verhandlungen mit Furtwängler legte man dem Frankfurter Generalmusikdirektor, Clemens Krauss, einen Vertrag vor, den dieser ohne Umschweife unterzeichnete. Das neue Direktorium begann am 1. September 1929. Marcel Prawy: »Diese sonderbar überstürzte Beendigung der Direktionskrise ließ die Gerüchte nicht verstummen, man habe an verschiedenen höheren Stellen Furtwängler gar nicht haben wollen und durch gleichzeitige heimliche Verhandlungen mit Clemens Krauss schon seit längerem zu diesem hin tendiert und dadurch Furtwängler verärgert... Wie dem auch war, Clemens Krauss wurde ernannt. In Wien hieß er sofort der ›Frankfurtwängler‹...«[34] Der Kabarettist Hermann Leopoldi sang nach der Melodie ›O Tannenbaum, o Tannenbaum‹ auf den in Berlin verbliebenen Doktor Wilhelm:

> O Furtwängler, o Furtwängler,
> wie hoch sind deine Gagen!
> Du gabest uns dein Ehrenwurt,
> dann gingst du nach Berlin uns furt,
> doch wir, wir holten flugs uns her
> aus Frankfurt den Frankfurtwängler![35]

Das Verhältnis zwischen Krauss und Furtwängler war ›zwie‹. Welten trennten sie menschlich und künstlerisch voneinander. Gegenüber dem Charmeur und Aristokraten aus einschlägigem Geschlecht wirkte der ›Doktor‹ wie ein alter Grantler. Krauss schwappte über vor Sinnlichkeit, ein verspäteter Rokoko-Mensch, während Furtwängler dagegen wie eine Figur aus der Gotik wirkte. Man ›kannte‹ sich, aber man wollte nichts voneinander wissen. Zweimal dirigierte Furtwängler den ›Tristan‹ zu Beginn der Wiener Krauss-

Periode (im November 1929), dann wartete der Berliner ab, was die Zeiten bringen würden. Sie erbrachten, daß Krauss 1935 in Wien nicht mehr vorhanden war – für ein Kurzes leitete er die Berliner Staatsoper, um dann Intendant des Münchner Nationaltheaters zu werden –, und so konnte Furtwängler mit einer Neueinstudierung des ›Tannhäuser‹ im Oktober jenes Jahres seine zweite Wirkungszeit im Haus am Ring beginnen.

Amerika

Die Profession des Dirigenten erhält in den Zwanzigern eine neue Qualität. Bis auf Wagner hat man sich im Taktschlagen geübt, rhythmische Präzision stand im Vordergrund. Seit des Bayreuthers Zeiten vermittelt der Kapellmeister auch Stimmung und Sinngehalt. Bülow ist ein Uhrwerk, dessen Unruhe die Anstöße von preußischem Drill und ›erhabenem‹ Pathos erhält. Moll ist für ihn Schopenhauer, Dur der Schwanenritter mit hohenzollernschen Hoheitsabzeichen an dem wirkungsvollen Theaterhelm. Hans Richter dirigiert Crescendi cholerisch und Diminuendi sanguinisch. Für ihn sind die ›Meistersinger‹ insgesamt in einer ›deutschen Tonart‹ geschrieben, die vom Anfang bis zum Ende durchgehalten werden muß. Erst Mahler attestiert, daß es nicht eines physischen Engagements bedarf, um den ›Ring‹ durchzustehen, sondern eines psychischen. Er geht auf Freud zu und macht aus dem Handwerk des Dirigierens die Philosophie der Interpretation. Nicht mehr der Meister der Kapelle ist er, sondern ihr Katechet und Seelendoktor. Der ›Tristan‹-Therapeut verordnet sich selbst und seinen Genossen die Analyse. Mahler – der erste Dirigent der Geschichte. Ihm nahe kommt Felix Mottl, der sich freilich noch nicht traut, das Orgiastische einer Partitur nach sexuellen oder pathologischen Motiven aufzuschlüsseln. Kühn und entschlossen ›schneidet‹ er in die Erotik hinein, legt das Sensorium der ›Nachtgeweihten‹ bloß; aber er kennt moralische Barrieren. Ein Honnête homme. Nikisch ist die erste Zentrifuge, faßt alles zusammen, was seine Vorgänger und Zeitgenossen zuwege gebracht haben, und strömt im Überfluß wieder aus. In seinem

Purgatorium bleiben die Schlacken der Überpathetik von gestern auf dem Sieb, das die ›moderne‹ Psychologie zwischenschiebt, zurück. Was durchgeht, ist gefilterte, abstrahierte Leidenschaft, gebändigte Sentimentalität. Wenn er in Schwung kommt, tänzelt er herum. Der Homo ludens unter den Interpreten. Alles ist Spiel. Doch er weicht dabei dem Dämonischen nicht aus. Das eine mischt sich mit dem anderen zum Totentanz. Mit den Händen erzählt er, und das Publikum versteht seine Geschichten und die auf Spannung berechnete Dramaturgie in ihnen. Der philharmonische Narrator hat auch eine spiritistische Begabung und kennt allerhand Tricks, die Zuhörer in den Bann der von ihm berufenen Geister zu zwingen. Furtwängler braucht keine Tricks, keine Geisterbeschwörung. Anstatt Spiritismus – Spiritualität. Geist inkarniert sich in ihm. ›Es‹ kommt aus ihm heraus. Ist es ein musikalischer Dybbuk, der ihn befällt, windet er sich wie in Krämpfen. Dann peitscht er los, schäumt und stampft mit den Füßen. Wohnt ein Engel in ihm, dünnt er die himmlischen Goldfäden seiner Pianissimi bis zu ätherischer Konsistenz aus. Furtwängler ist Himmel und Hölle. Beides bis in die extremsten Regionen dieser unlokalisierbaren Gewalten. Zwischen den Brennpunkten schießt er wie ein nie zu bremsendes Weberschiffchen hin und her, verankert er seine Fäden, die heute so und morgen so eingefärbt sind. Auf diese Weise entstehen gewaltige künstlerische Psychogramme, die sich nur dann entschlüsseln lassen, wenn man das von ihm dazu ausgegebene Codewort kennt. Auch dieses ist nicht immer das gleiche. Je nach Lust und Laune, innerer Bewegtheit oder hypochondrisch durchmusterter Melancholie, verteilt er die tägliche Losung. Wie Mahler und Nikisch mangelt es ihm nie an Wertschätzung bei einem von ihm als wichtig erkannten Werk, gewiß auch nicht an psychologischer Einschätzung. Aber während jene aus dem Geradwinkel der Objektivität die Klangfelder abmessen, hat Furtwängler sein absolut originäres Verfahren, zu dem er sich das eigene Rüstzeug und das eigene Meßbesteck schuf, mit dem niemand anders umgehen kann. Von all seinen Vorgängern und Zeitgenossen hat er gelernt und angenommen und dennoch hat er sich als Autodidakt durchgesetzt. Wissen, wie es die anderen machen, aber nach den eigenen Gesetzen antreten. Sein maßloser Individualitätsanspruch schafft ihm superiore Gefühle. Er ist Jupiter. Und wie dieser hat er eine seiner Autorität und seinem Anspruch unterworfene Gemeinde. Sie besteht nicht nur in Berlin, Leipzig oder Wien. Auch in den mittleren und kleineren Städten hat er seine ›Fans‹, die ihm nachreisen, ihn anhimmeln, vergöttern. Mahler spannte man nach ›großen‹ Abenden die Pferde vor der Kutsche aus und trug ihn auf den Schultern heim. Dergleichen bei Furtwängler undenkbar. Er war nicht bürgernah, haßte Verbrüderungen in der Öffentlichkeit, wahrte vornehme Distanz. Und dennoch mochte man ihn ebenso wie den kleinen Mahler, der so gern auf Tuchfühlung ging und den ›Schweiß der Anbeter‹ wie ein Suchtmittel schnüffelte. Furtwänglers ›Größe‹ resultierte zu einem nicht unwesentlichen Grade aus seiner persönlichen Unnahbarkeit. Er machte sich rar, war nie zum Anfassen, ein höheres Wesen, das sich einem durch die Musik und sonst nichts mitteilte. Womöglich konnte es nur einem deutschen Dirigenten gelingen, auf diese Weise so überaus populär zu werden. Autoritäten und ›Vorbilder‹ im positiven wie im negativen Sinne haben es zwischen Etsch und Belt immer leichter gehabt, die Menge zu mobilisieren und zu überzeugen, aber auch zu verführen und zu radikalisieren, als anderswo. Mitte der Zwanziger war Furtwängler längst ein ›vorbildlicher‹ Begriff in seinem Vaterland – und er wurde es rasch auch im übrigen Europa und im Reich der normbesessenen Fantasten, also in Amerika. Nach dem besonders engagierten Jahr 1924 (Deutschland-Tournee mit dem Gewandhaus-Orchester, Reise mit den Berliner Philharmonikern durch das Reich und die Schweiz, erste Konzerte bei der Londoner Philharmonic Society) zu Beginn des nächsten gleich die zwölf ersten Konzerte in den Staaten, darunter der Triumph von Carnegie-Hall mit Pablo Casals als Solisten, der ein ambivalentes Verhältnis zu dem ›gottbegnadeten‹ Dirigenten unterhält, dessen ›unzweifelhafte Größe‹ er neidlos anerkennt, dem er aber menschlich kaum etwas abgewinnen kann. Der Romane schickt 1954 ein paar Allerweltszeilen für dessen Memorial, läßt ihn aber in seinen umfassenden ›Erinnerungen‹ von 1970 gänzlich aus. Von einem englischen Journalisten deswegen befragt, antwortet der Alte von Prades: »Political reasons!« Vielleicht spielte eine Rolle, daß Furtwängler in seinen europäischen Konzerten bis in die Dreißiger Gregor Piatigorsky bevorzugte, der 1925 erster Cellist der Berliner Philharmoniker geworden war. Der russische Jude Piatigorsky, der später in Amerika vor allem mit Vladimir Horowitz, Nathan Milstein und Arturo Toscanini zusammenarbeitete, folgte der künstlerischen Spurenlegung Furtwänglers aus ›objektivem Bedürfnis‹, wenn es ihm auch schwerfiel, sich den ›raubautzigen Manieren‹ des Chefs zu unterwerfen, der es niemals duldete, daß ein Solist mit eigener Meinung hervortrat. Da sich bei dem Cellisten der produktive Widerspruchsgeist des öfteren mit Vehemenz meldete, kam es nicht selten zu lautstarken Kontroversen mit dem Dirigenten, der sich maßlos giftete, wenn ein Einsatz oder eine Attacke zu selbstsicher geriet und der Solist damit von den Geleisen sprang, die zur Beschickung des zunächst noch unwegsamen Klang-Terrains ausgelegt waren. Furtwängler haßte Kontraste, die vom Komponisten nicht deutlich fixiert waren. Er pflegte ›zu glätten‹, wie ein aktives, viel gebrauchtes Verbum von ihm lautete. Was nun aber, wenn ein Solo-Individualist sich absolut nicht ›glätten‹ ließ? Dann kam es zum Bruch, denn der Romantiker Furtwängler gab grundsätzlich nicht nach, weil Kontrastierung für ihn Verfremdung klassischer Musik zur Moderne bedeutete. Da verzichtete er. Mit einem sprengenden Energisten wie Vladimir Horowitz zum Beispiel, hat er wüste Eskapaden durchgefochten. Am 25. Oktober 1926 debütierte der junge Pianist in der Berliner Philharmonie. Liszts A-Dur-Konzert. Während der Proben ging es nicht nur um Stilprobleme, hermeneutische Fragen, dynamische Probleme. Furtwängler empfand Horowitz' Anschlag als zu hart, zu forsch und forderte Zurücknahme. Der jedoch ließ sich nicht beirren. Der ›Tornado der Steppe‹, wie ihn amerikanische Kritiker genannt hatten, technisch stupend sicher, konterte. Ob Furtwängler sich jemals über Rubato-Techniken Gedanken gemacht oder vom Klavier aus ein Konzert durchlebt habe. Überhaupt kein Gefühl für die Stringenz des Bravoureusen in einem Stück wie dem Lisztschen. Laut war's im Haus. Der aufgebrachte Pianist haute den Deckel zu, als Furtwängler ihm eine bestimmte Stelle vorzuspielen gedachte. Das war natürlich vor dem versammelten Orchester ein außerordentlicher Affront. Nicht immer beachtete Meister Wilhelm, was guter Ton, was Sitte, was Anstand. Bisweilen mutete sein Widerspruch besserwisserisch, querulantisch an. Horowitz jedenfalls hat ihn spöttisch als »Mister Mißverständnis« oder »Doktor hypophysis causa« abgewertet. Was der Solist bei dem Berliner Konzert zu Recht kritisierte, war die naive, um nicht zu sagen absurde Zusammenstellung des Programms. In dieser Hinsicht war Furtwängler nicht immer gut beraten. Zu Beginn hatte er Bruckners Neunte angesetzt. Nach der Pause dann Horowitz mit dem Liszt-Konzert, umrahmt von Tschaikowskys ›Romeo und Julia‹. Horowitz war entsetzt, als er von diesem Mischmasch erfuhr, konnte aber nichts mehr ändern, da die Programme und Plakate längst ausgedruckt waren. Furtwängler hat ein wenig später in einem Aufsatz über die Gestaltung symphonischer Abende den ›Popularismus‹ solcher Zusammenstellungen verteidigt; aber das gelang ihm wenig überzeugend. Geschmacksunsicherheiten, wie sie ihm manche Kritiker unterstellten, machten sich des öfteren bemerkbar. Ungeniert ließ er auf Hindemiths ›Orchesterkonzert‹ Mozarts ›Kleine Nachtmusik‹, das Vorspiel zu Braunfels' ›Die Vögel‹, eine Bach-Kantate und Glucks ›Alceste‹-Ouvertüre folgen. Ärger kann's in einem bedenkenlos zusammengehauenen Wunsch-Konzert auch nicht kommen. Oder: Beethovens Erste, Hindemiths Tänze aus ›Das Nusch-Nuschi‹, Brahms Doppelkonzert für Geige, Cello und Orchester, Opus 102, und Wagners ›Holländer‹-Ouvertüre. Mit Horowitz prallte Furtwängler noch einmal während seiner Amerika-Tournee von 1927 zusammen. Das Rencontre war nicht zu umgehen. B-Dur-Konzert von Brahms. Der Pianist zieht außerordentlich an, bestimmt die Tempi, kümmert sich wenig um den Dirigenten. Furtwängler bricht ab. Horowitz legt noch mehr zu. Erneuter Abbruch. Er haut den Klavierdeckel zu. Markanter Abgang des Solisten. »Wir spielen das hier nicht so wie die Virtuosen in Amerika!« schreit ihm Furtwängler hinterher.[1] Am Abend reißt Horowitz das Geschehen völlig an sich. Amüsiert verfolgt das Publikum, wie der Dirigent nicht mitkommt, wie sich die Hälse der Kritiker nach vorn recken, damit sie ja keine Pointe des Duells versäumen. »Horowitz Sieger nach Punkten!« schreibt Olin Downes über seine Kritik. Damit ist der ›Fall‹ Horowitz für Furtwängler ausgestanden. Dem wird er die Hand nicht wieder reichen. Als später der entsetzliche ›Stunk‹ gegen ihn in den Staaten das Klima verpestet und ihn zwingt, den ›bösartigen‹ Kontinent zu meiden, glaubt Furtwängler allen Ernstes, Horowitz, der Schwiegersohn Toscaninis, sei der eigentliche Miesmacher. Doch der hat andere Sorgen, zum Beispiel gesundheitliche, um sich über die Runden zu bringen. In seinen Memoiren erklärt der Pianist zur Sache, Furtwängler habe sich sowohl in den Endzwanzigern als auch nach dem Zweiten Weltkrieg die Animositäten bestimmter amerikanischer Kreise selber zuzuschreiben gehabt. Wie Casals erklärt er rundheraus: »Political reasons!«[2]

Auch Piatigorsky, der weltberühmte Cellist, sei ein Opfer jener Clicque geworden, die »Horror-Witz« – wie er ihn nannte – gegen ihn angeführt habe, meinte Furtwängler. Er begriff es nicht, warum sein einstiger Konzertmeister, dem er nebenbei die Chance gegeben hatte, sich als Solist zu entwikkeln, soviel ›Undenkwürdiges‹ gegen ihn vorbrachte. Dabei bemühte sich der grandioseste Cello-Virtuose neben Casals in seinen diversen Erinnerungs-Aufsätzen, die er 1965 zu einer Biographie bündelte, dem Chef von damals nichts als Gerechtigkeit und Menschlichkeit widerfahren zu lassen. Auch aufgezeigte Schwächen können ja durchaus eine Vita erhellen. An einer Stelle berichtet Piatigorsky: »Unter Furtwängler fanden viele denkwürdige Aufführungen statt. Jedoch nicht jedes Furtwängler-Konzert war eitel Ruhm. Ich erinnere mich besonders an die Uraufführung eines zeitgenössischen Werks. Das Stück war außerordentlich schwierig und hätte mehr Zeit für Proben gebraucht, als zur Verfügung stand. Nachdem Furtwängler das Werk einmal durchgenommen hatte, begann er für den Rest der Probe Note für Note zu erarbeiten. ›Ist das ein Fis?‹ fragte einer der Musiker. Furtwängler sah in der Partitur nach. ›Ja, warum?‹ – ›Klingt nicht richtig.‹ Jede Sekunde wurde Furtwängler mit einer Frage unterbrochen. ›Da sind sieben Achtel in meinem Takt, ist das richtig?‹ – ›Ist das eine Sechzehntelnote?‹ – ›Wie spielt man pizzicato und arco zugleich?‹ Und so weiter, und so weiter. Furtwängler, der sich bemühte, die Dinge abzuklären, geriet immer tiefer in Verwirrung. Er verbrachte diesen Nachmittag und Abend damit, die Partitur zu studieren. Mir wurde erlaubt, auch hineinzuschauen. Am nächsten Morgen probten wir wieder, aber die Komposition schien nur noch komplizierter. ›Spielen wir doch wenigstens zusammen‹, jammerte Furtwängler, als er das Stück nochmals und nochmals wiederholen ließ. ›Ist es Ihnen bewußt, daß wir nur noch eine Probe, heute nachmittag, haben und daß der Komponist anwesend sein wird?‹ Nach kurzer Mittagspause versammelten wir uns in der Philharmonie. ›Meine Herren‹, kündigte Furtwängler an, ›soeben erhielt ich aus Wien die wunderbarste Nachricht. Der Komponist kommt nicht. Er sendet uns seine besten Wünsche.‹ – ›Bravo! Wunderbar!‹ rief ein Chor jubelnder Stimmen. ›Das ist noch nicht alles‹, fuhr Furtwängler fort. ›Selbstverständlich werden wir spielen, so gut wir nur können, ich möchte aber doch, daß Sie wissen, es gibt von der Komposition nur eine einzige Partitur hier im Lande. Die zweite hat der Komponist.‹ Wir nahmen das restliche Programm durch, das aus Stücken des Durchschnitts-Repertoires bestand, und ohne die neue Komposition auch nur noch anzurühren, beendeten wir fröhlich unsere Probe.«[3]

Zwar nicht mit einem wirklichen ›Modernsky‹, aber dennoch mit einem zeitgenössischen Komponisten wickelte sich – nach Piatigorsky – die folgende Szene ab, die – wie die vorige – ein Licht auf Furtwänglers Verhältnis zu neuen oder ihm unbekannten Stücken und deren Erfinder wirft: »Rachmaninoff war auf dem Spielplan. Vor der Ankunft des Komponisten arbeitete Furtwängler an dessen drittem Klavierkonzert mit dem Orchester und bemühte sich hauptsächlich, die vielen kleinen Striche, offensichtlich von Rachmaninoff selbst hineingeschrieben, abzuklären. Am Konzerttag saß der Komponist im Saal in der ersten Reihe und hörte sich die Probe an. Sein zerfurchtes Gesicht wirkte müde und bekümmert. Mit seinen langen Fingern fuhr er sich über das kurzgeschorene Haar und das Gesicht, als ob er sich erfrischen oder etwas Quälendes wegwischen wollte. Nicht ein einziges Mal blickte er zum Orchester, aber häufig auf seine Uhr. Er stand auf. Er war mager und sehr groß; jetzt betrat er das Podium. Furtwängler, der eine Symphonie probte, nicht beachtend, setzte er sich an den Flügel, sah auf seine Uhr und schlug ein paar dröhnende Akkorde an. Verblüfft unterbrach Furtwängler seine Probe. Er blickte zu Rachmaninoff, der ihm seine Uhr zeigte und sagte: ›Meine Probe war auf zehn Uhr dreißig angesetzt.‹ Ohne weitere Verständigung begann die Probe für das Klavierkonzert. Nach ungefähr fünf Minuten schritt Rachmaninoff zum Dirigentenpult und begann zu dirigieren. Das Orchester hatte zwei Dirigenten, den bestürzten Furtwängler und den auf russisch fluchenden Rachmaninoff. Sogar als er zum Klavier zurückkehrte, hielt die Spannung bis zum Schluß der langen, unangenehmen Probe an. Auch beim Konzert gab es immer noch Unstimmigkeiten, doch die beiden außergewöhnlichen Künstler brachten trotz allem eine aufregend schöne und besonders einheitliche Aufführung zustande.«[4]

Mit Rachmaninoff traf Furtwängler auch in Amerika zusammen, wobei es – wie schon in Berlin – zu keiner Annäherung kommen wollte. Beide standen sich hochgradig mißtrauisch gegenüber, beließen es bei Höflichkeitsfloskeln und hielten ihre Sekretärinnen in Schach, die sich dauernd wie Kampfhyänen in den Haaren lagen. Die resolute Sophie Satin und die zu jedem fighting Tag und Nacht in den Startlöchern verweilende Berta Geißmar. Während Furtwängler die Künste des Pianisten Rachmaninoff hoch veranschlagte, war ihm der Komponist völlig gleichgültig. Ihm mißfiel der vermeintliche Salon-Ton in den Werken des russischen Emigranten. Virtuosität als Selbstzweck. Mit einer Art usurpierter Überlegenheit fertigte der Dirigent den russischen ›Parfum-Connaisseur‹ ab, der in seiner Musik Liszt und Chopin mit dem goût des Flitters und der Verderbtheit verfälsche und dieses Geschmeiß als eigenen ›Saft‹ in der ganzen Welt verkosten lasse. Da Rachmaninoff ein so glänzender Pianist sei, solle sich dadurch erweisen, daß er niemals auch ein erstklassiger Tonsetzer sein könne. Welch eine Rancune-Logik! Übrigens ein Vorwurf, den andere bei dem Komponisten Furtwängler wiederholten, dem man als Star-Dirigenten Adäquates auf dem Gebiet der Komposition glattweg absprach.

Die zweite Amerika-Tournee fand im Frühjahr 1926 statt, die dritte ein Jahr später. Fast zwei Monate lang blieb er drüben, um in Philadelphia, Washington, Baltimore, Reading, Pittsburg und natürlich in New York zu dirigieren. Zum Abschluß in Carnegie-Hall das Requiem von Brahms. Halbstündige Ovation. Doch in die Kritiken mischen sich auch Angriffe. Der deutsche Maestro sei arrogant, verscherze es mit den Solisten, dirigiere immer nur die gleichen Werke und maße sich an, unsachliche Urteile über andere Dirigenten abzugeben. Zudem sei er darauf aus, Chef der New Yorker Philharmoniker zu werden, auf den Thron der ›Met‹ vorzustoßen und die Vorherrschaft der Italiener zu brechen. Das war verräterisch, denn Furtwängler mochte sich um mancherlei kümmern, die Italiener jedoch, also Toscanini allen voran, interessierten ihn am wenigsten. Und da diese offenbar die ›deutsche‹ Konkurrenz fürchteten, waren die Parolen in Umlauf gebracht worden. Tatsächlich hatte man Furtwängler angeboten, bei nächster Gelegenheit die New Yorker Philharmoniker übernehmen zu können. Doch das überforderte ihn einfach, und so schloß er zwar weitere Gastspielverträge ab, die er ein Jahr später liquidierte, aber zu mehr war er nicht bereit. Er wollte im deutschen Bereich bleiben. Dazu bemerkte Friedrich Herzfeld: »Am schlechtesten dankte ihm die Treue zur Heimat die Heimat selbst. Hier wurde er nach seiner Rückkehr in eine üble Hetze verstrickt. Man stellte es in einigen Blättern so dar, als ob sein letztes Gastspiel ohne Erfolg geblieben wäre und ihn die

Amerikaner nicht mehr haben wollten.«[5] Mit stolzer Sicherheit habe Furtwängler auf diese Angriffe erwidert: »Es scheint einem Teil meiner Landsleute vorbehalten zu sein, in gelegentlichen Presseangriffen, die mir in Amerika zuteil geworden sind und die dort niemand erpart bleiben, die ›Meinung‹ Amerikas über mich zu erblicken...«[6] Alles Larifari. Drei satte Verträge für die nächsten Jahre trage er in der Tasche. Ob das nichts sei?

Herzfeld: »Freilich kam es zu diesen Gastspielen nicht, denn Wilhelm Furtwängler bat die New Yorker Philharmonische Gesellschaft im Frühjahr 1928, den Vertrag nicht in Kraft treten zu lassen. Aber das hatte andere, persönliche Gründe.«[7] Schlecht recherchiert!

Ebensowenig ergiebig ist das, was Riess zur Sache zu melden hat: »Nach dem Gastspiel im Winter 1926, das mit einem noch größeren Triumph endete als das des Vorjahres, schien es, als werde Furtwängler wie Bruno Walter von jetzt ab jedes Jahr einen Teil der Saison in Amerika verbringen. Da ändert sich bei seinem dritten Gastspiel, im Jahre 1927, die Situation blitzartig. Zwar jubelt ihm das Publikum noch immer zu, aber ein Teil der Presse wird reserviert. Furtwängler ist konsterniert, um so konsternierter, da gerade Olin Downes, der ihn bisher so in den Himmel hob, ihm gegenüber ganz kühl geworden ist. Ja, Olin Downes meint sogar, er, Furtwängler, sei nicht mehr als ein zweitklassiger Dirigent. Und die übrige New Yorker Presse ist ihm nicht viel günstiger gesinnt. Was steckt dahinter? Dies ist des Rätsels Lösung: Mr. Mackay, der Vorsitzende des Aufsichtsrates des New Yorker Philharmonischen Orchesters und einer der Hauptgeldgeber, ist mit Arturo Toscanini befreundet – schon lange, schon seit 1912, als Toscanini an der Metropolitan Opera dirigierte. Er wünscht Toscanini, der damals als künstlerischer Direktor der Mailänder Scala fungiert, nach Amerika zurückzubringen. Als Toscanini nun zusagt, muß entweder Willem Mengelberg, der die erste Hälfte der Philharmonischen Konzerte dirigiert, geopfert werden, oder Furtwängler, der die zweite Hälfte leitet. Mengelberg hat Beziehungen und nützt sie aus. Sein Vertrag wird erneuert.

Es bleibt also gar nichts anderes übrig, als Furtwängler zu entlassen.«[8]

Alles war viel komplizierter und verwickelter. Toscanini hatte in den Staaten längst einen großen Namen, ehe Furtwängler dort auftauchte. Der agile, cholerische Maestro war zwei Jahrzehnte zuvor erfolgreich gegen Gustav Mahler aufgetreten und hatte diesen aus der ›Met‹ hinausgedrängelt. Seine ›Banda‹ hatte alles für ihn erledigt, um den verhaßten ›Deutschen‹ fertigzumachen. Die Gerüchteküche brodelte über, die einflußreichen Damen der Box-holders wurden courtoisiiert, erlagen dem Charme und der Geschwätzigkeit des stabführenden Casanovas, der mit einem leidenschaftlichen Augenaufschlag mehr erreichte als andere mit seitenlangen Eingaben. Toscanini bootete Mahler aus, riß dessen ›Tristan‹ an sich und beherrschte fortan die Szene. Die ›Italian Season‹ zählte, nicht die ›German‹. Und nun, in reifen Jahren, wo ihm die Früchte all der Intrigen und Conquistadorien in den Schoß fallen sollten, kam abermals ein Deutscher über den Ozean; diesmal einer, der das Teutonische mit der Muttermilch eingesogen hatte. Und wie einst Mahler, so gelang es Furtwängler, die Amerikaner per Handstreich für sich einzunehmen. What to do? Ausprobieren, ob die Mafia noch funktioniert. Die hatte sich, wie Fafners Erben, in einer Art von Neidhöhle zurückgezogen, mit dem wachen Auge ständig die Szene abfunzelnd, ob nicht ein Siegfried ins besetzte Gehege eindringe. Als nun ›Gefahr‹ signalisiert wurde, preschten die Giftsprüher los, erschienen in den Redaktionen und beim Direktorium der Philharmonic Society. Die bisherigen Furtwängler-Fürsprecher fielen reihenweise um, und wie man einst Mahler den von ihm einstudierten und vorbereiteten ›Tristan‹ entriß, so brachte man Furtwängler um seine Beethovensche Neunte. Während das geschah, ließ sich der Maestro in Mailand von einer Neuralgie, potenziert durch einen bronchialen Katarrh, befreien. So konnte auf ihn nicht abgewälzt werden, was in New York geschah. Und doch registrierte er mit der ihm eigenen Perfektion die große Gerüchte-Orgel, die den bisherigen Ruhm Furtwänglers marktschreierisch übertönte.

Nach den Aufzeichnungen Berta Geißmars hatten sich Toscanini und Furtwängler erstmals 1923 in Italien getroffen: »Auf einer der unzähligen Proben, die Furtwängler nach italienischer Sitte zur Verfügung gestellt wurden, eilte Toscanini, der zuvor unbemerkt im Hintergrund gesessen hatte, plötzlich zum Podium und schüttelte ihm voll Wärme die Hand. Die Familie Toscanini verhielt sich während des ganzen Gastspiels sehr freundschaftlich zu dem deutschen Dirigenten. Im Jahr darauf ging Furtwängler nach Mailand zurück, um sich einige der Opernaufführungen Toscaninis anzuhören.«[9] Inzwischen aber mußte der Deutsche doch wohl erfahren haben, daß die so vehement zur Schau gestellte Sympathie eher eine hohle Geste war. Sozusagen Judas-Freundlichkeit. Louise Varèse weist nämlich in dem Buch über ihren Mann darauf hin, daß ihr Edgard in Furtwängler einen Verbündeten gefunden hatte, wenn es darum ging, Toscanini herunterzuputzen, »wobei jedes Wort wie ein Nadelstich traf«.[10] Man war sich also nicht ganz grün und beschimpfte sich hinterrücks, während man bei ›zufälligen‹ Begegnungen einander zulächelte wie asiatische Götzen.

Furtwängler fiel aus allen Wolken, als er erfuhr, daß die Philharmonic Society sein Programm – oder zumindest Teile davon – Toscanini übertragen hatte. Daniel Gillis schreibt, Furtwängler sei davon überzeugt gewesen, daß Toscaninis Erkrankung nur vorgetäuscht war und daß jener damit gedroht habe, alle seine Verpflichtungen abzusagen und in Italien zu bleiben, sofern ihm nicht erlaubt werde, Beethovens Neunte anstelle des Deutschen zu dirigieren.[11] Klar, daß die Toscanini-Biographen in diesem Zusammenhang von »unhaltbaren Gerüchten« dalbern und den Casus herunterzuspielen versuchen. So redet sich Harvey Sachs mit folgender Argumentation heraus: Schon im Frühjahr 1926 habe der Maestro an das Philharmonic Orchestra telegrafiert und darauf hingewiesen, daß er seine erste Aufführung der Neunten in der kommenden Saison in der Carnegie Hall und nicht – wie ursprünglich vorgesehen – in der Metropolitan angesetzt haben wolle, weil er es für richtiger halte, die Aufführung im gleichen Konzertsaal stattfinden zu lassen, in

dem auch die Proben dazu abgehalten würden. Zudem gäbe es Unterlagen, aus denen hervorginge, daß Furtwängler noch Monate später nicht einmal einen Programmentwurf für die Season von 1927 vorgelegt hätte. Sachs: »Im Oktober hatte die Philharmonic-Intendanz einen Brief von Anita Colombo (Sekretärin, Anm. d. Verf.) erhalten, der besagte, daß Toscanini gern einen vollständigen Beethoven-Zyklus als Teil seiner New Yorker Konzertreihen des bevorstehenden Winters leiten würde. Die Antwort lautete, daß das unmöglich sei, weil anderen Dirigenten bereits ebenfalls andere reine Beethoven-Programme zugesagt worden seien; die Neunte bleibe Toscanini aber natürlich weiterhin vorbehalten. Anscheinend unternahm er jedoch einen weiteren Versuch, um sich in dieser Hinsicht durchzusetzen... Die beiden Konzerte, die Toscanini dann schließlich in New York leitete, bestanden ausschließlich aus Beethoven-Symphonien: Das eine enthielt die Dritte und die Fünfte, das andere die Erste und die Neunte. Die Fünfte war in der laufenden Saison bereits von Mengelberg dirigiert worden; da aber Furtwänglers Programmplan ursprünglich die Erste ebenso wie die Siebente vorgesehen hatte, ist es unwahrscheinlich, daß die Wiederholung der Ersten irgendwelche Feindseligkeiten ausgelöst haben könnte. (Schließlich führte Furtwängler dann die Siebente, aber nicht die Erste auf.) Wenn es denn Auseinandersetzungen um die Neunte gab, so wird doch deutlich, daß sie nicht von Toscanini initiiert wurden...«[12]
Das soll also heißen: Entweder saß Furtwängler einem Gerücht auf oder aber er selber schlug gegen den italienischen Kontrahenten los. Beides ist absurd. Er war ein viel zu kluger Diplomat, als daß er einen so abgefeimten Intrigen-Plan nicht durchschaut hätte. Und daß ihm eine offene Fehde mit dem in Amerika inzwischen Monumentalruhm genießenden Kollegen das Genick gebrochen haben würde, wußte er auch. So nahm er zur Kenntnis, was die italienische Mafia angezettelt hatte, und zog daraus die Konsequenzen. Entgegen der Bemerkung von Herzfeld, die Berliner hätten den Rückzug aus Onkel Sams Paradies mit Häme kommentiert, muß festgestellt werden, daß die Kritik in toto pro Furtwängler

einstimmte. Helle Begeisterung sei dem Heimgekehrten bei seinem ersten Erscheinen vor der Berliner Öffentlichkeit in der Saison 1927/28 entgegengeschlagen. Der Rezensent der ›Signale‹ schreibt: »Vielleicht wollte mancher auch dafür danken, daß der Maestro während des Winters seine Tätigkeit bei uns nicht unterbricht durch ein mehrmonatliches Gastspiel in New York. Diese kleine Eifersucht ist schließlich doch nur ein verständlicher Ausfluß der Verehrung und Liebe.«[13] Mit Furtwänglers Absage in Amerika endete das erste heikle Kapitel in der Beziehung des Deutschen zu dem abgründigen Herrn aus Parma. Was ihm in den Staaten verlorenging, machten Erfolge in der Heimat hinreichend wieder wett. Nachdem er schon 1926 mit den Philharmonikern das Brahms-Fest in Heidelberg zu einem ›historischen Ereignis‹ hatte werden lassen, kam er ein Jahr später zum Beethoven-Fest der Stadt zurück, die ihn nun – in Anerkennung seiner Verdienste um das internationale Musikleben – in der Universität mit dem philosophischen Doktorhut schmückte. Von allen Auszeichnungen, die ihm im Laufe seines Lebens zuteil wurden, hat ihn die Heidelberger Ehrung am meisten beeindruckt. Von nun an war er, überall, wo er auftauchte, ›der Doktor‹, ob in London beim ersten Konzert der Berliner Philharmoniker im Dezember 1927 oder beim Pariser Debüt mit jenen im Mai des folgenden Jahres.

Im Dezember 1928 merkte die ›Zeitschrift für Musik‹ in Leipzig an, die Londoner Tagespresse habe sich »förmlich in Superlativen« überboten: »Mit geradezu sensationellem Erfolg spielten die Berliner Philharmoniker zweimal. Zuerst in der großen Queens Hall und dann in der noch viel größeren Albert Hall. Die außerordentliche Präzision, gepaart mit einem ungewöhnlich strammen Rhythmus, hat wieder einmal den Beweis erbracht, welche ungewöhnliche Macht ein geborener Dirigent wie Furtwängler über einen großen orchestralen Körper auszuüben imstande ist.«[14] In der ›Comoedia‹ schrieb Paul Le Flem über den Pariser Einstand: »Das Konzert wurde mit Kundgebungen der lebhaftesten Begeisterung aufgenommen. Die einzelnen Stücke des Programmes sind mit denselben Werten, vor allem im Stil und in der

Nuancierung, ausgeführt worden. Die Zuhörer, die diesem gedenkenswerten Abend beiwohnten, standen ebenso unter dem Eindruck des prachtvollen Zusammenspiels der ausübenden Künstler, wie der sicheren Meisterschaft ihres großen Dirigenten Furtwängler.«[15]

Berta Geißmar an Leo Kestenberg: »Sie wissen, daß in der gleichen Woche 4 Vorstellungen der Wiener Oper stattfanden, zwei Tage vor uns 2 Konzerte von Mengelberg und am Tage nach uns ein Konzert der Wiener Philharmoniker. Trotzdem war bei uns kein Platz leer und der ganze Beifall, die ganze Art des Enthusiasmus' war derart spontan, daß gar kein Zweifel herrschte über die Wirkung. Vorzüglich hat die Association française gearbeitet, die in ihrer Art... einfach vorbildlich ist und unter derem Protektorat ja das ganze Konzert stattfand.«[16] So erfolgreich sich die Arbeit mit den Philharmonikern ausnimmt, es bleibt nicht verborgen, daß Deutschlands Parade-Orchester in einer tiefen materiellen Krise steckt. Das Reich hat die Zusage, einen jährlichen Zuschuß von 50000 Mark zu leisten, nicht eingehalten. Daraufhin sperrt auch Preußen die Wechsel, so daß die Stadt Berlin für alle Defizite (1927 an die 200000 Mark) allein aufkommen muß. Furtwänglers Bedingungen sind also nicht eingehalten worden. Viel kostbare Zeit verplempert er in den Ministerien und Kanzleien, um zu verhindern, daß die Gehälter seiner Musiker, wie geplant, halbiert werden. Auch er selber muß mit starken Einbußen rechnen. Dafür offeriert man ihm Gastabende an der Städtischen Oper in Charlottenburg, insgeheim damit spekulierend, daß er Gefallen an der Sache finden und zukünftig die musikalische Leitung übernehmen möchte. In der ›Vossischen Zeitung‹ wird am 28. Juni 1929 gemeldet: »Die Vorlage über die Reorganisation des Berliner Philharmonischen Orchesters wurde dem Haushaltsausschuß zur Vorberatung überwiesen... Einer Anzahl Fraktionen waren die finanziellen Einzelheiten in der Vorlage zu wenig geklärt, vor allem aber wurde beanstandet, daß in der Vorlage über die Persönlichkeit des Generalmusikdirektors Furtwängler nur steht, daß er auf zehn Jahre unkündbar engagiert werden soll, während über die Bedingungen, die in dem Vertrag stehen, kein Wort der Stadtverordnetenversammlung verraten worden ist. Es wurde festgestellt, daß nach dem Vertrag mit Furtwängler dieser für 30 Konzerte inklusive der öffentlichen Hauptproben ein Gehalt von 50000 M. plus 15000 M. Aufwandsentschädigung, im ganzen also 65000 M., erhalten soll, und es wurde darauf hingewiesen, daß außerdem eine Tätigkeit Furtwänglers an der Städtischen Oper in Aussicht genommen sei, und daß sich dann das Gehalt Furtwänglers auf etwa die doppelte Summe erhöhen würde.«[17] Der Chefdirigent antichambrierte und machte Stimmung, wo er nur konnte, damit seine Musiker zukünftig besser abgesichert sein würden. Im September 1929 zeigte sich der Erfolg: Stadt und Reich übernahmen 51 Prozent der Anteile der Orchester-GmbH. Vor allem aber ging es darum, den Orchestermitgliedern die Autonomie zu gewährleisten, die sie bisher besessen hatten. Es blieb dabei, daß sich das Orchester durch Zuwahl selbst ergänzte und seinen Dirigenten wählte, doch das Votum für einen Chef bedurfte nunmehr auch der Zustimmung des aus dreizehn Mitgliedern bestehenden Aufsichtsrates. Während der neue philharmonische Vertrag zur Unterzeichnung beim Magistrat auflag, traf Furtwängler alle Vorbereitungen zur Absicherung seiner eigene Bedürfnisse. Der Titel ›Städtischer Generalmusikdirektor‹ wurde nun offiziell beurkundet; in selbstherrlicher Einschätzung forderte er für die fünfzehn Opernabende der nächsten Saison an der ›Städtischen‹ runde 23000 Mark, die ihm sofort bewilligt wurden. Das höchste Honorar, das bis dahin im ›zweiten‹ Opernhaus der Reichshauptstadt ausgezahlt wurde. Walter und Mengelberg begnügten sich mit der Hälfte. Klar, daß die meisten Zeitungen über den ›Schröpfer‹ und ›Ausnehmer‹, den ›Überanspruchsvollen‹ und ›Größenwahnsinnigen‹ herfielen. Überhaupt scheint die Stimmung in den Endzwanzigern nicht so überschwenglich pro Furtwängler gewesen zu sein wie in den Jahren zuvor. Dessen Aufbruch in die Internationalität wurde gerügt, man beklagte die wenig homogenen Programme. In der ›Berliner Tribüne‹ erschien zu einem Konzert aus dem November 1929 unter der Überschrift »Der Fall Furtwängler« folgende Besprechung: »Daß ein Mann vom künstlerischen Format Furtwänglers nur zwei Arten von Programmen kennt, nämlich konventionelle und geschmacklose, ist als bedauerliche Tatsache schon oft verbucht worden. In seinem dritten diesjährigen Konzert ist er nun glücklich bei einer Spielfolge angelangt, deren Buntscheckigkeit jedem Gartenkonzert Ehre machen würde. In der Philharmonie erregte sie Ärgernis. Zuerst: Haydns sogenannte ›Militärsymphonie‹, in G. Das Militärische in ihr ist von etwas zweifelhafter Herkunft, wie mir scheint: nachträglich aufgesetzt... Hierauf erscheint Maria Ivogün, um mit der vollen Herrlichkeit ihrer Stimme in einer Rameau-Arie mit den Nachtigallen, lies: solistischen Holzbläsern, zu wetteifern. Frau Ivogün wird auch nach der Pause ein Thème varié von Saint-Saëns singen, das ihr, koloraturgespickt, glänzend liegt, und weiterhin die Arie der Lia aus Debussys Jugendwerk ›L'Enfant prodigue‹, die sie als ein höchst expressives Stück durchaus nicht bewältigen kann. Vorher aber hat man sich noch durch eine Erstaufführung von bedrückender Länge hindurchzuwinden: Tanzsymphonie von Reznicek. Gröblicher ist der Sinn des Tanzes wohl noch nie mißverstanden worden. Wie hier Polonaise, Csardas, Ländler, Tarantella sonatenhaft und mit riesigem Aufwand aufgeplustert werden, das erzeugt höchste Langeweile... Die Hörer, zum Schluß noch gar mit einer Fuge unter Hinzuziehung des Dies irae attackiert, beklatschten Furtwängler. Es folgen endlich die ›Préludes‹ von Liszt. Ober, noch ein großes Helles. Die Kapelle spielt jetzt Nummer 7.«[18]

Bayreuth

Möglich, daß zur fränkischen Kaiserzeit auf dem ›lieblichen Hügel‹ vor den Toren Bayreuths, auf dem heutzutage eine seltsame Balkenkonstruktion das Festspielhaus Richard Wagners zusammenhält, der Schindanger der Siedlung lag, letzte Ruhestätte für allerhand Galgenvögel aus der ›Baierute‹. Die Forscher wissen es nicht genau. Aber soviel darf jedoch gesagt werden, daß an jenem bemerkenswerten Ort schon manche Hoffnung begraben worden ist. Auch Wilhelm Furtwängler erlebte an jener Kultstätte, die schon zu archaischen Zeiten die einen magisch anzog und die anderen wie die Pest abstieß, das Walten finsterer Mächte, als er 1931 – kaum daß er seine Zelte dort aufgeschlagen hatte – diese raschest wieder einzurollen sich gezwungen sah. Er zog mit Grollen und Granteln von dannen, um sich fünf Jahre hindurch zu überlegen, ob es Sinn haben könne, erneut im Tempel ›des‹ Meisters zu arbeiten. Als er Anno '36 seinen zweiten Einzug in Bayreuth hielt, kam er nicht auf dem Rücken einer Eselin, sondern mit einem Jet des ›Dritten Reichs‹, aber dem ›lieben Gott der deutschen Dirigierkunst‹ wurden, wie dem weiland Nazarener, Palm- und Lorbeerzweige zu Kränzen gewunden und Scharen von BDM-Mädchen, die Ehrenjungfrauen jener Tage, bewarfen ihn mit Sommerblumen: im Auftrage des Oberbürgermeisters und des Gauleiters von Franken, die aus Groß-Berlin diverse Instruktionen erhalten hatten, dem Staatsrat den Aufenthalt in Bayreuth so angenehm wie nur möglich zu gestalten, damit jener nicht ein zweites Mal durch ›widrige Umstände‹ dem renommiertesten aller Festivals entkäme. Diesmal war der Reitstall, den Maestro Wilhelm 1931 von Winifred als eine der Voraussetzungen für gedeihliche Co-operation gefordert, den er aber doch selber hatte finanzieren müssen, weil Ebbe die Wahnfried-Cassa heimsuchte, bis in den letzten Winkel ›entgüllt‹ und ›desinfiziert‹. Verstand sich von selber, daß der ›erste Dirigent des Reichs‹, wenn er denn schon bereit war, die Festspiele gründlich aufzuwerten, auch für seinen Wallach kostenfreies Obdach fand, was schon bedeutend schwieriger wurde, als er nach zwei außerordentlich starken Saisons und einer zu eigenschöpferischem Gestalten genutzten Pause in den Vierzigern drittmals am ›lieblichen Hügel‹ erschien, mit den ›Meistersingern‹ festlich-therapeutische ›Kriegsfestspiele‹ betreibend, um zusammengeschossenen Landsern, Arbeitsmaiden und Reconvaleszenten zu beweisen, zu welch mutigen Einsätzen die Heimat fähig.

Anzunehmen, daß bereits Siegfried Wagner, der das Festival 1924 nach Jahren wüsten Antichambrierens bei der europäischen und amerikanischen Hochfinanz wiedererweckt hatte, sich nationalen Ruhm einheimsend und wegen dauernder physischer Überforderung permanent in Infarktnähe manövrierend, mit dem Gedanken spielte, Furtwängler für das Unternehmen zu gewinnen. Noch lebte Cosima, die ›Meisterin‹; und vor allem umdrohnten Schwärme erzkonservativer ›Patrone‹ den gutmütigen Buben des verblichenen Musikdramatikers, die kategorisch forderten, es müsse alles beim alten bleiben, kein Tuck dürfe verändert werden, nicht einmal die brüchig und durchsichtig gewordenen Spannteile der Kulissen, die man lieber von hinten mit Dollarscheinen beklebt, als daß man sie erneuert hätte. Und da waren Siegfrieds Tanten, Kostüm- und Pressewesen betreuend, die so reaktionär sich gebärdeten, daß die Luft in den geheiligten Hallen dumpf und miefig war und jegliches neuaufkeimende, zarte Leben erstickte. Houston Steward Chamberlain waltete aus dem Krankenwagen (er war querschnittsgelähmt) seines teutonischen Priesteramtes, bis ihn die angeblich verderbliche Diät seiner Gattin Eva, der monströs-virilen Tochter Wagners, die Vorsehung und ein gewisser Lebensüberdruß ›heim‹ nach Walhall gebracht hatten. ›Chamb‹

hatte Siegfrieds britische Ehepartnerin, Senta Winifred, mit Adolf Hitler bekannt gemacht, die von der ›Bewegung‹ so angetan war, daß sie Herd und Hof vergaß, wenn es darum ging, den ›Wolf‹ zu unterstützen, ihm in die Festung Landsberg Papier und Tinte zu schmuggeln, ihn, den Vegetarier, mit frischem Sauerampfer, Nesselgemüse und Hagebuttengelee zu füttern und ihm auf die feschen Breeches-Hosen zu starren, die sie erregten, was dem aufstrebenden Anstreicher aus Braunau am Inn nicht entging, der es zeitweilig genoß, mit der ›Verwalterin‹ von Bayreuth in einem (erotischen) Atemzug genannt zu werden. In der Tat: Anfang der Dreißiger glaubten viele zwischen Etsch und Belt, daß Adolf um Senta Winifred freie. Der deutsche Siegfried und die kompakte Brünnhilde.

Siegfried, von seinen Eltern ›Fidi‹ geheißen, mag Furtwängler das eine oder andere Mal gehört haben. Seine Biographen[1] überliefern, der Entschluß, den grandiosen deutschen Dirigenten für Bayreuth zu gewinnen, sei in der Generalprobe zu ›Lohengrin‹ im Hause der Städtischen Oper Charlottenburg gefaßt worden. Nach diesem Ereignis hätte es für den begeisterten Wagner-Erben keinen Halt mehr gegeben, mit den Worten »Sie müssen der Unsrige sein!« sei er auf den verschwitzten, abgekämpften Dirigenten zugestürzt, habe diesem zäh-anhaltend die Hände geschüttelt und unter Tränenströmen der Ergriffenheit dessen Zustimmung erheischt. So larmoyant war Siegfried Wagner nun gewiß nicht. Einen Kniefall vor Furtwängler hätte er auch gar nicht nötig gehabt, denn dieser schätzte die Institution Bayreuth hoch ein, sah in einer ›Berufung‹ nach dorthin die romantische Pilgerfahrt, die vor ihm Größen wie Mottl, Richter und Muck angetreten hatten. Bleibt festzustellen, daß diese Szene überhaupt nicht stattgefunden haben kann, denn besagte ›Lohengrin‹-Neuinszenierung hatte erst am 9. Oktober 1930 Premiere (Generalprobe drei Tage zuvor), und da war ›Fidi‹ ebenfalls schon nach Walhall oder sonstwo entrückt, denn am 4. August des Jahres, während des Festivals, ward der Familie in Wahnfried sein Exitus mitgeteilt.

Das Festspielunternehmen ein Betrieb, der entweder stillsteht, wenn der Motor ausfällt, oder aber durch Notaggregate weiterläuft. Die Witwe fand wenig Zeit zum Trauern. Sie setzte sich, als die Klageweiber (sprich: Tanten) ihre von der internationalen Gemeinde tief eingesogenen Oden zur Totenweihe anstimmten, ans Regiepult der Firma und stellte von heute auf morgen die Weichen. Erst einmal galt es, Toscanini zu halten, der ›Tannhäuser‹ und ›Tristan‹ übernommen hatte (das Wartburg-Drama in der noch von Siegfried geschaffenen Neuinszenierung). Arturo sagte für 1931 zu, als er bewegt von der resoluten Witwe und ihren vier unmündigen Kindern Abschied nahm. Aber damit war's nicht getan. Der Muff aus den Gründerjahren mußte raus. Winifred besprach sich mit Heinz Tietjen, schickte den Hagestolz Karl Muck ungeniert in Pension und besiegte durch geharnischtes Auftrumpfen die listig und rünstig von den ›Tanten‹ Daniela und Eva angezettelte Palastrevolution, durch die sie, die ›Uneingeweihte‹, hätte kaltgestellt werden sollen. Winifred holte auch Rat von ›Wolf‹ und seinen Genossen ein, die alle nur das Beste für Bayreuth wollten, wozu eine allmählich betriebene ›Entjudung‹ des Orchesters und des Solistenensembles unerläßlich war. Wotan Schorr, Hunding Emanuel List, Steuermann Deszö Ernster, Landgraf Alexander Kipnis... untragbar! Und auch die Clique der ›warm brothers‹ hatte zu verschwinden, obwohl da Konzessionen gemacht werden mußten, denn auch damals waren Star-Tenöre und Heldenbaritone rar. Senta Winifred kabelte herbei, was nicht ohnehin am ›lieblichen Hügel‹ graste, und beschloß in illustrer Runde, es von der nächsten Spielzeit an zeitgemäßer, moderner, sachlicher und intensiver zu machen. Entmottung, Entrümpelung des Museums. Neue Gesichter. Furtwängler ante portas. Das Geschrei der Alten gellte entsetzlich durch den grauversponnenen Dornröschengarten in der fränkischen Metropole. Die ›Zugereiste‹ erdreistet sich, das Vermächtnis des ›Meisters‹ anzutasten. Götterdämmerung! Doch die neue ›Herrin‹ riß couragiert die Modervorhänge beiseite und bestellte sich als Erweckungsprinzen den in aller Welt bewunderten Wilhelm Furtwängler, nichtahnend, daß sie damit gleich eine der zünftigsten Kontroversen zu Beginn ihrer Regierung vom Zaune brach, denn sie hatte die Trennung der Gewalten nicht recht bedacht. Die Torreadore Toscanini und Furtwängler in einer Arena, das konnte nicht gutgehen.

Der Städtische Generalmusikdirektor Berlins hatte sich den italienischen Kollegen sehr genau angehört und angesehen, denn während der ›Kunstwochen‹ des Jahres 1929 gastierte Maestro Arturo an sechs Abenden mit dem Ensemble der Mailänder Scala in der Linden-Oper und in der Städtischen. Eine Sensation! Von weither waren die Kritiker angereist. Der Münchner ›Musikschriftleiter‹ Gail faßte die Stimmung in den Sätzen zusammen: »Nicht nur Berlin: ganz Deutschland erschien in der letzten Woche als ein einziges großes Sprachrohr, durch das immer nur eine einzige Stimme redete: Toscanini. Die Faszination war in Berlin derart fiebrig, daß man für die deutschen Kunstkreise, für die deutsche Musikkultur fürchten könnte...«[2]

Furtwängler erlebte ›Falstaff‹, ›Manon Lescaut‹ und ›Aida‹. Außerdem standen ›Troubadour‹, ›Lucia‹ und ›Rigoletto‹ auf dem Programm. Kein Lokal-Berichterstatter, der nicht für Toscanini Partei ergriffen hätte. Alfred Einstein: »...jedenfalls hat uns die italienische Operntruppe einen erfreulichen, aber auch gefährlichen Maßstab zur Beurteilung deutscher Kunstleistungen an die Hand gegeben.«[3] Max Marschalk: »...läßt Toscaninis Kunst zu einer großen Sache werden, die einem Wunder gleichkommt.«[4]

Als 1930 wiederum Kunstwochen an der Spree abgehalten wurden, kam der Italiener abermals voll zum Zuge. Er dirigierte ›Fidelio‹, die ›Missa solemnis‹ und Beethovens Neunte. Furtwängler saß hinter dem Kollegen und war von den Eindrücken so stark mitgenommen, daß er sich sofort an den Schreibtisch begab, um einen detaillierten Bericht unter dem Motto »Ein Beitrag zur wahren Situation des deutschen Musizierens im Jahr 1930« niederzuschreiben, der insofern ein Unikat und ein Unikum darstellt, als daß Dirigenten sehr selten Buchstäbliches über ihre Konkurrenten hinterlassen haben. Schade, denn ein Gegenstück: Toscaninis Impressionen über den stabschwingenden Furtwängler – hätten das rencontrierende Kapitel erst recht kontrapunktisch ausgelotet. Furtwänglers Diktum: »Toscanini hat in Deutschland, dem Lande der Orchester und Dirigenten, einen Erfolg gehabt, wie kaum jemals ein anderer ausländischer Künstler. Es verlohnt sich, den Gründen dieses Erfolges nachzugehen, ihn auf seine Echtheit, Nachhaltigkeit, Bedeutsamkeit zu prüfen. Die Einmütigkeit des Erfolges bei der Presse war auffallend, denn innerhalb der Musikpresse haben sich in Deutschland – wie auch auf anderen Gebieten – die politischen Gegensätze sehr verschärft, ist Einheitlichkeit über eine rein künstlerische Erscheinung daher heute viel seltener zu beobachten. Freilich ist damit auch das verhältnismäßige Vorherrschen unsachlicher Gesichtspunkte gegeben. Ohne damit den Erfolg Toscaninis charakterisieren oder herabsetzen zu wollen, muß doch gesagt werden, daß er der Linkspresse gegenüber den großen Vorzug hat, kein Deutscher zu sein – was sich speziell in der Berliner Presse stets sehr auswirkt. Andererseits ist er aber auch kein Jude, was ihn wiederum auf der andern Seite in München empfiehlt. Daß im übrigen die Ausländerei gerade im Musikalischen in Deutschland stets eine übermäßige Rolle gespielt hat, muß auch der überzeugteste Internationalist zugeben...«[5] Furtwängler arbeitet mit den verhängnisvollen Topoi, deren sich die rechtsradikale Phalanx seit Jahrzehnten bedient. Linke und Juden, in einen Topf geworfen, werden gegen ›den‹ Deutschen ausgespielt. Zentrale Ideologeme, völkische, geraten in (ideal-)typische Zusammenhänge. Die Logik Alfred Rosenbergs und Houston St. Chamberlains. Erschreckend, wie in vielen Aufsätzen Furtwänglers aus jenen Jahren vor der ›Machtergreifung‹ die strukturellen Zusammenhänge ganz bestimmter Ideologeme und ihrer soziopolitischen wie psychosozialen Wechselbeziehungen evident werden. Wo immer er sich benachteiligt fühlt und andere bevorteilt sieht, haben die Linken, die Juden oder die Ausländer ihren negativen Anteil an der Sache. Der ›Deutsche‹ Wilhelm Furtwängler, der – wie Hans Pfitzner und Heinz Tietjen – nie offiziell der nationalsozialistischen Kumpaneia beitritt und schockiert ist über die Exzesse, von denen er erfährt, den Ekel befällt, wenn er den ›Führer‹ aus nächster Nähe sich ›ausschleimen‹ sieht, zeigt in mancherlei Aussagen und Empfindungen dennoch die Qualität eines Nationalsozialisten. Es zeigen sich Dutzende von ideologischen Gemeinsamkeiten, auch wenn er sie nie wahrhaben will. Offenbar gibt es historisch-genetische Abhängigkeiten, die sich teilweise sogar dem ›aktuellen‹ Bewußtsein entziehen. Wenn sich Furtwängler zwischen 1930 und 1933 über ›moderne‹ Musik äußert – wie wir noch sehen werden –, fällt er unversehens in den gleichen Jargon, pointiert zugunsten der Völkischen und unterwirft sich dem Ritual der ›Welteneinteilung‹ nach Rosenbergschem, von Schroederschem und Chamberlainschem Vorbild, was selbst die neutralsten Beobachter (wie H. H. Stuckenschmidt) maßlos irritiert.

Im Hinblick auf Toscanini stellt Furtwängler nach der ›politischen‹ Einleitung die Frage nach der ›wirklichen Qualität‹. Er bietet eine ›sachgetreue Analyse‹: »Daß eine solche in der deutschen Presse so verschwindend selten zu finden war, war verständlich. Erstens ist es nicht so leicht, auch für den erfahrensten Kritiker nicht, die wirklichen Qualitäten eines Dirigenten auf den ersten Anhieb zu übersehen, insbesondere nicht, wenn er mit einem fremden Orchester kommt. Und dann spielt im Falle Toscaninis das Vorurteil, die Erwartung eine große Rolle. Man konnte eigentlich stets das lesen, was man schon vorher wußte: die enorme Exaktheit des Orchesters, obwohl gerade diese in Wirklichkeit keineswegs die Stärke der Berliner Konzerte Toscaninis bildete – die notengetreue Darstellung, obwohl wir in Deutschland viel notengetreuere Darstellungen der Eroica gehabt haben (womit übrigens in meinen Augen nichts gegen Toscanini gesagt ist, da die notengetreue Darstellung, ein rechtes Schulmeisterideal, in Wirklichkeit weder neu noch ein Ideal ist). Ich selber habe Toscanini in Mailand und Zürich, in New York und in Berlin gehört, und zwar nicht nur ein-, zweimal, auch bei zahlreichen Proben, und habe daher Möglichkeiten des Urteils, wie sie ein deutscher Kritiker nur deutschen Dirigenten gegenüber, die er immer wieder vor

Augen hat, haben kann...« Furtwängler analysiert Haydns ›Die Uhr‹, darauf Debussys ›La mer‹ und das Scherzo aus dem ›Sommernachtstraum‹. Dann die Leonoren-Ouvertüre, die Toscanini zum ersten Mal vor eine ›im deutschen Sinne‹ ganz vollgewichtige Aufgabe gebracht habe: »Hier ist sein Versagen selbst Leuten aufgefallen, deren Vorurteile jeden Anflug von Kritik im Keime erstickten. Auch hier will ich nur die wenigen bezeichnenden Momente hervorheben, Momente, die sich überall im Verlauf der Darstellung wiederholen, daher als charakteristische Merkmale seiner Interpretations-Weise angesehen werden müssen. Daß eine so charakteristische Biegung wie die Modulation nach Es-Dur im neunten Takt der Einleitung zum Florestan-Thema hin, völlig eindruckslos blieb, weil ›streng im Tempo‹ ohne das geringste Wissen um ihr Wesen darüber hinweggespielt wurde, nur nebenbei. Die funktionelle Bedeutung der Modulationen auf lange Sicht hin, die in der absoluten Musik, zumal Beethovens, so eine andere Rolle spielen, scheinen seinem naiven Opernmusiksinn völlig unbekannt. Aber auch sonst fehlt jener kleinste Ansatz zu einer seelisch-psychologischen Durchdringung als rein-musikalische. Dafür besonders aufschlußreich war der Einsatz des Allegro-Themas. Statt dasselbe, wie es von Beethoven gewollt und gedacht ist, aus dem langanhaltenden h der Einleitung hervorwachsen zu lassen, sowohl in der Tonstärke – Beethoven schreibt *pp* vor – als in der Art des Tempos und des Wesens des Themas, dem hier durchaus noch etwas Verhaltenes anhaften muß, beginnt er plötzlich, unmotiviert, in fröhlichem *mf*, reichlich schnell, als gälte es das Allegro einer Haydnschen Sinfonie. Er machte aber auch später diese Ohrfeige, die er dem fühlenden und wissenden Hörer erteilt, keineswegs dadurch gut, daß er auf dem Höhepunkt das Crescendo bei der *ff*-Wiederholung des Themas in üblicher Opernmanier merklich zurückhält... Das letzte Wort über seine Beethoven-Interpretation ist nicht zu sagen, ohne die am folgenden Tage gespielte Eroica mit einzubeziehen... Die Willensnatur Toscaninis, die (den eigentlichen Schlüssel zu seinem Welterfolg bildet und) ihn charakterisiert, geht hier eine Synthese ein mit gewissen ähnlichen Zügen bei Beethoven, die gerade in der Eroica, zumal deren erstem Satz, zum Ausdruck kommen. Dies fühlt das Publikum zweifellos, und es kommt ein Eindruck zustande, der auch dadurch nicht entwertet werden kann, daß er mit der Kunst als solcher nur sehr teilweise zusammenhängt. Das kann uns aber nicht hindern, die Forderungen des Kunstwerks als solchem obenan zu stellen. Diesem zu genügen, ist Toscanini viel weniger gelungen. Gerade hier wurde in der so leicht suggerierbaren Presse viel geredet von notengetreuer Auffassung. Gerade das aber war die Aufführung Toscaninis nicht. Man sagt, daß die starke Verlangsamung des Gesangsthemas des zweiten Satzes auf eine Tradition, die durch Beethovens Freund Wegeler überliefert wurde, zurückgeht. Toscanini verbreitert zweifellos viel zu sehr, was sich am Schluß rächt... derselbe Prozeß, respektive dasselbe Mißverständnis erfolgte noch vielmals während der Sinfonie – zeigt er seine Fremdheit und naive Ahnungslosigkeit gegenüber einer der Hauptforderungen der eigentlichen sinfonischen Musik, der Forderung des organischen Werdens, des lebendig-organischen Herauswachsens jeder melodischen, rhythmischen, harmonischen Bildung aus dem Vorhergehenden. Was gerade bei dem ersten Satz der Eroica von neuem auffiel, waren die lärmenden, undifferenziert elastisch-energischen Tutti, die ganz unvermittelt neben die meist mit leichter Verlegenheit und einem Anhauch von Sentimentalität gespielten kantablen Partien traten. Alles das, was den eigentlichen Inhalt der Beethovenschen Musik ausmacht, nämlich was organisch ist, wie es von einem zum andern kommt usw., existiert für Toscanini nicht... Aber wir erinnern uns in diesem Moment, daß er bis ins höhere Alter niemals etwas anderes als italienischer Opernkapellmeister gewesen ist, der stets in den Formen italienischer Opernmusik denkt, dem das Tutti einerseits, die rein homophone Arie andererseits, Grundbegriffe der Musik bleiben... Wie soll man vom italienischen Operndirigenten verlangen, daß er sich selbst verleugnet. Und da haben wir auch den Sinn seiner Eroica-Darstellung. Entweder Tutti oder Arie – in diese zwei Elemente wird die ganze, unendlich reiche Skala der Musik Beethovens aufgelöst. Ein wahrlich reichlich primitives Verfahren...«[7] Diese Einschätzung Toscaninis muß man unbedingt vorausschikken, will man das Verhältnis Furtwänglers zu seinem Kollegen auf der Bayreuther Szene ergründen.

Zu den Persönlichkeiten, die neben Furtwängler das neue Gesicht des Wagner-Festivals aufschminken sollen, gehören der Bühnenbildner Emil Preetorius und der gerade zum Generalintendanten der Preußischen Staatstheater ernannte Regisseur und Kapellmeister Heinz Tietjen, zuvor Chef der Städtischen Oper in Charlottenburg, der Linden-Oper sowie der mit dem Staatstheater verbundenen Kroll-Oper. Mit beiden hat Furtwängler bereits aktiv zusammengearbeitet, zum Beispiel beim ›Lohengrin‹ im Oktober 1930, über den Julius Kapp, der Chefdramaturg der Staatsoper, schreibt: »Einen Höhepunkt der Berliner Operngeschichte bildete die ›Lohengrin‹-Neuinszenierung in der Städtischen Oper am 9. Oktober, bei der sich zum ersten Male Furtwängler als Dirigent, Tietjen als Regisseur und Preetorius als Ausstatter zu künstlerischer Arbeit zusammenfanden, ein Terzett, dessen Gemeinschaft später noch andere Großtaten gelingen sollten. Dieses erste Mal lagen die Umstände noch besonders günstig, weil die Personalunion des obersten Leiters der Berliner Opernhäuser eine Zusammenfassung und einen Austausch künstlerischer Kräfte ermöglichte. So wirkte an diesen ›Lohengrin‹-Festabenden der Staatsopern- und Städtische Opernchor gemeinsam mit. Die musikalische und szenische Wirkung dieser Aufführung war überwältigend und dürfte wohl außerhalb Bayreuths nie anderwärts erzielt worden sein.«[8] Mit diesem ›Lohengrin‹ war der mutige Plan Otto Klemperers, in der Kroll-Oper ein ›entromantisiertes‹ Schwanenritter-Epos auf die Bretter zu bringen, in dem (unter der Regie von Piscator und in den Bühnenbildern von George Grosz) auf Schwan und realistische Schelde-Landschaft, auf Kemenate und Burghof verzichtet werden sollte, ad acta gelegt worden. Das Kroll-Haus, den Rechten seit langem wegen der ›zersetzenden Kulturpolitik‹ ein Dorn im Auge, ward durch Tietjens Machenschaften geschlossen,

Klemperer – wie Kapp schreibt – zwangsweise ins Linden-Haus übernommen, wo er sich ›widerwillig‹ neben Kleiber, Blech und dann Furtwängler einzuordnen hatte. Der ›Lohengrin‹, von den Völkischen als ›Auftakt zu neuen Taten‹ vielgepriesen, war die erste Inszenierung, die in jeder Hinsicht den Vorstellungen der ›Bewegung‹ von Kunst und ihrer Realisierung entgegenkam. Verständlich, daß sich noch in den Enddreißigern die ›Kulturschriftleiter‹ glühenden Herzens an diese Pioniertat erinnern werden.

Hatte bis dahin der populäre Bühnenbildner Panos Aravantinos jugendstilartigen Bühnenmystizismus über kunstvolle Aufbauten und farbintensive Horizonte geworfen, so wurde das Diffuse und Zwitterige, das Archetypische und Symbolhafte nun gänzlich ausgeschaltet und der Besucher statt dessen mit geradlinigem, naturalistischem, ›deutschem‹ Kunstgewerbe ›bereichert‹.

Warum sollte eine Elsa nicht zum Gretchenkranz (der erst abgeschnitten wurde, als nach 1936 die Theaterfriseure für die teutonisch aufgewertete ›griechische‹ Olympia-Haar-Rolle einzustehen hatten) ein fließendes Reform-Kleid tragen und dazu eine zünftige Runen-Brosche, Fibeln und klirrende Armreifen nach Langobardenart, da sie ihre Kemenate ohnehin schon durch die ›Deutschen Volkswerkstätten‹ in erhabener ›deutscher Eiche‹ hatte herrichten lassen mit Leinenbespannung und echter deutscher Schafswollauslegeware...

War Preetorius noch einigermaßen flexibel und der nordischen Zweckform in ihrer robusten Überhöhung abhold, so kopierte Benno von Arent, der künftige ›Reibübi‹ (Reichsbühnenbildner), was Adolf Ziegler auf überdimensionale Leinwände bannte und Arno Breker in seinem Hang zur Elephantiasis aus Marmor und Sandstein herausklotzte.

Zu den unsinnlichen, das Hausbackene ins Monumentale transferierenden Bühnenbildern und den sterilen, gleichmacherischen Kostümen paßte die gesten- und seelenlose Regie jenes Mannes, der durch mysteriöse, unsichtbare Gewalt alles in der Zeit des ›Dritten Reichs‹ betrieb, was Oper im weitesten Umfang hieß. Diese ›graue Eminenz‹ Heinz Tietjen, halb Kapellmeister, halb Bühnenarrangeur, der beim

Dirigieren nie genau wußte, wo er war, und die Partitur stets ›verblätterte‹, der den Sängerinnen empfahl, ›um einen guten Ton zu erzielen‹, auf sämtliche Korsagerien zu verzichten und die Busen ›schießen zu lassen‹, der den ersten Akt der ›Walküre‹ so enden ließ, als gingen Siegmund und Sieglinde nun Walderdbeeren lesen... Tietjens Regie war mit Leichtigkeit festzuschreiben – wie die Choreographien nach der Tanzschrift Labans und Terpis'. Und da nun weder vom Bild her noch von der Personenführung auf der Szene Nennenswertes geschah, mußte die Musik das Fehlende rundherum ergänzen. Ein Kapellmeister, auf ›Notentreue‹ oder ›Werktreue‹ bedacht, sich der Materie völlig unterordnend, ›dienend‹ und sich kleinmachend, hätte der Sterilität womöglich nichts anderes als eine weitere sterile Dimension hinzugefügt. Nur ein sowohl dramaturgisch als auch tiefenpsychologisch gleichermaßen intensiv wirkender Dirigent, der im ›obersten‹ Verstande Intelligenz und Metyphysik im rechten Verhältnis zueinander mischte, der rücksichtslose Vergeistigung mit animalischer Besessenheit paarte und zu einem sinnstiftenden Ganzen zu fügen verstand, konnte das Konstruktiv-Nüchterne, das Gewalttätig-Biedere binden und integrieren. Nie wieder hat dramatische Musik soviel Macht und einen solchen unwiderstehlichen Sog gehabt als unter Furtwängler, da jener sich mit Tietjen und Preetorius verband, Wagners Werke in einer ›zeitgemäßen‹ Form anzubieten. Sieht und hört man sich das leider immer nur in knappen Ausschnitten vorhandene Filmmaterial aus jenen Jahren an, so ist man verblüfft darüber, wie stimmig sich das Ganze ausnimmt und in welch erstaunlichem Umfang sich Form und Parolen des Nationalsozialismus dem Wagnerschen Œuvre einprägen ließen.

Die Gewichtung zugunsten der Musik schaffte natürlich alle Draperien beiseite, das Gesamtkunstwerk funktionierte allein durch die mächtigen Impulse, die vom Dirigenten ausgingen, der jeden Baustein mit seiner individuellen Signatur versah. Sein Ingenium umklammerte alles, durch ihn wuchsen sich die Dramen ins Riesenhaft-Klangliche aus. Dadurch, daß Furtwängler die Prioritäten setzte, entstand eine merkwürdige Interferenz, die aber nur von denen wahrgenommen wurde, die auch der Darstellung und der Ausstattung eine eigene, das heißt in diesem Fall: gleichziehende Dimension zubilligen wollten.

Kritisch wurde die Situation dann, wenn der Präzeptor ausfiel, also Furtwängler aus irgendwelchen Gründen nicht dirigierte. Unter Elmendorff oder Hoeßlin, durchaus redlichen Kapellmeistern, unterblieb der nachdrückliche Anspruch der Musik. Raffte sich Tietjen selber auf, den ›Ring‹ durchzunehmen, gerieten die Proportionen vollends ins Wanken, und wenn dann – sozusagen bei Al-fresco-Untermalung – die fragwürdige Darstellungspraktik und das kunstgewerbliche Interieur in den Vordergrund rückten, war das Werk der Lächerlichkeit preisgegeben, was freilich der größere, zu deutsch-hausbackenem Niveau degenerierte Publikumsteil kaum merkte. Und schon gar nicht registrierten die Nazi-Großkopfeten die massiven Unterschiede, denen es bei Furtwänglers Abenden viel zu sehr in den metaphysischen Abgründen rumorte, während man bei Elmendorff und seiner burlesken Verkostung des Ganzen am liebsten lauthals mitgesungen hätte und es Hoeßlin ergebenst dankte, daß er lange Strecken hindurch das dramatische Geschehen so milde ›abfurzte‹, was den ›gesunden‹ Zuhörschlaf niemals störte, in den man todsicher auch versank, wenn Tietjen sich am Pult etwas zusammenprünte, der überhaupt keine Attitude hatte, so daß es immer aussah, als strickte er Strümpfe mit dem Dirigierstab als emsigem Maschenheber.

Was die Präsenz der Nazi-Oberen in Bayreuth anging (sowohl vor der Machtübernahme als auch danach), so stimmt Hitlers Intimus und späterer Rüstungsminister Albert Speer mit vielen Chronisten darin überein, daß diese nur höchst mäßiges Interesse an den hybriden Musikdramen zeigten. Nicht nur am ›lieblichen Hügel‹, der sich allmählich und mit völkischem Lustgewinn zu einem ›braunen‹ wandelte, ließen sich die Gauleiter, Gruppenführer und Generäle schwer und nur unter Druck von Hitler zusammenrotten, sondern auch bei den Nürnberger Reichsparteitagen in unmittelbarer Nachbarschaft der fränkischen Theaterstadt, zu denen – wie man doch hätte erwarten können – die kunstbewußte Elite zu pilgern bereit sein mußte. So ist's durchaus glaubwürdig, wenn Speer in seinen ›Erinnerungen‹ schreibt: »Auch die Eröffnung der Parteitage durch eine Aufführung der ›Meistersinger‹ mit dem Ensemble der Berliner Staatsoper unter Furtwängler ließ ich mir nie entgehen. Man hätte denken sollen, daß solch ein Galaabend, der nur noch in Bayreuth seinesgleichen fand, überfüllt gewesen wäre. Über tausend ›Spitzen der Partei‹ erhielten Einladungen und Karten, aber sie zogen es augenscheinlich vor, sich über die Güte des Nürnberger Bieres oder des fränkischen Weines zu informieren. Dabei verließ sich wahrscheinlich jeder darauf, daß der andere seiner Parteipflicht nachkommen und die Oper absitzen würde; wie es überhaupt eine Legende ist, daß die Führungsspitze der Partei musikalisch interessiert war. Vielmehr waren ihre Repräsentanten im allgemeinen grobknochige, undifferenzierte Typen, die für die klassische Musik so wenig einzunehmen waren wie für Kunst und Literatur überhaupt. Selbst die wenigen Vertreter der Intelligenz in Hitlers Führungsschicht, wie etwa Goebbels, nahmen an Veranstaltungen wie den regelmäßigen Konzerten der Berliner Philharmoniker unter Furtwängler, nicht teil. Hier konnte man aus der gesamten Prominenz lediglich Innenminister Frick treffen.«[9] Der in Wahnfried aus und ein gehende Gauleiter Hans Schemm (nach seinem frühen Tod auf dem Bayreuther Friedhof an der Erlanger Straße direkt neben Siegfried Wagner bestattet!) hatte es sicherlich nicht so schwer wie seine Genossen in Nürnberg, die auf Hitlers Befehl Uniformierte regelrecht ins Theater treiben mußten. Speer: »Vor diesem Hintergrund wird verständlich, daß bei der Aufführung der ›Meistersinger‹ im Jahre 1933 das Nürnberger Opernhaus fast leer war, als Hitler die Mittelloge betrat. Er reagierte höchst ärgerlich, denn nichts sei, so meinte er, beleidigender und schwieriger für einen Künstler, als vor leerem Haus zu spielen. Hitler ließ Streifen aussenden, die aus Quartieren, Bier- und Weinlokalen hohe Parteifunktionäre in das Opernhaus schaffen sollten; aber es gelang trotzdem nicht, den Zuschauerraum zu füllen. Am folgenden Tag wurden in der Organisationsleitung zahlreiche Witze erzählt, wo und wie man die Fehlenden aufgegriffen habe. Daraufhin wurde den theaterunwilligen Parteispitzen im nächsten Jahr von Hitler ausdrücklich befohlen, an der Festaufführung teilzunehmen. Sie erschienen gelangweilt, viele wurden sichtbar vom Schlaf übermannt. Auch entsprach nach Hitlers Meinung der dünn gespendete Beifall bei weitem nicht der glanzvollen Aufführung. Ab 1935 wurde daher die kunstträge Parteimasse durch ein ziviles Publikum ersetzt, das die Karten für teures Geld erstehen mußte. Die dem Künstler unentbehrliche ›Atmosphäre‹ und der von Hitler verlangte Beifall waren erst damit erreicht.«[10]

Diese Ausführungen eines ›vor Ort‹ Beteiligten sind auch deswegen nicht unwichtig, weil so oft behauptet wird, die Nazis hätten, kaum Grund unter den Füßen, die Theater zwischen Flensburg und Bad Reichenhall sofort besetzt und nun Abend für Abend in Kolonnen Parketts und Ränge bevölkert. Rudolf Bockelmann schreibt in seinen Aufzeichnungen, daß man auch 1933 »Braunhemden nur vereinzelt – und wenn überhaupt in der Suite des Führers und Minister Goebbels' – im Festspielhaus angetroffen« habe. Er, der Parteiobmann der Künstler, hatte intimere Kenntnisse von den Strukturen der Besucher und der Parteigängerschaft seiner Kollegen: »Wir aus der Bewegung versammelten uns in Bayreuth erstmals am Grabe von Siegfried, um im Namen Adolf Hitlers den Paradekranz niederzulegen und den Toten unserer Gemeinschaft... zu weihen. Wir wußten alle, wie nahe die junge Witwe des Verewigten unseren Zielen stand und daß sie der treuesten Gefolgschaft Adolf Hitlers sicher sein konnte. Auf der ›Achse‹ Bayreuth–Berlin vermochte sie mancherlei für das nationale Unternehmen zu erreichen. Schon gleich nach dem Ableben Siegfrieds erhielt sie die ersten Zusagen, die als Ehrenpflicht der neuen Führung des Deutschen Volkes bald in zukunftsgreifende Taten umgesetzt wurden. Mit Tietjen und Furtwängler erhielt Bayreuth nach dem Tode Siegfrieds zwei künstlerische Führer, auf die sich jeder Beteiligte verlassen konnte. In ihrem Gefolge befanden sich treueste Genossen der ersten Stunde, die nichts davon abbringen konnte, sich ihrem Auftrag gemäß der großen Sache zu widmen.«[11]

Bockelmann, seit 1928 Mitglied des Bayreuther Ensembles, der Kurwenal im ›Tristan‹ an der Städtischen Oper Berlins, wenn Furtwängler dirigierte, sah 1930, als Winifred die ›Besetzung‹ für das kommende Jahr bekanntgab, voraus, daß es zwischen Toscanini und seinem deutschen Kollegen Reibereien geben würde: »Zwei Päpste in einem Haus, das führt zum Schisma!«[12] Wer die Szene überblickte, erkannte, daß sich zwei Heere gegenüberstanden, deren Vorreiter auf der einen Seite die ›Alten‹ waren, das heißt: die fürchterlichen Tanten, Siegfrieds Schwestern, nebst Hans von Wolzogen, Alexander Spring und Muck, allesamt auf Toscanini eingeschworen, und auf der anderen Witwe ›Wini‹ mit ihren Braunhemden und der männerfeindlichen Freundin und Halbtagssekretärin Liselotte Schmidt, die – zur Verwirrung der Fronten – sowohl etwas gegen Maestro Artur als auch gegen den Dirigenten aus Berlin hatte. Eine Intrigantin wie einem italienischen Opernlibretto entnommen. Sie hat wesentlich dazu beigetragen, daß es nach der Spielzeit von 1931 zwischen Furtwängler und Frau Wagner zum Zerwürfnis kam.

Ob es nun so war, wie man's bei Zdenko von Kraft nachlesen kann, daß schon Siegfried bei Furtwängler vorfühlte, oder ob Berta Geißmar recht hat, wenn sie schreibt, ihr Chef sei völlig überrascht gewesen, als ihn Winifreds ›Ruf nach Bayreuth‹ erreichte, es spielt für die Entscheidung, am ›lieblichen Hügel‹ der Karriere ein weiteres gleißendes Licht aufzustecken, keine Rolle. Bei der krachledernen Berta liest sich der Verlauf der Dinge so: »Er nahm sich Zeit, die Sache zu überdenken, und die Angelegenheit wurde streng geheimgehalten. Schließlich beschloß man, daß Frau Wagner nach Berlin kommen sollte, um sich mit ihm zu besprechen. Um jede Möglichkeit vorzeiten Geredes zu vermeiden, fand die erste Unterredung in meiner Wohnung statt... Furtwängler erklärte sich bereit, dem Ruf nach Bayreuth zu folgen. Frau Wagner ist sonst ein starker und beherrschter Mensch, aber in diesem Augenblick brach sie in Tränen der

Erleichterung aus. Es wurde vereinbart, daß Furtwängler für den Sommer 1931 an Stelle von Muck den ›Tristan‹ übernehmen solle, verbunden mit dem Amt des musikalischen Leiters der Festspiele... Die Nachricht von Furtwänglers Berufung nach Bayreuth brachte eine Flut von Bewerbungsschreiben von Musikern mit sich, die in das Festspielorchester aufgenommen werden wollten. Zum ersten Mal bewarben sich auch Mitglieder der Berliner Philharmoniker, die gern auch einmal unter ihrem eigenen Dirigenten Opern spielen wollten.«[13]

Ostern Vorbesprechung in Wahnfried. Die Geißmar: »Schließlich waren alle Vorbereitungen für den Sommer getroffen. Frau Wagner hatte Furtwängler ein romantisches und abgelegenes Haus in der Nähe einer Mühle zur Verfügung gestellt. Auch ein Pferd für ihn war da, und dieses Pferd blieb für ihn eine der größten Attraktionen seines Bayreuther Aufenthaltes... Die Einführung eines neuen Dirigenten war dort an sich immer eine große Sache, aber Furtwänglers Amtsantritt war von besonders aufregenden und dramatischen Umständen begleitet. In jenen Tagen begann er am Fliegen Gefallen zu finden, und ein junger Pilot mit einem eigenen Flugzeug bot sich an, ihn von Berlin nach Bayreuth zu bringen. Während des Fluges entstand ein Maschinendefekt, und so mußte das Flugzeug auf halber Strecke notlanden. Die Maschine überschlug sich, und Furtwängler – immer ein vorzüglicher Sportsmann – suchte sich mit Geistesgegenwart vor dem Anprall zu schützen, indem er den Salto mortale des Flugzeugs mitmachte. Nur diesem Umstand dankte er sein Leben. Zerschunden und noch halb benommen von dem Schock, kam er in einem Auto kurz nach neun Uhr früh am Festspielhaus an, unmittelbar nachdem seine erste Probe hätte beginnen sollen. Der Probenbeginn in Bayreuth war immer eine feierliche Staatsaktion. Das Orchester harrte voll Erwartung an seinen Pulten, die ›Musikalische Assistenz‹, alle die jungen Korrepetitoren und Volontäre saßen mit ihren Partituren bereit, durchdrungen von der Bedeutung des Moments. Die Angehörigen der Familie Wagner erschienen mit all der getragenen Würde, die sie der

Sache des Meisters stets zuteil werden ließen. Und nun passierte das in den Annalen von Bayreuth noch nie Dagewesene: Die Hauptperson, der neue musikalische Leiter, war nicht zur Stelle. Dies war ein Verbrechen, demgegenüber die Tatsache, daß er auf seinem Flug nach Bayreuth fast sein Leben eingebüßt hätte, nicht zählte. Die Presse berichtete natürlich mit dicken Schlagzeilen und in langen Spalten über diese Begebenheit, und bald darauf wurde mir vorgeworfen, daß ich eine besonders gerissene Pressereklame für Furtwängler mache. Von diesem Moment an hatte ich stets Schwierigkeiten bei meiner Bayreuther Arbeit, die während des ganzen Sommers nicht nachließen.«[14]

Furtwängler übernahm den ›Tristan‹, den im Jahr zuvor Toscanini dirigiert hatte, der nun neben dem ›Tannhäuser‹ den Muckschen ›Parsifal‹ weiterführte, während Elmendorff für den ›Ring‹ einstand. Die Inszenierung war 1928 von Siegfried Wagner im wahrsten Sinne des Wortes erstellt worden. Dazu hatte Kurt Söhnlein, ein grundsolider, von den Launen des Expressionismus völlig unabhängiger Künstler, die Bühnenbilder geschaffen. Wegen der vorherrschenden Blautöne von den damaligen Rezensenten auch wohl die ›blaue Inszenierung‹ genannt, mit einem ungewöhnlich ›hellen‹ Schiff in Naturholzfarbe, einem Zelt aus blaßgelblichem Nessel und ›keltischen‹ Randborten in Schwarz und Grün. Die beiden Hauptgestalten füllten ob ihrer üppigen Körperformen Schiffsbug und Winston-Chairs (im zweiten Akt) völlig aus: die längst nicht mehr sangesfrische Nanny Larsén-Todsen, die jeden Ton vom g' aufwärts mit schneidender Schärfe wuchtig herausstemmte, die Arme über den Kopf in die Höhe gerissen, die Wabberbusen wie überdehnte Luftballons nach vorn gepreßt – und der dänische Hüne Leberecht Hommel, mit Künstlernamen Lauritz Melchior, der stark und schön sang, aber entsetzlich falsch, was Furtwängler über die Maßen erboste, so daß er bei Winifred durchblicken ließ, den ›Tristan‹ in künftigen Jahren nicht wieder übernehmen zu wollen, sofern das bisherige Paar weiter mit der Aufgabe betraut werde, im Drama der Nachtgeweihten den (falschen) Ton anzugeben. Mit den übrigen Sängern war Furtwängler durchaus einverstanden: Josef von Manowarda als Marke, Rudolf Bockelmann als Kurwenal und Anny Helm als Brangäne.

Die Kritiken waren insgesamt nicht sehr günstig. Melchiors Patzer und das ›schrille Pfeifen‹ der Larsén-Todsen machten die Anstrengungen Furtwänglers nicht wett, der das Orchester streckenweise nicht ›glatt‹ kriegte, was sicherlich daran lag, daß die Musiker einem täglichen Wandel unterworfen waren: heute forcierte sie Elmendorff, der rhythmische Fantasie häufig mit rhythmischer Primitivität verwechselte und die Gassenhauer (Walkürenritt, Rheinfahrt, Trauermarsch) unbotmäßig wie lärmende Filmuntermalungsmusik durchschlug, morgen betrieb Toscanini seinen Arien-Kult und drückte die Orchesterstimmen weit in den Hintergrund, und dann forderte sie Furtwängler auf, die Ansichten seiner Kollegen voll und ganz zu vergessen und mit ihm die Oberflächenstrukturen der ›Tristan‹-Partitur machtvoll zu durchbrechen und die intimsten Seelenkoordinaten der ›gefährlichsten‹ aller Musiken bloßzulegen. Nie zuvor hatten die alten Konzertmeister, die schon vor dem Ersten Weltkrieg im Festspielorchester saßen (wie Nikischs Schwiegersohn, der Geiger Edgar Wollgandt), das Rudimentäre dieser gigantischen Partitur so direkt gespürt wie unter dem ›Neuen‹ aus Berlin, der im Gegensatz zu dem radikalen Melismatiker aus Italien systematisch den Klangkosmos durchdrang und jedes Detail so durchbildete, als gelte es, aus dem ›kleinsten Teilchen‹ den Aufbau des Ganzen zu begründen. Bis dahin waren laxere Verfahren üblich gewesen. Siegfried Wagner selber dirigierte mehr eine ›musique informelle‹ als eine genuine, die psychische Katarakte freisetzt. Mit Furtwängler, das ahnte selbst der Orchesterwart, würde es im ›mystischen Abgrund‹ vor der Festspielbühne fortan gänzlich anders zugehen. Der hielt nichts von einer alle Halbheiten und alles Unabgeklärte zudeckenden, frömmelnden Gemeinschaftskunst; bei dem kam es auf den Punkt an. Abgesehen von absoluter Materialbeherrschung forderte er auch noch so weitgehende psychologische Ergründung des Tonangebots, daß alle professionale Erfahrung, mochte sie in den vornehmsten Orchestern gesammelt worden sein, nicht ausreichte, um den autokratischen Forderungen gerecht zu werden. Kein Wunder, daß weniger auf das Psychologische haltende Musiker gegen Furtwängler Front machten und pausenlos bei den ›Tanten‹ und bei Toscanini herumnörgelten. Ob die nicht ein probates Mittel wüßten, den ›Philosophen‹ am Pult auszustechen und abzuschieben oder handfest zu vergrätzen. Da auch die Larsén-Todsen und Melchior ›was läuten gehört‹ hatten, ihr Versagen auf die ›neuen Moden‹ des Berliners zurückführten, gab es bald eine stabile Phalanx gegen Furtwängler. Winifred Wagner mochte die ›Altgedienten‹ nicht brutal in die Wüste schicken, versuchte zu kitten und verstrickte sich in Augenblickszusagen, die sie hinterher arg bereute, weil jeder auf die festen Konditionen pochte und einen Mordskrakeel anstimmte, kam er dahinter, daß die Chefin definitiv nichts versprochen, sondern ›nur so dahergeredet‹ hatte. Einer war's, der aus dem unerfreulichen Durcheinander Profite zog: Heinz Tietjen. Noch nicht fest mit der Leitung der Festspiele beauftragt, aber präsumtiv, jonglierte und spekulierte er hinter der Szene (wie er's in Berlin auch tat), spielte den einen gegen den anderen aus und machte sich am Ende unentbehrlich. Daß ihm Furtwängler zuvorgekommen war, lag auf der Hand. Er hätte es lieber gesehen, selber zum Chef der Festspiele neben Winifred ernannt worden zu sein, um dann huldvollst in folgenden Jahren den ›besten‹ deutschen Dirigenten an die Wagner-Front zu berufen. So war Furtwängler nicht von ihm abhängig. Aber das Procedere mußte nachgeholt werden. Also: sticheln, mutmaßen, lästern und giften, um Witwe Wagner gegen den Dirigenten aufzubringen. Zum Bruch soll es nicht kommen, aber in die Richtung muß das Spiel getrieben werden. Schach dem Konkurrenten, ihn aber vor dem Schachmatt abfangen und sich dann unentbehrlich machen. Doch Tietjen hat die Fäden nicht so fest in der Hand, wie er glaubt. Er hat Toscanini falsch eingeschätzt – und Furtwängler. Als er sie aufeinander zurennen läßt, vergißt er, daß sie keine Marionetten sind, sondern starrköpfige, autonome, machtbewußte Persönlichkeiten, Egoisten, Kämpfer. Das

Spiel geht fatal aus. Die beiden Dirigenten verlassen die Szene. Was nun? Tietjen bleibt Herr der Lage. Schließlich könne er selber auch dirigieren; er werde den einen wie den anderen ersetzen. Und wie er die beiden dirigentischen Kaskadeure einschätze, seien die eher am ›lieblichen Hügel‹ zurück, als man's für möglich halte. Bayreuth ein Magnetfeld, dem sich selbst Toscanini und Furtwängler auf die Dauer nicht entziehen könnten.

Auf Tietjens Seite schlägt sich Liselotte Schmidt, der Winifred hörig zu sein scheint. Sie haßt Furtwängler und läßt ihn das fühlen, wenn sie ihn bei den Luncheons und Teatimes in Wahnfried schneidet und bespöttelt. Seltsam: intrigierenden Frauen gegenüber ist Doktor Wilhelm machtlos. Den Valzacchis haut er ungeniert aufs Maul. Der erste Streit des Jahres 1931 beginnt, als Melchior – uneins mit dem Dirigenten und den vorsichtig von Frau Wagner inaugurierten szenischen Neuerungen – das Handtuch wirft, abreisen will und der Presse Interviews gibt, die wenig Schmeichelhaftes über die ›Neuen‹ im Festspielhaus aussagen. Doch es ist kein Ersatz-Tristan in der Nähe. Max Lorenz hat die Partie noch nicht drauf, Gotthelf Pistor und Gunnar Graarud, die früheren Heldentenöre am Hügel, sind so abgesungen, daß keiner für sie einzustehen wagt. Um den ›Tristan‹ überhaupt zu retten, muß man auf alle Sonderwünsche Melchiors eingehen. Ihm wird sogar der berüchtigte ›Metropolitan-Strich‹ im zweiten Akt zugebilligt, der das ganze Liebes-Duett zerstört. Bockelmann berichtet, Furtwängler sei über diese Vergewaltigung außer sich gewesen, habe aber nichts bezwecken können, »trotz des intensivsten Einredens auf den werten Kollegen, der um keinen Preis der Welt die ganze Szene zu singen gewillt war, die er auch in den Vorjahren nur unter Protest gesungen hatte, ... weil er im Grunde nicht in der Lage war, diese schwierige Partie an ihren Naht- und Hauptstellen zu erfassen.«[15] Der Kurwenal jenes Siegfriedischen ›Tristans‹ fährt fort: »Wir wußten alle, daß nach den drei Aufführungen das Schicksal dieser Einstudierung besiegelt war. Furtwängler kämpfte gegen Windmühlenflügel. Wiederholt erklärte er, in dieser Form in Bayreuth nicht weiterarbeiten zu können. ›Wissen Sie, Bockelmann‹, sagte er mir in einer vertraulichen Minute, ›ich muß das Orchester von Grund auf regenerieren und werde meinen Einfluß geltend machen, daß die Solisten besser ausgewählt werden. Mit der Larsén und Melchior hätte ich mich als Anfänger in Lübeck geschämt!‹ Es war höchst bedauerlich, wie dieser begnadete Dirigent schon im Jahre seines ersten Bayreuther Engagements mit der ganzen Rancune und Hinterhältigkeit der tonangebenden Gesellschaft konfrontiert wurde. Wir Jüngeren wußten, daß die Zukunft dieses Weiheortes in den Händen von Furtwängler und Tietjen liegen würde. Ohne diese hätte Frau Winifred unverzüglich den Bankerott der traditionsreichen Stätte anmelden müssen.«[16]

Kaum war die ›Melchior-Krise‹ ausgestanden, ereignete sich der ›Toscanini-Zwischenfall‹, der uns aus unterschiedlichsten Perspektiven mit weit voneinander abweichenden Argumentationen überliefert worden ist. Berta Geißmar sah das Geschehen so: »Die Festspielleitung hatte am Jahrestag von Siegfried Wagners Tod, am 4. August 1931, ein Gedächtniskonzert angesetzt. Dies war ein Novum in Bayreuth, denn nie zuvor hatten Konzerte im Festspielhaus stattgefunden. Die Dirigenten des Jahres, Elmendorff, Furtwängler und Toscanini, sollten sich in die Leitung des Konzertes teilen. Am Morgen, in der Generalprobe, zerbrach Toscanini seinen Taktstock und verließ das Podium. (Es stellte sich später heraus, daß der Maestro, der bei der beschränkten Probezeit erwartet hatte, wenigstens dieses eine Mal ungestört zu probieren, ungehalten war, ein Haus voller Zuhörer vorzufinden. Die Direktion hatte nämlich den Angehörigen der Sänger, des Chores und Orchesters und den Hausangestellten den Zutritt zur Probe gestattet.) Was immer der Grund war – Toscanini brach die Probe in großer Erregung ab und erklärte dem ihm nacheilenden Furtwängler, daß er abreisen und beim Gedächtniskonzert am Abend nicht mitwirken würde. Er begab sich sofort zu seinem Auto und verließ den Festspielhügel. Furtwängler, als musikalischer Leiter, dirigierte die Probe zu Ende und sandte mich inzwischen zu Frau Wagner, um sie über Toscaninis Absichten zu informieren.

Sie erklärte: ›Ich glaube nicht, daß Toscanini es mir antun kann, mich bei dieser Gelegenheit zu verlassen.‹ Trotzdem sandte sie mich mit ihrem Neffen, Gil Gravina, der infolge seiner Kenntnis des Italienischen dem Maestro oft als Dolmetscher diente, nach Wahnfried, wo Toscanini als ihr Gast im Siegfried-Haus wohnte. Die Dienstboten teilten uns mit, daß Toscanini soeben mit seinem Chauffeur und seinem vergötterten kleinen Hündchen nach Marienbad abgefahren sei. Für Toscanini gibt es bekanntlich nie einen Kompromiß, wenn er einmal einen Entschluß gefaßt hat. So kam es, daß, obwohl seine persönliche Beziehung zur Familie Wagner durch diesen Vorfall nicht gestört wurde, diese Spielzeit seine letzte in Bayreuth wurde.«[17]

Toscanini-Biograph Harvey Sachs fügt hinzu, der Maestro habe schon vor der Schlußprobe an ›qualvollen Schmerzen‹ gelitten und deswegen darum gebeten, keine Zuhörer zuzulassen. Keine Rede von dem Wutanfall und dem zerbrochenen Taktstock. Im Gegenteil: Der Arthrotiker habe ›ruhig‹ seinen Dirigierstab hingelegt und am Abend, während des Konzertes, das Grab von Siegfried mit Blumen geschmückt.[18] Was sich en detail abspielte, mag unwichtig sein. Wesentlich ist die Tatsache, daß Toscanini seinem ›Widerpart‹ Furtwängler das Terrain überließ. Die Gerüchte kumulierten, Tietjen, der ›abgefeimte Politiker‹, machte den Alberich. Diese Atmosphäre verdroß den Maestro; er hatte insgeheim längst beschlossen, unter den obwaltenden Umständen (wozu auch Winifreds offenkundiger Hitlerismus gehörte; sie hatte sich schon während der Proben im Juni mit ›Wolf‹ in einer Mühle vor der Stadt getroffen) nicht wieder nach Bayreuth zurückzukehren. Furtwänglers Standort war in jenem kritischen Augenblick noch nicht auszumachen. Siegfrieds und Winifreds Tochter ›Mausi‹ Friedelind, nicht immer gesegnet mit realistischen Impressionen, noch Kind in jenen Tagen, aber doch mit den Kontrahenten auch später ›in belang‹, befindet rückblickend: »Toscanini war als Person vollkommen geradlinig: Man wußte immer, wo er stand; Furtwängler dagegen ließ sich nie auf etwas festlegen. Furtwängler war sehr eitel, und wenn irgend jemand irgendwo

Karriere zu machen begann – er fühlte sich davon beeinträchtigt.«[19]

Der ›nackte‹ Karrierist, der den armen, alten, kranken Kollegen rücksichtslos aus Karrieresucht vertreibt..., das könnte auch aus der Gerüchteküche jener Liselotte Schmidt stammen, auf die sich all jene Laudatoren des Siegfriedschen Bayreuths berufen, die sich über die anbahnende Wende nicht beglückt zeigten: zum Beispiel der super-völkische Hans von Wolzogen oder dessen Bundesbruder Dr. Felix Groß aus Wien, der im offiziösen Festspielführer von 1931 über ›Loge – Eine gemein-arische Göttergestalt‹ philosophiert, und Professor Wolfgang Golther aus Rostock, der ›Hofberichterstatter‹ für ein Dutzend rechtsradikaler Gazetten, der behauptete, Siegfried Wagner sei von den Juden ›erdrückt‹ worden und Winifred Wagner nehme Geld von Rothschild und Fould (was in der Tat 1927 geschehen war). Doch in Furtwängler gingen ganz andere Gedanken um. Warum sollte ausgerechnet er Toscanini verdrängen wollen? Das war doch immerhin neben all den Dilettanten ein Garant für hochgradig inspirierte Interpretation. Und der Hügel konnte zwei Päpste ohne schismatisches Gerangel durchaus verkraften. Das hatte sich schon zu Hans Richters und Levis Zeiten gezeigt. Wie es wirklich in jenen Tagen um ihn stand, geht am ehesten aus einem Brief an Ludwig Curtius aus dem August 1931 hervor, den Furtwängler gern bei einer der ›Tristan‹-Aufführungen in Bayreuth gesehen hätte. Doch Curtius steuerte seit längerem einen Anti-Wagner-Kurs und wollte sich keinesfalls mit jenen ›Pilgern‹ identifizieren, die zum Tempel des ›Meisters‹ wallfahrteten und alles kritiklos schluckten und bewunderten, was ihnen vorgesetzt wurde. In dem Brief heißt es: »...denn daß ich Dein Verhältnis zu Wagner ändern kann, schmeichle ich mir selber nicht. Ich muß auch selbst gestehen – gerade wie ich nun hier das alles so vor mir sehe –, daß mir die Opposition gegen die Wagnerei – nicht gegen Wagner selbst – nur allzu verständlich ist und daß bei aller ungeheuerlichen Genialität des Wagner'schen Werkes auch Elemente dabei sind, die sensible Naturen mit Notwendigkeit zu einer Art Gegenwehr zwingen. Insbesondere bei einer Theateraufführung, wo durch die Darstellung und das drum und dran das was Wagner eigentlich im Sinn hatte, oft bis zur Unkenntlichkeit entstellt wird. (Leider auch hier.) Ob und wieweit ich auf die Dauer hier mitmache, ist mir inzwischen problematisch geworden. Wie überall, so spielen auch hier die besonderen menschlichen Verhältnisse eine übergroße Rolle.«[20]

Eben diese zwangen ihn, nach dem dritten ›Tristan‹ die Entscheidung zu treffen, das Walhall unterhalb der Bürgersreuth künftig zu meiden. Er fürchtete Tietjens Arglist und mußte erst ein Mittel entdecken, dessen Mächte zu bannen. Witwe Senta Winifred hatte sich inzwischen völlig in die Abhängigkeit des Berliner Generalintendanten begeben, der bereits munter schaltete und waltete und noch vor Beendigung der Festspiele das neue Ensemble für 1933 zusammengekauft hatte, klammheimlich, ohne daß die Presse informiert war, und die Altvorderen des Unternehmens, die damit nicht weiterbeschäftigt werden konnten, ihre ordentliche Entlassung erhalten hätten. Sofern Furtwängler mit der Witwe Wagner ›verkehrte‹, vollzog sich dieses auf schriftlicher Basis. Er ließ sie wissen, daß seine Auffassung vom Vermächtnis Richard Wagners sich schwer mit der Art, wie Bayreuth jetzt geleitet würde, vereinen ließe. Berta Geißmar: »Die Meinungsverschiedenheiten wurden zwar damals ausgeglichen, aber sie waren der Keim zu seinem späteren Konflikt mit Bayreuth. Schon vor der nächsten Festspielperiode erklärte er seinen Rücktritt. In einem Artikel ›Um die Zukunft von Bayreuth‹, der im Juni 1932 in der ›Vossischen Zeitung‹ erschien, verteidigte er seine Stellungnahme vor der Öffentlichkeit.«[21]

Zwar griff er Tietjen nicht direkt an, doch der wußte genau, wer gemeint war, wenn von den ›Alberichen‹ die Rede, die – Maulwürfen gleich – alles untergrüben und um Machtpositionen feilschten, wo es nur ginge. Geschickt spielte Furtwängler seinen Konflikt mit dem Hause Wahnfried runter, indem er, essayistisch gewandt, von einer allgemeinen Wagner-Krise in deutschen Landen schrieb. Diese Gedanken hatte er bereits niedergelegt, als er Bayreuth Anno 1931 mit

»äußerst gemischten Gefühlen« verließ, Berta und sein Reitpferd im Schlepptau und in der Tasche einen Haufen nicht gerade freundlicher Kritiken über den gründlich verpfuschten ›Tristan‹, der denn auch nicht wieder in Szene gesetzt wurde: »Die Wagner-Krise ist in erster Linie eine Aufführungskrise. Man versteht die Werke Wagners heute nur sehr selten noch richtig wiederzugeben und hat auch in der breiten Öffentlichkeit keine Vorstellung mehr, wie ungemein sich im Laufe der letzten zwanzig bis dreißig Jahre die Aufführungen verändert haben. Die ›Aufführungskrise‹ hat natürlich auch ihre Gründe, die indessen großenteils mit Händen zu greifen sind. Es gibt augenblicklich wenig Sänger, die den Anforderungen Wagners gewachsen sind, wenig Dirigenten, die das natürliche Format für seine Werke besitzen – anerzogen kann das leider nicht werden –, und verschwindend wenig Regisseure, die eine klare Vorstellung davon haben, worauf es im Wagnerschen Gesamtkunstwerk ankommt. Von einer Krise des Wagnerschen Werkes als solchem zu sprechen, ist Unsinn, sofern man nicht überhaupt von einer Krise des Naturgefühls, von einer Krise jeder Art menscherfüllten Musikertums oder besser ausgedrückt, von einer Krise alles dichterischen und tragischen Weltgefühls überhaupt sprechen will. Eine solche Krise gibt es gewiß; aber sie ist nur auf einen Teil der gegenwärtigen Kulturmenschheit, im wesentlichen auf die allergrößten Städte beschränkt. Davon abgesehen, wird die Macht und Klarheit der Wagnerschen Tonsprache und, was ich hier ganz besonders betonen möchte, auch die Hellsichtigkeit und Kraft des Dichters und Dramatikers Wagner für die heutige und für die kommende Generation stets dieselbe bleiben, wie sie es für die vergangenen war, vorausgesetzt, daß sie durch nur einigermaßen zulängliche Aufführungen interpretiert wird und – was ebenso wichtig – dem Willen zu konzentrierter und unverfälschter Aufnahme von seiten der Zuschauer begegnet. Der heute so beliebte Vergleich zwischen Wagner und Verdi kennzeichnet die Situation recht gut. Was man auch über das Genie beider sagen möge, so liegt es auf der Hand, daß Verdi nicht nur für Sänger und ausübende Künstler, sondern auch für das Publikum der ungleich glattere, voraussetzungslosere und bequemere von beiden ist. Dies allein erklärt schon zum größten Teil die heutige Stellung Verdis zu Wagner in den Augen der Öffentlichkeit. Im übrigen darf nicht übersehen werden, daß die Wagner-Krise nicht so international ist, wie man in Deutschland glaubt. Sie ist vielmehr eine vorwiegend deutsche Erscheinung und hängt nicht wenig mit dem eigentümlichen Intellektualisierungsprozeß zusammen, den die Deutschen gegenwärtig durchmachen, und der sie vielfach veranlaßt, mit dem Kopf immer klüger sein zu wollen, als sie mit dem Herzen sind, und ihren einfachen und klaren Empfindungen weniger zuzutrauen als allerlei konstruierten Theorien und Doktrinen.«[22]

Die Rede wider die Modernen

»Ich hatte soeben eine Besprechung mit dem Generalintendant Tietjen. Ich weiß nicht, wie weit es auf Ihre Entschlüsse Einfluß haben wird, aber wenn Sie die Uraufführung Ihrer neuen Oper mir und Berlin anvertrauen würden, so könnten Sie sicher sein, daß alles getan wird an Vorbereitung und Besetzung, was Sie sich wünschen würden.«[1] So Furtwängler im Juni 1930 an Hans Pfitzner. Der Komponist reagiert dilatorisch. Der Doktor sei nicht ›fest‹ an der Staatsoper, ob dadurch sein Einfluß hinsichtlich bestimmter Besetzungsvorstellungen ausreiche; auf das Wort Tietjens könne man wenig geben, alles müsse bis ins winzigste Detail schriftlich festgelegt werden. Um den ›ewigen Nörgler‹ zufriedenzustellen und Gutwetter für Berlin zu machen, entschließt sich Furtwängler, im November des Jahres Pfitzners Chorphantasie für Soli, Orchester und Orgel auf Texte von Michelangelo, Goethe, C. F. Meyer und Dehmel, ›Das dunkle Reich‹ betitelt, aufzuführen. Das Werk wird allgemein belobigt, vor allem aber die Rechtspresse stimmt Hymnen auf das ›gesunde‹, allen modernen Exzentrizitäten spottende Opus an. In der ›Zeitschrift für Musik‹ heißt es: »Das bedeutendste Ereignis auf dem Konzertpodium war die Berliner Erstaufführung des ›Dunklen Reichs‹ von Hans Pfitzner unter der Leitung von Wilhelm Furtwängler... Vom persönlichen ›Berliner‹ Standpunkt muß ich gestehen, daß das ›Dunkle Reich‹ eines der schönsten Werke ist, die seit Jahren auf dem Berliner Konzertpodium dargebracht wurden. Für das Geschmacksbabylon Berlin ist derartige Kost fast zu schade. Ein Sketch à la Hindemith genügt ja bereits, um die künstlerischen Bedürfnisse weitester Kreise in der Reichshauptstadt zu befriedigen. Der tiefe Eindruck des Werkes ließ erkennen, daß es auch in Berlin noch Freunde echter Kunst gibt, die der Verlogenheit des durchschnittlichen zeitgenössischen Schaffens abgewandt höhere Genüsse suchen und finden. Es war eine meisterhafte Darstellung.«[2]

Pfitzner bedankt sich in seiner kühlen, knappen Art bei dem Dirigenten und ist nun geneigter, seine Oper ›Das Herz‹ dem Freunde anzuvertrauen. Doch es ergeben sich, von seiten des Komponisten, ganze Serien von Querelen, ehe das verschwommen-mystische Werk am 12. November 1931 in Berlin und München gleichzeitig uraufgeführt werden kann. Es nicht ganz mit dem Doktor zu verderben, wird Berta Geißmar alle paar Tage von dem enervierten und mißtrauischen ›Hanselschwansel‹ – wie sie ihn nennt – gelöchert. Wenn der Bariton Domgraf-Faßbänder, für die Partie des Dr. Athanasius auserwählt, auch in der Uraufführungszeit noch andere Rollen sänge, könne er der ›großen Aufgabe‹ kaum gerecht werden. Man müsse das abstellen, da er, Pfitzner, sonst gar nicht nach Berlin käme. Im gleichen Atemzug schmettert er eine Kanonade auf Tietjen ab, die insofern höchst interessant ist, als sie das schnöde Taktieren des Preußischen Generalintendanten und dessen indefinites Verhalten in puncto Absprache und Verträge peinlichst genau widerspiegelt, ein Casus, mit dem sich auch Furtwängler abplacken und auseinandersetzen muß, solange er an der Linden-Oper arbeitet. Pfitzner an Furtwängler via Berta Geißmar: »Wie Sie wissen, war längst zwischen Tietjen und mir ausgemacht, daß ich zu den Proben komme, und zwar vom 20. Oktober bis 3. November. Tietjen nannte mir noch in Bayreuth die Summe, die ich für diesen Aufenthalt bekommen würde. Nun ist inzwischen eine Trübung unserer Beziehungen eingetreten, die durch folgendes veranlaßt war, was ich in möglichster Kürze erzählen will. Wir hatten in Bayreuth mit Furtwängler und Tietjen fest ausgemacht, daß am 29., 30. und 31. August die wichtigsten ›Herz-Leute‹: Tietjen, Furtwängler, Mahner-Mons und Schenck von Trapp zu einer Besprechung zu mir nach München kommen sollten. Ich hatte mir daher diese Tage fest notiert und alle anderen Zeiten vergeben. Nun kam (und das war schon der zweite solche Fall) eine Absage von Tietjen, die mit in der Hauptsache begründet war, daß Furtwängler diese Tage plötzlich nicht paßten, und er (Tietjen) sich auch so ›einrichten‹ könne, daß die Zusammenkunft erst am 5. September bei mir stattfinden sollte, eine Zeit, die ich, wie gesagt, unterdes für eine Reise bestimmt hatte. Diese Absage geschah aber in Form einer Anfrage, ob es mir recht sei. Diese Anfrage mußte ich mit Nein beantworten aus obigen Gründen. Auf diesen umgehens von mir geschriebenen Brief kam nun ein Bescheid Tietjens, daß die Verlegung der Besprechung schon eine feste Tatsache sei, und stellte mich vor die Alternative, entweder zu den anfangs ausgemachten letzten Septembertagen nach Berlin zu reisen oder am 5. September zum Empfang der ›Herz-Leute‹ in München bereit zu sein. Daraufhin wiederholte ich, daß mir das nicht möglich sei, und bedauerte in einem: ich betone, durchaus artigen und höflichen Schreiben, daß unsere Dispositionen über meinen Kopf hinweg geändert worden seien, und ich somit von der wichtigen Besprechung automatisch ausgeschlossen sei. Und nun kommt das Ungeheuerliche: Tietjen beantwortet diesen Brief damit, daß er mir die ganze Regieführung des ›Herz‹ vor die Füße schmeißen will, wenn ich meinen Brief nicht als ungeschrieben erkläre. Auf das Tatsächliche in meinem Brief ging er nicht mit einem Wort ein, begründet dagegen aber seine Absage mit dem zwischen den Zeilen zu lesenden Vorwurf, ich sei nicht überzeugt von seiner Freude an meiner Mitarbeit, während er doch so gern mich zu den Proben zuziehen wollte; also ein ganz abseitiger Gedanke, von dem nichts in meinem Brief stand. Hierauf wiederum schrieb ich ihm mit Hinweis auf unseren Vertrag und auf den Inhalt meines Briefes, daß ich auf gar keinen Fall auf seine Regieführung verzichten würde und mich, wie verabredet, am 20. Oktober zur Probe einfinden würde, um mit ihm zusammen ›Das Herz‹ vorzubereiten. Eine Antwort erheischte ja dieser Brief allerdings nicht, und korrekter- und logischerweise dürfte nur dann mit meinem Fernbleiben von

Berlin gerechnet werden, wenn eine nochmalige ausdrückliche Aufsage von Tietjen an mich gekommen wäre. Aber wo kann man jetzt noch mit Korrektheit und Logik, mit Zuverlässigkeit und Vernunft rechnen?«[3]

Furtwängler vermittelte, Pfitzner reiste an und nörgelte, wollte noch eine halbe Stunde vor der Hauptprobe Berlin verlassen, weil Tietjen sich ›regieliche Eigenmächtigkeiten‹ herausnahm und Furtwängler das eine oder andere Tempo nicht nach dem Gusto des Komponisten einhielt. Jahre später noch mußte sich der Doktor von dem Doktor vorhalten lassen, das symphonische Zwischenspiel ›vollständig verschlammt‹ zu haben, dabei war es allein Furtwängler zu verdanken, daß diese Oper mit dem skurrilen Treatment von Hans Mahner-Mons wenigstens zeitweilig als Erfolg verbucht werden konnte. Hatten schon die Kritiker beim ›Dunklen Reich‹ angemerkt, daß die Musik Pfitzners streckenweise täppisch und dumm sei, keine einheitliche epische Formgesinnung zeige und eher dreißig Jahre zuvor die Gemüter erregt haben würde, so fielen die ›fortschrittlichen‹ Rezensenten erst recht über die neue Oper her, deren musikalischer Kulturbezirk, wie sie meinten, im »finstersten neunzehnten Jahrhundert« läge, da sie weder beredte Originalität noch klangliche Emanzipation zeige. Nichts Provokatives, eine Schein-Sensibilität, banales Motivspiel. Warum Furtwängler sich solcher ›Musik von vorgestern‹ annehme. Sein unerklärbarer Hang zu unverbesserlichen zeitgenössischen Eklektikern, wozu man auch den Berliner Max Trapp zählte, dessen vierte Symphonie er im Januar 1931 zu einem ›Achtungserfolg‹ brachte.

Gleich nach diesem Konzert begeben sich die Berliner Philharmoniker abermals auf Tournee. Brüssel, London, Prag. Als am Ende Kasse gemacht wird, registrieren verdutzte Gesichter, daß man tief in die roten Zahlen gekommen ist. Prekäre Lage! Und das kurz vor dem Jubiläum des vor fünfzig Jahren gegründeten Orchesters. Der Magistrat steht auf dem Standpunkt, es sei schlecht gewirtschaftet worden, und will daher die Zuschüsse sperren. Voller Empörung reagiert die Presse jeglicher Couleur. »Die Philharmoniker in Gefahr!«

meldet die ›Vossische Zeitung‹ am 11. November 1931: »Die Not der Zeit darf uns nicht verführen, einen unserer wertvollsten Kulturfaktoren zu vernichten!«[4] Am Schluß des Berichtes: »Die Gründung der GmbH hatte seinerzeit Wilhelm Furtwängler veranlaßt, seinen Plan, nach Wien zu gehen, aufzugeben. Wie will sich der Haushaltsausschuß der Stadtverordnetenversammlung, wie wollen sich der Magistrat und der Oberbürgermeister ihm gegenüber verhalten!«[5]

Eine Lösung wird dadurch gefunden, daß man das Berliner Sinfonie-Orchester auflöst und die besten Musiker aus diesem ›zweiten‹ Orchester in die Philharmoniker integriert. Durch die Fusion sollen jährlich 200000 Mark Zuschuß eingespart werden. Die Appelle der Presse – und vor allem Furtwänglers – haben genützt. Das Reich hilft mit, die Verhältnisse zu konsolidieren. Für die nächsten zehn Jahre werden bindende Statuten festgeschrieben.

Die ›Crisis‹ ist ausgestanden, aber die Schatten der ›aufwühlenden Tage‹ verdüstern noch die Feiern zum Philharmoniker-Jubiläum, das Furtwängler nutzt, um in einer ›Festansprache‹ über die ›allgemeine Notlage des deutschen Musiklebens‹ zu referieren. Den Rahmen zu diesem Vortrag, der wie kein anderer aus der Feder des Dirigenten durchschlägt und Monate hindurch heißesten Diskussionsstoff bietet, stellt die ›Deutsche Gesellschaft 1914‹, in deren Klubräumen die Wände mit völkischen Emblemen, Standarten und Parolen gespickt sind. Die Rede aber, der die Mitglieder jener ominösen Kriegsstimmungs-Gesellschaft, des Pfitzner-Bundes, des Königin-Luise-Bundes, der Gesellschaft der aktiven Kriegsteilnehmer, der Philharmonie sowie die lokalen Spitzen der Reichshauptstadt lauschen, war diese:

»Dies Jubiläum fällt in die Zeit einer allgemeinen Krise, einer Krise, wie es die moderne Welt bisher noch nicht gekannt hat, die sich gleichermaßen im Wirtschaftlichen und unmittelbar Lebensnotwendigen ausprägt wie im Künstlerischen und Geistigen. Sie hat es mit sich gebracht, daß wir alle unsere kulturellen Institutionen auf ihre Notwendigkeit für uns von neuem prüfen müssen. Sie hat auch die Weiter-Existenz des Berliner Philharmonischen Orchesters in Frage gestellt. Von zwei Seiten wurde und wird die Notwendigkeit der Erhaltung eines solchen Klangkörpers bestritten. Einmal von denen, die sagen, wir hätten heute, wo wir für so viele, weit lebensnotwendigere Dinge die Mittel nicht aufbringen können, für die Erhaltung eines solchen Orchesters einfach kein Geld. Mit diesen möchte ich mich hier nicht noch einmal auseinandersetzen. Ich habe es bereits an anderer Stelle getan und gesagt, welches Gewicht ich der Erhaltung der Musik innerhalb des kulturellen Lebens von uns Deutschen beimesse. Wenn das Orchester aufhören würde zu existieren, so würde damit dem deutschen Musikleben zweifellos schwerer Schaden zugefügt. Auch was die Musik gerade für die deutsche Nation bedeutet, wie sie, das originalste und eigentümlichste Produkt der Deutschen, mehr als jede andere Kunst berufen ist, diesen das Gefühl ihrer Zusammengehörigkeit, ihrer Gemeinschaft immer wieder von neuem zum Bewußtsein zu bringen, wie es daher geradezu eine Pflicht kultureller Selbsterhaltung im höchsten Sinne sei, das deutsche Musikleben vor dem Niedergang zu schützen, habe ich schon ausgesprochen. Es gibt aber noch eine andere Seite, von der aus die Notwendigkeit der Existenz eines solchen Orchesters bestritten wird. Es ist die Anschauung, daß wir schon jetzt überhaupt kein eigentlich legitimes Konzertleben mehr besitzen, daß das Konzertleben, wie es in der letzten Zeit existierte, dem Bedürfnis und dem Wesen der wirklich heutigen Menschheit, dem modernen zeitgenössischen Kulturbewußtsein nicht mehr entspricht, und daß demnach konsequenterweise ein Orchester wie etwa das Berliner Philharmonische nicht mehr verdiene, allzu ernst genommen zu werden, daß es eigentlich mehr oder weniger überflüssig sei. Dieser Anschauung liegt – man mag dagegen einwenden was man will – zweifellos etwas Richtiges zugrunde. Und die Gegnerschaft, die dem gegenwärtigen deutschen Musikleben und damit auch einer Institution wie dem Berliner Philharmonischen Orchester von hier aus erwächst, ist weit ernster zu nehmen als die derjenigen, die von Musik überhaupt nichts wissen und deshalb von ihrem eigenen Standpunkt aus ahnungslos und bedenkenlos die

Musik auch für die anderen als überflüssigen Luxus oder lediglich belanglose Annehmlichkeit des Lebens betrachtet wissen wollen. Denn diese Gegnerschaft stammt nicht von außen, von äußeren Gewalten, sondern gleichsam von innen, aus dem Kern der Musik selbst heraus. Und ist es denn zu leugnen, daß sich auch die Musik selbst, ganz unabhängig von den wirtschaftlichen Verhältnissen, denen sie, wie unser ganzes kulturelles Leben, naturgemäß verhaftet ist, in einer Krise befindet? Ist es zu leugnen, daß die Produktion, die seit jeher der beste Wert- und Gradmesser jedes Musiklebens war, in beängstigendem Maße schrumpft und versiegt? Ist es denn zu leugnen, daß das Publikum aus den Konzertsälen mehr und mehr fortbleibt?... Die Gründe, die man dafür namhaft macht, sind verschiedenster Art. Abgesehen vom rein Wirtschaftlichen, von der Erwägung, daß gerade die Kreise, die früher das Musikleben hauptsächlich getragen haben, nämlich der Mittelstand, heute kein Geld mehr haben, wird dafür die große Entwicklung der mechanischen Musik, des Grammophons und Radios verantwortlich gemacht. Aber auch die realere und unsentimentalere Einstellung des heutigen Menschen für Sport und körperliche Ertüchtigung haben unvergleichlich größere Bedeutung als die gegenstandslosen ›Träumereien‹ oder gar ›bekämpfungswürdigen Rauschzustände‹, die das Wesen der Musik ausmachten. Alle diese Gründe und noch manche andere mehr mögen teilhaben an den gegenwärtigen Zuständen; ausschlaggebend sind sie nicht. Ausschlaggebend sind die Dinge, die unmittelbar mit der Musik und ihrem eigensten Leben zusammenhängen... Wenn wir uns klarwerden wollen, worin der Unterschied gegenüber früher liegt, so fällt uns zunächst ins Auge die völlig andere Stellung, die die Produktion der eigenen Gegenwart heute einnimmt. Die führenden Konzert-Vereine einer Reihe der größten deutschen Städte, wie Hamburg, Dresden, Köln, Frankfurt, München, haben schon in diesem Jahre prinzipiell auf alle neuen Werke verzichtet, mit der Begründung, daß erfahrungsgemäß durch die Aufnahme auch nur eines zeitgenössischen Komponisten ein Teil des Publikums vom Konzertbesuch abgeschreckt würde. Das ist ein Symptom, über das man nicht stillschweigend und mehr oder weniger beschönigend hinwegsehen sollte, wie es bisher geschah. Ich persönlich jedenfalls kann es nicht anders als geradezu entsetzlich bezeichnen, daß es so ist. Dafür einen Sündenbock zu suchen, irgend jemand daran die Schuld zu geben, wäre falsch. Am wenigsten schuldig sind die betreffenden Konzert-Vereine, die sich zu dieser Maßnahme gewiß nur unter dem absoluten Zwang zur Selbsterhaltung entschlossen haben. Aber auch den modernen Komponisten kann man nicht gut einen Vorwurf machen, sie können nicht schreiben, wie es Müßig-Unbeteiligten, von außen Zusehenden vielleicht als gut erscheinen mag. Sie stehen ebenso wie wir alle unter dem harten, zwangvollen Diktat der Zeit, das sie erfüllen müssen. Wenn irgendwer verantwortlich zu machen ist, so ist es am ehesten noch der Teil der Öffentlichkeit, der das Wollen dieser Kunst – meistens in der aufrichtigen Absicht, ihr zu helfen – verfälscht oder falsch interpretiert und dem Publikum einreden will, daß in Zukunft diese moderne Kunst an die Stelle von Mozart und Beethoven zu treten habe. Das ist falsch; gerade die Besten unter ihnen – ich erinnere etwa an Hindemith, den repräsentativsten Komponisten des jungen Deutschlands, dem wir noch zu besonderem Dank verpflichtet sind, weil er uns unser Jubiläum so schön und freimütig hat mitfeiern helfen –, gerade diese wissen sehr genau, was sie wollen und welche Stellung sie innerhalb des heutigen Konzertlebens einnehmen... Jedenfalls ist es eine Erfahrungstatsache, die wir nun einmal nicht aus der Welt schaffen können, daß bisher nur sehr wenige Werke der allerletzten Zeit innerhalb des modernen Konzertsaales Fuß fassen konnten. Sie spielen im allgemeinen – wenn man den Vergleich richtig verstehen will – hier mehr die Rolle von Anregungsmitteln als von wirklich nährenden Speisen. Gewiß, sie rühren, als Werke unsrer Zeit, ob bewußt oder unbewußt, an das eigentümlich chaotisch-elementare Lebensgefühl, das vom modernen Menschen Besitz ergriffen hat. Und die Entwicklung hat es mit sich gebracht, daß ihr Kunstmittel vielfach nicht mehr die zur Gestalt und Gestaltung drängende Konsonanz, sondern die ins Chaotische führende Dissonanz ist. So haben sie sich auch theoretisch in gewissem Grade vom Konzertsaal abgewandt. Trotzdem haben sie hier ihre sehr notwendige Funktion. Nur darf man sie, nach den bisherigen Erfahrungen, nicht den früheren, den Konzertsaal voll ausfüllenden und in ihm ausschließlich heimischen Meistern gleichstellen (was heißt übrigens ›früher‹, sind doch die Sinfonien von Bruckner noch kaum ein Menschenalter alt!), denn dann wird das Publikum kopfscheu gemacht, weil es in seinen Erwartungen enttäuscht wird. Man kann ihm nicht verdenken, wenn es das Kind mit dem Bade ausschüttet und dann auch da nicht mehr mitgehen will, wo es bei anderer Einstellung sehr gut mitgehen würde... Man hat mir immer vorgeworfen, ich führte zu wenig Zeitgenössisches auf. Das ist nicht richtig, und wenn man genau zusieht, so wird man finden, daß es nicht viele bedeutende Werke des modernen Konzertsaales gibt, die nicht durch meine Hände gegangen sind. Aber ich habe sie stets mit Auswahl gebracht, ihnen von Anfang an innerhalb des Ganzen meiner Programme den Platz angewiesen, der ihnen meiner Meinung nach zukommt. So bin ich heute, so paradox das vielleicht manchem erscheinen mag, der einzige, oder einer der ganz wenigen, die moderne Werke in ihr Programm aufnehmen können, ohne eine wirtschaftliche Schädigung des Besuches ihrer Konzerte dadurch befürchten zu müssen... Ich habe die Frage der modernen Produktion deshalb ausführlich erörtert, weil von hier aus am besten verständlich ist, wie sehr sich unser Musikleben in sich selbst unvermerkt geändert hat, wie sehr sich alle Gewichte, alle Aufgaben innerhalb desselben allmählich gewandelt haben. Und es wäre wohl an der Zeit, diesen Wandel zu erkennen, ihm ins Gesicht zu sehen, anstatt seiner Erkenntnis auszuweichen und zu tun, als ob er nicht da wäre. Das musikalische Lebensbewußtsein früherer Zeiten kumulierte tatsächlich immer in der eigenen Produktion, die Pflege der Vergangenheit war vorwiegend Zitat, Beigabe. Heute ist das anders, und mit der veränderten Stellung der eigenen Musik hat sich unmerklich auch das Verhältnis zur Musik der Vergangenheit geändert. War dies Verhältnis etwa noch um die Jahrhundertwende vorwiegend rein historisch, so beginnt sich jetzt allmählich das Bewußtsein Bahn zu brechen, daß Vergangenheit nicht immer nur Vergangenheit, sondern sehr wohl auch noch ein Stück von uns selbst sein kann, und daß Aktualität des Tages und das im tiefsten Sinn Gegenwärtige und Moderne, weil zugleich Allmenschliche, nicht immer dasselbe zu sein brauchen, sich im Gegenteil häufig sogar im Wege stehen. Wir beginnen hellsichtig zu werden für die wahren Grundlagen, auf denen unser ganzes Musikleben ruht. Diese Grundlagen sind – mit einem Wort – die immer noch unerschöpflich Leben und Kraft spendenden Werke der großen Meister. Dies – übrigens auch eine einfache Erfahrungstatsache der größten äußeren Hochblüte des Konzertlebens, auf die die heutige Baisse die Reaktion darstellt. Reaktion war notwendig, denn das Konzertleben war zu einem ungeheuer aufgeblasenen ›Betrieb‹ geworden, für den alle, die an ihm teilhaben und von ihm leben – in erster Linie natürlich der Virtuose –, wichtiger waren als das, was dem ganzen Treiben erst Sinn und Lebensrichtung gibt – eben die Werke der großen Meister. Man verstehe mich recht: Wenn ich hier von ›großen Werken‹ spreche, so meine ich nicht eine Vergötzung von abgeschlossenen Werken einer Vergangenheit, die ein für allemal vorbei ist, und ich verstehe diejenigen nur allzugut, die meinen, daß es gerade die übertriebene Verehrung der sogenannten ›Klassiker‹ sei, die uns zugrunde richte, uns nicht zum Bewußtsein unseres Selbst und unseres eigenen Wollens kommen ließe. Es handelt sich für mich bei diesen großen Werken nicht so sehr um sie selbst, als um das, was hinter ihnen steht: um die Fähigkeit organischen Bildens gesamtmenschlicher Inhalte. Diese Werke sind mir Symbol für gestaltendes Musizieren überhaupt. Wenn wir sie wirklich gestalten – heute werden sie meistens bestenfalls ›referiert‹ –, dann werden sie auch wieder lebendig, dann werden sie unser, dann sind sie nicht nur ›Vorbilder‹, nicht nur ›Klassiker‹, das heißt, nicht nur Fremdkörper. Dann werden sie wieder das, was uns Sonne, Leben, Wärme bringt, werden sie wieder das Zentrum unseres Musiklebens. Heute sind sie in Gefahr, und damit und deshalb unser Musikleben selbst. Wüßte der Mensch von heute in seiner seelischen Bedrängnis, was die Werke dieser Meister – gerade auch für uns Deutsche – sind und sein können, und würden unsere Darstellungen, unsere Pianisten, Sänger, Dirigenten diesen Werken wirklich immer echten und unverfälschten Ausdruck verleihen, es gäbe keine Musikkrise... Und hiermit komme ich zurück zum darstellenden Musiker, von dem ich in Gestalt des Berliner Philharmonischen Orchesters ausgegangen bin. Seine Aufgabe ist heute eine andere als früher; früher hatte er hauptsächlich die Produktion der jeweiligen Gegenwart zu begleiten, heute ist das nur noch zum Teil der Fall; er hat dazu noch die vielleicht weniger aktuelle, weniger sensationelle, aber sicher nicht weniger schwere, die vor allem geradezu verhängnisvolle verantwortungsvolle Aufgabe, die Werke der Vergangenheit uns zu erhalten, sie weiter in die Zukunft wirken zu lassen... Dies ist die Aufgabe auch eines Ensembles wie unser Orchester. Und hiermit komme ich auf meinen Ausgangspunkt zurück: Ich sehe im Kampf um die Erhaltung dieses Orchesters heute, am Tage seines fünfzigjährigen Jubiläums, heute, inmitten einer allgemeinen, beispiellosen kulturellen Krise, nicht nur einen Kampf um die Erhaltung der Möglichkeit künstlerischer Höchstleistungen auf diesem Gebiet – auch das ist er –, sondern zugleich einen Kampf um die Erhaltung unseres deutschen, bodenständigen Musiklebens überhaupt. Wir Künstler wissen, daß wir nicht um unser selbst willen, sondern um der Musik, um der Werke der großen Meister willen da sind. Und wir wissen, daß das Bewußtsein der lebendigen Wirksamkeit dieser großen Werke uns erhalten bleiben muß, soll das deutsche Musikleben erhalten bleiben und den ungeheuren Schwund des Betriebes, den die letzte Zeit mit sich gebracht hat, kräftig überstehen. Hoffen wir..., daß uns, daß dem Philharmonischen Orchester, auch in Zukunft und noch recht lange vergönnt sein möge, in diesem Sinne zu wirken.«[6]

Das war eine programmatische, bekenntnishafte Rede, die Furtwänglers verhängnisvolle Sucht, jegliche positive Erfahrung auf der Kunstszene mit einem ›deutschen Treueschwur‹ zu begleiten, geradezu mustergültig illuminierte. Mit dem teutonischen Wust ist er zeitlebens nicht fertig geworden, und er hat ihm, so bedauerlich diese Feststellung für die ihm Nahestehenden sein mag, nicht selten immanent-künstlerische Erwägungen untergeordnet. Alle ästhetischen Anrechte der Musik hat er aus seiner Deutschtümelei abgeleitet. Das zieht sich wie ein roter Faden durch seine Aufsätze (nicht ohne Grund hat Alban Berg den Wiener Brahms-Vortrag von 1933 eine »nazihörige Rede« genannt) und geistert selbst auf merkwürdig triebhafte Art und Weise durch seine Briefe und Aphorismen. Wie oft fordert er eine rigorose Trennung zwischen Kunst und Politik und ist selber nicht in der Lage, diese Trennung zu vollziehen. Man hat bisweilen sogar den schier unerträglichen Eindruck, als liebe er Beethoven, Brahms oder Bruckner nicht per se, sondern weil er aus ihren ›Ideologien‹ einen besonders starken Grad an Deutschsichtigkeit herauszufiltern vermag. Nie hätte es nach dem Zweiten Weltkrieg eine Kontroverse um den ›Politiker‹ Furtwängler gegeben, hätte man nicht gespürt, daß seine Neigung zu einer Überbewertung des Deutschen etwas Ursprüngliches in ihm war. Den Vorsprung in der abendländischen Musikgeschichte, den er seinen Landsleuten zudiktierte, erklärte er weder historisch noch soziologisch, eher ›erbbiologisch‹, womit er der These vom deutschen Herrenmenschentum – wie sie die Nationalsozialisten vertraten – beipflichtete. Eine affirmative Ideologie, über die sich selbst krasse Reaktionäre wie der ›Kulturschriftleiter‹ Dr. Fritz Stege wundern, der in der ›Zeitschrift für Musik‹ Furtwänglers ›Appell an die Musikwelt‹ kulturbetrachtet und die Kernsätze des festlichen Referats so interpretiert: »Er weist darauf hin, daß die Orchesterhaltung eine kulturelle Pflicht sei. Deutschland habe einen höheren Bedarf an Musik als jede andere Nation, denn nur dem Deutschen sei Musik notwendigste Nahrung der Seele, nur den Deutschen fülle Musik vollständig aus.«[7] Wie Stege analysieren natürlich nur die Völkischen, die unter den Berliner Kritikern allmählich in der Mehrzahl sind. Doch die anderen, die gewichtigeren, gehen auf die Barrikaden und protestieren noch Monate später gegen die von Furtwängler so massiv vertretene germanische Hybris. In der Geschichte des Berliner Philharmonischen Orchesters, die Peter Muck 1982 im Auftrag der Vorstände und der Intendanz herausgibt, fehlen die progressiven Stimmen von damals – wie auch Berta Geißmar und die übrigen fabulierbeflissenen Damen aus dem Umkreis des Dirigenten über die unerfreuliche ›Gegenreformation‹ schweigen. Man ist eher geneigt, nationalsozialistische Kulturverbrecher zu zitieren, um den filternden Lack auf dem Unschuldsporträt des Meisters nicht anzukratzen, als neutrale, demokratische Beobachter, zu denen gewiß Hans Heinz Stuckenschmidt zählt, der im Juni 1932 im Hinblick auf Furtwänglers Ausführungen in einem Referat vor Heidelberger Studenten erklärt: »Wenn heute Deutschlands führender Dirigent Wilhelm Furtwängler eine vielbeachtete Rede gegen den internationalen Modernismus hält und eigentlich nur noch die deutsche klassische Symphonik gelten läßt, so steht dahinter ein nationalistischer Gedanke, der den neuen Entwicklungszügen in der deutschen Politik durchaus entspricht.«[8] Deutlicher konnte man's nicht sagen, welche politische Richtung der in aller Welt gefeierte Chef der Berliner Philharmoniker einzuschlagen gedachte. Doch mit ein paar rhetorisch klug-würzig abgeschmeckten Sätzen gab sich Stuckenschmidt, dem man ein besonders intensives Verhältnis zu den Neutönern nachsagte, nicht zufrieden. In der von Heinrich Strobel herausgegebenen Zeitschrift ›Melos‹ antwortete er dem Festredner Furtwängler, der sich über diese ›verbohrte‹ Replik bis an sein Lebensende giftete. Noch war ein solches Kontra möglich; ein Jahr später hätte es dem mutigen Opponenten womöglich Kopf und Kragen gekostet. Stuckenschmidt: »Wilhelm Furtwängler, unter den Stars des heutigen Deutschland einer der erfolgreichsten und von den Erfolgreichsten einer der geistigsten (denn die Sphäre des Startums reicht ja hierzulande von Albers, Schmeling, Tauber bis zu Albert Einstein) hat die 50 Jahrfeier des Berliner Philharmonischen Orchesters dazu benutzt, eine Art von künstlerisch-kulturpolitischem Glaubensbekenntnis abzulegen, das weit über den Rahmen der bei solchen Anlässen üblichen Ansprachen hinausgeht. Prinzipiell ist das sein gutes Recht, und auch wer im einzelnen bei einem Mann von seinem Niveau weniger Selbstherrlichkeit erwartet hatte, mag hingehen lassen, was die Begeisterung des Augenblicks dem Temperamentvollen entlockte. Doch abgesehen von der Form dieser Rede..., deren Zuschnitt manchmal bedenkliche Assoziationen an Furtwänglers Vornamen knüpfen ließ, gibt es gegen ihren Inhalt so schwerwiegende Einwendungen, daß es Frevel wäre, hier zu schweigen. Furtwänglers Ausführungen beschäftigen sich diesmal vorwiegend mit dem Problem Neue Musik. Er stellt zunächst, mit einem dialektischen Dreh, auf den die Mehrzahl seiner Hörer nicht ungern hereinfiel, die Behauptung als bewiesen hin, ›daß die Produktion... in beängstigendem Maße schrumpft und versiegt.‹ Um diesen Satz zu begreifen, muß man sich erinnern, was Furtwängler unter ›großer deutscher Musik‹ versteht... die sinfonische Musik, die er als eine rein deutsche Schöpfung bezeichnet. Sehen wir davon ab, daß ein solches Made in Germany ja nicht durchaus als Empfehlung gelten kann, daß es vielmehr nur eine Herkunft bezeichnet, so wie etwa grün eine Farbe. Sehen wir sogar davon ab, daß Furtwängler seinen Wünschen die historische Wahrheit opfert. Oder sollte er nicht wissen, daß an der Schöpfung der Sonatenform die Italiener und Franzosen mindestens so stark beteiligt sind wie die Deutschen...? Nun wird gewiß niemand leugnen, daß heute wenige Symphonien geschrieben werden. Wir kennen die historischen Gründe dieser Erscheinung. Wir wissen, daß die Sonatenform einem bestimmten, heute nicht mehr verpflichtendem Standard der Kompositionstechnik entspricht, daß sie sich aus der klassisch-romantischen Materialbehandlung ergibt. Furtwängler scheint es nicht zu wissen oder nicht wissen zu wollen. Denn sonst würde er nicht den enormen Auftrieb in der Komposition konzertanter Formen einfach übergehen, nicht die vielseitigen und imposanten Versuche auf dem Gebiet des Solokonzerts, des Concerto Grosso, die Belebung alter und die Erfindung neuer polyphoner Formen, die Produktion von Suiten und kleinen

Orchesterstücken, die Wege, die gerade Deutschlands junge Generation im Bereich der Chormusik gewiesen hat. Der Irrtum, daß wir heute eine Schrumpfung der Produktion erleben, ist ebenso verbreitet wie leicht zu widerlegen. Und wenn die kritiklosen Apologeten des Ewiggestrigen seine Formulierung als geistiges Ereignis bejubeln, nur weil sie aus Furtwänglers Mund kommt, so kann dagegen nicht scharf genug Front gemacht werden. Kaum eine frühere Zeit hat so starke Impulse für die Belebung des musikalischen Schaffens hergegeben wie das 20. Jahrhundert. Auch wenn Furtwängler später von dem geringen geistigen Nährwert der modernen Musik spricht, sie nur als Anregungsmittel gelten läßt, spielt ihm seine einseitige Symphonie-Anbetung einen Streich. Obendrein übersieht er, daß die seiner Meinung nach höchsten Nährwerte der deutschen Produktion, die neun Symphonien Beethovens, zu ihrer Entstehungszeit durchaus nicht für nahrhaft und wohlschmeckend galten, daß wohl jede neue Kunst anfangs nur als Gewürz betrachtet wird. Sollte er in den vulgärsten Fehler verfallen, Quantität mit Qualität zu verwechseln? Ist ihm ›große Musik‹ am Ende identisch mit Musik von großen Ausmaßen? Dann müßte für ihn folgerichtig Bruckner über Mozart stehen. Und siehe da, seine Programme sind weit entfernt, diese Vermutung zu widerlegen!... Furtwängler gibt zu, die Neue Musik rühre ›an das eigentümlich chaotisch-elementare Lebensgefühl, das vom modernen Menschen Besitz ergriffen hat‹. Nun sind andre Leute auf Grund radikaler Denkarbeit über das moderne Lebensgefühl zu wesentlich andren Meinungen gekommen; man möchte dem Manne, der mit so viel Autorität und selbstsicherem Aplomb über eines der kompliziertesten Kulturgebiete spricht, doch raten, sich besser zu informieren und z. B. das... Buch des Heidelberger Philosophen Japsers über ›Die geistige Situation der Zeit‹ zu lesen... Furtwängler entwirft musikalisch-fachliche Analogien solcher Art: ›Die Entwicklung (der modernen Musik) hat es mit sich gebracht, daß ihr Kunstmittel vielfach nicht mehr die zur Gestalt und Gestaltung drängende Konsonanz, sondern die ins Chaotische führende Dissonanz ist‹? Sehen wir ab von der Überholtheit dieser Antithese Konsonanz–Dissonanz (es gibt ja in Wahrheit keine objektiven Dissonanzen mehr, seit die Alleingültigkeit des überlieferten Tonartbegriffs andren Gesetzen weichen mußte) und folgen wir einmal Furtwänglers altertümlicher musiktheoretischer Betrachtungsweise. Kann die ›Konsonanz‹ drängen? Ist sie nicht vielmehr die Ruhe, die Statik, die Leblosigkeit selbst? Greift nicht erst die ›Dissonanz‹ als belebender, ›zur Gestaltung drängender‹ Störenfried in ihr Reich gestaltloser Abgeschlossenheit ein? Ist nicht gerade die Sonate, die Symphonie und in ihr wieder das Prinzip der Durchführung eine Apotheose der Dissonanz? Diese offensichtlich falsche Definition eines musikalisch-kulturellen Tatbestandes enthüllt blitzartig die ganze Schiefe der furtwänglerschen Stellung zu heutiger Musik. Sie zeigt uns, wie wenig er, dem auf Grund seiner hohen Allgemeinbildung der Weg zu ihr nicht schwerfallen könnte, in ihre Materie eingedrungen ist, wie einseitig er sie von einer romantisch-ideologischen Anschauung aus beurteilt... Die Abneigung gewisser Publikumskreise gegen heutige Musik soll nicht geleugnet werden. Aber sie ist nicht größer, als sie zu Brahms', Bruckners Zeiten oder in Richard Strauss' Anfängen war, und bestimmt geringer als die der in starrer Tradition befangenen Fachleute. Ihr nachgeben hieße ein kulturelles Verbrechen begehen, das die Existenzberechtigung dieser offiziellen Konzerte nachdrücklicher in Frage stellt als alle geistigen und materiellen Krisen der letzten hundert Jahre. Wie verhält sich nun Furtwängler de facto zu moderner Musik? Nach seiner Behauptung gibt es nicht viele Werke des modernen Konzertsaals, die nicht durch seine Hände gegangen sind. ›Aber ich habe... ihnen von Anfang an innerhalb... meiner Programme den Platz angewiesen, der ihnen meiner Meinung nach zukommt.‹ Prüfen wir diese Meinung. Vor mir liegen die Programme der 99 Abonnementskonzerte, die er seit 1922 in Berlin dirigiert hat. Da dominiert Richard Strauss mit 18 Aufführungen, es folgt Strawinsky mit 8, Pfitzner hat 6, Debussy und Hindemith 5, Schönberg 4 (zwei davon sind Bach-Instrumentationen), Ravel, Respighi und Sibelius 3, Braunfels, Busoni, Georg

Schumann, Toch und Trapp 2, Bartok, Bloch, Casella, Graener, Honegger, Jarnach, Kletzki, Kodaly, Karl Marx, Prokofieff, Rachmaninoff, Raphael, Rathaus, Reznicek, Sekles und Vogel je eine. Noch aufschlußreicher ist die Liste der Werke, die man einer Uraufführung für würdig hielt. Es sind fünf: die Ouvertüre von Rathaus, die Variationen von Schönberg sowie seine Instrumentation von Bachs Präludium und Fuge, Georg Schumanns Variationen über ›Gestern Abend war Vetter Michel da‹ und Kodalys ›Sommerabend‹. Die Namen Conrad Beck, Alban Berg, Butting, Hauer, Janacek, Krenek, Malipiero, Milhaud, Schreker, Szymanowsky, Kurt Thomas, Tiessen, Weill (um nur einige wichtige zu nennen) fallen vollständig aus. Von den grundlegenden Arbeiten der Moderne fehlen unter andren Schönberg: Kammersinfonie, Pelleas und Melisande; Busoni: Sarabande und Cortège, Rondo Arlecchinesco; Strawinsky: Rossignol, Noces, die Suiten; Hindemith ist, abgesehen von zwei Nebenwerken, nur mit drei von seinen Konzerten vertreten (op. 36,4, op. 38, op. 46,2), Bartok nur mit einer Tanzsuite. Vor allem aber ist wenig damit getan, wenn man moderne Werke einmal zur Diskussion stellt und dann ad acta legt... Das ist der Platz, der seiner Meinung nach der Moderne in seinen Programmen zukommt! Nicht weniger willkürlich geht er übrigens mit der Bewertung von Komponisten der Vergangenheit um. Der einseitigsten Pflege Beethovens steht eine fast unbegreifliche Vernachlässigung Bachs, Händels, Mozarts und Haydns gegenüber... ›Die Grundlagen unseres ganzen Musiklebens sind die immer noch unerschöpflich Leben und Kraft spendenden Werke der großen Meister.‹ Wer hat bewiesen, daß die heutigen Meister nicht ebenso groß sind wie die der Vergangenheit? Endlich holt Furtwängler zu einem letzten Schlage aus, der sich gegen seine Kollegen richtet. Jawohl, sagt er, ich gebe diese Krise zu. Aber sie wurzelt in der falschen Wiedergabe, die den klassischen Musiken heute zuteil wird. ›Wenn wir sie wirklich gestalten – heute werden sie meistens bestenfalls ‚referiert' – dann werden sie auch wieder lebendig‹; und weiter: ›würden unsere Darstellungen, unsere Pianisten, Sänger und Dirigenten diesen Werken wirklich immer echten und unverfälschten Ausdruck verleihen, es gäbe keine Musikkrise‹. Welche Wendung durch Gottes Fügung! Flugs wandelt sich der Taktstock zum Zauberstab, der den Kulturfluch der Gegenwart zu eitel Harmonie und Wohlgefälligkeit werden läßt. Der Kapellmeister als Erlöser von Krise und Geistesnot, der Histrio als Sieger über den Schaffenden – welch Ruhmtraum eines Dirigenten! Aber nicht etwa der Kapellmeister an sich, sondern nur der Eine, Einmalige, aus der kleinen Schar der Erwählten.«[9]

Um näher zu exemplifizieren, was Furtwängler sich da ausgedacht hat, bezieht sich Hans Heinz Stuckenschmidt auf zwei Artikel im ›Berliner Tageblatt‹, ›Bemerkungen zur Darstellung alter Musik‹ überschrieben: Die Polemik des Dirigenten richte sich darin vor allem gegen zwei moderne Strömungen, in deren Trennung er leider nicht genau vorgehe, gegen die Praxis der historisch getreuen Aufführungen (besonders bei Bach und Händel) und gegen die »nichts als notengetreue Darstellung«. Stuckenschmidt: »Wenn Furtwängler etwa behauptet, der Klang eines Händelschen Orchestertutti (Originalbesetzung), gespielt in der Berliner Philharmonie, sei eine Fälschung, so kann man ihn bei Bach (den er mit stärkstem Streichquintett spielt) derselben Fälschung bezichtigen. Ich persönlich finde seine Bachaufführungen verkehrt, namentlich im Vergleich mit denen Klemperers. Alles, was er ferner über Akustik der modernen Konzertsäle, über die Verwendung des Cembalo, über die äußere Technik der Aufführung alter Musik schreibt, hat viel für sich. Dazwischen aber stehen dann kleine boshafte Sätze, die gleichsam vom Weg abgleiten und die Richtigkeit des vorher Gesagten aufheben. So, wenn er plötzlich behauptet, die ›kammermusikalischen‹ Wirkungen, von denen wir angesichts gewisser Musikepochen reden, d. h. das ›künstlich und bewußt auf das Dünne, Zierliche und Trockene restringierte Musizieren‹ habe es niemals gegeben, außer in unseren Köpfen. Wir hatten das Glück, es zu erleben: bei Toscaninis Konzerten mit dem New Yorker Orchester, das Furtwängler freilich wohl zur Kategorie der ›dressierten Luxushunde‹ rechnet. (Beide Ausdrücke stammen von ihm.) ... Der Tenor der furtwänglerschen Ausführungen ist die alte romantische Anschauung: ›Das Wichtigste in der Musik steht nicht in den Noten‹ (Mahler). Er kehrt diesen Satz aber noch um und sagt: Wenn nur die Noten wiedergegeben werden, so ist das eine Verfälschung, ein Eingeständnis unserer Schwäche. Und gerade da redet er am Eigentlichen vorbei. Denn seine Art der Darstellung respektiert ja so außerordentlich oft nicht einmal das, was in den Noten steht. Ich will nicht von den absoluten Tempi reden, die meinethalben Gefühlssache sein mögen, auch wenn Metronomziffern vorgezeichnet sind. Aber selbst die Proportion aufeinanderfolgender Tempi wird bei Furtwängler gelegentlich in der selbstherrlichsten Weise verändert. Nur in diesen Fällen, wo tatsächlich die nachschöpferische Phantasie das Werk überwuchert, ist ein Veto geboten. Kein Zweifel, daß außer dem nackten Notenbild auch noch etwas sehr Wesentliches darzustellen bleibt: der Stil. Aber just hierin kann uns Furtwänglers Stabführung, die so gern aus einem klassischen Werk ein romantisches macht, die eigentlich alles à la Beethoven oder Bruckner intensiviert haben möchte, nicht befriedigen. Und besonders scharf muß man protestieren, wenn er immer wieder versucht, seine höchst subjektive, genial persönliche Auffassung als sozusagen objektiv gültig hinzustellen. Mit diesen Gewaltstreichen ist Furtwängler im Begriff, zu einer höchst verhängnisvollen Macht zu werden, zu einem Diktator des Geschmacks, dessen Herrschaft alles von ihm Abweichende als zweitklassig brandmarken möchte.«[10]

In besonderem Maße reibt sich Stuckenschmidt an der Behauptung Furtwänglers, wer sich mit den großen Werken wirklich beschäftige, der werde bald die Erfahrung machen, daß die Meinungsverschiedenheiten über sie um so geringer würden, je mehr man sie kennenlerne. Und: daß ihre Darstellung um so weniger eine Sache des persönlich-willkürlichen Geschmacks werde, je mehr die Kenntnis der Werke zunehme; immer vorausgesetzt, daß der Darstellende zu einer wirklichen Auseinandersetzung mit dem Werk überhaupt fähig sei. Stuckenschmidt: »Wie kommt es dann, daß gerade die bedeutendsten Dirigenten in bezug auf Tempi, Dynamik, Agogik, kurz, alles was man Darstellung nennt, keineswegs übereinstimmen? Weshalb weicht z. B. Klemperers Bach-Gestaltung von der Furtwänglers so fundamental ab, daß man die Werke kaum identifizieren möchte? Weshalb dirigierte Toscanini Debussys ›La Mer‹ so völlig anders als er? Soll behauptet werden, daß Klemperer und Toscanini die betreffenden Werke weniger genau kennen, oder daß sie zu einer wirklichen Auseinandersetzung mit diesen Werken nicht fähig sind? Sind Furtwängler niemals Zweifel aufgestiegen an seinen eigenen Fähigkeiten, sich mit diesem oder jenem Werk auseinanderzusetzen? Wer ist die höchste Instanz, die über diese Fähigkeiten zu entscheiden hat? Die höchste Instanz ist der Komponist. Er allein, der das Werk geschaffen hat, kann auch bestimmen, wie es realisiert werden soll. Von den heutigen Komponisten, die Aufführungen ihrer Werke unter Furtwängler gehört haben, waren leider nicht viele mit seiner Darstellung einverstanden. Diese Tatsache ist in Fachkreisen durchaus bekannt... Der Kreis schließt sich; wir stehen wieder vor der Gegenwartskunst, deren Reichtum, deren historische Bedeutung, deren schöpferische Kraft keine noch so organisierte Gegnerschaft wegdiskutieren wird. Auch Furtwängler wird es nicht gelingen. Trotz aller Autorität seines Worts, trotz der Machtstellung, die er im heutigen Deutschland einnimmt. Um einen Gegner zu besiegen, muß man ihn besser kennen, als Furtwängler die moderne Musik kennt. Wer sich mit dem Geist der Gegenwart auseinandersetzt, muß ihn zunächst von Grund aus beherrschen. Er muß die Entwicklung der heutigen Kunst (der Dichtung, Malerei, der Tonart-Zersetzung) begriffen haben, er muß James Joyce so gut kennen wie Bert Brecht und die Lyrik der Dadaisten, Chirico so gut wie die surrealistischen Bücher Max Ernsts und die spätkonstruktivistischen des Bauhauskreises, Hauer und Milhaud so gut wie die neuen Russen und Amerikaner. Wenn er diese Materien bearbeitet hat und dazu noch den Geist des modernen Theaters und des avantgardistischen Films, wird Ehrfurcht vor so viel Leistung, Respekt vor so viel schöpferischem

Höhenflug ihm die Waffe aus der Hand zwingen. ›Denn auch die Erkenntnis neuer Musik‹ – ich variiere einen Satz von Furtwängler – ›bedeutet nichts anderes als ein Gerichthalten über uns selbst.‹«[11]

1933

Adolf Hitler verfolgte Wilhelm Furtwänglers extensive Arbeit mit größtem Interesse. ›Wühlernaturen‹ wie der jüngste Goethe-Medaillen-Träger, gerade zum Ehrenmitglied der Berliner Philharmoniker geschlagen, imponierten ihm mehr als still in sich verharrende Eigenbrötler. Man hatte ihm zugetragen, daß Furtwängler nicht frei von Artismus und allerhand Ressentiments sei; ›völkisch durchgebildet‹, aber kein aktives Mitglied der Bewegung. Ein Willensmensch, in dem ein Kern tiefen Künstlertums steckt. Hitler glaubt, daß aus jenem ›etwas zu machen ist‹. Erst einmal abwarten, nach der offiziellen Machtübernahme werde auch Doktor Wilhelm gefügig, wenn man ihm nur genügend Spielraum zur Selbstentfaltung lasse und durch Titel und Pfründen seiner Eitelkeit schmeichle. Wer sonst – außer Furtwängler – könne an der Spitze der ›deutschen Dirigentenschaft‹ stehen. Knappertsbusch und Clemens Krauss seien zwar gleichwertige Künstler, aber im Ausland nicht so renommiert. Wenn Furtwängler nicht ›spure‹, müsse späterhin der eine oder andere aufgebaut werden.

Im August 1932 lädt Hitler den Dirigenten ins Berliner Hotel Kaiserhof, ›um die Zukunft zu bereden‹. Nach einem durchaus freundlich gestalteten Pourparler kommt der künftige ›Führer‹ zur Sache. Er legt Furtwängler zwei Zeitungsartikel auf den Tisch. Der eine ist am 26. Juni in der ›Deutschen Allgemeinen Zeitung‹ unter dem Motto ›Differenzen mit Winifred Wagner‹ publiziert worden und geht auf das Kompetenzengerangel zwischen der ›Herrin von Bayreuth‹ und Furtwängler ein, der andere, in der gleichen Zeitung erschienen, enthält dessen Rechtfertigung. Hitler wischt beide Ausschnitte verächtlich vom Tisch und erklärt mit Stentorstimme: »Das werde ich in Ordnung bringen!« Außerdem wisse er definitiv, daß auch Toscanini am ›lieblichen Hügel‹ erneut in Erscheinung träte, was er der Frau Wagner gönne, der man alle Schwierigkeiten aus dem Weg räumen müsse, damit die Festspiele weiterhin machtvoll das deutsche Kulturbewußtsein nach innen und außen demonstrieren könnten. Furtwängler muß sich über eine Stunde lang Hitlers ›Bayreuther Werdegang‹ anhören, diffuses Gewäsch, gespickt mit pathetischen Parolen. Er, Hitler, werde das Festspielhaus zu einem wahren Tempel machen, Bayreuth zu einem ›einzigartigen Ort der Bewegung‹. Man trennt sich voller Hochachtung. Der künftige Diktator ist der Meinung, den Dirigenten gewonnen zu haben; dieser jedoch weiß nicht, was er über ›den Mann‹ sagen soll, der einem über den Mund fährt und keine andere Ansicht als die eigene gelten läßt. Eines steht für Furtwängler fest, daß diesem Schwafler und Marktschreier keineswegs die politische Zukunft Deutschland gehören wird. Die Braunen sind in kürzester Zeit weg vom Fenster.

Doch dem Wunschdenken des Künstlers widersprechen die Realitäten. Im Januar 1933 triumphiert der deutsche Faschismus, dieser Massenmachiavellismus, dessen ›geistige Wegbereiter‹ nun an den Schalthebeln der Macht rücksichtslos stellen und lenken. Von Anfang an werden die Integrationsmechanismen der nationalsozialistischen ›Weltschau‹ – darunter Antisemitismus, Pseudosozialismus und Sozialdarwinismus – quantitativ und qualitativ ins Unermeßliche gesteigert. Niemandem, auch nicht Furtwängler, kann entgehen, was – zum Beispiel – mit der biologistischen Rassenideologie bezweckt werden soll. Gleichgültig, ob er nun ›Mein Kampf‹ gelesen hat oder nicht, in den Zeitungen, rasch zu ›Kampfblättern‹ umfunktioniert, schlägt ihm aus jedem politischen Kommentar oder Leitartikel der scharfmacherische Mief und der aggressive Kommandoton der ›neuen Zeit‹ entgegen. Es kann niemand unbeteiligt reagieren, wenn von Gleichschaltung, Judenboykott oder der Einrichtung sogenannter Konzentrationslager die Rede ist, wenn die übrigen Parteien verboten und ihre Funktionäre verschleppt oder umgebracht werden. Das alles sind keine singulären Erscheinungen. ›Gesäubert‹ wird tagtäglich. Man spürt, wie Erich Kästner sagt, das Totalitäre »bis aufs Marmeladenbrot«. Partei, Armee, Wirtschaft und Bürokratie verschmelzen rasch zu einer Einheit, zu einem gegängelten ›Block‹. Und gegängelt wird fortan auch die gesamte ›deutsche‹ Kultur. Deren Vertreter haben zwei Möglichkeiten, ihr Bekenntnis zu dem neuen Staat abzulegen: durch Eintritt in die NSDAP oder aber durch ›öffentliche Stellungnahme‹. Allerdings erlaubt die Parteimitgliedschaft nicht immer eindeutige Schlußfolgerungen, sie ist sogar ein ziemlich unzuverlässiges Kriterium, denn zwei der rabiatesten ›Mitmacher‹ des ›Dritten Reichs‹, Hans Pfitzner und Heinz Tietjen, waren niemals Mitglieder. Zu den ›Stellungnehmern‹ gehören Karl Böhm, Clemens Krauss und Herbert von Karajan. Man muß aber auch noch auf das Kriterium des ›offiziellen Selbstverständnisses‹ hinweisen, das heißt: auf kulturelle Funktionen (und deren Träger), die von den Nationalsozialisten einfach okkupiert wurden, auf die man sich berief, mit denen man Propaganda machte – und die soviel Garantien abgaben, daß man mit keinem Widerstand zu rechnen hatte. Dadurch ergab sich eine positive Systemkonformität, mit der sich glänzend Politik machen ließ. Es gibt nicht wenige Historiker und Politwissenschaftler, die auch den ›Fall‹ Furtwängler nach dem Kriterium des offiziellen Selbstverständnisses klären zu können glauben. Doch damit ist das Verhalten Furtwänglers im ›Dritten Reich‹ keineswegs hinreichend abgeklärt. Wenn er auch nach 1935 (ohne Anerkennung nationalsozialistischer Ideologeme) entschlossen war, seine künstlerischen Kräfte dem Reich zur Verfügung zu stellen (»wie ich das zuvor getan habe«), so schließt das nicht aus, daß er für viele Spitzenfunktionäre der NSDAP persona non grata blieb. Wenn auch Furtwängler ›der Rückbindung an die Urkräfte deutschen Wesens‹ beipflichtete (und sie 1937 massiv einforderte), so stand er – vor allem bei Goebbels – doch immer in dem Geruch, dem liberalen Demokratismus der

›Systemzeit‹ das Wort zu reden, was soviel hieß, daß er für Individualisierung eintrat, was Alfred Rosenberg zum Beispiel dem ›Dekadentismus zurückliegender Zeiten‹ gleichsetzte. Der Propagandaminister sah in Furtwängler einen ›schrecklichen Eigennützler‹, der sich anhimmeln lasse und elitär vom Volk absondere. In diesem Punkt war er sich mit Göring einig, der das als ›wahre Kunst‹ proklamierte, »was der einfache Mann des Volkes begreift und verstehen kann«.[1] Darauf aber sei der Staatsrat bisher (1938) nicht aus gewesen.

Als Hitler am 30. Januar 1933 zum Reichskanzler proklamiert wurde, befand sich Furtwängler mit den Berliner Philharmonikern auf Tournee durch Holland. Zuvor war man in England und Belgien gewesen. Die Abwesenheit wurde von einigen Furtwängler-Gegnern, darunter Professor Gustav Havemann, Geiger und Orchesterleiter des NS-Kampfbundes für Deutsche Kultur, genutzt, um Hitler ein Memorandum zu übergeben, in dem davon die Rede war, daß der mit großen Honoraren überschwemmte Star-Dirigent seine Einkünfte aus internationalen Gastspielen in der Schweiz deponiere und zwar mit Hilfe seiner jüdischen Sekretärin Berta Geißmar. Furtwängler erfuhr davon, reagierte jedoch mit Stillschweigen. Daß Havemann und Hinkel dahintersteckten, ließ ihn künftig gegenüber diesen ›Bonzen‹ vorsichtig handeln. Aber die ließen nicht nach. Sie setzten es durch, daß dem Direktorium der Philharmoniker ein Kommissar beigegeben wurde, ein Spitzel, der zwischen Künstlerschaft und den neuinstallierten kulturellen Institutionen (wie Reichsmusikkammer) vermitteln sollte. Nachdem die betagte Louise Wolff vorgewarnt hatte, daß Aktionen im Gange seien, das Orchester von ›nichtarischen Elementen zu säubern‹, geschah, was die Geißmar wie folgt überliefert hat: »Eines Nachmittags saßen Lorenz Höber, einer der langjährigen Geschäftsführer, der neue Kommissar und ich zusammen in meinem Büro. Nachdem wir allerhand andere Dinge besprochen hatten, zog Höber ein Stück Papier heraus: ›Hier ist ein Brief von Professor Havemann, er betrifft das Orchester. Er schreibt, daß die jüdischen Mitglieder und natürlich Fräulein Dr. Geißmar im neuen Deutschland nicht mehr tragbar seien.‹ Ich hielt dies zuerst für einen Scherz... Erst als er mir das Schriftstück zeigte und ich seinen Inhalt mit eigenen Augen gelesen hatte, durchfuhr es mich wie ein Blitz. Langsam begann ich zu verstehen.«[2] Kurz darauf: »Ich kannte Havemann nicht persönlich, aber eines Tages rief er mich an: ›Fräulein Dr. Geißmar, ich habe gerade das Programm für das Wiener Brahmsfest gesehen. Bilden Sie sich ja nicht ein, daß das Brahmsfest in dieser Form stattfinden wird! Natürlich ist die Auswahl der Solisten auf Ihren jüdischen Einfluß zurückzuführen.‹ Diese waren Huberman, Casals und Schnabel. ›Wir werden bald mit Ihnen kurzen Prozeß machen, das können Sie mir glauben!‹ brüllte er. Ehe ich nur meinen Mund aufmachen konnte, hatte er schon seinen Hörer wieder hingeworfen.«[3]

Dergleichen mußte auch Furtwängler stutzig machen, dem von allen Seiten zugetragen wurde, daß antisemitische Aktionen und solche gegen linke und liberale Künstler im Gange seien. Schönberg war der erste, der ihn händeringend bat, allen Einfluß gegen solche ›Machenschaften‹ aufzubieten. Die Ereignisse überschlugen sich. Am 21. März, dem ›Tag von Potsdam‹, die offizielle Gründungsfeier des ›Dritten Reichs‹. Aufmärsche, Proklamationen, der alte ›Recke‹ Hindenburg aufgeputzt und flankiert von Hitler und Göring. Der Weiheakt in der Garnisonkirche (die Hakenkreuzfahne auf den Särgen Friedrichs des Großen und seines Vaters!). Kolonnen von Braunhemden in der ganzen Stadt. Blauer Himmel. ›Führer-Wetter‹ sagte man jetzt anstatt Kaiser-Wetter. Abends in der Linden-Oper Festaufführung der ›Meistersinger‹, von Hitler anbefohlen. Mit seinem Lieblingssänger Bockelmann als Sachs, Lotte Lehmann als Evchen und Fritz Wolff als Stolzing. Am Pult: Wilhelm Furtwängler! Nach dem ersten Akt ›Cour‹ in der Mittelloge. Hitler bedankt sich bei ›seinem‹ Generalmusikdirektor und ist voll des Lobes über das soeben Gehörte. Was er doch für ein prachtvoller, gediegener Musiker sei und wo in aller Welt es schon ein so homogenes Ensemble gäbe. Bockelmann notiert: »Für uns Künstler sind solche Augenblicke immer die größten und man ist durchflutet von der Feierlichkeit des Augenblicks. Hitler zeigte sich nach dem für ihn so strapaziösen Tag von ungewöhnlicher Leutseligkeit. Sein Gesicht glühte vor Eifer ... und freundschaftlichst klopfte er uns allen auf die Schultern, eine Träne der Rührung in seinem Auge. ›Ich bin stolz!‹ sagte er. ›Geben Sie mir Anlaß, es zu bleiben!‹ Damit verabschiedete er uns. Furtwängler war bleich vor Erregung. Wahrlich, der Augenblick ergriff uns alle.«[4] Berta Geißmar hingegen führte die Blässe ihres Chefs auf einen Grippeinfekt zurück.

Wie dem auch sei, das musikalische Ereignis des Tages wurde in den Zeitungen wie das politische gefeiert. Göring, der selbsternannte Schirmherr der Staatsoper, schickte den Solisten üppige Blumenkörbe ins Haus und versprach den an der ›glorreichen Festaufführung Beteiligten‹ Titulaturen und kräftige Gehaltsaufbesserungen. Was er hielt. Nur Lotte Lehmann verzichtete dankend. Als Mitglied der Wiener Oper lehnte sie erstens ein festes Engagement an das Linden-Haus ab, und zweitens dachte sie nicht im Traum daran, sich von ihrem jüdischen Ehemann, dem Bankier Otto Krause, zu trennen und Ergebenheitsadressen an Göring und Hitler zu formulieren. Acht Tage nach dem ›Tag von Potsdam‹ warf sie dem ›fetten Hermann‹ eine meterhohe, kostbare Vase aus der Berliner Manufaktur vor die Füße, als Göring sie in seinem Büro ob ihrer Widerspenstigkeit und Judenhörigkeit attackierte. Inzwischen erregte nämlich der ›Fall Bruno Walter‹ die Gemüter, und Lotte Lehmann, eine leidenschaftliche Bewunderin dieses großartigen Dirigenten, machte, wo sie nur konnte, die Prominenz der Stadt darauf aufmerksam, was hinter den Kulissen geschähe. Bis sich ihr der SD auf die Fersen heftete und sie mit einer Sondermaschine, gesteuert von ihrem Liebhaber, dem Heldentenor Fritz Wolff, nach Wien entkam. Zuvor hatte sie auch Wilhelm Furtwängler aufgesucht, ihn zu einem Protest wegen der Vorfälle um Bruno Walter zu bewegen, doch sie hatte den ›guten Mann‹ ziemlich hilflos und unentschieden vorgefunden.[5]

Geschehen war folgendes: Von einer Konzertreise aus New York zurück, gedachte Bruno Walter von Berlin nach

Leipzig zu reisen, um im Gewandhaus eine Aufführung zu leiten. Doch die Nazis wollten die Abhaltung verhindern. Anführer war Manfred von Killinger, Polizeipräsident von Leipzig, Blutordensträger und wegen seiner Beteiligung am Komplott zum Morde Rathenaus in höchstem Ansehen bei der Partei (Bruno Walter ›Thema und Variationen‹, S. 386). Walter entschloß sich, von dem Konzert zurückzutreten. Damit wäre dann auch seine Tätigkeit als Chef des Orchesters beendet gewesen. Das Direktorium weigerte sich, die Demission anzunehmen und versuchte, über Tietjen und Winifred Wagner an Hitler heranzukommen, um Killinger und seinem Trupp Einhalt zu gebieten. Doch schon die Generalprobe wurde polizeilich verboten. Walter verließ die Messestadt. Nun sollte in Berlin mit ihm ein Konzert stattfinden. Louise Wolff wird vom Propagandaministerium angerufen, die Veranstaltung abzublasen, wenn sie Unannehmlichkeiten vermeiden wolle. Walter will auch hier von dem Vertrag zurücktreten, doch Wolff und Sachs schwanken. Man erreicht im Ministerium Dr. Funk (später Präsident der Deutschen Reichsbank), der erklärt: »Verbieten wollen wir das Konzert nicht, denn es liegt uns nichts daran, Sie aus einer Verlegenheit zu ziehen, oder gar Sie von einer Verpflichtung zur Bezahlung des Orchesters zu befreien. Wenn Sie aber das Konzert abhalten, dann können Sie sicher sein, daß alles im Saal kurz und klein geschlagen werden wird.«[6] Die Konzertagentur sagt das Konzert ab. Doch das Ministerium entscheidet anders. Es wird stattfinden, nur soll an Stelle von Bruno Walter Richard Strauss dirigieren. Und der macht das auch, der alte Pfennigfuchser aus Garmisch, wofür er olympischen Beifall von der gesamten braunen Regierungsphalanx erntet. Bruno Walter verläßt Deutschland, da man ihm nicht nur die Existenz verweigern will, weil er Jude ist. Nein, er sei auch politisch verdächtig.[7] Und das haben Staatskommissar Hans Hinkel und sein Blutsfreund Havemann herausgefunden.

Inzwischen haben auch Fritz und Adolf Busch Deutschland verlassen, Klemperer packt seine Sachen. Walters Emigration empört die ausländischen Kollegen so, daß sie ein

Protestelegramm an Hitler schicken. Damrosch, Koussevitzky, Bodansky, Gabrilowitsch, Reiner und viele andere haben unterzeichnet. Der Bendler-Block kocht vor Wut. Hitler verbietet, daß Schallplatten der Protestler verkauft oder gesendet werden, auch ist ihnen die Ein- oder Durchreise verboten, denn das ›Geschmeiß‹ darf ›deutschen Boden nicht beflecken‹. Am meisten erbost ist der ›Führer‹ über Toscaninis Protest, der nun auch nicht mehr in Bayreuth dirigieren will. Alle Welt erwartet eine Stellungnahme Wilhelm Furtwänglers. Und diese erscheint am 11. April 1933 in der ›Vossischen Zeitung‹:

»Sehr geehrter Herr Reichsminister!

Angesichts meines langjährigen Wirkens in der deutschen Öffentlichkeit und meiner inneren Verbundenheit mit der deutschen Musik erlaube ich mir, Ihre Aufmerksamkeit auf Vorkommnisse innerhalb des Musiklebens zu lenken, die meiner Meinung nach nicht unbedingt mit der Wiederherstellung unserer nationalen Würde, die wir alle so dankbar und freudig begrüßen, verbunden sein müssen. Ich fühle mich hierbei durchaus als Künstler. Kunst und Künstler sind dazu da, zu verbinden, nicht zu trennen. Nur einen Trennungsstrich erkenne ich letzten Endes an: den zwischen guter und schlechter Kunst. Während nun aber der Trennungsstrich zwischen Juden und Nichtjuden, auch wo die staatspolitische Haltung des betreffenden keinen Grund zu Klagen gibt, mit geradezu theoretisch unerbittlicher Schärfe gezogen wird, wird jener andere, für unser Musikleben auf die Dauer so wichtige, ja entscheidende Trennungsstrich, der zwischen gut und schlecht, allzusehr vernachlässigt. Das heutige Musikleben, durch die Weltkrise, das Radio usw. ohnehin geschwächt, verträgt keine Experimente mehr. Man kann Musik nicht kontingentieren wie andere lebensnotwendige Dinge, wie Kartoffeln und Brot. Wenn in Konzerten nichts geboten wird, gehen die Leute eben nicht hinein. Darum ist die Frage der Qualität für die Musik nicht nur eine ideale, sondern schlechthin eine Lebensfrage. Wenn sich der Kampf gegen das Judentum in der Hauptsache gegen jene Künstler richtet, die, selber wurzellos und destruktiv, durch

Kitsch, trockenes Virtuosentum und dergl. zu wirken suchen, so ist das nur in Ordnung. Der Kampf gegen sie und den sie verkörpernden Geist, der übrigens auch germanische Vertreter besitzt, kann nicht nachdrücklich und konsequent genug geführt werden. Wenn dieser Kampf sich aber auch gegen wirkliche Künstler richtet, ist das nicht im Interesse des Kulturlebens. Schon weil Künstler, wo es auch sei, viel zu rar sind, als daß irgendein Land sich leisten könnte, ohne kulturelle Einbuße auf ihr Wirken zu verzichten. Es muß deshalb klar ausgesprochen werden, daß Männer wie Walter, Klemperer, Reinhardt etc. auch in Zukunft in Deutschland mit ihrer Kunst zu Worte kommen können müssen. Deshalb noch einmal: Unser Kampf gelte dem wurzellosen, zersetzenden, verflachenden, destruktiven Geist, nicht aber dem wirklichen Künstler, der in seiner Art immer, wie man seine Kunst auch einschätzen möge, ein Gestaltender ist und als solcher aufbauend wirkt. In diesem Sinne appelliere ich an Sie im Namen der deutschen Kunst, damit nicht Dinge geschehen, die vielleicht nicht mehr gutzumachen sind. In vorzüglicher Hochachtung Ihr sehr ergebener Wilhelm Furtwängler.«[8]

Thomas Mann, der zur ›Walter-Affaire‹ und der Festveranstaltung zum ›Tag von Potsdam‹ in seinem Tagebuch vermerkt hatte: »Unwille, daß Strauss das Bruno Walter entzogene Konzert übernommen hat. Furtwängler dirigiert die von der ›Regierung‹ für den heutigen Jubeltag angeordneten ›Meistersinger‹! Lakaien!«[9] – befindet nunmehr: »Gestern in der Frankf. Zeitung Fur*ch*twänglers höchst angepaßter, aber immerhin warnender Kultur-Brief an Goebbels und die lange Antwort des Narren darauf. Wie dankbar und eitel diese Gewaltherren Wendungen wie die von der ›wiedergewonnenen nationalen Würde‹ quittieren! Die vollkommene Subjektivität dieser Würde.«[10]

Die Entgegnung des Reichsministers findet in der gelenkten Presse einhelligen Beifall. Joseph Wulf kommentiert sie 1963 so: »Da für die Öffentlichkeit bestimmt, war die Antwort von Dr. Goebbels schlau, tückisch und irreführend abgefaßt; genau fünf Tage vor der Goebbels-Antwort kam nämlich das berüchtigte Gesetz zur Wiederherstellung des Berufsbeamtentums mit seinen fünfzehn Paragraphen heraus, das die Entlassung aller ›politisch-unzuverlässigen‹, ›nichtarischen‹ Personen u. a. bestimmte.«[11]

Goebbels antwortet: »Sehr geehrter Herr Generalmusikdirektor! Ich begrüße es dankbar, daß ich auf Grund Ihres Briefes Gelegenheit habe, Ihnen Aufschluß über die Haltung der nationalbedingten deutschen Lebenskräfte zur Kunst im allgemeinen und zur Musik im besonderen geben zu können. Dabei freut es mich außerordentlich, daß Sie im Namen der deutschen Künstlerschaft gleich zu Beginn Ihres Schreibens betonen, daß Sie die Wiederherstellung unserer nationalen Würde dankbar und freudig begrüßen. Ich habe niemals angenommen, daß das anders sein könnte; denn ich glaube, der Kampf, den wir um Deutschlands Wiedergestaltung führen, geht den deutschen Künstler nicht nur passiv, sondern auch aktiv an. Ich berufe mich hier auf ein Wort, das der Reichskanzler drei Jahre vor unserer Machtübernahme in der Öffentlichkeit gesprochen hat: ›Wenn die deutschen Künstler wüßten, was wir einmal für sie tun werden, dann würden sie uns nicht bekämpfen, sondern mit uns fechten.‹ – Es ist Ihr gutes Recht, sich als Künstler zu fühlen und die Dinge auch lebendig vom künstlerischen Standpunkt aus zu sehen. Das aber bedingt nicht, daß Sie der ganzen Entwicklung, die in Deutschland Platz gegriffen hat, unpolitisch gegenüberstehen. Auch die Politik ist eine Kunst, vielleicht die höchste und umfassendste, die es gibt. Es ist nicht nur die Aufgabe der Kunst und des Künstlers, zu verbinden; es ist weit darüber hinaus ihre Aufgabe, zu formen, Gestalt zu geben, Krankes zu beseitigen und Gesundem die freie Bahn zu schaffen. Ich vermag deshalb als deutscher Politiker nicht lediglich den einen Trennungsstrich anzuerkennen, den Sie wahrhaben wollen: den zwischen guter und schlechter Kunst. Die Kunst soll nicht nur gut sein, sie muß auch volksmäßig bedingt erscheinen oder, besser gesagt, lediglich eine Kunst, die aus dem vollen Volkstum selbst schöpft, kann am Ende gut sein und dem Volke, für das sie geschaffen wird, etwas bedeuten. Kunst im absoluten Sinne, so wie der liberale Demokratismus sie kennt, darf es nicht geben. Der Versuch, ihr zu dienen, würde am Ende dazu führen, daß das Volk kein inneres Verhältnis mehr zur Kunst hat und der Künstler selbst sich im luftleeren Raum des L'art pour l'art-Standpunktes von den treibenden Kräften der Zeit isoliert und abschließt. Gut muß die Kunst sein, darüber hinaus aber auch verantwortungsbewußt, gekonnt, volksnahe und kämpferisch. Daß sie keine Experimente mehr verträgt, gestehe ich gern zu. – Es wäre aber angebracht gewesen, gegen künstlerische Experimente zu protestieren, in der das deutsche Kulturleben fast ausschließlich von der Experimentiersucht volks- und rassefremder Elemente bestimmt und dadurch das deutsche künstlerische Ansehen vor der ganzen Welt belastet und kompromittiert wurde. Gewiß haben Sie ganz recht, wenn Sie sagen, daß die Qualität für die Musik nicht nur eine ideale, sondern schlechthin eine Lebensfrage sei. Mehr noch haben Sie recht, wenn Sie den Kampf gegen die wurzellos destruktive, durch Kitsch und trockenes Virtuosentum verdorbene künstlerische Gestaltung mit uns bekämpfen. Ich gebe gern zu, daß auch germanische Vertreter sich an jenem üblen Treiben beteiligt haben; das ist aber nur ein Beweis dafür, wie tief die Wurzeln dieser Gefahren schon in den deutschen Volksboden hineingedrungen waren, und wie notwendig es auf der anderen Seite erschien, dagegen Front zu machen. Wirkliche Künstler sind rar. Man muß sie deshalb fördern und unterstützen. Es sollen dann aber in der Tat wirkliche Künstler sein. – Sie werden in Deutschland auch in Zukunft mit Ihrer Kunst immer zu Worte kommen können. Dagegen zu klagen, daß hier und da Männer wie Walter, Klemperer, Reinhardt usw. Konzerte absagen mußten, erscheint mir im Augenblick um so weniger angebracht, als wirkliche deutsche Künstler in den vergangenen 14 Jahren vielfach überhaupt zum Schweigen verurteilt waren, und die auch von uns nicht gebilligten Vorgänge in den letzten Wochen nur eine natürliche Reaktion auf diese Tatsache darstellen. Jedenfalls bin ich der Meinung, daß jedem wirklichen Künstler bei uns das Feld zur unbehinderten Wirksamkeit freigegeben werden soll. Er muß dann aber, wie Sie selbst sagen, ein aufbauender, schöpferischer Mensch sein und darf nicht auf der anderen Seite der von Ihnen mit Recht gegeißelten, wurzellos zersetzenden, verflachend destruktiven, meistens nur technischen Könnern stehen. – Seien Sie bitte davon überzeugt, daß ein Appell im Namen deutscher Kunst in unserem Herzen immer einen Widerhall finden wird. Künstler, die wirklich etwas können, und deren außerhalb der Kunst liegendes Wirken nicht gegen die elementaren Normen von Staat, Politik und Gesellschaft verstößt, werden wie immer in der Vergangenheit so auch in der Zukunft bei uns wärmste Förderung und Unterstützung finden. Darf ich Ihnen, sehr verehrter Herr Generalmusikdirektor, bei dieser Gelegenheit meine Dankbarkeit zum Ausdruck bringen für die vielen Stunden wirklich erbauender großer und manchmal erschütternder Kunst, die Sie mir, vielen meiner politischen Freunde und Hunderttausenden von guten Deutschen schon bereitet haben. Es würde mich freuen, bei Ihnen für meinen Standpunkt ein offenes Gehör und ein weites Verständnis zu finden. In besonderer Hochachtung Ihr sehr ergebener Dr. Goebbels.«[12]

Das ist doch was! Hitler gratuliert seinem Reichspropagandisten nachdrücklich. Die Kommentatoren überschlagen sich. Dutzende von Kapellmeistern und Tonschöpfern schikken Akklamations-Telegramme. Die ›Zeitschrift für Musik‹ eröffnet ihre Serie von zustimmenden Berichten mit einem ›offenen Brief‹ der Musikkritiker Schlesiens:

»Hochverehrter Herr Reichsminister!

Für Ihre ebenso mutige wie tief einsichtige Stellungnahme zu dem wehleidigen Brief des Herrn Dr. Furtwängler über angebliche Unentbehrlichkeit jüdischer Dirigenten im deutschen Kunstleben gestatten wir uns, Ihnen vom Standpunkt des ausübenden Künstlers, des Kritikers und Musikwissenschaftlers unseren aufrichtigen Dank auszusprechen. Ihre klaren Worte werden in weitesten Kreisen befreiend vom letzten Alpdruck des Liberalismus wirken. Sie müssen um so wichtiger erscheinen, als es hier um Letztes geht und die deutsche Wendung von heute der deutschen Zukunft von Generationen ihr Gepräge geben muß. Von jeher haben wir den Standpunkt vertreten, daß der Künstler nur aus dem Grunde seines Volkstums heraus uns nur für sein Volk Großes schaffen kann. Darum kommt es uns unendlich bitter an, Herrn Furtwängler, den wir als Künstler hochschätzen, jetzt einen so instinktlosen Irrweg einschlagen zu sehen. Es muß dem heute so herrlich bewährten deutschen Lebensgefühl im Innersten widersprechen, von ihm unsere nachschaffenden deutschen Künstler als nur mittelmäßiger Leistung fähig hingestellt zu sehen. Hier irrt aber Furtwängler! Der Aufschwung der deutschen Kunst vor dem Kriege ist zu allererst deutschen Künstlern zu verdanken gewesen, und nur ihre Verdrängung und die planmäßige Zurücksetzung unseres Nachwuchses durch die alles beherrschenden Vertreter einer volksfremden Asphaltkunst hat Zustände herbeigeführt, deren gegenwärtiges Ergebnis Herr Furtwängler lediglich sieht, deren unnatürliche Voraussetzungen ihm aber entgehen. Sonst müßte er – auch aus geschichtlicher Betrachtung – wissen, daß die deutsche Musikbegabung schlechthin unerschöpflich ist, solange der deutsche Mensch sich nicht selber aufgibt. Diese Zusammenhänge empfinden wir im Grenzland deutschen Ostens besonders sinnfällig. Darum, Herr Reichsminister, kam Ihr mannhaft Wort zur rechten Zeit, wofür Ihnen die deutsche Musik der Gegenwart und vermutlich auch der Zukunft allen Dank schuldet. Stadttheater Breslau, Schlesische Philharmonie, Arbeitsgemeinschaft Deutscher Musikkritiker, Provinzialverband Schlesien.«[13]

Von nun an wird das ›Ewig-Deutsche‹ als Urkraft einer neuen Allgemeinkunst propagiert. Nicht nur in der Musik, sondern auf alle Künste bezogen, werden die Gegensatzpaare modern und deutsch oder experimentell und volksnah herausgestellt. Jost Hermand erkennt in einer diesbezüglichen Untersuchung, das eine Adjektiv stehe für Verfall, da es sich in steigendem Maße von den Urkräften deutschen Wesens entferne, das andere aber für die Wiedergeburt des Immergleichen, nämlich des Nordischen, Germanischen, Deutschen. Hermand: »Und zwar wird dabei das ›Deutsche‹ stets als das Positive, Ideale, Aufrichtende hingestellt. Nicht kritisch, sondern erhebend, nicht intellektualistisch, sondern volksnah, nicht international, sondern arteigen, nicht frei, sondern verantwortungsbewußt wünschte man sich die neu-alte deutsche Kunst. Ihre Produkte sollten so ›bedeutend‹ sein, daß man sie nicht mehr kritisieren, sondern nur noch würdigen kann...«[15]

Hier schließt sich Furtwängler unmittelbar an, wenn er behauptet, die deutsche Klassik habe sich nur deswegen in ›stiller Geborgenheit‹ so kraftvoll entwickeln können, weil sie keiner ›besserwisserisch-unfruchtbaren Kritik‹ ausgesetzt gewesen sei. Goebbels reibt sich die Hände, wenn er beim Doktor liest, daß die Deutschen, »ringsum von Übelwollen, Mißverstehen und Haß umgeben«, durch »äußere und innere Not zur Selbstbesinnung« getrieben worden seien.[16] Das gehört in die Kategorie ›offizielles Selbstverständnis‹. Deutsche Musik ist nordisch, artbezogen, autonom. Autoritärer kann man sich nicht gegen die Musik ›der anderen‹ entscheiden.

Man kann sich des Eindrucks nicht erwehren, als sei Furtwängler vom Beginn des ›Dritten Reiches‹ an hin- und hergerissen gewesen zwischen dem seit Jahrhunderten tradierten Moral-Kodex des Abendlandes und der selbstsüchtigen, total pervertierten Auslegung desselben zugunsten der Nationalsozialisten. Er vollzieht mit, daß man Luther oder Goethe, Schiller oder Humboldt so umfunktioniert und einseitig ausbeutet, als hätten sie nie einen kosmopolitischen Anspruch vertreten, als sei Verbindliches und Beständiges von ihnen nur im Hinblick auf die Menschheit zwischen Niebüll und Reichenhall gesagt worden. Andererseits registriert er ›mit kaltem Entsetzen‹, wie Teile dessen als entartet vernichtet werden, das auch ihm in jungen Jahren als substantiell-humanistisch erschienen ist. Aus der Münchner und Wiener Schule werden pausenlos berühmte Gemälde zerstört oder im Ausland billig verauktioniert. Und wenn dabei ›Hochstimmung wie auf einem Schützenfest‹ herrscht, ist er tief deprimiert, wie er fassungslos zusehen muß, daß beim Autodafé der Bücher auch die des von ihm tief bewunderten Friedrich Gundolf dabei sind.

Manchmal treibt ihn sein Zorn gegen die Nazis zu Taten, die man in Berlin mit Zähneknirschen zur Kenntnis nimmt und die man ihm heimzahlen wird. Man weiß nur noch nicht wie. Furtwängler genießt ein so hohes internationales Ansehen, daß man ihn nicht ›wegräumen‹ kann wie lästige Militärs oder unliebsam gewordene Genossen von gestern. Will man ihn bestrafen und zu Fall bringen, muß man's kühn-rational, mit klinischer Vorsicht bewerkstelligen. Lange laboriert Joseph Goebbels an einem Plan dazu herum, bis ihm gegen 1938 der für nicht wenige seiner Helfershelfer bestrickende Einfall kommt, den unangenehmen Doktor, der nie weiß, was er will, und der immer häufiger gegen das Regime spricht, durch einen machtvoll in den Vordergrund geschobenen Konkurrenten auszuschalten. Ein Spiel, dessen letzter, tragischer Akt sich erst dann vollzieht, wenn die meisten Beteiligten hingerichtet worden oder gestorben sind und keiner mehr so recht entwirren kann, wie es eigentlich zu diesem ungleichmäßigen, klug eingefädelten ›Machtkampf‹ gekommen ist: anläßlich der ›Entnazifizierung‹ Wilhelm Furtwänglers nach dem Zweiten Weltkrieg.

Tatkräftig schreitet er ein, als im Frühjahr 1933 ein gemeinsames Konzert mit den Berliner Philharmonikern und dem Orchester des Mannheimer Nationaltheaters stattfinden soll. Der Reinertrag kommt den früheren Kollegen zugute, deren Provinz-Etat schmal ist. Furtwängler läßt auf Anfrage bestätigen, daß die Berliner Mannschaft in ihrer üblichen Besetzung antreten werde, womit sich der Orchestervorstand, ›im Sinne der neuen Zeit‹ nicht einverstanden erklären kann. Die strammen Braunhemden wollen nicht spielen, wenn am ersten Pult der vereinigten Orchester der Berliner Konzertmeister Simon Goldberg sitzt. Von einem Juden ließe sich kein Mannheimer Streicher anführen. Entweder der hauseigene ›Erste‹ oder es käme zum Eklat. Furtwängler bleibt unbeeindruckt. Die Philharmoniker reisen an. Er wohnt mit der Geißmar bei deren Mutter. Erste Probe: Auf dem Konzertmeisterplatz sitzt der Mannheimer. Harter Verweis vom Doktor. Der mit der Hakenkreuzbinde am Arm zieht wutentbrannt ab. Goldberg führt an. Auch beim Konzert am nächsten Tag, dem die Nazi-Oberen aus dem gesamten Gau beiwohnen. Gelenkter Beifall. Dann Herrenessen. Doch ohne den Doktor. Berta Geißmar: »Nach dem Konzert, als meine Mutter und ich bei Tisch saßen, ging auf einmal die Tür auf, und Furtwängler kam herein – in seinem Reiseanzug. Er war nach Hause gekommen und gleich darauf in sein Zimmer gegangen, um sich, wie wir glaubten, für das Bankett umzuziehen. ›Um Gottes willen, was ist denn los?‹ rief ich ihm entgegen, ›Sie können doch nicht so auf ein Festessen gehen!‹ – ›Ich gehe auch nicht, ich bleibe hier‹, antwortete er mit kreideweißem Gesicht. Er war erschöpft und in einem Zustand höchster Erregung. Nur allmählich war aus ihm herauszubekommen, was sich ereignet hatte. Nach dem Konzert... war der Mannheimer Orchestervorstand ins Künstlerzimmer gekommen und hatte ihm Vorwürfe über seinen ›Mangel an nationalem Empfinden‹ gemacht. Daraufhin hatte Furtwängler den Herren wortlos seine Partitur vor die Füße geworfen und sie einfach stehenlassen. Den ganzen Abend lang klingelte das Telefon, und Abgesandte kamen, um ihn zu bitten, doch zum Bankett zu kommen. Er aber blieb unerbittlich und erklärte, daß er trotz der Ehrenmitgliedschaft... das Orchester nicht mehr dirigieren und die Stadt Mannheim, deren Ehrenbürger er war, nicht mehr betreten würde. Diesen Entschluß bestätigte er in einem Brief an das Mannheimer Orchester... Lange Berichte gingen nach Berlin ab, und die Mannheimer Parteivertreter fuhren sofort nach Karlsruhe, wo die Philharmoniker am Tage darauf mit Furtwängler konzertieren sollten, um die badische Naziregierung über diesen ›Skandal‹ zu informieren.«[17]

Alle Versuche, ihn in den künftigen Jahren doch wieder für das Musikleben ›seiner‹ Stadt dienstbar zu machen, scheiterten. Erst zwanzig Jahre später, im Januar 1953, hatte sich sein Zorn gelegt und er führte mit den Philharmonikern Beethovens Erste und seine eigene Zweite auf, und noch einmal erschien er an der Stätte früherer Triumphe mit der Fünften und Sechsten von Beethoven, das hundertfünfundsiebzigjährige Bestehen des Theaters würdig auszurichten.

War er in Mannheim mit der Besessenheit aktiver Stürmer und Dränger der Basis konfrontiert worden, so formierten sich in den Städten, die auf der sich anschließenden Frankreich-Tournee besucht werden sollten, die Gegner des Regimes, angestachelt durch die ersten einflußreichen deutschen Emigrantengruppen, die in Furtwängler – ohne Ausnahme – einen Steigbügelhalter der Nazis sahen. Das Konzert in Straßburg mußte abgesagt werden, weil die Veranstalter behaupteten, keine Gewähr für einen ungestörten Verlauf nehmen zu können, da die Philharmoniker und ihr Dirigent aus einem Lande kämen, in dem Künstler an der Ausübung ihrer Tätigkeit aus rassenpolitischen Gründen verhindert würden. In Paris demonstrierten diverse antifaschistische Vereinigungen und die Association des Anciens Combattants Volontaires Juifs, die Ligue Internationale contre l'Antisémitisme sowie das Comité de Défense des Juifs Persécutés en Allemagne, denen mehr als eine Million Menschen angehörten. Flugblätter wurden von den Galerien aus ins Parkett hinabgeworfen und Transparente mit Parolen gegen Hitler entrollt. Die Stimmung während der Konzerte war flau. Viele diskutierten und kümmtern sich wenig um die Musik. Furtwängler war besorgt, daß es auch bei seinem Gastspiel am Théâtre de l'Opéra (›Tristan‹ und ›Walküre‹) im Juni zu Störungen, wenn nicht Tumulten kommen könnte. Seine Ahnungen trogen ihn nicht. Doch zuvor mußten noch Konzerte in Marseille, Lyon und dann in Genf, Zürich und Basel absolviert werden, wo es überall Protestaktionen gab, denn inzwischen war auch im Ausland sehr deutlich geworden, wohin der Hitlerismus steuerte und wie man mit unliebsamen Personen umging. Vor allem die ausgestoßenen Literaten, an der Spitze Thomas Mann und Bert Brecht, die schon seit je Animositäten gegen den Dirigenten hegten, versuchten, weite Kreise zu einem Boykott der Aufführungen zu bewegen. In der rasch entstehenden Emigrantenpresse wird Furtwängler von vornherein als der Angepaßte, der Mitmacher, der zynische, wankende und schwankende Opportunist angeprangert. Klaus Mann schießt sich auf ihn – auf die ›Staatsräte‹, zu denen auch sein Schwager Gustaf Gründgens zählt – ein und ist nach dem Kriege einer der schärfsten Ankläger.

Nach den Konzerten bei den Eidgenossen rüstet sich Furtwängler zum Wiener Brahms-Fest. Der hundertste Geburtstag der »hanseatischen Donauschwalbe« (Johann Strauß) steht vor der Tür. Die Deutsche Brahms-Gesellschaft stattet das Festival gemeinsam mit der Gesellschaft der Musikfreunde in Wien aus. Im Mittelpunkt Furtwängler. Mit von der Partie Huberman und Casals, Schnabel und Hindemith. Schuschnigg hält anstelle des verhinderten Kanzlers Dollfuß eine ›vaterländische‹ Rede, der sich Furtwänglers Festvortrag anschließt, dem die ›Avantgardisten‹ kopfschüttelnd folgen.

Anton von Webern und Alban Berg sind sich einig, daß der berühmte Dirigent mit seinen Sätzen über die Einbeziehung der österreichischen Kultur in einen großdeutschen Kunstverband nichts anders als einen politischen Auftrag der neuen Herren in Berlin erfüllt habe.

Kaum aus Wien zurück, scheint sich in Berlin schon wieder eine Krise anzubahnen, denn die Gehälter für die Philharmoniker sind blockiert, weil deren Aufsichtsrat zurückgetreten ist und deren Geschäftsführung die Arbeit niedergelegt hat. Furtwängler wirft sich in die Bresche, verhandelt mit Hitler und Goebbels und kann am 1. August folgende Botschaft an die ›Schwarze Wand‹ pinnen lassen: »Meine Herren! Der Führer und die Reichsregierung haben mir die Versicherung abgegeben, daß das Berliner Philharmonische Orchester unter allen Umständen erhalten wird. Herr Reichsminister Dr. Goebbels hat an diese Zusicherung die Bedingung geknüpft, daß mir die absolute Führung des Orchesters in künstlerischer und personeller Hinsicht übertragen ist. Auf Grund dessen erwarte ich, daß jede Beunruhigung innerhalb des Orchesters in Zukunft unterbleibt. Ohne mich und mein Einverständnis können keinerlei Beschlüsse gefaßt werden. Meine 12jährige Verbundenheit mit Ihnen, meine verehrten Herren, muß Ihnen die Gewähr bieten, daß alle von mir unternommenen Schritte nur im Interesse des Orchesters sind.«[18]

Der Aufsichtsrat des Orchesters präzisiert in einer Erklärung, was hinter Furtwänglers Beschwichtigungs-Appell steckt: »Die Idee des Reichsorchesters ist vom Führer anerkannt und wird bei Beibehaltung der künstlerischen Spitzenleistungen und der internationalen Geltung aufrechterhalten. Der jetzige Zustand des Orchesters, dessen Sicherheit vom Propagandaministerium verbürgt ist, ist nur eine Übergangslösung, hervorgerufen durch die augenblickliche schwierige Lage unseres Vaterlandes. Der Führer beabsichtigt neben unserem Philharmonischen Orchester auch die Bayreuther Festspiele zu einer nationalen Angelegenheit zu erheben. Zur Rassenfrage betonte Dr. Furtwängler nochmals seine nationale Einstellung und wies auf seinen Grundsatz hin, bei annähernd gleichwertigen Leistungen dem deutschen Musiker gegenüber dem fremdrassigen den Vorzug zu geben.«[19]

Als diese Erklärung ein wenig später publik wurde, brach ein Sturm der Entrüstung unter den Emigranten los, und als Casals, Huberman, Kreisler, Menuhin, Piatigorsky, Schnabel und Thibaud von Furtwängler als Solisten für die Saison 1933/34 eingeladen worden waren, sagten die meisten unter Hinweis auf die letzten Sätze der Aufsichtsrats-Publikation ab. Wohl wissend, daß ihm manche die Freundschaft aufkündigen würden, hatte Furtwängler in den Einladungsbriefen ausführlich zu dem Thema Kunst und Politik Stellung genommen und entschieden darauf hingewiesen, daß diese nichts miteinander zu tun hätten und daß er sich dagegen verwahre, als ›Quasi-Politiker‹ abgestempelt zu werden. Doch man glaubte ihm nicht, weil – wie Kreisler schrieb – seine Taten eine andere Sprache als seine Theorien sprächen. Bevor in deutschen Landen nicht wieder gleiches Recht für alle herrsche, wollten sie lieber auf Gastspiele verzichten. Besonders eindringlich meldete sich Bronislaw Huberman, der seinen Antwortbrief auch gleichzeitig der Presse übergab:

»Lieber Freund!

Lassen Sie mich zunächst Ihnen meine Bewunderung ausdrücken für die Unerschrockenheit, Zielbewußtheit, das

Verantwortlichkeitsgefühl und die Zähigkeit, mit der Sie Ihre im April begonnene Campagne um die Rettung des Konzertwesens vor der drohenden Vernichtung durch die Rassenreiniger geführt haben. Wenn ich Ihrer Aktion – der einzigen im heutigen Deutschland, die zu einem positiven Resultat geführt hat – die Taten Toscaninis (Absage an Bayreuth), Paderewskis (Pariser Hilfskonzert) und der Brüder Busch an die Seite stelle, dann erfaßt mich ein Gefühl des Stolzes, mich auch Musiker nennen zu dürfen. Aber gerade diese Vorbilder hoher Pflichterfüllung müssen alle Kollegen von jedem zielgefährdenden Kompromiß abhalten. Mögen auch die von Ihnen veranlaßten Regierungserklärungen die Grenzen des augenblicklich Erreichbaren darstellen, so kann ich sie leider doch nicht als eine genügende Grundlage für meine Wiederbeteiligung am deutschen Musikleben ansehen. Meine Stellungnahme gründet sich auf folgende prinzipiellen, sachlichen, menschlichen und ethischen Erwägungen: Die Regierung glaubt das Selektionsprinzip der Höchstleistung als entscheidend für die Musik wie für jede andere Kunst erst hervorheben zu müssen. Diese Unterstreichung des an sich Selbstverständlichen wäre sinnlos, wenn daraus nicht implizite der Wille spräche, auf allen übrigen Kulturgebieten eben das Nichtverständliche, nämlich die Rassenauslese weiter gelten zu lassen. Außerdem klafft selbst innerhalb dieser willkürlich auf die Kunst beschränkten Verkündigungen des Leistungsprinzips in ihrer praktischen Anwendung ein unüberbrückbarer Widerspruch. Denn zum Begriff der Kunstpflege im allgemeinen gehören in erster Linie die Lehrinstitute und Kunstsammlungen, und zum innersten Wesen der Musikpflege im besonderen gehören die staatlichen und städtischen Opernhäuser: und doch ist mir nicht bekanntgeworden, daß nunmehr die Wiederanstellung jener Museumsdirektoren, Kapellmeister und Musiklehrer beabsichtigt sei, die wegen ihrer jüdischen Abstammung oder abweichenden politischen oder sogar nur apolitischen Einstellung entlassen wurden. Es handelt sich also bei der ›Wiederaufrichtung des Leistungsprinzips in der Kunst‹ keineswegs um die Kunst im allgemeinen, noch auch um das Gesamtgebiet der Musik. Es soll lediglich das verhältnismäßig enge Spezialgebiet des Konzerts der freien Konkurrenz jener ›wirklichen‹ Künstler zurückgegeben werden, die ihm die Häuser füllen sollen: und da jede wichtigere Konzertveranstaltung mit großer internationaler Publizität verknüpft ist, während der Forscher, der Lehrer, nur alle Jubeljahre einmal mit den Ergebnissen seiner Arbeit vor die Öffentlichkeit tritt, so könnten die wenigen zur Mitwirkung herangezogenen ausländischen, beziehungsweise jüdischen Musiker vor aller Welt zum Beweise dafür angeführt werden, daß es in Deutschland um die Kultur gut bestellt sei. In Wahrheit aber würde die deutsche Gründlichkeit immer neue Definitionen über Rassenreinheit gegenüber dem noch ungereiften Kunstjünger, an Schulen, Laboratorien usw. anwenden. Ich weiß, daß Ihnen, verehrter Freund, eine derartige Wirkung ebenso zuwider wäre wie der Mehrzahl der deutschen Konzertbesucher. Das Problem hat aber auch eine menschlich-ethische Seite. Ich möchte das Musizieren als eine Art künstlerischer Projektion des Besten, Wertvollsten im Menschen bezeichnen. Kann man diesen eine völlige Selbsthingabe voraussetzenden Sublimierungsprozeß von einem Künstler erwarten, der sich in seiner Menschenwürde mit Füßen getreten fühlt und offiziell zu einem Paria degradiert wird: dem von den bestallten Hütern deutscher Kultur in geflissentlicher Unterschlagung der nunmehr einwandfrei nachgewiesenen halbjüdischen Abstammung Richard Wagners einerseits, der historischen Rolle eines Mendelssohn, Anton Rubinstein, Hermann Levi, Joseph Joachim unter anderen im deutschen Musikleben andererseits, rassenmäßig die Fähigkeit zum Verständnis der ›rein deutschen Musik‹ abgesprochen wird? Sie versuchen mich mit dem Satz zu überzeugen, daß ›Einer den Anfang machen muß, um die trennende Wand zu durchbrechen‹. Ja, wenn es sich nur um eine Wand im Konzertsaal handeln würde! Aber diese Frage einer mehr oder minder berufenen Interpretation eines Violinkonzertes ist nur einer der mannigfachen Aspekte – und, weiß Gott nicht der wichtigste! –, unter denen sich das eigentliche Problem verbirgt. In Wirklichkeit geht es nicht um Violinkonzerte, auch nicht um Juden, es handelt sich um die elementarsten Voraussetzungen unserer europäischen Kultur: Die Freiheit der Persönlichkeit und ihre vorbehaltlose, von Kasten – und Rassenfessel befreite Selbstverantwortlichkeit! Ob diese mit Gut und Blut erkämpften Errungenschaften unserer Väter wieder zur Herrschaft gelangen – das wird nicht durch die Bereitschaft des Einzelmenschen entschieden, der als ›Erster die trennende Wand durchbricht‹, sondern, wie in der Vergangenheit von dem Gewissen und der darüber unüberhörbaren Forderung der Gemeinschaft, die, einmal erwacht, alle Widerstände mit Naturgewalt wie papierene Wände durchbrechen wird. Ich kann diesen Brief nicht schließen, ohne meinen tiefsten Schmerz über die Ursachen auszudrücken, die mich augenblicklich von Deutschland trennen. Ganz besonders empfinde ich diesen Schmerz als Freund meiner deutschen Freunde, als Interpret der deutschen Musik, der den Widerhall des deutschen Publikums sehr entbehrt. Und nichts könnte mich glücklicher machen als die Wahrnehmung der mich von dem meine Seele zutiefst treffenden Gewissenszwang, Deutschland zu entsagen, befreien würde. Mit herzlichen Grüßen Ihr Bronislaw Huberman.«[20]

Während der Programm-Planungen gärte die ›Philharmonische Frage‹ noch einmal auf. Zwar gab es nun einen neuen Aufsichtsrat, aber es ermangelte einer übergeordneten Behörde, die Zahlungsbefugnis hatte und die jene vom Reich bewilligten Gelder für die Honorare kanalisieren konnte. Die seltsamsten Parteistellen versuchten Einfluß zu nehmen und mitzubestimmen, was beinahe chaotische Zustände verursachte. Wer hinter die Gardinen sehen konnte, erlebte einen mit rüdesten Methoden geführten Kompetenzkampf zwischen Göring und Goebbels, der so endete, daß ›big Hermann‹ die Staatsoper als ›erstes Haus des Reiches‹ unter seinen ›Schutz‹ stellte – und Furtwängler zum Direktor ernannte –, während Dr. Joseph sich zum Herrscher aller übrigen Theater Deutschlands proklamierte. Klar, daß Göring sich nun auch bereit erklärte, seinem Doktor in der Philharmoniker-Frage beizustehen und bei Hitler Gutwetter zu machen, was aber offensichtlich nicht so ganz einfach zu arrangieren war, denn das Propagandaministerium erinnerte daran, daß es laut im Reichsgesetzblatt publizierter Statuten das alleinige Entscheidungsrecht über das Orchester besitze. Nachdem Goebbels Furtwängler die bittersten Vorwürfe gemacht, sich dann aber doch noch entschieden hatte, den Etat für die Philharmoniker zu übernehmen, sofern sich Furtwängler dem Orchester gegenüber in ›Führer-Position begebe‹, geschah immer noch nichts, so daß der Doktor Anfang August 1933 zum Obersalzberg reiste, wo Hitler Ferien machte. Berta Geißmar: »Furtwängler verließ Berlin bewaffnet mit einem riesigen Memorandum über Orchesterfragen und andere ›Fälle‹. Er pflegte für solche Besprechungen immer sehr sorgfältig ausgearbeitete Exposés mitzunehmen. Einer der Nachteile seiner sensitiven und komplizierten Natur war seine Unfähigkeit, sich bei solchen politischen Auseinandersetzungen auf die rohe und primitive Mentalität der Nazis einzustellen. Er verlor leicht seine Selbstbeherrschung, und so gelang es ihm selten, das zu erreichen, was ihm bei Anwendung einer anderen Taktik ein leichtes gewesen wäre.«[21]

Stürmische Dispute an Hitlers eichenem Teetisch. Die »ganze Kulturfrage« scheint erörtert worden zu sein. Erst am Ende, nach zwei Stunden, wird die Lage der Philharmoniker angesprochen. Mürrisch willigt Hitler darin ein, »ein für allemal die Finanzen sicherzustellen«. Er verspricht auch, daß der ›Arier-Paragraph‹ vorläufig im Hinblick auf die Orchestermusiker keine Anwendung finde. Erleichtert reist Furtwängler zurück, um die Erfahrung reicher, daß hinter Hitlers »bornierter Einstellung« nicht allein die Judenfrage stecke, sondern eine »feindliche Einstellung zu allen geistigen Dingen«.[22]

Hitler zitiert nach dieser Unterredung Goebbels zu sich, der in Bayreuth die Festspiele ›abgenommen‹ hat. Der Propagandaminister muß harte Rügen einstecken. Als Göring davon erfährt, beschließt er, den neuen Staatsoperndirektor als Mittel zum Zweck zu benutzen. Immer dann, wenn der ›Jesuiten-Jupp‹ – wie er ihn nennt – zu wagemutig wird, schiebt der für musikalische Feinkost höchst empfängliche Reichsmarschall den ›Doktor‹ nach vorn und ins Gefecht, der zunächst einmal kräftig ›standeserhöht‹ wird, damit er auch nach außen hin das nötige Gewicht hat. Per Telegramm läßt er den Direktor wissen, daß ihm durch huldvollste Verleihung – mit etlichen anderen – am 15. September in einem Festakt der Titel Preußischer Staatsrat zuteil werde. Ein ›Staatsratsgesetz‹ vom 8. Juli 1933 regelt Procedere, Aufgaben und Aufwandsentschädigung. Die Zeitungen berichten in großer Aufmachung über die ›außerordentliche Ehrenzuweisung‹. In der ›Deutschen Allgemeinen Zeitung‹ vom 14. September findet man das Programm zu dem Festakt nach der ›Durchführungsverordnung zum Gesetz über den Staatsrat‹: »... versammeln sich die Preußischen Minister im Staatsministerium. Von dort aus Rundfahrt durch Wilhelm-Straße, an der Reichkanzlei vorbei, Unter den Linden zum Eckfenster des Palais von Kaiser Wilhelm I. Auf dem ganzen Wege bildet die SA mit Fahnen und Musikkapellen ein doppeltes Spalier... Es folgt großer Festakt auf dem Platz vor der neuen Aula der Universität. Der Festakt beginnt mit dem Vortrag des ersten Teils der D-Dur-Suite von Bach, vorgetragen von dem Staatsopernorchester unter Leitung von Heger. Der Ministerpräsident hält die Festrede. Dann begibt sich der Zug in die Aula, wo im Treppenhaus SA, SS und die Hitler-Jugend Spalier stehen. Der Ministerpräsident führt den Zug, gefolgt von den Staatssekretären. Es schließen sich an die Staatsräte, die auf Grund ihres Amtes zum Staatsrat gehören, geführt von Stabschef Röhm und Reichsführer Himmler. Es folgen Generalfeldmarschall von Mackensen, General Litzmann und die anderen Staatsräte, die durch Ministerpräsident Göring besonders berufen sind.«[23]

Und nun leisten die neuen Staatsräte – Furtwängler wie Gründgens – den Eid auf den Führer. Göring spricht ihnen die Eidesformel vor: »Ich schwöre bei Gott dem Allmächtigen und Allwissenden, daß ich mein Amt als Preußischer Staatsrat nach bestem Wissen und Gewissen führen und mich in unwandelbarer Treue zum Volk und seinem Führer, Adolf Hitler, der geschichtlichen Größe Preußens bewußt, für das neue Reich mit allen meinen Kräften einsetzen werde. So wahr mir Gott helfe.« Und auch Wilhelm Furtwängler hebt die Schwurfinger und sagt: »So wahr mir Gott helfe!«[24]

Die Feier schließt mit der ›Egmont‹-Ouvertüre. Die Glokken aller Berliner Kirchen läuten. Kranzniederlegung am Denkmal Friedrichs des Großen, abends Gala-Vorstellung ›Lohengrin‹ in der Staatsoper. Anderntags im Neuen Palais die erste Staatsrats-Sitzung...

Furtwänglers Kommentar nach dem Zweiten Weltkrieg: »Ich hatte keine Ahnung, was das bedeutete.«[25] Das nahmen ihm viele ab. Aber nicht alle, längst nicht alle. Klaus Mann: »Wenn ein Heldentenor sich beim Stehlen silberner Löffel ertappen läßt, bekommt er es wahrscheinlich mit der Polizei zu tun. Ein Lyriker, der Banknoten fälscht oder einen Lustmord begeht, wird als Verbrecher behandelt – seien seine Verse noch so originell. Und wenn nun ein begabter oder gar nicht genialer Künstler mit politischen Gangstern gemeinsame Sache macht – das sollte ihm einfach durchgehen? Dürfen kulturelle Führer und Repräsentanten sich ungestraft dem Todfeind der Kultur verbünden? Haben Genies politische Narrenfreiheit?... Ich bin gegen Staatsräte. Wenn Kunst nichts mit Politik zu tun hat – warum lassen Künstler sich dann so hochpolitische Titel verleihen? Ein unpolitischer Staatsrat – gibt es das? Furtwänglers Funktion im Dritten Reich war eminent politisch... Man macht nicht dreizehn Jahre lang die wirkungsvollste Kulturpropaganda für ein imperialistisches Regime, ohne sich über den Charakter des eigenen Amtes klarzuwerden. Wer so lange und so erfolgreich einer Räuberregierung als kulturelles Aushängeschild gedient hat, darf nachher nicht den Naiven spielen; das ist ja abgeschmackt! Man habe doch genug Takt, sich zunächst einmal zurückzuhalten. Aber diesen Staatsräten und PGs kann es nicht schnell genug gehen. Das drängelt sich, und will gleich wieder agieren, dirigieren, inszenieren, publizieren, als ob nichts geschehen wäre... wir wollen nicht ungerecht sein; wir sind keine Nazis. Zugegeben, nicht jeder Schriftsteller, Schauspieler oder Musiker konnte in die Emigration gehen, und das Konzentrationslager – recht verständlicherweise – war auch nicht jedermanns Sache. Gar manche von denen, die in Großdeutschland blieben, haben sich von der großen Scheußlichkeit so weit wie möglich distanziert gehalten. Sie sind politisch tragbar. Sie sollen mitarbeiten: sie sind schon dabei, zum Wiederaufbau deutscher und österreichischer Kultur das Ihre beizutragen. Aber die Staatsräte? Die Favoriten des Propagandaministeriums? Die künstlerischen Agenten deutscher Machtpolitik im Ausland? Schaut sie euch doch an – die Müthel, Klöpfer, Jannings, Werner Krauss und Heinrich George; die Furtwängler, Clemens Krauss und Karajan – von Hanns Johst, Kolbenheyer und Konsorten gar nicht erst zu sprechen. Eine Kultur, die von solchen wiederaufgebaut würde, bliebe besser verschüttet. Denn Kultur und Kunst haben in der Tat mit Politik zu tun – wie das melancholische Beispiel dieser Herren nur zu deutlich beweist. Jetzt auf einmal sind sie ›unpolitisch‹. Glaubt Ihnen doch nicht. Ihr seid doch dabeigewesen, als sie das garstigste aller politischen Lieder mitsangen oder mindestens recht hörbar mitsummten.«[26]

Der Staatsrats-Aktion folgte im November die Installierung der Reichskulturkammer mit ihren einzelnen Sektionen, also auch der Gründung einer Reichsmusikkammer, an deren Spitze Goebbels – ohne ihn zu fragen – den Komponisten Richard Strauss setzte, der diese »hohe Ehre« dankbar akzeptierte und dem Reichspropagandaminister ein Lied »zur Erinnerung an den 15. November 1933 verehrungsvoll« zueignete.[27] Ähnlich wie Furtwängler, der ohne Bedenken das Amt des Vizepräsidenten der Reichsmusikkammer übernahm, glaubte der ›Rosenkavalier‹-Komponist, »die Musikpolitik des Regimes beeinflussen zu können, und er war davon überzeugt, weil er sich seinem Widerpart Goebbels unendlich überlegen dünkte und immer noch nicht eingesehen hatte, daß es eben nicht um sein Metier – die Tonkunst – ging, sondern um Politik« (Fred Prieberg).[28] Zur feierlichen Eröffnung der Reichskulturkammer in Anwesenheit der gesamten Regierung dirigierten Furtwängler die Ouvertüre zu ›Egmont‹ und Richard Strauss das eigens zu diesem Anlaß komponierte ›Festliche Präludium‹. Der Bruno Kittelsche

Chor sang den ›Wacht-auf!‹-Chor aus den ›Meistersingern‹, während Heinrich Schlusnus zwei Schubert-Lieder interpretierte und Staatsschauspieler PG Friedrich Kayßler Schillers ›Über das Erhabene‹ monologisierte.

Die Übernahme des Vizepräsidentenamtes kommentierte Furtwängler nach dem Kriege so: »Das Amt übernahm ich, weil ich damals hoffen durfte, auf solcher gewissermaßen offiziellen Basis mehr durchsetzen zu können, als ich als Privatmann erreicht hätte. Man glaubte damals in Deutschland ja vielfach: erst wenn alle Anständigen sich um die Verantwortung drücken, werden die Nazis sich durchsetzen.«[29]

Im Präsidialrat der Reichsmusikkammer saßen nicht wenige Mitglieder des alten ›Kampfbundes für deutsche Kultur‹, den Alfred Rosenberg 1928 als ›Nationalsozialistische Gesellschaft für deutsche Kultur‹ begründet hatte: Gustav Havemann, Paul Graener, Max Trapp, Fritz Stege und als selbsternannter ›Geistesführer‹ der in fast jedem nationalsozialistischen Gremium vertretene Staatskommissar Hans Hinkel. Von der ersten Sitzung an ging es um ›Säuberung‹ und ›Gleichschaltung‹, und das mit solcher Akribie und Verbohrtheit, daß auch groteske Fehlentscheidungen getroffen wurden, zum Beispiel im Fall Igor Strawinskys, der als ›Nicht-Arier‹ von der deutschen Bildfläche zu verschwinden hatte. Als sich herausstellte, daß diesen die ›Entjudung‹ keineswegs betraf, kaschierte man die Blamage mit der Ausrede, Kulturbolschewisten wie der ›zersetzende‹ Russe seinen absolut den Juden gleichzusetzen. Man fragt sich, warum Richard Strauss und Wilhelm Furtwängler diesen ›Säuberungsaktionen‹, diesem himmelschreienden Unrecht, fast tatenlos zusahen. Zumindest eine Zeitlang. Als es ihnen ganz allmählich dämmerte, welche grausame Maschinerie von den braunen Sadisten in Bewegung gesetzt worden war, fand sich kein einziges Mittel mehr, diese zu stoppen.

Der Fall Hindemith

Im zweiten Festkonzert anläßlich des Philharmoniker-Jubiläums hatte Wilhelm Furtwängler Paul Hindemiths Auftragskomposition, das ›Philharmonische Konzert‹ (Untertitel: ›Variationen für Orchester‹), uraufgeführt. Zwischen Bachs h-Moll-Flöten-Suite und der Siebenten von Bruckner nahm sich die ad-hoc-Komposition ziemlich radikal aus, wenn auch von der »barbarischen Pracht« (Adorno) der Zwanziger nun in der ›Spielastik‹ nichts mehr zu spüren war. Gegenüber der Expressivität der ›Neues-vom-Tage‹-Periode nahm sich das Konzert eher sachlich aus, harmlos. Dennoch empfanden es nur wenige Kritiker als gemäßigt oder angepaßt, und selbst Furtwängler vermochte »die akademischen Brücken, die er nach rückwärts schlug«,[1] nicht auszumachen. Für die meisten nationalsozialistischen Kulturbetrachter entsprach auch dieses Opus »einer Atmosphäre, die durch die Namen Alban Berg und Arthur Honegger, Bela Bartok und den Viertelton-Mixer Alois Haba gekennzeichnet ist«.[2] Ein Produkt der teuflischen Dreieinigkeit: Dilettantismus, Atonalität, Bolschewismus.

Dennoch konnte man Hindemith nicht so einfach aus- oder gleichschalten, denn der für 1134 Reichsmark als Professor an der staatlichen Akademischen Hochschule für Musik in Charlottenburg Engagierte hatte durchaus Fürsprecher. So machte sich Richard Strauss für den Kollegen anheischig, dessen Position im ›Umfeld neuer Klangkonstellationen‹ zu verteidigen und abzustützen, indem er ›das längst nüchtern gewordene Enfant terrible‹ in den erweiterten Präsidialrat der Reichsmusikkammer, Fachschaft Komponisten, berief.

Im ›Führerrat des Berufsstandes‹ fühlte sich Professor Paul äußerst wohl, seine Anregungen wurden mit Interesse aufgegriffen, und selbst Göring und Goebbels wunderten sich ob der ›allgemeinen Wandlung zum Konstruktiven‹. So ignorierten sie Angriffe wie die der Kampfbündler Friedrich Wilhelm Herzog, der von Hindemith einen »sichtbaren Harakiri« verlangte, »um sein Bild von den häßlichen Flecken der Vergangenheit zu säubern«[3], oder Wilhelm Jensen, der behauptete, jener huldige einem »blutleeren Konstruktivismus«, mache geschäftig jede Modeströmung mit, sei überall zu Hause, »nur nicht in der deutschen Volksseele« und damit »als Führer zu der von uns ersehnten neuen deutschen Musik aus Hitlers Geist« untauglich.[4] Da man nicht wußte, ob man – um den überregionalen Anspruch deutscher Musik der Gegenwart auch hinreichend vertreten zu können – in irgendeiner Form auf Hindemith zurückgreifen mußte, trieb man die Aggressionen gegen ihn nicht auf die Spitze. Selbst der rüde ›Judenfresser‹ Fritz Stege, nimmersatt in der Verurteilung alles Neuen zum Abartigen und Artfremden, entsann sich der »schon immer feststehenden Begabung des Komponisten« und fügte – was bei seinen Gesinnungsgenossen Kopfschütteln hervorrief – hinzu: »Eine Begabung, die trotz mancherlei Irrwege erwarten läßt, daß der Tonsetzer das einst halten wird, was er zu Beginn seiner vielversprechenden schöpferischen Laufbahn versprochen hat.«[5]

Es sah so aus, als hätte man ›oben‹ mit dem »Frankfurter Rauhbein« (Goebbels) noch einiges vor, und so gliederte man ihn ohne Bedenken mit der ›Konzertmusik für Streicher und Blechbläser‹ (Bostoner Sinfonie) in das Festkonzert anläßlich des Ersten Deutschen Komponistentages am 18. 2. 1934 ein, in dem ansonsten Werke der ›Hundertprozentigen‹ erklangen: von Max von Schillings, Siegmund von Hausegger, Georg Schumann, Paul Graener, Emil Nikolaus von Reznicek, Hans Pfitzner und Richard Strauss. Furtwängler dirigierte das Vorspiel zu ›Ingwelde‹ und den ›Eulenspiegel‹, während die übrigen Stücke von den Komponisten selbst geleitet wurden. Für und wider bei Hindemith. Der Kritiker Hans Haupt schrieb: »Wohl die interessanteste Erscheinung des Abends war Paul Hindemith, der mit der ihm eigenen Unbekümmertheit und mit einer seltenen Ruhe und Festigkeit seine ›Musikalischen Teufeleien‹ in den Saal prasseln ließ. Zischen auf der einen, brausender Jubel auf der anderen Seite!«[6]

Aber der Schein trog. Zu viele Fanatiker mochten es nicht vergessen, was der ›Rabauke‹ im zurückliegenden Jahrzehnt angestiftet. Und wenn die ›Zeitschrift für Musik‹ folgende Meldung »vom Kriegsschauplatz der nationalrevolutionären Kulturkämpfe« abdruckte, dann konnte man darauf gefaßt sein, daß die Demontage solcher ›Typen‹ wie Hindemith ins Haus stand, auch wenn einzelne Musiker und Schreiberlinge für ihn Partei nahmen: »Im allgemeinen ist eine Beruhigung eingetreten. Nur Berlin ist noch stark umstritten. In zähem Ringen erobern die Nationalisten schrittweise den Boden. Die ›Städtische Oper‹ ist gefallen, die Staatsoper leistet noch einigen Widerstand... Der Rundfunk ist in unseren Händen, die Reinigung der Berliner Theater macht Fortschritte, nachdem Max Reinhardt den Angreifern unterlegen ist. Auch auf dem Gebiete des Konzertlebens sind Opfer zu beklagen: Bruno Walter ist gefallen... Unter Führung von Prof. Gustav Havemann begann die Eroberung der musikalischen Organisationen... Die Kämpfe dauern noch an.«[7]

Havemann und Hans Hinkel, immer an der Front, wenn es darum ging, die Säuberung voranzutreiben: »Hindemith ist durch seine früheren Werke eindeutig als einer der ›Bannerträger des Verfalls‹ abgestempelt, denen es nicht gestattet sein soll, den Weg der deutschen Kunst in Zukunft mitzubestimmen. Enthusiastisch gefeiert von den Vertretern des jüdisch infizierten Musikbolschewismus ist Hindemith zu fest in der vom Nationalsozialismus völlig abgelehnten geistigen und weltanschaulichen Haltung des November-Deutschland verwurzelt, als daß seine neue künstlerische Entwicklung ohne weiteres für unsere neue Musikkultur fruchtbar gemacht werden könnte.«[8]

Solche Stimmen drangen natürlich auch zu Furtwängler, der sie entweder überhörte oder nicht zur Kenntnis nehmen wollte. Er empfand es als schmählich und zutiefst herabsetzend, daß Kreaturen wie Havemann und Hinkel allmählich diktierten, was ausgesondert und was für akzeptabel befunden wurde. Außerdem hatte er Hindemith darin bestärkt, endlich eine neue, große und deutsche Oper zu komponieren, um dem seit langem kränkelnden Genre wieder auf die Beine zu helfen. Im Jahr zuvor hatte er an der Berliner Staatsoper mit Aplomb Straussens ›Arabella‹ (und die ›Elektra‹) herausgebracht, aber dieses ›Wiener Werk‹ gehörte nach seiner Meinung nicht in die Gegenwart; irgendwo zwischen ›Rosenkavalier‹ und ›Ariadne‹ war es angesiedelt, gestrig, modrig, in vielen musikalischen Phrasen zu schön, um wahr zu sein. Furtwängler vermißte Opern-Kontinuität nach dem ›Palestrina‹. Pfitzner hatte diese Bahn verlassen und mit ›Das Herz‹ den Anschluß vollends verpaßt. Der Grünewald-Stoff, von dem ihm Hindemith beiläufig erzählt hatte, schien geeignet, die ›deutsche Tradition‹ fortzusetzen. Ein Sucher- und Künder-Drama um den Schöpfer des Isenheimer Altars. Als nun die Oper ›Mathis der Maler‹ Gestalt annahm und der Komponist mitteilte, daß er voraussichtlich Mitte 1935 mit der Partitur fertig sein werde, meldete Furtwängler ›höchstes Interesse‹ an. Er sah Teile des Werkes ein und bat Hindemith, ihm den ›erneuten Genie-Streich‹ für das Haus Unter den Linden zu überlassen.

Berta Geißmar: »Als nun Furtwängler seinen Spielplan 1934/35 für die Staatsoper vorlegte, wurde ihm zu seinem Erstaunen eröffnet, daß die Oper ›Mathis der Maler‹ nicht zur Aufführung gelangen könne, ehe Göring die Einwilligung des Führers erhalten habe. Vor Hitlers Entscheidung könne die Aufführung der Oper im Reich nicht freigegeben werden... Das einzige Werk Hindemiths, das Hitler gehört hatte, war dessen Oper ›Neues vom Tage‹, in welcher eine nackte Frau in ihrem Bad auf der Bühne zu sehen ist. An dieser nackten Frau nahm Hitler Anstoß, und seither hatte er ein unüberwindliches Vorurteil gegen Hindemith, das von seinem musikalischen Berater und Hofnarren Hanfstaengl immer weiter genährt wurde.«[9]

Das Verbot erstreckte sich (vorläufig) nur auf die Oper. Daß der Komponist bestimmte instrumentale Partien inzwischen zu einer dreisätzigen ›Mathis‹-Sinfonie zusammengezogen hatte, wußte man höheren Orts nicht. Furtwängler, der es darauf ankommen lassen wollte und in dem ganzen ›Fall‹ so etwas wie eine Machtprobe mit der neuen Gewalt erspürte, entschloß sich kurzerhand, die Sinfonie im Philharmonischen Konzert vom 12. März 1934 aufzuführen. Erstaunlich, wieviel Zustimmung das Werk fand. In der ›Deutschen Allgemeinen Zeitung‹ hieß es: »Das neueste Werk von Paul Hindemith und die begeisterte Aufnahme, die es im gestrigen Philharmonischen Konzert unter Furtwängler fand, erscheint uns als ein bedeutsames Ereignis für die Versöhnung der widerstrebenden Tendenzen. In dieser Symphonie Mathis der Maler... hat der Komponist in seiner künstlerischen Entwicklung einen entscheidenden Schritt getan. Der Durchbruch, der sich schon in seinem Oratorium Das Unaufhörliche ankündigte, ist hier endgültig vollzogen. Es ist die Wendung vom nur ästhetischen – sit venia verbo – ›Kunstgewerbe‹ zum menschlich verbindlichen Kunstbekenntnis, zu dem, was wirkliche Musik immer war und stets sein wird.«[10]

Man hat den Eindruck, als sei in diesem Augenblick der Geschichte Hindemith zum erklärten Musikpropagandisten der nationalsozialistischen Bewegung geworden. Da die Sinfonie rasch an allen deutschen Sendern, von Radio London, aber auch in Duisburg und Sao Paulo und in Scheveningen nachgespielt wurde (1935 wollten sie mehr als zwei Dutzend Konzertdirektionen Europas ins Programm nehmen!), war sie doch ein vorzügliches klingendes Aushängeschild des neuen Regimes in Deutschland. Von wem, außer Strauss, konnten soviel erfreuliche internationale Abschlüsse gemeldet werden. Furtwängler freute sich herzlich über den von ihm initiierten Erfolg und glaubte allen Ernstes, daß nun auch bald mit der Einstudierung der Oper im Linden-Haus gerechnet werden konnte. Daß sich inzwischen – wovon er zunächst uninformiert blieb – um den ›Fall‹ Hindemith in den Ministerien und Staatssekretariaten regelrechte Schlachten abwickelten und Goebbels und Rosenberg und Göring eifer- und rachsüchtig um Kompetenzen und Meinungen geiferten, wurde vor allem von jenen mit Schadenfreude zur Kenntnis genommen (Hinkel und Co.), denen eine Rehabilitierung Hindemiths ein Dorn im Auge war. Furtwängler hatte die Sache des Komponisten-Freundes (»der um ein Haar der offizielle, verwöhnte, mit musikpolitischen Funktionen betraute, durch hochdotierte Aufträge geehrte Hauskomponist des Hitler-Staats geworden wäre«, Fred Prieberg) so sehr zu seiner eigenen gemacht, daß er mit Hindemith stand oder fiel. Irgendwie drängte die Situation zu einer Entscheidung, denn die politischen Rancunen im Hintergrund, die sich in den Vordergrund künstlerischer Entscheidungen drängenden Bürokraten und Funktionäre, die Protest-Bewegung des Auslands erschwerten ihm immer mehr sinnfällige Programme und Beschlüsse. Furtwängler habe in jenen Tagen einen ›geduckten‹ Eindruck gemacht, schreibt Bockelmann: »Wie zu einem Sprung bereit, aber niemand wußte, wohin es ging...« Der entschiedenste Gegner Hindemiths war Alfred Rosenberg, der in zwei Richtungen taktierte und schoß. Göring und die Staatsoper in einem Visier, Goebbels und die Philharmoniker im anderen. Wovon er letztlich profitierte, war die Entscheidung Hitlers, der den ›Krachmacher aus Frankfurt‹ überhaupt nicht mochte und imperativ erklärte, der Mann sei abzuschieben. Damit war das »kommende Reichsmusikgenie« (Prieberg) der Basis beraubt.

Furtwängler, beunruhigt über die Gerüchte und das Schweigen Görings, dem er seinen Standpunkt im Hinblick auf die ›Mathis‹-Oper noch einmal mitgeteilt hatte, versuchte über Strauss, dem er als Präsident der Reichsmusikkammer offenbar mehr Einfluß zubilligte als sich selber, Klarheit zu gewinnen. Doch der Garmischer behandelte das Thema dilatorisch, das heißt: Er tat gar nichts. Wozu sich einen Floh ins Ohr setzen und darüber hinaus einen Konkurrenten fördern? Dann antwortete Göring. Der Herr Staatsoperndirektor möge aus dem Fall Hindemith keine ›cause célèbre‹ machen, die Aufführung des ›Mathis‹ bleibe untersagt. Keine weitere Begründung. Die Sache war auch nicht anzusprechen, wenn der oberste Schirmherr der Staatsoper zu den

›Ring‹-Proben Furtwänglers erschien und tatkräftig die Regie unterstützte, indem er auf der Szene dem Wotan Bockelmann zeigte, wie man einen Speer zu halten habe. Göring war dem Dirigenten gegenüber von gesuchter Höflichkeit, lud ihn zum Luncheon und brillierte mit exakt aufgesagten Zitaten aus der Wagnerschen Tetralogie. Er wünschte sich einen ›Jahrhundert-Ring‹, der dann auch in Bayreuth übernommen werden sollte. Der joviale Landesvater, der am Schluß des ersten ›Walküren‹-Aktes hemmungslos schluchzte und dem schweißgebadeten ›Stabfürsten‹ die eigene Knopflochgardenie ansteckte, der Champagner an die Mitwirkenden ausschenken ließ, seine Späßchen trieb und den Kammersänger Bockelmann – dazu lauthals wiehernd – den ›Bommersänger Kackelmann‹ nannte...

Furtwängler spürte, daß Görings Haltung ihm gegenüber unehrlich und unoffen war. Deckte der ›dicke Hermann‹ nicht auch die Anklage, die Havemann beim ›Führer‹ gegen Berta Geißmar vorgetragen hatte, die »durch ihren Verkehr mit Juden und Emigranten im Ausland« den Aufbau des nationalen Staates sabotiere und daher in Schutzhaft zu nehmen sei? Ernste Zweifel, ob es ratsam, auf die Dauer in Deutschland zu verbleiben. Furtwängler in einem Brief an Ludwig Curtius: »Zusammenbrechen, wie man immer wieder im Ausland wünscht und glaubt, wird das jetzige Regime in Deutschland meiner festen Meinung nach nicht. Auch nicht, wenn die erzwungene Autarkie zu noch so großer Verarmung führen sollte. Im Gegenteil: was es am meisten hält und stützt, ist gerade die jetzt einheitliche Feindschaft des Auslands. Deshalb steht heute jeder Deutsche, der eine Stellung innehat, vor der Frage, ob er dieselbe behalten und durchführen will oder nicht. Im Bejahungs-Fall muß er mit der herrschenden Partei irgendwie praktisch paktieren. Willst Du das nicht, so mußt Du Provokationen, wie das Neu-Engagement einer jüdischen Kindererzieherin, unterlassen. Hier dem Gefühl der Menschlichkeit und Anständigkeit zu folgen, ist bare Romantik. Soweit ich es beurteilen kann, bist Du für Deine Stellung und diese für Dich doch zu wichtig, als sie aus solchem Grunde aufs Spiel zu setzen. Etwas anderes ist es bei mir, der ich an meine Stellungen nicht gebunden bin, und mir bewußt erlaube... als freier Mann zu handeln. In kurzem wird es sich zeigen, ob ich in Deutschland werde bleiben können. Immerhin bin ich mir bewußt, was ich tue, und daß die Möglichkeit eines Abschieds von Deutschland für immer besteht – auch für mich...«[12] Dieser Brief ist nie zugrunde gelegt worden, wenn es darum ging, Furtwänglers spätere, angepaßte Haltung zum nationalsozialistischen Regime zu untersuchen. Im Bejahungs-Fall mit der herrschenden Partei praktisch paktieren!

Aus den Mitteilungen an Curtius geht aber auch hervor, daß Furtwängler etwas plante, eine Entscheidung dringlich herbeizuführen gewillt war. Diese leitete er mit seinem pamphletischen Essay in der ›Deutschen Allgemeinen Zeitung‹ vom 25. November 1934 ein:

»In gewissen Kreisen ist ein Kampf gegen Paul Hindemith eröffnet worden, mit der Begründung, daß er für das neue Deutschland ›nicht tragbar‹ sei. Warum? Was wirft man ihm vor? Zunächst Dinge rein politischen Charakters: Er sei jüdisch versippt und habe jahrelang in dem teilweise aus Juden bestehenden Amar-Quartett, das er ins Leben gerufen habe, als Bratscher mitgewirkt. Weiter habe er noch nach der nationalsozialistischen Revolution sich konzertierenderweise mit zwei emigrierten Juden auf Schallplatten aufnehmen lassen. Es handelte sich hier um eine bereits Jahre vor dem Umsturz bestehende Streichtriogemeinschaft, deren übrige Partner nicht ›Emigranten‹ waren, sondern der hervorragende erste Konzertmeister des Berliner Philharmonischen Orchesters, Goldberg, der erst vor einigen Monaten, in der Absicht, sich ganz der Solisten-Karriere zu widmen, das Orchester verlassen hat, und der an der Staatlichen Hochschule für Musik in Berlin lange Jahre als angesehener Lehrer wirkende Österreicher Feuermann, der als einer der besten europäischen Cellisten allgemein anerkannt ist. Zudem waren diese Aufnahmen die Ableistung eines alten Vertrages. Auch Hindemiths Gegner sind sich klar, daß die Ablehnung gegen ihn auf solche Dinge allein nicht zu stützen ist. Die Hauptgründe für ihre Haltung erblicken sie in denjenigen seiner Werke, die irgendwie weltanschaulich anfechtbar erscheinen: vor allem in einem Teil der von ihm bisher vertonten Texte. Nun muß ohne weiteres zugegeben werden, daß Stoffe, wie die zu den drei Einaktern ›Mörder, Hoffnung der Frauen‹, ›Nusch-Nuschi‹ und ›Sancta Susanna‹ recht fragwürdig sind: ebenso das ›Lehrstück‹ und die Zeit-Revue – anders kann man es wohl nicht nennen – ›Neues vom Tage‹. Demgegenüber ist zu bedenken, daß die drei Einakter recht eigentlich ein ›Jugendwerk‹ darstellen – Hindemith wußte, als er sie schrieb, noch gar nicht, ob er überhaupt Komponist werden wolle. Und übertrifft einer dieser Einakter – ohne sonst zu vergleichen – an Perversität des Vorwurfs etwa die ›Salome‹ des reifen Meisters Strauss? Wer aber wollte um des ›Salome‹-Textes willen Richard Strauss ablehnen? Verantwortlich zu machen für solche Textwahl – bei Hindemith wie bei Strauss – ist vor allem die Zeitepoche ihrer Entstehung, die nach Sensationen dieser Art verlangte. Und das Bestreben, möglichst zeitnahe zu bleiben, war bei Hindemith verständlich in einer Zeit, wo die Beziehung zwischen Künstler und Publikum immer fragwürdiger wurde. Hindemith wußte – ebenso wie Strauss –, daß, um etwa wagnerische Erlösungsdramen zu schreiben, eben die persönlichen und zeitlichen Voraussetzungen eines Richard Wagner nötig waren. Es war seine Ehrlichkeit, die ihn von seiner Wagner-Nachfolge abhielt. Wie aber ein Text aussieht, der seiner, Hindemiths, wirklicher Natur entspricht, zeigt der einzige Operntext, den er sich selbst schreibt, der Text zu seiner letzten, erst vor kurzem beendeten Oper ›Mathis der Maler‹. Niemand, der ihn liest, wird – neben allem andern – gerade das tiefe Ethos verkennen können, das seinen Schöpfer beseelt. Die ihn anfeinden, reden von Umstellung, Wahrnehmung der Konjunktur. Ganz abgesehen davon, daß Hindemith der letzte wäre, der dazu fähig ist, ist das bei diesem Werk schon deshalb nicht möglich, weil dessen Anfänge lange vor der nationalen Revolution liegen. So weit die Frage der Texte. Was nun die Musik, etwa zu den drei Einaktern, betrifft, so ist diese zum Teil voller Leben und Talent. Das später geschriebene ›Neues vom Tage‹ enthält allerdings (wie auch ein großer Teil der reinen Instrumentalmusik dieser Epoche des Komponisten, z. B. das Orgelkonzert usw.), bei aller technischen Meisterschaft, die sich bei Hindemith nie verleugnet, zu nicht geringem Teile rein motorische, ziemlich inhaltlose ›Bewegungsmusik‹, so daß es verständlich wurde, wenn die Theorie des damaligen Tages (die ursprünglich von Strawinsky inaugurierte ›Theorie der Sachlichkeit‹, der ›Antiromantik‹) in Deutschland vielfach gerade mit Werken Hindemiths identifiziert wurde. Heute, aus ganz anderer weltanschaulicher Haltung heraus, sich gegen beides zu wenden und damit den Komponisten zugleich für die theoretischen Exzesse seiner Kommentatoren verantwortlich zu machen, ist zwar bequem, aber falsch. Und das um so mehr, wenn man bedenkt, daß gerade die Werke dieser Epoche des Komponisten fast ausschließlich schnell hingeschriebene Gelegenheitswerke sind, während das Schwergewicht der Tätigkeit Hindemiths in dieser Zeit – den letzten Jahren vor dem Umsturz – sich von der reinen Komposition immer mehr auf das unmittelbar-praktische musikalische Leben und Wirken verlegt hatte. Neben dem vielfältig konzertierenden Bratscher Hindemith trat damals vor allem der Lehrer in den Vordergrund. Ein hohes Ethos schlichter Handwerklichkeit, das Hindemith – an altdeutsche Meister erinnernd – kennzeichnet, scheint ihn für den Lehrberuf geradezu zu prädestinieren: zudem eignet ihm eine seltene Fähigkeit, die Jugend zu verstehen, sich zu ihr gehörig zu fühlen. Eine ganze Schülergeneration bildete sich an ihm und durch ihn: keiner im heutigen Deutschland hat so wie er die musikalische Jugend hinter sich. Besondere Anregungen erfuhr durch ihn die Schulmusikpflege: unermüdlich ist er hier bestrebt, auf seine Weise die verhängnisvolle Kluft zwischen Volks- und Kunstmusik produktiv zu überwinden. Sein Wollen berührt sich auf diesem Gebiet mit Tendenzen, die gerade die jüngste Gegenwart, das neue nationalsozialistische Deutschland, kennzeichnen. So hat er seinerzeit mit dem ›Plöner Musiktag‹ eine Jugendmusik geschrieben, die für das neuzeitliche schulische Musizieren richtunggebend wurde. Wenn man nach diesen ersten Werken – zu denen auch noch aus späterer Zeit so manches zu rechnen wäre (z. B. das ›Marienleben‹) – ein Bild des Komponisten Hindemith zu umreißen versuchte, müßte man ihn, der ja auch blutsmäßig rein germanisch ist, als einen ausgesprochenen ›deutschen‹ Typus bezeichnen. Deutsch in seiner schlicht-handwerklichen Gediegenheit und gerade-kernhaften Art ebenso wie in der Keuschheit und Zurückhaltung seiner relativ seltenen Gefühls-Ausbrüche. Das letzte bisher von ihm erschienene Werk, die Sinfonie aus der Oper ›Mathis der Maler‹, hat diesen Eindruck von neuem bestätigt. Es hat überall, wo es seit seiner Uraufführung im März 1934 erklang, sehr stark gewirkt, und zwar auch auf solche, die sonst nicht gerade seine Freunde waren. Es bedeutet, wie schon gesagt, keine konjunktursüchtige ›Umstellung‹ Hindemiths, sondern viel eher – wenn man so will – eine Rückkehr zu seinen Anfängen, eine Rückkehr zu sich selbst. Vor acht Monaten, als dies Werk erschien, ließ man ihn, vielleicht aus unbewußter Scheu, in kulturelles Werden von außen her einzugreifen – noch so ziemlich in Ruhe. Heute versucht man, ohne daß er inzwischen etwas weiteres veröffentlicht hat, das Versäumte nachzuholen, ihn öffentlich zu diffamieren, ihn worauf es schließlich hinauskäme – aus Deutschland zu vertreiben. Dazu scheint kein Mittel zu gering: man verschmäht es in diesem Zusammenhang nicht einmal, gelegentlich Persiflagen auf falsch verstandenen Puccini und Wagner, die es von ihm gibt, hervorzuholen – als ob Hindemith nicht wüßte, wer Wagner war! Natürlich lassen sich bei einem Komponisten, der soviel geschrieben hat und dessen Werke gedruckt vorliegen und nur eingesehen zu werden brauchen, leicht nachträglich ›Jugendsünden‹ hervorholen. Hindemith hat sich niemals politisch betätigt: wo kämen wir überhaupt hin, wenn politisches Denunziantentum in weitestem Maße auf die Kunst angewendet werden sollte? Sicher ist, daß für die Geltung deutscher Musik in der Welt keiner der jungen Generation mehr getan hat, als Paul Hindemith. Im übrigen ist es heute natürlich nicht abzusehen, welche Bedeutung das Werk Hindemiths einmal für die Zukunft haben wird.

Das ist es aber auch gar nicht, was hier zur Diskussion steht. Es handelt sich hier, viel mehr noch als um den besonderen ›Fall Hindemith‹, um eine allgemeine Frage von prinzipiellem Charakter. Und weiter noch, auch darüber müssen wir uns klar sein: wir können es uns nicht leisten, angesichts der auf der ganzen Welt herrschenden unsäglichen Armut an wahrhaft produktiven Musikern, auf einen Mann wie Hindemith so ohne weiteres zu verzichten.«[13]

Dieser aus damaliger Sicht unglaublich kühne Artikel erschien am Sonntag, dem 25. November, und wurde in der kommenden Woche in Dutzenden von Zeitungen zwischen Moskau und New York, Paris und Tokio nachgedruckt. Am Morgen des Erscheinungstages Generalprobe in der Philharmonie. Die Bernburger Straße schwarz voller Menschen. Dreimal muß die Zeitung für Nachschub sorgen. Berta Geißmar: »Als Furtwängler das Podium betrat, erhob sich das Publikum und demonstrierte mit Klatschen und Beifallsrufen, daß es volle zwanzig Minuten dauerte, bis Furtwängler seinen Taktstock heben konnte. Hinzu kam, daß Furtwängler an diesem Sonntag zweimal zu dirigieren hatte, was er sonst tunlichst vermied. Am gleichen Abend leitete er eine ›Tristan‹-Aufführung in der Staatsoper. Das Haus war ausverkauft. Göring saß in seiner Loge, auch Goebbels war anwesend. Sowie Furtwängler aus dem Orchesterraum auftauchte, ereignet sich das gleiche wie morgens in der Philharmonie. Ein endloser, durch nichts einzudämmender Beifallssturm brauste durch das Haus. Ein wehmütiger Glanz lag über der herrlichen Vorstellung; viele spürten ahnungsvoll kommendes Unheil.«[14]

Die Reichsminister waren außer sich. Gleich nach der Vorstellung (40 Minuten Schlußapplaus!) informierte Göring den ›Führer‹. Furtwängler untergrabe die Autorität der Regierung. Hitler befahl ›konkreteste‹ Gegenmaßnahmen. Die gesamte Presse habe sich unverzüglich auf den widerborstigen Staatsrat einzuschießen. Göring führe sein Haus zu lasch, Goebbels ließe zuviel durchgehen. Rosenberg triumphierte. Das hatte er gewollt: die beiden Herren Kollegen beim ›Alten in Verschiß‹!

Die Zeitungen zwischen Etsch und Belt reagierten unverzüglich im Sinne des Reichspropagandaministers. Aber auch die ausländischen, vor allem emigrantischen, Beobachter dessen, was sich in Berlin vollzog, kommentierten den mutigen Aufsatz Furtwänglers. Man legte ihm nahe, die Diktatur zu verlassen. Das Maß sei voll. Wer so an dem Humanismus Kants und Goethes hänge, dürfe sich nicht weiter mißbrauchen lassen oder den Duckmäuser spielen. Doch Furtwängler packte nicht sogleich die Koffer. Nie sehr entscheidungsfroh und immer (fanatisch) auf die Macht seiner Autorität pochend und bauend, glaubt er, die ›Bande‹ gängeln und zum Einlenken zwingen zu können. Er hält sich für unentbehrlich. Daß er dieses sei, bestätigen ihm Sänger und Instrumentalisten tagtäglich aufs eindringlichste. Mit ihnen bespricht er sich ausführlich, ist offener als sonst. Natürlich werden seine oft sehr krassen Meinungsausbrüche auch dem Reichspropagandaminister kolportiert. Dazu die Geißmar: »Goebbels drohte, er würde Furtwängler schon zeigen, wer der Stärkere sei. Sollte Furtwängler seine Rücktrittsabsichten wirklich durchführen, so werde er – Goebbels – ihn völlig tot machen.«[15]

Furtwängler nahm die Kampfansage an. Am 5. Dezember erklärte er seinen Rücktritt von sämtlichen Ämtern. An die Mitglieder des Berliner Philharmonischen Orchesters schrieb er folgenden Brief: »Meine Herren! Fünfzehn Jahre haben wir zusammen gearbeitet und gewirkt. Wie Sie die Ihre, so habe ich auch meine beste Kraft Ihnen und der Arbeit mit Ihnen zur Verfügung gestellt. Ich habe den Aufbau des Philharmonischen Orchesters geradezu als meine Lebensaufgabe betrachtet. Unvergleichliche künstlerische Erfolge in allen Ländern Europas haben wir zusammen erlebt; in unserem Heimatlande Deutschland wurde unser Wirken als vorbildlich empfunden. Durch Jahre und Jahre gemeinsamer Arbeit haben wir das hohe Niveau musikalisch-künstlerischen Zusammenspiels erreicht, das unseren Ruhm begründete und stets von Neuem rechtfertigte. Es ist nicht leicht, ein solches durch fast zwei Jahrzehnte hindurch geschaffenes und gewordenes gemeinsames Werk zu verlassen. Ich werde die

Zeit, wo wir zusammen arbeiten durften, niemals vergessen.«[16]

Bockelmanns Kommentar zu der Demission Furtwänglers: »Schlug wie eine Bombe ein, fragt sich nur, ob sie krepiert, wie beabsichtigt. Viele halten das Ganze eher für ein Mittel zum Zweck. Er wird über kurz oder lang einlenken.«[17] Zunächst einmal aber kam nun die Gegenseite zum Zuge: Goebbels und Rosenberg. Zum ersten Jahrestag der Reichskulturkammer, am 6. Dezember, hielt der Reichspropagandaminister im Berliner Sportpalast eine Rede, in der er auf den Fall Furtwängler-Hindemith ausführlich einging. Der ›Berliner Lokal-Anzeiger‹ kommentierte die Kundgebung wie folgt: »Deutschland erwache! Der aufrüttelnde Ruf hallt durch den Saal. Heilrufe grüßen noch einmal Dr. Goebbels, als er an das Rednerpult tritt. Der Minister beginnt mit einem historischen Rückblick und erinnert an seine früheren Worte von der schöpferischen Freiheit, von der Kunst, die frei bleibe in ihren eigenen Entwicklungsgesetzen, aber gebunden sei an die sittlichen, sozialen und nationalen Grundsätze des Staates. ›Es entspricht nicht der Loyalität‹, so führt der Minister weiter aus, ›die der schaffende Künstler dem neuen Staat schuldet, wenn nationalsozialistische Forderungen, die im Geiste der kämpfenden Bewegung ihre Rechtfertigung finden, als von gewissen Kreisen kommend, verdächtigt und diskreditiert werden. Denn der Nationalsozialismus ist nicht nur das politische und soziale, sondern auch das kulturelle Gewissen der Nation.‹ Der Minister machte in diesem Zusammenhang einige grundsätzliche Ausführungen, zu denen der bekannte Fall Furtwängler-Hindemith Veranlassung bot. Für jenen Nachwuchs, so führte er aus, der einst als Wortführer einer vergangenen Epoche fungierte, bedeute es keinen Freibrief, wenn er sich der väterlichen Patronanz unbestrittener Künstler erfreue, die es in diesem Falle an dem nötigen politischen Instinkt ermangeln ließen. Weltanschauliche Entgleisungen könne man nicht damit entschuldigen, daß man sie als Jugendwerk abtut. Es heiße Logik und Verstand auf den Kopf stellen, wenn man den Künstler für verpflichtet halte, Sensationen zu machen, weil es seine Zeit verlange. Solchen Kräften gegenüber müsse sich der Nationalsozialismus eine Bewährungsfrist ausbedingen, in der es sich zeigen solle, ob der Mann von gestern oder der Mann von heute der wahre und echte ist. ›Technische Meisterschaft‹, führte Dr. Goebbels aus, ›entschuldigt nicht etwa, sondern verpflichtet. Sie zu rein motorischer, inhaltsloser Bewegungsmusik mißbrauchen, heißt des über jeder wahren Kunst waltenden Genius spotten. Es ist dann bequem und billig, zu behaupten, es handle sich dabei um schnell hingeschriebene Gelegenheitswerke. Das ist es ja, daß Gelegenheit nicht nur Diebe, sondern auch atonale Musiker macht, die, um der Sensation zu dienen und dem Zeitgeist nahezubleiben, nackte Frauen auf der Bühne in obszönsten und kitschig-gemeinsten Szenen im Bade auftreten lassen und sie dabei zur Verspottung eines feigen Geschlechts, das zu schwach ist, sich dagegen aufzulehnen, mit den mißtönenden Dissonanzen einer musikalischen Nichtskönnerei umgeben. Unsere altdeutschen Meister werden sich dafür bedanken, in solchem Zusammenhang genannt zu werden‹...«[18]

Zum gleichen Zeitpunkt wie die Berichte über die ›große‹ Goebbels-Rede im Sportpalast erscheint Alfred Rosenbergs Optik der Sache unter dem Motto ›Ästhetik oder Volkskampf‹ im Völkischen Beobachter: »Der Fall Hindemith... hat sich zu einem Fall Furtwängler erweitert. Es stehen sich in dieser Frage zwei Anschauungen gegenüber, die hier zum Ausbruch gekommen sind. Sie zeigen sowohl einen Generationswechsel auf als auch die tiefliegenden Unterschiede zwischen der Weltbetrachtung des liberalistischen 19. Jahrhunderts und dem nationalsozialistischen 20. Jahrhundert. Wenn nun ein Mann wie Hindemith als begabter Musiker nach einigen deutschen Anfängen 14 Jahre lang in jüdischer Gesellschaft gelebt und gewirkt und sich wohlgefühlt hat; wenn er fast nur unter Juden verkehrte und, von ihnen gelobt, dahinwirkte; wenn er, dem Zuge der Zeit der Novemberrepublik folgend, übelste Verkitschungen deutscher Musik vornimmt, so ist das seine persönliche Angelegenheit, die jedem jedoch das Recht gibt, ihn mit seinem ganzen Wirkungskreis abzulehnen. Wenn nunmehr durch eine Revolution die gesamte, menschliche, künstlerische und politische Umwelt des Herrn Hindemith beseitigt wird, eine neue Erhebung alle Gebiete des Lebens umfaßt, dann geht es nicht an, ihn bloß von der arischen Betrachtungsseite aus in die höchsten Kunstinstitute des neuen Reiches einzuführen und ihm dadurch eine Förderung zuteil werden zu lassen, auf die andere und bessere jahrelang, jahrzehntelang warten müssen.«[19]

Als Goebbels und Rosenberg reagierten, hatte auch Hindemith schon seine Konsequenzen aus der ›Affäre‹ gezogen. Am 5. Dezember bat er um Urlaub von seiner Professoren-Tätigkeit, der ihm sofort bewilligt wurde. Sein Nachfolger wurde Max Trapp. Der Kreis um Adorno hat es im nachhinein so gedeutet, als habe sich Hindemith unverzüglich aus der Schußlinie bringen wollen. Er ging nach Ankara, wo er – mit Zustimmung der deutschen Regierung (!) – ›deutsche Musikanschauungen‹ gegen angebliche sowjetische Einflüsse durchzusetzen trachtete. Im Winter 1935 setzt er seine Arbeit in Berlin fort, sucht nach einem Arrangement mit dem Regime und schwört am 17. Januar 1936 ebenfalls einen Amtseid auf Hitler: »Ich werde dem Führer des Deutschen Reiches und Volkes Adolf Hitler treu und gehorsam sein und meine Dienstobliegenheiten gewissenhaft und uneigennützig erfüllen!«[20] Doch so sehr er sich bewähren möchte und sein Treuegelöbnis unter Beweis zu stellen bereit ist, er kommt nicht voran, denn Rosenberg und Goebbels schalten ihn – mit Ausnahme weiterer Tätigkeit in Ankara – von allen Aktivitäten im Reich aus. Ganz im Sinne Hitlers. Im Frühjahr 1937 beginnt Hindemith – nach dem Vorbild des inzwischen längst wieder rehabilitierten Furtwängler – ein heißes Poker mit den Nazis. Er reicht seine Demission ein und gibt damit die Hochschullehrerstelle auf. Das, so glaubt er, werde endlich die Geister wachrufen, die doch einsehen müßten, daß man auf ihn nicht verzichten könne. Furtwängler wird eingeschaltet, soll sich an oberster Stelle für den Freund verwenden. Doch Doktor Wilhelm schweigt, will sich nicht ein zweites Mal die Finger verbrennen, und er ist gerade so schön im Aufschwung... So verliert Hindemith das Spiel.

Noch eineinhalb Jahre lang verharrt er in der Reichshauptstadt, fast unbeachtet, dann zieht er in das schweizerische Bluche, von wo aus er die selbstgewählte Emigration nach den USA vollzieht. Adorno kommentiert: »Nahe liegt, was aus ihm wurde, mit seinem Sozialcharakter zu erklären, dem kleinbürgerlichen.«[21]

So endete der eine Strang dieser Geschichte voller Opportunität und schütterer Moral. Der andere war etwas kürzer und fand sein abruptes Ende am 28. Februar 1935 nach einer Aussprache zwischen Goebbels und Furtwängler, in Verfolg derer es zur ›vollständigen Rehabilitierung‹ des Dirigenten kam. In den Zeitungen hieß es dazu: »Dr. Furtwängler erklärte, daß er seinen bekannten Artikel über Hindemith vom 25. November 1934 als musikalischer Sachverständiger lediglich in der Absicht geschrieben habe, eine musikalische Frage vom Standpunkt der Musik aus zu behandeln. Er bedauere die Folgen und Folgerungen politischer Art, die an seinen Artikel geknüpft worden seien, um so mehr, als es ihm völlig ferngelegen habe, durch diesen Artikel in die Leitung der Reichskunstpolitik einzugreifen, die auch nach seiner Auffassung selbstverständlich allein vom Führer und Reichskanzler und dem von ihm beauftragten Fachminister bestimmt würde.«[22]

Thomas Manns Kommentar: »Furtwängler angeblich unter Polizeibewachung, ohne Paß. Heutige Nachrichten besagen, daß er sich habe verpflichten müssen, ein Jahr nicht im Ausland zu dirigieren und eine Loyalitätserklärung für die Regierung unterschrieben habe. Ich bedaure ihn weder noch bewundere ich ihn, der neben tollen Hunden wie Streicher im Staatsrat des Henkers Göring sitzen konnte.«[23] Nachsatz im März 1935: »Unterwerfung Furtwänglers, der zu Gnaden aufgenommen wird. Auch vom Publikum?«[24] Gerade von diesem Edwin van der Nüll, der Kritiker der ›B. Z.‹, verkündet am 26. April nach dem ersten Furtwängler-Abend in der Philharmonie seit dem Eklat: »Von diesem Konzert kann man nur mit Ergriffenheit sprechen. Schon die Anfahrt kündet das Ereignis. Der Taxischofför berichtet im Bewußtsein des Außerordentlichen von dem Zulauf seit sieben Uhr.

Wenige Minuten vor acht passiert Furtwängler die Seitenpforte in der Köthener Straße und nimmt die ersten Huldigungen einer Schar von Begeisterten entgegen. In den Gängen und im Saal fiebert man vor Erregung. Alle Sprachen Europas schwirren durcheinander. Minute um Minute vergeht. Aus der Tür des Künstlerzimmers kommt der Orchesterdiener, um das Pult fortzurücken. Nervöser Beifall begrüßt die vertraute Erscheinung. Dann bricht es los wie ein Donnerschlag: Furtwängler betritt das Podium. Der Beifall ist unbeschreiblich. Man klatscht in die Hände, man trommelt auf die Stühle, Zurufe ohne Ende. Mehrmals muß Furtwängler den Stab sinken lassen. Stehend feiert man den Mann, der an die Stätte seiner Triumphe zurückkehrt.«[25] Berta Geißmar hat noch etwas genauere Informationen: »Hitler saß mit der ganzen Reichsregierung in der ersten Reihe. Während der Schlußovation stand er auf, ging zum Podium und reichte Furtwängler die Hand. Dieser symbolische Moment wurde natürlich fotografisch festgehalten und das Bild überall veröffentlicht.«[26] Aber auch Göring und Rosenberg gratulieren, nur Goebbels bleibt abseits. Er genießt das ›Theater‹ von weitem. Zu Rudolf Bockelmann sagt er hämisch: »Jetzt haben Sie ja Ihren großen Wilhelm wieder. Sie sehen, Herr Kammersänger, wie jeder, der auf sich hält, entschlossen ist, mit uns Frieden zu machen.«[27]

Für sein Comeback hat Furtwängler ein reines Beethoven-Programm gewählt: Ouvertüre zu ›Egmont‹, die Pastorale und die Fünfte. Die Philharmoniker folgen ihm in tiefer Ergriffenheit, einige können bei seinem Erscheinen die Tränen nicht zurückhalten. Der Vorstand überreicht ihm eine Ergebenheitsadresse: »Ein Bülow, ein Nikisch waren unsere Führer und in den letzten Dezennien waren Sie es, Herr Dr. Furtwängler, der uns zu überragender Höhe führte. Nicht nur im deutschen Vaterlande, in der ganzen Welt erlangte unsere gemeinsame Kunst Beachtung und Wertschätzung. Wenn Sie heut wieder vor uns stehen, wissen wir, daß wir auf diesem Wege der Höchstleistung weitergehen können, dem einzigen Weg, den wir gehen müssen, nicht nur um allein unser künstlerisches Verantwortungsgefühl zu befriedigen, sondern auch um auf unseren Posten die Pflicht des Staatsbürgers im Sinne des neuen Staates zu erfüllen. Sie waren bisher unser bewährter, einzigartiger Führer. Wir wissen genau, wem wir großen Dank schulden, wenn wir wieder zusammen arbeiten können. Bleiben Sie unser Dirigent, gehen Sie mit uns unseren großen und edlen Zielen entgegen! Wie immer wollen wir Ihnen das Letzte an innerer wie äußerer Leistungsfähigkeit geben!«[28]

Der ›Fall‹ Hindemith und seine Folgen hatten die Musiklandschaft Berlins rasch verändert. Erich Kleiber erklärte sich mit dem zurückgetretenen Kollegen solidarisch und legte am Tage nach der Furtwänglerschen Demission sein Amt als Erster Kapellmeister der Staatsoper nieder. Und kaum hatten die beiden das Haus Unter den Linden verlassen, da verfügte Hermann Göring, was selbst manchem Insider als Nacht-und-Nebel-Aktion vorkam, die Ernennung des Wiener Staatsoperndirektors Clemens Krauss zum Chef der Linden-Oper. Hinter dieser Bestallung im Eilverfahren steckte nicht zuletzt Richard Strauss, der es schon erreicht hatte, daß Kraussens Gattin, die Sopranistin Viorica Ursuleac, ein halbes Jahr zuvor als Preußische Kammersängerin mit Festvertrag – und in erster Linie dazu ausersehen, seine Werke zu singen – nach Berlin engagiert worden war. Daß Krauss in Berlin keine Fortune entwickeln würde, war Furtwängler von vornherein klar: er empfand ihn aber auch nicht als Konkurrenten, denn das Staatsoperndirektorenamt, das er seit 1933 versah, war ihm eher als Bürde denn als Vergnügen erschienen.

Via Salzburg

Bevor Wilhelm Furtwängler 1933 die Berliner Staatsoper übernahm, hatte im Repertoire des Hauses das naive Illusionstheater der zwanziger Jahre überwintert. Romantische Oper, Privileg der Deutschen, narzistisch von den Protagonisten verteidigt, manieristisch aufbereitet durch einen Wust an märchenhaft-unlogischem Zierat und neckisch-verspielter Attitüde. Das Gaudium an symbolhafter Verschlüsselung herrschte vor, psychologisch unbegründet und daher auch wieder leicht durchschaubar, als hingen an den primitiven Symbolen Sprechblasen mit denunziatorischen Texten, es auch dem Unbedarftesten zu erklären, was das Gnadentor im ›Christelflein‹ oder die bühnenfüllende Rocaille in der ›Ägyptischen Helena‹, aus der die alleswissende Muschel tönte, zu bedeuten hatte. Graphische Bühnenbildlösungen, wie sie in der Kroll-Oper von Neher oder Schlemmer gang und gäbe gewesen waren, kamen auf der Staatsopernbühne nicht vor, waren im höchsten Maße verpönt. Auch der Kostümfundus – bieder, veraltet und vermottet und aus permanentem Etatmangel heraus selten erneuert – trug nicht dazu bei, die ›erste Musikbühne des Reichs‹ als wirklich hochentwickeltes Theater auszuweisen. Lediglich die Schar qualifizierter Sänger und Kapellmeister bestimmte den Rang des Linden-Hauses. Und sie erfreute sich nach der Machtübernahme denn auch der ›fürstlichen‹ Protektion Hermann Görings, der wie ein selbstherrlicher Barock-Potentat mit dem ›Packzeug‹ umsprang, es zu seinen Feten auslieh und bei Anfällen von hypertonischem Wohlwollen zudem noch reichlich dekorierte.

Mit Furtwängler, Tietjen und Preetorius änderten sich Anspruch und Erscheinung. Was sie produzierten, szenisch wie klanglich, traf den Geschmack der nationalsozialistischen Gesellschaft. Der Bühnenstil war auf den ›sachlichen‹ Realismus abgestellt, auf Uniformität, geradlinige Ornamentik und blockhafte, soldatische Aufmärsche. Eindeutigkeit hieß die Devise; nichts sollte dem Zufall überlassen bleiben. Erstaunlich, wie sich in dieser geschlossenen, gewiß auch sterilen Raumatmosphäre die Musik konkretisierte, wenn Furtwängler am Pult stand. Gegenüber den meisten, gefühlsduseligen und hemmungslos sich zwischen Crescendo- und Diminuendo-Effekten verwirtschaftenden Kapellmeistern nahm sich seine Interpretation sachlich aus, weil sie auf die bloß äußerliche Reflexion verzichtete. Doch in Wirklichkeit war sie höchst spirituell und deswegen auch so aktuell, weil sie die ohnehin pathetisch überfrachteten Hörer auf erfrischend natürliche Art und Weise sensibilisierte und ohne Betulichkeit und akademische Brücken direkt und hautnah der Welt Beethovens oder Wagners zuführte.

Was ihn zu Beginn des Staatsoperndirektoriums bewegte, fixierte Furtwängler in einigen tagebuchähnlichen Marginalien: »Erste und letzte Aufgabe Pflege und Lebendig-Erhaltung der großen Meisterwerke. Diese Pflege ist mehr im Qualitativen zu erblicken als im Quantitativen. Eine einzige Wagnersche Oper, wirklich sinngemäß aufgeführt, ist mehr wert als ein ganzer Wagner-Zyklus. Dies aber kann – darüber dürfen wir uns nicht täuschen – nur durch den Einsatz der künstlerischen Persönlichkeit, durch Zeit und Konzentration auf die Aufgabe geschehen. Die breitere Öffentlichkeit ist auf die gerechte Würdigung dieser Bemühungen nicht genügend eingestellt. Sie will Programme, die nach etwas aussehen. Das einzige Programm in diesem Sinne ist der aus Anlaß des 70. Geburtstages von Strauss veranstaltete Zyklus, der auf das Jahr verteilt wird, und das Werk dieses großen lebenden Musikers... Auch die andern großen Lebenden. Pfitzner – Palestrina, sein größtes Werk. Die Pflege zeitgenössischer Kunst ist für die Berliner Staatsoper Pflicht. Dazu freilich zu bemerken, daß deshalb, weil in den letzten Jahren eine einseitige überintellektualisierte Kunst in der Öffentlichkeit Trumpf war, auch nicht die dadurch im Schatten lebenden und in den Hintergrund getretenen alle große Künstler sein müssen. Es gibt auch hier, wie bei den früheren, Nutznießer der gegenwärtigen Zeitströmung. Große, ja auch nur einigermaßen charakteristische Kunstwerke sind allezeit rar gewesen. Verhandlungen und Prüfungen moderner Werke sind im Gange. Dagegen dürfte der deutsche Spielplan für das repräsentative deutsche Institut eher in Vordergrund treten. Das wird sich in der Verpflichtung der Kräfte in bezug auf seine Eigenart ebenso aussprechen müssen wie im Spielplan selber. Wagner kann freilich spielplanmäßig nur dann seinen Platz einnehmen, wenn er liebevoll aufgeführt wird. Dasselbe gilt für Mozart, Weber bis zu Lortzing usw. in noch höherem Maße. Die geringste Sorge macht die zur Erhaltung eines täglichen Spielplans unerläßliche romantische, besonders italienische Oper, für die in bezug auf das künstlerische Personal usw. bei der Staatsoper bisher am besten gesorgt war.«[1]

Die Spielzeit 1933/34 begann mit einer Neuinszenierung des ›Palestrina‹. ›Carmen‹ und ›Arabella‹ folgten. Nach ›Barbier von Sevilla‹, ›Hänsel und Gretel‹ sowie Gounods ›Margarethe‹ wurde die ›grundlegende‹ Neuinszenierung von Wagners ›Ring des Nibelungen‹ in Angriff genommen. Regie: Tietjen, Gesamtausstattung: Preetorius. ›Rheingold‹ und ›Walküre‹ wurden am 29. und 30. Dezember zu einem ›sensationellen Einstand für den neuen Direktor‹. Wotan Rudolf Bockelmann merkt dazu an:

»Die Proben unter Furtwängler hatten in einem für die meisten Wagner-Sänger völlig ungewohnten Klima begonnen. Die Arbeit mit den Solisten begann erst, nachdem das Orchester in mehr als drei Dutzend Proben so vorbereitet war, daß es den Anforderungen einer augenblicklichen Aufführung ohne weiteres genügt hätte. Furtwängler deutete ja auch die dramatische Musik Wagners sinfonisch. Sein ›Tristan‹, sein ›Ring‹ waren in erster Linie nicht vom Gesanglichen, sondern vom Orchestralen aufgefaßt und gestaltet, das Orchester war in keinem Augenblick nur ›Begleiter‹, die

Sängerstimmen dagegen letzten Endes auch nur ein, wenn auch sehr wichtiges Instrument des Gesamt-Klangkörpers. Die Folge war, daß es eigentlich nicht leicht war, unter ihm auf der Bühne zu singen. Selbst die kleinsten Wünsche seiner Sänger – und er hatte ja nur die allerbesten zur Verfügung – ließ er nicht gelten, wenn sie den von ihm gewollten sinfonischen ›Fluß‹ beeinträchtigen konnten. Daß alles immer ›im Fluß‹ blieb, war seine ständige Mahnung. Natürlich war Furtwänglers künstlerische Souveränität auch im Opernbereich so stark, so überzeugend, daß sich jeder ihm willig unterwarf, denn wir spürten doch immer wieder, wie sehr sich unter seiner Führung auch unsere Leistung steigerte. Bei der neuen ›Ring‹-Inszenierung kam hinzu, daß Tietjen eine Art von Ernüchterung durchzusetzen versuchte, gleichzeitig aber der Darstellung völlig neue Lichter aufsteckte. Das kam schon dadurch zum Ausdruck, daß er uns stets ›Sänger-Darsteller‹ nannte. Wir waren also – man verstehe das recht – den Instrumentalstimmen gleichgestellte Akteure, die ihren eigenen, vom Regisseur bestimmten schauspielerischen Radius auszuschreiten hatten. Das hieß zum Beispiel auch: wenn es der darstellerisch-logische Ablauf verlangte, mußte man nicht ins Publikum, sondern in den Bühnenhintergrund singen. Man könnte auch sagen, daß die Szene wirklichkeitsgetreuer, also wahrer wurde. Sie war aber nur wirklich wahr, weil Furtwängler uns fest und jedes Risiko ausschließend in den musikalischen Ablauf einband. Toscanini wartete auf uns, damit er uns folgen und uns dann verfolgen konnte. Furtwängler wartete nicht, er rangierte mit niemandem, er forderte rücksichtslos ein und zwang jeden, ihm zu folgen. Das ging manchmal nicht gut. Dann war es nie ein Verlust für den Dirigenten, wohl aber für den Verlorengegangenen. Mit Furtwängler den ›Ring‹ zu erarbeiten, das war wie die Entdeckung eines neuen Kontinentes. Nur er kannte die Gegend und die notwendigen Koordinaten, um das Ziel zu erreichen. Wollte man mit ihm ankommen, mußte man sich bedingungslos seiner Führung anvertrauen. ›Wotan ist kein Held‹, sagte er am Anfang der Proben zu mir. ›Also versuchen Sie, ihn wie einen Nicht-Helden zu singen. Machen Sie ihn nicht zu einheitlich, lassen Sie seine Zweifel und seine Skepsis erkennen. Sie brauchen nicht die ‚Röhre' einzusetzen, die einem Diktator entspräche. Das ist ein schwankender, menschlicher Gott, der sich für unfehlbar hält, aber weiß, daß er's nicht ist. Behalten Sie also immer die Ironie des Schicksals im Auge.‹ Es war übrigens recht seltsam, wenn Tietjen solche Bemerkungen aufgriff und tagelang damit hausierte. Wenn er mir zusah, wie ich meine Haftschalen einführte, sagte er spöttisch, Furtwängler nachäffend: ›Ja, ja, behalten Sie immer die Ironie des Schicksals im Auge!‹ Man spürte, daß zwischen den beiden ein Graben klaffte, daß ihre Beziehungen zueinander nicht offen und nicht harmonisch waren. Aber dennoch ergab ihre Zusammenarbeit imposante Aufführungen, zu denen als Dritter Preetorius beitrug, der Seelenruhige, der den Dirigenten und den Regisseur immer wieder in die Realität zurückführte, waren diese in ihrer genialischen Subjektivität wieder einmal zu weit gegangen.«[2]

Preetorius hat übrigens sehr deutlich und konsequent beschrieben, worauf die neue Wagner-Deutung beruhte, 1933, als er gefordert war, auch für Bayreuth ein zeitgemäßes Bühneninterieur zu entwerfen. Fügt man Furtwänglers gelegentliche Anmerkungen zur szenischen und musikalischen Realisierung aus den dreißiger und vierziger Jahren hinzu, ist es möglich, ohne die Phantasie zu strapazieren, ein plastisches Bild von der Wagner-Deutung im ›Dritten Reich‹ zu gewinnen, die einen Kulturglauben widerspiegelt, der bürgerliches Bewußtsein durch eine Art von ideologischem Manufakturglauben ersetzte. Warum sich viele Opernliebhaber so heftig gegen diesen ›Stil‹ sträubten, lag womöglich in der Tatsache begründet, daß er weniger aus Einzelimpulsen entstand, daß sein Funktionieren nicht von einer Schar tatkräftiger Regisseure, Bühnenbildner und Dirigenten, sondern von genau drei Personen getragen wurde. In diesem ›Stil‹ manifestierte sich – für seine Träger bewußt oder unbewußt – der gesellschaftliche Tiefenprozeß der Zeit, der jedoch nicht auszureifen vermochte, weil er in den Turbulenzen des Zweiten Weltkrieges unter- oder abgebrochen wurde. In den Endzwanzigern, an der Berliner Städtischen Oper, hatten sich Tietjen, Preetorius und Furtwängler zum ersten Mal zusammengefunden, führten sie ihre Einzelspontaneitäten zusammen, um dem Illusionismus des Musiktheaters die (neue) Realität entgegenzusetzen. Der konkretisierten Musik sollte sich ein bis ins Detail durchgebildeter Regiestil integrieren, dem das völkisch-sachliche Ideal von Durchschaubarkeit und Simplifiziertheit zugrunde lag. Die große Revision schien den drei Beteiligten sowohl aus innermusikalischen und innerdramaturgischen Gründen notwendiger als aus gesellschaftlichen.

Preetorius 1933: »Es sind nicht wenige, die einer Erneuerung des Szenenraumes und Szenenkleides bei Wagner zweifelnd gegenüberstehen, ohne doch deshalb als rückschrittlich gelten zu können oder von vornherein als eingeschworen auf strenge Wahrung der einmal gegebenen Tradition. Gerade auch solche, die sonst dem Neuen geöffnet sind, sind hinsichtlich des Wagnerischen Werkes der Meinung, es sei nur die alte, im wesentlichen illusionistisch-naturalistische Szenengestaltung geeignet, den ganz besonderen, vielfältigen Zauber von Wagners dichterisch-musikalischer Welt aufzufangen und anschaulich zu machen. Denn diese Welt brauche naturalistische Substrate im einzelnen wie im gesamten, brauche jenen Illusionismus, der nur mit der alten szenischen Bildhaftigkeit zu erreichen sei. Und die das meinen, mögen dabei nicht mit Unrecht auf manche sogenannte moderne Wagner-Inszenierung hinweisen, die allerdings der Wirkung von Wagners hohem Werk mehr Abbruch getan, sein Wesen mehr entstellt haben, als die älteste illusionistische Szene es je vermochte. Etwas an jenem Widerstand gegen eine grundsätzliche Erneuerung der Wagnerischen Szene ist allerdings berechtigt: Wagners künstlerische Welt braucht einen gewissen Naturalismus, damit sie sich voll ausdrücke, sich bildnerisch verwirkliche, damit vieles seiner musikalischen Sprache und Gebärde den tragenden Hintergrund gewinne: man denke etwa an das Flimmern und Leuchten des Blätterwaldes im zweiten Akte des ›Siegfried‹, an die glänzende Mondnacht, in die Siegmund und Sieglinde stürmen, an die Wellen des Rheingrundes, an Donner und Regenbogen, man denke an Roß Grane, an den Schwan Lohengrins, an das Schilf, woraus Siegfried seine Flöte schneidet. Gewiß: dies alles sind naturalistische Elemente und Vorgänge, die real gegeben werden müssen, die nicht ins bloß Andeutungshafte transponiert oder gar übergangen werden dürfen. Und doch gibt es für Wagners szenische Welt ein Erfordernis, das allem notwendigen Naturalismus und Illusionismus widerspricht, ja zu ihnen in vollem Gegensatz steht: das ist die Forderung des Symbolischen, die Forderung, eine Formenwelt zu schaffen, die sinnbildhaften Charakter trägt. Denn alle Werke Wagners, nicht etwa nur die späten wie ›Ring‹ und ›Parsifal‹, sind ja gedacht als Gleichnisse im großen Sinne, als Urbilder ewigen Geschehens. Und gerade diese Sinnbildhaftigkeit wird durch einen allzu naturalistischen Charakter des Szenischen erheblich beeinträchtigt und mitunter zunichte gemacht. So sehr es also einerseits auch notwendig ist, die mannigfachen naturalistischen Substrate in voller Eindeutigkeit und Greifbarkeit zu geben, so gilt es anderseits doch auch, die tragfähigen Gründe zu schaffen, auf denen eine andere, größer geartete Welt symbolhaft sich aufbaue – die Welt nämlich, auf die Wagners Grundkonzeption gestellt ist, in der allein das Wagnersche Werk sein eigentümliches Leben gewinnen kann. Durchgehende Vereinfachung und möglichst eindringliche Gestaltung des szenischen Ganzen, Wirkung durch klares, groß gestimmtes Mit- und Gegeneinander in Form und Farbe, Beiseitelassen oder Unterordnen alles irgend Entbehrlichen, Betonung aber alles Wesentlichen, all dessen also, was symbolische Gültigkeit hat: das sind die Mittel, die der Forderung nach sinnbildlicher Größe und Macht entgegenkommen. Um deutlich zu machen, was hier gemeint ist, sei für viele gleichsinnige nur ein einziges, das kostümliche betreffende Beispiel genannt: wenn die Götter des ›Ring‹ in ihrer Gewandung allzu akzentuiert, allzu einzelhaft ausgestattet sind, so werden sie notwendig ins Menschliche verkleinert und gehen der Fähigkeit verlustig, ihr gesteigertes Pathos zu tragen. Durch eine besondere

Farbigkeit, eine ins Große vereinfachende Art der Gewandung aber und das Durchhalten des jeweils gewählten Kleides müssen diese Göttergestalten als solche sofort erfaßbar, einprägsam wieder erkennbar sein, deutlich werden als Grundkräfte, als lebendige Sinnbilder, die in ihrem Zu- und Gegeneinander die Welt bedeuten, schlechthin die Welt sind. Immer wieder muß man sich ja auf die leitende Idee Wagners besinnen, auf den großartigen Anspruch, der ihn beim Schaffen seiner Werke erfüllt hat. Sein hohes Vorbild war die attische Tragödie, sein höheres Ziel, das heilige, symbolträchtige Kunstwerk als Spiegel der reinen Welt der entgötterten Zeit aufrufend entgegenzusetzen, die Verkrustung mechanisierender Zivilisation zu durchbrechen, die matt gewordenen Seelen neu zu bewegen und aufzurütteln durch die Macht der Musik als dem grenzlos-zeugerischen Chaos, dem Quell alles Lebendigen: Musik in urtümlich-elementarem Sinne, Musik im Gegensatz zu der der vorausgegangenen zwei Jahrhunderte. Und aus dem Geiste solcher Musik will er einen neuen Mythos schaffen, der die zersplitterte, innere Einheit seines Volkes wieder versammle um ein tragendes Geheimnis...«[3]

Die im Herbst 1933 begonnene ›Ring‹-Erneuerung durch Tietjen, Preetorius und Furtwängler wurde im Oktober 1934 mit ›Siegfried‹ und ›Götterdämmerung‹ zu glanzvollem Abschluß gebracht. Inzwischen hatten die drei auch einen entrümpelten, nichtsdestoweniger märchenhaft-realistischen ›Freischütz‹ mit Maria Müller als Agathe, Erna Berger als Ännchen, Marcel Wittrisch als Max und Michael Bohnen als Kaspar auf die Szene gebracht. In einer ›Deutschen Woche‹ wurden die Errungenschaften der ›Ära Göring‹ (wie Hans Hinkel die ersten Jahre nach der Machtergreifung im Hinblick auf die Berliner Staatsoper nannte) hintereinander von Furtwängler und Robert Heger dirigiert; eine ›Strauss-Woche‹ schloß sich an, die auch den Komponisten am Pult einbezog. ›Konkurrenzlose Größe‹ wurde dem Linden-Haus von allen Seiten bescheinigt. Nach der Vollendung des ›Rings‹ ging es mit ›Eugen Onegin‹, ›Aida‹, ›Tosca‹ und ›Ernani‹ weiter, für die sich Furtwängler selber nicht interessierte. Während seine Adlaten Blech und ›Bobby‹ Heger den Tempel hüteten, bereiste Doktor Wilhelm die deutschen Gaue, kehrte in Paris ein, wo er ›Tristan‹, ›Walküre‹ und ›Meistersinger‹ zelebrierte, erholte sich an der Ostsee und halste sich den ›Hindemith-Skandal‹ mit all seinen zunächst negativen, dann aber doch zum Günstigen gekehrten Folgen und Wirkungen auf.

Während der ›Krise‹, so heißt es allenthalben, habe Furtwängler den Stab ruhen lassen und auch nach der Bereinigung noch längere Zeit gezögert, sich wieder ans Pult zu begeben. Das mochte im Hinblick auf Berlin zutreffen, wo er reduzierte, aber ansonsten war er vollauf im Dienst seiner Sache. Die Wiener erlebten ihn jetzt wieder im großen Haus am Ring, wo er den ›Tannhäuser‹ neu einstudierte, zu den Juni-Festwochen erschien er in Zürich, und in London arrangierte Sir Thomas Beecham illustre und devisenbringende ›Réunions‹ für den Kollegen. Sir Thomas sah das ›nationalsozialistische Problem‹ übrigens weder für ein dauerhaftes noch ein gefährliches an. Gern füllte er in der Berliner Philharmonie (neben de Sabata, Böhm, Ansermet und Abendroth) die Lücke auf, die Doktor Wilhelms ›fahrlässige‹ Demission hatte entstehen lassen; auch die Tourneen, zu denen ihn ›the Führer‹ höchst persönlich einlud, absolvierte er ›in Dankbarkeit gegenüber Mister Reichskanzler‹. Regime kommen, Regime gehen... Beecham saß 1936, als Furtwängler für Bayreuth wiedergewonnen war, in der Wagnerschen Familienloge, umgeben von der kühnen Sippe und sich ob der hohen Nachbarschaft zutiefst geschmeichelt fühlenden Gauleitern. Derweilen stob seine neue Sekretärin, Berta Geißmar, von Ort zu Ort, seine nächsten Auftritte vorzubereiten und die Presse über die Eigentümlichkeiten von Sir Thomas zu informieren.

Nach einer gründlichen Sommerfrische in Ägypten, in die Geheimnisse des Vorderen Orients von seinem Freund, dem Schriftsteller John Knittel, eingeweiht, kam Furtwängler heim ins Reich, um zunächst keine Ämter anzunehmen, aber doch hinreichend die alten Pfründen zu beackern und mit seiner Anwesenheit zu beehren. Die Philharmoniker empfingen ihn wie den lieben Gott und machten sich mit ihm auf die Reise nach Warschau und Posen, den Polen zu zeigen, wie man Händel, Brahms, Beethoven und Wagner auf gerechte Weise zu musikalischem Leben erwecke. Der absolute Triumph! Hitler gratulierte nach der Rückkehr und ließ durchblicken, von welch grandiosem Können man den Osten hinkünftig noch überzeugen werde. Die geplante Frankreich-Tournee allerdings mußte abgebrochen werden, weil der ›Führer‹ und die Seinen darin übereingekommen waren, das Rheinland zu besetzen, was man ihnen in Paris äußerst krumm nahm. So kam man nur bis Basel, wo in den Zeitungen – ungünstigerweise – Bronislaw Hubermans Brief nachgedruckt wurde, den dieser im März des Jahres im ›Manchester Guardian‹ hatte absetzen lassen. Jener berühmte Brief, aus dem wir schon im Einleitungskapitel zitiert haben:

»Offener Brief an die deutschen Intellektuellen.

Seit der Veröffentlichung der Durchführungsbestimmungen zu den Nürnberger Gesetzen, diesem Dokument der Barbarei, warte ich auf ein Wort der Empörung, eine Tat der Befreiung von Ihnen. Müßte doch so mancher von Ihnen zu dem Geschehenen etwas zu bemerken haben, wenn frühere Bekenntnisse von Ihnen bestehen bleiben sollen. Ich warte vergebens. Angesichts dieses Schweigens kann ich nicht länger stumm bleiben. Ich greife nach einem Beispiel, nach meinem mehrere Jahre zurückliegenden Briefwechsel mit einem der repräsentativsten deutschen Geistesführer: Dr. Wilhelm Furtwängler. Er hatte eben versucht, mich von meinem Vorhaben abzubringen, meine Absage auf seine Konzerteinladung zu veröffentlichen, und zwar mit dem mir schon damals unbegreiflichen Argument, daß ich mir sonst meine Rückkehr nach Deutschland für viele Jahre, vielleicht für immer verschließe. Meine Antwort vom 31. August 1933 (!) lautete: ›... Trotzdem hätte ich vielleicht mit der Veröffentlichung gezögert, wenn durch die Ereignisse der letzten Zeit die Kluft zwischen Deutschland und der Kulturwelt nicht noch immer unüberbrückbarer geworden wäre. Nichts zeigte besser die Vertierung weiter Kreise in Deutschland als die wochenlang durch die Presse gehende Androhung von Anprangerungen deutscher Mädchen für den Fall gemeinsamer Kaffeehausbesuche, Ausflüge und gar Liebschaften mit Juden – eine Hetze, die schließlich zu solchen Bestialitäten des schwärzesten Mittelalters führen mußte, wie die ,Times' sie beschreibt.‹ (Zur Erklärung: ›The Times‹, London, berichtet: Ein zartes arisches junges Mädchen wird wegen ihrer ›rassenschänderischen‹ Beziehungen zu einem Juden so lange in einem Prangerkarren unter dem Gejohle der Menge durch die Hauptstraße Nürnbergs geschleift, bis ein Wahnsinnsanfall sie von den Streicherschen Bestien befreit.) Diese Mitteilungen lösten bei Dr. Furtwängler tiefste Empörung aus: Sowohl gegen die Nürnberger Vorfälle, in deren Verurteilung er und alle ›wirklichen Deutschen‹ mit mir ›vollständig einig‹ seien, als auch gegen mich wegen meines Vorwurfs der ›Vertierung weiter Kreise‹, den er als eine ›ungeheuerliche Verallgemeinerung, die mit der Wirklichkeit nichts zu tun habe‹ auf schärfste glaubte zurückweisen zu müssen. Inzwischen sind zweieinhalb Jahre verstrichen, unzählige Menschen sind ins Konzentrationslager, ins Zuchthaus geworfen, aus dem Lande gejagt, in den Tod durch Mord und Selbstmord getrieben – katholische und protestantische Geistliche, Juden, Demokraten, Sozialisten, Kommunisten, Generäle. Dr. Furtwänglers Meinung über diese Geschehnisse kenne ich nicht. Aber gegen die Schmach der rasseschänderischen Anprangerungen hat er sich deutlich genug ausgesprochen, für sich und ›alle wirklichen Deutschen‹. Und ich hege nicht den geringsten Zweifel an der Echtheit seiner Empörung, glaube auch felsenfest daran, daß viele, ja, vielleicht die Mehrzahl aller Deutschen derselben Ansicht sind. Nun denn, was haben sie, die ›wirklichen Deutschen‹ getan, um diese Schmach von ihrem Gewissen, von Deutschland, von der Menschheit abzuwenden, seitdem die aus Argentinien, Böhmen, Ägypten, Livland gebürtigen Pseudodeutschen durch die Nürnberger Gesetze meine angeblich ›ungeheuerliche Verallgemeinerung‹ zur legalen ›Wirklichkeit‹ gemacht haben? Wo sind in Deutschland die Zolas, Clémenceaus, Painlevés, Piquarts in diesem Monstre-Dreyfus-Prozeß gegen eine ganze wehrlose Volksminorität, wo die Masaryks in diesem überdimensionalen Polna-Prozeß? Wo erhob sich die Stimme des Blutes, wenn schon nicht der Gerechtigkeit und Vernunft, gegen die womöglich noch unmenschlichere Verfolgung der arisch-jüdischen Mischlinge und sogar rein-arischen Judengatten? Vor aller Welt klage ich Euch, deutsche Intellektuelle, Euch Nicht-Nazis, als die wahren Schuldigen an allen nazistischen Verbrechen an...«[4]

Die Basler Musikenthusiasten zollten dem großen Dirigenten Beifall. Das Haus habe ›gedröhnt‹, schrieb die ›National-Zeitung‹. Doch es gab auch schweigende Gruppen, die Hubermans Anklage vor sich ausgebreitet hielten. Nicht nur deutsche Emigranten, auch mit ihnen sympathisierende Eidgenossen, was man in Berlin, vor allem in der Kanzlei von Göring, mit Argwohn und Verdruß zur Kenntnis nahm. Eine dubiose, gefährliche Zeit, in der man rasch zu den Verfemten und Gesteinigten gehören konnte, in der man – vermutlich – zu Beginn der Exzesse aber noch hätte protestieren können, so wie es Gottfried Reinhardt, der Sohn des ›alten‹ Max und der Schauspielerin Else Heims, in seinen Erinnerungen dargestellt hat. Aber zu einem unüberhörbaren Protest gehörte außer Mut und Entschlossenheit auch noch Profil. Profil im Sinne Senecas, wenn er sagt, das sei ein dem Gotte der Weisheit und der Menschenliebe nachgeformtes, wenn es aus den Konturen ›gezeichneter Aufrichtigkeit‹ bestünde. Aber wer hatte das schon!

Gottfried Reinhardt: »Meine Skepsis gegenüber jenen Vertretern der sogenannten ›inneren Emigration‹ (was immer das heißen mag), die sich selber und anderen einredeten, sie verblieben in Deutschland und machten nur mit einem Bruchteil ihres Herzens mit, um Deutschlands Kulturgüter vor der Barbarei zu hüten, um noch Schlimmeres zu verhüten, um wenigstens ein bißchen helfen zu können oder gar um das Erbe der Verfemten zu bewahren, wird nur von sehr wenigen geteilt. Das gleiche gilt für all die Vertreter der tatsächlichen Emigration, die aus Verblendung, wirklichkeitsfremdem Opportunismus oder verfehlter Vornehmheit sich allzu lange ausgeschwiegen haben über das, was ihnen, und Schlimmeres, das ihren Leidgenossen angetan wurde. Am allerwenigsten teilte mein Vater meine Überzeugung, daß beide Kompromisse den Nazis zu einem Zeitpunkt, da sie im eigenen Land noch keineswegs konsolidiert waren und von der Weltmeinung noch nicht unabhängig zu sein glaubten, geholfen haben, sich im eigenen Land zu konsolidieren und auf die Weltmeinung pfeifen zu können. Ich fragte ihn immer wieder: Warum sollen Engländer, Franzosen, Amerikaner oder Juden in diesen Nationen sich aufregen, wenn Hermann Hesse schweigt, Thomas Mann erst 1936 Worte findet, Bruno Walter die Wiener Philharmoniker weiterdirigiert, nachdem alle jüdischen Orchestermitglieder davongejagt wurden, und Max Reinhardt brieflichen Verkehr mit seinen Verfolgern anstrebt, Diebe seiner Arbeit und seines Besitzes zu legitimieren versucht und bei seiner Ankunft in San Francisco, 1934, von Reportern über seine Stellungnahme zur politischen Lage in Deutschland befragt, antwortet: ›Ich bin Österreicher!‹ – ? (Er blieb es nicht lange.) Ich war und bin der Ansicht, daß, wäre ein Gründgens nicht prompt nach Hitlers Ernennung aus Spanien heim ins Reich geeilt, um die – durch den Führer – führerlos gewordenen Staatstheater in Berlin zu übernehmen, oder hätte ein Hilpert sich geweigert, die ehemaligen Reinhardt-Bühnen – im Reinhardtschen Stil – zu leiten, wäre Staatsrat in spe Richard Strauss nicht, aus dem Ausland herbeifliegend, für den ›verhinderten‹ Bruno Walter eingesprungen, hätte Staatsrat in spe Gerhart Hauptmann nicht anfangs mit dem Regime geflirtet, hätte Staatsrat Werner Krauss nicht, und wohl ohne Zwang, gleich dreizehn Juden in einem antisemitischen Film gespielt, wäre Furtwängler ausnahmsweise in seinem Engadiner Chalet geblieben, statt hochtönende Schreiben an den Propagandaminister zu richten, in welchen er um Beschäftigung für eine winzige, von ihm getroffene Auswahl des Auserwählten Volkes plädierte – der auch Reinhardt die Ehre hatte anzugehören –, kurz: Wenn die Elite der deutschen Kunst, Wissenschaft, Wirtschaft und des Militärs sich nicht so eifrig mit den Totengräbern Deutschlands zur Verfügung gestellt hätte, so wäre ihr erstens nicht das geringste passiert, zweitens hätten sich Hitler und seine Komplicen weit schwerer getan, das Land der Dichter und Denker in den Griff zu bekommen und das der Massenmörder in Gang zu bringen. Aber die Fronten waren zu verwischt, Gut und Böse zu verfilzt, als daß sich irgendeine Vernunft durchzusetzen, irgendein Anstand regen, irgendein Widerstand im Innern oder eine halbwegs geschlossene Weltmeinung bilden konnte.«[5]

Reinhardts Postskriptum zu dem Bekenntnis: »Im selben Jahr, in dem der Antisemit Werner Krauss unter Max Reinhardt auftreten durfte (1937 in Salzburg als Mephisto, Anm. d. V.), kam ein anderer, sich bescheiden gebender Vorbote des Herrenvolkes nach dort: Wilhelm Furtwängler. Was tat Toscanini? Er ließ sich nach dem Konzert des Kollegen im Künstlerzimmer anmelden und stellte ihm das Ultimatum: ›Nächstes Jahr Sie oder ich!‹ Furtwängler stammelte verdattert: ›Aber selbstverständlich Sie, Maestro!‹ Es war nicht so selbstverständlich. 1938 wurde Österreich gleichgeschaltet, und die Welt schaute blasiert zu. Nicht Toscanini. Er bekannte sich weiter zu einem Entweder-Oder. Toscanini zog politische Konsequenzen, Furtwängler machte künstlerische Eroberungen.«[6]

Das ist eine vergröberte, nicht ganz redliche Wiedergabe des Salzburger Geschehens von 1937. Vorausgegangen war ein viel bedeutsamerer Disput, um nicht zu sagen: Kampf, bei dem es um die Hackordnung in der New Yorker Philharmonie ging. Und es ging – dieses vorausgeschickt – um ein verstecktes, letztes, aber dennoch konkretes Angebot einflußreicher Leute des Auslands an Furtwängler, dem Nazi-Regime den Rücken kehren und in Amerika die ›erste‹ Position als Chef der New Yorker Philharmoniker übernehmen zu können. Warum zögerte Furtwängler, dieses Angebot zu akzeptieren, warum lehnte er es zum Schluß ab? Man sollte Otto Klemperers Wort von der ›persönlichen Tragik Furtwänglers‹ aufgreifen, um damit all die Versuche zu überschreiben, die unternommen wurden, jene kaum zu verstehende Handlungsweise zu erklären und zu rechtfertigen. Mißtrauen, Angst vor der Toscanini-Mafia, Zweifel am Wort des Maestro, die scheußliche Fremdsprache, die Kommerzialisierung der Kunst in den Staaten, das ›Undeutsche‹... Womöglich kam auch das Gefühl hinzu, das Arrangement mit den Nationalsozialisten durch die wiederaufgenommenen Konzerte und die Zusage für die Bayreuther Festspiele so zementiert zu haben, daß man ihm diese Haltung irgendwie außerhalb des Reichs heimzahlen würde. Furtwängler wankte und schwankte, litt unter Gewissensbissen, war nicht frei zur Entscheidung und beging damit sicherlich einen kaum wieder gutzumachenden Fehler. Berta Geißmar beschreibt die Vorfälle so: »Zu jener Zeit (Februar 1936) verdichtete sich das Gerücht, daß Toscanini die Absicht habe, seine Stellung als Direktor des New York Philharmonic Symphony Orchestra niederzulegen. Es hieß, daß alle Versuche, ihn zu halten, gescheitert seien, und daß er angeblich Furtwängler als einen geeigneten Nachfolger vorgeschlagen habe... In jedem Fall beschloß der Vorstand des New York Philharmonic, den Versuch zu machen, Furtwängler zu gewinnen, und sandte ihm ein Kabel nach Wien, wo er sich gerade aufhielt.«[7] Furtwängler sollte sich die Saison mit Artur Rodzinski teilen. Die Geißmar meint, Doktor Wilhelm habe von Anfang an starke Bedenken gehabt und auf die Schwierigkeiten hingewiesen, die in den Zwanzigern seine amerikanische Arbeit nicht unbedingt leichtgemacht hätten: »Er hatte seit seiner ›Versöhnung‹ mit den Nazis keine feste Stellung inne; er war nur Gastdirigent des Berliner Philharmonischen Orchesters und der Berliner Staatsoper. Auch seine Tätigkeit in Bayreuth, wo er im Sommer 1936 zum ersten Mal, nach fünfjähriger Pause, wieder dirigierte, konnte nicht als feste Tätigkeit bezeichnet werden. Er bekleidete auch kein offizielles Amt innerhalb der Reichsmusikkammer mehr, war aber natürlich deren Mitglied, wie es jeder deutsche Musiker sein mußte. In den Augen der Welt blieb er aber ein Repräsentant des deutschen Musiklebens. Nach langem Hin und Her willigte er schließlich telegraphisch ein, für eine bestimmte Zeit der Saison das Amt des Direktors des New York Philharmonic Orchestra zu übernehmen. Am Samstag, dem 19. Februar 1936, wurde Furtwänglers Engagement in der New Yorker Morgenpresse veröffentlicht. Dann aber ereignete sich etwas Seltsames. Die Abendpresse brachte gleichzeitig mit der Ankündigung des New Yorker Engagements in fetten Schlagzeilen eine Associated-Press-Meldung aus Berlin des Inhalts, daß Furtwängler wieder in sein altes Amt als Direktor der Berliner Staatsoper eingesetzt sei.«[8]

Göring zog wieder einmal alle Fäden. Er wußte, daß Furtwängler auf der Reise nach Ägypten war und entschied nun selbstherrlich, die Auslandspläne seines ›besten Pferdes im Stall‹ zu durchkreuzen. Nicht, daß man im ›Hermann-Ministerium‹ von dem Dirigenten mehr hielt als zuvor. Im Gegenteil. Die Zusage, in New York Konzerte leiten zu wollen, empfand man als Affront. Und nun mußte dem ›Gauner‹ gezeigt werden, wer über was zu bestimmen hatte und wer der absolut Stärkere war. Die Berliner Staatsoper würde unter Furtwängler rasch wieder im alten Glanz erstrahlen und die Weltgeltung zurückerobern; aber wenn das erreicht worden sei, das schwor sich Göring mit fürchterlichen Eiden, dann würde die Abrechnung folgen. Wer den Reichsmarschall verärgerte oder sein ›Image‹ ankratzte, kam nicht ungeschoren davon.

In der amerikanischen Presse gingen die Wogen hoch. Mackay, der Vorsitzende der Philharmonics, mußte die meisten Prügel einstecken. Wußte er denn nicht, daß der ›German Staatsrat‹ schon seit Jahren ›nazihörige‹ Reden führte, daß er als Vizepräsident der Reichsmusikkammer schwerwiegende Unterschriften geleistet, am ›Tag von Potsdam‹ und zur Eröffnung der Reichskulturkammer dirigiert hatte, daß er anläßlich einer Italien-Tournee mit den Berliner Philharmonikern vom ›Duce‹ Mussolini empfangen und mit einem hohen Orden ausgezeichnet worden war, daß er Hitler nach Konzerten die Hände schüttelte, sich mit den Nazi-Größen häufig fotografieren ließ und demnächst wieder in Bayreuth zu dirigieren bereit war? Das alles deckten die New Yorker Abendzeitungen auf. Sie ergänzten ihre Tatsachenberichte durch Zeugenaussagen. Nicht wenige bedeutende Sänger und Dirigenten, Regisseure und auch Literaten kamen zu Wort. Ein Skandal, einen solchen aktiven Spruchsprecher und Helfershelfer der deutschen Diktatur nach New York zu holen! Erstaunlich, an was die Zeitungsmacher alles herankamen. Bilder von den Empfängen zum 50. Geburtstag des Dirigenten im Januar, mit umfänglichen Kommentaren versehen, erschienen in Viertelseitengröße. Der ›Ehrentaktstock‹ aus Elfenbein und Silber, den Goebbels in rotem Sammetfutteral nebst Orchideengesteck hatte überreichen lassen, Hitlers Riesenporträt in Goldrahmen mit überaus herzlicher persönlicher Dankes- und Grußadresse, Rosenbergs sinniges Angebinde: ein mächtiger bronzener Blumenschwan mit Nazi-Parolen auf den Flügeln, die Spieluhr von Himmler...

Man begriff nicht, warum ausgerechnet der antifaschistische Toscanini sich für diesen ›verkappten Nazi‹ eingesetzt hatte. Toscanini, der doch genau wußte, mit welchen Karten sein Kollege spielte. Mutmaßungen: Sollte dem Deutschen wirklich eine Brücke gebaut werden, abgesichert und ohne Emigrantenstatus in Amerika leben und wirken zu können? Oder hatte der schlaue Fuchs Toscanini den Schein wahren wollen, indem er den ›bedeutendsten Dirigenten neben sich‹ zwar nominierte, in Wirklichkeit aber durch die Enthüllungen seiner latenten Nazi-Zugehörigkeit für immer zu erledigen hoffte? Eine dritte Version ging um, die von plötzlichen Pressionen sprach: Fritz Busch und Reiner und Walter, und wie sie alle hießen, hätten angekündigt, New York zu boykottieren, falls Furtwängler käme. Tagelang hatten die Gazetten Stoff genug, denn die ›prominenten‹ (und auch jene, die bedeutend zu sein vorgaben) Emigranten meldeten sich in Scharen. Jeder wußte irgendeine Schandtat von dem ›verhaßten‹ Deutschen zu berichten. Unterschriften gegen dessen Berufung wurden gesammelt. Das gleiche ›Spiel‹ sollte sich gut zehn Jahre später noch einmal wiederholen.

An den Vertrag mit den Philharmonics war die Bedingung geknüpft, Furtwängler dürfe neben dem amerikanischen Engagement keine feste Stellung mehr in Deutschland übernehmen. Auch jede andere Tätigkeit sei mit dem Direktorium abzuklären. Vielleicht hat auch das den Dirigenten davon abgehalten, den Vertrag gegenzuzeichnen. Sich gänzlich von Deutschland abnabeln? Das konnte er nicht. In Ägypten erreichten ihn diverse Telegramme. New York wollte wissen, ob er wirklich das Berliner Staatsoperndirektorium erneut übernommen habe. Er kabelte zurück: »I am not chief of Berlin Opera, but conduct as guest. My job is only music!«[9] Kommt er – kommt er nicht? Erneute Gerüchte, Mutmaßungen. Der größte Teil der New Yorker Zeitungsschreiber (und auch des Publikums) war inzwischen gegen ihn. Und als nun die Nachricht hereinplatzte, Hitler habe seine Truppen ins Rheinland geschickt, wurde die Sache Furtwängler schleunigst ad acta gelegt. Man bemühte sich um Fritz Busch, noch ehe Furtwänglers offizieller Absagetext publik gemacht worden war: »Politische Kontroversen sind mir zuwider. Ich bin nicht Politiker, sondern ein Exponent deutscher Musik, die der ganzen Menschheit gehört, unabhängig von Politik. Ich schlage vor, mein Auftreten im Interesse der Philharmonischen Gesellschaft zu verschieben, bis das Publikum einsieht, daß Musik und Politik nichts miteinander zu tun haben.«[10] Furtwängler kehrte aus Ägypten zurück, erkannte nun erst die ›wirkliche Sachlage‹ und beschloß, die für ihn in jeder Hinsicht mißliche Situation in Ruhe zu überdenken. In Amerika nunmehr weithin verfemt, mußte in Deutschland der Eindruck entstanden sein, daß er sich dem Willen Görings und Hitlers vollends untergeordnet hatte. Er ist froh, daß die Philharmoniker-Tournee durch die Schweiz ihn von Berlin fernhält. Kaum hat er sie angetreten, erscheint in den Zeitungen folgende Meldung: »Der Führer und Reichskanzler hat Wilhelm Furtwängler seinem Wunsche entsprechend für eine Zeitlang von aller Dirigententätigkeit innerhalb Deutschlands entbunden. Wilhelm Furtwängler, der sich persönlichen Arbeiten widmen will, wird außer in den Bayreuther Festspielen im nächsten Winter nirgends dirigieren. Nach Ablauf der kommenden Spielzeit wird er seine Tätigkeit im In- und Auslande wieder aufnehmen.«[11] Berta Geißmar hatte diese Nachricht in der Basler ›National-Zeitung‹ gelesen. Sie war für Beecham unterwegs und traf sich mit ihrem ehemaligen Chef in der Nähe

Luzerns. Sie konnte Furtwängler dazu überreden, seine ›Nichtdirigierperiode‹ vor der Coronation-Season des nächsten Jahres abzubrechen, damit er zu den Krönungsfeierlichkeiten in London – dem Wunsch Beechams gemäß – auftreten konnte. In Bayreuth fröhliche Wiedervereinigung. Sir Thomas wohnt in Wahnfried, wird vom gesamten Wagner-Clan verhätschelt, Fräulein Geißmar, die Jüdin, erscheint zum Tee, zum Dinner, sitzt in der Familienloge, schwätzt mit der neuen Kundry, der Französin Germaine Lubin, die für den ›Führer‹ schwärmt und später in ihrer Heimat ob der Nazi-Hörigkeit gehaßt und eingesperrt wird, Furtwängler immer dabei, in der ›Feustel-Mühle‹ residierend, wo er fürstlich versorgt wird und wo sich allerhand Notenmaterialien auf den Tischen türmen, denn der Doktor will nach Beendigung des Festivals ›ernsthaft‹ ans Komponieren gehen, ›dem inneren Drang frönen‹ und erst Ende September nach Berlin zurückkehren, das ihm wegen der Olympischen Spiele zu laut und wegen der politischen Situation zu ›verfahren‹ ist.

Bayreuth 1936: Höhepunkt der Winifredschen ›Ära‹. Tietjen als Spielleiter, Preetorius als Bühnenbildner, Furtwängler dirigiert ›Ring‹, ›Parsifal‹ und ›Lohengrin‹. Die Elite der Sänger: Bockelmann (Wotan/Wanderer), Franz Völker (Siegmund/Lohengrin), Maria Müller (Sieglinde/Elsa), Max Lorenz (Siegfried/Lohengrin), Josef von Manowarda (Hunding/König Heinrich/Titurel), Herbert Jansen (Amfortas/Heerrufer), Frida Leider (Brünnhilde), Marta Fuchs (Kundry), Helge Roswaenge (Parsifal), Ivar Andrésen (Gurnemanz/Fasolt), Jaro Prohaska (Telramund/Gunther), Margarete Klose (Ortrud/Fricka/Waltraute), Erich Zimmermann (Mime), Robert Burg (Alberich)... In der Zeitschrift ›Das Theater‹ begrüßt Winifred Wagner »die Triebkräfte, die das Werk des Meisters – unberührt im Kern – den Fortschritten und Errungenschaften menschlichen Gestaltens und Könnens anpassen«. Mit Deutschland nehme die ganze Welt teil an dieser stetigen Regeneration: »Siegfrieds Hornruf aber, der die Gäste zur Teilnahme an dem großen Erleben Bayreuths ruft, erklingt weit über die Grenzen Deutschlands. Er ruft auch im olympischen Jahr 1936 die Menschen der Welt zur künstlerischen Völkergemeinschaft in den heiligen Tempel deutscher Kunst, der sie nach den Worten des Meisters ›zu der Andacht stimmt, ohne die kein wirklicher Kunsteindruck möglich ist!‹« Die ›Hüter des Grals‹, womit Tietjen, Preetorius und Furtwängler gemeint sind, erhalten von ihr den ›Weihekuß‹. Unter den Porträts der Dreien stehen die markigen Worte: »Was auch die Welt zerspaltet und zerstreut: Das große Werk der Einheit ist Bayreuth! Einig im Geist, wie Jahr und Fest sich neue: So lebe deutsche Kunst durch deutsche Treue!«[12] Was Furtwängler wohl bei solchen Sprach-Eigentümlichkeiten empfunden haben mag! Er war nicht nur einer der ›Hüter des Grals‹, sondern wie Friedrich W. Herzog im ›Täglichen Beiblatt zum Völkischen Beobachter‹ zu Beginn des Festivals rühmte: »...der ungestüme Allgeist musikalischer Gegenwart am Springquell der deutschen Musikdramatik, der Wagners Welt nicht nur aus dem Orchestergraben erneut beseelt, sondern wie ein herrlicher Siegfried, übersprudelnd die Idee des neuen Reichs verkündend, vom Anfang bis zum Ende kühn durchmißt, als gelte es die ganze Welt in seinen Bann zu schlagen.«[13] Nicht Völker und Lorenz seien die »eigentlichen« Lohengrine, nein, der »weiseste und lieblichste aller Schwanenritter waltet hienieden am verdeckten Pulte und offenbart uns seine Sendung aus magischer Tiefe«.[14]

Dr. Paul Bülow befragte den umschwärmten Dirigenten für die ›Nordbayerische Zeitung‹ und erfuhr, daß die ›Ring‹-Deutung inzwischen so eingeschliffen worden sei, daß sie »bar jeder Problematik mit aller Entschiedenheit Antworten auf die bühnenästhetischen Fragen der Zeit« gäbe. Im Orchestergraben säßen lauter Koryphäen beieinander. Durch die großzügige ›Führer‹-Spende habe man nicht einen einzigen Kompromiß eingehen müssen. Furtwängler: »Wenn jemals von Homogenität eines Klangkörpers die Rede war, hier ist sie erreicht, und nicht zuletzt durch die Eingliederung der allerersten Kräfte aus der Berliner Philharmonie.« Der neue ›Lohengrin‹ sei eine Fortsetzung dessen, was bereits in Berlin »zu Vorbildlichkeit gerann«. Gerade in »dieser atemberaubend aktiven Zeit, die allenthalben Aufbruchstimmung verkündet«, sei die Grals-Botschaft aus einer neuen Perspektive zu erklären, »nämlich der deutscher Sendung«.[15]

In keinem Festspieljahr der Winifredschen ›Ära‹ sind die Kritiken und Interviews so politisch durchsetzt gewesen wie 1936. Nach den rasch hinter sich gelassenen Kinderjahren treiben die Nationalsozialisten ihren pathetischen Jargon der ›Bewegung‹ auf die Spitze. Man legt Winifred Wagner die Worte Carl Wolfs in den Mund: »Wir haben Mut und Willen zur Saat und glauben an die Vollendung der Tat, die wir schaffend gegründet«, und Tietjen erklärt, Bayreuth mit seinen Wagner-Festspielen knüpfe »auf poetische Weise« das Band zwischen Volksgemeinschaft und Kampfgemeinschaft und garantiere einen »ewigen Bestand an vitaler Daseinskraft«. Furtwängler betont, daß Wagners Helden deutsche Helden seien, dazu geschaffen, »die Welt zu durchdringen«.[16] Die zu musikalischen Analysen fähigen Kritiker fehlen in jenem Jahr, was Goebbels sogar mit Genugtuung zur Kenntnis nimmt: »Wir haben die großkotzigen Besserwisser verjagt, diese zersetzenden Aufschneider, verseucht und pervertiert durch das Heer jüdischer Psychologen, die nichts Besseres wußten, als dem gesunden Volksempfinden ihre trüben, triebhaften Exzesse entgegenzusetzen...«[17] Dafür steht die (zensierte) Kulturbetrachtung, die Kampfbundgenossen wie Wolfgang Golther, Paul Bülow, Fritz Stege oder Oscar von Pander dazu benutzen, den ohnehin schon ideologisch befrachteten Wagner mit nationalsozialistischen Ideologemen gänzlich zu überladen. Selbst Rudolf Bockelmann, ›Reichs-Wotan‹ und NSDAP-Obmann, findet, »... daß des Guten oft zuviel getan wird. Verständlich ist der Jubel um den Führer, wenn er in der Öffentlichkeit erscheint. Doch..., daß Menschen hysterisch werden, wenn sie Furtwängler erblicken, schien mir peinlich, zumal dieser keine so charismatische Persönlichkeit ist. Wir befinden uns in einem Stadium der Heldenverehrung, und wir müssen uns davor hüten, daß nicht am Ende eine Heldenverkitschung dabei herauskommt, die bewirkt, daß keine Unterschiede mehr zwischen den wahren Helden und denen, die es sein möchten, gemacht werden. Im übrigen durchsteht F. gegenwärtig eine Art von Bewährungsprobe wegen seines früheren Verhaltens. Als uns der Führer in der zweiten Parsifal-Pause besuchte, schnitt er F. bewußt, der sich auch nicht in der ersten Reihe aufgestellt hatte, sondern hinter den Blumenmädchen stand.«[18] Die Bewährungsprobe muß zugunsten Furtwänglers ausgefallen sein, denn die Festspielleitung war sich »in vollster Übereinkunft mit der Reichsführung« darin einig, daß ihm auch 1937 das Hauptkontingent der ›Dirigate‹ übertragen werden sollte; er entschloß sich aber nur zu den beiden ›Ring‹-Aufführungen und übernahm den ›Parsifal‹, während Tietjen, um es mit Bockelmann zu sagen, »gegenüber Furtwängler die gesamten Lohengrin-Abende restlos verprovinzialisierte«.

Die von Preetorius schon in Berlin vorentwickelte und in Bayreuth realisierte ›Lohengrin‹-Ausstattung fand Hitler so berückend, daß er sie Covent Garden für die Coronation-Season von 1937 zum Geschenk machte, so daß dort – mit Tietjen als Regisseur und Furtwängler am Pult, der zudem die Tetralogie leitete – während der Festwochen ein deutliches deutsches Übergewicht von der internationalen Presse registriert wurde, was man Thomas Beecham anlastete, dessen ›Deutschfreundlichkeit‹ für die meisten Engländer längst ›penetrant‹ geworden war.

Nach der Aufführungsserie in Covent Garden zu den Krönungsfeierlichkeiten für Georg VI. dirigierte Furtwängler in Paris die hundertste Aufführung des ›Tristan‹ im Palais Garnier während der Weltausstellung, den ›Tannhäuser‹ in Berlin, dann die Bayreuther Serie (mit dem ›Parsifal‹, zu dem der junge Wieland Wagner neue Bühnenbilder schuf) und schließlich Beethovens Neunte in Salzburg. In der Mozartstadt war er bis dahin noch nicht in Erscheinung getreten. Seinem außerordentlich gelungenen Debüt gedachte er im nächsten Jahr eine Neueinstudierung des ›Freischütz‹ anfügen zu können, was jedoch auf allerhand Hindernisse stieß. Salzburg, bis dahin noch im ›freien‹ Österreich, galt als musikalische Residenz von Bruno Walter und Arturo Toscanini. Wollte Furtwängler an der Salzach Fuß fassen und sich auch hier auf Dauer einrichten, so konnte das nur in direkter Absprache mit seinen beiden Kollegen geschehen. Daß Walter ihm keine Scherereien verursachen würde, davon konnte er ausgehen. Der war immer so überaus leutselig und zuvorkommend, ein Jasager aus Herzensgrund, ein überzeugter Anthroposoph, selbst den Nazis nur halbwegs gram, die ihn aus Deutschland vertrieben hatten. Von Bruno Walter konnte man den Himmel auf Erden haben, selbst wenn das fürchterlichste Inferno die Welt umher verwüstete.

Wie aber würde sich Arturo Toscanini nach all den amerikanischen Zänkereien und Disputen verhalten? Allerhand Polemik war im schwange, nichts Versöhnliches, desto mehr Untriftiges. Wer auf wen zuging, läßt sich nicht mehr ergründen. Längst bevor die Aufführung der Neunten unter Dr. Wilhelm plakatiert wurde, soll Toscanini den österreichischen Unterrichtminister zusammengestaucht und mit Absage aller Verpflichtungen gedroht haben. Bruno Walter als Vermittler. Der Maestro erscheint pünktlich zu der ersten Probe. Presseinterview: Entweder der Deutsche oder ich! Curt Riess kolportiert folgenden Dialog bei der Begegnung im Festspielhaus: Toscanini: »Bitte verlassen Sie den Raum! Ich will nichts mehr mit Ihnen zu tun haben!«

Furtwängler: »Warum?«

Toscanini: »Sie sind ein Nazi!«

Furtwängler: »Das ist eine Lüge!«

Toscanini: »Das ist keine Lüge! Ich weiß sehr wohl, daß Sie kein Parteimitglied sind. Ich weiß auch, daß Sie Ihren jüdischen Freunden geholfen haben. Ja, Sie treffen sich sogar mit ihnen im Auslande, was von Hitler sicher nicht gern gesehen wird. Aber das ist unwichtig, verglichen mit der Tatsache, daß Sie für Hitler arbeiten. Und nun gehen Sie!«[19]

Otto Zarek schmückt die Szene in seinem Buch ›Splendor and Shame‹ beinahe genüßlich aus: »Als Furtwängler zu einigen Gastkonzerten nach Salzburg kam, wurde er von seinen Kollegen warm begrüßt. Nur Toscanini konnte nicht verwinden, daß er ein Vertreter der Naziregierung war, und mied ihn. Als sie unvermeidlicherweise einmal bei einem Bankett zusammentrafen, gratulierte ihm Furtwängler herzlich zu seiner großartigen Aufführung der ›Meistersinger‹. Hierauf erwiderte Toscanini eisig: ›Ich wünschte, ich könnte Ihnen Ihr Kompliment zurückgeben; aber ich habe mir immer vorgestellt, daß ein Mann, der ein System billigt, welches jeglichen unabhängig denkenden Menschen verfolgt, Beethovens Symphonien nicht ehrlich wiedergeben kann. Ihr Nazis habt ja alle Lebensäußerungen des Geistes unterdrückt und nichts als erzwungene Rhythmen und prahlerische Schaustellungen der Kraft zugelassen. Genau dies taten Sie neulich mit Beethovens Neunter Symphonie; alles Edle an ihr haben Sie unterdrückt, alles Laute übermäßig betont, wahrscheinlich bezeichnen Sie diese Stellen als ›dynamische Partien‹. Aber bedenken Sie, mein Herr, daß die Neunte die Symhonie der brüderlichen Liebe ist. Vergessen Sie nicht, daß es ebenfalls ein Deutscher war, der die Worte ›Seid umschlungen, Millionen‹ niederschrieb, und ein Deutscher, der sie in Musik setzte. Wie kann jemand ein Nazi bleiben, der diesen Aufruf an die Menschheit dirigierte?«[20]

Gegen solche Darstellungen hat sich Furtwängler nach dem Zweiten Weltkrieg gewendet. Das seien »Schüsse aus der Umgebung« des Kollegen gewesen, keineswegs von diesem gebilligt. Die knappe Auseinandersetzung habe sich auf der Straße abgespielt. Der Maestro sei »heiter, sein kleines Spazierstöckchen in der Hand wirbelnd«, auf ihn zugekommen.

Was nun folgte, hat Dr. Wilhelm bei Curt Riess so zu Protokoll gegeben (und da von seiten des Dirigenten kein Dementi erfolgt, darf man annehmen, daß diese Version stimmt): »Toscanini erklärte, nach seiner Meinung dürfe Furtwängler in Salzburg nicht mehr dirigieren. ›So, wie die Welt heute ist, ist es für einen Künstler unmöglich, in einem geknechteten und einem freien Land zugleich zu dirigieren. Wenn Sie in Bayreuth dirigieren, so können Sie nicht in Salzburg dirigieren.‹ Furtwängler: ›Ich bin der gleiche wie vor einem Jahr. Damals machten Sie mir noch Vorwürfe, daß ich Ihrer Einladung nach New York nicht gefolgt bin.‹ Toscanini: ›Damals waren andere Zeiten. Heute gibt es nur ein Entweder – Oder.‹ – Furtwängler: ›Ich bin gerne bereit, nicht mehr nach Salzburg zu kommen, wenn dadurch Ihre Tätigkeit für Salzburg gesichert werden kann. Ich persönlich bin aber der Meinung, daß es für den Musiker freie und geknechtete Länder nicht gibt. Die Menschen sind überall frei, wo Wagner und Beethoven gespielt werden, und wenn sie es nicht sind, werden sie es beim Anhören dieser Werke. Die Musik entführt sie gleichsam in Gefilde, in denen ihnen die Gestapo nichts anhaben kann.‹ Toscanini schwieg. Furtwängler: ›Wenn ich große Musik dirigiere und dies zufällig – ein innerer Zusammenhang besteht ja nicht – in einem Lande geschieht, das von Hitler beherrscht wird, bin ich deshalb sein Repräsentant? Macht mich die große Musik nicht vielmehr zu seinem Gegner, da ja große Musik im stärksten Gegensatz zu dem Ungeist und der Seelenlosigkeit des Nazismus steht?‹ Toscanini schüttelte den Kopf. Er war nicht in der Lage, die Dinge so zu sehen, wie Furtwängler sie sah. ›Jeder, der im Dritten Reich dirigiert, ist ein Nazi!‹ – ›Damit behaupten Sie, daß Kunst nichts sei als – Propaganda, gewissermaßen Staffage für die Regierung, die gerade an der Macht ist. Ist eine Naziregierung an der Macht, bin ich als Dirigent Nazi, unter den Kommunisten Kommunist, unter den Demokraten Demokrat. Nein, tausendmal nein! Die Kunst gehört in eine andere Welt. Steht nicht die Kunst jenseits aller zufälligen politischen Begebenheiten?‹ Toscanini schüttelte den Kopf: ›Das ist nicht meine Meinung!‹ Damit war die Unterredung beendet.«[21]

Man darf Furtwänglers Haltung nicht mit den Verdikten des Naiven, Unmoralischen und Ungeistigen belegen. Sein Verständnis des Totalitären war, bescheiden gesagt, unterentwickelt. Ihm gelang in den Enddreißigern eher eine ästhetische Verachtung des Regimes als eine moralische Distanzierung. Erst im letzten Lebensjahr, so scheint es, war die Zeit der Verdrängungen vorbei, und es begann eine selbstkritische Beschäftigung mit dem, was von vielen als defizitär in seiner Lebensgeschichte angesehen wurde. Das war keine stringente Ich-Forschung, als deren Ergebnis eine Schuldzuweisung oder ein Freispruch hätte ermittelt werden können; vielmehr eine von Angst und Hilflosigkeit bestimmte ›disziplinarische‹ Maßnahme, dem entgegenzuwirken, daß die Nachwelt sein ›Image‹ womöglich mit ›braunen Flecken‹ überliefert bekäme. Äußerungen aus seinen letzten Lebensjahren haben stark vernachlässigte Zusammenhänge, im ›Entnazifizierungsverfahren‹ total fehlbeleuchtete Geschehnisse erst durchschaubar gemacht und eine Diskussion um ihn eröffnet, in der man nicht nur pro oder kontra entscheiden kann. So wandelten sich seine Ansichten über Toscanini ganz entschieden. Aus dem Kollegen war in den Dreißigern der Konkurrent geworden, der Gegner, schließlich sogar der Feind, der auch noch nach dem Kriege wie ein unheimlicher Alberich am Werke war, ›Siegfried‹ zu fällen. Daß die Haltung Toscaninis dem Faschismus gegenüber nur in einem historischen Kontinuum gesehen werden konnte, war Furtwängler erst anzuerkennen bereit, nachdem ihm aufging, wie sehr seine eigenen Entscheidungen ebenfalls nur in einem solchen deutbar sein würden. Niemand kann ohne Abhängigkeiten leben. Dieser Satz von Friedrich Gundolf beschäftigte auch den alten Furtwängler, der viel zu klug war, um nicht einzusehen, daß mit keiner noch so geschickten Camouflagetechnik nationalsozialistisches Verhalten, sei's in aktiver Beteiligung oder passiver Duldung, abzudekken war. Wenn er es auch nicht so eindeutig zu formulieren wagte, die Distanz zu den Geschehnissen ließ auch in ihm die Erkenntnis aufkommen, daß zwischen Kunst und Politik doch wohl weitaus engere, ineinandergreifende Bindungen bestanden, als er's früher für möglich gehalten hätte. So darf man den Schluß des von Riess kolportierten Dialogs zwischen Furtwängler und Toscanini nicht so verstehen, als sei damit der Weisheit über den Totalitarismus letzter Schluß erreicht. Das war die Ansicht des Dirigenten von 1937. Fünfzehn Jahre später dämmerte auch ihm, daß die Musik des Dritten Reiches, mochte sie sich auch noch so unpolitisch gegeben haben, doch konkrete politische Funktionen erfüllte: im herrschaftsstabilisierenden Sinn und auch als Manifestation der faschistischen Doktrin, so wie es Wolfgang Wippermann auf die Literatur jener Zeit bezieht: »Diese Doktrin hatte die Funktion, gesellschaftliche und politische Widersprüche auf integrative Weise zu verschleiern und die darüber hinausgehende Zielsetzung des Nationalsozialismus zu legitimieren.«[21] Woraus zu folgern ist, daß eine Analyse der Musik im Dritten Reich nur von einer Interpretation des Faschismus ausgehen kann oder zu ihr hinführen muß.

Wie Furtwängler zu seinem angeblichen Versprechen stand, Toscanini 1938 das Feld in Salzburg allein zu überlassen, geht aus der Tatsache hervor, die Harvey Sachs so interpretiert: »Wenige Wochen später (nach der definitiven Absage des Italieners, Anm. d. Verf.) hatte das Deutsche Reich sich Österreich einverleibt; und genau wie Strauss sich fünf Jahre zuvor Toscaninis Funktion in Bayreuth angeeignet hatte, so erklärte sich jetzt Furtwängler bereit, die Meistersinger-Aufführung zu leiten, die eigentlich Toscaninis Aufgabe hätte sein sollen. Alle Aufführungen bedienten sich der Neuerungen, die Toscanini zu realisieren mitgeholfen hatte.«[23] Bernhard Paumgartner hieß das eine »früchtebringende Verbindung«. Der Mitbegründer der Salzburger Festspiele und Mozarteums-Chef war heilfroh, daß der ›alte Nörgler‹ fernblieb und statt dessen der – wie er glaubte – von Berlin auf jede nur erdenkliche Weise geförderte ›Herr Staatsrat‹ endlich in Erscheinung trat. »Küß die Hand, komm heim ins Reich!« hieß die Parole, bevor man sich rasch an das stramme »Heil Hitler!« gewöhnte.

Das Karajan-Syndrom

Während all der Jahre des Aufstiegs zum ›führenden Dirigenten Deutschlands‹ hatte Furtwängler eine ›bohrende Sehnsucht‹ zurückdrängen müssen: zu komponieren. Gelegentlich griff er sich ein Notenbüchl, die eine oder andere Idee festzuhalten, aber es wollte über die flüchtige Skizzierung hinaus nichts Ersprießliches gedeihen. Anders als Mahler, der sich im Sommer zum Komponieren zwang, fand Furtwängler weder in seinem Engadiner Chalet noch an der Ostsee oder wo er sich sonst erfrischte, Ruhe und Muße zum Eigenschöpferischen. Walter Riezler, der einstige Lehrer, lag ihm wegen der ›verpaßten Chancen‹ und ›so günstigen Anlagen‹ dauernd im Ohr. 1932 vernahm der sich Bekümmernde in einer Art von kreativer Rush-hour Fragmente eines Klavierquintetts, das offensichtlich Anfang 1936 (nach Riezlers Mitteilung) vollendet vorlag, und dem sich unmittelbar die Komposition des ›großen‹ Klavierkonzerts anschloß. Riezler: »Der Eindruck von beiden Werken war der gleiche: eine persönliche Aussage von größter, den Hörer bedrängender Gewalt, dabei eine Kraft der Gestaltung, der es gelingt, die überdimensionierten Sätze in eine geschlossene Form zusammenzufassen. Die Tonsprache von größtem Adel, sehr selbständig, eigenartig, am ehesten noch Pfitzner verwandt. Aber alles etwas übersteigert, nicht nur in den Dimensionen, sondern auch im Ausdruck. Wer um die besondere Bindung Furtwänglers an Michelangelo weiß und jenes Sinfonie-Adagio von 1906 kennt, der wird auch hier – und später noch – es für sicher halten, daß Furtwängler so etwas im Sinne hatte wie eine Musik aus der Welt dieses unheimlichen und gewaltigen Menschen und Künstlers. Nach dem Quintett, das, wenn er es spielte, keineswegs als Kammermusik, sondern durchaus orchestral-sinfonisch wirkte, sagte ich ihm: Es werde nicht viele Menschen geben, die dieser Katastrophenmusik gewachsen seien. ›Ich bin eben ein Tragiker!‹ war seine Antwort.«[1]

1937 stellte sich Furtwängler mit dem ›Sinfonischen Konzert für Klavier und Orchester‹ sowie der Violinsonate in d-Moll der Kritik und dem Publikum. Edwin Fischer war der Solist am Pianoforte, der spätere Konzertmeister der Berliner Philharmoniker, der Geiger Hugo Kolberg, bewältigte die außerordentlich schwierige Sonatenpartie, vor der später selbst der weltberühmte Carl Flesch streikte. Drei Jahre später, nämlich 1940, gelangte eine zweite Violinsonate in D-Dur mit Georg Kulenkampff zur Aufführung. Die Rezensenten hatten es schwer, diese Schöpfungen hinreichend zu beurteilen. Die Resonanz beim Publikum war stark. Aber galt der Beifall nun wirklich den ›neuen‹ Stücken oder nicht doch mehr dem angebeteten Dirigentenidol, das nun zusätzlich bewiesen hatte, wie eindringlich es mit der Musik verknüpft war? Der Name Furtwängler fällt in der Öffentlichkeit so häufig wie der Max Schmelings. Kein Radiotag vergeht ohne Ansagen mit von ihm dirigierten Programmen. Das Publikum ist in erster Linie neugierig. »Haben Sie't schon jehört, Jnädichste, der Willem komponiert jetzt ooch! – Ach, wie fein, denn vollendet er endlich mal dat Liejenjebliebene von Schubert und Brucknern!« So glossieren die Redakteure der ›Bunten Seiten‹ in den Zeitungen Furtwänglers eigenschöpferische Tätigkeit.[2] Womit sie gar nicht so unrecht haben, denn sowohl die Sonaten als auch das Klavierkonzert gelten den Apologeten für brucknerisch – »abgerührt mit dem Schmant von Mahler und gleichzeitig entrahmt durch pfitznerschen Sauerteig...«[3] Ungerecht wäre es nun wirklich, wenn man im Hinblick auf die bemühten Werke von einem schülerhaft organisierten Rückstand dessen spräche, was vorher war. Leichtes Amüsement schwingt immer mit, wenn man im Kreise Musikinteressierter (und nur die wissen ja davon) Furtwänglers Kompositionen anspricht. Man kennt sie zu wenig und mißt ihnen deswegen nicht viel mehr als einen Amateurstatus zu. Doch sie sind handwerklich keineswegs unbedeutend, und man braucht ihnen gegenüber keine Inferioritätsgefühle zu hegen, denn – wenn auch mit herkömmlichen Mitteln erwirkt – das Material ist zu imposanten Konstruktionen genutzt, die nicht altmodisch erscheinen, sondern ursprünglich. Diese Differenzierung ist wichtig!

Riezler: »Von den beiden Sonaten, die im Druck erschienen und so dem Studium zugänglich sind, hat er selbst gesagt, er sehe ein, daß sie zu schwierig seien... Dies gilt genauso auch von dem Klavierkonzert – wie überhaupt diese drei Werke zusammengehören. Das was sie ›aussagen‹, stammt aus der gleichen, im Charakter der Melodik rein romantischen Welt, die in ihrem edlen Wuchs dem genialen Melodiker Pfitzner nahestehen. Die Kraft der Zusammenfassung dieser Sätze, die an Ausdehnung alles hinter sich lassen, was es in der Musik seit Beethoven gegeben hat, ist ungeheuer. Man kann nur eines fragen: Stammt nun die Gewalt dieser Steigerungen wirklich aus den Wachstumskräften der Thematik, oder ist sie dieser aufgezwungen von dem Willen, etwas noch nie Dagewesenes zu schaffen: eine Thematik und Melodik rein romantischen Charakters in eine übergeordnete Gestalt rein klassischen Gepräges zu zwingen? Vielleicht ist das, was Furtwängler wollte, schließlich doch unerreichbar.«[4]

Die Solisten hatten es mit der Arbeit an Furtwänglers ›Eingemachtem‹ schwer. Elisabeth Furtwängler erinnert sich: »Von Georg Kulenkampff, der ein großer und sehr gewissenhafter Geiger war, weiß ich, daß er nicht immer zufrieden war mit dem ›Üben‹ seines Partners, der aber auf ›Ermahnung‹ dann doch immer alles zum Zeitpunkt des Konzertes aufgeholt hatte... Aufführungen seiner Werke bereiteten Furtwängler immer die größten Aufregungen. Wir wissen z. B., daß bei der Frankfurter Aufführung seines symphonischen Konzerts eine Zuhörerin wegen des schlecht gelüfteten Saals hinausgehen mußte, weil sie Sorge hatte, ohnmächtig zu werden. Es war ganz kurz vor dem Ende, Furtwängler war überzeugt, daß die Unruhe im Saal eine

Demonstration gegen seine Komposition wäre. Er verlor die Nerven und lief vom Podium fort. Man kann sich vorstellen, wie die Reaktion eines Teils der Menschen und Kritiker war. Der ›überempfindliche, eitle Furtwängler‹ wurde angeprangert. Viel später, nach einer Aufführung seiner zweiten Symphonie, sagte er mir einmal: ›Ich fühle mich, wenn ich ein eigenes Werk aufführe, wie ein sechzehnjähriges Mädchen, das sich vor alten Lüstlingen ausziehen muß.‹ Die Empfindlichkeit ist ihm oft teils verübelt, teils nicht verstanden worden.«[5]

Das in München uraufgeführte Klavierkonzert erlebte im Oktober 1937 innerhalb eines Philharmonie-Programms die Berliner Erstaufführung. Und wie zuvor in der Isar-Metropole, so zeigte sich auch das Publikum an der Spree enthusiasmiert. In den ›Signalen‹ hieß es: »Das über eine Stunde die angespannteste Aufmerksamkeit in Anspruch nehmende Werk, in dem Orchester und Klavier gleichberechtigte Partner sind, ist überreich an gedankentiefen Eindrücken. Die Gestaltung der drei Sätze: der schwermütige, ringende erste Satz (h-Moll) mit einem unerhört kraftvollen Aufbau, in einem ständigen Wechsel der Gefühlsausdrücke; der ergreifende langsame Satz (D-Dur), ruhevolle Resignation, leitet ohne Pause zum Rondo über. Dieser dritte Satz bringt alle nur vorstellbaren kontrapunktischen Entwicklungen und Verwendung jeder Orchesterklangmöglichkeiten. Eine kompositorische Meisterleistung. Die Ausführung durch die herrlich spielenden Philharmoniker, die geistige und technische Überlegenheit, mit der Edwin Fischer kongenial den Klavierpart kraftvoll und mit höchster Anschlagkultur meisterte, dazu Furtwängler als Dirigent: Das ergab einen Gleichklang, der die begeisterte Zuhörerschaft zu stürmischen Beifallskundgebungen mit Recht veranlaßte. Ein einzigartiges Erlebnis, zu dessen Aufnahmefähigkeit die vorweg gespielte Achte von Beethoven den Boden geschaffen hatte.«[6]

Die ›Kulturbetrachter‹, die Vergleiche mit anderen, wirklich ›modernen‹ Komponisten nicht wagen durften, belichteten ihre Rezensionen in jener Zeit stets aus der Perspektive, daß alles, was ›schön‹ und ›harmonisch‹ klang, akzeptiert werden mußte, weil es ›artgerecht‹ tönte, während jede Disharmonie als ›kakophonisch-bolschewistisch‹ sofort verdächtigt und abgestempelt wurde. Was nicht auf reine Dreiklänge zurückgeführt werden konnte, galt als ›artfremd‹, so daß zur Verteidigung Strawinskys die kuriose Wendung erfunden wurde, er habe ja in Wirklichkeit überhaupt keine Dissonanzen eingebracht, sondern ›reine Dreiklänge‹ nur so zum Scherz und der ironisierenden Wirkung wegen mit klitzekleinen hinzugesetzten ›falschen‹ Noten versehen, als wenn man einen reinen Schluck Genever dadurch interessant abwürze, daß man ihm einen Spritzer Angostura beigebe. Doch bei Furtwängler brauchte man sich um ›falsche Noten‹ keine Sorgen zu machen. Wie Paul Graener, der mit einigen Opern mächtig in den Vordergrund drängte, schuf er Musik ›en plein air‹, die im Reich verbliebene Schönberg- und Webern-Schüler als banale Schusterstuben-Kunst abqualifizierten. Nicht am nötigen Ernst, nicht an technischem Können, auch nicht an melodiösen Kombinationen ermangele es dem komponierenden Dirigenten, aber dennoch wirkten seine Produkte scheinhaft, und sie hätten nicht mehr den Anspruch, für voll genommen und kritisch zensiert zu werden. Sie seien deswegen anachronistisch, weil sie zu erbauen suchten in einer Welt, in der es nichts Erbauliches mehr gäbe. Kompositionen der Sinnlosigkeit? Die einzige Antwort, die man auf diese Frage geben kann, ist die, daß weder Furtwänglers Klavierkonzert noch seine Sonaten repertoirewürdig wurden. Sie fanden kein Publikum, nur vereinzelte Apologeten, die sich durch nichts davon abbringen lassen, daß man rigoros wie im 19. Jahrhundert und dennoch ganz neu komponieren könne.

Sieben von zehn philharmonischen Konzerten der Saison 1937/38 in Berlin hatte Furtwängler übernommen. Er gastierte an der Linden-Oper und sah sich den ständigen Überredungsversuchen von Göring ausgesetzt, wieder ein Amt anzunehmen, nämlich das des Staatsoperndirektors, das er ja schon zwischen 1933 und 1934 innegehabt hatte. Die Neueinstudierung des ›Tannhäuser‹, allenthalben belobigt, diente dem ›Hermann-Ministerium‹ dazu, den Doktor wieder einzufangen, was im Augenblick Heinz Tietjen mächtig gegen den Strich ging, denn dessen Position hatte sich inzwischen so gefestigt, daß er als unumschränkter Herrscher ›generalintendierte‹ und einen eventuellen Vertrag mit Furtwängler in wesentlichen Punkten beschnitten sehen wollte. Ohne jegliche Kompetenz an der Staatsoper als Vollstreckungsbeamter Tietjens wirken zu müssen, davor hatte der Dirigent einen ausgesprochenen Horror. Um die Dinge nicht direkt beim Namen nennen zu müssen, schob er einen Disput mit dem Korrepetitor Nowakowski vor, um sich Görings werbender Umklammerung zu entziehen. Aus Wien schrieb Furtwängler an Hermann Göring:

»Sehr verehrter Herr Generaloberst!

Trotz der Ereignisse der letzten Zeit (im Zusammenhang mit der Bayreuther Frage) habe ich versucht, meine vertragsmäßigen Verpflichtungen zu erfüllen und habe den ›Tannhäuser‹ mit vier Wiederholungen dirigiert. Ich kann aber, wie ich sehe, die nötige Freudigkeit zur Arbeit nicht mehr aufbringen in einer Situation, die für mich als Mensch wie als Künstler gleich unwürdig erscheinen muß. Da meinem Wirken unter diesen Umständen ohnedies keine Zukunft beschieden sein dürfte, ist es vielleicht besser, schon jetzt damit aufzuhören. Ich werde selbstverständlich, wenn Sie es wünschen, den einmal eingegangenen Vertrag einhalten, wäre Ihnen aber dankbar, wenn Sie mich meiner Verpflichtungen – es handelt sich noch um fünf Abende – schon jetzt entbinden könnten.«[7]

Göring antwortete am 16. Dezember 1937: »Ich habe Ihr Schreiben aus Wien erhalten. Es war ja wohl wieder einmal an der Zeit, daß mir von Ihrer Seite neue Schwierigkeiten bereitet wurden. Denn fast ein Vierteljahr sind die Dinge ja glatt gelaufen. Wenn Sie davon schreiben, daß Sie sich in einer Situation befinden, die für Sie unwürdig erscheint, so habe ich dafür keinerlei Verständnis. Ich darf Sie bitten, sich einmal selbst zu fragen, wie weit es sich mit Ihrer Würde vereinbaren läßt, mir jetzt wieder erneut Schwierigkeiten zu machen und Ihre wirklich sehr spärliche Beteiligung an der Oper noch weiter zu kürzen, obgleich Sie von demselben Institut jahrelang Ihr volles Gehalt empfangen haben, ohne einen Finger dafür zu rühren und es Ihnen nur dadurch möglich war, während dieser Jahre Ihren sonstigen Interessen nachzugehen. Ich habe immer geglaubt, daß Sie irgendwie und -wann die Verpflichtung in sich fühlen, wenigstens nachträglich einen Teil dieser Dankesschuld abzutragen. Neben der nötigen Freudigkeit zur Arbeit gibt es ja auch noch ein Wort, das Pflicht heißt. Im übrigen habe ich keinerlei Recht, Sie erneut wieder aus dem Vertrag zu entlassen, sondern muß darauf bestehen, daß der Vertrag vollinhaltlich eingehalten wird. Ich stelle ferner fest, daß Sie zunächst zugesagt hatten, in allernächster Zeit in der Oper zu dirigieren, während Sie ja auch hierfür eine Absage schickten, obgleich Sie in der gleichen Zeit in Wien dirigieren werden. Wie Sie das alles der Staatsoper gegenüber, die so viel für Sie getan hat, verantworten können, ist für mich immer ein Rätsel geblieben. Im übrigen geht es die Staatsoper ja schließlich gar nichts an, was sie mit Bayreuth haben. Aber es dürfte schließlich auch für Sie von Wert sein, daß Ihr Ruf nicht durch fortgesetzte Unzuträglichkeiten, die sie bald hier, bald dort, ob Berlin, Bayreuth, ob Oper oder Philharmonie, haben, erheblich leidet. Ich habe mich verpflichtet gefühlt, Ihnen das einmal ganz offen zu sagen, damit Sie Ihre Lage richtig erkennen können. Wie jeder von uns, so sind auch Sie schließlich in erster Linie Deutschland gegenüber verpflichtet. Von mir aber können Sie schlechterdings nicht verlangen, daß ich termingemäß jedes Jahr einen Fall Furtwängler an der Staatsoper habe. Ich hoffe, daß Sie volles Verständnis für meine Aufrichtigkeit haben, die allerdings, das bestreite ich nicht, einer sehr begreiflichen Verärgerung entspringt. Mit deutschem Gruß und Heil Hitler!«[8]

Göring droht. Zwischen den Zeilen steht: Wenn du, Dr. Wilhelm, künftig nicht spurst, werden wir dir mit ganz anderen Methoden kommen. Furtwängler weiß ganz genau, wie rüde das Regime mit Abweichlern und Nörglern umspringt. Bleibt ihm nichts anderes übrig, als einzulenken:

Das Gemeindehaus in Berlin-Dahlem
war nach dem Zweiten Weltkrieg Notasyl
der Philharmoniker.
Probe um 1950

Furtwängler dirigierend.
Aufnahmen um 1950

Oben:
Furtwängler im Gespräch mit
Enrico Mainardi, Karl Münchinger und
Walter Strebi in Luzern.
Unten:
Furtwängler in Wien

»Sehr verehrter Herr Generaloberst,

zunächst möchte ich zum Inhalt Ihrer Zeilen, die ich soeben hier vorfinde, kurz bemerken: Die Absage für die Aufführungen am 27. Dezember und am 1. Januar von Tannhäuser in der Staatsoper geschah auf ärztliche Weisung, die mir dringend eine zehntägige Kur in Süddeutschland nahelegte. Ich habe Tietjen davon schon am 3. Dezember nach der letzten Aufführung des Tannhäuser Mitteilung gemacht. Die Aufführung in Wien ist am 3. Januar, also erst später (übrigens die letzte Aufführung, die ich für den Lauf dieses Winters in Wien angenommen habe). Meine an Sie gerichtete Bitte um vorzeitige Entlassung aus meinem Vertrag hat unmittelbar mit der vorgenannten Absage nichts zu tun. Ich werde also Ihrem Wunsche gemäß die vertragsmäßigen fünf noch ausstehenden Abende dieser Spielzeit in der Staatsoper dirigieren. Wenn ich Ihnen, hochverehrter Herr Generaloberst, im übrigen mit meiner Bitte um vorzeitige Entlassung Ärger bereitet habe, so bedaure ich das aufrichtig. An der Entwicklung der Dinge im ganzen freilich ist wenig zu ändern, denn sie stammt nicht von heute. Die Entscheidung über meine zukünftige Beziehung zur Staatsoper haben Sie selbst getroffen, und zwar damals, als Sie mir statt einer, mit dem Hause wirklich verbundenen Position, wie sie zuerst projektiert war, eine in gewissem Sinne recht- und machtlose, reine ›Gast‹-Tätigkeit zuwiesen. Es war von jeher mein Standpunkt, dem ich auch immer Ausdruck gegeben habe: Wenn schon als Gast, so muß meine Tätigkeit an die verschiedenen Institute im In- und Ausland verteilt bleiben; eine besondere Verpflichtung, Bindung, Bevorzugung eines einzelnen Instituts ist dann angesichts meiner ausgebreiteten Tätigkeit nicht mehr möglich. Daß ich eine solche Bindung in irgendeiner Form der Mitverantwortung damals für selbstverständlich hielt, war nicht persönlicher Ehrgeiz, sondern ausschließlich künstlerisches Verantwortungsgefühl. Ich war damals noch durchaus willens, meine beste Kraft der Staatsoper zu widmen. Sie haben davon keinen Gebrauch gemacht. Sie dachten offenbar für Ihr Institut (genau wie Frau Wagner in Bayreuth) nicht an den

Künstler Furtwängler als Gesamtpersönlichkeit, der bereit war, die Mitverantwortung für die führende Opernbühne und damit für das Gesamtniveau des musikalischen Lebens in Deutschland zu übernehmen, sondern lediglich an den beliebten Dirigenten... Ich habe im Frühjahr nach Abschluß unseres Vertrages einen ausführlichen Brief mit den Bedenken, die ich damals schon vorzubringen hatte, an Sie, sehr verehrter Herr Generaloberst, gerichtet. Ich habe Sie weiter ebensooft wie vertrauensvoll und dringlich im Frühjahr und Sommer um eine Audienz gebeten. Leider gaben Sie mir nicht die Gelegenheit, mit Ihnen sprechen zu dürfen.«[9]

Göring ist vergrätzt. Der Hypertoniker schlägt mit seiner ›obligaten‹ Reitpeitsche sämtliche Schreibtisch-Interieurs zusammen. Von nun an gilt Furtwängler als sein intimer Feind. Zwar kann er den verhaßten Dirigenten nicht so einfach abschieben, das würde auffallen und letztlich ihn kompromittieren. Es gibt andere Methoden. Zum Beispiel: Einen Konkurrenten aufbauen und diesen so in den Vordergrund lancieren, daß dem ›Alten‹ das Wasser abgegraben wird. Dieser gefügige Typ, der sich gängeln läßt, vor Tatendrang strotzt und wirkliche Begabung zeigt, ist rasch gefunden: Herbert von Karajan, seit Jahren mit Übereifer auf der Lauer, um die kleinste Chance zu nutzen, sich in Berlin hervorzutun und im unmittelbaren Dunstkreis der Nazi-Großkopfeten Karriere zu machen. Der ›schmucke Gent‹, wie Göring ihn nennt, hat ›astreine‹ Papiere. Die auf ihn angesetzten Staatssicherheitsdienste können nicht das geringste gegen ihn vorbringen. Im Gegenteil: Der junge Mann erweist sich als ›alter Kämpfer‹, ist gleich zweimal in die NSDAP eingetreten und befleißigt sich eines streng nationalistischen Kurses. Man hat Obmann Rudolf Bockelmann als Späher ausgesandt, den ›Burschen‹ auf Herz und Nieren zu prüfen: Wotan in der Aachener ›Walküre‹ am 24. Februar 1938. Der ›Reichs-Wotan‹ kann nach Berlin melden, Herr von Karajan erfülle ›im Übermaß‹ alle Ansprüche, sei für die Provinz viel zu schade und prädestiniert, an einem großen Haus, zum Beispiel der Berliner Staatsoper, zu wirken. Der habe die nicht unproblematische Wagner-Partitur so ›in Fleisch und

Blut‹ gehabt, wie man es kaum von Knappertsbusch oder Furtwängler (!) gewohnt sei. Genau das will man im ›Hermann-Ministerium‹ hören. Während Furtwängler in London den ›Ring‹ für die im Mai beginnende Season probt, darf sich Herbert von Karajan in einem ›Sonderkonzert‹ den Berlinern vorstellen, das in den ›Philharmonischen Blättern‹ mit dem Hinweis angekündigt wird, dem Aachener ›General‹ gehe ein »besonders großer Ruf« voraus, weswegen man der Veranstaltung »mit besonderer Spannung entgegensehen« könne.[10]

Als Furtwängler aus London zurückgekehrt ist, erfährt er von dem kolossalen Erfolg des Gastes aus Aachen. In der ›Deutschen Allgemeinen Zeitung‹ hatte gestanden: »Ein für Berlin bisher fremder Name gewann über Nacht lebendigsten Klang. Herbert v. Karajan, der junge Generalmusikdirektor, hat sich das Publikum der Philharmonie im Sturm erobert. Und auch dem mit Elan sich einsetzenden Orchester merkte man das Bewußtsein an, daß dieser noch nicht Dreißigjährige ein Berufener ist... Die Leitung dieses Abends schlug geradezu wie eine Bombe ein. Das Publikum feierte den jungen Dirigenten mit einer Begeisterung, die im Erkennen seines Ranges zugleich auch eine nicht mehr verrückbare Forderung aufstellte.«[11]

Karajan-Biograph Robert C. Bachmann stellt dazu die Frage: »Was ist mit dieser ›nicht mehr verrückbaren Forderung‹ gemeint? Ist es die Forderung, den in seiner Begabung unbestritten über allen jungen deutschen Dirigenten seiner Zeit weit hinausragenden Parteigenossen von Karajan gegenüber dem vom Regime als unzuverlässig eingestuften Furtwängler zu favorisieren?«[12] Vor der Presse zu Beginn der folgenden Spielzeit kündigt Philharmonie-Intendant Hans von Benda an: »Wir haben noch zwei Konzerte im Rahmen der Zusammenarbeit mit der Konzertgemeinde und ›Kraft durch Freude‹ dem jungen Herbert von Karajan übertragen, der im vorigen Jahr in Berlin einen besonderen Erfolg gehabt hat.«[13] Karajan dirigiert die Sechste von Sibelius, die Fünfte von Beethoven und das Cellokonzert von Haydn mit dem Solisten Arthur Troester. Am 3. November meldet die Presse die Berufung Karajans an die Berliner Staatsoper. Göring hat gehandelt. Gegen Furtwängler. In der ›Deutschen Zukunft‹ schwärmt man über den genialischen Zuwachs: »Mit dreißig Jahren ist Karajan einer der jüngsten unter den Berliner Dirigenten – doch alt genug, um an Erfahrung und Rüstzeug eine geprägte Persönlichkeit zu sein.«[14] Am 18. Dezember 1938 geht in der Staatsoper die von Gustaf Gründgens besorgte Neuinszenierung der ›Zauberflöte‹ über die Bühne. Karajan am Pult. Bockelmann als Sprecher: »Es besteht kein Zweifel, Göring hat in den Glückstopf gegriffen, als er diesen Mann ins Haus holte. Ich wage ihm eine glorreiche Laufbahn zu prophezeien. Er versteht sein Metier nicht nur; er steht darüber. Furtwängler dürfte einen wirklichen Konkurrenten gefunden haben.«[15] Während die Kritiker über die ›vollkommenste Operninszenierung des Jahrzehnts‹ jubeln und das Publikum an den Theaterkassen Schlange steht, werden die Opfer der ›Reichskristallnacht‹ aus den Stadtgefängnissen nach Oranienburg transportiert.

Hier Karajans Triumph und ein triumphaler Empfang für die Philharmoniker unter Furtwängler in Köln, dort die Angst- und Todesschreie der Mißhandelten und Gefolterten. Welch eine unmenschliche Forderung von denen, die meinen, man dürfte diese Ereignisse nicht durch eine Brille betrachten und als ein zeitgeschichtliches Faktum ansehen. Friedrich Herzfeld überschreibt seine Eindrücke von dem Furtwängler-Konzert im Gürzenich mit »Ein Jahrhundert-Erlebnis«;[16] auf der gleichen Seite wird Staatskommissar Hans Hinkel zitiert, der darüber aus dem Häuschen gerät, daß über 25000 Juden »dingfest und unschädlich« gemacht worden seien. Hämischer und sadistischer geht es nicht, wenn dieser zynische Mordbrenner am Schluß seiner »ruhmvollen Berichterstattung« ebenfalls von einem »Erlebnis, das noch in Jahrhunderten nachwirkt«, spricht. Die Synagogen brennen, Menschen erleiden unvorstellbare Foltern. Wen bekümmert's? »In diesen heilgen Hallen kennt man die Rache nicht« und »O Freunde, nicht diese Töne!« Schnöder und dreister sind Mozarts Verbrüderungsoper und Beethovens Neunte nie verhöhnt worden!

Daß Karajan Görings Liebkind geworden ist, begreift am ehesten der wendige Heinz Tietjen. Er schanzt dem Glücksritter aus Salzburg die Uraufführung der Wagner-Régeny-Oper ›Die Bürger von Calais‹ zu. Blut-und-Boden-Dramatik, durchwuchert von schriller Illustrationsmusik aus trivialen Tonfolgen, aber mit jener ›heißen Tinte‹ geschrieben, mit der totalitäre Regime ihre Agit-prop-Salven festhalten. Der Dank des Vaterlandes schlägt sich unter anderem in der Berufung des jungen Genies zum Staatskapellmeister, kurz nach Hitlers 50. Geburtstag, nieder.

Das alles bewegt Wilhelm Furtwängler sehr. Er argwöhnt und kommt und kommt mit sich nicht ins reine. Allmählich durchschaut er, daß er sich undiplomatisch gegenüber dem ›Generalobersten‹ verhalten hat. Jetzt will ihm Göring zeigen, was eine Harke ist. Der Name Karajan wird für Dr. Wilhelm zum Alptraum. Am meisten regt ihn die Kritik des verhinderten Universitätsprofessors Edwin van der Nüll auf, der nach einem von Karajan dirigierten ›Tristan‹ unter der Überschrift ›Das Wunder Karajan‹ in der ›B. Z. am Mittag‹ geschrieben hatte: »Er hatte mit Wagners schwerstem Werk ›Tristan und Isolde‹ einen Erfolg, der ihn in eine Reihe stellt mit Furtwängler und de Sabata, den größten Operndirigenten, die zur Zeit in Deutschland zu hören sind... Rund heraus gesagt: Wir stehen vor einem Wunder. Dieser Mann ist die größte Dirigentensensation des Jahrhunderts. Mit 30 Jahren war es keinem, der unsere Jahrzehnte kreuzte, vergönnt, einen sachlichen und persönlichen Triumph dieses Niveaus zu feiern.«[17] Also auch nicht Furtwängler. Diese Behauptung biß den Staatsrat ungemein. Er fühlte sich desavouiert, düpiert, angeschmiert, verraten und verkauft. Von Göring, der dem van der Nüll dies zu schreiben aufgetragen hatte. Schach dem Größten – mit einem ›kleinen Bauern‹ aus Aachen! Wolfgang Stresemann, der spätere Intendant der Philharmoniker, kommentiert den Affront so: »Etwas Großes hatte sich in der Staatsoper ereignet, auch hier war Karajans Leistung, wie vor knapp einem halben Jahr in der Philharmonie, wie eine Bombe eingeschlagen. Auf der anderen Seite verbreiteten sich sehr schnell Gerüchte, wonach die Nazi-Kulturstellen der von ihnen abhängigen Presse nahegelegt hätten, Karajan besonders herauszustellen. Furtwängler war nach der Hindemith-Krise zur Philharmonie, aber nicht zur Staatsoper zurückgekehrt, und Tietjen suchte händeringend einen großen Dirigenten. Daher das Bestreben, wenn nicht die Weisung, Karajan aufzubauen, ihn als Konkurrenten von Furtwängler hinzustellen. Dies sangen damals die Spatzen von den Dächern.«[18]

Auch Karajan-Biograph Bachmann bestätigt durch diverse Dokumente diesen Sachverhalt, und er weist darauf hin, daß die folgenden Jahre »ganz« im Zeichen des künstlerischen Konkurrenzkampfes »zwischen dem von der Partei beargwöhnten wie hofierten Furtwängler und dem herausfordernden, junggenialischen und parteitreuen Karajan« gestanden haben: »Furtwängler, der die Philharmoniker als seine Domäne betrachtete..., mißtraute von allem Anfang an dem von der Presse stark beachteten jungen Konkurrenten. Er tut in diesen Jahren gewiß nichts für den als Rivalen empfundenen Karajan. Vielmehr findet er immer wieder eine Gelegenheit bei Goebbels (der mit Göring in einer Art Konkurrenzkampf steht dadurch, daß Göring die Staatstheater unterstehen, Goebbels aber u. a. die Philharmoniker), gegen den jüngeren Kollegen zu sticheln.«[19] In den Tagebüchern von Goebbels wurden entsprechende Stellen gefunden: »Furtwängler beklagt sich über Karajan, der sich zu pompös in der Presse feiern läßt. Ich stelle das ab. Sonst benimmt sich Furtwängler sehr ordentlich. Und er ist nun einmal unser größter Dirigent.« Oder: »Krach Furtwänglers gegen Karajan. Karajan läßt sich zu sehr anhimmeln in der Presse. Darin hat Furtwängler recht. Schließlich ist er eine Weltgröße. Ich stelle das ab.«[20]

Was Furtwängler offensichtlich am meisten aufregte, war ein Satz in van der Nülls Bericht, nämlich der, daß ›einige ältere Dirigenten etwas von ihm (Karajan) lernen könnten‹. Das schien direkt auf ihn gemünzt, und gegen diese Dreistigkeit setzte er sich zur Wehr – bei der ihm übergeordneten Stelle. Das war die Intendanz der Philharmoniker, die er anwies, den Minister zu informieren. Mehrfache Vorstöße waren nötig, ehe die ›obere Etage‹ überhaupt reagierte. Welche Beschlüsse endlich gefaßt wurden, darüber informierte man weder die Intendanz noch Furtwängler. Fest steht nur, daß van der Nüll Mitte des Krieges plötzlich eingezogen wurde, was Furtwänglers Gegner als Erfolg von dessen Machenschaften darstellten. Der ›B. Z.‹-Feuilletonchef überlebte das Kriegsende nicht, so daß er in den Entnazifizierungsprozessen von Karajan und Furtwängler nicht als Kronzeuge gehört werden konnte. Daß die sogenannte ›Wunder-Kritik‹ in den entscheidenden Phasen der Beurteilung über politisches Verhalten während des Dritten Reichs überhaupt eine so gravierende Rolle spielte, gehört zu den Unwägbarkeiten dieser ›Prozesse‹, die nicht selten im Stil einer Commedia dell'arte geführt wurden und die Betroffenen – ob schuldig oder nicht – zu Hanswürsten degradierten, abgesehen davon, daß die ›prüfenden‹ Instanzen selber eher Gerichtskollegien aus einer Rossini-Oper glichen denn ordentlich informierten, berufenen, mit juristischer, historischer und soziologischer Sachkenntnis ausgestatteten Gremien.

Bachmann zitiert das Ergebnis der Karajanschen ›Denazifizierung‹ in Österreich unter dem Präsidium des US-Kulturoffiziers Otto de Pasetti, der dem amerikanischen Hauptquartier mitteilte: »Als in Berlin eine persönliche Differenz zwischen Tietjen, dem Generalintendanten der Berliner Staatsoper, und Furtwängler ausgebrochen war, berief Tietjen Karajan an das Berliner Institut, um ein Gegengewicht gegen Furtwängler zu haben. Diese Berufung scheint nach allen einvernommenen Zeugen in erster Linie der Tüchtigkeit Karajans zuzuschreiben zu sein. Seine Zugehörigkeit zur Partei kam erst in zweiter Linie. Sie dürfte allerdings eine Rolle gespielt haben, da sie die Stellung Tietjens Furtwängler gegenüber stärkte. Aber vor allem war es Karajans musikalischen Fähigkeiten zu danken. In Berlin begann nun ein Kampf zwischen Karajan und Furtwängler, der schließlich mit einem Sieg des Letzteren endete. Furtwängler, der ein Meister der Intrige ist und keinen anderen Dirigenten von Rang neben sich duldete, kämpfte mit allen Mitteln gegen

Karajan (wobei aber gesagt sein muß, daß er nicht unfair gegen K. vorging). Eine Zeitlang schien es, als ob Karajan über Furtwängler die Oberhand gewinnen sollte. Seine Konzerte waren große Erfolge für ihn. Nach Berichten Berliner Künstler wuchs er von Konzert zu Konzert.«[21]

Das alles streift die Tatsachen wohl nur in groben Zügen. Aber auch der Furtwänglersche ›Entnazifizierungsprozeß‹ in Berlin schafft keine Klarheiten. Im Gegenteil. »Auf Wunsch von Herrn Dr. Furtwängler« und »mit Rücksicht auf einen Komplex, der die Lenkung der Presse im Dritten Reich betraf«, wird am 17. Dezember 1946 der vertagte ›Fall Furtwängler‹ von der Berliner Kommission unter Vorsitz eines Dr. Vogel wieder aufgenommen. Was schließlich, nach zehnstündiger Verhandlung, auf 230 Schreibmaschinenseiten protokolliert wird, dokumentiert mit aller Deutlichkeit, welch eine unsinnige Einrichtung über Wohl und Wehe, Wiedereinstellung oder Belastung des ›Inculpanten‹ zu entscheiden hatte und wie dieser, also Wilhelm Furtwängler – von Anfang an das ›Spiel‹ in der Hand hielt.

Niemand – außer Furtwängler und seinen Entlastungszeugen – wußte, um was es eigentlich ging. Man kann den Konvolut drehen und wenden, man findet nicht heraus, warum in diesem Fall über die ›Lenkung der Presse im Dritten Reich‹ verhandelt wurde. Sollte Furtwängler als verkappter ›Lenker‹ angeklagt oder über den Kritiker van der Nüll posthum ein Urteil gefällt werden? Für Dr. Wilhelm sprang dabei heraus, daß sein Verhalten gegenüber Karajan auch die Billigung der Demokratie fand und daß einige wenige Gegner, die der Meinung sich nicht enthalten konnten, Furtwängler habe so lange bei Goebbels gebohrt, bis van der Nüll zwangsrekrutiert und damit in den sicheren (Helden-)Tod getrieben worden sei, diese Ansicht nicht weiter verbreiten durften, ohne in Gefahr zu laufen, dafür wegen übler Nachrede vor den Kadi zitiert zu werden.

Immerhin warfen die Aussagen der von Furtwängler benannten Entlastungszeugen ein Licht auf die im stillen betriebene ›Diplomatie‹ der obersten Kulturträger des Hitler-Reichs.

Chefdramaturg und Pressechef der Berliner Staatsoper Pg. Dr. Julius Kapp: ».. . Die Kritik machte natürlich sehr großes Aufsehen, und auch die Herren der Presse rückten sehr stark von dieser Kritik ab und empfanden es beinahe als peinlich, daß ein Kollege sich zu einer derartigen Hymne herabgelassen hatte. Und das war nicht nur die einzige! Denn diese Kritiken gingen weiter. Sogar ein Kollege von van der Nüll hat in der eigenen Zeitung, in der ›B. Z.‹, diesen öffentlich quasi gemaßregelt – das war Herr Wilhelm Matthes, indem er einen Artikel schrieb ›Takt bei Lob und Tadel‹ ... Die auswärtige Presse war über diese ganzen Berliner Vorgänge entsetzt. Als ich acht Tage später in Dresden zu einer Uraufführung war, fragten mich die Herren: Wie ist in Berlin so etwas möglich? Das ist ja ganz undenkbar! – Diese Kritiken gingen weiter und wurden immer schärfer zu einer Rivalität Karajan – Furtwängler. Also mußte es jedem klar sein, daß ein tieferer Grund vorläge.«

Annalise Theiler, Musikkritikerin der ›B. Z.‹: »Zum Zeitpunkt des Beginns meiner Tätigkeit hatte Herr Dr. v. d. Nüll bereits die sogenannte ›Wunder-Kritik‹ verfaßt. Sein überschwengliches Eintreten für den Dirigenten v. Karajan war das Tagesgespräch in allen interessierten Kreisen... Es war nun ohne Zweifel so, daß Herr Dr. v. d. Nüll tatsächlich davon überzeugt war, daß der Dirigent v. Karajan die temperamentvolle Förderung verdiente, die er ihm angedeihen ließ. Er war von Karajans Leistungen in der Tat über alle Maßen begeistert... Herrn Dr. Furtwängler bezeichnete er mir gegenüber mehrmals als einen Dirigenten, der ›der vorigen Generation‹ angehöre, der zweifellos seine großen Verdienste habe, der aber in seinen Augen dazu mehr oder weniger gezwungen werden müsse, einzusehen, daß ›seine Zeit vorbei sei‹ und daß Menschen wie Karajan nun an der Reihe seien, Furtwängler, den er quasi zum alten Eisen warf, abzulösen. In diesem Sinne schrieb Dr. v. d. Nüll auch seine Kritiken. Die in der sogenannten ›Wunder-Kritik‹ geäußerte Ansicht, daß ›die 50jährigen sich an Karajan ein Beispiel nehmen sollten‹, war eindeutig an die Adresse Furtwänglers gerichtet und wurde von mir und vielen anderen nicht nur so verstanden, sondern auch als grobe Taktlosigkeit empfunden... Ich sagte vorhin, daß es im ›Dritten Reich‹ so gut wie unmöglich war, auf eine solche aufsehenerregender Weise für oder gegen etwas zu polemisieren, wenn nicht eine ›hohe Stelle‹ diese Polemik mehr oder weniger unterstützte. Das war auch hier der Fall, und zwar habe ich diese Kenntnis von Dr. v. d. Nüll selber... Er äußerte sich mir gegenüber öfters, daß dieser ›Kampf für Karajan‹ mit Unterstützung der Kreise um Hermann Göring vor sich ging, das heißt, daß er, Nüll, in diesem ›Kampf‹ von den genannten Kreisen nicht nur ermutigt werde, sondern daß es sozusagen die eigene Sache des ›Hermann-Ministeriums‹ sei, wenn Karajan gegen Furtwängler ausgespielt werde!«

Solche Aussagen waren durchaus ergiebig. Aber sie klärten nur bestimmte Tatbestände, nicht die Zusammenhänge. Wie in einem Curt-Goetz-Stück wickelten sich die Dialoge zwischen dem Vorsitzenden und dem Dirigenten ab:

Dr. Vogel: »Vielleicht sagen Sie, Herr Dr. Furtwängler, genau, auf welche Weise Sie intervenierten.«

Furtwängler: »Ich habe zunächst überhaupt nicht interveniert. Ich habe zunächst aus meinem Herzen keine Mördergrube gemacht. Ich habe mich sehr erregt.«

Dr. Vogel: »Sie pflegen im allgemeinen aus Ihrem Herzen keine Mördergrube zu machen?«

Furtwängler: »Das ist mein Naturell. Es wäre ja im ›Dritten Reich‹ sehr viel besser gewesen, ich hätte es etwas mehr getan! Ich habe von Herrn von Benda, der offizieller Intendant des Orchesters war, erwartet, daß er gegen diese Sache etwas tut. Ich habe nicht verlangt, daß er einen Schritt tut, um Herrn von der Nüll zu eliminieren. Für mich war die ganze Sache ein heißes Eisen, weil mir unterstellt wurde durch die ganze Art, wie das entriert war, daß ich aus persönlicher Eitelkeit gegen irgendeinen Kritiker, der einen andern lobt, nun vorging. Das war ein sehr peinlicher Vorwurf, der ja in der Situation lag. Infolgedessen war ich sehr vorsichtig... Es war darauf abgesehen, mich irgendwie auf kaltem Wege zu erledigen... Es war deshalb darauf abgesehen, weil ich wußte: Wenn Goebbels meine Interessen so vertreten hätte wie die Interessen seines Instituts – das heißt: meine Interessen und die der Berliner Philharmoniker als ein Ganzes angesehen hätte, hätte Goebbels das damals verhindert. Goebbels war immerhin derjenige, der über die Presse als Oberster die offizielle Herrschaft hatte, und selbst wenn die Interessen Görings dahin gingen, den Herrn von Karajan herauszustreichen, so hätte Goebbels verhindern können, wenn er gewollt hätte, daß das in diesem Maße auf meine Kosten geschah.«

Dr. Vogel: »Sind Sie in diesem Zusammenhang an den Minister herangetreten?«

Furtwängler: »Nicht nur das, sondern ich möchte sagen, ich befand mich dem Komplott, beziehungsweise der Lenkung des gesamten Nationalsozialismus gegenüber...«

Dr. Vogel: »Sie meinen, daß auch Goebbels mit allen Kritiken des Herrn van der Nüll einverstanden war?«

Furtwängler: »Ja. Dieser Meinung bin ich durch das Verhalten des Herrn von Benda geworden, der dieser Aktion, die ich ihm nahelegte, nicht nachkam.«

Dr. Vogel: »Ich muß hier daran erinnern, daß Sie sich neulich in der Verhandlung nicht daran erinnern konnten, überhaupt einmal von Benda etwas in der Richtung nahegelegt zu haben.«

Furtwängler: »Ich habe noch niemals in meinen Leben bis heute einer Gerichtsverhandlung beigewohnt.«

Dr. Vogel: »Es ist hier keine Gerichtsverhandlung!«

Furtwängler: »Entschuldigen Sie, es scheint mir doch jetzt so! – Ich habe jetzt den Faden verloren...«

Tragikomödie.

Furtwänglers derzeitige Sekretärin, Frau von Rechenberg, wird vernommen. Sie sagt aus, Intendant von Benda habe im Auftrage Furtwänglers versucht, von Goebbels einen Entzug der Konzertkarten für van der Nüll zu erreichen. Sie erinnert sich auch, daß der ›Doktor‹ beim Reichspropagandaminister war und persönlich eine Eingabe überreichte. Aber was darinstand, das weiß sie nicht mehr. Und auch Furtwängler kann sich nicht erinnern. Alle Belege sind ausgebombt. Kismet! Zufällig ist auch der ehemalige Telefunken-Chef

Lucas im Saal. Ihm fällt ein, daß Furtwänglers Stellung im Propagandaministerium ›absolut untergraben‹ war. Lucas: »Ich kann nur sagen, was mir Herr von Benda damals gesagt hat. Er hat gesagt, sowohl der Minister als auch der Staatssekretär hätten die dauernden sogenannten ›Fälle Furtwängler‹ satt. Die Zeit wäre vorbei, wo man auf Furtwängler noch irgendwelchen Wert legte: Man hätte ihn heute nicht mehr nötig, und seine politische Einstellung gegenüber dem Dritten Reich wäre auch sattsam bekannt. Man wüßte ganz genau, daß er mit diesen Dingen nicht einverstanden sei und daß über kurz oder lang der Moment eintreten müßte, wo man Furtwängler fallen ließe.«

Lucas brachte auch den Konzertagenten Vedder ins Spiel. Das war Karajans Manager. Und der habe den ›Doktor‹ haben wollen. Um jeden Preis. Doch Furtwängler lehnte ab, worauf Vedder den Spieß umgedreht und Front gegen den Doktor gemacht habe. Aber wie! Der war mit von der Partie, mit Goebbels und Göring und der SS liiert, ein ganz Scharfer...

Furtwängler: »Herr Vedder ist einer der Hauptpunkte in dem ganzen Spiel, um das es sich handelt. Er ist von dem Fall v. d. Nüll und von dem Fall ›Wunder-Kritik‹ überhaupt nicht zu trennen. Er ist Agent von Karajan gewesen, er ist an der Staatsoper gewesen – persona gratissima dort –, und sein Kampf gegen mich war zwar zum Teil ein privater Kampf..., aber er bildete ein Hauptglied in dieser ganzen Kamarilla gegen mich als Nationalsozialist.«[22]

Über Vedder wird Karajan stolpern. Dem Agenten können Unregelmäßigkeiten nachgewiesen werden. Er wird von den berufsständischen Vertretungen ausgeschlossen. Dadurch verliert Karajan sämtliche Verbindungen zum freien Konzertmarkt. Ihm bleiben nur noch die Konzerte mit der Staatskapelle. Der fortschreitende Krieg zerstört alle Hoffnungen. Karajan ist in Berlin ›out‹.

Was sich im Vernehmungsprotokoll niederschlägt, steht in einem krassen Gegensatz zu dem, was die Tagebücher von Goebbels preisgeben. Man muß bei diesen Aufzeichnungen des Reichspropagandaministers zwar einen gewissen propagandistischen Effekt einkalkulieren, aber die Forschung darf nicht davon ausgehen, daß diese Journale in erster Linie für die Öffentlichkeit angelegt und geschrieben wurden, so daß auch einiges an realistischer Betrachtung daraus zu entnehmen ist. So heißt es zum Beispiel im Februar 1942: »Furtwängler macht mir einen Besuch. Er hat eine Reise durch Schweden und Dänemark gemacht und strotzt nur so von nationaler Begeisterung. Dieser Mann hat eine Wandlung durchgemacht, die mir außerordentlich viel Freude bereitet. Ich habe Jahre lang um ihn gekämpft und sehe jetzt den Erfolg. Er billigt vollkommen meine Rundfunk- und Filmpolitik und stellt sich für alle meine Arbeiten bereitwilligst zur Verfügung. Sein Urteil über Karajan ist viel gereifter geworden; er beteiligt sich nicht an dem öffentlichen Streit, sondern steht diesen ganzen publizistischen Zänkereien mit einer souveränen, reifen Sicherheit gegenüber. Er macht bei dieser Unterredung einen außerordentlich sympathischen Eindruck. Ich freue mich, ihn auch einmal von dieser Seite kennenzulernen. Das Philharmonische Orchester steht auf glänzender Höhe. Es wird in seiner Gesamtheit u. k. gestellt, weil es wichtige Heimataufgaben zu erfüllen hat und andererseits auch sein Bestand von so kostbarem Wert ist, daß man ihn nicht zerreißen darf.«[23] Im Mai 1943 notiert Goebbels: »Ich habe eine ausführliche Aussprache mit Wilhelm Furtwängler. Er ist sehr krank gewesen und macht auch jetzt noch einen ziemlich leidenden Eindruck. Trotzdem kann er es nicht lassen, sich mit dem jungen Dirigenten Karajan an allen Ecken und Enden zu reiben. Ich werde versuchen, zwischen beiden eine Einigung herbeizuführen. Unter allen Umständen möchte ich Karajan neben Furtwängler oder hinter Furtwängler in Berlin halten. Allerdings kann natürlich Karajan mit Furtwängler als Persönlichkeit überhaupt nicht verglichen werden. Furtwängler teilt mir mit, daß er erneut heiraten will. Er hat eine Reihe von Familiensorgen. Ich werde ihm bei ihrer Überwindung behilflich sein.«[24] Das klingt alles nach bestem Einvernehmen. In Wirklichkeit ist das alles weitaus komplizierter. Jemand, der etwas durchsetzen will (pro oder kontra Nazis), muß die größenwahnsinnigen Adepten des deutschen Herrenmenschentums ›zu nehmen wissen‹. Furtwängler hat auf die Frage des Kommissionsvorsitzenden Dr. Vogel, wie er sich gewisse Inkonsequenzen in seinem Verhalten während des ›Dritten Reichs‹ erkläre, geantwortet: »Wissen Sie, konsequent zu sein, ist auch nicht immer bei solchen komplizierten Verhältnissen möglich.«[25]

Das Lavieren-Müssen nahm zu, je weiter sich die Nationalsozialisten in ihre kriegerischen Auseinandersetzungen verstrickten und je rabaukenhafter und kompromißloser sie wurden. Während Goebbels noch mit Überlegung handelte und taktierte, schlug Göring blindlings um sich, willfährige Helfershelfer an seiner Seite, die sich einerseits an offiziösen Entscheidungen nicht beteiligten, aber insgeheim die Weichen stellten. Ein solcher demagogischer Weichensteller war Heinz Tietjen. Karajan und dessen Anhängern gegenüber tat er so, als sei ›das Wunder‹ von ihm erkannt, väterlich gefördert und sonder Tadel behütet und protegiert worden. Doch insgeheim ging er zu Goebbels und klagte dem sein Leid über den widerborstigen, allesverschlingenden Nachwüchsler, denn wie wäre sonst Goebbels zu der Tagebucheintragung vom 5. Januar 1942 gekommen: »Mit Generalintendant Tietjen bespreche ich die Lage der preußischen Staatstheater. Der Dirigent Karajan hat Tietjen maßlose Forderungen gestellt. Er will mit diesen Forderungen seinen Kampf gegen Furtwängler durchdrücken. Tietjen sucht demgegenüber bei mir Schutz, der ihm einschränkungslos bewilligt wird.«[26] Robert C. Bachmann kommentiert die Vorfälle so: »Karajan also erleidet das Schicksal so vieler, die mit Elan und Berechnung dem Regime zu Diensten waren. Er wird Opfer genau jenes nationalsozialistischen Machtsystems, dem er seine Karriere verdankt. Er wird zum Spielball rivalisierender Gruppen und Institutionen. Er gerät in die Mühle des gegenseitigen Sich-Ausspielens, der einander überschneidenden und konkurrierenden Kompetenzen, des kontrollierten Chaos einer auf Eitelkeit, Ruhmsucht und Machtstreben gegründeten Organisationsstruktur. Karajan wird das zur Lehre. Das daraus Gelernte kann er nach dem

Kriege, wenn er an den Aufbau seines eigenen Imperiums geht, in passender Weise anwenden.«[27] Doch bis dahin muß er sich gedulden und die Vormachtstellung Furtwänglers ertragen, dessen Schatten ihn auch dann noch verfolgt, wenn Doktor Wilhelm längst das Zeitliche gesegnet hat. Was immer ›das Wunder‹ Karajan vollbringt, es wird an der Vorleistung Furtwänglers gemessen werden. Der nun freilich schleppt sich bis zum letzten Atemzug mit dem ›Karajan-Syndrom‹ herum, einerseits die tadellose Leistung des Jüngeren anerkennend, andererseits aber deprimiert darüber, was sich beinahe unter mathematischem Zwang vollzieht, daß nämlich der zunehmende Beifall für den musikalischen Konjunkturritter von seiner Ruhmesmasse subtrahiert wird.

Der Krieg

Mit dem Philharmoniker-Intendanten Hans von Benda lag Furtwängler quer. Diesen über-zackigen Adjutantentyp mochte er nicht. Außerdem wußte er, daß Benda denunzierte. Aber auch Goebbels pflegte meist nicht positiv von diesem ›Generalmusikdirektor‹ zu sprechen, der – wenn es denn schon mal vorkam – das Orchester »so durchtrat, als sei er ein Pilot mit dem Steuerknüppel in der Hand« (Bockelmann). Im Dezember 1938 war Bendas Amtszeit vorbei. Nachfolger: Gerhart von Westerman. Kaum auf der Straße, überlegte der ›Emeritus‹, wie er demjenigen schaden konnte, der – nach seiner Meinung – seinen Rausschmiß initiiert hatte: Furtwängler. Der Gestapo meldete er, daß Doktor Wilhelm Juden beschäftigte, zum Beispiel de Sabata, denn er könne sich genau daran erinnern, daß im Künstlerzimmer in Gegenwart einiger Philharmoniker, wenn auch in Erregung, die Bezeichnung »dieser Jude de Sabata!« gefallen sei. Doch Himmlers Schergen reagierten auf diese Denunziation nicht und legten das Einvernehmungsprotokoll ad acta, das dann – seltsamerweise – beim Berliner Entnazifizierungsprozeß wieder auftauchte und Gegenstand stundenlanger Erörterungen wurde. Furtwängler – der Antisemit? Bendas Revanche. Doch er konnte widerlegt werden, und so war es nichts mit der ›Watschen‹, die dem Doktor die Zukunft vermiesen sollte.

Unter Westermans technischer Leitung gastierten die Philharmoniker mit Furtwängler im Januar 1939 in Den Haag und Brüssel. Anschließend Wien. Der Doktor hat, nach längerem Hin und Her mit den Instanzen, erneut die ›ständige Leitung‹ der Wiener Philharmoniker übernommen. Daß er im ›heimgekehrten‹ Austria Thomas Beechams Sekretärin trifft, gefällt leider auch dem Vorstand des Musikvereins und der gründlich gleichgeschalteten Staatstheater in der Donau-Metropole nicht. Furtwängler wird gerügt und zeigt sich darob verschnupft. Die Österreicher sind hundertundzweiprozentige Nationalsozialisten und froh darüber, daß der ›elende‹ Schuschnigg hinter Schloß und Riegel sitzt. In der Kaiserloge tummeln sich die Braunhemden mit schwarzem ›Mascherl‹ und gordisch-teutonischem Lederknoten. Reichskommissar Bürckel hat, wie sein Vorgänger, der Reichsstadthalter Seyß-Inquart, gern fesche Mäderln auf den Knien, wenn Furtwängler ›Walküre‹, ›Götterdämmerung‹ oder ›Fidelio‹ dirigiert. Irgendwie muß man sich bei der faden Musik ja beschäftigen. Und manche neue Burgtheater-Naive oder Film-Aktrice holt sich bei dem Gauleiter während der Wagner-Pflichtstunden Erkenntnisse über das nationalsozialistische Bildungsgut – und, tatsächlich, den Tripper.

Berta Geißmar, die klug genug ist, aus den politischen ›Umtrieben‹ zu ersehen, daß sich ein Krieg zusammenbraut, kann die Berliner Philharmoniker mit ihrem langjährigen Chef im Frühjahr 1938 zum letzten Mal in London managen, denn Sir Thomas hat ihr freie Hand gelassen. ›The Fräulein‹, wie er Berta scherzhaft nennt, wisse am besten, was ihren ›Kollegen‹ fromme. Aber die sehen das gar nicht so gern, daß ›die Jüdin‹ sich mit allem befaßt, was ihre Tournee anbetrifft. Und sie sagen es Furtwängler, der darob ›ziemlich verstimmt‹ ist. Klar, daß der die freien Stunden in der Umgebung von ›Gleichgesinnten‹ verbringt. Berta führt ein gastliches Haus. Sie bereitet ihm vegetarische Speisen und läßt ihn mit Emigranten plaudern. Dann der letzte Abend. Die Geißmar: »Da wurde mir die wachsende Schwierigkeit der Lage Furtwänglers besonders klar. Obwohl ich wußte, daß seine scheinbare Duldung des Naziregimes ihren Grund hatte in der Treue zu dem, was von dem ewigen Deutschland übriggeblieben war, schmerzte es mich aufs tiefste, daß er sich nicht auch äußerlich von einem System zu trennen vermochte, das unsere Heimat und ihr geistiges Leben verriet.

Nachdem er wieder abgereist, schrieb ich ihm ehrlich darüber...«[1] Daß er nicht darauf reagierte, traf sie tief. Noch ein paar Briefe belanglosen Inhalts, dann brach die Beziehung ab. Bertas letzte Eintragung über den vielgeliebten ehemaligen Chef: »Für Ende Januar 1939 war, wie alljährlich, eine Englandreise der Berliner Philharmoniker unter ihrem Hauptdirigenten geplant. Obgleich Furtwängler sich durch seine Verständigung mit Hitler im April 1935 viele Sympathien verscherzt hatte, die ihm zuvor sein tapferer Widerstand erworben, hatte seine Kunst in der ganzen Welt nach wie vor eine begeisterte Anhängerschaft. Seit 1933 war das Leben für ihn inner- und außerhalb Deutschlands immer schwerer geworden. Im November 1938 war er von all den Kämpfen schon sehr zermürbt. Die Nazis überschütteten ihn zwar mit Ehren, aber sie trauten ihm doch nicht ganz. Furtwängler machte sich nicht klar, daß man im Ausland sein Verbleiben in Deutschland nicht verstand und vielfach glaubte, er handle um persönlicher Vorteile willen, während er sich selber nach wie vor als Kämpfer für die Freiheit der Kunst fühlte. Bei seiner großen Sensibilität war ihm indessen der Stimmungsumschwung in der Welt nicht entgangen, und so hatte er damals starke Bedenken im Hinblick auf den bevorstehenden Besuch der Berliner Philharmoniker in England. Seit ›München‹ hatte sich vieles geändert. Aber es war für Furtwängler nicht einfach, von sich aus die Englandreise abzusagen, welche nun seit vielen Jahren als traditionelle Einrichtung bestand, um so weniger, als die Nazis dem Gedanken der Absage erbitterten Widerstand entgegensetzten. Die Ereignisse sollten ihm bald die Entscheidung aus der Hand nehmen.«[2]

Anfang September 1938 der ›Reichsparteitag Großdeutschland‹. Nur wenige diplomatische Vertreter ausländischer Mächte nehmen daran teil. Hitler kümmert sich ausführlich um das kulturelle Beiprogramm. Seine imperative Rede: Wenn der Tscheche Benesch sich nicht mit den Sudetendeutschen einige, sei ein Krieg unvermeidlich. Nach der heiklen, mit ungeheurem Pathos durchwühlten und von Faustgetrommel und Fußgestampfe skandierten Ansprache, deren

Kernsätze mit ›Blitz-Voranmeldung‹ von den Presseagenturen durchgetickert werden, die heiter-gelassene Pathetik Wagnerscher Provenienz: Der ›Führer‹ nimmt mit seinem gesamten Stab an der Festaufführung der ›Meistersinger‹ teil, mit dem ›unvergleichlichen Bockelmann‹ als Sachs – und Wilhelm Furtwängler am Pult. Nie habe er die Schuster-Komödie so schneidig vernommen, »so im Gefühl des deutschen Machtbewußtseins«, erklärt Hitler seiner Umgebung und den Solisten, die er nach der Aufführung zu ›festlichem Umtrunk‹ lädt. Und auch Furtwängler ist geladen. Im doppeldeutigen Sinne: zu der Gasterei und vor Zorn, daß er sich zu diesem Gastspiel hat hinreißen lassen und daß er so ungeniert für die propagandistischen Zwecke Hitlers ausgenutzt wird. Mitgefangen – mitgehangen. Vor dem Entnazifizierungsausschuß 1946 berichtet er dazu: »Ich hatte die Meistersinger in Salzburg dirigiert. Der Führer schickte mir einen Adjutanten nach dem andern, der seinen dringendsten Wunsch aussprach, ich sollte diese Aufführung geben. Und ich versuchte, mich mit allen möglichen Sachen zu entschuldigen. Ich hätte keine Zeit, ich hätte nicht das Material, ich könnte keine neuen Proben machen. Er hat mir dann das ganze Philharmonische Orchester von Wien nach Nürnberg schicken lassen, so daß ich also auch da keine Möglichkeit sah, mich auszuschließen.«[3]

Daß er die Wiener so emsig in seine Arbeitsplanung einbezog und sich geäußert hatte, zwischen den Philharmonikern an der Spree und der Donau gäbe es nur Unterschiede in den Eßgewohnheiten, machte die Kulturverantwortlichen der ›Ostmark‹ überaus glücklich. Und so ernannten sie Furtwängler zum ›Bevollmächtigten für das gesamte Musikleben der Stadt Wien‹. Solch eine Position hatte es bisher nicht gegeben, und sie wurde auch gleich nach 1945 wieder abgeschafft. Furtwängler äußerte sich zu dieser ›Berufung‹ so: »Man wandte sich von seiten der Wiener Institute, der einzelnen Musikinstitute, insbesondere der Philharmoniker, der Gesellschaft der Musikfreunde und der Oper, an mich, um zu verhindern, daß durch das Propagandaministerium und Dr. Goebbels die ganze Wiener Musik ruiniert und gleichgeschaltet würde, daß die Institute ihre Selbständigkeit verlören, daß die Sammlungen beschlagnahmt würden usw. All dies hatte das Propagandaministerium vor. Dr. Goebbels war bekanntlich Gauleiter von Berlin und als solcher eifersüchtig auf Wien. Er hatte schon früher einmal eine Rede in Filmsachen gehalten, wo er eine halbe Stunde darüber sprach, warum Filme immer in Wien spielen müßten. Es wäre doch in Berlin ebenso schön. Hitler selber, soviel mir gesagt wurde, haßte Wien aus Jugenderinnerung heraus. Bei diesen Oberen hatte man für Wiener Interessen und Belange sehr wenig Verständnis. Und ich habe mich auf Veranlassung dieser Wiener Stellen bereitgefunden, als Sachverständiger für musikalische Angelegenheiten für Wien gegenüber dem Propagandaministerium zu fungieren. Das wurde dann vereinbart. Es war natürlich kein Gehalt damit verbunden. Gar nichts weiter. Es war lediglich eine Fassade.«[4]

Ein Gutes hat dieses neue Amt für Furtwängler: Er kann nun, wenn die Reichsführung ihn zu Propaganda-Veranstaltungen befehlen will, mit der Ausrede hantieren, völlig überlastet zu sein. Berlin und Wien forderten ihn ganz; dazwischen die ›außenpolitisch‹ nicht unwichtigen Gastspiele in der Schweiz und Frankreich, Dänemark und Ungarn. Hitler scheint es besonders wichtig, daß die ›großdeutsche Kultur‹ an der Seine repräsentiert wird. Immer wieder läßt er ›die erste Garde‹ an die Champs Elysées verfrachten. Deutsche Kabarettisten und Sänger, Pianisten und Dirigenten laufen dort, wie Bockelmann notiert, in Rudeln herum. Die einen bauen auf Lizzi Waldmüller und Willy Fritsch, die anderen auf Willy Schaeffers und Trude Hesterberg. Backhaus und Kulenkampff, Krauss und Böhm, Paul Lincke und Fred Raymond, Elly Ney und Edwin Fischer, Eugen Jochum und Hans Knappertsbusch, Erna Berger und Gerhard Hüsch, Wilhelm Strienz und Hans Albers... Imposant ausgerüstet, mit Devisen gespickt und dem Segen des ›Führers‹ werden sie auf die Etablissements zwischen Montmartre und Rue Gluck verteilt. Daß die Stars häufig von den Emigranten belästigt, beschimpft oder gar bespien werden, muß man hinnehmen, wie die schon zur Gewohnheit gewordenen

Flugblattaktionen vor den Aufführungen. Doch eine Persönlichkeit wiegt all die übrigen ›Frontkämpfer‹ auf. Und das ist Wilhelm Furtwängler. Der Star unter den Stars. Wenn er in Paris dirigiert, gerät die High Society aus dem Häuschen. Und die Zeitungen schreiben, man könne zwar gewisse Vorbehalte im Hinblick auf die neu-deutsche Kultur haben, doch an der Bedeutung Furtwänglers sei nicht zu rütteln. Der Größte! Die bürgerlichen Zeitungen übergehen die Proteste, die seine Auftritte begleiten.

Doch nicht alle Kulturbeflissenen des ›Dritten Reichs‹ finden es opportun, daß man den Staatsrat dauernd herausstreicht und herumreicht. Warner und Mahner treten auf den Plan. Man möge doch gefälligst bedenken, was der so hofierte Künstler sich bereits an Entgleisungen erlaubt habe. ›Das schwarze Korps‹ mag den Doktor überhaupt nicht: Andere Dirigenten hätten mit Stolz und tiefster Gefühlsaufwallung das braune, feldgraue oder schwarze ›Kleid der Ehre‹ übergezogen und spendeten Winterhilfsbeiträge oder Freiplätze für die Müttergenesung. Weder als ›Pg.‹ noch sonst irgendwie gebunden, werke der Herr Generalmusikdirektor unbehelligt vor sich hin, treffe sich in Amsterdam oder Paris mit Staatsgegnern und Verbrechern, besuche zweifelhafte ›Lasterhöhlen‹ (mit Werner Krauss!) oder verführe junge deutsche Mädchen zu ›staatsgefährdenden‹ Ansichten. Damit spielte man auf eine Begegnung Furtwänglers in Paris mit Friedelind Wagner an, die ›in dem Geruch stand‹, sich sowohl von Bayreuth als auch von Großdeutschland getrennt zu haben. Klar, daß das blutjunge Mädchen diesen Entschluß nicht aus eigenen Beweggründen, sondern ›durch Beeinflussung jüdischer Kreise‹ gefaßt hatte. Toscanini habe sie womöglich defloriert, Berta Geißmar ›entsittlicht‹. Auch ›Der Stürmer‹ greift diese fürchterliche Geschichte auf, die man im Reich mit Entsetzen zur Kenntnis nimmt. Winifreds Tochter auf schiefer Bahn! So was liegt in der edlen Wagner-Sippe nicht drin. Das kann nur durch psychische (oder gar physische) Vergewaltigung geschehen sein. Den Begriff ›Gehirnwäsche‹ kennt man noch nicht. Und Furtwängler bestellt sie ins Café de la Paix und ins Hotel. Ein Skandal.

Er trifft sie wirklich. Mag sie eigentlich gar nicht, weil sie immer so vorlaut, so altklug und mechant ist. Was ihn verblüfft: diese frappierende Ähnlichkeit mit dem ›Alten‹, mit ihrem Großvater Richard. Friedelind mit Backenbart und Barett... fertig ist der ›Meister‹! Wie sie es zustande gebracht habe, Deutschland zu verlassen, fragt er sie. Ganz einfach. Wegbleiben. Und so rät sie ihm: »Sie sind doch jetzt in Paris. Werfen Sie also einfach Ihre Rückfahrkarte fort!«[5]

Daß er dieses nicht tun würde, weiß auch Fräulein Wagner. Und sie weiß zudem, wie die großdeutsche Zukunft aussehen wird. Düstere, apokalyptische Bilder zeichnet sie. Furtwängler wehrt verzweifelt ab. Ihm werde einfach schlecht, er dürfe nicht weiterdenken. Und überhaupt..., wenn ihnen einer zuhöre. Ein Spion. Was für Folgen!

Das neue Wiener Amt – wie gesagt – kommt Furtwängler sehr zupaß. Mit dem Hinweis auf die ›übermäßige, so verantwortungsvolle Arbeit‹ kann er verhindern, daß er mit den Berliner Philharmonikern beim Nürnberger Reichsparteitag des Jahres 1939 auftreten soll. Es gärt in der Landschaft, und als sich die Musiker im Juni vom Doktor für die Urlaubszeit verabschieden, glauben viele, daß sie sich im Herbst schon im Schützengraben wiederfinden. Sie haben recht. Der britische Außenminister Chamberlain braucht seinen berühmten Regenschirm mit der aufgepinselten Parole ›Peace in our time‹ nicht mehr aufzuspannen. Der Zweite Weltkrieg bricht aus. Der Trainbleu zwischen Berlin und Paris ist gestoppt. Die mit Furtwängler verabredeten Wagner-Festspiele an der Seine ›erübrigen sich‹.

Das Reich wird von einer patriotischen Welle erschüttert. Furtwänglers Berliner und Wiener Konzerte erhaltenen einen Zulauf wie nie zuvor. Erstmals werden die Eintrittskarten zu ›Schwarzmarktpreisen‹ verhökert. Die Konzertsäle werden zu Kathedralen, in denen man die ›deutschen‹ Opfer des Krieges beklagt. ›Coriolan‹ und ›Eroica‹, Bruckners ›Tedeum‹, das ›Requiem‹ von Brahms, die beiden Neunten... Trauermusiken bei den Weiheakten. Dazu reichlich Wagner, vor allem ›Götterdämmerungs‹-Trauermarsch, der erklingt, wenn Adolf Hitler seine Opfer mit Pomp und Pathos bestatten läßt: Udet und Mölders und Rommel und ... Die Konzertreisen in die besetzten Gebiete und zu den wenigen befreundeten Nationen ›im Dienste des Vaterlandes‹ werden zwischen den Dirigenten aufgeteilt. Die ›Berliner‹ bereisen mit Abendroth den Balkan; Heger, Jochum und Knappertsbusch ziehen in den hohen Norden, sie erfreuen auch die deutsche Armee an Schelde, Somme und Seine; Karl Böhm und Arthur Rother dringen sogar bis Spanien vor, während sich Furtwängler Italien vorbehält. Dahin hat er ohnehin den besten Konnex. Außerdem bekommt ihm das Mittelmeerklima besonders gut, dessen er als Rekonvaleszent auch dringend bedarf, denn im Frühjahr 1941 hat es ihn bei St. Anton in Vorarlberg beim Skifahren erwischt. Siebzehn Blutergüsse, eingeklemmte Nerven. Würde er jemals wieder dirigieren können? Er konnte. Und wie! Die Reise in den Süden mit den Berliner Philharmonikern wurde als Triumphfahrt beschrieben: »Man wird in Italien von diesen Konzerten und dieser Reise noch lange sprechen. Sie war ein künstlerisches Geschenk Deutschlands an das befreundete und verbündete Italien. Zwei Nationen, die sich mitten im schwersten Ringen zu künstlerischen Leistungen dieser Höhe und zu ihrer freudigen Aufnahme erheben können, haben der Welt noch viel zu sagen. Deutschland darf auf den Erfolg Furtwänglers und der Berliner Philharmoniker stolz sein, der ein schöner Beweis der unüberwindlichen deutschen Kraft ist.«[6]

Während seines Krankenlagers hatte Furtwängler den Essay ›Der Fall Wagner – Frei nach Nietzsche‹ geschrieben. Dieses musikhistorisch fundierte, allerdings von den Theorien Heinrich Schenkers arg durchwucherte – und dadurch auch heftige Widersprüche herausfordernde Kompendium bezeugt ziemlich eindeutig Furtwänglers Wagner-Bild, das sich dann auch bis zu seinem Ableben nicht mehr verändert hat. Schenker wandte sich gegen die Ausdrucks- und Formalästhetik in der musikalischen Analyse und visierte den Inhalt der Musik an, die ganzheitliche Erscheinungsform der Werke. Von Schenker nicht nur dem Sinn nach übernommene Sätze lauten so: »Wagner ist kein Wagnerianer. Er hat den Abstand zu seinem Werk, der ihn befähigt, dasselbe als

Ganzes zu überblicken. Und zwar – und dies ist das Entscheidende – weil er Künstler ist. Das Werk wird ihm zum Bild, zum Gleichnis. So können wir am Künstler sehen, wie sein Werk gemeint ist, wie man ihm begegnen muß. Der es geschaffen, zeigt uns den Weg, auf dem es für uns das werden kann, was es eigentlich sein soll.«[7]

Aus dieser Erkenntnis nun leitet Furtwängler seinen interpretatorischen Auftrag ab: »Sobald wir aber diesen Weg zu gehen versuchen, scheint eine merkwürdige Verwandlung mit uns vorzugehen. Der Eindruck des lastenden, des drükkenden, der Eindruck jenes allzu großen, allzu schweren Ernstes, jener nicht enden wollenden ziehenden Sehnsucht, der Eindruck jenes unheimlich ›Vergrößernden‹ weicht zurück, fällt schließlich ganz weg. Jene schwelende Sinnlichkeit, die man der Wagnerschen Musik nachsagt... scheint ihre Wirkung zu verlieren. Wir bemerken auf einmal, wie vielgestaltig der Ausdruck dieser Sinnlichkeit innerhalb der Musik Wagners sein kann, wie sehr er stets der dramatischen Situation entspricht, aus dem Drama hervorwächst. Und insbesondere, wie verschieden doch gerade der Ausdruck alles Sinnlich-Erotischen bei Wagner ist von ähnlichen Dingen bei seinen Nachfolgern oder anderswo in der modernen Musik, etwa der impressionistischen französischen Musik. Wie alle sinnliche Erregung bei ihm immer zu einem Ende, zu einem Ziel, zu einer Erfüllung gelangt, nie in unfruchtbarer, unvermögender Weise gleichsam um ihrer selbst willen da ist.«[8]

Daher die große Wagner-Revision: »Wir müssen nicht fragen, ob die Werke vor uns bestehen, sondern müssen uns selber ändern, umstellen; müssen bestrebt sein, vor ihnen zu bestehen.« Schopenhauer assistiert Schenker und Furtwängler: »Ein Kunstwerk ist wie ein König; man muß warten, bis er einen anspricht.« Schon längst hat Furtwängler herausgefunden, daß eigentlich das Theater dem Wagnerschen Werk im Wege stehe. Seine Forderung: »Man kann Wagner, soweit es die Geste, die Gebärde betrifft – ob in der Musik oder auf der Szene –, nicht schlicht, nicht einfach genug wiedergeben. Das aber wird bei den Aufführungen außer acht gelassen.

Der Dramatiker, der Dichter Wagner fällt dem Theater, durch das er wirkt, auf das er angewiesen ist, zum Opfer.«[9] Kein Wunder, daß Furtwängler seine Wagner-Idee erst erfüllt sieht, als er sich zu Beginn der fünfziger Jahre dazu durchgerungen hat, etwa den ›Ring‹ konzertant aufzuführen. Da kann er den ›schlackenlosen Fluß‹ produzieren, an dem ihm so gelegen ist, da kann er das Ausdrucksmäßige, das er ›bis an die Grenzen des Möglichen angespannt‹ sieht, so weit reduzieren, daß eine Gratwanderung zwischen Pathos und Lächerlichkeit ausgeschlossen wird und das ›subjektive Ganze‹ astralrein zutage tritt. Seiner Frau Elisabeth ist es zu danken, daß uns die akustische Quintessenz der Wagner-Idee Furtwänglers durch technisch einwandfreie Schallplatteneinspielungen erhalten geblieben ist. Sie drängte zu den Aufnahmen und stimmte den ›Platten-Skeptiker‹ um, der einsah, daß er mit dem ›einseitigen Medium‹ etwas bewerkstelligen konnte, um das die ›Szeniker‹ hart rangen, nämlich die ›Reorganisierung‹ des Gefühls für das Notwendige und Zutreffende, das – wie er noch 1941 bitter beklagte – sowohl in der musikalischen Darstellung als auch im Gesang, im Ausdruck und in der Gebärde verlorengegangen war.

Im Frühjahr des dritten Kriegsjahres erlitt Furtwängler nicht nur durch seinen Skiunfall einen tiefgehenden Schock, von dem er sich ›mit Mühen freischrieb‹, zum ersten Mal wurde ihm auch bewußt, was Krieg bedeutete und daß sich das Schicksal in Gestalt der Alliierten mit Vehemenz gegen das Reich richten konnte, denn in der Nacht vom 9. zum 10. April wurden durch einen Angriff britischer Bomber die Foyerräume und der gesamte Zuschauerraum der Berliner Staatsoper vernichtet. Bockelmann: »Wo ich noch soeben unter Furtwängler den Pizarro und unter Heger den Holländer gesungen hatte, war ein unheimliches Werk der Vernichtung verrichtet worden, dem wir alle fassungslos gegenüberstanden. Niemand hätte es für möglich gehalten, daß unsere geliebte Wirkungsstätte ein Opfer des Krieges werden konnte. Die Vaterlandspflicht, diese hohe Stätte der deutschen Musik unverzüglich wieder aufzubauen und mit einem demonstrativen Akt deutscher Gesinnung wieder zu eröffnen, erfüllte alle... und ich werde es nicht vergessen, wie in meiner Gegenwart der im Oktober nach Berlin zurückgekehrte Furtwängler ungläubig vor dem Akt der Barbarei verharrte und die Arbeiter anfeuerte, die sich unter unsäglichen Strapazen darum mühten, das Notwendigste vor dem Winter abzudecken.«[10]

Den ›patriotischen Aufruf‹ von Göring zur Restaurierung des Linden-Hauses unterzeichnete Furtwängler ebenso wie alle anderen ›im Zeichen der deutschen Ehre‹. Manchmal war er flink – allzu flink – dabei, zumindest im Worte den braunen Machthabern beizupflichten. Schon 1940 hatte er den Philharmonikern, die in besetzten Gebieten wie Holland, Belgien und Frankreich ›mit ihrer aufmunternden Kunst erfreuten‹, ein markiges Glückauf mit auf den Weg gegeben: »Die großen deutschen Meister der Musik haben in ihren Werken das ausgesprochen, was wir heute in der sichtbaren Welt zu verwirklichen bestreben: das Leben und das Sein des deutschen Menschen. So kann man sagen, daß eine gemeinsame Verantwortung die großen Meister verbindet mit denjenigen, die heute bei der Errichtung des neuen Deutschland die schwerste Aufgabe und den entscheidenden Anteil haben: den Trägern unserer unvergleichlichen Wehrmacht.«[11]

Ein unerhörter Schmeichel in den Ohren der Herren vom Bendler-Block, und warum sollte Goebbels einen Mann (siehe Tagebücher) nicht belobhudeln, der solches dezidiert auszusprechen wußte. Das war doch Wort für Wort im Sinne der Reichsführung. Was Furtwängler blieb, war Gefolgsleuten wie Elly Ney, Wilhelm Backhaus und Böhm und Jochum teuer: Sie überboten sich mit Hymnen auf Heer und Führung, Sieg und Gewalt, die in den ›Feldzeitungen‹ abgedruckt und so kommentiert wurden, als säßen die berühmten Herren Dirigenten und Solisten mit den Landsern im dicksten Dreck und zündeten mit Beethoven, Brahms und Bruckner die Granaten gegen England und Frankreich. Nicht die Nationalsozialisten pervertierten die großen Musiker, sondern die Künstler, die solche Aufrufe erfanden und unterzeichneten, in denen eine ›geistige‹ Verbindung zwischen Schützen- und Orchestergraben gezogen wurde. Davon war dann in den verrückten Entnazifizierungsprozessen keine Rede.

Während des Wiederaufbaus spielt das Staatsopern-Ensemble in der notdürftig hergerichteten Kroll-Oper. Wer nicht am Abend zu singen hat, muß in neuen Rüstungswerken, Lazaretten und Ausbildungslagern gastieren. Da kommen sie alle zuhauf: die Schwarzkopf und Paul Hartmann, Hans Albers und Rudolf Bockelmann, Franz Völker und Hilde Hildebrand und Paul Hörbiger und Maria Müller, Raucheisen, Jochum, Backhaus, Kulenkampff. Und sogar Gründgens und Furtwängler, die im Europa-Haus Emmy Görings Geburtstag mitfeiern und den Jackpot zum Wiederaufbau des Opernhauses mit ›namhaftesten‹ Spenden randvoll füllen. ›Reichs-Emmys‹ Wiegenfest mag kein politisches ›Festum‹ bedeuten wie das Adolf Hitlers, aber man muß sich schon verpflichtet fühlen, wenn angesichts des Terrors, den diese Mafia verbreitet, die Teilnahme an der ›Cour‹ möglich ist. Dann kommt der 19. April 1942. Der ›unpolitische‹ Wilhelm Furtwängler entbietet dem Führer des großdeutschen Reichs seinen künstlerischen Gruß mit Bachs ›Air‹ und Beethovens Neunter. Nie ist der Geburtstag Hitlers mit solch einem musikalischen Weiheakt gefeiert worden. Bockelmann: »Eine große, große Stunde der deutschen Musik und der deutschen Gesinnung! Im Augenblick des Schicksalskampfes der Nation verbindet sich, zu Ehren unseres Führers, ein heiliger Wille zum Höchsten und zur Vollendung in der Kunst mit der genialischer Politik!«[12]

Furtwängler: »Ich war damals in Wien und sollte zur selben Zeit in Berlin ein Konzert dirigieren. Und acht Tage vor diesem Datum – es war der 20. April, glaube ich – trat man in Wien an mich heran, ich sollte diesen Geburtstag Hitlers dirigieren. Es war eine neue Idee von Goebbels, der infolge der etwas gefährlicher werdenden Kriegslage es für nötig hielt, als Propagandaminister den Namen Hitlers in jeder Beziehung mehr in den Vordergrund zu schieben. Und er hat damals sozusagen diese großen Feiern des Führergeburtstages mit erfunden. Er hielt da eine Rede und stellte das

Ansinnen, daß ich und nur ich diese Feier dirigieren müsse. Der Gauleiter von Schirach in Wien wehrte sich, soweit er konnte. Ich sagte ihm: ›Unter keinen Umständen geben Sie nach, daß dieses Konzert, was wir hier seit einem Jahr in Wien zur selben Zeit festgelegt haben... dadurch verschoben wird. Ich bin hier in Wien für Sie da.‹ Aber der Minister Goebbels hat am Telefon dem Schirach offenbar, wie mir nachher gesagt wurde, ›kolossal angehaucht‹ und ihm gesagt: ›Sie wollen wohl den Geburtstag des Führers sabotieren?‹ und dergleichen. Kurz und gut, er ist weich geworden, hat das Konzert verschoben und mir mitgeteilt: Ich kann es nicht machen. Es steht dahinter der absolute Wunsch des Führers selber. Ich bin nicht stark genug, das zu tun. In diesem Fall könnte ich meinerseits auch nicht zurück. Ich habe diesen Geburtstag dirigiert, habe aber meine ganze Diplomatie, die sonst ja nicht weit her ist, angewandt, um den weiteren 20. Aprils zu entgehen. Denn natürlich war im Jahre 1943 und im Jahre 1944 dieselbe Sache. Ich habe dann ärztliche Zeugnisse bekommen, die sich aber der Vorsicht halber, der gespannten Situation halber, nicht nur auf den April beschränkten, sondern auf Monate darnach. Das war im Jahre 1943. Vom Februar bis zum Mai hatte ich ein großes Zeugnis. Ich habe in diesem Zusammenhang sogar Reisen abgesagt. Im Jahre 1944 bin ich sogar noch weiter gegangen. Da war es außerordentlich brenzlich, nochmals abzusagen. Und da habe ich, um mich sozusagen zu tarnen, eine Parteiveranstaltung angenommen...«[13] Sauerbruch wurde sogar bemüht, der sich dann nach dem Kriege – kurioserweise – damit ein antinationalsozialistisches Attest ausstellte, daß er vorgab, Furtwängler vor den braunen Schergen gerettet zu haben.

Immerhin kommt Furtwängler ›zwischendurch‹ seinen wichtigsten Verpflichtungen mit der von ihm gewohnten Treuepflicht nach. 1942 dirigiert er acht von den zehn angesetzten philharmonischen Konzerten in Berlin und bringt sogar zwei damals vieldiskutierte Uraufführungen zuwege: das Cellokonzert, Opus 26, von Karl Höller und die ›Ballade‹ von Theodor Berger. Letzterer ist bei den Braunen durchaus angesehen, woraus nach dem Krieg der Vorwurf abgeleitet wird, Furtwängler habe, wenn überhaupt, dann nur Werke von linientreuen Tonschöpfern herausgebracht: per Auftragserteilung von Goebbels oder Göring. Doch dieser Vorwurf kann, zumindest im Hinblick auf die Bergersche Komposition, entkräftet werden, denn die Kritik (sprich: Kulturbetrachtung) hatte ihn nach der Uraufführung ziemlich flagrant angegriffen. Zum Beispiel Johannes Jacobi: »Mit kleiner Trommel und Glockengeläut geht es an, über stampfenden Rhythmen der Streicher erheben sich hurtige Trompetensignale, mißtönende Klänge werden gegeneinandergeworfen, wie sie so unbekümmert, nur aus Freude am dissonanten Zusammenprall seit Jahrzehnten niemand mehr dem Publikum zugemutet hat. Der wilden Hatz bietet das Trompetensignal Einhalt. Es hebt ein Tänzchen der Holzbläser an, doch bald sind die apokalyptischen Furien wieder zur Stelle, auch ein kurzer Spuk mit gestopften Trompeten bringt noch kein Ende. Erst nach der dritten Welle fallen im Orchester die Fliegerbomben im Reihenwurf, und dann ist es aus – auf dem Podium. Die Fortsetzung dieses tönenden Krieges findet im Saale statt, wo ein sich anbahnender Achtungserfolg mit entrüsteten Pfiffen und Zischen des Publikums eingeschränkt werden soll. Das facht auch den Beifall bis zu Bravorufen an, worauf wiederum die Pfiffe energischer werden.«[14]

Furtwängler sieht sich Angriffen ausgesetzt und schreibt ein ›Nachwort zu einer Uraufführung‹, um die Gemüter zu beruhigen, die glauben, er habe die ›Phase des Eintretens für Strawinsky und Genossen‹ noch nicht überwunden: »Sinn der Aufführungen neuer Werke ist, daß das Publikum sich mit ihnen auseinandersetzt. Alles, was eine solche Auseinandersetzung hemmt, ist von Übel. Das Publikum soll seine eigene Meinung haben, soll sie äußern; es ist besser für alle Beteiligten, nicht auch zuletzt für den betreffenden Autor, wenn es seinem Mißfallen Ausdruck verleiht, als wenn es unter allen Umständen in wohlanständiger Zurückhaltung zu verharren sich bemüht. Was wäre einerseits sein Beifall wert, wenn es auf der anderen Seite nicht zu einem herzhaften Mißfallen imstande wäre?! Ich habe mich, was an mir liegt, stets bemüht, zu verhindern, daß das Publikum den Konzertsaal mit einem Museum verwechselt. Dieses muß der Bildung gehören, jener gehört dem Leben.«[15]

Anfang Dezember 1942 steht der Name Furtwänglers in Berlin auf vielen verschiedenen Plakaten. Er gastiert beim Bruno Kittelschen Chor, dirigiert am Nikolaustag und am 8. in der Philharmonie die Erstaufführung des ›Hymnischen Konzertes‹ von Heinz Schubert (mit Erna Berger, Walther Ludwig und Fritz Heitmann) und dazwischen, also am 7. Dezember, zur Wiedereröffnung der Staatsoper die ›Meistersinger‹, die im Laufe des Monats achtmal gegeben werden – mit Jaro Prohaska und Rudolf Bockelmann alternierend als Hans Sachs.

Schon seit dem Oktober hat Göring in der gesamten deutschen Presse in Dutzenden von ›Kampfrufen‹, Lobeshymnen und Meldungen auf das ›gigantische‹ Ereignis hingewiesen, daß es dem ›Aufbauwillen des großdeutschen Volkes‹ zu verdanken sei, wenn das ›Haus der musikalischen Ehre‹ plangerecht und detailgetreu wieder aufgebaut worden sei. Aus jedem Satz, den er über das neu-alte Linden-Haus von sich gibt, geht hervor, wie sehr ihm und seinen Genossen die Sache zu einem Prestigeobjekt geworden ist. »Der einfache Mensch muß begreifen«, schreibt er, »daß wir ein deutsches Symbol wiedererrichten. So wie dieser Musentempel aus den Trümmern zu neuem Glanz emporwächst, so wird das von den internationalen Verbrechern ruchlos angerührte Eigentum eines jeden neu erstehen...«[16]

Die Künstler sind zu Beginn der Vorstellung so bewegt, daß mancher nur mit halber Stimme singen kann. Frau Goebbels muß hinausgeführt werden, weil sie »in Tränen ertrinkt«, so nimmt sie die »deutsche Gewalt« des von Furtwängler »edel und hehr angestimmten Vorspiels« mit.[17] Beim Festwiesen-Chor erheben sich der ›Führer‹ und ›die gesamte nationalsozialistische Bruderschaft des Reichs‹.

Am 7. Dezember hat Prohaska den Sachs gesungen, am 12. ist Bockelmann dran: »Furtwängler setzte das Vorspiel in unerhörter Wucht an, als gelte es, der Welt zu beweisen, welche Macht und Kraft in unseren ehernen Meisterwerken steckt. Jetzt hat er den Ton getroffen, der in uns allen schwingt, seitdem wir erkannt haben, welchem Ruf wir in diesen Schicksalstagen zu folgen haben... Ich bin so bewegt, daß mein Einsatz wackelt; aber ich kann mich fassen, beherrschen.«[18] Daß Bockelmann ›wackelt‹, schreibt Herbert von Karajan nicht der Bewegung des Augenblicks, sondern der angeblichen Trunksucht des Sängers zu. Schon vor Jahr und Tag sei der ›Lieblingssänger‹ des Führers volltrunken gewesen und habe dadurch eine ›Meistersinger‹-Aufführung unter seiner Leitung geschmissen. Darüber sei der anwesende Hitler so erbost gewesen, daß er spornstreichs das Haus verlassen und geschworen habe, nie wieder eine Vorstellung unter seiner Leitung anzuhören. Nicht der ›felsenfeste‹ Sänger sei schuld gewesen, sondern der ›schludrige‹ Dirigent, der sich anmaßte, ein so schwieriges Werk auswendig zu dirigieren, meinte Hitler. Diese Geschichte hat Karajan auch der Wiener Entnazifizierungskommission aufgetischt, um damit zu begründen, daß – und warum – ihn der ›Führer‹ so gehaßt habe.

Höchst merkwürdig, daß an dem von Karajan genannten Termin des ›Desasters‹ überhaupt keine ›Meistersinger‹-Aufführung stattfand (Bockelmann gastierte in Prag!), daß unser Sänger bald darauf mit dem jungen, alerten Maestro das Rom-Gastspiel der Berliner Staatsoper und den damit verbundenen Gala-Empfang beim ›Duce‹ absolvierte, und zwar – wie es aus den Aufzeichnungen des ›Reichs-Heldenbaritons‹ hervorgeht: »... in konspirativer Einmütigkeit mit dem so glänzend Begabten« – und daß er sich dafür mit Nachdruck verwandte, jenen bei der Aufführung am 12. Dezember 1942 ›ad hoc‹ einspringen zu lassen, weil Furtwängler sich nicht wohl fühlte und zu kollabieren drohte. Bockelmann, der als Parteiobmann eine Art von Betriebsratsfunktion ausübte, setzte sich auch in Besprechungen mit Tietjen und von Westerman dafür ein, daß die bei Karajan verbliebenen Orchesterkonzerte der Staatsoper in die Philharmonie verlegt werden sollten, weil nach der Restaurierung die akustischen Verhältnisse im Haus wesentlich schlechter als zuvor geworden waren. Furtwängler selber kannte aus den frühen Zwanzigern das Problem, das ihn ganz große Symphonien dort aufzuführen entraten ließ.

Dem Plan Karajans, mit ihm auf einem Podium zu agieren und damit gewissermaßen Teilhaber am Hausrecht in der Bernburgerstraße zu werden, widersetzte sich Doktor Wilhelm ganz entschieden: »Dieser Forderung, die schon einmal anläßlich des Brandes der Staatsoper gestellt worden war und damals vorübergehend bewilligt wurde, stehen heute dieselben Bedenken gegenüber wie seinerzeit... Ich war stets der Meinung, daß es wünschenswert sei, eine bedeutende Kraft wie die des Herrn von Karajan dem Berliner Musikleben zu erhalten, und habe erwogen – falls er nicht in der Staatsoper tätig wäre –, ihm in der Philharmonie ein angemessenes Tätigkeitsfeld zu bieten. Nun aber, da er von seiten der Staatsoper ein weitgehendes Angebot erhalten hat, so sehe ich mich im Falle einer Absage – schon aus Loyalität gegenüber dem Schwesterinstitut der Staatsoper – außerstande, ihn zu Konzerten mit dem Philharmonischen Orchester heranzuziehen, zumal seine Haltung in solchem Fall geradezu eine Brüskierung der Staatsoper, ja – des ganzen Berliner Musiklebens bedeuten würde.«[19] Leicht verschwommen und kunstvoll gedrechselt, aber von jedermann kapiert: Karajan abgeschoben. Eine weitere Nuance in dem dauerhaft schwärenden Konflikt.

Je heftiger die kriegerischen Auseinandersetzungen tobten und die Zerstörungen in den Bombennächten um sich griffen, desto schärfer versuchten die Chef-Propagandisten für den ›Endsieg‹ Reklame zu machen, von dem eigentlich keiner genau wußte, was er mit sich bringen würde, der aber wie eine magische Formel den Landsern und der notleidenden Bevölkerung eingebleut wurde. Und wer nicht dran glauben wollte, büßte diese ›Fehleinschätzung‹ zunächst mit Zuchthaus, nach Proklamierung des ›totalen Krieges‹ gar mit dem Tode. Auch die ›Kunstschaffenden‹ hatten sich der Formel bedingungslos zu unterwerfen und schufen unentwegt für den ›Endsieg‹ und die deutsche Vormachtstellung in der Welt. Vom ›Sieg der Zukunft‹ ist auch die Rede in dem

Telegramm des Wiener Gauleiters, das bei Furtwängler am Morgen der Abreise mit den Wiener Philharmonikern in den Norden eintrifft. Im besetzten Dänemark und Schweden soll die ›Kampfmoral‹ mit Mozart, Brahms und Strauß erhöht werden. ›Kaiserwalzer‹ und ›An der schönen blauen Donau‹ sind extra einstudiert worden, und die Musiker sind entzückt, wie der Herr Staatsrat das ›macht‹, wie er abheben läßt und ›auf eins verzögert‹. Die Konzerte in Kopenhagen, Stockholm und Uppsala haben eine aktuelle, politisch relevante Bedeutung, denn sie werden ja nicht nur für die deutschen Offizierscorps und Mannschaften veranstaltet, sondern auch für die Bevölkerung, die – wie Goebbels meint – eingeschmeichelt werden müsse, damit sie an der deutschen Kultur Gefallen fände. Die Freveltaten der Besatzer mit Jupiter-Symphonie, Händel-Variationen und keck-niedlicher Walzerschwärmerei abgedeckt. »Je lauter Furtwänglers Posaunen schmettern, desto weniger hört man draußen die Bomben«, sagt der Reichspropagandaminister zu den ›Obmännern‹ (Bockelmann). Das ist der Triumph des nationalsozialistischen Dogmas über das künstlerische und kulturpolitische Kalkül, das ohnehin schon auf ein Minimum zurückgedrängt ist und je näher man der ›verbrannten Erde‹ kommt nahezu ausgeschaltet wird. Wenn er es auch nicht wahrhaben will, längst hat man den ›großen, autonomen‹ Furtwängler zur Marionette degradiert, die man dort ›tanzen‹ läßt, wo es in der ›Intellektualität‹ am meisten kriselt. Musik sei eine unglaubliche Waffe, erkennt Goebbels. Gezielt eingesetzt, vermöge sie mehr ›Gesinnungskitt‹ einzuspachteln als lauttönende Reden. Und so schickt man Furtwängler auf Tournee in ›heikle‹ Gebiete, die aufgebrachten Gemüter zu besänftigen. Der sperrt sich hin und wieder, faschistische Methoden zu transportieren, doch er wird ungeniert – und ohne gefragt zu werden – als Schrittmacher eingesetzt, an die Front geschickt und in die ›Regie des Öffentlichen‹ eingeplant.

Anfang 1943 gibt es für ihn keine Möglichkeit mehr, sich dem Totalitarismus zu entziehen. Himmler läßt ihn überwachen und hat oft genug Grund, sich bei Göring und Hitler über den ›Scharlatan‹ Furtwängler zu beklagen, der das Maul nicht hält und dauernd ›unnötige‹ Fragen stellt. Sogar nach Dänemark und Schweden werden Spitzel mitgeschickt, die entrüstet nach Berlin melden, der Herr Staatsrat habe in aller Öffentlichkeit vom ›polykratischen‹ Charakter des Regimes geschwätzt und hohe Militärs dadurch bloßgestellt, daß er ihnen vor dem Konzert hämisch die genaue Lektüre von Konzertführern anempfohlen habe.

Furtwängler betont zwar immer wieder, er müsse sich aus ethischen und moralischen Gründen einer Tätigkeit in besetzten Gebieten entziehen (Knappertsbusch, Böhm, Jochum, Heger und Schüler sind da anderer Ansicht), doch die Nordland-Reise mit den Wienern wird zur Ausnahme. Goebbels triumphiert, daß er ›seinen‹ Wilhelm soweit habe, über alle Prinzipien hinwegzusetzen. Zu Hitler sagt er: Der dirigiert auch unsere Siegesfeier! Bockelmann ist dabei, wie der ›Führer‹ bei den Planungen zur ›Berliner Kunstwoche‹ darüber ins Schwärmen gerät, was beim ›glorreichen Endsieg‹ alles inszeniert werden solle, in dem von Speer erbauten Walhall des Reichs, Beethovens Neunte mit Massenchören und Standartenschwenken, den vereinigten Wiener und Berliner Philharmonikern... und der lorbeerumkränzte ›Reichsadministrator für das großdeutsche Musikwesen‹ Furtwängler an der Spitze.

Die Nordland-Tournee nimmt sich später in Furtwänglers Rechenschaftsbericht so aus: »Meine Frau war Dänin, und ich hatte vorher auch viele Beziehungen zur dänischen Staatskapelle und hatte unmittelbar, bevor die Besetzung in Dänemark kam, zwei Konzerte in Kopenhagen gehabt. In den folgenden Jahren habe ich mit den Berliner Philharmonikern eine Reise gemacht, weil die Einladungen von dänischer Seite außerodentlich liebenswürdig und freundschaftlich waren. Damals war die Spannung, die die Besetzung hervorrief, noch nicht groß. Die Besetzung wurde noch nicht in dem Sinn als eine kriegerische Besetzung empfunden, so daß nach dem Konzert der Berliner Philharmoniker ein großes Treffen war. Die beiden Orchester, die Städtische Staatskapelle und die Philharmoniker, haben sich getroffen. Es war eine sehr angenehme und nette Stimmung. Ein oder zwei Jahre später kam es dann aufs Tapet, daß auch die Wiener Philharmoniker eine Reise nach Schweden machen sollten – Dänemark war immer eine Zwischenstation auf der Reise nach Schweden, die aus finanziellen Gründen nötig war –, und vorher wollten wir in Dänemark spielen. Als dann die Reise der Wiener Philharmoniker zur Debatte stand, habe ich mich in Erinnerung an die damaligen angenehmen Eindrükke in Dänemark ebenfalls bereit erklärt, daß wir wieder nach Dänemark gehen würden, obwohl es sonst meinem Gesichtspunkt, in besetzten Ländern nicht zu dirigieren, widersprach. Und das Wiener Konzert hat allerdings gezeigt, daß inzwischen sich die Situation in Dänemark grundlegend geändert hatte. Die Mitglieder der dänischen Staatskapelle erschienen nicht mehr. Es war eine sehr steife und distanzierte Atmosphäre, so daß ich sehr bedauern mußte, nachträglich, dieses Konzert überhaupt gemacht zu haben.«[20] Seiner geschiedenen Frau zuliebe wird Furtwängler die Nordland-Tournee gewiß nicht gemacht haben. Das Unternehmen war einfach lukrativ. Und er sagte sich: einmal ist keinmal, den Bruch der ›geheiligten‹ Prinzipien wird man bald wieder vergessen haben, man muß nicht alles auf die Goldwaage legen, ungewöhnliche Zeiten verlangen eben ungewöhnliche Entscheidungen.

Das Jahr 1943 verlangte ihm mancherlei ab, denn Goebbels und Göring ersannen dauernd neue Pläne, mit Hilfe der Kunst die großdeutsche Idee zu stützen und den Ruhm der einzelnen Institutionen für die Kriegsziele zu nutzen. So sollte die ›weltordnende Mission der Deutschen‹ durch einen prunk- und musikvollen Film über die Berliner Philharmoniker verkündet und verklärt werden. Man dachte an Leni Riefenstahl, doch die arbeitete angeblich nicht rasch genug, und der Streifen, wofern nutzbringend, mußte im kommenden Kriegswinter auf den Leinwänden zwischen Oslo und Bukarest flimmern. Friedrich Herzfeld schrieb in aller Eile das Treatment, ganz nach den Wünschen des Reichspropagandaministers, der sich sogar ein philharmonisches Rendezvous zwischen Zarah Leander und Doktor Wilhelm vorzustellen vermochte. Doch ehe verabredet werden konnte, ob die aus Schweden stammende nazihörige Diva mit Baßröhre einen Choral aus der ›Matthäus-Passion‹ oder das Largo aus ›Xerxes‹ von Händel auf dem Podium der Bernburgerstraße ausposaunen sollte, kam die alle Produzenten und Realisatoren schockierende Absage Furtwänglers. Weder an dem geplanten, noch an irgendeinem anderen Propagandafilm dieser Art werde er sich beteiligen, und er untersagte auch die Verwendung seiner Schallplattenaufnahmen. Dafür sprangen dann andere bereitwilligst ein, zum Beispiel Richard Strauss, Eugen Jochum, Karl Böhm und Hans Knappertsbusch, die offensichtlich keine Bedenken hegten, dem Propagandastreifen Profil zu geben. Für die sangesfreudige Zarah fiel allerdings keine Szene ab; sie prostituierte Bach dann in der Schnulze ›Heimat‹, von Paul Hörbiger am Positiv accompagniert.

Daß er sich dem Philharmoniker-Film entsagte, vergrätzte Goebbels maßlos. Göring erklärte, die Unzuverlässigkeit des Doktors sei ihm schon lange bewußt, während Hitler sich – durch Zeugen belegt – zu einem Tobsuchtsanfall mezzotymer Stärke hinreißen ließ und den Walhall-Dirigenten mit dem weniger schmückenden Beiwort ›Scheißkerl‹ belehnte. Daß er durch seine Absage die Nazi-Oberen maßlos kompromittiert hatte, wußte Furtwängler sehr genau. Um nicht weiter mit Goebbels oder Göring auf der Berliner Szene zu kollidieren, entschloß er sich, der Reichshauptstadt in den nächsten Monaten fernzubleiben. Die politischen Verhältnisse waren nicht nur unübersichtlich, sondern gefährlich geworden. Recht hatte es auch vorher schon nicht mehr gegeben, aber jetzt herrschte Kriegsrecht und das schloß Standrecht ein. Der vollendet zivilisierte Geist des alten Deutschland war endgültig beiseite geschafft, blinder, maßloser Eifer beherrschte die zu jedem Verbrechen befähigten Lenker des Reichs.

Dem Unbehagen entfliehen, sich der Umklammerung des Banausentums so weit als möglich entziehen. Am 26. Juni 1943 heiratete Wilhelm Furtwängler die Kriegerwitwe Elisabeth Ackermann, geborene Albert, Mutter von vier Kindern.

Die 1910 geborene Tochter der Politikerin Katharina von Oheimb, geb. van Endert, brachte endlich in das Privatleben des Dirigenten Ruhe, Kontinuität und Erfüllung. Eine resolute, hochbegabte und vor allem für die musikalisch-kompositorischen Ideen ihres Mannes überaus empfängliche Frau, die es mit Geduld, Energie und Liebe schaffte, Furtwängler weitgehend über die kritischen Phasen der folgenden Jahre hinwegzubringen. Er war schwierig, ließ leicht den Kopf hängen, haderte um Entscheidungen. Sie nahm ihm vieles ab, überschaute die Lage und dirigierte ihn sanft in die Richtung, aus der ihm Wohlwollen, Hilfe und Verständnis entgegenkamen. Die Diplomatin, von der Mutter in die Kunst des Abwägens und Handelns bestens eingewiesen. Manche sagen, Furtwänglers Privatleben sei bis dahin recht bewegt, wild und ungesetzt gewesen. Ihm gefallen zu haben, rühmten sich viele ansehnliche Damen zwischen Nord und Süd. Ein anspruchsvoller homme à femmes, auch in dieser Hinsicht ein Goethe-Mensch, dem die Erotik mit der ›culture‹ verschwistert.

Kaum war die erneute Eheschließung angezeigt, meldete sich Goebbels mit der Botschaft, dem ›Führer‹ sei es angelegen, seinem so verdienten Chefdirigenten ein Haus zu schenken, ganz nach dessem Gusto erbaut und eingerichtet. Furtwängler lehnte ab, bedankte sich artig und begründete seinen negativen Entschluß mit den Worten, er könne eine solche Gabe in einer Zeit nicht annehmen, in der so viele Deutsche um Haus und Heim gebracht würden.[21] Ganz abgesehen davon, daß er sich mit einer solchen Zuwendung nur noch intensiver an das Regime gekettet haben würde, wollte er sich und die Familie dem unmittelbaren Zugriff der Gesellschaft (und der Instanzen) in Berlin entziehen. So mietete Doktor Wilhelm in Achleithen bei Linz eine Wohnung, an der Achse Wien–Berlin gelegen, die nun bald von Frau Furtwängler und den Ackermännern belebt wurde. Am 11. November 1944 wurde Sohn Andreas geboren, der sich nach der Schulzeit zum Studium der Archäologie entschloß und damit wiederum in die Fußstapfen seines väterlichen Großvaters trat.

Gleich nach der Eheschließung bricht Furtwängler zu seinem dritten Einsatz in Bayreuth auf. Kriegsfestspiele. Seltsames Publikum: Verwundete, Krankenschwestern, SS-Trupps und ›treue Gefolgsleute‹ aus den Heimat-Verbänden. Viele wissen mit den ›Meistersingern‹, dem einzigen Werk, das gespielt wird, überhaupt nichts anzufangen. Kein Wunder, daß ein unbedarfter Landser von seinen vorgesetzten ins Festspielhaus abkommandiert, seinen Eltern in einem später vielzitierten Brief mitteilt, er habe auf der Bühne einen gewissen ›Gauleiter Sachs‹ erlebt. Bockelmann ist inzwischen als ›Reichs-Heldenbariton‹ entthront worden. Von Winifred Wagner schnöde entlassen, die ihm nicht jene Sonder-Fettzuteilung gewähren wollte, mit der auch die Dirigenten, Abendroth und Furtwängler, bei Kräften gehalten wurden. Dafür stellen sich Jaro Prohaska, Hans-Hermann Nissen, Paul Schöffler und Jean Stern zur Verfügung, die aber alle – nach einhelliger Meinung der ›Kulturbetrachtung‹ – nicht im entferntesten an das Nivau ihres Vorgängers heranreichen. Furtwängler ist empört, daß er ›mit Krethi und Plethi‹ arbeiten muß. Er schreibt eine regelrechte Huldigungsadresse an Bockelmann und verspricht diesem, sich Anno 1944 für ihn am ›lieblichen Hügel‹ zu verwenden. Doch dann gibt es überhaupt keine Sonder-Fettzuteilungen mehr, Bockelmann schrumpft um dreißig Kilo und kann eine abendfüllende Partie nicht mehr durchstehen.

Tietjen hat die ›Meistersinger‹ noch einmal im Sinne seiner völkischen Sachlichkeit durchknetet. Der Bühnenbildner heißt Wieland Wagner, der noch nirgendwo offenbart, was ihm am Gehabe der ›Gauleiter-Oper‹ mißfällt. Achtundzwanzigmal wird den Front- und Heimatkämpfern die Schusterstuben-Romantik ins Herz gesenkt. Doch es verschließen sich auch manche Herzen vor dieser ›Zumutung‹ in einer Zeit, die vielen nicht die Chance zum nackten Überleben läßt. Endlösung, Endsieg, Endspiele... endlich ist es am 9. August 1944 damit vorbei. Nach dem Wagner-Festival von 1943 kehrt Furtwängler nach Berlin zurück, um am Reformationstag Ernst Peppings Zweite Symphonie aus der Taufe zu heben. Conrad Hansen, »der Kronprinz der spezifisch deutschen Pianistentradition« (Karl Schumann), spielt im gleichen Konzert Beethovens Klavierkonzert Nr. 4 in G-Dur, Opus 58, das für eine Schallplattenproduktion aufgezeichnet wird. Beethovens Siebente beschließt den Abend. Im November-Konzert ist Pierre Fournier mit Schumanns Cellokonzert, Opus 129, der Solist, im Dezember Adrian Aeschbacher mit dem Klavierkonzert Nr. 2, Opus 83, von Brahms. Das letzte Konzert im Haus an der Bernburgerstraße: 12. Januar 1944. Erich Röhn spielt das D-Dur-Violinkonzert von Beethoven, darauf ›Domestica‹ von Strauss. Am 30. Januar, gleich nach 20 Uhr, vernichten Luftminen den Saal der Philharmonie. Wenige Tage nach dem 58. Geburtstag Furtwänglers, zu dem ihm die Orchestermitglieder gratuliert hatten. Am 2. Februar antwortet er: »Ich selber habe die Philharmonie, in der sich nicht nur die ganze Tätigkeit meines Mannesalters abspielte, sondern an die sich auch viele unvergeßliche Erinnerungen knüpfen, sehr geliebt, und es ist mir im Moment fast undenkbar, daß wir je wieder einen Saal unser eigen nennen können, der für unsere künstlerischen Bedürfnisse gleich geeignet ist. Aber all das hängt ja zugleich auch von den größeren Entwicklungen ab, die sich gegenwärtig vollziehen.«[22]

Die ›Entwicklungen‹ brachten Kärrnerarbeit mit sich. Das Orchester ging mit Knappertsbusch auf Spanien-Tournee, und als es wieder da war, kam es zu den Proben und Aufführungen abwechselnd in der Staatsoper, im Admiralspalast und im Beethoven-Saal unter. Hitler und Goebbels verlangten ›Durchhalte-Konzerte‹. Die Philharmoniker bei Borsig und Siemens. Das ›ta-ta-ta-ta‹ von Beethovens Fünfter zu dem Getucker von Schweißhämmern und dem Gebläse der Stahlschneider. Immer häufiger dirigiert Furtwängler die ›Schicksals-Symphonie‹. Er hat diese romantische Bezeichnung der Fünften von Beethoven stets abgelehnt; jetzt benutzt er sie häufiger.

Mitte Dezember Erstaufführung von Kurt Hessenbergs Zweiter, das Brahms-Violinkonzert mit Wolfgang Schneiderhan, darauf die dritte Leonoren-Ouvertüre. Im Saal Innenminister Frick und Rüstungsminister Albert Speer, der sich später erinnert: »Im Anschluß an das letzte Philharmonische Konzert, das Wilhelm Furtwängler Mitte Dezember 1944 in Berlin gab, ließ er mich in das Dirigentenzimmer bitten. Mit entwaffnender Weltfremdheit fragte er mich gerade heraus, ob wir noch Aussichten hätten, den Krieg zu gewinnen. Als ich ihm entgegnete, daß das Ende unmittelbar bevorstehe, nickte Furtwängler zustimmend; die Antwort entsprach wohl seinen Erwartungen. Ich hielt ihn für gefährdet, da Bormann, Goebbels und auch Himmler manche seiner freimütigen Äußerungen sowie sein Eintreten für den verfemten Komponisten Hindemith nicht vergessen hatten. Daher riet ich Furtwängler, von einer bevorstehenden Schweizer Konzertreise nicht mehr zurückzukehren: ›Aber was soll aus meinem Orchester werden? Ich bin dafür verantwortlich!‹ Ich versprach, mich in den kommenden Monaten um die Musiker zu kümmern. Anfang 1945 ließ mir der Intendant der Philharmoniker, Gerhart von Westerman, mitteilen, daß auf Befehl von Goebbels die Mitglieder des Orchesters für das letzte Aufgebot zur Verteidigung Berlins vorgesehen seien. Telefonisch versuchte ich zu erreichen, daß sie nicht zum Volkssturm eingezogen wurden. Scharf wies Goebbels mich zurecht: ›Ich allein habe diesen Orchesterkörper auf seine einmalige Höhe gebracht. Durch meine Initiative und durch meine Geldmittel erst ist er zu dem geworden, was er heute in der Welt darstellt. Die nach uns kommen, haben kein Recht darauf. Mit uns kann er untergehen!‹«[23]

Am 23. Januar fand im Admiralspalast das letzte Philharmonische Konzert unter Furtwängler in der ›Ära‹ Hitler statt. Auch die Staatsoper lag erneut in Schutt und Asche, und jeden Moment drohte ein Volltreffer diesen letzten Zufluchtsort ebenfalls dem Erdboden gleichzumachen. Nach der Ouvertüre zur ›Zauberflöte‹ und den ersten beiden Sätzen der g-Moll-Symphonie, KV 550, von Wolfgang Amadeus Mozart trieb Vollalarm Publikum und Musiker aus dem Haus. Finis.

Fünf Tage später vorläufig letztes Konzert in Wien. Von da aus prestissimo in die Schweiz. Furtwängler: »Ich erhielt im Oktober 1944 den Besuch einer Ärztin, der persönlichen

Ärtztin von Frau Himmler, die mir über die Stimmung bei Himmler und in der SS genauestens berichtete. Himmler war von Anfang an ein persönlicher Feind von mir... Diese Dame bestätigte mir das in besonderem Maße. Aber wichtiger noch war, daß sie mir damals, im Oktober 1944, alles das erzählte, was nachher in Deutschland geschehen ist. Mir standen damals die Haare zu Berge, als ich erfuhr, daß die SS die Absicht hatte, Deutschland bis zum letzten Haus, bis zum letzten Stein zu verteidigen, jede Brücke zu sprengen und das ganze Land... zu zerstören. Sie kam dann im November noch einmal. Sie sagte mir dasselbe und betonte damals noch, daß auch mir – nicht nur mir persönlich, sondern den prominenten Künstlern überhaupt – noch einiges bevorstände. Man würde schon Mittel und Wege finden, sie mit Hilfe des Volkssturms an solche Stellen zu bringen, daß sie nicht wiederkämen. Im Januar 1945, als ich das letzte Mal in Berlin war, kam sie plötzlich unangemeldet morgens früh und nur für wenige Minuten und teilte mir mit: Herr Furtwängler, von meinem Besuch hier darf niemand wissen. Ich möchte Ihnen nur mitteilen, es ist über Sie bei der SS die Sperre ausgesprochen. Kein Nationalsozialist darf mehr mit Ihnen ein Wort sprechen. Nicht nur Ihr Telefon, jeder Ihrer Schritte wird beobachtet. Sie stehen unter der Anklage, Mitwisser des Attentats auf Hitler vom Juli 1944 zu sein. Ziehen Sie Ihre Konsequenzen! – Weg war sie. Die Konsequenzen, die ich daraus zog, waren die, daß ich von Wien nicht mehr nach Berlin zurückging, sondern mich drei Tage in der Nähe der Schweizer Grenze verbarg und am ersten Tage, an dem mein Visum für die Schweiz begann – das schon viele Monate vorher durch das Propagandaministerium erledigt worden war –, auch richtig in die Schweiz gelangte. Schon einen Tag vorher und an dem Tage meines Grenzübertritts kamen Gestapobeamte zu meiner Sekretärin, Fräulein von Tiedemann, und sprachen ihr größtes Erstaunen aus, daß ich weg war. Auf diese Weise bin ich entkommen. Ich habe dann alle Anstrengungen gemacht, um in der Schweiz meine Situation klar zu machen, und die Schweiz hat mir auch darin nachgegeben und mich dort gelassen.«[24]

Das jedoch ging nicht so einfach vor sich, wie es bei Furtwängler klingt. Die verabredeten Konzerte in Genf und Lausanne werden durch ›leisen Protest‹ gestört, doch in Winterthur greift man den ›NS-Propagandisten‹ so scharf an, daß die Kantonsregierung die Zürcher Aufführung mit dem Tonhallenorchester verbietet. Auch das Basler Konzert fällt aus. Im ›Aufbau‹ heißt es dazu: »Aber es gibt auch Fälle, in denen der ›Kulturbote an sich weder ein Gestapomann oder sonst ein Erzschurke ist, sondern nur ein berühmter Künstler, der sich und seinen internationalen Ruf als Kulturfassade benutzen läßt, um die Meinung des Auslands über Deutschland irrezuführen.«[25] Und in der ›Basler Nationalzeitung‹ kann man über diese berühmten nazihörigen Künstler lesen: »Ja, sie spielen wirklich Mozart und Beethoven, Schubert und Brahms, und man könnte sich fragen, was das mit Nazi-Politik zu tun hat. In der Tat stellten sie auch ganz treuherzig diese Frage an alle jene unter uns, die nichts gelernt oder alles vergessen haben. Sie verschleierten den Rauch, der aus den Krematorien von Majdanek und Auschwitz aufstieg, mit dem Zauber Mozartschen Menuetts und Straußscher Walzer und hofften, daß Millionen von Menschen, die außerhalb des braunen Terrors leben, nicht die Schreie anderer Millionen Unschuldiger hören würden, die von den Nazi-Henkern hingemordet wurden. Sie rechneten damit, daß die Zuhörer dieser Musik in den Bann der Ewigkeitswerte wahrer alter deutscher Kultur geschlagen werden und die eigene jämmerliche Unkultur der Nazis vergessen würden... Wir hoffen, daß die Welt die Lehre aus allen diesen Vorgängen ziehen wird und daß man die deutschen Wissenschaftler, Künstler und Gelehrten, die dem Nazismus direkt oder indirekt gedient haben, für die kommenden Jahrzehnte dort lassen wird, wo sie bisher ihren Wirkungskreis hatten. Die Zeit des Austausches von Kulturmissionen mit den Deutschen ist vorüber, schon allein, weil sie schlechterdings ja gar nichts zu tauschen, sondern höchstens etwas vorzutäuschen haben.«[26]

Das war direkt auf Furtwängler gemünzt, der sich zunächst erst einmal dadurch allen Angriffen und Belastungen entzog, daß er sich in die Klinik ›La Prairie‹ des Frischzellen-Wunderdoktors Niehans am Genfer See begab, wo dann auch bald zwei andere Musiker eintrafen, die sich in ähnlich prekärer Situation befanden: Franz Lehár und Richard Strauss, im Hinblick auf das, was er in vier Jahrzehnten als Dirigent bewerkstelligt hatte, sozusagen A und O seines weltumspannenden künstlerischen Beginnens.

Nachkriegsjahre

›La Prairie‹, die Frischzellen-›Clinique‹ des Hohenzollern-Sprößlings Niehans, war 1945 eine Auffangstation für prominente Deutsche, die in der Endphase des ›Dritten Reichs‹ von der Gestapo noch auf deren ›schwarze Liste‹ gesetzt worden waren und in Nacht-und-Nebel-Aktionen über die Grenze kamen, zumeist mit teuer bezahlten Visa. Manche setzten sich auch mit legalen Papieren ab, weil niemand im Reich Argwohn hegte, daß sie Abtrünnige sein könnten. Man wußte, es würde ›verbrannte Erde‹ übrigbleiben. Da war man in der Schweiz auf Nummer Sicher, man durfte sich außerdem noch mit der hilfreichen Bezeichnung Emigrant schmücken, was bei künftigen Ver-, Ab- oder Beurteilungen eine Rolle spielen konnte, und außerdem war Professor Niehans (wie zuvor Geheimrat Sauerbruch in Berlin) gegen angemessenes Salär zu weitführenden Attesten bereit, gleichgültig, wem sie vorgelegt werden mußten. Eine Koryphäe, deren Name entlastete. Mit dem Niehans-Bonus ließen sich die Aufenthaltsgenehmigungen in der Schweiz verlängern, Agenten hinhalten und Kritiker beschwichtigen.

Während seines Aufenthaltes in Luzern im Sommer 1944 hatte Wilhelm Furtwängler dafür gesorgt, daß seine Frau Elisabeth mit dem jüngsten Sohn aus deren erster Ehe im Transalpinen bleiben durfte. Die Geburt seines Kindes stand bevor. So wußte er die Nächsten in Sicherheit, während er sich heim ins Reich begab, seinen vielfältigen Aufgaben nachzukommen. Anfang November starb Mutter Adelheid in Heidelberg. Von der Geburt des Enkels Andreas erfuhr sie nichts mehr. Erst im Februar 1945 konnte Furtwängler seinen

Kronprinzen begutachten. Und siehe da, er fand ihn ›vollendet‹, wie er voll väterlichem Stolz seinen Freunden mitteilte. Mit Weib und Kindern übersiedelte er nach ›La Prairie‹, und hier, angesichts des Lac Léman spürte er nach langer Zeit zum ersten Mal wieder, was es bedeutete, bar jeder beruflichen Verpflichtung in Familie zu leben, die Frau um sich zu fühlen und die köstliche Naivität eines klitzekleinen Erdenbürgers. Frau Elisabeth freilich hatte Sorgen mannigfaltiger Art. Ihre drei übrigen Kinder waren in Deutschland zurückgeblieben, und außerdem bangte sie um das tägliche Brot, denn die Vermögensverhältnisse waren ebenso wirr wie die Zeiten, das heißt: Bares kaum vorhanden. Aber es gab Freunde, und Niehans zeigte sich auf vornehmste Art großzügig und nachsichtig.

Elisabeth Furtwängler: »Diese zweieinhalb Jahre Exil waren nicht nur negativ. Wilhelm wunderte sich, daß er unter diesen Umständen, diesem seelischen Druck, doch gut arbeiten konnte. Ich hatte mit den sehr kleinen Kindern genug zu tun. Vor allem durfte ich meine Heiterkeit nicht verlieren. Sie war die ständige Quelle der Erfrischung, die für ihn nötig war. Wenn ich einmal allein war, wunderte ich mich, woher ich die Kraft nahm, denn die Trennung und das Ohne-Nachricht-Sein von meinen Kindern waren ein ständiger Druck auf meinem Herzen... Unsere erste Bleibe in Clarens waren zwei Klinikzimmer, eigentlich nur ein Einbettzimmer, in dem die beiden Jungens schliefen, mit einer für sie praktischen, kleinen Loggia davor. Uns hatte Dr. Niehans seinen ›Empfangssalon‹ zur Verfügung gestellt, in dessen Mitte zwei weiße Klinikbetten für uns geschoben wurden. Das war sehr hilfreich, denn dieser Raum wurde nicht berechnet. Aber er war schrecklich möbliert. Über unseren Betten hing ein gewaltiger Bronzelüster mit dicken flammengeformten Gläsern, in denen die kleinen Birnen etwas verloren brannten. Wilhelm teilte nicht meine Sorge, daß der Lüster uns je im Tode vereinen würde. Eine Wand bedeckte ein Riesenölbild fast vollständig; im breiten, üppig gedrechselten Goldrahmen schaute mordhungrig eine lebensgroße Judith, den Dolch in der schneeweißen Hand, uns an...

Wilhelm hatte sich in unserem ›Schlaf-Empfangssalon‹ einen kleinen Tisch ans Fenster geschoben und arbeitete, d. h. komponierte da, mit dem Rücken gegen die blutrünstige Judith.«[1]

Furtwängler arbeitete an seiner Zweiten Symphonie, die das meistaufgeführte Werk aus seiner Feder werden sollte – und das in sich geschlossenste. Mochte ihn auch mancherlei bedrücken und bedrängen (die neuerlichen Angriffe aus Amerika), so hinderte ihn, abgesehen davon, nichts daran, seine musikalischen Ideen zu Papier zu bringen. Da war ein Hamburger Reeder im Ruhestand, Rickmers mit Namen, Besitzer einer stattlichen Villa. Der hielt nichts von lautem gesellschaftlichem Leben, zahlreicher Dienerschaft und musealem Interieur. Lebte spartanisch im Gartenhaus. Und so überließ er dem Doktor das geräumige Musikzimmer der Villa zum Arbeiten, wobei ihm bald die jüngste Rickmers-Tochter zur Hand ging, die für eine Weile seine Sekretärin wurde. 1947, als die Honorare wieder flossen, überlegten die Furtwänglers nicht lange und mieteten von dem alten Schiffsunterhalter den ganzen Kasten. ›L'Empereur‹ in Clarens war dann bis 1954 die feine Adresse der großen Dirigenten-Familie. Machte was her, solche hochnoble Anschrift, entsprach durchaus der Würde, dem Anspruch und dem Stil des Hausherrn, den alle Welt schließlich als l'empereur seines Berufsstandes feierte. Alle Welt? Ausnahmen bestätigten die Regel.

Hatten ihn schon vorzeiten bei spektakulären Ereignissen im ›Reich‹ ehemalige Kollegen, Schriftsteller und Journalisten angegriffen und runtergemacht, so fand er sich jetzt erneut einer ›Campagne‹ ausgesetzt. Es lag auf der Hand, daß man ihn einen Steigbügelhalter der Nationalsozialisten schalt, einen Mitmacher, einen Defätisten und Demagogen. Die Aktionen für die Braunen, mochten sie nun erzwungen gewesen sein oder nicht, stachen zu sehr hervor, verdeckten die ›guten Taten‹, an denen es ja, weiß Gott, nicht mangelte, und die ebenso wie die ›schlechten‹ allwöchentlich Gegenstand von Essays, Pamphleten und Diatriben in den internationalen Gazetten waren. Vor allem die alliierten ›Kriegsberichterstatter‹, die nun – neben der Justiz – über das niedergerungene Deutschland richteten (und dazu gehörten Erika und Klaus Mann und Gottfried Reinhardt), schossen sich auf die zwei Dutzend Ganz-Prominenten ein, die von sich aus behaupteten, dem ›Inneren Widerstand‹ angehört zu haben. Ob er's wollte oder nicht, die Scharfschützen aus dieser ›inneren‹ Ecke, also Manfred Hausmann, Hans Egon Holthusen, Frank Thieß oder Walter von Molo, Otto Flake und Ernst Wiechert, zogen Furtwängler in jede Auseinandersetzung, verbal oder mündlich ausgetragen, mit hinein. Der ›berühmteste Dirigent der Welt‹ schien ihnen der beste Garant für ihre Klügeleien und verbiesterten Theorien. Die ›Inneren‹ nahmen vor allem den ›Äußeren‹ Thomas Mann aufs Korn, dessen Moral ja schon immer schief gewesen und dessen Affinität zu den Linken kein Geheimnis sei. Der hatte was gegen die ›Erfahrungen des Blutes und der Gemeinschaft‹, gegen das ›Weltdeutschtum‹ und wie ähnliche Formulierungen der ›Inneren‹ lauteten. Inzwischen setzte sich Thomas Mann, assistiert von seinen Kindern und einer Reihe sich mit herausgefordert fühlender Wissenschaftler und Künstler (Adorno, Hermann Broch, Erich Kahler, Paul Tillich, Bert Brecht), zur Wehr, und so war im Nu ein Prozeß des gegenseitigen Beschuldigens und Anklagens im Gange, dessen Kontroversen zum Teil in solcher Härte und Inkonsequenz geführt wurden, daß man sich an den Freislerschen Stil der Leipziger Volksgerichtshofverhandlungen erinnert fühlte. Bei allem Hader der Historiker und Germanisten um das Phänomen des ›Inneren Widerstandes‹ kann und muß man aus der Distanz sagen, daß der größere Teil jener Prominenten, allen voran Leute wie Thieß und Flake, unbelehrt aus der schrecklichen Geschichte des ›Dritten Reichs‹ hervorgegangen waren und den Begriff der ›Inneren Emigration‹ lediglich aus kaum verhüllter Selbstrechtfertigung benutzten. Ehe sich's Furtwängler versah, hatten ihm die Thomas-Mann-Kontrahenten auch so einen nachträglichen Jagdschein ausgestellt, in der Hoffnung, der berühmte Dirigent werde mit ihnen am gleichen Strang ziehen. Der Mythos von der ›Inneren Emigration‹ kann auch ohne Polemik rasch zerstört werden. Man braucht sich nur die Dokumente aus den in Frage kommenden zwölf Jahren der Nazi-Diktatur vor Augen zu führen (die Ergebenheitsadressen, Huldigungsgedichte, die Propaganda-Fotos und sonstigen Umarmungs-Exzesse) oder die skurrilen, aberwitzigen und tolldreisten Phantastereien aus den ›Entnazifizierungsprozessen‹, in denen häufig, in jedem einzelnen, mehr zusammengelogen wurde als von der Reichsregierung im gesamten ›tausendjährigen‹ großdeutschen Reich, um rasch zu erkennen, zu welch krassen Verdrehungen die ›Inneren‹ ihre Künste nutzten. Ungeheuerlich, wenn dann noch mit ›vertiefter Christlichkeit‹ gegen die angeblich Linken in der ›Äußeren Emigration‹ argumentiert wird, die ihre Flucht dazu nutzten, ›gegen‹ Deutschland zu arbeiten. Solche schauderhaften Widersprüchlichkeiten sind, leider, in die Stützmauern unserer Nachkriegsdemokratie unaustilgbar eingemauert worden.

Wer ein schlechtes Gewissen hatte, dieses aber in der Öffentlichkeit nicht zugeben wollte, verfaßte Rechenschaftsberichte, die nicht selten Eigenanklagen nahekamen (sofern man aus der genauen Analyse pathologische Rückschlüsse zu ziehen in der Lage ist). Manche der ›Inneren‹ spielten nun eine solche Naivität aus, daß entweder die Bewertung kindisch für ihre Verteidigungs-Elaborate taugt oder das Ganze mit den Begriffen Frechheit und Dummheit belegt werden muß. Die Manns wußten, daß ›Gesinnungslumperei‹ zu den Untugenden jener zählte, die vorgaben, im ›Dritten Reich‹ niemals Position bezogen zu haben, wenngleich sie doch täglich im Rampenlicht der Öffentlichkeit standen. Der Gesinnungslumperei gesellte sich die Verdrängung bei. Je mehr diejenigen verdrängten, die behaupteten, schon im Überstehen liege ein Verdienst, desto hartnäckiger setzten die nach, die nicht an der Seite der braunen Verbrecher die paradoxe Rolle ›Innerer Emigranten‹ übernommen hatten. Wenn Thomas Mann nicht bereit war, auf dringliches Bitten von Wilhelm Furtwängler mit diesem zu einer ›definitiven‹ Aussprache zusammenzutreffen (nachdem er den Rechenschaftsbericht des Dirigenten gelesen hatte), so ist das – aus der Sicht des Dichters – absolut verständlich. Thomas Mann hat Furtwängler nicht in Bausch und Bogen verurteilt. Er hat aber zu einer ähnlichen Begründung der Ablehnung gefunden wie Paul Rilla bei Ernst Jünger: »Er war ein erwiesener Gegner des Nationalsozialismus, der ein erwiesener Schrittmacher des Dritten Reichs gewesen ist!«[2]

Furtwängler reagiert beleidigt, tief betroffen, aggressiv und verwundert, wenn ihn – was häufig vorkommt – Anschuldigungen treffen. Nicht der geringsten Schuld ist er sich bewußt, sein Gemüt rein wie das eines Kindes; er begreift es nicht, daß man mitschuldig werden kann, wenn man einen Verbrecher dadurch deckt, indem man ihm seine Gestalt als bergende Attrappe leiht. Seine Unschuld postulierend, gerät er (durch seine Unüberlegtheit und Schusseligkeit) schon wieder in Abhängigkeit: Die ›Inneren‹ nutzen ihn für die gegen sie angestrengten Prozesse aus. Hermine Körner und Käthe Dorsch haben ihn bekniet, für sie gutzusagen. Hat er sich Gedanken über deren braune Mittäterschaft gemacht? Wohl kaum. Da er nichts weiß, glaubt er naiv, es könne mit jenen auch nichts Schadhaftes gewesen sein. Und so sagt er für sie gut und bringt sich damit in die Lage, sein Votum für zwei Damen abgegeben zu haben, die alles andere als ›kopflose Mitläufer‹ waren. Furtwängler wäscht alte Nazissen rein! Auch für Gründgens wollte er eintreten. Der war ja ›ein Künstler‹ – und demzufolge konnte er nichts Böses getan haben! Nachkriegsopportunisten bestärkten ihn in solcher Haltung. Und so wurde Furtwängler nach Strich und Faden ausgenutzt. Wieder einmal.

Im Dezember 1945 schreibt er: »Gegenwärtig ist nun durch die völlig unerwartete Initiative des mir persönlich unbekannten Menuhin in Amerika wieder eine Diskussion in Fluß gekommen. Sie wird, wie ich fürchte, ebenso negativ enden, wie alle andern vorher, solange ich nicht selbst die Möglichkeit habe, einzugreifen. Wie und wann das aber dazu kommen soll, weiß ich nicht. Sie haben wohl recht, wenn Sie meinen, daß Deutschland selbst eigentlich der Boden sein müßte, wo ich mich aussprechen müßte und könnte. Leider kann man sich in Deutschland nicht aussprechen ohne die Zeitung der Alliierten, und diese habe ich bisher nicht. Ich glaube auch nicht, daß ich sie für andere Äußerungen so wenig wie für rein musikalische erhalte. Außerdem scheint Deutschland heute in einem Zustand, der die Möglichkeit eines ernsthaften Aufbaus noch nicht in sich trägt. Zudem ist auch innerhalb Deutschlands meine Sache nicht ganz leicht zu vertreten. Ich habe keiner Widerstandsgruppe angehören können, da ich vom Tage meines Wiedereintritts wie kein anderer Künstler bespitzelt und kontrolliert wurde und stets damit rechnen mußte, daß jedes Wort, das ich sprach, oben bekannt wurde. So habe ich mich im wesentlichen beschränken müssen, meinen Widerstand für mich, im kleinsten Kreise, oder offiziell getarnt, zu machen. Ich habe, zumal in den letzten Jahren, sehr einsam, fast ausschließlich meiner Familie und meiner Kunst gelebt. Ich weiß buchstäblich nicht, wo ich in Deutschland hin soll. So konzentriere ich mich auf die Aufgabe, die schon seit Jahren meine Hauptaufmerksamkeit in Anspruch nimmt, und die für die Zukunft vielleicht mehr bedeutet – meine kompositorische Tätigkeit...«[3]

Kurz zuvor, am 18. Oktober 1945, hat er die Partitur seiner Zweiten Symphonie abgeschlossen und den Konvolut im Safe der Klinik verstaut. Zweieinhalb Jahre später dirigierte er die Uraufführung mit den Berliner Philharmonikern im Admiralspalast, dem Behelfsheim der Staatsoper und Philharmonie im Osten der Stadt, die zu dem Zeitpunkt noch nicht geteilt war. ADN – der Allgemeine Deutsche Nachrichtendienst – meldete über das Ereignis: »Mit großer Spannung hatte man in Berliner Musikkreisen der Uraufführung der zweiten Symphonie e-Moll von Wilhelm Furtwängler entgegengesehen. Sie fand am Sonntagvormittag in der Berliner Staatsoper vor ausverkauftem Hause durch das Philharmonische Orchester unter Leitung des Komponisten statt. Bereits im Kriege begonnen, wurde die Symphonie 1945 ausgearbeitet und vollendet. Das außerordentlich klangschöne viersätzige Werk verzichtet in seiner romantischen Haltung auf moderne lineare Tonsprache und bringt in seinem eineinviertelstündigen Verlaufe viele Stellen von stark suggestiver Stimmung. Einprägsame, mehrfach ins Volkstümliche gehende Töne und übersichtliche harmonische Verhältnisse erleichtern dem Hörer den Zugang zu Furtwänglers Schöpfung...«[4] Die Dauer des Stückes fiel bei den meisten Rezensionen ins Gewicht wie sein retrospektiver Charakter. Hans Heinz Stuckenschmidt: »Sie kommt also Maßen nahe, wie sie Schubert, Bruckner und Gustav Mahler, in neuerer Zeit Dimitrij Schostakowitsch zur symphonischen Regel gemacht haben. In den vier Sätzen der Symphonie stehen gewaltige Durchführungen voll ausführlicher thematischer Arbeit, stehen kontrapunktische Massive und orchestrale Steigerungen von rauschhafter Intensität. Das Gesetz des Werkes ist vom Auf und Ab eines immer wieder neu ansetzenden Crescendos diktiert. In der emotionalen Dramatik liegt die stilistische Eigenart der Partitur. Aber auch sie konnte nur auf dem Boden der deutschen Symphonie gedeihen. Bekenntnishaft, erfüllt von dem dionysischen Temperament ihres Schöpfers, ist dieses durchaus moderne Werk mit seiner Himmelsstürmerei, seinem ›Stirb und werde‹-Charakter ein Dokument des romantischen Idealismus. Das thematische Gewebe dieser Symphonie zeigt Gedanken von echt symphonischer Plastizität. Sie stehen Brahms nahe, tragen aber immer Furtwänglers Prägung. Ruhepunkt des Werkes ist im ersten Teil das Andante semplice, ein liedhafter Einfall von großer Zartheit, der über den lebhafteren Mittelteil in das große Presto überleitet. Mit dem klassischen Scherzo hat dieser dritte Satz wenig gemein. Es ist ein ernster, nur selten von tänzerischen Lichtern überglänzter, in unerwarteten Stimmungswellen fluktuierender Versuch, die Tradition zu erweitern und auch diesen wichtigen Abschnitt der Gesamt-Architektur symphonisch zu gliedern. Die Komposition wird getragen von einem üppig klingenden, romantisch aufwühlenden Orchestersatz. Solistische Bläser treten häufig hervor, Blech-Chöre dröhnen brucknerisch in choralhaften Episoden, Posaunensignale krönen die Steigerungen der Ecksätze, Tremoli der Streicher fördern die dramatischen Spannungen. Harmonisch bleibt über alle Eigenwilligkeit der Modulation hinweg das Bild der Tonart stets unangetastet, und die Spannungen und Verstrebungen von Dominanten und Nebendreiklängen sind noch einmal legitime Träger symphonischer Form.«[5] Wolfgang Stresemann: »Furtwänglers Kunst sinfonischer Entwicklung, die Intensität seiner Musiksprache sind bezwingend, aber diese Musiksprache, so sehr sie berührt, vermag sich – tragisches Los eines mit höchster Genialität Nachschaffenden – nicht zu lösen von jener Welt der Töne, die ihm, dem Interpreten, wahre Heimat bedeutet. Als Komponist bleibt er sozusagen Gefangener seiner nachschöpferischen Kunst der Identifizierung mit dem ›Anderen‹, dem er es gleichzutun unternimmt. Man hat Furtwängler fast einmütig als idealen Brahms- und Schumann-Interpreten gepriesen, seine vollendete Affinität zu Wagner und Strauss bewundert; so ist es nicht erstaunlich, daß sein eigener Musikstil sich kaum von dem seiner Meister entscheidend abhebt. Macht sich der Hörer von dieser Abhängigkeit frei, wird ihn die Musik Furtwänglers mit ihrem Themenreichtum, ihrer sinfonischen Kraft, ihrer tief empfundenen Aussage vom ›immer strebend sich bemühenden Menschen‹ fesseln, bewegen und niemals leer entlassen ...«[6] Walter Riezler: »Wurde man bei den früheren Werken nur da und dort an Pfitzners musikalische Welt erinnert, daneben noch manchmal an Brahms, aber nur als Zeichen einer inneren Verwandtschaft, so tauchen nun daneben auch die Schatten Gustav Mahlers und Tschaikowskijs – den Furtwängler leider allzuoft dirigiert hat – auf, und es gibt im letzten Satz zwei Stellen, an denen durch diese Erinnerung die reine und edle Welt Furtwänglers eine Trübung erfährt: das aus der großartigen Einleitung, einem Höhepunkt des Werkes, herausgewachsene Hauptthema, mit dem wir uns plötzlich in das Finale von Mahlers Zweiter Sinfonie versetzt fühlen, und die triumphale Melodie auf dem Höhepunkt, die auch von Tschaikowskij sein könnte. Nicht diese einzelnen Stellen sind entscheidend für den Eindruck des Werkes. Das Ganze ist, im schärfsten Gegensatz zu den früheren Werken, als ›Aussage‹ unpersönlich. Es ist, trotz aller unmittelbar wirkenden Großartigkeit der Gestaltung, die in ihrer Weiträumigkeit die klassisch-romantischen Sinfonien übertrifft, im Grunde doch so etwas wie ein letztes Zeugnis einer großen Epoche und damit ein Nachklang, in dem alles das, was durch hundert Jahre in der Welt der Sinfonie erklungen war, noch einmal Wirklichkeit wird.«[7]

Der Komponist gab seinem Werk, in weiser Voraussicht, daß es den auf Modernität geeichten Rezensenten und Musikern mißfallen könnte, einen knappen Essay mit auf den Weg. Diese ›Bemerkungen‹ verfehlten ihre Wirkung nicht. Heinrich Strobel und Gefolgschaft stellten ein »erschreckend hohes Maß an purem Eklektizismus« fest und meinten, der Komponist Wilhelm Furtwängler brauche niemanden zu bekümmern. Doch andere fanden die Ideen des mutigen Tonalitätsverfechters erhellt und nahmen sich ihrer mit Hingabe an, wie zum Beispiel Joseph Keilberth, der später auch für die Dritte Symphonie mit Nachdruck eintrat. Furtwängler versuchte, mit den ›Bemerkungen‹ die Welt seiner Klangideale aufzuschlüsseln, wobei es sich zwangsläufig ergab, daß er mit den Avantgardisten seiner Zeit in Kollision geriet, die (wie Adorno) ›im Banne der Fungibilität‹ alles negierten, was den Schein des Bekannten in sich trug und ›nachgemacht‹ schien. »Wer als Komponist der Ähnlichkeiten nicht sich enthält, vergeht sich nicht bloß gegen den Kultus des Eigentums, sondern gesteht, daß ihm Musik, die der anderen, allzu gut gefalle. Er ist den kollektiven Normen nicht seriös genug, eigentlich ein nachäffendes Kind, sicherlich nicht das feste Ich, mit dem sich paktieren ließe und das sie Persönlichkeit nennen.«[8] Wofern Eklektiker, muß aber hinzugefügt werden: ein genialischer, der durchaus genügend Unverwechselbares eingebracht hat, so daß in dieser Bezeichnung nicht ausschließlich Abträgliches durchschlägt.

Furtwängler zu seinem Werk: »Auch heute, im Zeitalter theoretischen Denkens, ist es immer noch so, daß ein einziger wirklicher ›Einfall‹ in der Musik während seines Erklingens sofort alle Theorien gegenstandslos macht. Besitzt der Komponist noch außerdem Kraft, Macht, Strenge und Nüchternheit, einen Einfall nicht nur zu ›haben‹, sondern auch im weiteren Verlauf des Stückes zu tun, was ein solcher von seinem Schöpfer verlangt, so wird alle Theorie im wahrsten Sinne des Wortes überflüssig... Man mache sich einmal klar, wie sehr sich die Zeiten geändert haben: es gehört heute schon längst kein Mut mehr dazu, die unsinnigsten – man nennt sie wohl auch die ›kühnsten‹ Zusammenklänge aufeinander zu türmen, wohl aber Mut, sehr viel Mut, auch nur einen reinen Akkord, eine einfach gewachsene Phrase niederzuschreiben... Wir haben begriffen, daß die Originalität an sich im Kunstwerk Eigenschaft und Eigenheit von Einzelheiten, von Einzelwirkungen ist, die der Einbauung und Begründung in ein Ganzes bedürfen, um auf die Dauer bestehen und lebendig bleiben zu können. Die dringlichste Frage ist daher nicht einmal so sehr: Wie schaffen wir Neues – obwohl diese Forderung immer bestehen bleibt –, als: Wie gelangen wir zu einem Ganzen. Und hier kann ich nicht umhin, das vielumstrittene Problem der Tonalität zu streifen.«[9] Für die meisten Komponisten in der Zeit nach dem Zweiten Weltkrieg war das kein Problem mehr. Sich über die Kadenz als strukturbildendes Element zu unterhalten, widerstrebte selbst Hindemith. Längst ging es um horizontale Intervallproportionen, um sich kreuzende Parameter-Reihen, um Schallkünste und den ›gelenkten Zufall‹. Das Ausscheren aus konventioneller Regelhaftigkeit erschien Furtwängler absurd, eine Mode, der Tod der Musik, ihr Hinwegführen aus Lebendigkeit in eine unnatürliche Statik. Für ihn galt nach wie vor die alte Hierarchie der Akkordverbindungen, die Prädominanz des Tonika-Dreiklangs, das Funktionale des okzidentalen Dur-Moll-Systems. Alles andere ließ er für sich als Komponist nicht gelten, und er hat es auch als nachschöpferischer Künstler nur bedingt – als beiläufige Kuriosität – zur Kenntnis genommen.

Der Abschluß der Zweiten hat ihm, wenigstens einmal in seinem Leben, das ›volle‹ Gefühl vermittelt, wie es ist, wenn man ein großes Werk wirklich vollendet hat, wenn man mit dem Ergebnis rundherum zufrieden sein kann und sich eingestehen darf, daß alles ohne Zwänge und streßbedingte Neurasthenien vonstatten ging. Bald nach der Fertigstellung der Partitur jährte sich der Geburtstag von Söhnchen Andreas zum ersten Mal. Der Bub sollte getauft werden. Elisabeth Furtwängler: »Als ich das Wilhelm mitteilte, sah er mich erstaunt an: ›Ja, aber wir sind ja gar nicht getraut!‹ Ich erklärte ihm, daß das keine notwendige Voraussetzung für die Taufe wäre, und rief ihm ins Gedächtnis, mit welcher von ihm gewollten Stille wir damals geheiratet hätten. ›Ja, das war damals, aber hier kennt uns niemand, hier können wir uns genauso heimlich trauen lassen.‹ Und so geschah es in der kleinen Eglise-Libre in Montreux. Der Pfarrer, die Kirchendienerin und wir waren die einzigen Anwesenden. Der Trautext wurde französisch gesprochen, und wir sagten ›oui‹ anstatt ›ja‹. Wilhelm war sehr bewegt, und seine Ergriffenheit übertrug sich auf mich. Als der Pfarrer hinausging, um Täufling und Paten zu holen, sagte Wilhelm nachdenklich: ›Bei den Katholiken ist die Trauung ein Sakrament!‹«[10]

Familiär läßt sich alles harmonisch und stimmig an, doch es bleibt die Sorge um den Wiedereinstieg ins aktive Künstlerleben. Seine Verteidigungsschrift macht die Runde, und er registriert mit Dankbarkeit, daß es mehr Freunde gibt, die ihm mit Verständnis begegnen, als seine Gegner annehmen. Im Januar 1946 schreibt er: »Ich wurde zu dieser Verteidigung gezwungen durch Leute, die mich zuerst aus der Schweiz ausweisen wollten, um mich den Schergen Himmlers zu überliefern, und später, um mich in ein amerikanisches Lager zu bringen. Jetzt sind sie dabei, mit größter Konsequenz und Findigkeit mir sämtliche Möglichkeiten einer Tätigkeit in der Zukunft, vor allem: in Deutschland und Österreich abzuschneiden. Ich muß mich leider wehren gegen die Politik der Amerikaner, die aus jedem Deutschen einen Kriegsverbrecher machen möchten. Sonst hätte ich mich wahrhaftig nicht um diese Dinge bekümmert. Und mir macht es mehr Kopfzerbrechen, die richtigen ›Verteidigungspunkte‹ zu finden, als eine ganze Sinfonie zu schreiben.«[11] Während sich in Wien endlich eine Kommission bereitfindet, seinen ›Fall‹ zu verhandeln, laden ihn die Italiener, unbedenklicher als die Deutschen und Österreicher, zu ersten Konzerten und Opernaufführungen ein. Rom, Mailand. Zu neuen Ufern. An Curtius kann er Ende Januar 1946 schreiben: »Nach Wien fahre ich, um mich zu ›rechtfertigen‹ vor einer Kommission..., wobei ich zum ersten Male erfahre, was man mir eigentlich vorwirft. Die ganze Behandlung meiner Angelegenheit von seiten der Amerikaner – denn der Widerstand ist nur hier – gehört in das Kapitel Bekämpfung der deutschen Konkurrenz. Die Emigranten drüben nahmen mir übel, daß ich es vorzog, Deutscher zu bleiben. Dabei sehe ich jetzt mehr und mehr, wie – richtig ich trotz allem instinktiv gehandelt habe. Alles, was ich getan habe, würde ich wenn ich es heute noch mal zu tun hätte, in der Hauptsache ebenso tun.«[12] Interessant, daß sich Herbert von Karajan fast 25 Jahre später mit den haargenau gleichen Worten zu seinem Verhalten im ›Dritten Reich‹ bekennt, wenn er einem Interviewer erklärt, er bereue nichts und würde, um seiner Karriere willen, jeden Schritt von damals präzise wiederholen. Künstler sind allesamt Egoisten, die nur das vollziehen, was ihrem Ich am meisten frommt. Sie verbünden sich, wenn's drauf ankommt, leichtfertig mit dem Teufel und gehen mit den größten Eseln aufs Eis tanzen, um sich dann als Märtyrer zu gerieren, wenn die Decke nicht hält und sie einbrechen.

Während Furtwänglers österreichische ›Denazifizierung‹ Anfang März durchgeführt wird und mit einem Freispruch endet, ergreifen Freunde in Berlin ›flankierende Maßnahmen‹. Boleslav Barlog, Sprechbühnenchef im Berliner Westen, hat einen ›offenen Brief‹ verbreitet, der viel Aufsehen erregt und für die ›Myriaden‹ von Musikfreunden spricht, die nichts sehnlicher wünschen, als den Doktor erneut am Pult der Philharmoniker zu erleben. Furtwängler, der Inbegriff vollendeten Musizierens, dem die ersten Nachkriegskapellmeister, Leo Borchard und Sergiu Celibidache, nicht das Leitungswasser reichen können. Alle Hebel werden in Bewegung gesetzt, seine Rückkehr an die Spree zu ermöglichen. Furtwängler ist für die Berliner ebenso lebenswichtig wie die ›Rosinen-Bomber‹, die während der Blockade die Insulaner mit Kalorien versorgen. Barlog, der Spruchsprecher. In der Nazi-Zeit hatte er nichts auszustehen, konnte sieben Spielfilme abdrehen, solvent, kess, humorvoll, konservativ und von der (fixen) Idee beherrscht, Künstler vermöchten sich niemals politisch zu diskreditieren, weil wahre Kunst sich eo ipso mit Totalitarismus nicht vertrüge. Barlog nimmt sie nahezu alle in Schutz, ob sie nun aktiv mittaten oder nur Gesinnungsverbrecher waren. Er kann gar nicht anders, weil er sich als gebürtiger Pole, den die Deutschen akzeptiert hatten, dem Deutschtum schicksalhaft verkettet fühlt. Mag es ihm auch gelungen sein, persönliche Würde und Freiheit im ›Dritten Reich‹ zu wahren, ein Großteil derer, die er mit Inbrunst verteidigte und deren erzwungene Kompromisse mit dem Regime nicht einmal von ihm wahrgenommen wurden, vermochte das nicht für sich in Anspruch zu nehmen. Barlog spricht für viele, für die Agents provocateurs wie für die sogenannten Gutgläubigen, die von all dem Nazi-Terror nichts gewußt haben wollen. Hinter seiner Rede kann man sich blendend verstecken, er ist ein eidesfähiger Kronzeuge aus sich selbst und hat für jeden – wie er meint, aber natürlich zu Unrecht – Belasteten ein kluges Brouillon zur Hand, das die Kommissionen willfährig entgegennehmen, möchten doch auch sie sich vor der Menge nicht dauernd als ›Nestbeschmutzer‹ entblößen. Barlog steht für die Vermittler zwischen gestern und heute ein, die sich vor der Geschichte putativ im Recht glauben, in Wirklichkeit aber zu der Verwirrung und Verwischung beigetragen haben, die es den nachgeborenen Forschern und Kritikern so schwer machen, zwischen unmißverständlichem, passivem, demonstrativem Widerstand, bewußter Mithilfe, Konzessionsbereitschaft und Konspiration zu unterscheiden. Verteidigt haben sie mit Herzblut und rhetorischem Aufwand alle, die angeblich im braunen Sperrkreis das ›andere‹ Deutschland vertraten, es sei denn, sie kamen von links. Machen wir uns nichts vor: Die Entnazifizierungen waren zum größten Teil schon wieder ›gelenkt‹, von denen, die das Schicksal zum Lenken (und nichts anderes) bestellt hatte, die im ›Dritten Reich‹ gut durch den Winter gekommen waren und die Moral weiterverfochten, die sie schon immer vertreten zu müssen glaubten, daß nämlich Kunst, wie immer sie sich zeigt, einen Freischein für das fordern kann, was extra ordinem steht. Man könnte auch sagen: dem Künstler wird Opportunismus als eines seiner Grundrechte zugebilligt.

Anzunehmen, daß Furtwängler solcher im nachherein höchst peinlich und unnötig wirkenden offiziösen Verteidigungen gar nicht bedurfte. Sie haben ihn vielmehr belastet, weil die Heiligsprechung nach dem Desaster des ›Dritten Reichs‹ mehr Mißtrauen erregte als Zustimmung. In der Nazi-Zeit hängte man denen ein Plakat um, die mit Juden umgingen; jetzt beeilte man sich, die zu etikettieren, die gegen Hitler gewesen waren. Alle solche Plakatierungen wirkten anstößig und warfen eher ein ungünstiges Licht auf die Betroffenen und ihre allzu beflissenen Verteidiger. So wundert es nicht, daß die Wiener ›Denazifizierungs-Kommission‹ Furtwängler zwar rasch freisprach, der Entscheid jedoch von den Alliierten nicht akzeptiert wurde. Furtwängler war der Blamierte und der Leidtragende. Das weitschweifige, alle Fakten außer acht lassende Plädoyer des Dr. Egon Hilbert hatte dem ›Inculpanten‹ überhaupt nichts genutzt. Im Gegenteil. Und so schien es auch in Berlin zu verlaufen. Am 11. Dezember 1946 begannen dort die Verhandlungen vor der Entnazifizierungskommission. Etliche der Zeugen gerieten, wie in Wien Hilbert, außer Rand und Band und erachteten das Tribunal als eine Bühne für Solo-Auftritte. Mit Anekdoten und lustigen Szenen aus dem Künstlerleben würzten sie ihre ›Einlassungen‹, womit sie bei einem Teil der Presse und dem kritiklosen Publikum, das die Zuschauerbänke füllte, bestens ankamen. Im ›Tagesspiegel‹ konnte man darauf lesen: »Dieses Tribunal, das gestern über die politische Sauberkeit Furtwänglers verhandelte, ist auf dem besten Wege, die ganze Sache der Entnazifizierung zu kompromittieren. An jeder wesentlichen Frage wurde grundsätzlich vorbeigegangen. Man hätte die Punkte zur Debatte stellen sollen, aus denen sich ergab, daß Furtwängler dem nazistischen Unwesen aktive Unterstützung geleistet hat. Was gestern in fünfstündiger Verhandlung offenbar wurde, sind Bagatellen, deretwegen ich nicht dem harmlosesten Verkäufer einen Prozeß anhängen würde... Wenn um eine so exponierte Persönlichkeit wie Furtwängler verhandelt wird, muß man erwarten, daß in dem Spruchkörper Fachleute sitzen, die beurteilen können, was möglich ist und was nicht. Die Meinung, daß jede in der Öffentlichkeit sichtbare Persönlichkeit sich als Winkelried hätte präsentieren müssen, überschätzt wohl die Menschheit im allgemeinen.«[13]

Gegen solche und ähnliche Berichte wurde von seiten Barlogs und seiner Freunde Sturm gelaufen. Der Schreiber säße in einem Glashaus, habe selber Dreck am Stecken, und wo man denn hinkäme, wenn man jeden, der im ›Dritten Reich‹ gearbeitet habe, nun als belastet einzustufen gedächte. Dann müsse man auch den Schauspieler Paul Wegener oder die Regisseure Karlheinz Martin und Jürgen Fehling und alle Philharmoniker und wer weiß noch wen verbieten. »Hätte man gemußt!« Aber man hat nicht, und das brachte die Ewiggestrigen im Eiltempo wieder in vorderste Linien. Nicht nur Furtwängler erwies man einen miserablen Dienst, indem man ihn rücksichtslos mit Protagonisten der nationalsozialistischen Kulturszene in ein Boot setzte, sondern auch der jungen deutschen Demokratie, in deren Boden die böse Saat von gestern gelegt wurde, die dann auch prächtig aufging.

In seinem Schlußwort vor der ›Entnazifizierungskommission‹ bekundete Wilhelm Furtwängler noch einmal seine totale Fehleinschätzung von Kunst als einem neutralen, in sich isolierten, unpolitischen Vehikel in – oder besser: über der Gesellschaft. Es ermangelte ihm gründlich der soziologischen und historischen Kausalzusammenhänge, Kunst in der realistischen Abhängigkeit und Einschätzung von politischen, geistigen und ästhetischen Strömungen und Erscheinungsformen zu sehen. Er hatte doch gerade erlebt, wie in Deutschland Kunst hauteng an die totalitäre Politik gekettet war. Und war sie nicht immer schon politisch durchfiltriert gewesen – in den Zeiten des Absolutismus und der Aufklärung? Man hat den Eindruck, als habe Furtwängler aus reinem Zweckdenken die Kunst als eine Art von Reaktionsmodus bildungsbürgerlichen, elitären Standards begriffen. Kunst auf gleichem Niveau wie die Religion, die ›reine Idee‹, die romantische Idee, abgenabelt von jedem umweltrelevanten Geschehen. Er hat das Paradoxe seiner Theorie wohl begriffen, sie aber dennoch eifrigst verteidigt, weil er wußte, daß er ihr in der Praxis widersprochen hatte. Der Schein sollte gewahrt werden.

Furtwängler: »Nach meiner Auffassung hat die Kunst nichts mit Politik, mit Machtpolitik, mit all den Dingen, die dem Völkerhaß entspringen und ihn hervorbringen, zu tun. Sie steht über diesen Gegensätzen. Es muß Dinge geben, die von einer Gemeinschaft der Menschheit im Ganzen ausgehen, sie darstellt, von ihr zeugt. Dies zu sagen, ist heute doppelt vonnöten. Solche Dinge sind in erster Linie die Religion, dann aber auch die Wissenschaft und nicht zuletzt die Kunst. Gewiß zeugt die Kunst von der Nation, der sie entstammt, aber von deren Tagespolitik nicht. Kunst steht in Wahrheit, obwohl von ihnen ausgehend, über den Nationen. Es ist die politische Funktion der Kunst, gerade in unserer Zeit überpolitisch zu sein. Wenn ich daher als unpolitischer, überpolitischer Künstler in Deutschland blieb, so habe ich schon dadurch aktive Politik gegen den Nationalsozialismus getrieben. Denn der Nationalsozialismus kennt nur eine politisierende Kunst an. Ich wußte, daß Deutschland sich in einer furchtbaren Krise befand. Es war meine Aufgabe, der deutschen Musik, für die ich mich verantwortlich fühlte, soweit es in meinen schwachen Kräften lag, über diese Krise hinwegzuhelfen. Das war vom Ausland aus nicht möglich. Das Wesen der Musik besteht nicht darin, daß man mit ihr etwas demonstriert – das war Hitlers Auffassung; ihr Wesen, ihre Rechtfertigung liegt in ihr selbst. Die Sorge, vom Nationalsozialismus für seine Propaganda mißbraucht zu werden, mußte für mich zurücktreten vor der größeren Sorge, die deutsche Musik, soweit es ging, in ihrem Bestand zu erhalten, mit deutschen Orchestern, mit deutschen Menschen weiterhin Musik zu machen. Die Menschen, denen einst Bach, Beethoven, Mozart, Schubert oder andere entstammten, lebten auch jetzt unter der Oberfläche des nationalsozialistischen Deutschlands weiter. Niemand, der damals nicht in Deutschland war, konnte beurteilen, wie es hier aussah. Meinte Thomas Mann wirklich, daß man im Deutschland Himmlers nicht Beethoven musizieren durfte? Konnte er sich nicht denken, daß niemals Menschen es nötiger hatten, es inniger und schmerzlicher ersehnten, Beethoven, seine Botschaft der Freiheit und Menschenliebe zu hören als gerade die Deutschen, die unter dem Terror Himmlers lebten? Ich konnte Deutschland in seiner tiefsten Not nicht verlassen. In diesem Moment hinauszugehen, wäre mir wie schimpfliche Flucht erschienen. Schließlich bin ich Deutscher, gleichviel, wie man dies von außen betrachtet.

Ich bereue nicht, für das deutsche Volk dies getan zu haben!«[14]

Und Bruno Walter, Fritz Busch, Otto Klemperer... keine Deutschen? Ihre Flucht ›schimpflich‹?

Der ›Fall‹ Furtwängler spielte sich natürlich nicht nur in den Köpfen seiner vermeintlichen und potenten Gegner ab. Alma Mahler-Werfel trat rüstig für ihn ein und machte sich nichts daraus, daß ihr die grimmigsten Kritiker eine ›Kapo-Mentalität‹ attestierten. Sie verglich »den guten Wilhelm« mit Mahler, und der habe immer »wie eine wehrlose Schildkröte auf dem Rücken gelegen«. Auch Yehudi Menuhin ergriff für den Doktor Partei. Er hat es in seinen Lebenserinnerungen ausführlich begründet, warum: »Bis 1947 hatte ich nie mit ihm gespielt, aber aus Berichten und von Schallplatten her wußte ich, daß es ein außergewöhnliches Erlebnis sein müßte, unter ihm zu musizieren. Das stellte sich auch sehr bald heraus. Obwohl er sich von Bruno Walter durchaus unterschied, nahm Furtwängler, indem er die deutsche Tradition zu einem Höhepunkt führte, in meinem privaten Pantheon die Stellung als Nachfolger Walters ein. Ich war ihm jedoch noch nie begegnet. Nach einem ersten Besuch im befreiten Europa war ich nach New York zurückgekehrt und wurde dort wie ein frisch eingetroffener Zeuge vom Schlachtfeld des Sieges auf einer Pressekonferenz ausgefragt, ob man nicht der Kultur in Deutschland nach Hitler mit Mißtrauen begegnen müsse. Ich sah keinen Sinn darin, die Wunden für alle Zukunft offenzuhalten, und glaubte mich verpflichtet, auch über gute Dinge zu berichten, wenn sie zutrafen; so gab ich das Urteil weiter, das ich in Paris gehört hatte: Französische Musiker hatten mir erzählt, berichtete ich, daß von allen ihren in Deutschland gebliebenen Kollegen Wilhelm Furtwängler derjenige gewesen sei, dem sie das herzlichste Willkommen bereiten würden; nicht etwa nur wegen seiner hervorragenden musikalischen Fähigkeiten, sondern weil er sich zum Beispiel geweigert hätte, die Berliner Philharmoniker auf ihren Propagandatourneen durch das besetzte Frankreich zu dirigieren. So weit, so gut. Allerdings konnte ich nicht voraussehen, daß diese spontan geäußerte Information flugs zu einer Waffe in einem Kampf geschmiedet werden würde, von dem ich gar nicht wußte, daß ich ihn kämpfte. Am folgenden Tag verkündeten die Schlagzeilen der Zeitungen, ich wolle Furtwängler nach Amerika holen. Es gab einen Aufschrei unter den Juden in Amerika.«[15]

Nicht nur unter den Juden. Auch Thomas und Heinrich Mann und diesmal außergewöhnlich viele Polit-Emigranten bezogen Stellung. Sogar das Weiße Haus erkundigte sich beiläufig, was an den Gerüchten dran sei, Hitlers ›Star-Dirigenten‹ über den Ozean zu holen. Bruno Walter beschwichtigte die Gemüter. Er war immer der Ausgleichende. Menuhin sah ein, daß er der Presse gegenüber zurückhaltender argumentieren mußte, um nicht Furtwängler mehr zu schaden als zu helfen. Jedes Wort von ihm wurde auf die Goldwaage gelegt und gedreht und gewendet. »Furtwänglers Fehler, und vielleicht auch meiner, lag darin, die Macht der Musik zu überschätzen«, fährt er in seinen Erinnerungen fort. »Wenn er auch nicht erwartete, daß sie uns von den Sünden freisprechen könne, glaubte er doch daran, daß sie Vergiftungen werde heilen helfen. Noch kurz nach dem Reichstagsbrand 1933 hatte Furtwängler Artur Schnabel, Bronislaw Huberman und mich eingeladen, als Solisten in der Berliner Philharmonie aufzutreten. Wir alle sagten ab. Als Direktor der Berliner Staatsoper entschloß er sich 1934, Hindemiths Oper ›Mathis der Maler‹ herauszubringen, obwohl er wußte, daß dieser ›dekadente‹ Komponist offiziell gar nicht existierte; als Göring die Vorstellung unterband, reichte er seinen Rücktritt ein. Man mag der Meinung sein, daß die folgenden Schläge, die er einstecken mußte, ihn hätten überzeugen müssen, daß der Mittelweg, den er einzuhalten versuchte, nur ein Niemandsland war, ein veralteter

Ehrenplatz des neunzehnten Jahrhunderts, der kaum länger zu verteidigen war. Falls ihn dies tatsächlich überzeugte, dann entschloß er sich zur Rolle des lebenden Selbstmörders. Sein Prestige reichte nämlich nur so weit aus, in diesem Dschungel weiterhin den Aristokraten zu spielen, sich durch humane Hilfeleistungen ›strafbar‹ zu machen, vergebliche Proteste zu erheben und ungehindert den Fehdehandschuh hinzuwerfen: Niemals kam es so weit, daß er von sich aus endgültig den Hut nahm oder aber ins Konzentrationslager gesteckt würde...«[16]

Menuhin versuchte allenthalben, für Furtwängler Gutwetter zu machen: »Ich fragte Casals nach seiner Meinung über Furtwängler... den bewundere er, nicht nur als Dirigenten, sondern auch als Deutschen: der sei völlig zu Recht in Deutschland geblieben, um sich für die Musik und die Musiker einzusetzen. Ich... machte den Vorschlag, ob wir nicht gemeinsam das Doppelkonzert von Brahms auf Schallplatten aufnehmen lassen wollten, Casals, Furtwängler und ich. Er sagte grundsätzlich zu. Ich unternahm verschiedentlich Anstrengungen, diesen Plan weiterzuverfolgen; die EMI-Schallplattenfirma, von der Casals sehr großzügig behandelt wurde, indem man ihm jederzeit Vorschüsse auf spätere Tantiemen hin überwies, war interessiert; und für Furtwängler wäre eine solche Zusammenarbeit mit dem berühmtesten Antifaschisten unter den Musikern eine kolossale Hilfe gewesen; aber allen diesbezüglichen Ersuchen begegnete Casals mit Ausflüchten: er würde gern die Aufnahmen machen, sei aber im Augenblick verhindert. Schließlich, nach dem vielleicht dritten Versuch, schickte er mir einen Brief, in dem er mit entwaffnender Offenheit auf die Grenzen seiner eigenen Unabhängigkeit hinwies: Gegen Furtwängler, versicherte er mir, habe er überhaupt nichts und könne sich kaum etwas Schöneres vorstellen, als mit ihm zu musizieren, aber die Tatsache allein würde seine Haltung als Antifaschist kompromittieren und seine Anhänger enttäuschen. Mit anderen Worten: er scheute sich nicht zuzugeben, daß er einfach nicht den Mut hatte, zu seinen Grundsätzen zu stehen; solange seine Bewunderer diese Grundsätze guthießen, waren sie stark genug; änderten sich die Umstände, waren sie zu schwach, seine Solidarisierung mit einem Menschen, den man grundlos angeklagt hatte, zu gestatten. Der Brief war ehrlich, aber enttäuschend.«[17]

Am 17. Dezember 1946 sprach die ›Entnazifizierungskommission‹ Furtwängler frei, doch die Alliierten zögerten, das Urteil zu ratifizieren. Erst im April waren alle Hindernisse beiseite geräumt, der Doktor konnte legal einreisen und mit den Proben beginnen. ›Der Abend‹ am 28. Mai 1947: »Ein großer Tag im Berliner Musikleben. Mit allen Begleiterscheinungen des außergewöhnlichen Ereignisses. Noch wenige Tage zuvor herrschte Rätselraten: Kommt Furtwängler überhaupt zur rechten Zeit? Wann und wo finden die Konzerte statt? Als dann die Entscheidung gefallen war, begann der übliche Sturm auf die Eintrittskarten, und auch der ›Schwarze Markt‹ schaltete sich ein. Man nannte Preise von 300 Mark und mehr. Diese Beträge und sogar elektrische Hausgeräte wurden noch am Pfinstsonntagmorgen vor dem Titania-Palast für eine Karte zum ersten Furtwängler-Konzert geboten.«[18]

Unter der Überschrift ›Pfingstgeschenk für Berlin‹ berichtete ›Der Morgen‹: »Da erheben sich die Musiker von ihren Sitzen: unbemerkt hat Furtwängler das Podium betreten. Auch das Haus erhebt sich von den Sitzen, als es jetzt des Dirigenten ansichtig wird. Machtvolles Beifallsrauschen. Aber kein überlautes Ungestüm. Es ist, als laste etwas wie Beschämung auf den Gemütern, des frivolen Mißbrauchs wegen, das ein für immer begrabenes Regime mit einer untadeligen Künstlernatur getrieben, aber auch wegen des unwürdigen, peinlichen Schauspiels, zu dem man Furtwänglers Rehabilitierung ausarten ließ.«[19] Viermal dirigiert Furtwängler das reine Beethoven-Programm: Ouvertüre zu ›Egmont‹, die Sechste und die Fünfte. ›Neues Deutschland‹ verkündet: »...das Beethoven-Konzert gestaltete sich zu einer Weihestunde, in der man nicht nur einer großen Dirigenten-Persönlichkeit, sondern dem Genius der deutschen Musik schlechthin huldigte, der durch Beethoven repräsentiert und von Furtwängler rein und erhaben gedeu-

Oben: Eröffnungsveranstaltung der Berliner Festwochen im Schiller-Theater 1951. Bundespräsident Theodor Heuss im Gespräch mit dem Dirigenten.
Unten: ›Ring‹-Aufnahme in Rom, 1953.
Von links nach rechts: Ferdinand Frantz, Magda Gabory, Hilde Rössl-Majdan, Furtwängler, Ira Malaniuk

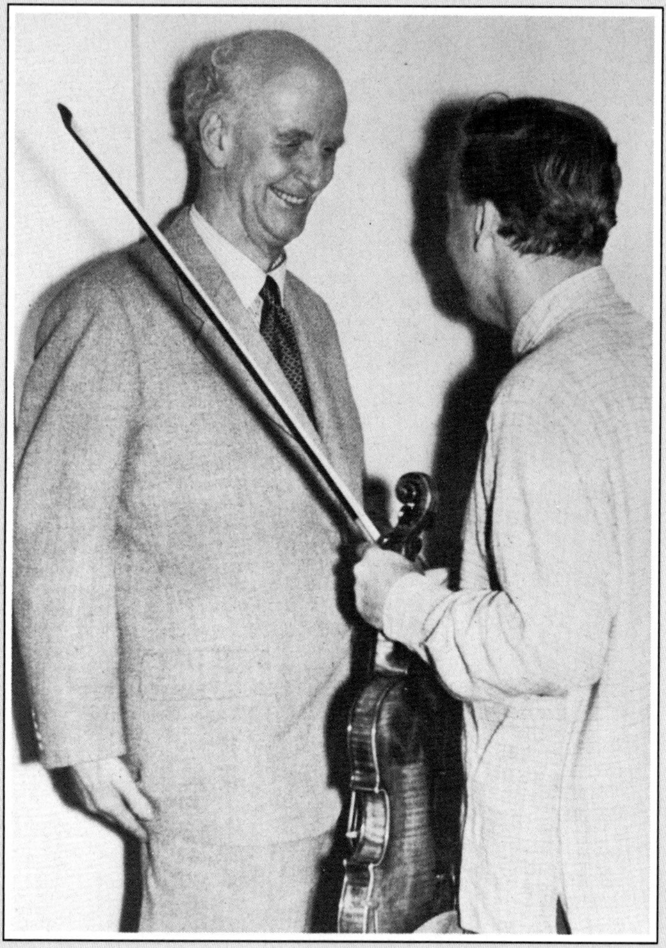

Furtwängler
im Gespräch mit Yehudi Menuhin

Furtwängler
Anfang der fünfziger Jahre in Salzburg

Furtwängler 1953,
ein Jahr vor seinem Tode

tet wurde; denn das ist das untrügliche Zeugnis des großen Dirigenten-Könnens bei Furtwängler, daß seine Interpretation in jeder Hinsicht so klar, einfach, unkompliziert und beispiellos zwingend erscheint, als ob sie gar nicht anders denkbar wäre. Was ist – eine fast unbegreifliche Entwicklung – aus dem Künstler im Verlauf von 20 Jahren geworden! In der Eindringlichkeit seiner Gestaltungskunst ist er heute nicht nur der größte deutsche Dirigent, sondern der größte Dirigent der Gegenwart überhaupt. In einer Zeit, da das Leuchtfeuer der großen Tradition dirigentischen Könnens mehr und mehr erlosch, ist er einer der letzten Klassiker jenes Stabes, der wahre Zauberwirkungen zu vollbringen vermag.«[20]

Die Rückkehr Furtwänglers ans Pult der Berliner Philharmoniker und seine Rehabilitierung veranlassen nicht jeden Beobachter der nachkriegsdeutschen Kulturszene zu beifälligen Äußerungen. Erika Mann, Korrespondentin der ›New York Herald Tribune‹, kabelt von Zürich aus folgenden Report an ihre Zeitung: »In einem Bericht aus Berlin vom 25. Mai beschreibt Mr. John Elliot den ›stürmischen Beifall‹, den Dr. Wilhelm Furtwängler, unlängst ›entnazifizierter‹ deutscher Dirigent, erhielt, als er zum erstenmal seit Kriegsende das Berliner Philharmonische Orchester leitete. ›Eine kosmopolitische Menschenmenge‹, sagt Mr. Elliot, ›vergaß die Nationalität und die Nachwehen des Krieges.‹ Und dann zitiert er Mr. Erich Clarke, den Leiter der Abteilung Theater, Film und Musik bei der Informationskontrollbehörde der amerikanischen Militärregierung, folgendermaßen: ›Es hat mich gefreut zu sehen, wie die Leute dieses eine Mal die ganze Politik vergaßen und sich in der Musik verloren ... Die Menge applaudierte 15 Minuten lang und veranlaßte den Dirigenten, 16mal wieder auf das Podium zu kommen, um sich für die Ovationen seiner Bewunderer erkenntlich zu zeigen.‹ – Wer waren diese ›Bewunderer‹ und was brachte sie dazu, fünfzehn Minunten lang zu applaudieren? Laut Mr. Elliot erwies ein internationales Publikum einem Dirigenten aus gutem und einfachem Grund, daß ihm seine Musik gefallen hat, seine Hochachtung. Und kein Zweifel, Dr.

Furtwängler versteht sein Handwerk, selbst wenn er – wie es an dem betreffenden Abend der Fall war – nur ein oder zwei Proben gehabt hat, und das Orchester, ein provisorisches Ensemble, von dessen Mitgliedern zwei Drittel nicht dabei waren, als der Maestro die Philharmoniker Anfang 1945 zum letztenmal dirigierte, nicht den Anforderungen entspricht. Wollen wir also annehmen, daß das Konzert gut war. Dank eines mittleren Wunders ist es vielleicht sogar hervorragend gewesen. Aber hervorragende Konzerte werden fortwährend in New York, Boston und Philadelphia gegeben, ohne amerikanische Musikfreunde zu einem fünfzehnminütigen Applaus zu veranlassen. Ich erinnere mich auch nicht eines einzigen Konzertes in Paris oder London, dessen mit Beifall bedachte Vorzüglichkeit das Publikum nötigte, den Dirigenten 16mal zum Erscheinen auf dem Podium zu zwingen. Wie es in Moskau aussieht, weiß ich nicht, aber es kommt mir unwahrscheinlich vor, daß die Sowjets zu Ehren einer Persönlichkeit, deren öffentliches Auftreten sie gemeinsam mit ihren Verbündeten fast zwei Jahre lang verhindert haben, ›die Nationalität und die Nachwehen des Krieges vergessen‹ haben sollten. Man darf also annehmen, daß Dr. Furtwängler seinen Triumph in erster Linie seinen Landsleuten verdankt. Hatten diese aber wirklich ›die ganze Politik vergessen und sich in der Musik verloren‹? Oder gebrauchten oder mißbrauchten sie nicht eher die Musik zu dem Zweck, eine politische Demonstration in Szene zu setzen. Vieles spricht für die letztere Vermutung. Die ›Entnazifizierung‹ ist, wie allgemein bekannt, höchst unpopulär bei den Deutschen, die keine Gelegenheit auslassen, lautstark, deutlich und rührig ihre ›Opfer‹ und ›Überlebenden‹ zu feiern. Das haben sie – um ein Beispiel von vielen möglichen anzuführen – im Fall von Gustaf Gründgens, Schauspieler, Regisseur, Nazi-›Staatsrat‹, Senator und Intimfreund Görings, getan, als die Russen schließlich sein Wiedererscheinen auf einer Berliner Bühne durchsetzten. Das haben sie im Fall von Dr. Furtwängler getan, Hitlers gehätscheltem Maestro und musikalischem Propagandisten im Ausland. Und sie werden es weiter tun, solange Berichterstatter der Alliierten ihre ausdrücklich politischen Demonstrationen fälschlich für Ovationen von Kunstbegeisterten halten. Daß eine Anzahl (wie viele genau, möchte man gern wissen) von Nicht-Deutschen zu Furtwänglers Eroberung von Berlin beigetragen hat, ändert kaum den Charakter der deutschen Veranstaltung. Dieser Charakter wird ferner von der Tatsache illustriert, daß bis heute kein großer antifaschistischer Dirigent oder Virtuose aufgefordert wurde, ein Comeback in Berlin zu veranstalten. Weder Toscanini noch Bruno Walter, weder Huberman noch Adolf Busch, Männer, deren weltberühmte Kunst ›Führer‹ Hitler seiner musikalischen Nation vorenthalten hat, scheinen gefragt zu sein.«[21]

Furtwängler an Thomas Mann, Clarens, den 4. Juli 1947: »Sie machen es mir zum Vorwurf, daß ich, anstatt Musik zu machen, eine 15 Minuten lange Ovation herbeigeführt habe. Zunächst: das Konzert wurde durch sehr viel mehr als nur ›1–2‹ Proben gründlich vorbereitet. Das Orchester ist auch heute bis auf einen kleinen Bruchteil das alte ›Berliner Philharmonische Orchester‹. Wo es zu einer Ovation hätte kommen können – beim ersten Vor-das-Publikum-Treten habe ich es nicht zugelassen, denn ich begann sofort mit der Musik. Mein Verhalten am Schluß aber war die natürlich-selbstverständliche Antwort auf mir entgegengebrachte Freundschafts- und Beifalls-Äußerungen, nichts weiter. Indessen, sollten Sie und Ihre Tochter Erika ganz vergessen haben, was die Musik für die Deutschen bedeutet, immer bedeutet hat? Als ich im Jahre 1943 in Wien eine Neueinstudierung des ›Tristan‹ durchführte, dauerten die Ovationen an die Darstellenden am Schlusse des 5stündigen strichlos aufgeführten Werkes, wie festgestellt wurde, 32 Minuten und mußten schließlich von mir abgebrochen werden. 15 Minuten ist für Berlin und – Beethoven nichts Außergewöhnliches. Ich lege Ihnen einen Brief, den ich zufällig dieser Tage erhielt, bei, in dem ein Musiker über das Konzert in Hamburg, bei dem es ›ebenso‹ zuging, berichtet. Sie müssen bedenken, daß Beethoven, daß Brahms Dinge sind, die man den Deutschen auch heute nicht rauben kann – Gott sei Dank gibt es noch solche Dinge – und in denen sie sich, weitab von

Hitler und seiner Verführung, im wahren und großen Sinne wiederfinden. Wollen Sie, der Psychologe, der große deutsche Schriftsteller, dies Sich-wieder-Finden ihnen mißgönnen, es verkleinern, diskriminieren? Was aber meine in diesem allgemeinen Zusammenhang sehr unwichtige Person betrifft – meinen Sie, daß die Leute nicht auch ein klein wenig das Recht haben sollten, sich zu freuen, wenn jemand, der durch Lügen-Manöver verleumdet und künstlich durch Jahre von ihnen ferngehalten wurde, wieder zurückkehrt? Mit Politik hat das alles nicht das Geringste zu tun.«[22] Aus der Optik Furtwänglers nicht. Thomas Mann lehnt es ab, sich mit dem Dirigenten auszusprechen. Tochter Erika zitiert den Vater, der gesagt habe, Furtwängler sei das Paradebeispiel für den deutschen Egoisten, der seine Fehler »nicht ums Verrecken« eingestehe.[23]

Verständlich, daß sich Furtwängler zur Wehr setzt, zumal er weiß, welchen nicht unerheblichen Einfluß hüben und drüben die Thomas Mannsche Sippe besitzt. Und wenn sich der ›Krieg‹ mit Amerika in den nächsten Jahren zuspitzen wird, dann geht er nicht fehl in der Annahme, daß auch der Dichter und seine Kinder kräftig am Schlingenlegen und Fallenstellen beteiligt sind. Gleichgültig, wie man zu jenen stehen mag, in zwei Einschätzungen Furtwänglers kalkulieren die Manns korrekt: daß Doktor Wilhelm im Hinblick auf seine politische Vergangenheit uneinsichtig und darüber hinaus unfähig sei, einen demokratischen Lernprozeß durchzumachen. Briefe des Dirigenten aus jenen Tagen bestätigen das ohne weiteres. An den rechtsradikalen Grafen Kanitz schreibt er im Juni 1946 allen Ernstes: »Wer jemals sich mit dem eigentlichen Sinn des preußischen Militarismus, dem der Roon, Moltke usw. befaßt hat, kann die Angriffe, die jetzt gegen ihn gerichtet werden, überhaupt nicht ernst nehmen, genau so wenig wie die gegen Bismarck, den ein anerkannter Historiker wie Carl Burckhardt mir gegenüber vor kurzem noch als den größten Friedenspolitiker des 19. Jahrhunderts bezeichnet hat.«[24] Wüßte man nicht, daß diese Aussage von dem Intellektuellen Furtwängler stammte, man müßte sie als dummdreistes Geschwafel eines unverbesserlichen Opportunisten abtun. Aber es steht der Mann und Künstler Furtwängler dahinter, und diese dezidierte Meinung paßt haargenau in die Vorstellung von einer ab ovo völkisch, deutsch-national, nationalistisch-ideologisch angelegten Persönlichkeit. Den preußischen Militarismus nach der totalen Niederlage Deutschlands zu verherrlichen, dazu gehören Mut und Dreistigkeit eines eingefleischten Parteigängers, der sich vor jedem Schuldbekenntnis verschließt und verantwortungslos an den ›Urkräften des deutschen Wesens‹ aufrichtet und ›das Deutsche‹ ausschließlich als das Positive und Ideale verteidigt.

1947 kommt Furtwängler wieder voll ins Geschäft. Rom, Florenz, Hamburg, Luzern, München, Salzburg, Stockholm, Leipzig, Paris, Wien und immer wieder Berlin. Die Proteste verstummen. Ovationen. In Luzern und an der Spree zeigen sich Menuhin und Furtwängler gern gemeinsam. In Vevey, unweit von Clarens, haben sie sich näher kennengelernt. Viele Einzelheiten und Charakteristika blieben im Gedächtnis des berühmten Geigers haften: »Einmal, in Luzern, verglich Furtwängler die Musik mit dem Fließen eines Stromes: ihm müsse der Dirigent folgen, dabei auch die Topographie beachten, ob die Flut durch enge Stromschnellen jage oder in die ruhige Ebene hinausführe. Er hielt nichts von Methode, von metronomischer Strenge, jenen Maßen und Gewichten musikalischen Krämertums; er verließ sich auf seine Intuition, die ihn traumwandlerisch durch die Partituren leitete. Glücklicherweise führte ihn diese Intuition nicht auf Abwege: sie wurde von der Musik geformt, die sie ihrerseits formte. Furtwängler war schließlich alt genug, um Brahms noch gekannt zu haben. Wie seine Plattenaufnahmen zeigen, dirigierte er dasselbe Stück niemals gleich: Jedesmal unterwarf er sich dem Strom, der sich ja inzwischen verändert haben mochte – vielleicht war es Frühling, und der Fluß floß von geschmolzenem Schnee über, vielleicht hatte es einen trockenen Sommer gegeben oder einen plötzlichen Gewittersturm mit Wolkenbruch ... Furtwängler fühlte sich tief in seiner Vergangenheit verwurzelt, und er mag geglaubt haben, daß die Verpflanzung in ein anderes Land seine

Identität gefährden würde und daß es tatsächlich eine ethnische oder gar nationale Seele gebe, deren ›Melos‹ zu einem Land gehört wie seine Hügel und Ebenen, und daß seine musikalische Vorstellung am ehesten in Deutschland, von einem deutschen Orchester gespielt, vor einem deutschen Publikum zu verwirklichen sei.«[25]

Im September 1947 spielte Menuhin in Berlin unter Furtwängler Beethovens Violin-Konzert (zuvor ›Sommernachtstraum‹-Ouvertüre und hernach Beethovens Siebente), triumphale Erfolge für beide. Auch in der Staatsoper stellte sich Doktor Wilhelm wieder vor, probte sich mit einem Konzertabend ein und kam dann dem Vorschlag des Intendanten Ernst Legal nach, einen neuen ›Tristan‹ herauszubringen. Regie: Frida Leider. Erna Schlüter und Ludwig Suthaus in den Hauptpartien. Von Berlin nach Stockholm, von dort nach Leipzig, dann nach Wien: Nicolai-Konzert und ›Requiem‹ von Brahms mit dem Singverein. Noch aufgeregter wird das folgende Jahr. Paris, Bern, Wien (Mendelssohn-Gedenkkonzert), Berlin (Uraufführung seiner Zweiten), England-Tournee, acht Konzerte in Buenos Aires, Rom, Florenz, Mailand, mit den Wiener Philharmonikern in der Schweiz und dann Salzburg mit dem ›Fidelio‹ (Inszenierung: Günther Rennert, Bühnenbild: Emil Preetorius, Florestan: Julius Patzak, Leonore: Erna Schlüter). Nie ist Furtwängler aktiver gewesen, beweglicher, aber auch niemals zuvor so streßgeplagt. Manchmal wurmt es ihn, kein festes Amt zu haben. Um so interessanter ist das Angebot des Direktoriums vom Chicago Symphony Orchestra, die Leitung des hochdotierten Orchesters zu übernehmen, das ihn in Salzburg erreicht.

Und nun beginnt der letzte Akt des Dramas zwischen Furtwängler und Toscanini, den viele Biographen des Italieners nicht wahrhaben wollen, für den es aber konkrete Belege gibt. Menuhin: »Sie beide waren große Rivalen, die in einer Atmosphäre hitziger Parteinahme musikalische und menschliche Ziele verkörperten, die einander fast ausschlossen; sie waren wie zwei Gladiatoren, die in derselben Arena vor ihren eigenen Mannen gegeneinander antreten und den Sieg für sich reklamieren. Beide hatten in Wien dirigiert, beide bei den Bayreuther Festspielen, und kaum hatte der eine den anderen übertrumpft, als es sofort neue Parteinahmen gab. Ich glaube, Toscanini war zumindest teilweise dafür verantwortlich, daß New York sich gegen Furtwängler sträubte.«[26] Riess kolportiert Toscaninis Invektive aus jenem Zeitraum: »Ich will mit Furtwängler und den anderen, die für die Nazis arbeiteten, nichts mehr zu tun haben!«[27] Was auch immer in der Sache geschah, es ging in New York und nicht in Chicago vonstatten. Nachdem Furtwängler eine Weile gezögert und mitgeteilt hatte, daß er doch besser wegbliebe, um nicht unnötig Öl in die Flammen der Auseinandersetzungen zwischen den Emigranten und der Presse zu gießen, reiste prompt ein Direktoriumsvertreter an und bat Furtwängler, sich mit ihm in Hamburg zu treffen. Das Ergebnis: Furtwängler unterzeichnete den Vertrag. Die Fernschreiber tuckerten, und am Tag darauf meldeten die großen Zeitungen in aller Welt, was zwischen Doktor Wilhelm und dem Orchesterkonsortium in Chicago ausgehandelt worden war. In den Staaten brach ein Sturm der Entrüstung los. In Windeseile hatte sich eine Anti-Furtwängler-Lobby gebildet und drohte mit einem Boykott des Orchesters, sofern der Vertrag nicht augenblicklich storniert werde. Toscanini-Biograph Howard Taubman berichtete in der ›New York Times‹: »Eine Reihe weltberühmter Solisten und Dirigenten, einschließlich der Pianisten Wladimir Horowitz, Artur Rubinstein und Alexander Brailowsky, Lily Pons, der Soprans der Metropolitan Opera, des Dirigenten André Kostelanetz, der Geiger Jascha Heifetz und Nathan Milstein und des Cellisten Gregor Piatigorsky, haben das Chicago Symphony Orchestra benachrichtigt, sie würden im Ensemble nicht als Solisten oder Gastdirigenten auftreten, wenn W. Furtwängler dort Hauptdirigent wird. Der Protest der führenden Musiker hier richtet sich gegen Furtwänglers Verhalten im Kriege, er sei in Deutschland geblieben und habe führende Musikerorganisationen – gelegentlich auch in Gegenwart Hitlers und hoher Funktionäre – geleitet.«[28] Solidarisch erklärten sich in den folgenden Tagen auch Lotte Lehmann, Lauritz Melchior, Fritzi Massary, Friedrich Schorr, Alexander Kipnis und Elisabeth Rethberg. Am härtesten formulierte Artur Rubinstein seinen Protest: »Ich lehne es ab, mit jemandem, der mit Hitler, Göring, Goebbels sympathisierte, zu arbeiten. Wäre Furtwängler ein guter Demokrat gewesen, hätte er Deutschland den Rücken gekehrt – wie das zum Beispiel Thomas Mann aus Protest tat. Er blieb in der Annahme, Deutschland werde siegen... Furtwängler soll Menschen aus den Klauen der Nazis gerettet haben. Das ist unbestätigt. Jetzt will er Dollars und Prestige in Amerika suchen, was er beides nicht verdient.«[29]

Riess schloß aus allem, daß Toscanini der eigentliche Drahtzieher des Chicagoer Boykotts gewesen war, während Witwe Elisabeth Furtwängler diese Ansicht nicht unbedingt teilte, denn sie vermutete als ›graue Eminenz‹ hinter dem ganzen Treiben den Präsidenten der amerikanischen Musikergewerkschaft, James Petrillo, der schon 1927 Furtwänglers Engagement in den Staaten hintertrieben habe.[30]

Nur wenige prominente Musiker zeigten sich mutig und lehnten die Boykott-Maßnahmen ab. Zu ihnen zählten Menuhin, der verbreiten ließ, er werde erst wieder in Chicago auftreten, wenn sich die Sache geklärt habe, und Bruno Walter, bei dem Furtwängler schließlich anfragte, was wirklich hinter den Kulissen vor sich gegangen sei. Der Kollege antwortete mit einem Telegramm, das Doktor Wilhelm wiederum zum Anlaß nahm, den Casus noch einmal aus seiner Sicht aufzurollen. Brief aus Clarens vom 1. Januar 1949: »Ich erhielt heute Ihr Telegramm, in dem Sie mir mitteilen, daß Sie weder öffentlich noch privatim eine Äußerung abgegeben hätten, des Inhalts, daß Sie es ablehnten, mit mir gemeinsam irgendwo tätig zu sein. Zur Erklärung meiner Frage, die Ihnen vielleicht etwas sonderbar erschienen ist, folgendes: Ich war vom Chicago Symphony Orchestra eingeladen, dort zu dirigieren, und einigte mich auf ein 8wöchiges Gastspiel im Herbst 1949. Kurz nachdem die Verhandlungen beiderseits abgeschlossen waren, teilte mir Chicago mit, daß sie sich in großer Verlegenheit befänden, da alle die bedeutendsten Dirigenten des Landes... und 6 ebensolche Solisten es abgelehnt hätten, mit mir zugleich dort tätig zu sein. Die ganze Sache kam mir so unerwartet und so ungeheuerlich vor, daß ich spontan an Sie dies Telegramm geschickt habe, zumal ich wußte, daß Sie im vorigen Jahr dort als Gast gewesen waren. Mein Kollege Ansermet informierte mich telefonisch, daß es sich dabei um eine Untergrundbewegung handele, die auf die einzelnen Dirigenten einen Druck ausübe, dem sich diese nicht zu entziehen wagten, und daß die Situation des Chicago Symphony Orchestra daher eine sehr schwierige sei. Mir selber ist die Sache – wie ich offen gestehe – nicht recht verständlich. Ob ich recht daran tue, sie in Zusammenhang mit einem Drohtelegramm, unterschrieben ›Israel Stern‹, was ich vor kurzem erhalten habe, zu bringen? Ich kann dabei immer erneut meine Verwunderung aussprechen, daß gegen mich vorgegangen wird, der unter allen Musikern im 3. Reich sich am meisten für Juden eingesetzt hat... Ich bin mir sehr wohl bewußt, daß Sie es waren, der durch Ihr gewichtiges und seinerzeit höchst mutiges Eintreten für mich die erste Grundlage zu meiner ganzen Laufbahn gelegt haben, denn ohne Sie wäre ich niemals als Operndirektor nach Mannheim gekommen... Gewiß kamen später Zeiten, wo die freundschaftlichen Beziehungen, die ich zu Ihnen zu haben glaubte und von meiner Seite unvermindert in mir trug – wohl infolge des Einflusses Dritter –, nicht immer genug in der Wirklichkeit sich zu bewähren und fühlbar zu machen vermochten. Es kam schließlich die Zeit der Naziregierung, wo die Walze der Politik gewaltsam über alles Persönliche und Künstlerische hinwegging... Wenn es möglich wäre, daß ich – in Erinnerung an frühere Zeiten freundschaftlicher Beziehungen zwischen uns – zuweilen mit einer Frage oder einer Bitte um Rat an Sie herantreten dürfte, so wäre ich sehr glücklich. Ich bitte Sie aber, mir offen zu schreiben, falls Sie dies aus irgendwelchen Gründen nicht für angängig halten. Ich hoffe, im Sommer Gelegenheit zu haben, Sie in Salzburg nach langer Zeit persönlich begrüßen zu dürfen...«[31]

Furtwängler sucht die Begegnung mit jenen Persönlichkeiten, denen die Weltöffentlichkeit in besonderem Maße moralisches Gewissen zubilligt. Erst Thomas Mann, nun Bruno

Walter. Er will sie unbedingt von seinem ›Rechts‹-Standpunkt überzeugen, keine Absolution von ihnen, sondern Bestätigung seiner egoistischen, scheuklappigen Weltanschauung, kraft derer er sich für unbescholten wie ein kleines Kind hält. Doch wie der Dichter, so reagiert auch der Dirigenten-Kollege skeptisch, wenn auch – was eine künftige Begegnung anbetrifft – nicht ablehnend. Walter scheint, in seiner vornehm-zurückhaltenden Art, nichts verschwiegen und dem um Wiederanerkennung ringenden ehemaligen Freund den Spiegel vorgehalten zu haben. Jedenfalls reagiert Furtwängler abermals höchst pikiert und – wenn man so will – uneinsichtig: »Vielen Dank für Ihren Brief, der jedenfalls die Möglichkeit zu dem gibt, was ich mir am meisten gewünscht habe, zu einer offenen Aussprache. Zunächst das Persönliche, was mich sehr berührt, ich möchte sagen: erschreckt hat. Sie schreiben, daß der Wandel Ihrer Einstellung mir gegenüber nicht durch Dritte, sondern durch mein eigenes Verhalten hervorgerufen sei. Ich selber muß Ihnen sagen, daß ich dies nicht so ganz begreife, da ich mir einer Änderung meiner Einstellung und meines Verhaltens Ihnen gegenüber durchaus nicht bewußt bin.«[32] Und dann kommen Sätze, die Bruno Walter Freunden gegenüber als »pathologischen Ausfall« deklariert und die so ungeheuerlich sind, daß es nicht verwundert, wenn es solvente Kritiker gibt, die Furtwängler Moral ganz allgemein absprechen: »Ich kann die Gefühle der Juden gegenüber den Deutschen, zumal sie mit Nazideutschland zu tun hatten, durchaus verstehen: aber ist es nicht noch viel furchtbarer, von seinem eigenen Volk in entsetzlicher Weise unterdrückt, terrorisiert und schließlich – mit mehr oder weniger Recht – an den Pranger gestellt zu werden, wie es mit uns zurückgebliebenen Deutschen geschah? Warum versucht niemand, sich in die Lage derjenigen zu versetzen, die in Deutschland geblieben waren und alles, was dort geschah, mindestens genau so verabscheuten wie die, die draußen waren? Und verdienten nicht diese Menschen auch, daß man ihnen zuliebe in Deutschland blieb, waren das nicht überhaupt die wahren Deutschen?«[33] Mit diesen Sätzen hat sich Wilhelm Furtwängler selber verurteilt und so sehr befleckt, daß es kein Mittel gibt, ihn auch nur oberflächlich davon zu reinigen.

Verwunderlich, daß Bruno Walter dennoch bereit war, in Salzburg dem Kollegen die Hand zu reichen. Er war – wie schon erwähnt – seit langem der Anthroposophie Steiners verpflichtet. Sein Eid auf die Mitmenschlichkeit zwang ihn dazu, sich auch einem ›verlorenen Schaf‹ zu widmen. Jedenfalls hat er in seiner Bonhomie sich des ›Auftrags‹ entledigt, aber doch voller Ironie von dem seltsamen Rencontre seinen Freunden berichtet. Wolfgang Stresemann beschreibt die ›Ouvertüre‹ des Gesprächs: »Walter freute sich, Furtwängler wiederzusehen, frühere Kontroversen waren vergessen, und sicherlich sah auch Furtwängler einer Wiederbegegnung mit seinem zehn Jahre älteren Kollegen freudig entgegen, der ihm bei seinem Aufstieg geholfen und sich für ihn Jahrzehnte später in Chicago eingesetzt hatte. Mit Furtwänglers Dank ›ich werde Ihnen Ihr Eintreten für mich in Chicago nicht vergessen‹, der Antwort Walters ›das war für mich ganz selbstverständlich‹, begann die Unterhaltung, von der Walter annahm, daß sie sich vor allem mit den Ereignissen der letzten 15 Jahre beschäftigen würde. Was war inzwischen alles geschehen, eine Welt, der beide angehörten, lag in Trümmern, wieviel schmerzliche Verluste waren zu beklagen, welch große Aufbauarbeit galt es zu verrichten... Ein Gesprächsstoff für viele Stunden. Wo sollte man anfangen, wo enden? Doch was bewegte Furtwängler vordringlich bei diesem ersten Zusammentreffen nach so langer Zeit? Kaum hatte er sich im Anschluß an seine Dankesworte nach dem Befinden Walters erkundigt, als er zum großen Erstaunen seines Gesprächspartners fragte: ›Sagen Sie, kennen Sie einen jüngeren Dirigenten namens Karajan?‹ Walter, mit einem sehr guten Gedächtnis ausgestattet, antwortete: ›Ja, ich erinnere mich, daß Karajan als sehr junger Dirigent den ‚Tristan' in der Wiener Staatsoper dirigierte, als ich ihr künstlerischer Leiter war.‹ Nun wollte Furtwängler Walters Beurteilung genau wissen. Walter: ›Ich habe ihm damals gesagt – Sie beherrschen die Partitur, aber Sie müssen noch viel tiefer in sie eindringen –.‹ Walters Auskunft befriedigte

Furtwängler offenbar sehr. Er schien, so Walter, gelöster, und eine längere Unterhaltung auch über allgemeine Themen begann.«[34]

Der Dirigier-Nomade

Wenn man die Konzert- und Opernprogramme Wilhelm Furtwänglers nach 1947 überprüft, so will es einem erscheinen, als habe das alles, was sich zwischen Berlin und Kairo, Hamburg und Buenos Aires, Bayreuth, Luzern und Salzburg abwickelte, nur auf dem Papier gestanden. Schier unglaublich, daß dies alles ein Mann – und nicht mehr in jungen Jahren – zu realisieren in der Lage war. Zwar gab es in Clarens am Genfer See die ›Heimatanschrift‹, aber wann war Doktor Wilhelm schon mal anwesend in der Villa l'Empereur! Hörte er ungern, doch war er's geworden: ein Dirigier-Nomade. Die Attraktion internationaler Festivals. Eingefangen vom Rummel des ›Jet-set‹. Ein Begriff.

Daß ein körperlicher Zusammenbruch vorprogrammiert war, ahnten viele, die ihn nach der ›Rehabilitierung‹ beobachteten. Sein Kräftehaushalt zeigte sich von ziemlich abgewirtschafteter Seite. Und dennoch stand dieser hagere, in seinen viel zu groß geschnittenen Anzügen altmodisch wirkende Mann pausenlos im Einsatz. Als Rudolf Bockelmann den Dirigenten am 2. Juni 1949 in Hamburg wiedertraf, notierte der Sänger im Anschluß an die Begegnung: »Ich habe einen völlig verwandelten Furtwängler vorgefunden, zusammengeschlagen von den Hieben und Stichen, die ihm böswillige Menschen seit 1945 beigebracht haben. Aber nur die Schale ist zersprungen. Der Kern in diesem genialischen Menschen hat die Festigkeit eines unzerstörbaren physikalischen Teils, und wenn er früher auch schon so intensiv ›von innen heraus‹ wirkte, so gehen nunmehr geradezu magische Kräfte von ihm aus... Man hat das Gefühl: er steht darüber.

Auch im Konzert – ein reines Beethoven-Programm – begegnet einem ein anderer Furtwängler. Er ist gefestigter, autarker, hinreißender. Es gibt keine Zufälligkeiten mehr. Die Verausgabung scheint so groß, daß ihn beim zweiten Satz der fünften Symphonie eine Schwäche überkam. Er stützte sich, wischte den Schweiß aus dem Gesicht, aber es gab keine Unterbrechung. Man muß dieses verzückte, aus allen Fugen und Muskelhalterungen herausgerissene, völlig in Aufruhr geratene Gesicht gesehen haben. Das ist die Auflösung in die Materie, die ihn umgibt. Man denkt unwillkürlich an die Beethovensche Totenmaske, die unverfälschte. Und nicht nur das Gesicht ist verklärte und zugleich aufgewühlte Musik. Die ganze Erscheinung fügt sich dieser Vollendung einer Idee an. Wie lange kann das gutgehen? Nach dem Konzert wagte ich kaum anzuklopfen. Doch er war froh, daß ich kam, schloß mich wortlos in die Arme und weinte.«[1]

Seit Furtwängler hat es – zumindest in gehobenen Positionen – keine Kapellmeister mehr gegeben, sondern nur noch Interpreten. Zwar bildete er keine ›Schüler‹ aus, doch man lernte von ihm: wie man eine Partitur nicht mehr las, sondern auslegte. Alles Didaktische war ihm fremd. So hielt er wohl Reden über die Stellung des Dirigenten, über seine Aufgaben, aber er kam selten darauf, ›wie man's macht‹. Dafür hatte er selber keine Formel. Das Intuitive läßt sich nur schwer umreißen; vor allem die sinnliche Komponente, die bei ihm das Maß der intellektuellen Schärfe bestimmte. Das ›Auslegen‹ der Partituren, das heißt: ihre subjektive Entschlüsselung, hatte natürlich auch negative Seiten. Und so darf es nicht verwundern, wenn ihm durchaus ›erste‹ Kritiker seinen Bach regelrecht um die Ohren hauten, weil er jegliche Art von ›Clarté‹ vermissen ließ und – nach ihrer Meinung – in puncto Tempovorschriften und Charakterisierung anarchisch vorging. Einen ›willkürlichen‹ romantisch zerfledderten, mutwillig impulsiven, unobjektiven und unakademischen Bach, den konnten sich nur wenige vorstellen. Daß er bestimmte Klanggebilde aus ihrer typischen Ordnungssphäre herauslöste, metronomische Angaben illusorisch machte und kaum rationell argumentierte, das brachte die Begutachter auf die Palme, die Bach offensichtlich nur von der konstruktiven Seite her begriffen und an einer bis auf Straube sich auswirkenden Tradition festhielten, deren elementarste Forderung in kompromißloser Strenge der ›Darstellung‹ bestand. Diese Tradition verschloß vor allem die ›humane Weite‹, auf die es Furtwängler (vor allem in den großen Oratorien) ankam.

Klar, daß andere dem analytischen und interpretativen Verfahren Furtwänglers nacheiferten und dabei kläglich Schiffbruch erlitten. Subjektivität ist ja nicht übertragbar. Und war es damit bei den ›Interpreten‹ nicht weit her, kamen sie – letztlich – doch über ein schulgerechtes Analysieren nicht hinaus oder aber ihre Willkürlichkeit trieb sie zu den aberwitzigsten und groteskesten Darstellungen. Willkür schließt ja nur selten Selbstkontrolle, Selbstkritik und Respekt vor der ursprünglichen Idee ein. Wo man diese fallenläßt oder negiert, tut man der (musikalischen) Sache Gewalt an. Furtwänglers Interpretationsideal war geprägt durch Selbstkritik. Wie ein Filter wirkte sie vor seinem unglaublichen Drang, dem Verdeckten in einem Werk ans Licht zu verhelfen. Wann immer er die Verhüllungen des konventionellen Bewußtseins durchbrach, bewahrte ihn sein gesunder Widerspruchsgeist davor, die Grenzen des Erlaubten zu überschreiten oder sie zu verwischen. Insofern war auch ›Organisation‹ in der Interpretationskunst von Furtwängler. Und sie bewahrte ihn vor einem bloßen Historizismus. Und darum war er auch nicht nur ein Nutznießer der schöpferischen Arbeit vergangener Zeiten, sondern ihr ›moderner‹ Exponent, der Kraftfelder in den Partituren entdeckte, die bis dahin kein Auge (und kein Ohr) registriert.

Diese neue Art von Interpretation erschloß sich natürlich auch den Schallplatten-Hörern desto intensiver, je weiter die akustischen Systeme verbessert wurden, denn nun waren sie fähig, das soeben im Konzertsaal oder in der Oper Gehörte in der Muße und Ruhe häuslicher Umgebung beliebig oft und technisch einwandfrei nachzuvollziehen. Es scheint so, als habe Furtwängler in früheren Jahren den Nutzen der akustischen Speicherung nicht erkannt. Die unter schlechten technischen Voraussetzungen artikulierte Analyse war ihm unheimlich, sie konnte – seiner Meinung nach – nicht zur Einsicht und nicht zur ›deutlichen Erkenntnis‹ führen. Vieles klang reduziert, unsauber, unecht. Ihm fehlte die räumliche Dimension, die wesentliche. Je besser nun die Techniker arbeiteten und je realistischer ihre Produkte erschienen, desto mehr Gefallen fand Furtwängler an dem neuzeitlichen Medium Schallplatte. Für ihn mußte alles ›stimmig‹ sein, auch aus den Lautsprechern hatte es ›zu fließen‹. Erst in den letzten Lebensjahren gab er der Schallplatte die endgültige Legitimation.

Elisabeth Furtwängler: »Als Furtwängler gestorben war, gab es von seinen jüngeren Kollegen bedeutend mehr symphonische Werke auf Grammophonplatten als von ihm. Viele Furtwängler-Verehrer haben das nicht nur bedauert, sie konnten es sich nicht erklären. Immerhin hatte er doch schon 1926 die fünfte Symphonie von Beethoven für Platten aufgenommen! Aber gerade das befriedigte ihn gar nicht. Diese Vier-Minuten-Seiten, die damit verbundenen ständigen Unterbrechungen waren nichts für ihn, und er dirigierte für Platten dann nur noch Ouvertüren und kleine Stücke... Fred Geisberg, der damals Aufnahmeleiter von ›His Master's Voice‹ war, schreibt in seinem Buch, wie er sich acht Jahre lang bemüht habe, Furtwängler dazu zu bringen, ein größeres Werk aufzunehmen. Tatsächlich gelang es; 1937 wurde die Fünfte von Beethoven, 1939 Tschaikowskys Pathétique aufgenommen... Während des Krieges konnten Techniker von Telefunken Furtwängler überzeugen, daß sich doch bei den Aufnahmen einiges gebessert habe, und überredeten ihn, gewisse Werke aufzuführen. Ich sage absichtlich ›überreden‹, denn Furtwängler sträubte sich immer noch. Nun, diese Aufnahmen wurden etwas sehr Schönes, nämlich das Adagio der Siebenten Symphonie von Bruckner, Beethovens Cavatine Opus 130 und die Alceste-Ouvertüre von Gluck... Über Furtwänglers Beziehung zur Schallplatte muß einmal generell gesagt werden: Er war in vieler Hinsicht nicht daran interessiert. Seine Gedanken galten an allererster Stelle dem Komponieren, an zweiter Stelle wollte er gute Konzerte machen…; das waren die Dinge, die ihm am Herzen lagen. Er war allem Kommerziellen gegenüber von einer mehr passiven Einstellung.«[2] Verhängnisvoll, wenn diese ›passive Einstellung‹ nicht doch gelegentlich einer aktiven gewichen wäre, denn ohne den ›Tristan‹ von 1952, ohne die ›Lieder eines fahrenden Gesellen‹ (mit Dietrich Fischer-Dieskau), die Vierte von Schumann, die Große C-Dur-Symphonie von Schubert, Haydns Symphonie Nr. 88, Wagners ›Ring‹ von 1954 und die vielen vom Tonband überspielten Aufnahmen wüßte die junge Generation nicht, was es mit ihm, dem Phänomen, auf sich hatte. Die Schallplatte (und Kassette) ist heute das wichtigste Akzidenz, um Wilhelm Furtwängler im nachherein zu begreifen. Das Unverwechselbare, das Selbstvergessene, Eruptive, das Sinnliche und auch Virtuose scheint in hohem Maße konserviert und doch nicht tot, im Gegenteil: in mancher Attacke, in manchem ›großen Bogen‹ so lebensnah und gegenwärtig, als sei es weder vor Jahrzehnten noch von einem ›Intimus‹ des 19. Jahrhunderts realisiert. Gibt es die unvergängliche Wirkung eines nachschöpferischen Phänomens? Bei Furtwängler ja. Schoß seine Imagination auch zuweilen genialisch über das Komponierte hinaus, so band er doch alles wieder in den ›inneren Zusammenhang‹ ein. Mochten auch die Abgründe (in der Fünften und Neunten von Beethoven) noch so klaffen, verzerrte sich der Rhythmus, dehnte sich die Phrase, am Ende strömte alles – wie in einem tröstlichen Licht – zuhauf, in der Autorität und der ›Theologie‹ seines künstlerischen Anspruchs.

Da er der akustischen Vermittlung nicht übermäßig traute, machte er sich in den Endvierzigern auf die Reise, eine neue Generation zu erobern und die alte, die ihn längst in Fragen der Musik als oberste Instanz würdigte, erneut zu beglücken. Er reiste mit Beethoven, Bruckner und Brahms. Seine Interpretation der Werke dieser Meister wurde zum Kanon. Natürlich hatte er auch andere Kompositionen aufgeführt; aber man forderte von ihm die ›großen B's‹, für die er in seiner Zeit einstand wie kein anderer.

Da sich in Berlin mit den Philharmonikern nicht so ohne weiteres ein festes Reglement absprechen ließ und auch in

Wien offensichtlich die führenden Männer der Musikinstitutionen zögerten, ihm weitreichende Verträge zu garantieren, kam es, daß sich Furtwängler mehr und mehr an Salzburg klammerte, wo er seit 1948 Jahr für Jahr – bis zu seinem Tode – während der Festspiele in Erscheinung trat. Kokoschka hat von den ›Salzburger Jahren‹ Furtwänglers gesprochen. Und in der Tat verdient die letzte Schaffensperiode des Dirigenten diese Kennzeichnung. Drei Jahre hindurch stand er für den von Rennert und Preetorius realisierten ›Fidelio‹ ein, immer mit Julius Patzak als Florestan, 1948 mit Erna Schlüter und dann für zwei Saisons mit Kirsten Flagstad als Leonore. Die berühmte norwegische Hochdramatische war eine kluge Beobachterin der Szene und hat in einem Interview mit ›Svenska Dagbladet‹ die Ansicht vertreten, Furtwängler halte kraft seiner Autorität den ›Hühnerhof an der Salzach‹ zusammen, der immer wieder ›durch rabiat eindringende Marder und Frettchen‹ aufgescheucht werde. Dame Kirsten Flagstad: »Es gehört zu den Tugenden dieses bis ins Mark geplagten Künstlers, daß er jeden anhört und Tag und Nacht bereit ist, als Schlichter aufzutreten. Trefflich gelingt es ihm auch, die Avantgardisten, angeführt durch Gottfried von Einem, und den konservativen Paumgartner-Trupp von der Kampfbahn zu bringen und sie deutlich auf ihr letztlich doch wieder gemeinsames Ziel hinzuweisen. Wenn Furtwängler spricht, zum Beispiel im Mozarteum, hat er nicht nur junge Leute und Studenten um sich geschart, sondern ihm lauschen auch würdige Kammersänger und solche, von denen man annehmen sollte, daß sie schon alles über die Musik wüßten. Furtwängler ist ein Zauberer, der immer wieder neue, bestechend überzeugende Argumente aus seinem ›Hut‹ holt und mit seiner, dem Deutschen eigentümlichen Radikallogik, besticht. Dieser Mann, körperlich nicht sehr gefestigt, kompensiert die Schwächen auf geradezu heldische Art und Weise. Sie sind nicht da, er ignoriert sie. Und auch insofern ist er eine Ausnahmeerscheinung. Er spricht nicht nur über Musik, er verwaltet und belebt sie nicht nur, er lebt aus ihr. Und so ist es nur verständlich, wenn der Kraftbrunnen keine riesigen Ausmaße hat, sondern sich aus immer wieder den gleichen Elementen speist. Mit Furtwängler zu sprechen heißt, über Beethoven zu sprechen. Von Zeit zu Zeit auch über Wagner, um den wir uns im nächsten Frühjahr in Mailand bekümmern, aber es gibt eigentlich nichts im musikalischen Geschehen, das er nicht auf den großen Ludwig bezöge, der nicht nur für ihn eine Gnadensonne ist, wie man das manchmal so poetisch hört, sondern auch eine versengende, verbrennende, vernichtende. Er hat sich so sehr an diese deutsche Zentralfigur gekettet, daß er nicht mehr von ihr loskommt und ihr manchmal sogar über Gebühr verfallen ist, wenn er – zum Beispiel – im ›Fidelio‹ jedes Detail aufwiegt, als bestünde es aus kostbarstem Platin oder noch Wertvollerem. Ich habe immer meine Schwierigkeiten mit dem Schluß gehabt, der – wie ich denke – nicht so nahtlos zu dem Vorhergehenden paßt. Und ich habe ihm das auch unverhohlen gesagt. Aber das hat er nicht akzeptiert. Beethoven kann für ihn nichts falsch machen. Das ist der Absolute. Auf jeden Fall hat er in Salzburg die Sache um Beethoven so exemplifiziert, daß man auf lange Zeit hinaus nur nach seinem Muster wirken kann. Beethoven-Interpretation ist für die nächste Generation gänzlich an Furtwängler gebunden.«[3]

Den ›Fidelio‹ hatte Günther Rennert in dem düster, lastenden Bühnenbild von Preetorius inszeniert, der offenbar immer noch nicht frei von kunstgewerblichen Zutaten operierte und weder um Aktualisierung noch um eine aus dem Zeitgefühl heraus verständliche ideologische Abstraktion bemüht war. Er kam damit Rennert entgegen, der das menschliche Schicksal, das persönliche Leid, die zwischen Hoffnung und Verzweiflung hin und her gerissene Seele, die fast übermenschliche Liebe und Opferbereitschaft und den endlichen Sieg eines einzelnen gegen eine Welt des Hasses und der Gewalt herauszustreichen bemüht war. Das zeitlose Gleichnis gegenüber einer realistisch-politischen Dokumentation. Einfache Gestik, Unmittelbarkeit in Rede und Gegenrede, keine oratorische Erstarrung, um so mehr Zueinandersprechen, die Aufgliederung der Beethovenschen Form in dramatische Schlüssigkeit. Die Kritiker Furtwänglers stellten fest, daß er die Tempi ungemein verlangsamte: »Äußere Zeichen eines immensen Vergeistigungsprozesses.« Das Charakteristikum einer ultima maniera. Das wesentliche jedoch war, daß die betont verlangsamten Zeitmaße niemals den Zusammenhalt der einzelnen Teile störten, daß es nirgendwo einen ›toten Punkt‹ gab. So wie es breit, philosophisch-behäbig und dramatisch-motiviert floß, so kompakt war alles erfühlt und – im positiven Sinne – durchwühlt. Die Sänger mußten sich an diese Schwere und Verinnerlichung gewöhnen; mancher begriff es nicht, scheiterte, mußte ausgetauscht werden, sollte das musikalische Konzept nicht durch ›Unfertigkeiten‹ durchbrochen werden. Gewiß mußte sich auch Furtwängler erst ausprobieren, denn er hatte die Musik schließlich nicht in einem geschlossenen Haus zu erzeugen, sondern in der tückischen und für akustische Pannen berüchtigten Felsenreitschule, die 1948 von Oscar Fritz Schuh und Caspar Neher neben der 1937 errichteten Festspielbühne für die Oper gewonnen worden war (1953 kam der Hof der Residenz hinzu).

Am 27. Juli 1949 stellten Furtwängler, Schuh und Neher ihre ›Zauberflöte‹ in der Felsenreitschule vor, die viele Jahre hindurch als exemplarische Inszenierung galt. Der technischen Schwierigkeiten wurde man in der ersten Spielzeit nicht völlig Herr. Der Raum ›wuchtete‹ zu sehr, gab keine Atmosphäre für die volkstümlich feierliche Welt her. Heinz von Cramer schrieb damals: »Es gehört zu den Unwägbarkeiten echter und großer künstlerischer Intention, wie Wilhelm Furtwängler die Musik den Gesetzen des besonderen Raumes nicht unterordnet oder angleicht, sondern einfügt, verbindet, ohne irgendeinen Kompromiß von auch nur geringfügiger Eigenwilligkeiten oder Veränderungen. So trägt der Raum zwar die Musik, bleibt aber stets nur Fassung ihrer Kostbarkeit.«[4] Ein Jahr darauf waren diejenigen, die nach der Premiere gemeint hatten, Mozarts Oper sei in dem Freilichtraum restlos vergewaltigt worden, schon anderer Ansicht. Schuh und Neher gelang es, den sperrigen Raum zu überrumpeln. Die Krippen im Museo San Martino gaben ihnen Anregungen. Gefälliger und heiterer stellte sich nun das

Szenarium dar; durch naiven, bunten Glanz, ›der orientalisch-christlich in einem wirkte‹ (Schuh), wurde das Monumental-Pathetische reduziert. In der ›Weltpresse‹, Wien, hieß es gar: »Von dieser Inszenierung an hat ein neues Kapitel in der Theatergeschichte begonnen, und ihr könnt sagen, ihr seid dabeigewesen!«[5]

Bevor im Juli 1950 der ›Don Giovanni‹, ebenfalls von Schuh inszeniert, Furtwänglers Salzburger Mozart-Repertoire glanzvoll erweiterte, hatte er an der Scala in Mailand den ›Ring des Nibelungen‹ aufgebaut und vorgestellt und damit nach fast zehn Jahren erstmals wieder die Tetralogie – im wahrsten Sinne des Wortes – in Angriff genommen. Der Regisseur war Otto Erhardt, kein so gewichtiger Entdecker und Reformer wie Rennert oder Schuh, aber doch mit der Materie vertraut. Ausführlich hat er über die Zusammenarbeit mit Furtwängler berichtet und dabei durchblicken lassen, wie sehr doch das ganze schwierige Unterfangen von den Ansichten und Forderungen des Dirigenten geprägt war: »In bezug auf die Bühnengestaltung beharrte Furtwängler auf seiner Vorstellung der bildhaften Illusion; beileibe kein Ausstattungsstück, keine Häufung, kein Nebeneinander, aber doch eben Bühnenbild, nicht Bühnenraum... Furtwängler war mit Stilisierung insoweit einverstanden, als sie begründet und organisch geschah und Wagners klarem und richtig verstandenem Willen entsprach. Immerhin kam er von gewissen gegenständlichen Naturvorstellungen nicht los, zum Beispiel schwebte ihm für die Walhall-Szenen in ›Rheingold‹ sowie für einige Pleinair-Szenen der ›Götterdämmerung‹ die Dolomitenlandschaft vor. Es wurde dann, im Verein mit Nicola Benois, eine Lösung gefunden, die zwar nicht kompromißlos war, aber doch ermöglichte, daß das Licht sich ›musikalisch‹ auswirkte, die Darsteller so in den Raum gestellt werden konnten, daß ihre Körper zu vollem Aufschwingen gelangten, ihre Empfindungen sich zu plastischem Gebärdenspiel reflektierten.«[6]

Die hochkarätige Besetzung, die schon vor den Aufführungen enthusiasmierte internationale Presse, vor allem aber das ›Wie‹ der Inszenierung und der musikalischen Gestaltung hatten einen jungen Mann in die Hauptprobe gelockt, der unverkennbar zur ›atridischen‹ Sippe der Wagners gehörte: Meister-Enkel Wieland, ›Meistersinger‹-Bühnenbildner von 1943 und mit seinem Bruder Wolfgang nach Beendigung der wahren Commedia dell'arte um Mutter Winifreds ›Entnazifizierung‹ Präzeptor für die Nachkriegsfestspiele. Furtwängler wußte, was sich in den vergangenen fünf Jahren rund um den ›lieblichen Hügel‹ abgespielt und wer sich alle um die Weiterführung des Festivals bemüht hatten. War nicht sogar Thomas Mann im Gespräch gewesen? Der phantasiebegabte und diplomatisch geschulte ›Erbe‹, das war nach diversen Statements von diesem klar, strebte eine komplette szenische und musikalische Erneuerung an. Muff und Mief und Reichsparteitagsatmosphäre sollten aus dem hehren Tempel des Großvaters verbannt werden. Entmythologisierung hieß das neue Schlagwort. Kaum ausgesprochen, war es von übereifrigen Proselyten (wie Schadewaldt und Bloch) schon einfixiert worden in die Lehre vom Neuen Bayreuth, die in vielem – wie sich erst später herausstellen sollte – eine Fortsetzung der alten, lediglich mit umgekehrten Vorzeichen, war. Den braunen Mief aus den Seiten-›Thüren‹ und Bühnenportalen hinaus, Arno Breker durchs Hauptportal hinein, den Kopf des Ganzen aus hochkarätigem Marmor zu schlagen.

Abhängig von den ›Ewiggestrigen‹, die – nach wie vor – alle wesentlichen Wirtschaftspositionen besetzt hielten und das Spendenaufkommen und damit den Etat für Bayreuth garantierten, blieb das Unternehmen Hügel allemal; nicht totzukriegen das Unkraut, das über die Brüstungen der Familien-Loge wucherte und von Kennern mit dem Gattungsnamen Himmler, Göring, Wolf oder (Panzer-)Meyer belegt wurde. Empfingen Wieland und Wolfgang vor dem Kaiser-Portal die im Geschwader von ›Weißen Mäusen‹ herbeigekarrten Statthalter der bundesdeutschen Demokratie, ließen sich im Dienstboteneingang Mutter Winifred und ihre Töchter die Hand von den Nachfahren der Nazi-Verbrecher und emeritierten Generäle küssen. Aber nach außen hin tat Wieland so, als sei das Bayreuth von ehedem mausetot.

Das ließ er auch in Mailand verkünden, wo er sich lautstark über die hausbackene und an frühere Inszenierungsschemata angelehnte Inszenierung des ›Rings‹ durch Otto Erhardt mokierte, die – wie er genau wußte – Furtwängler bis ins Detail beeinflußt hatte. Was sich in La Scala abspielte, das wolle er in Bayreuth um jeden Preis vermeiden. Höchst unklug, dergleichen dem auf solche Einschläge empfindsamst reagierenden Doktor Wilhelm direkt ins Gesicht zu sagen, ihm im gleichen Atemzug das neue, revolutionäre Konzept seiner Regieleistungen zu offenbaren und dann doch zu wagen, den ›Altmeister‹ für das kommende Eröffnungsjahr einzuladen. ›Meistersinger‹ und ›Ring‹ stünden für ihn offen. Nicht genug damit! Ehe Furtwängler überlegen und antworten konnte, ward ihm zur Kenntnis, daß neben ihm Herbert von Karajan den Takt schlüge, so daß – wie in Salzburg – die beiden besten Dirigenten der Welt in gerechter Arbeitsteilung den musikalischen Hort Wagners zu erstreiten hätten. Sofern der Doktor käme, würde Knappertsbusch wieder ausgeladen. Mit ihm und ›Herbert von‹ dürfte es sein Bewenden haben.

Ein mit Dynamit gefülltes Paket, das der Wagner-Enkel dem ›großen Alten‹ überreichte. Und noch ehe es entschnürt, war's auch schon detoniert, so laut, daß alle Welt es hörte. Knappertsbusch wäre keine Konkurrenz für ihn gewesen, aber der ›andere‹...! Mit dem gab es ja auf der Salzburger Szene schon die heftigsten Troubles. Warum den ›Widerstreit‹ auch noch an den ›lieblichen Hügel‹ übertragen! Eine Neueinstudierung und dann die Aufführung mit Karajan teilen zu müssen, das könne man von ihm nicht verlangen. Ein Affront sondergleichen. Was der Enkel denn damit gemeint habe, als er der Presse verkündete, die ›alte Garde‹ werde rücksichtslos in die Wüste geschickt, da sie das Festival in nationalsozialistische Abgründe, in Elend und Abhängigkeit geführt... Ob auch er so ein ›Gardist‹ gewesen, der nun womöglich nur noch aus dem Grunde am Hügel gebraucht werde, weil er seine treue Anhängerschaft herbeilocke, auf die man als potente Kartenkäufer zähle? Wieland wand und drehte sich, bedauerte, zu forsch vorgegangen zu sein, und schloß am Ende mit Doktor Wilhelm einen Kompromiß: Unabhängig von den szenischen Aufführungen sollte der am 29. Juli – sozusagen als erneute Grundsteinlegung – Beethovens Neunte dirigieren, ein Weiheakt, wie er Wagner gewiß zugesagt haben würde. Und so geschah es denn auch. Neben dem Chor und dem Orchester der Bayreuther Festspiele unterstrich die Präsenz von Elisabeth Schwarzkopf, Elisabeth Höngen, Hans Hopf und Otto Edelmann den Rang dieses ›historischen‹ Ereignisses. So kam Furtwängler mit dem ›anderen‹ überhaupt nicht ins Gedränge. Nicht einmal mehr in Salzburg, wo sich – nach dem Bericht von Robert C. Bachmann – folgendes begeben hatte: »In Salzburg gibt Karajan im Sommer 1949 noch zwei Konzerte, aber am Opernpult ist er plötzlich unerwünscht. Was ist geschehen? Furtwängler, ganz der alte, eifersüchtige und alles andere als großherzige Mensch, wenn es um so handfeste Interessen wie Festspielverpflichtungen und Nutzung eines Vorteils geht, hat der Festspielleitung zu erkennen gegeben, daß er eine Bevorzugung oder Gleichstellung Karajans nicht duldet. Als Leiter der Wiener Philharmoniker, die in Salzburg als Opern- und Konzertorchester wirken, hat Furtwängler bei den Österreichern leichtes Spiel: Sie machen die üble Tour aus Rücksichtnahme, und um den Meister nicht zu verärgern, mit. Karajan ist kaltgestellt.«[7] Karajan weicht nach Bayreuth aus, wo er allerdings auch nicht reüssiert. Schon 1952 hat er sich restlos mit Wieland überworfen, dessen Inszenierungen ihm nicht behagen.

Was sich in Salzburg vollzieht, kommt fast zur gleichen Zeit in Berlin zum Tragen. Daß die Philharmoniker an der Spree ohne ›ständigen Dirigenten‹ sind, erregt nicht nur die Presse. Die unerhörte Ausweitung seiner internationalen Verpflichtungen lassen es Furtwängler zunächst nicht geraten erscheinen, den Posten des Chefdirigenten erneut zu übernehmen. Viermal wolle er pro Anno zur Verfügung stehen, mehr leider nicht. Das teilt er im Frühjahr 1949 dem Orchestervorstand mit, dem er beiläufig rät, sich einen Intendanten zu wählen und im übrigen mit Celibidache auszukommen, der ja auch bisher die Kärrnerarbeit gemacht habe. Damit ist man keineswegs zufrieden. Es werden Stimmen laut, Furtwänglers Vorschläge in Zukunft zu ignorieren und sich nach einem anderen Chef umzusehen. Wie von ungefähr verfällt man auf Herbert von Karajan, dessen Agenten unermüdlich tätig sind und keine Gelegenheit auslassen, die hohe künstlerische Qualität ihres Klienten aufs Tapet zu bringen. Das müßte doch der rechte Mann im Zuge der angestrebten »Aktivierung der Philharmoniker« sein, von der fast täglich in den Gazetten die Rede? Fast ein Jahr hindurch geht das Geplänkel zwischen Orchestervorstand und Furtwängler hin und her, der bald dies auszusetzen hat, bald das, der darauf herumreitet, wie sehr ihm die ehemalige Reichshauptstadt mit der leidigen Entnazifizierung zugesetzt, und der alle Kollegen, die an seiner Stelle als Chef der Philharmoniker vorgeschlagen werden, kurzerhand abserviert. Nicht Jochum, nicht Keilberth, noch jüngere schon gar nicht. Und dann fällt der Name Karajan. Furtwängler entdeckt das ›entsetzliche Ausmaß der Konspiration‹ hinter seinem Rücken. Am 28. Februar 1950 schreibt er an den Orchestervorstand: »Der einzige Kollege, gegen den ich etwas einzuwenden habe, ist allerdings Karajan. Daß er bei Ihnen in Berlin dirigiert, dagegen ist selbstverständlich nichts zu sagen. Zum Reisen möchte ich ihn aber nicht empfehlen.«[8] Und schon gar nicht als Chef! Postskriptum: »Was Karajan betrifft, so besteht natürlich nach wie vor, entgegen dem, was die Presse brachte, keinerlei Rivalität von meiner Seite ihm gegenüber. Wie käme ich auch dazu, anders ist es leider von seiner Seite. Er hat verhindert, daß ich in Wien für das von den Wiener Philharmonikern vorgesehene Bachkonzert mir den Chor für die Matthäus-Passion von der Gesellschaft der Musikfreunde zur Verfügung gestellt wurde, und diese hat ihm nachgegeben, da sie bei ihrem großen Bachfest auf ihn angewiesen ist.«[9]

Das gibt Schelte. Innerhalb der Berliner Philharmoniker schlägt die Stimmung um. Die ›Menkenken‹ des ›Alten‹ gehen den meisten Musikern auf die Nerven. Sie drängen den Orchestervorstand, dem Doktor eine endgültige Entscheidung abzuzwingen. Der laviert sich durch die Zeiten, verhandelt mit Karajan und poussiert Furtwängler, heute so, morgen so. Im März 1951 läßt man den Doktor wissen: »Ihr Standpunkt, daß man Herrn von Karajan nicht anders als andere berühmte Dirigenten behandeln soll, läßt sich aber wahrscheinlich nicht ganz durchsetzen. Da in Berlin durch Ihr Fernbleiben in der nächsten Spielzeit eine große Lücke entstehen würde, muß man versuchen, diese Lücke, soweit dies möglich, zu füllen. Das Publikum braucht Namen, und ein Name ist ja Herr von Karajan.«[10] Daraufhin ändert Furtwängler geschwind seine Pläne und stellt sich für vier Konzerte zur Verfügung. Außerdem zelebriert er Beethovens Neunte zur Einweihung des Schiller-Theaters am 5. September 1951.

Ihm gelingt es, Karajan auch an der Spree kurzzuhalten, was nicht immer recht stilvoll geschieht. Da die Antwortbriefe auf vorsichtige Anfragen des Orchestervorstands und des neu bestellten Intendanten immer zorniger und rüder ausfallen, entzündet sich Gegenkritik, die sich schließlich in einem ›offenen Wort‹ entlädt: »Sie haben nicht nur Rechte, sondern auch Pflichten! Ihr Philharmonisches Orchester betrachtet Sie noch immer als seinen obersten Chef, was völlig verständlich ist, da Sie für diesen herrlichen Klangkörper der geeignete Repräsentant sind. Leider muß man aber immer wieder feststellen, daß Sie diese Position nur noch nominell innehaben und Sie recht wenig dafür tun, diese Ihre Stellung auch nach außen hin zu dokumentieren. Sie legen zwar größten Wert darauf, an der Auswahl der Dirigenten, die während einer Saison an der Spitze dieser Musikergemeinschaft wirken, maßgebend beteiligt zu sein, ja, es geht sogar so weit, daß, wenn ein Dirigent erkrankt ist und ein Ersatz gefunden werden muß, man erst Rückfrage bei Ihnen hält, ob der vorgeschlagene Dirigent auch Ihren Wünschen entspricht, wie wir das jüngst bei der ›Matthäus-Passion‹ erleben mußten. Das wäre an sich Ihr gutes Recht, wenn Sie den Schwerpunkt Ihrer Tätigkeit nach Berlin verlegen würden, das heißt, die Leitung von etwa zehn Konzerten übernehmen und sich damit das Primat über die Ihnen unterstellten Musiker sichern würden...«[11]

Furtwängler denkt nicht daran. Als er sich dazu durchgerungen hat, Versäumtes aufzuholen und sein Renommee an der Spree zu retten, als die Gestalt Karajans als eines potenten Nachfolgers immer gewaltiger vordrängt, schlägt ihn die Krankheit nieder, die seine Gesamtsituation verändert und seine zukünftigen Tätigkeiten gründlich überdenken läßt. Die Angst, den vielfältigen Aufgaben auf Dauer nicht gewachsen zu sein und womöglich irgendwann einmal zu kollabieren, hat ihn schon Ende 1949 gepackt. Aus vagen Andeutungen in Briefen an Intimfreunde darf man diesen Schluß ziehen. Es war eine der Unarten von Frank Thieß, bei der Auswahl der Briefe immer die auszulassen oder einzukürzen, denen auch private Konstellationen hätten entnommen werden können. Der Privatmann Furtwängler entschlüsselt sich ungemein schwer; es gibt nur seltene Mosaiksteinchen, die oft auch nicht zusammenpassen, sein Sosein zu ermitteln. Wortkarg schwieg er sich meist über seine innersten Gefühle aus, und die ihn gut kannten, haben auch nicht dazu beigetragen, ein ordentliches Psychogramm von ihm zu entwerfen. So können wir nur davon ausgehen, daß er, schwächlicher Konstitution im Alter, dem unerhörten Streß in keiner Weise gewachsen war. Schlimmer als Karajan in seinen aktivsten Zeiten, hat er schonungslos drauflosgewirtschaftet. Ein Getriebener, ein Rastloser, als gelte es, in einem nicht enden wollenden späten Genieflug der Welt immer wieder seine Unersetzlichkeit, seine Heldenhaftigkeit, seine Wirkungsbreite zu demonstrieren. Wo war Furtwängler Mensch, wann war er es?

Nur dort sagte er ab und wich er aus, wo er ernsthafte Kollisionen fürchtete. Zum Beispiel in Bayreuth. An Gottfried von Einem schrieb er im April 1950: »Sie wissen, daß ich Salzburgs wegen die musikalische Leitung der Bayreuther Festspiele, die mir mehrmals aufs dringlichste angeboten wurden, abgelehnt habe. Ich habe das getan, weil mich die künstlerischen Aufgaben Salzburgs mehr interessieren. Daraus aber anzunehmen, daß ich Salzburg ›nötig hätte‹, wie Sie es in Ihrem Brief ausdrücken, ist ein Irrtum. Wie weit Salzburg mich nötig hat, lasse ich dahingestellt. Daß ich persönlich aber weder die Teilnahme in Salzburg noch an irgendwelchen Festspielen ›nötig‹ habe, möchte ich nachdrücklich betonen. Wenn ich überhaupt einen Ehrgeiz habe, so ist es der, gute Musik zu machen, nicht aber bei Festspielen oder sonst irgendwo eine Rolle zu spielen.«[12]

Bayreuth und Wagner waren für Wilhelm Furtwängler zweierlei. Die Institution, von wem auch immer geführt, war für die Realisierung der Musikdramen nicht von ausschlaggebender Wichtigkeit. Im Programmheft zum ›Tristan‹ an der Städtischen Oper Berlin im Dezember 1950 (Inszenierung: Heinz Tietjen, Bühnenbild: Emil Preetorius) wandte sich Furtwängler dagegen, alles, was den ›Meister‹ anbeträfe, nur durch die ›Bayreuther Brille‹ zu sehen. Was sich für den Hügel als gut erwiesen habe, sei meistens von außen herangetragen worden. Gerade Tietjen und Preetorius hätten wie er, doch mehr als ein Jahrzehnt hindurch von Berlin aus den ›Bayreuther Stil‹ geprägt. Und nicht umgekehrt sei's gewesen. Dem Mailänder ›Parsifal‹ vom März 1951 (Regie: Otto Erhardt, Bühnenbild: Nicola Benois) attestierte er eine ›glückhafte Italianità‹. Da sei nichts von der ›bisweilen sterilen Frömmigkeit‹ des fränkischen Festspielhauses eingedrungen, sondern ›der Impuls von Siena ohne Umweg über Bayeuth verstanden worden‹.

Häufig zog er die ›ersten‹ Salzburger Künstler mit an La Scala. Hilde Güden zum Beispiel, die im ›Parsifal‹ die Blumenmädchen anführte und gleich darauf die Glucksche Eurydice in der ›Orfeo‹-Inszenierung Carl Eberts sang. Anni und Hilde Konetzni schätzte er besonders und die herrlich weibliche Martha Mödl, die immer mit dem ganzen Körper sang und sich genauso gründlich verausgabte wie er selber. Sie war seine Kundry und sollte seine ›unübertroffene‹ Brünnhilde werden.

Von Mailand im Gefolge der Berliner Philharmoniker nach Kairo mit sechs verschiedenen Programmen. Über Alexandria zurück nach Neapel, dann Rom, Bologna, Turin, Paris..., über die westdeutschen ›Dörfer‹ nach Hamburg. Von dort nach Wien, am 16. Juni ›Tristan‹-Premiere in Zürich (Regie: Rudolf Hartmann, Bühnenbild: Max Röthlisberger,

Hauptsänger: Kirsten Flagstad und Max Lorenz), vier Wochen darauf Beethovens Neunte in Bayreuth, anschließend Salzburg (fünfmal ›Zauberflöte‹, fünfmal ›Othello‹, ›Die Lieder eines fahrenden Gesellen‹ und die Neunte mit Irmgard Seefried, Sieglinde Wagner, Anton Dermota und Josef Greindl), zwischendurch Luzerner Festwochen mit einem Weber-Bartók-Beethoven-Programm und Szenen aus der ›Götterdämmerung‹ (Astrid Varnay, Max Lorenz und Josef Greindl). Der aktivste Festspielsommer Furtwänglers!

Wenn er auf das zurückblickte, was er in den beiden vergangenen Jahren in Salzburg geschaffen hatte, so fand er sich am ehesten in den Neueinstudierungen des ›Don Giovanni‹ und des ›Othello‹ bestätigt. Schuh war Mozart in unkonventioneller Weise auf der Spur, sparte die Giocoso-Sphäre weithin aus und ließ bewußt werden, daß es sich beim ›Don Giovanni‹ um das bedeutendste Eros-Drama der Literatur vor dem ›Tristan‹ handelt. Er inszenierte das Gleichnis vom Bösen in der Welt, das sich selbst vernichtet. Keine Schurken-Komödie im Stil spätbarocker Mantel- und Degenstücke, sondern der Versuch, zum archetypischen Kern des Ganzen vorzustoßen, woran die ungefügen Dekorationen Clemens Holzmeisters hinderten, die der Regisseur in Bausch und Bogen ablehnte. Caspar Neher entwarf die Kostüme. Der uneinheitliche Stil wurde denn auch in den meisten Kritiken moniert. Zwei Jahre später formte Holzmeister die Szenerie in eine ›Don Giovanni-Stadt‹ um, wodurch er die gesamte Breite der Bühne nutzte. Aber das hatte den Nachteil, daß die Aktionen weit außen an den Seiten völlig isoliert wirkten. Die Simultanbühne erfüllte lediglich ihren Zweck bei der Filmaufzeichnung, die Furtwänglers Anteil an der Produktion leider durch technische Handicaps schmälert. Das über Gebühr zurückgenommene Orchester und die ›verstärkten‹ Stimmen schaffen ein seltsames, von dem Dirigenten nie beabsichtigtes Gefälle.

Die Hinwendung zu Verdi kam für viele überraschend. Seit Toscaninis ›Falstaff‹ (1935) gab es eine ausgeprägte italienische Tradition, doch nie zuvor hatte ein deutscher Dirigent zu dem Image Salzburgs als eines ›Verdi-Bayreuths‹

beigetragen. Was Furtwängler an dem Spätwerk Verdis reizte, war die hochorganisierte Form des Stückes als Trägerin der subjektiv lyrischen Einzelmelodien, die nie etwas Schablonenhaftes an sich haben, sondern in geistvoller Pointierung und untheatralischer Leidenschaft Erinnerung und Erwartung, Kontrast und Nähe artikulieren. Die ›wahre‹ Musik ergötzte Furtwängler, diese grandiose Partitur, in der nichts Untriftiges und Schwächliches zu entdecken ist. Manche Kritiker, an straffe Zeitmaße der Italiener gewohnt, konnten sich mit Furtwänglers Deutung nicht sogleich abfinden, wenn sie auch seine mitreißende Diktion registrierten, aber es war ihnen en detail zuviel ›Deutsches‹ im Schwange: durch nichts zu beglaubigende Dehnungen und Spreizungen, unlogische Facettierungen und Überhöhungen einzelner Phrasen, was wenig zum Fluß der Dinge beitrug. In der Wiener ›Weltpresse‹ stand zu lesen: »Wilhelm Furtwängler zelebriert Verdis Oper, die bei ihm kein Othello con brio, sondern ein Othello ma non troppo wird. Statt der großen südlichen Weise von Liebe, Eifersucht und Tod hören wir ein deutsches Requiem auf ein Heldenleben... All dies hinderte das Publikum nicht am Genuß schöner Stimmen. Ramon Vinay ist der ideale Sänger und Darsteller des Mohren...«[13] Andere Kritiker meinten, Furtwängler habe Verdi wie Wagner dirigiert und das Pathos der Resignation zu naturalistisch in Erscheinung treten lassen. Doch er war stolz auf seine Leistung und konnte es sein. Auf uns ist per ›Raubpresse‹ ein Mitschnitt der zweiten Salzburger Aufführung überkommen. Welch eine visionäre, nervige, virile und zugleich tiefmelancholische und alle Dimensionen des Dramatischen ausschöpfende Deutung! »Was willst du – ich bin eben ein Tragiker!« Dieses in jungen Jahren herausgeschleuderte ›imperative‹ Bekenntnis galt auch im Alter, da sich die Fähigkeit, ›ein Schicksal sprechen zu lassen‹, noch verintensivierte. Mancher vermißte das Artistisch-Brillante, das natürlich auch in der ›Othello‹-Partitur steckt, aber das herauszukehren war ihm zu wenig. Das genügte ihm – im anderen Fall – auch bei Tschaikowsky nicht, wenn er das von Kollegen ruchbar gemachte Parfüm der Salons ignorierte und statt dessen in die Attitüde des Weltschmerzes verfiel und Schwermut und Tragik signalisierte, wo sonst Sentiments gebündelt und zu geschmacklosen Kitschbergen getürmt wurden. Selber eine Anima naturaliter tragica, vermochte er den Auftrag des wahrhaft künstlerischen Menschen nur in Kampf und Auseinandersetzung zu sehen. Und so war sein ›Othello‹ gewiß weniger an Wagner und seiner positivistischen Einstellung zu Macht und Dualismus, Ekstatik und Idealismus orientiert als an Beethoven, dem er als Substrat des Schöpferischen das Tragische abnahm und damit sein Lebensgefühl grundierte.

Als hätte es ihm nicht genügt, seinen Drang zur Ausage am Pult zu stillen, setzte sich Furtwängler immer wieder in den kargen Pausen an den Schreibtisch, seine Ideen und Vorschläge auch schriftlich zu fixieren. Und seine vielschichtigen Erfahrungen. Er verstand sich, je älter er wurde, nicht nur als Vermittler zwischen Generationen, sondern als letzter Deuter einer mit ihm endenden Epoche in der Musikgeschichte. Daß es so war, hielt er sich immer wieder vor Augen. Und er redete darüber, wenn er – wie im Juni 1950 und im Februar 1951 – in der Berliner Hochschule für Musik mit Studenten diskutierte. Werner Egk, der diese Kolloquien mit Furtwängler (und mit Hindemith) erfunden hatte, wünschte sich auch in den nächsten Jahren solche ›offenen Dialoge‹ zwischen Doktor Wilhelm und der akademischen Jugend, es waren sogar Disputationen mit Theodor W. Adorno angesetzt, der größtes Interesse daran zeigte, ›mit dem letzten noch lebenden Romantiker der Musik‹ zu streiten und zu argumentieren, doch dazu kam es nicht. Im Winter 1951/52 häuften sich die Konzertverpflichtungen so sehr, daß ein Kritiker der ›Welt‹ dafür plädierte, aufzuzeigen, wo Furtwängler ›nicht sei‹. Dieses mache es den Beobachtern auf seiner Fährte denkbar einfacher. Beethovens Sechste und Neunte und die Vierte von Brahms standen bevorzugt auf seinen Programmen. Mit den Wiener Philharmonikern reiste er im Oktober kreuz und quer durch Deutschland und die Schweiz, Abstecher nach Paris. Als er im Januar wieder nach Berlin kam, erboste er sich gründlich über einen Philharmoniker-Film, der unter dem Titel ›Botschafter der Musik‹ in verschiedenen Kinos angelaufen war. Den Initiatoren und Produzenten hatte er sich in der Phase der Realisierung versagt – wie seinerzeit dem von Goebbels bestellten Team für den Propagandafilm über das Berliner Orchester. Doch die Orchestervorstände gaben nach Bitten des Kultursenators Tiburtius, der sich viel von dem Projekt versprach, eine Probenszene mit Furtwängler frei, die dann in das Geschehen – problematisch – eingefügt wurde. In ›eindrucksvollen Großaufnahmen‹ sah man ansonsten Bruno Walter und Sergiu Celibidache. Hans Heinz Stuckenschmidt schrieb in ›Die Neue Zeitung‹: »Wozu eigentlich das alles? Den Berliner Philharmonikern wird der Film nicht nützen. Als Spielfilm wird er kaum Publikum finden. Und obendrein unterstützt er die groteske Alleinherrschaft des Kapellmeisters in unserem entgeisterten Musikbetrieb, statt wirklich einmal die Bedeutung des Orchestermusikers zu schildern.«[14] Der Meinung war auch Furtwängler. Sein Protest nützte. Der Film wurde schleunigst abgesetzt.

Nicht nur die ›Übergehung‹ in Sachen Philharmoniker-Film verschnupft Furtwängler, er fühlt sich auch bei den Verhandlungen über einen notwendig zu bestellenden Intendanten für das Orchester – von ihm selber angeregt – hintangesetzt. Der Kandidat Eduard Lucas ist in keiner Weise nach seinem Geschmack, zumal sich dieser demonstrativ ›Karajan-freundlich‹ zeigt und pro Saison zwei Zyklen für ›Herbert von‹ herausschinden will. Die Amtsdauer des Herrn Lucas ist nur kurz. Er wird im Juni 1952 von Gerhart von Westerman abgelöst, der schon in der Nazizeit für die geschäftlichen Belange der Philharmoniker einstand. Diese Berufung stößt natürlich auch auf Widerspruch, und man schiebt Furtwängler in die Schuhe, den ›alten Genossen‹ favorisiert zu haben. Über alle Entscheidungen und Aktionen wacht als oberste Instanz Joachim Tiburtius, mit dem sich Doktor Wilhelm denkbar schwertut. Unter seinen Nachlaßpapieren befinden sich mehrere Briefentwürfe an den ›linken‹ Senator, die davon künden, wie unbequem dieser Politiker dem Dirigenten war. Auch Tiburtius machte aus seiner ›gewissen‹ Antipathie keinen Hehl. Er fand, daß an die Spitze der Philharmoniker ein Jüngerer gehörte, und wie der von ihm in den Sattel gehobene Lucas plädierte er ohne Umschweife für Herbert von Karajan. Von Furtwängler auf diesen ›leidigen Umstand‹ hingewiesen, zog sich der Senator damit aus der Affäre, daß er mitteilen ließ, er habe ›nur mal laut gedacht‹. Natürlich besitze Doktor Wilhelm Vorrechte, und so lange er lebe...

Den Querelen und Imponderabilien entzog sich Furtwängler im Frühjahr 1952 durch ausschließliche Tätigkeit im Süden. Mit dem Orchester der RAI spielte er die Dritte, Fünfte und Sechste von Beethoven ein und den ersten Akt der ›Walküre‹ (Günther Treptow, Hilde Konetzni, Otto von Rohr), um dann in Wien die alte Wymetal-Rollersche ›Walküre‹ aufzufrischen und am 30. Januar einen neuen ›Tristan‹ (Regie: Josef Witt, Bühnenbild: Robert Kautsky) herauszubringen. Im Februar ›Meistersinger‹ an La Scala. Regisseur Otto Erhardt: »Die sechs Aufführungen wurden wahre Feste des Musiktheaters für die Mitwirkenden, für das Publikum, für die Kritik. Nicht als ob diese an einzelnem nichts auszusetzen gehabt hätte – das Ganze wurde als überwältigende Manifestation, die Leistung Furtwänglers wie ein generöses Geschenk gewertet. Zum ersten Male an der Scala sangen auch die Chöre das exemplarische Werk der deutschen Oper in der Originalsprache – es ist nicht leicht gewesen, dieses durchzusetzen –, zum ersten Male wurde die Partitur vollständig – dies war die unabänderliche Forderung des Dirigenten – ohne Auslassen auch nur eines Taktes wiedergegeben. Die liebevolle Art seines Studierens mit den Sängern, die innige Arbeitsgemeinschaft bei den Szenenproben in ›Sala gialla‹ oder ›Sala rossa‹ und auf der Bühne sind unvergeßliches Erlebnis geworden. Dann stand der hochragende Mann mit dem nun fast weiß gewordenen Haupte eines seherischen Rhapsoden über fünf Stunden am Pult, in jedem Augenblick geistesgegenwärtig hellhörend und doch eingesponnen in holden Wahn, der sich unter dem magischen Stab in blühenden Klang verwandelte. Die Zeitmaße waren, unbeschadet des komödienhaften Einschlags, im allgemeinen breite und besinnlich gedehnte, wo es sich um die Behäbigkeit der Zünftler und die behaglich-selbstbewußte Bürgerlichkeit handelt. Der glühende Zauber der ›Johannisnacht‹, wie überhaupt das kontinuierlich Poetische seiner Meistersingerweis' – unwahrscheinlich zart im Fliedermonolog, berückend schön beim ›Quintett‹ –, waren unnachahmliche Kostbarkeiten. Mit musterhafter Ordnung im Chaos wurde die ›Prügelszene‹ bewegt, in herzhaften Holzschnitt-Humor die ›Schusterstube‹ eingefaßt. Auf der ›Festwiese‹ (zu der 500 Personen aufgeboten waren) zogen die Zünfte mit derber Lustigkeit auf, tanzten die Lehrbuben mit den Mädels aus Fürth in wiegender Gemächlichkeit (eines seiner durchdachten Spezial-Tempi!), schritt der ›Aufzug der Meistersinger‹ mit gewichtiger Pracht einher. Mit ›Ehrt eure deutschen Meister‹ ließ er frohgemut das Werk in festlichem Glanz ausklingen. War man während der Aufführung wie benommen vom schönen Übermaß des Musizierens, so herrschte am Schluß allgemeiner unbeschreiblicher Jubel. Bedeutsamer war die stille Ergriffenheit der wenigen, zu denen auch Josef Herrmann, der Hans Sachs, gehörte. Er sagte ungefähr: ›Sind wir nicht Bevorzugte, daß wir diesen Mann am Werke hören und sehen dürfen! Das, was er gibt, gibt es nicht wieder.‹«[15]

Erst im April sehen ihn die Berliner wieder, denn zuvor hat er noch weitere Aufnahmen bei der RAI absolviert und in Wien die ›Matthäuspassion‹ geleitet. Zwanzig Abende umfaßt die Philharmoniker-Tournee quer durch Deutschland. Zweimal begeistert er die Pariser. Im Mai feiern er und seine ›Fans‹ an der Spree ein Wiedersehen mit Menuhin, der Mendelssohns und Beethovens Violinkonzert spielt. Dritter Akt ›Götterdämmerung‹ in Rom, zwei Konzerte in Turin und die ›Walküre‹ in Zürich. Dann die Einspielung des ›Tristans‹ für ›His Master's Voice‹ in London mit dem Philharmonia Orchestra, dem Chor von Covent Garden, Kirsten Flagstad als Isolde, Ludwig Suthaus als Tristan und Blanche Thebom als Brangäne. Marke: Josef Greindl, Kurwenal: Dietrich Fischer-Dieskau, Seemann und Hirt: Rudolf Schock, Melot: Edgar Evans und Steuermann: Roderick Davis. Während der

Aufnahme der einzelnen ›Takes‹ macht Furtwängler einen verspannten Eindruck. Die Flagstad fragt ihn, ob ihm etwas fehle. Er antwortet: »Ja... quäle!« Die größte Todesnähe, die jemals in der Musik Ausdruck wurde, scheint ihn zu beängstigen. Suthaus stellt fest, daß der Doktor »plötzlich in sich hineinhorchen kann« und im Liebesduett »sehr viel nachsichtiger« geworden ist. Dann aber, wenn das Orchester allein etwas zum Sagen hat, verfällt er in einen aufpeitschenden, stark hervortretenden, ja harten Rhythmus, als gelte es der Todesmüdigkeit in den akkordischen, rhythmisch zögernden Adagios der Nacht Paroli zu bieten. Noch löscht das Licht nicht aus, aber der Dirigent scheint vor dem Gedanken zu erschauern, daß alles seine Grenze hat. Er redet über Schopenhauer, wenn er überhaupt redet, und darüber, daß man nicht kleinlich sein dürfe, wenn man dem Leben ›das Ganze‹ abfordere. Erst im nachherein wird manchem deutlich, daß sich der Mensch Furtwängler in einer Krisis befindet und daß dieser ›Tristan‹ eine Art Gratwanderung geworden ist: falle ich oder falle ich nicht. In keiner anderen Wagner-Aufnahme von ihm ist dieser fragend-bohrende Unterton – selbst wenn die Klänge im Versinken stillzustehen scheinen – herauszuhören. Einem der englischen Konzertmeister schreibt er nach Beendigung der Studio-Arbeit ins Stammbuch: »Jeder Schritt bedeutet Tod!«

Offenbar war Furtwängler in depressiver Stimmung, als er in Salzburg eintraf, um mit den Proben zu ›Figaros Hochzeit‹ zu beginnen. Völlig abgekämpft, mager, von Schlaflosigkeit und Appetitmangel gequält. Auch über einen Husten, der sich nicht lösen will, und über Spannungen im interkostalen Bereich beklagt er sich. Elisabeth Furtwängler: »Bei der Hauptprobe zu Figaros Hochzeit. Es kam wie ein Blitzschlag; als ich ihn nach Aigen – wo wir während der Festspiele immer wohnten – fuhr, schien er mir schon ohne Bewußtein. Es war eine Lungenentzündung mit allerhöchstem Fieber. Er wurde ins Krankenhaus nach Berchtesgaden gebracht, und zwei Ärzte aus München wurden hinzugezogen, die mir nach der Untersuchung wenig Hoffnung machten, da sie auch noch eine Meningitis vermuteten. Wilhelm dachte aber nur an die Aufführung, die er im Stich lassen mußte, und ließ hinter dem Rücken der Ärzte seine Sekretärin kommen. Er diktierte trotz des hohen Fiebers an seine ›Gräfin‹, Elisabeth Schwarzkopf, und seine ›Susanne‹, Irmgard Seefried, wie an den einspringenden Dirigenten, Rudolf Moralt, je ein kurzes Briefchen, in dem er sich entschuldigte und Glück für die Premiere wünschte. Als das der Arzt erfuhr, war er mit Recht fuchsteufelswild, aber es war geschehen.«[16]

Lungenentzündung, Hörsturz, Kollaps. Vier Monate lang kämpfte Furtwängler um seine Genesung. Der härteste Schock: Er entdeckte, daß sein Gehör nachließ. Ein Erbteil vom Vater, der auch früh schwerhörig geworden war? Falsche Anwendung von Antibiotika? Die Insuffizienz ging vorüber, er nahm wieder alles wahr und fand nach einiger Zeit sogar an den Schreibtisch, um an seiner Dritten zu arbeiten. Die vitalen Kräfte kehrten zurück. Dennoch war nicht zu übersehen, daß Freund Hein zum ersten Mal ans Fenster geklopft hatte.

Als er wieder ganz auf den Beinen ist, hängt ihm Theodor Heuss den ›Pour le mérite‹ um, und er kann in Muße die ›Tristan‹-Probeplatten abhören. Den Produzenten schreibt er: »Als ich die Platten schließlich im Ganzen abhörte, war ich vor allem erstaunt über die Wirkung des Wagnerschen Werkes. Hier, wo die ganze Problematik der Bühne wegfällt, kommt es einem erst ganz zum Bewußtsein, wie großartig der musikalische Zusammenhang und die nie erlahmende Inspiration in diesem einzigartigen Werke ist. Wenn man im allgemeinen sagen muß, daß die Platte doch immer nur ein unvollkommener Ersatz für das Gemeinschaftserlebnis der Musik im Konzertsaal darstellen kann – in diesem Fall, d. h. zur Erkenntnis des Musikers Wagner – hat eine solche Grammophonaufnahme, die der Musik gleichmäßiger gerecht werden kann als jede Bühnenaufführung, ihre Vorzüge.«[17]

Die letzten Jahre

Verhängnisvoll, daß man Wilhelm Furtwängler während der Rekonvaleszenz kaum eine ruhige Minute läßt. Ob in Wörishofen, Zürich oder dann Clarens, man stöbert ihn überall auf und belästigt ihn mit den unwichtigsten Angelegenheiten. Viele nutzen seine Generosität aus. Sein Name zählt. Jeder legt ihm nahe, er möge sich schonen, doch kaum ist diese Empfehlung raus, folgen die Bittstellungen. Für Gottfried von Einem soll er sich einsetzen, den man aus dem Salzburger Festspieldirektorium hinausgedrängt hat, weil er für Brecht eingetreten ist und als ›Linker‹ gilt. Furtwängler rafft sich auf und macht dem jungen Komponisten, der gerade Kafkas ›Prozeß‹ vertont, die detailliertesten Vorschläge, seine ›Rehabilitierung‹ in Angriff zu nehmen, doch sie werden – zum Ärgernis des ›väterlichen‹ Ratgebers – in den Wind geschlagen. Curt Riess schreibt an einer Artikel-Serie und der ›politischen Biographie‹ über den Doktor. Die dauernden Fragereien des Journalisten regen ihn maßlos auf. Was da entstehen soll, findet kaum seine Zustimmung, so daß er mehrfach andeutet, sich demnächst die Muße zu nehmen, um korrekte eigene Memoiren zu Papier zu bringen.

Der Ärger in Berlin hört nicht auf. Einerseits freut sich Furtwängler darüber, daß ihn Intendant von Westerman über das aktuelle Geschehen auf dem laufenden hält, aber er spürt auch aus den Briefen, daß zwischen den Instanzen erhebliche Spannungen bestehen. Daß Celibidache und Cluytens bevorzugt eingesetzt werden und Jochum und Schuricht bestenfalls geduldet sind, behagt ihm ebensowenig wie die erneuten Verhandlungen mit Karajan. Daß letzterer einmal sein Nachfolger werden wird, weiß er inzwischen ganz genau, auch wenn ihm das keiner bestätigt. ›Unlauter‹ findet er die Vorstöße Celibidaches beim Berliner Senat, den Orchesterapparat zu erweitern und ihm mehr Konzerte als bisher zu garantieren. Furtwängler fürchtet ›amerikanische Verhältnisse‹. An Westerman schreibt er: »Die sachliche Lage der Angelegenheit ist folgende: C. schwebt ein amerikanisch discipliniertes und standardisiertes Musterorchester vor. Die Folge wäre schließlich, daß Berlin und Deutschland gerade in dem Moment, wo es am wichtigsten ist, sich selbst zu bewähren und an sich selbst zu glauben, sich aufgibt.«[1]

Sonderkonzerte soll er dirigieren, bei Senator Tiburtius als Schlichter in der Sache Celibidaches auftreten, für die einzelnen Orchestermitglieder korrekte Arbeitsverträge einklagen. Mit Hindemith legt er sich an, der dem Vorschlag nicht folgen will, seine ›Harmonie der Welt‹ für die Berliner Erstaufführung rigoros, und damit dem Werke dienlich, zusammenzustreichen. Die mit all diesen Aufgaben und Querelen verbundenen nervlichen Belastungen tragen nicht zur vollständigen Gesundung Furtwänglers bei. Die Ärzte vermögen ihn kaum aus der Motorik des Alltags zu reißen; er kommt nicht zur Ruhe. Die ›Dritte‹ will er raschest vollenden, um dann weitere Kompositionen folgen zu lassen. Das Dirigieren einschränken. Zur eigentlichen Aufgabe vorstoßen. Der Nachwelt ein anderes als durch Dirigiergehabe geprägtes Denkmal hinterlassen. Sinnstiftendes Ganzes will er fügen, unbeirrbar hängt er der Idee nach, es müsse doch wieder zu glücklicher Einheit in der Musik kommen. Er verbannt den Alptraum aus seinem Denken, daß es in der Weise standardisierten Zwanges weitergehen könne. Er will metaphysische Musik schaffen, keine systematisierte, von mathematischen Axiomen und physikalischen Gesetzen abhängige. Vieles wird an ihn herangetragen, aber er lehnt es ab, sich mit Henze oder Klebe zu befassen. Lediglich der gemäßigte von Einem scheint ihm in Phasen guter Laune zu imponieren. Alles, was allzu rasant polyphonisch vom Generalbaßschema wegstrebt, mißfällt ihm. Das hat keinen Bestand. Das muß nicht gefördert werden. Das ist, schlicht gesagt, gegen die Musik. Und so wird seine Dritte, durchsikkert von romantischen Komplexionen, ein rein spirituelles Werk, völlig unabhängig von dem Synthetischen, das längst in die Komponiermethoden der Jüngeren eingeflossen ist. Das Mannigfaltige des von Beethoven und Brahms gehuldigten Prinzips thematischer Verarbeitung feiert noch einmal fröhliche Urständ' und schafft im Endergebnis eine durchaus Vertrauen erweckende Musik, ein wenig romanhaft-episch schematisiert und nicht ganz so unverwechselbar wie die der großen Vorbilder. Ein musikalisches Beispiel der Proustischen Suche nach der verlorenen Zeit...

Ende November 1952 fühlt sich Furtwängler wieder soweit hergestellt, daß mit den Wiener Philharmonikern Beethovens Erste, Mahlers ›Lieder eines fahrenden Gesellen‹ (Solist: Alfred Poell) und die Eroica aufgeführt werden können. Das Publikum begrüßt ihn mit einer solchen Ovation, daß es ihn dieses Mal doch übermannt. Es bedarf einiger Minuten der Sammlung, ehe er dem Orchester zunickt und den Taktstock hebt. Im Dezember waltet er seines Amtes in Berlin (›Harmonie der Welt‹ von Hindemith), führt er in Frankfurt seine Zweite auf und begibt sich nach Turin, um die Neunte von Beethoven für die RAI aufzunehmen.

Über das Berliner Konzert hatte Hans Heinz Stuckenschmidt geschrieben: »Die Nachwirkungen des Leidens sind in Gesicht und Gang noch zu sehen. Aber wenn er am Pult steht, den Taktstock hebt, seinen vieldiskutierten oszillierenden Einsatz gibt, geht die alte Magie von ihm aus. Ja, es ist eine Reife der Vollendung zu seinem persönlichen Stil getreten, die oft Gehörtes noch einmal als erlebt und vielleicht als endgültig wirken läßt.«[2] Auch für tourneefähig hält sich Doktor Wilhelm wieder. Und so macht er sein Publikum in Hamburg, Bremen, Duisburg, Mannheim, Essen und Bielefeld mit seiner Zweiten bekannt (die ja in Wirklichkeit seine komplette Erste ist!) und läßt ihr nach der Pause ein Werk viel schmuckloserer Ökonomie folgen, nämlich Beethovens Erste. Die meisten Kritiken waren positiv. Heinz Joachim in der ›Welt‹ erklärte: »Das Streben nach Aufrichtigkeit und Gerechtigkeit – gerade auch gegenüber manchen anderen Komponisten, die keine Möglichkeit haben, von ähnlicher Warte aus, in ähnlichem Klima der Publikumsbereitschaft und auf so schlechthin idealer Höhe des Aufführungsniveaus für ihre Werke einzutreten – gebietet doch auszusprechen, daß wir in dieser e-Moll-Sinfonie Wilhelm Furtwänglers weniger den Ausdruck einer großen originalen Schöpfungspersönlichkeit sehen, als das heiße Bemühen, über die Verehrung und Liebe zu den überragenden Leitbildern romantischer Musik in der Spanne zwischen Weber und Mendelssohn bis Bruckner, Tschaikowsky, Puccini und Richard Strauss hinaus zu schöpferischer Synthese zu gelangen. Immer wieder packend im Impuls, im künstlerischen Ethos, aber als Ganzes doch nicht viel mehr als ein Nachklang des Gewesenen in vielfach gebrochener Spiegelung. Gerade die Verehrung für den großen Dirigenten, der als solcher letzte Wesentlichkeit und Souveränität erreicht, läßt die Tragik empfinden, die in der geringen Distanz dem eigenen Schaffen gegenüber liegt. Doch wir haben auch ein empfängliches Ohr für die reine Naivität, die hier dem schweren sinfonischen Pathos immer wieder gewinnende Züge echten Musikantentums beimischt und für die beinah liebenswerte Unroutiniertheit der Kompositionstechnik, die sich so oft unbefangen gibt, mag sie im ganzen (zumal im Finale) auch die Schlüssigkeit der Formkonzeption beeinträchtigen. Hier mag der Komponist Furtwängler vielleicht noch Besonderes zu geben haben...«[3]

Mannheimer ›Morgen‹: »Man bestaunt den komplizierten Bau dieser vier sinfonischen Sätze, deren zu kunstvoll ausgeweiteten Durchführungen, Verflechtungen und gruppierenden Schichtungen verwendete Themen in ihrer drängenden Fülle oft die Form zu sprengen drohen. Die ekstatisch bewegte Tonsprache Furtwänglers flutet bei höchst verdichteter Stimmführung in groß und breit entwickelten kontrastreichen Aufschwüngen ins Ohr, bricht gelegentlich jäh und unvermittelt ab, verschmäht selbst die effektvolle Generalpause nicht und singt hier und da auch eine gefühlvolle lyrische Kantilene.«[4] Und dies alles zu einer Zeit, die das Gelingen großer Symphonik längst verbot!

Diese ›kleine‹ Tournee hatte ihn aber doch kräftemäßig überfordert. Dennoch achtete er auf irgendwelche Signale seines ausgebeuteten Körpers nicht. Von Bielefeld machte er sich ohne Umschweife nach Wien auf die Reise, die Neunte von Beethoven zu dirigieren. Elisabeth Furtwängler: »Er hatte sich wohl auf der Reise erkältet, und im dritten Satz fiel er zum Entsetzen des Chors und des Publikums langsam um. Er sagte mir, als er wieder erwachte, hätte er sofort überlegt, an welcher Stelle er wieder weiterdirigieren wolle. Das wurde natürlich nicht erlaubt, er hatte eine Grippe mit hohem Fieber. Aus Angst, daß sich vielleicht wieder eine Lungenentzündung entwickeln könnte, gab man ihm wieder – übrigens gegen seinen ausdrücklichen Willen – Antibiotica. Am 23. Januar war er zusammengebrochen; bereits am 8. Februar dirigierte er in Berlin. Das Konzert wurde dreimal wiederholt. Alle seine Berliner Konzerte wurden dreimal wiederholt. Am 10. Februar war das dritte Konzert, und schon flog er nach Wien zurück, um dort am 15. Februar Szenen aus der Götterdämmerung konzertant zu dirigieren. Das bedeutete drei Tage Proben mit Orchester und Sängern. Wenn man von diesen Tagen an bis zu seinem Tode sein Arbeitsprogramm sieht, wird man die Sorge und Angst, die mein Herz bedrückte, verstehen.«[5]

In Wien erreichte ihn ein Brief des Intendanten von Westerman: »Wegen einer Nord-Amerika-Tournee 1954 ist man nun schon wieder an uns herangetreten. Ich habe die gleiche Antwort wie bisher gegeben, daß wir nur Interesse haben für eine Reise unter Ihrer Oberleitung und daß die Voraussetzung hierzu eine Einladung von offizieller Seite sein muß.«[6] So reizvoll dies Unternehmen für Furtwängler auf den ersten Blick erschien, so starke Bedenken stiegen in ihm auf, als er die Sache recht bedachte. Würde er körperlich durchhalten? Wie mochte sich die Toscanini-Lobby verhalten? Auf jeden Fall mußte die amerikanische Seite die ›Verhandlungen‹ eröffnen und durch geeignete Persönlichkeiten an ihn herantreten. Doch daran war nicht zu denken. Die Tournee existierte vor allem als Wunschdenken des Berliner Senats und des Orchesters. Um den Bemühungen Rückhalt und

Cachet zu geben, verfiel man auf die groteske Idee, den damaligen Bundeskanzler Adenauer als Schirmherrn zu gewinnen. Dieser ›philharmonisch‹ unbefleckte Kniffler und Manager ließ ein von Staatssekretären entworfenes Schreiben an Furtwängler abgehen, das diesen überzeugen und ermuntern sollte, sich auf das amerikanische Abenteuer einzulassen. Er habe »mit aufrichtiger Genugtuung« erfahren, ließ Meister Konrad den Dirigenten wissen, daß es »dank der Bemühungen einer führenden Fachorganisation und auf Grund der großherzigen Spende eines deutschamerikanischen Industriellen« gelingen werde, den seit langer Zeit gehegten Plan einer Konzertreise der Berliner Philharmoniker nach den Vereinigten Staaten durchzuführen. Adenauer: »Ich freue mich besonders, daß damit Berlin, dessen Freiheitskampf gerade in den Vereinigten Staaten beachtet und bewundert wird, als Botschafter deutscher Kultur in Amerika auftritt.«[7] Das war nun gar nicht nach Furtwänglers Geschmack. Und so ließ er Intendant von Westerman wissen: »Die Tatsache, daß Dr. Adenauer das Protektorat übernommen hat, ist für uns Deutsche sehr erfreulich, wenn aber die amerikanischen Stellen dem eine außerordentliche Bedeutung beimessen, so muß ich dem widersprechen. Meine Reise ist in erster und letzter Linie eine künstlerische Angelegenheit, weiter nichts, und in dem Verschieben des Ganzen auf die politische Ebene sehe ich keinerlei Vorteil.«[8] Das war eine kluge, realistische Einschätzung der Situation. Doch sie vergraulte diejenigen, die in den Staaten den Konkurrenzkampf mit den amerikanischen Orchestern antreten wollten. Furtwängler behandelte die Angelegenheit dilatorisch. Die Tournee kam erst einige Monate nach seinem Tode unter Herbert von Karajan zustande.

Im April und Mai 1953 unternahm der sich keine körperliche Schwäche eingestehende Dirigent eine umfängliche Tournee mit den Berliner Philharmonikern durch Westdeutschland und Belgien mit Abstechern nach London und Paris. Ende Mai die Neunte von Beethoven zweimal in Wien und einmal in Linz. Dann Salzburg: Wiederaufnahme des ›Don Giovanni‹ (mit Cesare Siepi) und darauf die Nachbereitung und eigentliche Premiere von ›Figaros Hochzeit‹, um die ihn im Vorjahre der körperliche Zusammenbruch gebracht hatte. Herbert Graf als Regisseur, Stefan Hlawa als Bühnenbildner. KV 492 in deutscher Sprache. Besetzung: Elisabeth Schwarzkopf (Gräfin), Paul Schöffler (Graf), Irmgard Seefried (Susanna), Erich Kunz: Figaro, Hilde Güden: Cherubino. Im August begleitet er die Schwarzkopf am Klavier bei einem Hugo-Wolf-Abend. Im Spätsommer Luzern mit der Wiederholung der Symphonie aus Hindemiths ›Harmonie der Welt‹, die er auch in den Mittelpunkt der folgenden Konzert-Programme mit den Wiener Philharmonikern in Salzburg, München und Edinburgh stellt. Ehe er nach dorthin aufbricht, bahnt sich eine neue Kontroverse mit Berlin und dem Intendanten von Westerman an.

Furtwängler: »Jetzt, wo die Frage an mich herantritt, ob ich nächstes Jahr im Sommer wieder Festspiele mache, bin ich gezwungen, meine gesamte Dirigiertätigkeit in der nächsten Zeit noch einmal einer Revision zu unterziehen. Sie wissen ja, in welchem Sinn; ich muß Zeit für meine eigenen Arbeiten gewinnen. Wenn dies nicht möglich ist, werde ich krank. Ich habe... einen prominenten Arzt gefragt, dessen eindeutige Weisung dahingeht, daß der übermäßige Akzent, der bis heute noch auf meinem Dirigieren lag, beseitigt werden muß, sonst würde ich nie gesund. Insbesondere wäre es die psychische Belastung, das Wissen, daß ich älter werde und die mir vom Schicksal angemessene Zeit versäume usw., das diesen Nervenzustand hervorbringt. Ich habe nun folgendes gedacht: Ich behalte die große Reise der Berliner Philharmoniker bei und behalte die 5 Wochen Festspiele und Salzburg und Luzern bei. Beides gibt meiner Tätigkeit eine große Publizität und erinnert die Welt, daß ich noch da bin. Die übrigen Konzerte aber, d. h. die einzelnen Konzerte in Berlin, Wien und alle sonstigen Tätigkeiten und Gelegenheiten werde ich, soweit es bei der vorgeschrittenen Zeit irgend möglich ist, abschreiben und niederlegen.«[9] Westerman antwortet: »Sie wissen ja, wie ich wirklich aufrichtigst vollstes Verständnis Ihnen dafür entgegenbringe, daß Sie Ihre so ausgedehnte Dirigenten-Tätigkeit einschränken wollen und ich habe ja selbst Ihnen gegenüber immer wieder den Gedanken ausgesprochen, daß hier eine entscheidende Konzentration auf wenige und wichtigste Konzerte stattfinden muß. Daß wir aber dabei wieder so ungeheure Opfer bringen sollen, ist wohl mehr als schmerzlich. Die Berliner Konzerte können Sie aber nicht ganz aufgeben, auch wenn Sie die Reise mit uns beibehalten. Die Konzerte sind doch der entscheidende Punkt unserer Zusammenarbeit; sie sind der Rückhalt des Orchesters. Wenn sie fortfallen, so sind wir nicht mehr das Furtwängler-Orchester, was doch der entscheidende Ehrentitel für uns seit Jahrzehnten ist, und den wir dann verlieren würden.«[10]

Furtwängler gibt nach. ›Nein‹ kann er auch jetzt noch nicht sagen, wenn man ihn schön bittet. Aber der Eindruck läßt sich nicht vermeiden, daß er nach Auswegen sucht, sich von Berlin zu entlasten. Seit Jahren hat er sich über die ungünstige Akustik im Titania-Palast, der Ausweichstätte der Philharmoniker, beklagt. Würden nicht sofort baulich-akustische Verbesserungen vorgenommen, sähe er sich außerstande, die nächsten Konzerte durchzuführen. Man baut, man plant, man entwirft, nur damit man ihn hält. Westerman beklagt, daß sich das Klima zwischen den Philharmonikern und dem Doktor ›denkbar‹ verschlechtere; auch einige Orchestermusiker fühlen sich ›durch die ständige Nervosität des Chefs‹ irritiert. Celibidache trägt – nach wie vor – die Hauptlast der Proben und Aufführungen. Hindemith kommt als Gastdirigent... und Karajan übernimmt zwei Zyklen. Furtwängler sagt dazu ja und amen, aber der Intendant fühlt, daß jenem ›der Kram so nicht paßt‹. Doch es ist nichts anderes zu tun, als die Sache laufen zu lassen.

Auch in Wien möchte Furtwängler seine Tätigkeiten reduziert wissen. Den ›Fidelio‹ (Windgassen/Mödl) leitet er im Oktober nur unter Protest. Er hat sich auf die Seite des ziemlich autokratisch regierenden Leiters der Bundestheaterverwaltung, Dr. Egon Hilbert, geschlagen, der gerade durch den zuständigen Unterrichtsminister vom Dienst suspendiert worden ist. Hilbert wird nach Rom als Chef des Österreichischen Kulturinstituts abgeschoben und betreibt mit Raffinement seine Rehabilitierung, wobei ihm Furtwängler helfen soll (und will). Der Nachfolger des ›völlig zu Unrecht Desavouierten‹, Ernst Marboe, ›liegt‹ dem Dokor ganz und gar nicht, der es bedauert, daß die Hilbert-Salmhofer-Juch-Ära so abrupt ein Ende gefunden hat. Aus ist's mit den ›schönen Gemeinsamkeiten‹. Mit seinem Votum für Hilbert dringt Furtwängler nicht durch. ›Grenzenlos verärgert‹ und um die Solisten nicht zu schädigen, leitet er die Aufführung. Die Staatsopern-Großkopfeten werden sich etwas einfallen lassen müssen, wenn sie ihn als ›Star-Gast‹ behalten wollen. Der ›unbequeme Supermotor‹, wie Chefdramaturg Marcel Prawy den koloratursopransprechenden ›schönen Egon‹ nennt, wird Jahre später Intendant der Wiener Festwochen und läßt, manus manum lavat, keine Gelegenheit aus, etwas ›in memoriam‹ des zu früh verstorbenen Freundes und Gönners zu betreiben.

Erstaunlich, daß ihn die Alltagszwistigkeiten und organisatorischen Plagen nicht mehr mitnehmen und daß Furtwängler Mut und Kraft findet, in Rom für die RAI den gesamten ›Ring des Nibelungen‹ an zehn Abenden zwischen dem 26. Oktober und dem 27. November einzuspielen. Opus summum! Als der letzte Ton des ›Hollywood-Finales‹ der ›Götterdämmerung‹ verklungen ist, wendet er sich an die Musiker und sagt – wie einst Richard Strauss nach der ›Capriccio‹-Premiere: »Leute, besser kann ich's nicht!« Und die Professori verstehen ihn und sind zutiefst gerührt.

Elisabeth Furtwängler: »Als im Frühherbst 1953 Mario Labroca, damals Leiter der Musikabteilung der RAI, zu uns nach Clarens kam, hatte er den festen Vorsatz, dieses Mal die Zusage mit nach Hause zu nehmen, daß Wilhelm Furtwängler den ›Ring des Nibelungen‹ in Rom konzertant bei der RAI aufführen würde. Und er erreichte es auch. Furtwängler erklärte sich bereit... So waren wir einen Monat in Rom. Das Orchester kannte den ›Ring‹ praktisch nicht, das hatte gewisse Nachteile, aber die Vorteile überwogen. Die Musiker waren gefesselt von der für sie neuen Musik. Und es wurde gearbeitet: Sänger wie Orchester waren voller Hingabe ans Werk. Der größte Arbeiter war aber Furtwängler selbst, der auch, kaum in sein Zimmer zurückgekehrt, die dicke Partitur aufschlug und im Raum umhergehend ab und zu hineinblikkend weiter arbeitete. War die vorbereitende technische Arbeit abgeschlossen, vertiefte er sich nunmehr sitzend in die folgende Partitur, so verging für ihn der Monat. Furtwängler, der den Kunstschätzen dieser Stadt so zugetan war, nahm sich dieses Mal nicht die Zeit, ein Museum oder eine Kirche zu besichtigen, er beriet mich wie üblich, aber ich mußte allein gehen, um bei den Mahlzeiten davon zu berichten. Das ›Ewige Rom‹ war in diesem Monat für ihn der Aufnahmesaal der RAI. Der Amphitheater-ähnlich angelegte Saal war immer bis zum letzten Platz besetzt, die Karten waren nicht zu kaufen, es war eine nur der Musik geweihte Zuhörerschaft; wie die Eintrittsfrage von der RAI gelöst war, weiß ich nicht. Zwei Bedingungen mußten allerdings erfüllt sein: Pünktliches Erscheinen, keine Erkältung, so gab es auch aus dem Zuschauerraum nie einen Laut. Nach jeder Aufnahme wurde am nächsten Tag mit dem Chef der technischen Leitung alles abgehört. Die Radiosendung des ›Rings‹ war das Ereignis des Monats und in Rom Gesprächsstoff Nummer eins. Als wir nach der letzten Aufführung – 3. Akt ›Götterdämmerung‹ – nach Hause gingen, sagte Furtwängler nach längerem Schweigen nachdenklich: ›Ich glaube, er wäre mit mir heute zufrieden gewesen.‹«[11]

Weder Furtwängler noch die Produzenten dachten damals daran, diesen ›Ring‹ auch auf Schallplatten herauszubringen, zumal ein Vertrag mit der EMI bestand, 1954 die Tetralogie in Wien einzuspielen. Das Vorhaben jedoch endete nach der Produktion der ›Walküre‹, so daß die römische RAI-Serie als Endresultat von Furtwänglers Wagner-Interpretation anzusehen ist. Bis es nach neunzehn Jahren endlich zur Veröffentlichung des RAI-›Rings‹ kam, bedurfte es von seiten der Freunde des Dirigenten mancherlei Drängens und Antichambrierens und Verhandelns. Paul J. Minchin, Präsident der britischen Furtwängler-Gesellschaft, berichtet darüber: »In neuerer Zeit hatten bedeutende Künstler hinreichend Gelegenheit, ihr gesamtes Repertorie auf Schallplatte aufzunehmen, eventuell sogar zweimal, zumal einigen unter ihnen glücklicherweise achtzig und mehr Lebensjahre vergönnt waren. An solchen Maßstäben gemessen, hinterließ Furtwängler als einer der größten von allen nur ein bescheidenes Schallplattenvermächtnis, weshalb man bald in den Rundfunkarchiven nach weiteren Aufnahmen zu suchen begann. Der RAI-›Ring‹ gewann natürlich über Nacht ganz besondere Bedeutung, was die Direktion und die Musiker der RAI auch zu würdigen wußten. Die EMI trat sogleich in Verhandlungen ein, aber bald ergab sich auch die erste von vielen Schwierigkeiten: Da die Schallplattengesellschaft erst unlängst eine beträchtliche Summe in die erfolgreiche Wiener Aufnahme der ›Walküre‹ investiert hatte, wollte sie verständlicherweise die Kosten nicht zusätzlich dadurch noch steigern, daß man nun von der RAI noch eine weitere ›Walküre‹ mit dem gleichen Dirigenten und ähnlicher Besetzung erwarb. Ebenso verständlich war aber auch, daß die RAI ihren kompletten Zyklus als unteilbares Ganzes betrachtete und eisern darauf beharrte, ihn nur als Ganzes zu verkaufen. Schließlich gelangte man doch zu einer Einigung, die allerdings neue Probleme mit sich brachte: Einige der Solisten standen bei anderen Gesellschaften unter Exklusivvertrag, und bei dem Bemühen, sie für diesen ›Ring‹ freizubekommen, stieß man auf Schwierigkeiten. Die Verhandlungen schleppten sich noch eine Weile hin, bis sie schließlich ganz zum Stillstand kamen. 1959 erhielt die Witwe des Dirigenten in Rom von der RAI einen Satz Schallplatten mit dem kompletten ›Ring‹ zum Geschenk. Wie damals auch an vielen anderen Rundfunkanstalten üblich, hatte die RAI die Originalbänder bei der italienischen Schallplattengesellschaft Cetra auf Schallplatten von etwa 15 Minuten Spieldauer pro Seite umschneiden lassen. Denn über die Haltbarkeit des Bandmaterials war man sich nicht sicher, wohingegen man zuverlässig wußte, daß im Schallplattenverfahren hergestellte Metallmatrizen noch nach über fünfzig Jahren verwendbar waren. Doch trotz aller fortgesetzten Bemühungen von Frau Furtwängler waren die Hindernisse, die einer Veröffentlichung der Aufnahmen im Wege standen, auch 1968 noch nicht ausgeräumt. Ende 1967 war die Wilhelm-

Furtwängler-Gesellschaft gegründet worden, die es als eines ihrer Hauptziele ansah, eine kommerzielle Veröffentlichung des ›Rings‹ zu erreichen... Von den Pressungen, die Elisabeth Furtwängler 1959 als Geschenk erhalten hatte, wurde schließlich ein Band des ›Rheingolds‹ hergestellt. Trotz der durch die Jahre bedingten Verschleißerscheinungen lieferte es ob seiner sorgfältigen Fertigung hinlänglich den Beweis, daß sich ein hervorragendes Klangbild erzielen ließ, wenn man in Betracht zog, daß die Techniker der Schallplattengesellschaft mit neuen Vinyl-Pressungen von den originalen Metallmatrizen würden arbeiten können. Doch selbst nach der Entscheidung der EMI, einen Versuch zu unternehmen, dauerte es weitere zwei Jahre, bis die Verhandlungen mit allen Sängern und der RAI erfolgreich abgeschlossen waren. Am Ende folgten dann noch mehrere Monate sorgfältigster technischer Arbeit in den EMI-Studios.«[12]

Furtwängler selber war mit der ›Ring‹-Produktion in höchstem Maße zufrieden, so daß er dem Freund Preetorius Weihnachten 1953 mitteilen konnte: »In Rom habe ich den ganzen Nibelungenring im Radio dirigiert und wieder konstatiert, daß dies etwas vom Größten ist, was je ein Mensch geleistet hat. Selbst als ›Oratorium‹ hat diese Musik nicht ihresgleichen.«[13]

Noch in Hochstimmung über den römischen Erfolg reist Furtwängler nach Berlin, mit Dietrich Fischer-Dieskau Mahlers ›Kindertotenlieder‹ und Anton Bruckners Fünfte auszudeuten. In Wien kombiniert er Cesar Francks d-Moll-Symphonie mit Paul Hindemiths ›Harmonie der Welt‹ und der ›Tannhäuser‹-Ouvertüre, eine Mischung mit dem unbedenklichen ›Especially for You‹, dem Furtwängler – ganz unabhängig von Tagesmoden – immer gehuldigt hat. Es läßt sich drüber streiten und schwatzen; man sollte das Zusammenfügen von musikalischen Aktualitäten und Wunschkonzertnummern eher als provokativ empfinden, nicht als Geschmacklosigkeit. Er gab gerne, wie er's nannte, »hinten einen drauf«. Nach dem enigmatischen Hindemith-Interludium den abgedroschensten ›Hit‹ aus der Bayreuther Kramelkiste. »Auch dies Werk erlöst!«

Anfang 1954 zähes Ringen um Gesundheit und die im Endstadium nur schwer zu bändigende Dritte, an der er verzückt herumpoliert, damit sie das Feinste werde, das er erfunden. Wie das so oft beschrieben wird: Die körperlichen Schwächen und Gebresten werden durch eine sonderbare Abgeklärtheit gemildert. Thomas Mann spricht von dem »Jenseitigwerden« der Menschen, das sich in »allmählicher Kritiklosigkeit gegenüber dem Leiden« verkünde. Ablenkung schaffen nicht nur die bewunderswert lebenstüchtige Frau, der nun fast zehn Jahre alte Sohn Andreas (und die Kinder ›zur Linken‹, mit denen er häufiger korrespondiert und um deren Existenz er sich rührend kümmert!), sondern auch die Freunde. Manche sind ihm durch Jahrzehnte verbunden, und er nimmt an ihrem Schicksal teil, als sei es sein eigenes. Wie er dem alten Lehrer Curtius Ratschläge erteilt und sich an dem gewohnten, fürchterlich obsoleten Wortschwulst von Preetorius erbaut, sich ziert, Abhandlungen über die eigene Person zu lesen (Riess) oder jungen und mittelälteren Kollegen ›Eizes‹ gibt, Hindemith Komponier-Vorschläge unterbreitet oder alten Primadonnen, die sich vor Jahrzehnten unter seine ›Fuchtel‹ begaben, die charmantesten brieflichen Handküsse austeilt. Er kümmert sich um seine Gemeinde, die ›weitere‹ und die ›engere‹. Vor allem der Maler Oskar Kokoschka ist ihm nahe. Mit dem will er in Salzburg zusammenarbeiten. ›Zauberflöte‹ 1955. In Rom bei Curtius hatte man sich vor Jahren kennengelernt. Und da war gleich was im Schwange. Sozusagen Liebe auf dem ersten Künstlerblick. In seinen Erinnerungen hat Oskar viel Aufschlußreiches über den Wilhelm hinterlassen. Eine schwüle Gewitternacht über der Ewigen Stadt. Furtwängler dirigiert die Pastorale. Kokoschka: »Das Licht war plötzlich ausgegangen; man sah Furtwänglers magischen Stock in der kalibanischen Finsternis, bis es wieder Licht wurde und er den erlösenden Regen kommen ließ. Die Anwesenden glaubten, die Entstehung der Welt zum erstenmal zu hören.«[14]

Die Kokoschkas leben ganz in der Nähe von Clarens, und wenn der Doktor sich mal abkömmlich macht, sucht er den

Gleichaltrigen in seinem Atelier auf, ihm für eine Weile über die Schulter zu sehen. Kreatives Werden beobachtet er für sein Leben gern, das ist eine Sucht wie eine andere. Kokoschka: »Ich malte damals das ›Thermopylae-Triptychon‹, das jetzt im sogenannten Philosophenturm der Hamburger Universität hängt. Furtwängler sah still zu. Seit seiner Jugend hatte er sich ein inniges Verhältnis zu Hellas bewahrt. Curtius war sein Mentor gewesen. Furtwänglers Vater war der berühmte Archäologe Adolf Furtwängler, dessen Grab sich in Athen befindet. Auf einer späteren Griechenlandreise fanden wir mit Elisabeth Furtwängler seinen Grabstein mit einer Sphinx als Krönung durch Einschüsse beschädigt. Während der politischen Unruhen hatten sich die kommunistischen ELAS im Friedhof verschanzt. Als ich vor Wilhelm Furtwänglers Augen auf dem Mittelbild der ›Thermopylae‹ den Verräter Ephialtes entworfen hatte, fand der Schweigsame plötzlich seine Stimme, mühsam, als ob er Kiesel im Munde hätte wie einst Demosthenes am stürmischen Meer. In immer deutlicher werdenden Sätzen redete er mir zu Herzen, als ob er selber einer derer wäre, die für die geistige Freiheit auf dem Thermopylenpaß gefallen sind. Damals hat er mir auch angetragen, für ihn die ›Zauberflöte‹ auszustatten, die er im folgenden Sommer in Salzburg dirigeren sollte. Mit dem Ausstattungsdirektor Gustav Vargo, einem hingebungsvollen Bühnenmaler, haben wir die Aufgabe besprochen. Es war ein wahres Problem, denn die Aufführung sollte in der Felsenreitschule stattfinden, auf einer offenen Bühne ohne Vorhang, wo die vielen rasch aufeinanderfolgenden Szenen der Oper mir nur einen statischen Bühnenaufbau erlaubt hätten, den ich aber nicht wünschte. Da hatte ich den Einfall, anstatt – wie gewöhnlich – dasselbe Bild bis zur Pause dem Auditorium vor Augen zu führen und nachher das nächste bis zum Schluß der Oper, was nicht nur mich, sondern gewiß auch das Publikum gelangweilt hätte, etwas zu versuchen, was damals noch nicht alltäglich war. Auch hätte Wilhelm Furtwängler so etwas wie Routine von mir nicht erwartet. Ich interpretierte also mit farbig wechselndem Licht die Stimmungen der verschiedenen Szenen;

mittels farbiger Projektionen auf Paravents geworfen, fanden die Bühne, das Gesamtbild – je nach Bedarf raumtief, hoch, niedrig, eng oder langgestreckt über die ganze, vom Felsen begrenzte Szenerie – eine Lösung, ohne daß man einen Umbau benötigt hätte. Das war etwas Neues im Vergleich zu der üblichen Beleuchtung mit einem sogenannten ›Verfolgerlicht‹ für den Sänger der Hauptrolle. Man befürchtete Stromschwierigkeiten, weil die großen Touristenhotels, die Biergaststätten und Kaffeehäuser so viel Licht brauchten, daß die elektrische Zentrale für die Festspielaufführung für meine Beleuchtungspläne nicht mehr genügend hätte erübrigen können. Im Herbst 1954 konnte ich Furtwängler meine Entwürfe zeigen; er hat sie genau angesehen und sein Placet gegeben. Leider ist er am 30. November 1954 gestorben. Ich behalte noch heute die leere Leinwand, auf der ich ihn porträtieren wollte. Die Sitzungen mußten immer wieder verschoben werden, weil er kränkelte.«[15]

Die Physis bereitete ihm große Sorge. Doch er ließ sich nicht davon abhalten, im Spätfrühling 1954 die strapaziösesten Reisen zu unternehmen. In London Réunion mit dem Philharmonia Orchestra. Dann flog er nach Caracas, um mit dem Symphonieorchester von Venezuela anläßlich der ›Interamerikanischen Konferenz zur Eröffnung des Amphitheaters José Angel Lamas‹ aufzutreten. Zwei Konzerte mit Händels ›Concerti Grossi‹, der Ersten von Brahms, dem ›Don Juan‹ von Strauss und als Schmankerl die ›Tannhäuser‹-Ouvertüre. Das miserable Klima hatte ihn bös mitgenommen, dennoch dirigierte er drei Tage nach der Rückkehr aus der Ölstaaten-Metropole in Zürich mit dem Tonhalle-Orchester seine eigene Zweite (gepaart mit Beethovens Erster): das gleiche Programm dann im Süddeutschen Rundfunk in Stuttgart. Kaum hatte er dort den Taktstock hingelegt, begann die Frühjahrs-Tournee mit den Berliner Philharmonikern durch – sage und schreibe – 23 Städte, bis tief nach Italien hinein, quer durch die Schweiz und den Süden Frankreichs. Zwischendurch, weil sich die Termine nicht anders einplanen ließen, mal eben Bruckners Achte und die ›Matthäuspassion‹ in Wien.

Die letzte große Reise. Ritueller Beifall nach ritualer Handlung. »Der Applaus legt einen Zauberkreis um Künstler und Applaudierende, den beide nicht zu durchdringen vermögen«, sagt Adorno. Was alle Kritiker meinen, ob in der Provinz oder in den großen Städten, faßt der Rezensent des ›Figaro‹ in Paris am 7. Mai 1954 zusammen: »Das Genie läßt sich nicht lehren! Niemand kann ihm gleichen – und Furtwängler selbst würde höchstens sagen: Seht mich an – aber imitieren könnt ihr mich nicht! Das Wunder ist, daß er exaktest einsetzt – ohne daß man etwas Besonderes wahrnimmt – scheint es. Der Taktstock schwebt und bebt (›festonne!‹). Der linke Arm spannt und entspannt sich (se tord et se detord), die schmalen Finger entfalten sich – liebkosen ein visionäres Schemen, schließen sich plötzlich – blütengleich! Nichts von allem dem ist erklärbar – aber das Ergebnis ist unbeschreiblich schön! Z. B. die dritte Symphonie und die Variationen von Brahms, der Don Juan von Strauss und das Concerto von Händel – sie haben den Gipfel des Schönen erreicht. Vollendet die Grenzen des Schweigens – mit den kammermusikalischen Pianissimi. Es ist erschütternd zu erleben, wie dieses große Orchester den Ton senkt – ganz leise raunend – das Unbegreifliche streifend – ganz leise die Tiefen der Mysterien anrührend – wie das Schreiten des Schicksals – wie es befreiend in diesen schicksalhaften Minuten –, die Silhouette dieses großen Tragöden nachgeben zu sehen, wie sie sich plötzlich reckt – den Blitzstrahl schleudert: Jupiter!«[16]

Nach der gewaltigen Tournee bleiben nur wenige Tage bis zum Beginn der Salzburger Festspiele. Der ›Don Giovanni‹ soll wieder aufgenommen werden, dazu hat sich die Connoisseur Film Ltd., London, angesagt, die Produktion mit Cesare Siepi, Deszö Ernster, Anton Dermota, Otto Edelmann, Walter Berry, Lisa della Casa, Elisabeth Grümmer und Erna Berger als Spielfilm aufzuzeichnen. Und dann der ›Freischütz‹. Regie: Günther Rennert, Bühnenbild: Teo Otto. Besetzung: Agathe (Elisabeth Grümmer), Ännchen (Rita Streich), Max (Hans Hopf), Kaspar (Kurt Böhme). Der Regisseur hat diese Inszenierung in seinen verschiedenen Opernbüchern ausgelassen, weil er sich genierte, den vollständigen Reinfall einzugestehen. Abgesehen von Furtwängler, dem man mit dieser Produktion einen ›Herzenswunsch‹ erfüllte, hatte niemand so recht zu der Sache gestanden, und mehrere Regisseure fanden Vorwände, die ihnen angetragene Inszenierung abzusagen. Rennert sah Webers Hauptwerk ›dem Zeitgeschmack entschwunden‹, ließ sich dann aber doch überreden: für Geld und gute Worte. Die guten Worte hatte der Dirigent dem Eröffnungsstück der Festspiele in einem Essay vorausgeschickt: »Man spricht heute von einem Wiedererwachen des Interesses an der romantischen Oper. Für den Freischütz kann dies nicht gelten; denn der Freischütz ist nicht oder nicht nur eine romantische Oper im Sinne der Musikgeschichte. Er ist das Werk, das die Reihe dieser Opern eröffnet hat, das sie repräsentiert wie keine andere, und das sie erschöpft. Er ist nicht ein Beispiel für einen bestimmten Opernstil, sondern er ist durchaus sui generis; ein Werk, wie es weder vorher noch nachher geschrieben wurde oder geschrieben werden konnte. Er ist so wie die Jugend, so wie die erste Liebe, ein Kind der Gnade, ein Glücksfall, auf den weder sein Autor noch wir je so etwas wie ein ›Anrecht‹ haben, und das wir hinnehmen müssen, wie es uns gegeben wurde – eben als Geschenk eines gütigen Schicksals, das den Deutschen mit dieser Oper zuteil wurde. Das Wort, daß Weber einzig dazu geboren wurde, um den Freischütz zu schreiben, ist wahr. Denn so schön, so schwungvoll und mächtig die Musikerschaft Carl Maria von Webers ist – den unnachahmlichen Schmetterlingsflügelschmelz, der nur diesem Werk anhaftet – ihn hat Weber weder vorher noch nachher jemals auch nur annähernd wiedergefunden. Die Aufführungsprobleme angesichts dieses wundervollen Werkes sind Legion. Es liegt mir fern, theoretisch darauf einzugehen. Nur auf eines möchte ich aufmerksam machen: Zur Erfassung dieses Werkes, das einem besonders gesegneten Moment, einer Sternenstunde der Menschheit und seines Autors seine Entstehung verdankt, gehört auch eine Hörerschaft, die sich die Gabe bewahrt hat, das Werk zu sehen, wie es gedacht ist. Die hinreißende Ouvertüre, die musikalische

Zeichnung der Figuren, der einzigartigen deutschen Mädchenfigur der Agathe, der Gestalt des Ännchens, des Max, ja sogar die genial mit wenigen Strichen getroffene romantische Schauerwelt der Wolfsschlucht kann wirklich verstanden und aufgenommen werden nur mit jener unbekümmerten Unmittelbarkeit des Erfassens, die man mit dem leicht mißzuverstehenden Wort ›Naivität‹ kennzeichnet. In diesem Werk ist die Welt noch voller Rätsel. Wir müssen vergessen, daß wir im Zeitalter der autoritären Weltpolitik, der weltumspannenden und kein Geheimnis mehr übriglassenden Technik leben. Wir Menschen von heute, die wir schuldig sind bis zum Rande – an diesem Werk sind wir imstande, die Gnade der Unschuld neu zu erleben. Es ist voll von jener Kultur des Fühlens (in dem Sinne, wie Weber und seine Zeit dies Wort verstanden), jenem Adel des ›Gemütes‹, der nur sinnvoll ist, wenn er die korrespondierenden Eigenschaften im Hörer herauszurufen imstande ist. Diese romantische Oper, das Hauptwerk und ewige Vorbild der Gattung, muß und kann denn auch nur ›romantisch‹ wiedergegeben und nur ›romantisch‹, so wie es eben ist, von den Hörern aufgenommen werden.«[17]

An dieser Romantik aber schien es vielen, die mit dieser Inszenierung befaßt waren, zu mangeln. Furtwängler hatte sich die ›Blaue Blume‹ ans Revers geheftet, doch das Symbol wurde gründlich mißverstanden: Nicht als Morgentraum einer naiven Lebens- und Geisteshaltung, sondern als das affige Etikett lustvoll gepachteter Romantizismen im Stil von Wilde oder Beardsley. Schon Regisseure wie Rennert und Graf waren nicht mehr in der Lage, bürgerlich zu inszenieren. Sie hantierten ergebnislos an dem lauen Schauermärchen herum, höchst bedrückt und beleidigt, daß es sich dem Experimentellen nicht öffnete. Wer konnte Furtwänglers Forderung nach dem Triumph des Naiven aus sich selbst erfüllen, ohne gleich schweres Geschütz aufzufahren und sich in einer abstrusen Fantasmagorie zu verwickeln? Welcher Regisseur ohne Größenwahn konnte es sich einmal verkneifen, ohne Freudsche Hilfestellung auszukommen und sich nicht selber zu spielen? Es gab ihn nicht. Und

Rennert, auf dem Wege, aus der biederen Geschichte eine Riesenbagatelle zu entwickeln, scheiterte kläglich. Die Kritiken waren scheußlich. Auch Furtwängler fand nur in Maßen Anerkennung. Daß er in letzter Zeit zuviel Wagner gemacht und daher für Weber ›verdorben‹, entsprach wohl nicht der Grundsituation. Doch kaum einem Rezensenten entging, wie zerdehnt und wuchtig das Ganze klang. Das Feinsinnige wollte sich nicht recht sammeln, die Pianissimi schienen entfärbt, blutleer, in der Wolfsschlucht ein insipider Übermut der Unterwelt, rhythmische Purzelbäume, die Dämonie nicht ›glatt‹, sondern störrisch. Der Hauch des Unwirklichen fehlte, drang nicht aus der ›Blauen Blume‹, die eher wie eine ordinäre Kornblume im irdenen Gefäß eine deutsche Bauernstube schmückte, Ingredienz einer bürgerlichen Ballade ohne ›goût‹ und den wunderlichen Habitus des Abergläubischen. Regie und Bühnenbild und Orchestergraben fanden nicht zueinander. Walter Panofsky von der ›Süddeutschen Zeitung‹ war einer der wenigen Kritiker, die Furtwänglers Konzeption verteidigten: »Welche Gründe auch immer dazu führten, mit Webers ›Freischütz‹ die diesjährigen Salzburger Festspiele musikalisch zu beginnen – keiner rechtfertigte diese Wahl. Die Regie des Hamburger Opernchefs Günther Rennert tat das Ihre, um die Kapitulation vollständig zu machen. Rennert versuchte zwar durch ein paar gequälte älplerische Juchzer der Schützenfest-Besucher die herkömmliche Freischütz-Geographie abzufälschen, ansonsten aber ließ er das Geschehen mit viel Routine und mancher Unbeholfenheit in konventionellen Bahnen vorüberziehen. Und dennoch wurde die Aufführung zum Ereignis. Einmal durch das hervorragende Ensemble... vor allem aber durch Furtwänglers Interpretation. Wie er neben großartigen dramatischen Effekten (Ouvertüre, Wolfsschlucht) den lebhaft naiven Elementen (Bauernwalzer, Jungfernkranz) breiten Raum ließ, wie er sich im Weberschen Klangzauber (Waldweben) einspinnt, das faszinierte trotz oder richtigerweise gerade wegen der Furtwänglerschen Eigenwilligkeit.«[18]

Von Salzburg aus Abstecher nach Bayreuth, Beethovens Neunte mit Gre Brouwenstijn, Ira Malaniuk, Wolfgang

Windgassen und Ludwig Weber auszuschöpfen. Zu dieser ›Gastrolle‹ ist er am ›lieblichen Hügel‹ bereit, sonst behagt ihm das Wielandsche Umfeld nicht, und er hat tiefes Verständnis für diejenigen, denen die neue ›Weltdiskussion‹ um Bayreuth ein Dorn im Auge ist und die kraft Gesetz Wagners Werk unter Denkmalschutz stellen möchten (wie Knappertsbusch!), weil sie es für ein Sakrilegium halten, daß der rüde Enkel das edle Roß Grane von der Szene verbannt, Wotans Raben fortläßt und auf Isoldens Fackel verzichtet, König Heinrichs Gerichtseiche ausläßt wie die Tore Kareols. Die Wartburg ist nicht mehr die Wartburg und Nürnberg die bretterne Öde von Kleinkleckersdorf. Kein Bär in Mimes Höhle, und die Tage des Lohengrin-Schwanes sind gezählt. Diese Entromantisierung ist für Furtwängler unerträglich. Er schimpft mit dem Enkel, der ihm in seiner Unbefangenheit noch manchen Bayreuth-Auftritt prophezeit.

Auch die Luzerner wollen die Neunte und außerdem Bruckners Siebente in der Originalfassung. Der letzte Salzburger Abend, am 30. August, ist seinem Genius genii, Beethoven, gewidmet: Die Achte und die Siebente und in der Mitte die Große Fuge. Bevor er im September mit den Berliner Philharmonikern das längst eingeschliffene Programm mit seiner eigenen Zweiten und Beethovens Erster absolviert, steht er auch noch dem Orchestre de la Radiodiffusion in Besançon mit der Ouvertüre zu ›Coriolan‹ und der Fünften und Sechsten von Beethoven zur Verfügung. Ausgedehnte Konzertabende, die seine ganze Kraft in Anspruch nehmen.

Aus Berlin schreibt er seiner Frau: »Heute der letzte Tag. Wenn die Wege zur Hölle mit guten Vorsätzen gepflastert sind, bin ich nie besser auf dem ›Weg zur Hölle‹ gewesen als jetzt. Dabei glaube ich noch an den Himmel und freue mich auf Dich, Du Liebste, Geliebteste. Gestern sagte mir der Ohrenarzt, es handle sich bei mir um nicht mehr und nicht weniger als eine Kreislaufstörung, und die müßte von einem Internisten behandelt werden. Von Hör-Apparaten hält er für einen solchen Fall (Musiker) nichts. Im Grunde ist das dasselbe, was der Löwenstein sagt.«[19]

Auch den Orchestermitgliedern ist es aufgefallen, daß bei dem Doktor etwas nicht stimmt. Das Gerücht von seinem ›Beethoven-Leiden‹ scheint sich als Realität zu bestätigen. Bestürzung. Auch einige Kritiker registrieren, daß es an einigen wenigen Stellen ›Verständigungsschwierigkeiten‹ mit den Musikern gegeben habe. Elisabeth Furtwängler: »Die Aufregungen, die immer damit verbunden waren, wenn er ein eigenes Werk dirigierte, ließen ihn... an diesem Tag schlecht hören und vergrößerten seine Nervosität. Nach diesen Berliner Konzerten kam er seiner Verpflichtung nach, in Wien die gesamte Walküre für die EMI aufzunehmen. Frei von den Aufregungen um sein eigenes Werk, konnte er wieder gut hören. Ich weiß noch genau, wie glücklich er darüber war, und wie er sich während der Aufnahmen verjüngte. In den letzten zwei Jahren machte ich häufig die Beobachtung, daß die von ihm bejahte Musik eine Energiequelle war.«[20] Ärzte hatten ihm angeraten, in Badgastein eine Kur zu machen, um sich allgemein zu regenerieren und durch bestimmte Anwendungen die Hörfähigkeit wieder zu steigern. Im Hotel Straubinger, dort wo einst die Operettenkönige Oscar Straus und Edmund Eysler residierten, versuchte er, seine Körperkräfte zu sammeln und sich abzulenken. Ein Freund schrieb ihm von der erfolgreichen Aufführung der Zweiten in Darmstadt. Daß sich auch andere Dirigenten um seine Kompositionen mühten, nahm er mit Befriedigung zur Kenntnis. Doch die Zeichen der Erschlaffung und der Resignation wurden immer deutlicher. Nach Darmstadt antwortete er: »Zusammengehalten mit dem Eindruck des Werkes in Berlin habe ich doch das Gefühl, als ob es im Verlauf der letzten Jahre mit dem Werk und seiner Schätzung innerhalb der musikalischen Allgemeinheit etwas vorwärtsgegangen wäre; was nicht hindert, daß teilweise noch der alte Zustand andauert, nämlich der, daß man mich überhaupt nicht anzuhören für notwendig findet. Es ist mir ganz klar, daß wenn ich heute sterbe, meine Kompositionen mit mir verschwinden werden, während das sachlich, wie ich wirklich sagen kann, nicht gerechtfertigt ist.«[21] Die Ruhe am Gasteiner Wasserfall ist freilich auch nur eine Scheinruhe.

Intendant von Westerman will wissen, ob er die Amerika-Tournee im kommenden Jahr antreten kann. Er setzt einen Entscheidungstermin. Das hebt die Stimmung nicht. Bereits in Gastein wird der Plan gefaßt, sich im Sanatorium Ebersteinburg bei Baden-Baden gründlich auszukurieren. Das Wasser der Rodon-Quellen tut seine Wirkung nicht.

Die Generaluntersuchung in Ebersteinburg scheint nicht so negativ ausgefallen zu sein wie er vermutete. Man entläßt ihn wieder nach Clarens, wo er nun, in dem Eigentum Villa Basset-Coulon, zu Kräften kommen soll. Er korrespondiert mit Ernest Ansermet, Preetorius und Winifred Wagner, trifft sich mit Kokoschka und Frank Thieß. Am 9. November 1954 an Emil Preetorius: »Meine Bronchitis hat sich so ausgebildet und verstärkt, daß ich gegenwärtig zu Bett liege und ziemliches Fieber habe. Da ich nach meiner Erfahrung auf gar keinen Fall ein Antibioticum oder dergleichen nehme, so braucht die Erkankung Zeit...«[22] In Ottobeuren soll er Bruckner dirigieren, die Berliner bitten und flehen ihn an, die geplanten Termine wahrzunehmen. Die Zeit, das sonderbar' Ding, läuft ab. Am 12. November läßt er Preetorius wissen: »Es geht mir sehr wenig gut, ich habe seit einigen Wochen beständiges Fieber und hätte am 19. November – das war der zuletzt bestimmte Vortragstag – unter keinen Umständen in München sein können.«[23] Die Bayerische Akademie der Schönen Künste hatte ihn eingeladen, über das Thema ›Der Musiker und sein Publikum‹ zu referieren. Um diese weitläufige Materie kreisten seine letzten Gedanken. Die Dritte lag beinahe fertig. Mit dem vierten Satz war er noch nicht im reinen. ›Der Kampf geht weiter‹ sollte das Finale überschrieben werden. Der Resignation ein mutiges ›Dennoch‹ entgegengestellt. Dem Gesetz nicht im letzten Augenblick untreu werden, nachdem er angetreten: »Ich kämpfe gegen das Konstruierte, das Ungestaltete, das Abgestorbene in der Kunst!«[24]

Als sich die Krankheit verschlimmerte, sah er ein, daß sein Haus rasch bestellt werden mußte. Der Gattin sagte er: »An dieser Erkrankung werde ich sterben, es wird ein sehr leichter Tod sein, bleibe du nur jetzt immer bei mir.«

Elisabeth Furtwängler: »Niemals hatte er Ähnliches gesprochen; es hinderte ihn auch nicht, gegen meinen Willen am nächsten Morgen aufzustehen, sich anzuziehen und spazierenzugehen. Und doch war eine Veränderung eingetreten. Er las zwar aufmerksam in seiner zu der Zeit fertig kopierten dritten Symphonie, hörte sich auch die erschienenen Fidelio-Platten an, aber er war nicht fähig, wie sonst zu arbeiten. Er saß im Sessel, unterhielt sich mit den Kindern über deren Spiele und Bücher, alles Dinge, die er sonst nur am Rande tat; sie waren jetzt Mittelpunkt seiner Beschäftigung. Ich war zutiefst beunruhigt und telefonierte mit seinem Arzt, Dr. von Löwenstein, in Baden-Baden. Als ich ihn dort im Bett liegen sah, war ich sehr erleichtert, aber obwohl wir allein im Zimmer waren, sagte er leise zu mir: ›Weißt du, alle glauben, ich bin hierher gekommen, um gesund zu werden. Ich weiß, ich bin hierher gekommen, um zu sterben.‹ Sein Arzt, dem ich die Bemerkung nicht verschwieg, wehrte ab: ›Nein, davon ist gar keine Rede, heutzutage stirbt man nicht mehr an einer Bronchopneumonie, besonders wenn das Herz gut ist. Dagegen gibt es genug Mittel.‹ ... Es kamen noch verschiedene Besucher, aber ich merkte, es ging ihn alles nichts mehr an. Am liebsten war er allein mit mir und dabei durchaus heiter ... Was mir am meisten auffiel, er dirigierte nicht mehr. Dieses mir so vertraute, leise vor sich Hinsummen und Dirigieren geschah nicht ein einziges Mal mehr. Er war fest konzentriert auf das Sterben, und das ohne die geringsten Anzeichen von Angst.«[25]

Intendant von Westerman reiste aus Berlin an. Der Ernst der Lage wurde ihm erst bewußt, als er den Kranken sah. Von den letzten Berliner Konzerten hatte er berichten wollen. Furtwängler winkte ab und sagte leise: »Lieber Westerman, ich habe Sie kommen lassen, um Abschied von Ihnen zu nehmen und Ihnen zu danken, und Sie sollen bitte mein Orchester von mir grüßen.« Gleich darauf mußte der Internist Ferdinand Hoff aus Frankfurt hinzugezogen werden. Die vitalen Funktionen hörten ganz allmählich auf. Elisabeth Furtwängler: »Obwohl mir Dr. von Löwenstein am Morgen des 30. November sagte, daß Wilhelm noch an diesem Tage sterben würde – das Blutbild würde es zeigen –, wurde noch einmal eine Transfusion mit bisher nicht angewandten Mitteln durchgeführt, die eine Stunde dauerte. Ärzte und Schwestern füllten das Zimmer, und ich verließ Wilhelm zum ersten Mal für diese Zeit, denn auch während der Nacht war ich immer bei ihm. Als ich wieder hereinkam, waren alle Vorrichtungen abtransportiert. Ich ließ die Schwester hinausgehen, setzte mich auf den Bettrand und gab ihm die Hand. Ich weiß nicht, wie lange, mir erschien es kurz, bis er plötzlich sich ein wenig anhob, tief ein- und lang ausatmete und gestorben war.«[26]

Die erste Mitteilung nach dem Tode des Dirigenten aus dem Sekretariat der Berliner Philharmoniker lautete: »Dr. Wilhelm Furtwängler starb am 30. November 1954. Die ganze musikalische Welt neigt sich voll Trauer an der Bahre dieses großen Toten. Sein musikalisches Wirken war höchste Offenbarung. Er war der Repräsentant einer Musikepoche. Die deutschen Orchester werden sein Andenken in Ehren halten. Möge man die Erbschaft, die er hinterließ, zu erhalten trachten.«[27]

Die Beisetzung fand auf dem Bergfriedhof in Heidelberg statt, nachdem in der Heiligen-Geist-Kirche Eugen Jochum Beethovens drei Äquale dirigiert und der Stadtdechant eine reichlich sentimentalische Trauerrede gehalten hatte. Das Orchester bestand aus Mitgliedern der Berliner und der Wiener Philharmoniker.

Paul Hindemith hat in seinem Nekrolog das Phänomen Wilhelm Furtwängler so gedeutet: »Was ihn vor allen anderen auszeichnete, war sicherlich nicht nur sein Musikertum – viele begabte Dirigenten hat es seit Bülows Zeiten gegeben, und an bloßer Musizierkunst war vielleicht keiner dem unvergessenen Nikisch gleichzusetzen. Was unserem Freund besonders eigen war, ist die unsägliche Lauterkeit, mit der er musizierte, eine Lauterkeit Brucknerscher Art. Selbst seine Kritiker und Neider wußten, daß im Augenblick, wo er den Taktstock hob, nur noch die Seele der Musik auf uns wirkte – durch ihn, ihr Medium, durch das sie in überzeugendster Form selbst zu dem sprach, der sich ein

Tempo, eine Ausdrucksbewegung, einen strukturellen Ablauf anders vorgestellt hatte. Wir alle kennen die besessenen Musikanten, die alle Hindernisse im Sturm nehmen; wir kennen die betäubenden Techniker der Taste, Stimme, Saite und des Pultes; wir kennen die Mystiker, die uns jeden Harmonieschritt von der Tonika zur Dominante als göttliche Offenbarung zu servieren wissen; wir kennen die ewig Unrastigen, die Musik machen, um nur ja keine Sekunde ihres Daseins unausgefüllt zu lassen, und wir kennen die konjunkturausnutzenden Streber. Er war nichts von alledem. Er besaß das große Geheimnis der Proportion. Wie er Phrasen, Themen, Teile, Sätze, ganze Sinfonien und Programme als kunstvolle Einheiten darzustellen verstand, so war sein ganzes Musikerdasein von diesem Sinn für das Ebenmaß geleitet.«[28]

Mitte der sechziger Jahre schrieb Theodor W. Adorno unter dem Motto ›Bewahrer der Musik‹ einen Aufsatz über den von ihm nicht immer mit Glacéhandschuhen angefaßten Dirigenten, der in folgenden Erkenntnissen gipfelte: »Die Aktualität Wilhelm Furtwänglers scheint mir heute daran ablesbar, daß in der Breite der musikalischen Interpretation etwas fehlt, was Furtwängler in höchstem Maße besaß: das Organ für musikalischen Sinn, im Gegensatz zum bloßen Funktionieren, wie es als Ideal im Anschluß an Toscanini in die musikalische Welt kam. Man könnte sagen, daß Furtwängler etwas wie ein Korrektiv sei für eine bestimmte Art des nur an der Perfektion des Apparates ausgerichteten Musizierens... Man sagt leichthin, das Dirigieren von Furtwängler sei subjektivistisch gewesen und meint das – gemessen an neusachlichen Vorstellungen – kritisch und herabsetzend. Nun war er sicherlich insofern subjektiv in seinem Musizieren, als jeder Takt, den er schlug, vermittelt war durch seine außerordentlich hochgesteigerte Sensibilität. Aber niemals hat bei ihm die Subjektivität sich um ihrer selbst willen bekundet, sondern war an der Darstellung der Sache diszipliniert. Ihm ging es darum, das subjektive Moment in den Texten zu erwecken, in denen es geronnen ist, nicht sich, sein zufällig individuelles Gefühl zu Gehör zu bringen...

Trotz des Hanges von Furtwängler zur Romantik war er nicht das, wofür man ihn heute so gern hält: ein reiner Ausdrucksmusiker, sondern er hat alle überhaupt sinnverleihenden Momente des musikalischen Zusammenhanges herausgearbeitet. Er hat, wie man das heute wohl nennen würde, musikalisch strukturell gedacht... Wollte ich versuchen, mit einem Wort die Idee Furtwänglers – ich meine die objektive Idee, nicht das, was er wollte, sondern was durch ihn sich verwirklichte – zu formulieren, so müßte ich wohl sagen, es wäre ihm auf die Rettung eines bereits Verlorenen angekommen; darauf, dem Interpretieren das wiederzugewinnen, was es im Augenblick des Verblassens verbindlicher Tradition einzubüßen begann. Dies Rettende verlieh ihm etwas von der übermäßigen Anstrengung einer Beschwörung, der das, was sie sucht, rein unmittelbar schon nicht mehr gegenwärtig ist. War seine Idee das Retten von Musik, die dem Bewußtsein entsinkt, dann wäre es wohl an uns, im gleichen Geist das Bild der Musik zu erretten, das in ihm noch einmal lebendig war.«[29]

Zeittafel

1886	25. Januar: Gustav Heinrich Ernst Martin Wilhelm Furtwängler als erstes Kind des Archäologen Prof. Adolf Furtwängler und seiner Frau Adelheid, geb. Wendt, in Berlin geboren. 31. Juli: Franz Liszt in Bayreuth gestorben.
1893	Erste kleine Kompositionen im Alter von sieben Jahren.
1894	Vater Adolf Furtwängler wird ordentlicher Professor an der Münchner Universität. Übersiedlung der Familie nach München-Schwabing.
1896	Die Eltern erwerben ein Landhaus am Tegernsee. Besuch des Humanistischen Gymnasiums. Abbruch nach etwa zwei Jahren. Privatunterricht bei Ludwig Curtius und Walter Riezler. 11. Oktober: Anton Bruckner in Wien gestorben.
1897	3. April: Johannes Brahms in Wien gestorben.
1898	Herbst: Anton Beer-Walbrunn wird Musiklehrer Furtwänglers.
1899	Siebzehn Stücke zu Goethes »Walpurgisnacht«, op. 7.
1900	Unterricht bei Joseph Gabriel Rheinberger in Kontrapunkt und Harmonielehre.
1901	Streichsextett. Mit dem Vater bei den Ausgrabungen in Aigina. 25. November: Joseph Gabriel Rheinberger gestorben.
1902	Zwei Chöre zu Goethes »Faust« (1902/1904). Musikstudien bei Max von Schillings. Herbst: Unterricht durch Ludwig Curtius in der florentinischen Villa Adolf von Hildebrands. Freundschaft mit Hildebrands Tochter Bertel.

1903	Meisterkurs bei Conrad Ansorge in Berlin.
	Erste Symphonie in D-Dur (Uraufführung in Breslau 1904).
1905/06	Adagio in h-Moll für Orchester.
	Korrepetitor am Stadttheater Breslau.
	Dirigent des Orchesters Franz Kaim in München.
1906/07	Korrepetitor und Hilfskapellmeister am Stadttheater Zürich.
	Begegnung mit Hans Pfitzner.
1907	9. Oktober: Vater Adolf Furtwängler in Athen gestorben. Er erhält ein Staatsbegräbnis in Griechenland.
1908/09	Korrepetitor an der Münchner Hofoper unter Felix Mottl.
1910	Dritter Kapellmeister an der Straßburger Oper unter Hans Pfitzner.
	Uraufführung von Furtwänglers »Tedeum« in Breslau. In der Folgezeit Aufführungen in Straßburg und Essen.
	Bekanntschaft mit Bruno Walter.
1911–1915	Kapellmeister in Lübeck.
	In Hamburg Begegnung mit Arthur Nikisch. Freundschaft zu Ida Boy-Ed und Lilly Dieckmann.
1911	18. Mai: Tod Gustav Mahlers in Wien.
	2. Juli: Felix Mottl gestorben.
1914	28. Juni: Der österreichisch-ungarische Thronfolger Franz Ferdinand und seine Frau Sophie werden in Sarajewo ermordet.
	28. Juli: Österreich-Ungarn erklärt Serbien den Krieg.
	1./3. August: Kriegserklärung des Deutschen Reiches an Rußland und Frankreich.
1915–1920	Hofkapellmeister in Mannheim als Nachfolger Arthur Bodanskys.
	In Heidelberg Kontakte zu Friedrich Gundolf und Karl Jaspers.
1915	7. September: Antrittsvorstellung in Mannheim mit »Fidelio«.

1917 Russische »März-« und »Oktober-Revolution«.
14. Dezember: Erstes Konzert mit den Berliner Philharmonikern.

1918 Beginn der Zusammenarbeit Berta Geißmars mit Furtwängler.
Ab Jahresende: Dirigent der Museumskonzerte in Frankfurt.

1919–1924 Regelmäßige Konzerte mit dem Wiener Tonkünstler-Orchester.

1919 Gastspiel des Mannheimer Nationaltheaters in Baden-Baden mit dem »Ring des Nibelungen«.
28. Juni: »Versailler Vertrag« zwischen den Alliierten und dem Deutschen Reich. Ende des Ersten Weltkriegs.

1920 Februar: Furtwängler erstmals in Leipzig.
2. April: Erstes Konzert in der Berliner Staatsoper.
Übersiedlung nach Berlin. Leiter der Konzerte an der Staatsoper.
Bekanntschaft mit Paul Hindemith.

1921 Konzertdirektor der Gesellschaft der Musikfreunde in Wien.

1922 23. Januar: Arthur Nikisch gestorben.
April: Erstes Konzert mit den Wiener Philharmonikern.
Herbst: In Nachfolge Nikischs wird Furtwängler Leiter des Leipziger Gewandhaus-Orchesters und des Berliner Philharmonischen Orchesters.

1923 11. Januar: Französische und belgische Truppen besetzen das Ruhrgebiet.
22. Mai: Heirat Wilhelm Furtwänglers mit der Dänin Zitla Lund.
Erwerb eines Ferienhauses bei St. Moritz.
Erstes Treffen mit Arturo Toscanini in Italien.

1924 6. Januar: Furtwängler dirigiert erstmals Strawinskys »Sacre du printemps« in der Berliner Philharmonie,
Erstes Konzert mit dem Royal Philharmonic Orchestra in London.

Tourneen mit den Berliner Philharmonikern und dem Gewandhaus-Orchester.

1925 Zwölf Konzerte in den USA. Begegnung mit Pablo Casals und Sergej Rachmaninoff.

16. Oktober/1. Dezember: Vertrag von Locarno. Garantie der deutschen Westgrenze. Deutschland verzichtet auf Elsaß-Lothringen.

1926 Frühjahr: Zweite Amerika-Tournee.

25. Oktober: Vladimir Horowitz spielt erstmals in der Berliner Philharmonie unter Furtwängler.

1927 Dritte Amerika-Reise.

Ernennung zum Ehrendoktor der Universität Heidelberg.

Dezember: Erstes Konzert mit den Berliner Philharmonikern in London.

ab 1927/28 Dirigent der Wiener Philharmoniker.

1928 Mai: Erstes Konzert mit den Berliner Philharmonikern in Paris.

1. Oktober: Aufgabe der Gewandhaus-Konzerte in Leipzig.

Städtischer Generalmusikdirektor in Berlin.

Furtwängler lehnt die Berufung zum Direktor der Wiener Staatsoper ab.

17. Oktober: Erste Aufführung an der Wiener Staatsoper (»Rheingold«).

1929 Anton Beer-Walbrunn gestorben.

1930 Ritter des Ordens »Pour le mérite«.

Furtwängler führt Pfitzners Chorphantasie »Das dunkle Reich« in Berlin auf.

1931 Die Eheleute Furtwängler trennen sich.

Gesamtleitung der Bayreuther Festspiele.

Tournee mit den Berliner Philharmonikern.

1932 August: In Berlin erstes Treffen mit Adolf Hitler.

Uraufführung des »Philharmonischen Konzerts« von Paul Hindemith durch Furtwängler.

Auszeichnung mit der Goethe-Medaille.

1933 30. Januar: Hitler wird deutscher Reichskanzler.

27. Februar: Reichstagsbrand.

23. Juli: Max von Schillings gestorben.
August: Besuch bei Hitler auf dem Obersalzberg,
15. September: Ernennung zum Preußischen Staatsrat.
Erster Staatskapellmeister in Berlin und Direktor der Staatsoper.
15. November: Gründung der Reichsmusikkammer als Teil der Reichskulturkammer. Präsident wird Richard Strauss, Vizepräsident Wilhelm Furtwängler.
Erste Aktionen der Nationalsozialisten gegen Mitglieder des Orchesters und Berta Geißmar.
Auseinandersetzungen um Bruno Walter.

1934 12. März: Furtwängler führt Hindemiths Symphonie »Mathis der Maler« in der Berliner Philharmonie auf.
30. Juni: »Röhm-Putsch« in Deutschland.
November: »Der Fall Hindemith« veröffentlicht.
Kampagne gegen Furtwängler.
5. Dezember: Rücktritt von allen Ämtern.
C. Krauss wird Nachfolger an der Berliner Oper.
Berta Geißmar muß Deutschland verlassen.

1935 April: Kompromiß mit Goebbels. Wiederaufnahme der Tätigkeit in Berlin und Wien.
10. September: Aufführung der »Meistersinger« in Anwesenheit Hitlers anläßlich des Nürnberger Reichsparteitages.

1936 7. März: Hitler kündigt den Locarno-Vertrag. Deutsche Truppen besetzen die entmilitarisierte Rheinland-Zone.
Frühjahr: Vergebliches Angebot an Furtwängler, die Leitung der New Yorker Philharmoniker zu übernehmen.
Huberman-Brief. Kampagne gegen Furtwängler in den USA.
Zum zweiten Mal bei den Bayreuther Festspielen.
Ägypten-Reise mit John Knittel.
Olympische Spiele in Berlin.

1937 Uraufführung der d-Moll-Violinsonate in Leipzig und des h-Moll-Klavierkonzertes in München.

»Coronation-Season« in London: Festaufführungen unter Furtwängler anläßlich der Krönung Georgs VI.

Weltausstellung in Paris mit der 100. Pariser »Tristan«-Aufführung.

Festspiele in Bayreuth und Salzburg.

1938 12.–14. März: »Anschluß« Österreichs an das Deutsche Reich.

September: Mitwirkung beim Reichsparteitag in Nürnberg.

29. September: »Münchner Abkommen« zwischen Chamberlain, Daladier, Hitler und Mussolini.

1. Oktober: Deutsche Truppen marschieren ins Sudetenland ein.

18. Dezember: Herbert von Karajan dirigiert die »Zauberflöte« an der Berliner Staatsoper.

1939 Jahresanfang: Furtwängler wieder ständiger Leiter der Wiener Philharmoniker.

1. September: Deutscher Angriff auf Polen.

3. September: Frankreich und Großbritannien erklären Deutschland den Krieg.

Furtwängler zum »Bevollmächtigten für das gesamte Musikleben der Stadt Wien« ernannt.

1940 Uraufführung der Zweiten Violinsonate in e-Moll.

1941 Essay »Der Fall Wagner – frei nach Nietzsche« sowie »Brahms und Bruckner« veröffentlicht.

9./10. April: Bombenangriff auf die Berliner Staatsoper.

1942 19. April: Aufführung von Beethovens 9. Symphonie anläßlich von Hitlers Geburtstag.

7. Dezember: Wiedereröffnung der Staatsoper Berlin. Furtwängler dirigiert die »Meistersinger«.

1943 Frühjahr: Offizielle Scheidung von Zitla.

26. Juni: Furtwängler heiratet in zweiter Ehe Elisabeth Ackermann, geb. Albert.

Festspiele in Bayreuth.
Nordland-Tournee mit den Wiener Philharmonikern.

1944 30. Januar: Zerstörung der Berliner Philharmonie bei einem Bombenangriff.
Brahms-Konzerte in den Fabrikhallen von Borsig.
5./6. Juni: Truppen der Alliierten landen in der Normandie.
Anfang November: Tod der Mutter in Heidelberg.
11. November: Sohn Andreas geboren.
Unterbringung der Familie in der Schweiz.

1945 23./28. Januar: Letzte Konzerte in Berlin und Wien.
Februar: Aufführungen in der Schweiz.
Aufenthalt am Genfer See.
7.–9. Mai: Gesamtkapitulation der deutschen Streitkräfte.
6./7. August: Die USA werfen über Hiroshima und Nagasaki Atombomben ab.
18. Oktober: Komposition der Zweiten Symphonie abgeschlossen.
Winter: Kirchliche Trauung des Ehepaars Furtwängler in Montreux.

1946 Entnazifizierungsverfahren in Wien und Berlin (beendet am 17. Dezember).

1947 Übersiedlung in die »Villa L'Empereur« in Clarens.
April: Freispruch vor der Entnazifizierungskammer in Berlin.
25. Mai: Erstes Nachkriegskonzert mit den Berliner Philharmonikern (Dirigent auf Lebenszeit seit 1952).
Juli: Konzerte mit den Wiener Philharmonikern bei den Salzburger Festspielen.

1948 Konzerte in Frankreich, Großbritannien, Argentinien, Italien und der Schweiz.
22. Februar: Zweite Symphonie in e-Moll uraufgeführt im Berliner Admiralspalast.

Sommer: Salzburger Festspiele (künftig alljährliche Teilnahme).
26. Juni 1948–12. Mai 1949: Berlin-Blockade durch die UdSSR.
»Gespräche über Musik« veröffentlicht.

1949 Konzerte mit den Berliner Philharmonikern in mehreren deutschen Städten, auf den Festivals von Luzern und Besançon, mit den Wiener Philharmonikern in Großbritannien und der Schweiz.
20. Mai: Tod Hans Pfitzners in Salzburg.
8. September: R. Strauss in Garmisch gestorben.

1950 »Ring des Nibelungen« an der Scala in Mailand.
Konzerte in Buenos Aires.
Deutschland-Tournee mit den Berliner Philharmonikern.
»Don Giovanni«, »Fidelio« und »Zauberflöte« in Salzburg.
Teilnahme an den Luzerner Festwochen.
Nordlandreise mit den Wiener Philharmonikern.

1951 März: »Parsifal« und »Orpheus« an der Mailänder Scala.
Ägypten-Reise mit den Berliner Philharmonikern.
»Zauberflöte« und »Othello« in Salzburg.
29. Juli/5. September: Beethovens 9. Symphonie in Bayreuth und zur Einweihung des Berliner Schiller-Theaters aufgeführt.
Herbst/Winter: Mit den Wiener Philharmonikern auf Konzertreise in Deutschland, der Schweiz und Frankreich.

1952 30. Januar: »Tristan« an der Wiener Staatsoper.
Februar: »Meistersinger«-Aufführung an der Scala in Mailand.
Ab April: Tournee mit den Berliner Philharmonikern durch Deutschland.
Schallplatteneinspielung des Tristan« in London.
Juni-Festwochen in Zürich.
Zusammenbruch während der Salzburger Festspiele.

November: Furtwängler dirigiert die Wiener Philharmoniker.
Dezember: Auftritte in Berlin, Frankfurt und Turin.

1953 Deutschland-Tournee mit den Berliner Philharmonikern.
23. Januar: Schwächeanfall bei einem Konzert in Wien.
April/Mai: Weitere Tournee mit den Berliner Philharmonikern durch Deutschland. Aufführungen in London und Paris.
Juni: »Don Giovanni« und »Figaro« in Salzburg.
17. Juni: Aufstand in Ost-Berlin.
August: Liederabend mit Elisabeth Schwarzkopf in Salzburg.
Festival Edinburgh.
Oktober: »Fidelio«-Aufführung in Wien.
26. Oktober–27. November: Aufzeichnung des »Rings« bei der RAI in Rom.

1954 Dritte Symphonie in cis-Moll (uraufgeführt 1956).
Frühjahr: Konzerte in Caracas mit dem Symphonieorchester von Venezuela. – Tournee mit den Berliner Philharmonikern durch Deutschland, die Schweiz, Italien und Frankreich.
»Freischütz« und »Don Giovanni« in Salzburg.
Aufführung von Beethovens 9. Symphonie in Bayreuth.
Luzerner Festwochen.
Beethoven-Festival in Besançon.
Probleme mit dem Gehör.
November: Fieberhafte Bronchitis.
12. November: Einweisung in die Klinik Ebersteinburg bei Baden-Baden.
30. November: Wilhelm Furtwängler gestorben.
Beisetzung auf dem Heidelberger Bergfriedhof.
»Ton und Wort« (gesammelte Aufsätze und Vorträge) sowie »Der Musiker und sein Publikum« (1954/55) veröffentlicht.

Quellen

Grundlegendes Material wurde folgenden Schriften entnommen, die im Quellen-Register abgekürzt aufgeführt werden:

Furtwängler, Wilhelm: Ton und Wort, Wiesbaden 1954
Furtwängler, Wilhelm: Vermächtnis, Wiesbaden 1956
Furtwängler, Wilhelm: Aufzeichnungen 1924–1954, Wiesbaden 1980
Furtwängler, Wilhelm: Gespräche über Musik, Wiesbaden 1979
Furtwängler, Wilhelm: Dokumente, Berichte und Bilder, Berlin 1968
Furtwängler, Elisabeth: Über Wilhelm Furtwängler, Wiesbaden 1979
Herzfeld, Friedrich: Wilhelm Furtwängler, Leipzig 1941
Riess, Curt: Furtwängler. Eine politische Biographie, Bern 1953
Gillis, Daniel: Furtwängler and America, New York 1970
Gillis, Daniel: Furtwängler Recalled, New York 1965

Wilhelm Furtwängler im Urteil seiner Zeit, Zürich 1955
Die Programme der Konzerte mit dem Berliner Philharmonischen Orchester 1922–1954, Wiesbaden 1965
Konzertprogramme Opern und Vorträge 1947–1954, zusammengestellt von Henning Smidth Olsen, Wiesbaden 1972
Quellen und Dokumente 1945–1951 (Landesarchiv Berlin), Berlin 1964

Bachmann, Robert C.: Karajan, Düsseldorf 1983
Busch, Grete: Fritz Busch, Frankfurt 1970
Briner, Andres: Paul Hindemith, Zürich 1971
Cardus, Neville: Komponisten und Dirigenten, München 1957
Curtius, Ludwig: Deutsche und antike Welt, Stuttgart 1950
Geißmar, Berta: Musik im Schatten der Politik, Zürich 1945
Kaut, Josef: Festspiele in Salzburg, Salzburg 1969
Kokoschka, Oskar: Mein Leben, München 1971
Kraft, Zdenko von: Der Sohn, Graz 1969
Legge, Walter und Elisabeth Schwarzkopf: Gehörtes – Ungehörtes – Memoiren, München 1982
Leider, Frida: Das war mein Teil, München 1959
Menuhin, Yehudi: Unvollendete Reise, München 1976
Muck, Peter: Einhundert Jahre Berliner Philharmonisches Orchester, Bd. 2, Tutzing 1982
Panofsky, Walter: Wieland Wagner, Bremen 1954
Pfitzner, Hans: Reden – Schriften – Briefe, Berlin 1955
Piatigorsky, Gregor: Mein Cello und ich, Tübingen 1968
Prawy, Marcel: Die Wiener Oper, Wien 1969

Rennert, Günther: Opernarbeit, München 1974
Sachs, Harvey: Toscanini, München 1978
Spangenberg, Eberhard: Klaus Mann – Mephisto, Karriere eines Romans, München 1982
Stargardt-Wolf, Edith: Wegbereiter großer Musiker, Berlin 1954
Stresemann, Wolfgang: ... und abends in die Philharmonie, München 1981
Wackernagel, Peter: Die Ära Furtwängler, Berlin 1971
Walter, Bruno: Thema und Variationen, Stuttgart 1947/1963

Adorno, Theodor W.: Quasi una fantasia, Frankfurt 1963
Adorno, Theodor W.: Impromptus, Frankfurt 1968
Broszat, Martin: Der Staat Hitlers, München 1969
Denkler, Horst und Karl Prümm: Die deutsche Literatur im Dritten Reich, Stuttgart 1976
Drewniak, Boguslaw: Das Theater im NS-Staat, Düsseldorf 1983
Lübbe, Hermann: Politische Philosophie in Deutschland, Basel 1963
Prieberg, Fred K.: Musik im NS-Staat, Frankfurt 1982
Speer, Albert: Erinnerungen, Frankfurt 1969
Vondung, Klaus: Völkisch-nationale und nationalsozialistische Literatur-Theorie, München 1973
Wulf, Joseph: Musik im Dritten Reich, Gütersloh 1963

Quellennachweise

Der Goethe-Mensch

1 ›Deutsche Zeitung‹ vom 3. 12. 1954
2 H. H. Stuckenschmidt: ›Große deutsche Dirigenten‹, Berlin 1982, S. 158
3 Riess, S. 54
4 Cardus, S. 49
5 dto., S. 49
6 Siegfried Scheffler: Sonderbeilage der ›Hamburger Nachrichten‹, Bayreuther Festspiele 1933
7 Olin Downes: ›The Music‹, Juni 1942
8 H. H. Stuckenschmidt: ›Große deutsche Dirigenten‹, Berlin 1982, S. 157
9 Hans Bertram: ›Wille und Weg‹, ›Deutsche Allgemeine Zeitung‹, 2. 2. 1942
10 Geißmar, S. 91
11 Stuckenschmidt, S. 168
12 Interview mit Irmgard Bach, Radio Bremen, Juni 1954
13 Tagebuchaufzeichnungen von Rudolf Bockelmann, im Besitz des Autors
14 ebd.
15 Maria Schreker, Interview mit dem Autor, 2. 3. 1961
16 Hintergrundmaterial aus Wulf, Aufsatz von Rudolf Bockelmann: ›Die großen deutschen Dirigenten‹, Richard-Wagner-Archiv, Bayreuth
17 Rede von Paul Graener, ›Berliner Lokal-Anzeiger‹, 12. 1. 1935
18 ›Hamburger Nachrichten‹, 16. 9. 1935
19 Bockelmann
20 Siehe Bachmann, bes. S. 380ff. (Dokumente)
21 Hintergrundmaterial in Bachmann, Düsseldorf 1983
22 Wolfgang Porth, in ›konkret‹, April 1984
23 Max Weber: Einleitung zu den ›Gesammelten Aufsätzen‹, Berlin 1920
24 Fernsehinterview der NBC vom 3. 5. 1961
25 ›Völkischer Beobachter‹ vom 19. 4. und 21. 4. 1942
26 Brief an den Autor vom 2. 1. 1984
27 ›Völkischer Beobachter‹ vom 20. 4. 1942, Ausgabe Norddeutschland
28 Interview mit Irmgard Bach, Radio Bremen, Juni 1954
29 Bachmann, S. 137 und 361
30 Siehe Bachmann, S. 353, 356, 366ff. (über Legge/Schwarzkopf)
31 Theo Kreiten: ›Wen die Götter lieben‹, Düsseldorf 1947 und Prieberg, S. 54, 340, 341

32 Bockelmann
33 Siehe auch Bachmann S. 23, 24, 176, 353, 356, 359 und 366
34 Mitteilung von Elisabeth Furtwängler
35 Zum Beispiel Egon Hilbert; siehe Bachmann S. 367
36 Dr. Alfred Frankenstein, Kritiker der ›Israel Nachrichten‹, Brief an den Verf.
37 Riess, S. 24
38 Siehe auch Erika Mann: ›Briefe und Antworten‹, S. 250ff., München 1984
39 Interview mit Lea Rosh zu seinem 70. Geburtstag, ARD, Dezember 1983

Das Elternhaus

1 Hintergrundmaterial in Walter Herwig Schuchardt: ›Adolf Furtwängler‹, Freiburg 1956
2 Hintergrundmaterial in Walter und Paula Rehberg: ›Brahms‹, Zürich 1947
3 Herzfeld, S. 20ff.
4 Genealogische Liste von Elisabeth Furtwängler
5 August Wohlwill: ›Über das preußische Schulsystem‹, Berlin 1873
6 Herzfeld, S. 15
7 Mitteilung von Elisabeth Furtwängler
8 Herzfeld, S. 16ff.
9 Briefe, S. 18f.
10 Briefe, S. 15
11 Briefe, S. 20
12 Briefe, S. 21f.
13 Aufzeichnungen, S. 133f.
14 Ludwig Curtius: ›Deutsche und antike Welt‹, Stuttgart 1950, S. 112f.

Die Lehrer

1 Materialien zu Max von Schillings in W. Raupp: ›Max von Schillings‹, Hamburg 1935, Nachruf in ›Der Völkische Beobachter‹ vom 25. 7. und 29. 7. 1933, Nachrufe in ›Berliner Lokalanzeiger‹ mit Zitaten von Hitler, Goebbels und Göring vom 25. 7., 27. 7. und 4. 8. 1933, allgemeiner Hintergrund in ›Wulf‹
2 Brief von H. St. Chamberlain an H. von Wolzogen, ›Frankfurter Zeitung‹ vom 25. 7. 1935, Original 1962 im Archiv Joseph Wulf, Berlin
3 Alle Angaben in Anton Beer-Walbrunn: ›Selbstbiographie‹, ›Neue Zeitung für Musik‹, Nr. 38, 1917
4 Ludwig Kusche, ›Münchner Merkur‹, 2. 8. 1960
5 R. Molitor: ›Joseph Rheinberger und seine Kompositionen für Orgel‹, Leipzig 1904
6 ›Völkischer Beobachter‹ vom 12. 8. 1933
7 ›Völkischer Beobachter‹ vom 29. 7. 1933
8 Willy Haas: ›Die Belle Epoque‹, München 1967, S. 258f.
9 Walter Riezler in ›Nachwort zu Johannes Brahms – Anton Bruckner‹, Stuttgart 1952
10 ebd., S. 50f.
11 ebd., S. 53
12 ›Urteil seiner Zeit‹, S. 56
13 ebd., S. 59
14 Elisabeth Furtwängler, S. 9

15 Briefe, S. 29–34
16 ›Urteil seiner Zeit‹, S. 63f.
17 ebd., S. 64f.
18 ebd., S. 65
19 ebd., S. 66
20 ebd., S. 66f.
21 Erika Mann in einem Interview mit dem Autor, September 1965
22 ›Urteil seiner Zeit‹, S. 72
23 Riess, S. 30
24 Briefe, S. 39
25 ebd.
26 ebd.

Gesellenjahre

1 Riess, S. 35
2 Wilhelm Furtwängler: ›Johannes Brahms – Anton Bruckner‹, Stuttgart 1952, S. 36
3 ebd., S. 38–39
4 ›Urteil seiner Zeit‹, S. 124–125
5 ebd., S. 125f.
6 Dr. Hans Trog, ›Neue Zürcher Zeitung‹, 14. 10. 1905
7 ›Münchner Neueste Nachrichten‹, 6. 6. 1936
8 Original im Besitz von Frau Emmy Paphazay-Lehár, London, Kopie im Besitz des Autors
9 ›Urteil seiner Zeit‹, S. 127
10 Hans Brandenburg, ›Denk ich an München‹, München 1966, S. 30f.
11 Robert Heger, ›Denk ich an München‹, S. 56
12 Interview mit dem Autor, Radio Bremen, 10. 2. 1965
13 ›Urteil seiner Zeit‹, S. 73ff.
14 ebd., S. 76
15 Hans Pfitzner: ›Reden‹, S. 312
16 ›Neue Leipziger Zeitung‹, 16. 11. 1932
17 Briefe, S. 52
18 ›Neue Leipziger Zeitung‹, 16. 11. 1932
19 Vermächtnis, S. 120
20 Wulf, S. 336
21 Bockelmann
22 Riess, S. 41
23 Hans Pfitzner: ›Reden‹, S. 156
24 ebd., S. 156
25 Piatigorsky, S. 105
26 ebd., S. 159
27 Herzfeld, S. 33ff.
28 ›Urteil seiner Zeit‹, S. 131
29 Herzfeld, S. 34–35
30 ebd., S. 36
31 ›Urteil seiner Zeit‹, S. 132f.
32 ebd., S. 133
33 ebd., S. 134
34 ›Norddeutsche Allgemeine Zeitung‹, 2. 2. 1912

35 ›Urteil seiner Zeit‹, S. 137
36 ebd., S. 138
37 Vermächtnis, S. 98ff.
38 ebd., S. 101
39 ebd., S. 102
40 Zeitschrift ›Zur guten Stunde‹, Januar 1913
41 ›Urteil seiner Zeit‹, S. 138
42 ›Zeitung des Deutschen Eisenbahnvereins‹, Januar 1913
43 ›Urteil seiner Zeit‹, S. 143
44 Interview mit dem Autor, 3. 4. 1978
45 Brief an Wilhelm Lau, Staats- und Universitätsbibliothek Karl von Ossietzky, Hamburg, Handschriftensammlung, o. D.
46 ›Neue Leipziger Zeitung‹, 1. 9. 1933
47 Briefe, S. 48
48 ›Urteil seiner Zeit‹, S. 146
49 ebd., S. 148

Mannheim

1 Heinz Tietjen in Fernsehporträt von Hannes Reinhardt, NDR 1965
2 Zitiert von Wieland Wagner in ›Süddeutsche Zeitung‹, 25. 7. 1954
3 Programmheft ›Othello‹, Salzburg, August 1951
4 Briefe, S. 50
5 Ton und Wort, S. 15ff.
6 Walter Panofsky: ›Wieland Wagner‹, Bremen 1964, S. 40–41
7 Ton und Wort, S. 16ff.
8 Bruno Walter, S. 237
9 ›Urteil seiner Zeit‹, S. 154f.
10 ebd., S. 155f.
11 ebd., S. 157
12 ebd., S. 157f.
13 Vermächtnis, S. 125
14 ›Urteil seiner Zeit‹, S. 161
15 Fred Hildenbrandt: ›Anekdoten um Damen von Welt‹, ›B. Z. am Mittag‹, 31. 12. 1931
16 Briefe, S. 159f.
17 Lovis H. Lorenz: ›Hand aufs Herz‹, NDR-Fernsehen, 17. 4. 1967, mit Friedelind Wagner und dem Autor
18 Geißmar, S. 8
19 Hans Pfitzner, ›Berliner Lokal-Anzeiger‹, anl. der Uraufführung seiner Oper ›Das Herz‹, ... (?) 1931
20 Geißmar, S. 30
21 ebd., S. 31
22 Herzfeld, S. 61ff.
23 Geißmar, S. 33
24 ›Vossische Zeitung‹, 16. 12. 1917
25 Siehe Bachmann, S. 137
26 Riess, S. 72
27 ›Frankfurter Zeitung‹, 1. (?) 9. 1919.
28 H. H. Stuckenschmidt: ›Große deutsche Dirigenten‹, S. 152

Der Gewandhauskapellmeister

1 Hans Erman: ›Berliner Geschichten – Geschichte Berlins‹, Tübingen 1960, S. 414
2 ebd., S. 417
3 ebd., S. 434
4 ›Berliner Lokal-Anzeiger‹, 10. 10. 1920
5 Wulf, S. 58–59
6 Fritz Stege: ›Der privilegierte Irrtum‹, ›Deutsche Kulturwacht‹ 1933, Heft 14, S. 12
7 ›Tägliche Rundschau‹, 2. 2. 1922
8 ›Vossische Zeitung‹, 10. 2. 1922
9 ›Berliner Tageblatt und Handelszeitung‹, 6. 2. 1922
10 Bernhard von Bülow: ›Denkwürdigkeiten‹, Band 3, S. 210f., Berlin 1930
11 Julius Kapp: ›Geschichte der Staatsoper Berlin‹, 1937, S. 139
12 ›Urteil seiner Zeit‹, S. 166f.
13 Brief Hans Pfitzners an Karl Straube, zitiert in ›Neue Leipziger Zeitung‹, 20. 2. 1922
14 ›Urteil seiner Zeit‹, S. 168
15 Wulf, S. 72
16 ›Zeitschrift für Musik‹, September 1938, Beilage über neue Schallplatten
17 ›Urteil seiner Zeit‹, S. 169f.
18 ebd., S. 171
19 ebd., S. 172
20 Grete Busch, S. 27–28
21 ebd., S. 65
22 ebd., S. 65
23 ebd., S. 180f.
24 ebd., S. 272f.
25 ebd., S. 282
26 Geißmar, S. 49
27 ebd., S. 49
28 ›Urteil seiner Zeit‹, S. 173
29 ebd., S. 173f.
30 Bockelmann
31 Ton und Wort, S. 184f.
32 Sigurd Schimpf: ›Wilhelm Furtwängler – Interpretation als Nachschöpfung‹, Plattentext zu ›Fidelio‹, Electrola 14700811/12
33 ›Neue Leipziger Zeitung‹, 24. 4. 1926
34 Rudolf Bockelmann: ›Meine Leipziger Zeit‹, Manuskript im Besitz des Autors
35 Wulf, S. 451
36 ebd., S. 452
37 Bockelmann
38 Vermächtnis, S. 114

Philharmonie

1 Herzfeld, S. 70
2 Riess, S. 78f.
3 ›Völkischer Beobachter‹, 20. 11. 1933
4 ›Frankfurter Zeitung‹, 9. 9. 1924
5 Willi Reich: ›Schönberg oder Der konservative Revolutionär‹, Wien 1968, S. 122

6 Brief im Archiv Joseph Wulf 1962
7 Brief im Besitz der Witwe von Paul Abraham
8 ›Signale‹, Dezember 1928
9 Muck, S. 66f.
10 Reich, S. 214f.
11 Adorno: ›Quasi‹, S. 203
12 ›Signale‹, Januar 1924
13 Gerhard Schön: ›Deutsche Zeitung‹, 6. 5. 1969
14 Adorno: ›Impromptus‹, S. 82
15 ebd., S. 82
16 siehe auch Adorno: ›Impromptus‹, S. 81
17 ebd., S. 84
18 ›Signale‹, November 1923
19 ›Die Welt‹, 5. 5. 1949
20 Pfitzner-Sammlung, Universität Straßburg
21 ›Sunday Times‹, 28. 1. 1924
22 Geißmar, S. 56
23 ›Der Bund‹, 10. 5. 1924
24 Geißmar, S. 56
25 ›Signale‹, Januar 1925
26 Muck, S. 36
27 Muck, S. 36f.
28 Geißmar, S. 61f.
29 ›Neue Freie Presse‹, 20. 10. 1928
30 Prawy, S. 133
31 Geißmar, S. 65f.
32 ebd., S. 66f.
33 ebd., S. 68
34 Prawy, S. 134
35 Prawy, S. 134

Amerika

1 Glenn Plaskin: ›A Biography of Vladimir Horowitz‹, New York 1984, S. 138
2 ebd., S. 510
3 Piatigorsky, S. 105f.
4 ebd., S. 144f.
5 Herzfeld, S. 83
6 ebd., S. 83f.
7 ebd., S. 84
8 Riess, S. 100
9 Geißmar, S. 51
10 Louise Varèse, ›Varèse a Looking-Glass-Diary‹, New York 1974, S. 211f.
11 Gillis: ›America‹, S. 18
12 Sachs, S. 259
13 ›Signale‹, Oktober 1927
14 ›Zeitschrift für Musik‹, Januar 1928
15 Muck, S. 65
16 Muck, S. 65
17 ›Vossische Zeitung‹, 28. 6. 1929
18 Muck, S. 76f.

Bayreuth

1 Kraft, S. 282ff.
2 ›Bayerischer Kurier‹, 29. 5. 1929
3 Alfred Einstein, ›Berliner Tagblatt‹, zitiert bei Sachs, S. 270
4 Sachs, S. 270
5 Aufzeichnungen, S. 69f.
6 ebd., S. 70f.
7 ebd., S. 71ff.
8 Julius Kapp: ›Geschichte der Berliner Staatsoper‹, Berlin 1937, S. 179
9 Speer, S. 73
10 ebd., S. 73f.
11 Bockelmann 1933
12 ebd.
13 Geißmar, S. 75
14 ebd., S. 79
15 Bockelmann 1933
16 ebd.
17 Geißmar, S. 81f.
18 Sachs, S. 301
19 ebd., S. 301
20 Briefe, S. 74
21 Geißmar, S. 82
22 Ton und Wort, S. 71ff.

Die Rede wider die Modernen

1 Brief Furtwänglers an Hans Pfitzner vom 30. 6. 1930, Musiksammlung der Österreichischen Nationalbibliothek, Kopie von Elisabeth Furtwängler
2 ›Zeitschrift für Musik‹, Januar 1931
3 Brief Pfitzners an Geißmar, wie unter 1
4 ›Vossische Zeitung‹, 11. 11. 1931
5 ebd.
6 Vortrag Wilhelm Furtwänglers, zweimal gehalten: in der ›Deutschen Gesellschaft 1914‹ und in der Berliner Philharmonie. Geringe Abweichungen der beiden Fassungen. Abdruck in der ›Vossischen Zeitung‹, 19. 4. 1932, revidiert in ›Ton und Wort‹
7 Muck, S. 91
8 Stuckenschmidt, S. 155
9 ›Melos‹ XI. 5–6, Mai/Juni 1932
10 ebd.
11 ebd.

1 Jost Hermand: ›Der völkisch-nazistische Traum einer ewig-deutschen Kunst‹, ›Die deutsche Literatur im Dritten Reich‹, Stuttgart 1976, Seite 105, siehe auch Rainer Stollmann: ›Faschistische Politik als Gesamtkunstwerk‹, ebd., S. 83ff.
2 Geißmar, S. 93
3 ebd., S. 94
4 Bockelmann 1933

5 Interview mit dem Autor, 10. 7. 1966 für das Buch ›Lotte Lehmann – mehr als eine Sängerin, Salzburg 1968
6 Walter, S. 389
7 ebd., S. 390
8 ›Vossische Zeitung‹, 11. 4. 1933
9 Thomas Mann: Tagebücher 1933–34, Frankfurt 1977, S. 15
10 ebd., S. 47–48
11 Wulf, S. 88
12 ›Berliner Lokal-Anzeiger‹, 11. 4. 1933
13 Wulf, S. 90
14 Jost Hermand: wie zu 1, S. 105
15 ebd., S. 105f.
16 Vermächtnis, S. 88ff.
17 Geißmar, S. 113f.
18 Muck, S. 103
19 ebd., S. 102
20 Geißmar, S.125ff.
21 ebd., S. 138
22 ebd., S. 138
23 ›Deutsche Allgemeine Zeitung‹, 14. 9. 1933
24 Riess, S. 158
25 ebd., S. 156
26 Eberhard Spangenberg: ›Karriere eines Romans, Klaus Mann‹, München 1982, S. 122–123
27 Prieberg, S. 204
28 ebd., S. 204
29 Riess, S. 156

Der Fall Hindemith

1 Adorno: ›Impromptus‹, S. 79
2 Paul Zschorlich, ›Deutsche Zeitung‹, 17. 3. 1934
3 Friedrich Wilhelm Herzog, ›Die Musik‹, März 1934
4 Wilhelm Jensen, ›Musik und Volkstum‹, ›Völkischer Beobachter‹, 12. 10. 1933
5 Fritz Stege: ›Falscher Fortschritt und berechtigte Reaktion im Musikleben‹, ›Völkischer Beobachter‹, 2. 3. 1934
6 Muck, S. 111
7 Muck, S. 101
8 ›NSZ Rheinfront‹, 5. 11. 1934
9 Geißmar, S. 168
10 ›Deutsche Allgemeine Zeitung‹, 13. 3. 1934
11 Prieberg, S. 63f.
12 Briefe, S. 77
13 Geißmar, S. 180ff.
14 ebd., S. 185
15 ebd., S. 186
16 Muck, S. 115
17 Bockelmann 1934
18 Wulf, S. 377
19 ›Völkischer Beobachter‹, 6. 12. 1934

20 Berndt Heller, Frieder Reininghaus; ›Hindemiths heikle Jahre‹, ›Neue Zeitschrift für Musik‹, Nr. 5, 1984, S. 8
21 Adorno: ›Impromptus‹, S. 84
22 ›Die Musik‹, März 1935
23 Thomas Mann: Tagebücher 1933–34, S. 587
24 Thomas Mann: Tagebücher 1935–36, S. 47
25 ›B. Z.‹ vom 26. 4. 1935
26 Geißmar, S. 206
27 Bockelmann 1935
28 Muck, S. 119

Via Salzburg

1 Aufzeichnungen, S. 93f.
2 Bockelmann 1934
3 Bayreuther Festspielführer 1933, S. 228f.
4 Geißmar, S. 128f.
5 Gottfried Reinhardt: ›Der Liebhaber‹, München 1973, S. 202f.
6 ebd., S. 203
7 Geißmar, S. 231
8 ebd., S. 232f.
9 ebd., S. 233
10 Riess, S. 215
11 ›Signale‹, Mai 1936
12 ›Das Theater‹, Juliheft 1936, S. 109–111
13 Tägliches Beiblatt zum ›Völkischen Beobachter‹, Bayreuther Festspiele, 26. 7. 1936, Friedrich W. Herzog
14 ebd.
15 ›Nordbayerische Zeitung‹, 28. 7. 1936
16 wie 13
17 ebd.
18 Bockelmann 1936
19 Riess, S. 225
20 Otto Zarek: ›Splendor and Shame‹, London 1945
21 Riess, S. 226
22 Wolfgang Wippermann: ›Die deutsche Literatur im Dritten Reich‹, Stuttgart 1976, S. 9
23 Sachs, S. 364

Das Karajan-Syndrom

1 ›Urteil seiner Zeit‹, S. 78
2 ›Völkischer Beobachter‹, 19. 2. 1937
3 ›Schlesische Zeitung‹, 12. 12. 1937
4 ›Urteil seiner Zeit‹, S. 79f.
5 Elisabeth Furtwängler, S. 17f.
6 ›Signale‹, November 1937
7 Riess, S. 229
8 ebd., S. 229f.
9 ebd., S. 231f.
10 Muck, S. 142
11 ›Deutsche Allgemeine Zeitung‹, 9. 4. 1938

12 Bachmann, S. 126
13 ›Philharmonische Blätter‹, 1938
14 ›Deutsche Zukunft‹, 3. 11. 1938
15 Bockelmann 1938
16 ›Kölnische Volkszeitung‹, 10. 11. 1938
17 ›B. Z. am Mittag‹, 22. 10. 1938
18 Stresemann, S. 132
19 Bachmann, S. 136
20 ebd., S. 136
21 ebd., S. 138
22 Protokoll der Entnazifizierungskommission in Berlin vom 17. 12. 1946, Kopie im Besitz des Autors
23 Bachmann, S. 140f.
24 ebd., S. 149
25 Protokoll
26 Bachmann, S. 142
27 ebd., S. 142

Der Krieg

1 Geißmar, S. 376
2 ebd., S. 402
3 Protokoll
4 ebd.
5 ›Héritage de feu‹, Paris 1945
6 ›Schwäbischer Merkur‹, 1. 11. 1941
7 Ton und Wort, S. 158
8 ebd., S. 160
9 Ton und Wort, S. 162
10 Bockelmann 1941
11 Muck, S. 153f.
12 Bockelmann 1942
13 Protokoll
14 Muck, S. 151
15 Muck, S. 161
16 ›Völkischer Beobachter‹, 16. 10. 1942
17 ›Völkischer Beobachter‹, 8. 12. 1942
18 Bockelmann 1942
19 Muck, S. 172
20 Protokoll
21 Riess, S. 260
22 Muck, S. 175
23 Speer, S. 466
24 Protokoll
25 ›Aufbau‹, New York, 9. 3. 1945
26 ›Basler Nationalzeitung‹, 7. 3. 1945

Nachkriegsjahre

1 Elisabeth Furtwängler, S. 146f.
2 ›Die Weltbühne‹, 1946, Heft 3, S. 79
3 Briefe, S. 122f.

4 Muck, S. 213
5 Stuckenschmidt, S. 156f.
6 Stresemann, S. 55f.
7 ›Urteil seiner Zeit‹, S. 81f.
8 Adorno: ›Quasi‹, S. 159
9 Ton und Wort, S. 206
10 Elisabeth Furtwängler, S. 149f.
11 Briefe, S. 126
12 Briefe, S. 127
13 ›Tagesspiegel‹, Berlin, 12. 12. 1946
14 Protokoll
15 Yehudi Menuhin: ›Die unvollendete Reise‹, München 1976, S. 252
16 ebd., S. 252ff.
17 ebd., S. 267f.
18 ›Der Abend‹, Berlin, 28. 5. 1947
19 ›Der Morgen‹, Berlin, 28. 5. 1947
20 ›Neues Deutschland‹, 28. 5. 1947
21 Elisabeth Furtwängler, S. 135f.
22 Briefe, S. 167f.
23 Interview mit dem Autor, 4. 1. 1966
24 Briefe, S. 134
25 Menuhin, S. 254f.
26 ebd., S. 253
27 Riess, S. 300
28 ebd., S. 301
29 ebd., S. 302
30 Elisabeth Furtwängler, S. 139
31 Briefe, S. 187f.
32 ebd., S. 190
33 ebd., S. 191f.
34 Stresemann, S. 166f.

Der Dirigier-Nomade

1 Bockelmann 1949
2 Elisabeth Furtwängler, S. 93f.
3 ›Svenska Dagbladet‹, 16. 8. 1950
4 O. F. Schuh: ›Salzburger Dramaturgie‹, Wien 1951, S. 111
5 ›Weltpresse‹, Wien, 2. 8. 1951
6 ›Urteil seiner Zeit‹, S. 239f.
7 Bachmann, S. 180
8 Muck, S. 232
9 ebd., S. 232
10 ebd., S. 240
11 ebd., S. 235
12 Briefe, S. 207
13 ›Weltpresse‹, Wien, 8. 8. 1951
14 ›Die Neue Zeitung‹, 9. 1. 1952
15 ›Urteil seiner Zeit‹, S. 249f.
16 Elisabeth Furtwängler, S. 153
17 Briefe, S. 239

1 Muck, S. 250
2 ›Die Neue Zeitung‹, 9. 12. 1952
3 ›Die Welt‹, 17. 1. 1953
4 ›Morgen‹, Mannheim, 20. 1. 1953
5 Elisabeth Furtwängler, S. 155f.
6 Muck, S. 255
7 ebd., S. 256
8 ebd., S. 255
9 ebd., S. 258
10 ebd., S. 258
11 Elisabeth Furtwängler, Beiheft zum ›Ring des Nibelungen‹
12 Paul J. Minchin, ebd.
13 Briefe, S. 250
14 Kokoschka, S. 278
15 ebd., S. 279
16 ›Le Figaro‹, 7. 5. 1984
17 Ton und Wort, S. 212f.
18 ›Süddeutsche Zeitung‹, 28. 7. 1954
19 Briefe, S. 270
20 Elisabeth Furtwängler, S. 157
21 Briefe, S. 272
22 ebd., S. 276f.
23 ebd., S. 279
24 Vermächtnis, S. 39
25 Elisabeth Furtwängler, S. 158f.
26 ebd., S. 160f.
27 Muck, S. 267
28 ›Urteil seiner Zeit‹, S. 47
29 Artikel von Theodor W. Adorno, von Elisabeth Furtwängler zur Verfügung gestellt, vermutlich zum 80. Geburtstag von Wilhelm Furtwängler geschrieben, Zeitung und Erscheinungsdatum nicht identifizierbar.

Der Autor dankt Frau Elisabeth Furtwängler, Clarens, die ihm verschiedene Briefe, Kritiken und Fotos zur Verfügung stellte, den Kollegen Robert C. Bachmann und Fred K. Prieberg für Materialbeschaffung und Ratschläge, vor allem aber dem Hauptabteilungsleiter Musik von Radio Bremen, Herrn Klaus Bernbacher, der 1979 durch die Auftragserteilung zu einer elfteiligen Serie über Wilhelm Furtwängler die Möglichkeiten zu umfangreichen Recherchen gab. Diese erstreckten sich in der Hauptsache auf folgende Archive, deren Mitarbeitern auf diesem Wege gedankt sei:

1 Archiv des Concertgebouorkest, Amsterdam
2 Musikabteilung der Deutschen Staatsbibliothek, Berlin-DDR
3 Stiftung Preußischer Kulturbesitz, Berlin
4 Landesarchiv, Berlin
5 Sächsische Landesbibliothek, Dresden
6 Theatermuseum der Universität Hamburg
7 Staats- und Universitätsbibliothek Carl von Ossietzky, Hamburg
8 Stadtarchiv, Köln

9 Administration générale, Archives, Lausanne
10 Museum für die Geschichte der Stadt Leipzig
11 Bayerische Staatsbibliothek, München
12 Library of the Performing Arts, New York
13 Stadt- und Landesbibliothek, Wien
14 Bibliothek der Hochschule für Musik und darstellende Kunst, Wien
15 Gesellschaft der Musikfreunde, Archiv, Wien

Zu danken hat der Autor auch Frau Maria Bockelmann, der Witwe des Sängers Rudolf Bockelmann, die ihm bereits 1962 den gesamten schriftlichen und gedruckten Nachlaß ihres Mannes überließ, der größtenteils dem Richard-Wagner-Archiv in Bayreuth als Leihgabe überlassen wurde, wo er seitdem – wegen der brisanten politischen Inhalte – unter Verschluß geriet. Dem Autor standen Kopien sämtlicher Leihgaben sowie die tagebuchähnlichen Aufzeichnungen des Sängers und seine Korrespondenzen mit Künstlern und Politikern des ›Dritten Reichs‹ zur Verfügung. Zum Nachlaß Bockelmann gehören auch komplette Sätze des ›Völkischen Beobachters‹, der ›Deutschen Allgemeinen Zeitung‹, der ›Vossischen Zeitung‹ und der ›Hamburger Nachrichten‹, sofern sie die Bayreuther Festspiele tangieren. Das detailliert geführte Repertoire-Buch erlaubt die Nachprüfung der wichtigsten Premieren an der Berliner Staatsoper zwischen 1932 und 1944 und weist die Besetzungen aus. Darin vermerkt sind u. a. auch sämtliche Daten und Besetzungen von Musikveranstaltungen der NSDAP, z. B. der ›Reichsparteitage‹ in Nürnberg, der Empfänge in der Reichskanzlei und der Sonderveranstaltungen der Parteiführung in Berlin.

Eine vollständige Furtwängler-Diskographie mit mehr als 200 Titeln hat die britische Furtwängler-Society, London SE 11 4 UR, Chester Way 37, Flat 6, von John Hunt erstellen lassen.

Discographie

Die wichtigsten Furtwängler-Aufnahmen
des internationalen Plattenmarktes.

BACH

Brandenburgisches Konzert Nr. 3
in G-Dur, BWV 1048
Berlin 1930, Berliner Philharmoniker
DG 2533 827 (1979)

Brandenburgisches Konzert Nr. 5
in D-Dur, BWV 1050
Salzburger Festspielhaus 31. August 1950
Wiener Philharmoniker, Boskovsky, Niedermayer
Discocorp RR 515 (1978)

Suite für Orchester Nr. 3
in D-Dur, BWV 1068
Berlin-Dahlem, Gemeindehaus, 22. Oktober 1948, Berliner Philharmoniker
DG 2533 806 (1979)

Air (2. Satz) aus Suite Nr. 3
in D-Dur, BWV 1068
Berlin 1929, Berliner Philharmoniker
DG 2535 827 (1979)

Matthäus-Passion
BWV 244
Wien, Musikvereinssaal
14.–17. April 1954
Wiener Philharmoniker, Wiener Singakademie
Grümmer, Höffgen, Dermota, Fischer-Dieskau, Edelmann
Movimenti Musica 03.008 (1982)

BARTOK

Konzert für Violine und Orchester Nr. 2
in h-Moll, Sz 112
Abbey Road Studios, London, 12.–13. September 1953
Electrola 1C 052 01322
Toshiba WF 60042 (1980)

Sinfonie Nr. 1
in C-Dur, op. 21
Amsterdam, Concertgebouw, 13. Juli 1950
Concertgebouw Orchestra
Olympic 8124 (1974)

Wien, Musikvereinssaal, 24.–28. November 1952
Wiener Philharmoniker
Electrola 1C 027 00806M (1979)
Toshiba WF 60001

Stuttgart, 30. März 1954
Süddeutsches Rundfunkorchester
Discocorp RR 511 (1978)

Berlin, Titania Palast, 19. September 1954
Berliner Philharmoniker
Movimento Musica 08.001 (1982)

Sinfonie Nr. 2
in D-Dur, op. 36
London, Royal Albert Hall, 3. Oktober 1948
Wiener Philharmoniker
Electrola 1C 149 53432-9M (1979)
Toshiba WF 60002 (1980)

Sinfonie Nr. 3
in Es-Dur, op 55 »Eroica«
Wien, Musikvereinssaal, 16.–18. Dezember 1944
Wiener Philharmoniker
Intercord INT 120.921 (1977)
Toshiba WF 60043 (1980)

Wien, Musikvereinssaal, 10.–17. November 1947
Wiener Philharmoniker
Discocorp RR 456 (1977)
Toshiba WF 60004 (1980)

Rom, RAI, 19. Januar 1952
Radio Orchester, Rom
Fonit Cetra FE 6 (1981)

Wien, Musikvereinssaal, 26.–27. November 1952
Wiener Philharmoniker
Electrola IC 027 00810M (1979)
Toshiba WF 60003 (1980)
World Records SH 375 (1980)

Berlin, Titania Palast, 7. Dezember 1952
Berliner Philharmoniker
Discocorp RR 520 (1976)

Berlin, Titania Palast, 8. Dezember 1952
Berliner Philharmoniker
Cetra LO 530 (1979)

Sinfonie Nr. 4
in B-Dur, op. 60
Berlin, Philharmonie, 27.–30. Juni 1943
Berliner Philharmoniker
DG 2535 813 (1977)

Berlin, Philharmonie, 27.–30. Juni 1943
Berliner Philharmoniker
Olympic 4124 (1974)
Toshiba WF 60044 (1980)

Wien, Musikvereinssaal, 25.–30. Januar 1950
Wiener Philharmoniker
Discocorp RR 437 (1976)
Toshiba WF 60005 (1980)

Wien, Musikvereinssaal, 1.–2. Dezember 1952
Wiener Philharmoniker
Electrola 1C 027 00806M (1979)
Toshiba WF 60001 (1980)

Sinfonie Nr. 5
in c-Moll, op. 67
Berlin, 1926
Berliner Philharmoniker
Discocorp RR 431 (1975)

Berlin, 8. Oktober und 3. November 1937
Berliner Philharmoniker
Pathé 2C 051 03587 (1979)
Toshiba WF 60008 (1980)

Berlin, Philharmonie, 27.–30. Juni 1943
Berliner Philharmoniker
Vox Turnabout TV 4353 (1970)
Toshiba WF 60045-6 (1980)

Berlin, Titania Palast, 27. Mai 1947
Berliner Philharmoniker
DG 2740 260 (1982)

Stockholm, Konzerthaus, 25. September 1950
Wiener Philharmoniker
Discocorp RR 507 (1976)

Rom, RAI, 10. Januar 1952
Radio Orchester Rom
Fonit Cetra FE 7 (1981)

Wien, Musikvereinssaal, 28. Februar und 1. März 1954
Wiener Philharmoniker
Electrola 1C 027 00771M (1979)
Toshiba WF 60006-7 (1980)

Paris, Théatre de l'Opéra, 4. Mai 1954
Berliner Philharmoniker
Paragon DSV 52101 (1981)
Nippon Columbia OS 7073 (1981)

Sinfonie Nr. 6
in F-Dur, op. 68 ›Pastorale‹
Wien, Musikvereinssaal, 22.–23. Dezember 1943
Wiener Philharmoniker
Vox. Pioneer H 5060 (1981)

Berlin, Staatsoper, 20.–22. März 1944
Berliner Philharmoniker
Discocorp RR 412 (1976)
Nippon Columbia OS 7074 (1981)

Rom, RAI, 10. Januar 1952
Radio Orchester Rom
Fonit Cetra FE 5 (1981)

Wien, Musikvereinssaal, 24.–25. November 1952
Wiener Philharmoniker
Electrola 1C 027 00807M (1979)
Toshiba WF 60009 (1980)

Lugano, Apollotheater, 15. Mai 1954
Berliner Philharmoniker
Discocorp RR 477 (1980)

Berlin, Titania Palast, 23. Mai 1954
Berliner Philharmoniker
GHE Japan 86125 (1974)

Sinfonie Nr. 7
in A-Dur, op. 92
Berlin, Philharmonie, 31. Oktober–3. November 1943
Berliner Philharmoniker
Intercord INT 120.924 (1977)
Toshiba WF 60047 (1980)

Stockholm, Konzerthaus, 13. November 1948
Philharmoniker, Stockholm
Discocorp RR 505 (1976)

Wien, Musikvereinssaal, 25.–31. Januar 1950
Wiener Philharmoniker
Electrola 1C 027 00809M (1979)
Toshiba WF 60010 (1980)

Luzern, Kunsthaus, 15. August 1951
Luzerner Festival Orchester
Discocorp RR 393 (1980)
Nippon Columbia OS 7072 (1981)

Berlin, Titania Palast, 14. April 1953
Berliner Philharmoniker
Fonit Cetra FE 4 (1981)

Salzburg, Festspielhaus, 30. August 1954
Wiener Philharmoniker
Cetra Japan K22C177 (1981)

Sinfonie Nr. 8
in F-Dur, op. 83
Stockholm, Konzerthaus, 13. November 1948
Stockholmer Philharmonie
Electrola 1C 149 53432-9M (1979)
Toshiba WF 60011 (1980)

Berlin, Titania Palast, 14. April 1953
Berliner Philharmoniker
Discocorp RR 413 (1975)

Salzburg, Festspielhaus, 30. August 1954
Wiener Philharmoniker
Discocorp RR 522 (1980)
Nippon Columbia OS 7073 (1981)

Sinfonie Nr. 9
in d-Moll, op. 125
Berliner Philharmonie, 22.–24. März 1942
Berliner Philharmoniker
Bruno Kittel Chorus
Briem, Höngen, Anders, Watzke
Toshiba WF 60045-6 (1980)

Stockholm, Konzerthaus, 8. Dezember 1943
Stockholmer Philharmoniker
Stockholm Chorus
Schymberg, Tunell, Beackelin, S. Björling
Olympic OL 8120 (1974)

Bayreuth, Festspielhaus, 29. Juli 1951
Orchester der Bayreuther Festspiele
Chor der Bayreuther Festspiele
Schwarzkopf, Höngen, Hopf, Edelmann
Electrola 1C 149 53432-9M (1979)
Pathé 2C 151 53678-9 (1980)
Toshiba WF 60006-7 (1980)

Wien, Musikvereinssaal, 3. Februar 1952
Wiener Philharmoniker
Wiener Singakademie
Güden, Anday, Patzak, Poell
Rococo 2109

Wien, Musikvereinssaal, 31. Mai 1953
Wiener Philharmoniker
Wiener Singakademie
Seefried, Anday, Dermota, Schöffler
Discocorp RR 460 (1976)

Luzern, Kunsthaus, 22. August 1954
Philharmonie Orchester
Chor der Luzerner Festspiele
Schwarzkopf, Cavelti, Häflinger, Edelmann
Discocorp RR 390 (1980)

Konzert für Violine und Orchester
in D-Dur, op. 61
Berliner Philharmonie, 9.–12. Januar 1944
Berliner Philharmoniker
Röhn
Discocorp IGI 364 (1979)
Toshiba WF 60049 (1980)

Luzern, Kunsthaus, 29. August 1947
Orchester der Luzerner Festspiele
Menuhin
Electrola 1C 027 01570M (1979)

Berlin, Titania Palast, 30. September 1947
Berliner Philharmoniker
Menuhin
Fonit Cetra FE 1 (1981)

London, Kingsway Hall, 7.–8. April
Londoner Philharmoniker
Menuhin
Electrola 1C 047 00117 (1970)
Toshiba WF 60015 (1980)

Berlin, Titania Palast, 18. Mai 1953
Berliner Philharmonie
Schneiderhan
DG 2535 809 (1976)

Romanzen für Violine und Orchester Nr. 1–2
Nr. 1 in G-Dur, op. 40
Nr. 2 in F-Dur, op. 50
London, Kingsway Hall, 9. April 1953
Londoner Philharmoniker
Menuhin
HMV HLM 7015 (1973)
Toshiba WF 60008 (1980)

Konzert für Klavier und Orchester Nr. 1
in C-Dur, op. 15
Luzern, Kunsthaus, 27. August 1947
Orchester der Luzerner Festspiele
Aeschbacher
Discocorp RR 438 (1977)

Konzert für Klavier und Orchester Nr. 4
in G-Dur, op. 58
Berlin, Philharmonie, 31. Oktober bis 3. November 1943
Berliner Philharmoniker
Hansen
DG 2535 807 (1976)

Rom, RAI, 19. Januar 1952
Radio Orchester Rom
Scarpini
Fonit Cetra FE 2 (1981)

Konzert für Klavier und Orchester Nr. 5
in Es-Dur, op. 73
London, Abbey Road Studios, 19.–20. Februar 1951
Londoner Philharmoniker
E. Fischer
Electrola 1C 027 00803M (1979)

Große Fuge
in B-Dur, op. 135
Berlin, Titania Palast, 10. Februar 1952
Berliner Philharmoniker
DG 2535 813 (1977)

Salzburg, Festspielhaus, 30. August 1954
Wiener Philharmoniker
Discocorp RR 520 (1976)

Cavatina aus dem Streichquartett Nr. 13
in B-Dur, op. 130
Berlin, Philharmonie, 15. Oktober 1940
Berliner Philharmoniker
Telefunken SK 3104

Fidelio
Oper in zwei Akten, op. 72
Pizarros Arie (1. Akt)
Staatsoper Wien, 7. Januar 1942
Wiener Philharmoniker, Chor der Wiener Staatsoper, Hotter
Ed Smith UORC 242

Fidelio
Festspielhaus Salzburg, 3. August 1948
Wiener Philharmoniker
Chor der Wiener Staatsoper
Schlüter, Della Casa, Patzak, Schock,
Frantz, Edelmann, Alsen
Rococo 1012

Fidelio
Festspielhaus Salzburg, 22. August 1950
Wiener Philharmoniker
Chor der Wiener Staatsoper
Flagstad, Schwarzkopf, Patzak,
Dermota, Braun, Schöffler, Greindl
Discocorp IGI 328 (1973)

Auszüge der Platte:
Melodram MEL 082 (1980)

Wien, Musikvereinssaal, 13.–17. Oktober 1953
Wiener Philharmoniker
Chor der Wiener Staatsoper
Moedl, Jurinac, Windgassen, Schock,
Edelmann, Poell, Frick
Electrola 1C 147 01105-7M (1973)

Auszüge der Platte:
Electrola 1C 149 53432-9M (1979)
Toshiba WF 60012 (1980)

Leonoren-Ouvertüre Nr. 3
in C-Dur, op. 72
aus der gleichen Aufnahme:
Electrola 1C 149 53432-9M (1979)
World Records SH 375 (1980)

Coriolan-Ouvertüre
in e-Moll, op. 62
Berlin, Philharmonie, 27.–30. Juni 1943
Berliner Philharmoniker
Toshiba WF 60044 (1980)

Wien, Musikvereinssaal, 25. November 1947
Wiener Philharmoniker
Electrola 1C 149 53432-9M (1979)
Toshiba WF 60012 (1980)

München, Deutsches Museum, 29. Oktober 1951
Wiener Philharmoniker
Decca ECM 684 (1973)

Egmont-Ouvertüre Nr. 1
f-Moll, op. 84
Berlin, 1933
Berliner Philharmoniker
DG 2535 827 (1979)

Berlin, Titania Palast, 27. Mai 1947
Berliner Philharmoniker
DG 2740 260 (1982)

Leonoren-Ouvertüre Nr. 2
in C-Dur, op. 72
Hamburg, Musikhalle, 9. Juni 1947
Hamburger Philharmoniker
Discocorp RR 511 (1978)

Berlin-Dahlem, Gemeindehaus, 18. Oktober 1949
Berliner Philharmoniker
DG 2535 807 (1976)

Berlin, Musikhochschule, 4.–5. April 1954
Berliner Philharmoniker
Electrola 1C 149 53432-9M (1979)

Leonoren-Ouvertüre Nr. 3
in C-Dur, op. 72a
Wien, Musikvereinssaal, 2. Mai 1944
Wiener Philharmoniker
Nippon Columbia OZ 7512 (1976)

Stockholm, Konzerthaus, 12. November 1948
Stockholmer Philharmonie
Electrola 1C 053 93533M (1972)
Toshiba WF 60011 (1980)

BERLIOZ

Fausts Verdammnis
op. 24
Kunsthalle Luzern, 26.–27. August 1950
Orchester der Luzerner Festspiele
Chor der Luzerner Festspiele
Schwarzkopf, Vroons, Hotter,
Pernerstorfer
Fonit Cetra FE 21

Fausts Verdammnis, Ungarischer Marsch
Berlin, 1930
Berliner Philharmoniker
DG 88021 (1969)

Wien, Musikvereinssaal, 31. März 1949
Wiener Philharmoniker
Electrola 1C 149 03584-6M (1979)
Toshiba WF 60002 (1980)

BRAHMS

Sinfonie Nr. 1
in c-Moll, op. 68
Kunsthaus Luzern, 27. August 1947
Orchester der Luzerner Festspiele
Discocorp RR 393 (1980)
Nippon Columbia OS 7072 (1981)

Wien, Musikvereinssaal, 17.–25. November 1947
Wiener Philharmoniker
Electrola 1C 027 01145M (1979)
Toshiba WF 60016 (1980)

Berlin, Titania Palast, 10. Februar 1952
Berliner Philharmoniker
DG 2721 202 (1979)

Turin, RAI, 7. März 1952
Radio-Orchester Turin
Rococo 2017 (1972)

Berlin, Titania Palast, 18. Mai 1953
Berliner Philharmoniker
Fonit Cetra FE 13 (1981)

Sinfonie Nr. 2
in D-Dur, op. 73
Wien, Musikvereinssaal, 28. Januar 1945
Wiener Philharmoniker
Discocorp RR 418 (1975)
Toshiba WF 60051 (1980)

London, Kingsway Hall, März 1948
Londoner Philharmoniker
Decca ACL 50 (1959)
London Japan MX 9009

München, Deutsches Museum, 7. Mai 1952
Berliner Philharmoniker
Electrola 1C 149 53420-6M (1979)
Toshiba WF 60017 (1980)

Sinfonie Nr. 3
in F-Dur, op. 90
Berlin, Titania Palast, 18. Dezember 1949
Berliner Philharmoniker
Electrola 1C 027 01146M (1979)
Toshiba WF 60018 (1980)

Berlin, Titania Palast, 27. April 1954
Berliner Philharmoniker
DG 2535 163 (1976)

Turin, 14. Mai 1954
Berliner Philharmoniker
Nippon Columbia OW 7822

Sinfonie Nr. 4
in e-Moll, op. 98
Berlin, Philharmonie, 12.–15. Dezember 1943
Berliner Philharmoniker
Discocorp RR 418 (1975)
Toshiba WF 60052 (1980)

Berlin, Titania Palast, 24. Oktober 1948
Berliner Philharmoniker
Electrola 1C 149 53420-6M (1979)
Toshiba WF 60019 (1980)

Wiesbaden, Staatstheater, 10. Juni 1949
Berliner Philharmoniker
Discocorp RR 394 (1980)
Nippon Columbia OS 7069-70 (1981)

Konzert für Violine und Orchester
in D-Dur, op. 77
Kunsthaus Luzern, 7. Oktober 1949
Orchester der Luzerner Festspiele
Menuhin
Electrola 1C 149 53420-6M (1979)

Turin, RAI, 7. März 1952
Radio Orchester Turin
Da Vito
Fonit Cetra FE 3 (1981)

Konzert für Violine, Violoncello und Orchester
in a-Moll, op. 102
Wien, Musikvereinssaal, 27. Januar 1952
Wiener Philharmoniker,
Boskovsky, Brabec
Fonit Cetra FE 16 (1981)

Konzert für Klavier und Orchester, Nr. 2
in B-Dur, op. 83
Berlin, Philharmonie, 8. November 1942
Berliner Philharmoniker
E. Fischer
Electrola 1C 149 53420-6M (1979)
Toshiba WF 60053 (1980)

Ungarische Tänze
Nr. 1 in g-Moll und Nr. 10 in F-Dur
Berlin, 1930
Berliner Philharmoniker
DG 88021 (1969)

Ungarische Tänze
Nr. 1 in g-Moll, Nr. 3 in F-Dur und Nr. 10 in E-Dur
Wien, Musikvereinssaal, 4. April 1949
Electrola 1C 149 03584-6M (1979)

Ein deutsches Requiem
op. 45
Konzerthaus Stockholm, 19. November 1948
Stockholmer Philharmoniker
Chor Stockholm
Lindberg-Torlind, Sonnerstedt
Electrola 1C 187 93534-5M (1972)

Variationen über ein Thema von Haydn
Fassung für Orchester, op. 56a
Berlin, Philharmonie 12.–15. Dezember 1943
Berliner Philharmoniker
Toshiba WF 60052 (1980)
Nippon Columbia OS 7076 (1981)

Musikvereinssaal Wien, 18.–23. Dezember 1943
Wiener Philharmoniker
Discocorp RR 456 (1977)

Musikvereinssaal Wien, 30. März bis 2. April 1949
Wiener Philharmoniker
Electrola 1C 047 01415M (1975)

Berlin, Titania Palast, 20. Juni 1950
Berliner Philharmoniker DG 2535 164 (1976)

Wien, Musikvereinssaal, 27. Januar 1952
Wiener Philharmoniker
Electrola 1C 149 53420-6M (1979)

Paris, Théatre de l'Opéra, 4. Mai 1954
Berliner Philharmoniker
Cetra Japan SLL 5001-2 (1980)

BRUCKNER

Sinfonie Nr. 4
in Es-Dur, ›Romantische‹
Stuttgart, 22. Oktober 1951
Wiener Philharmoniker
DG 2740 201 (1979)

München, Deutsches Museum, 29. Oktober 1951
Wiener Philharmoniker
London Japan MX 9012

Sinfonie Nr. 5
in B-Dur
Berlin, Philharmonie, 25.–28. Oktober 1942
Berliner Philharmoniker
Discocorp RR 538 (1981)

Salzburg, Festspielhaus, 19. August 1951
Wiener Philharmoniker
Discocorp RR 508 (1976)

Sinfonie Nr. 7
in E-Dur
Berlin, 7. April 1942
Berliner Philharmoniker
Discocorp RR 457 (1976)

Berlin-Dahlem, Gemeindehaus, 18. Oktober 1949
Berliner Philharmoniker
Electrola 1C 147 29229-30 (1971)

Kairo, 23. April 1951
Berliner Philharmoniker
DG 2740 260 (1982)

Rom, 1. Mai 1951
Berliner Philharmoniker
Discocorp RR 416 (1975)

Sinfonie Nr. 8
in c-Moll ›Apokalyptische‹
Wien, Musikvereinssaal, 17. Oktober 1944
Orchester des Wiener Musikvereinssaals
DG 2740 201 (1979)

Berlin-Dahlem, Gemeindehaus, 14. März 1949
Berliner Philharmoniker
Electrola 1C 147 29231-2 (1971)

Berlin, Titania Palast, 15. März 1949
Berliner Philharmoniker
Discocorp RR 457 (1976)

Wien, Musikvereinssaal, 10. April 1954
Wiener Philharmoniker
Fonit Cetra FE 17 (1982)

Sinfonie Nr. 9
in d-Moll
Berlin, 7. Oktober 1944
Berliner Philharmoniker
DG 2740 201 (1979)

CHERUBINI

Anacreonte – Ouvertüre
Wien, Musikvereinssaal, 11. Januar 1951
Wiener Philharmoniker
Electrola 1C 149 03584-6M (1979)

DEBUSSY

Nocturnes (Nuages et Fetes)
Rom, 1. Mai 1951
Berliner Philharmoniker
Fonit Cetra FE (1981)

DVORAK

Sinfonie Nr. 9
in e-Moll, op. 95 (Aus der neuen Welt)
Berlin, Philharmonie, 30. November 1941
Berliner Philharmoniker
Relief REL 813 (1981)

FRANCK

Sinfonie in d-Moll
Wien, Musikvereinssaal, 14.–15. Dezember 1953
Wiener Philharmoniker
Toshiba WF 60057 (1980)

FURTWÄNGLER

Sinfonisches Konzert
in e-Moll
Berlin, Januar 1939
Berliner Philharmoniker
E. Fischer
Discocorp MLG 74
Electrola 1C 047 01415M (1975)

Sinfonie Nr. 2
in e-Moll
Berlin-Dahlem
Jesus-Christus-Kirche, Dezember 1951
Berliner Philharmoniker
DG 2721 202 (1979)

GLUCK

Alceste-Ouvertüre
Berlin, 29. Oktober 1942
Berliner Philharmoniker
Telefunken SK 3266

Berlin, Schillertheater, 5. September 1951
Berliner Philharmoniker
DG 2535 804 (1976)

Wien, Musikvereinssaal, 8. März 1954
Wiener Philharmoniker
Electrola 1C 149 03584-6M (1979)

Iphigenie in Aulis-Ouvertüre
Frankfurt, 15. Dezember 1952
Radioorchester des Hessischen Rundfunks
Discocorp RR 419 (1975)
Nippon Columbia OZ 7512 (1976)

Wien, Musikvereinssaal, 8. März 1954
Wiener Philharmoniker
Electrola 1C 149 03584-6M (1979)

Orpheus und Eurydike
Mailand, Scala, 13. April 1951
Orchester der Scala Mailand, Chor der Scala Mailand
Güden, Gabory, Barbieri
Vox Turnabout THS 65112-3
Cetra Japan GT 7096-7 (1980)

HÄNDEL

Concerto grosso Nr. 5
in D-Dur (Orchesterkonzert Nr. 16), op. 6
Berlin, Titania Palast, 27. April 1954
Berliner Philharmoniker
DG 2535 806 (1976)

Concerto grosso Nr. 10
in d-Moll (Orchesterkonzert Nr. 21), op. 6
Berlin, Titania Palast, 20. Juni 1950
Berliner Philharmoniker
DG 2535 806 (1976)

HAYDN

Sinfonie Nr. 88
in G-Dur
Berlin, Jesus-Christus Kirche, 5. Dezember 1951
Berliner Philharmoniker
DG 2740 260 (1982)

Turin, RAI, 3. März 1952
Radio-Orchester Turin
Nippon Columbia OS 7075 (1981)

Sinfonie Nr. 94
in G-Dur (Mit dem Paukenschlag)
Stockholm, Konzerthaus, 25. September 1950
Wiener Philharmoniker
Nippon Columbia OS 7075 (1981)

Wien, Musikvereinssaal, 11.–17. Januar 1951
Wiener Philharmoniker
Electrola 1C 027 00906 (1979)

HINDEMITH

Die Harmonie der Welt
Berlin, Titania Palast, 8. Dezember 1952
Berliner Philharmoniker
Discocorp RR 438 (1977)

Sinfonische Metamorphosen C. M. v. Weber'scher Themen
Berlin-Dahlem, Gemeindehaus, 16. September 1947
Berliner Philharmoniker
DG 2535 164 (1976)

HONEGGER

Sinfonische Sätze
Pacific 231
Berlin, Titania Palast, 10. Februar 1952
Fonit Cetra FE 15 (1981)

LISZT

Les Préludes
Wien, Musikvereinssaal, 3. März 1954
Wiener Philharmoniker
Electrola 1C 149 03584-6M (1979)

MAHLER

Lieder eines fahrenden Gesellen
Salzburg, Festspielhaus, 19. August 1951
Wiener Philharmoniker
Fischer-Dieskau
Discocorp IGI 382 (1980)
Nippon Columbia OS 7071 (1981)

London, Kingsway Hall 24.–25. Juni 1952
Philharmonisches Orchester London
Fischer-Dieskau
Electrola 1C 063 00898

MENDELSSOHN

Konzert für Violine und Orchester
in e-Moll, op. 64
Turin, RAI, 11. März 1952
Radio-Orchester Turin
Da Vito
Discocorp RR 510 (1977)

Berlin, Jesus-Christus-Kirche, 26. Mai 1952
Berliner Philharmoniker
Menuhin
Toshiba WF 60041 (1980)

Die Hebriden-Ouvertüre
op. 26
Berlin, 1930
Berliner Philharmoniker
DG 2535 821 (1978)

Wien, Musikvereinssaal, 15. Februar 1949
Wiener Philharmoniker
Electrola 1C 149 03584-6M (1979)

Ein Sommernachtstraum-Ouvertüre
op. 21
Berlin, 1929
Berliner Philharmoniker
DG 2535 821 (1978)

MOZART

Sinfonie Nr. 39
in Es-Dur, KV 543
Berliner Philharmoniker
DG 2740 260 (1982)

Sinfonie Nr. 40
in g-Moll, KV 550
Wien, Musikvereinssaal, 1948, 1949
Wiener Philharmoniker
Electrola 1C 047 00906

Wiesbaden, Staatstheater, 10. Juni 1949
Berliner Philharmoniker
Nippon Columbia OS 7069-70 (1981)

Konzert für Klaviere und Orchester Nr. 10
in Es-Dur, KV 365
Wien, Musikvereinssaal, 8. Februar 1949
Wiener Philharmoniker Bella, Badura-Skoda
Discocorp AUDAX 765 (1978)

Konzert für Klavier und Orchester Nr. 20
in d-Moll, KV 466
Lugano, Apollo-Theater, 15. Mai 1954
Berliner Philharmoniker
Lefebure
Fonit Cetra FE 18 (1981)

Konzert für Klavier und Orchester Nr. 22
in Es-Dur, KV 482
Wien-Schönbrunn, Schloßtheater, 27. Januar 1952
Wiener Philharmoniker
Badura-Scoda
Seven Seas Japan K20C77 (1981)

Serenade Nr. 10
in B-Dur, KV 361 (449a)
Wien, Brahmssaal, 10. November und 3. Dezember 1947
Wiener Philharmoniker
Electrola 1C 047 01244M

Serenade Nr. 13
in G-Dur, KV 525 (Eine kleine Nachtmusik)
Berlin, 1936 oder 1937
Berliner Philharmoniker
DG 2535 827 (1979)

Wien, Musikvereinssaal, 1. April 1949
Wiener Philharmoniker
Electrola 1C 149 03584-6M (1979)

Don Giovanni KV 527
Salzburger Festspielhaus, August 1950
Wiener Philharmoniker
Chor der Wiener Staatsoper
Schwarzkopf, Welitsch, Seefried, Dermota, Gobbi, Poell, Kunz, Greindl
Discocorp RR 407 (1976)

Salzburg, Felsenreitschule, 27. Juli 1953
Wiener Philharmoniker,
Chor der Wiener Staatsoper
Schwarzkopf, Grümmer, Berger, Dermota, Berry, Siepi, Arie, Edelmann
Cetra Japan GT 7089-92 (1980)

Die Entführung aus dem Serail Ouvertüre KV 384
Berlin 1933
Berliner Philharmoniker
DG 2535 827 (1979)

Figaros Hochzeit KV 492
Salzburg, Festspielhaus, August 1953
Wiener Philharmoniker
Chor der Wiener Staatsoper
Schwarzkopf, Seefried, Güden, Maikl, Wagner, Majkut, Klein, Kunz, Koreh,
Schöffler, Pernerstorfer
Cetra Japan GT 7086-8 (1980)

Figaros Hochzeit Ouvertüre KV 492
Berlin 1933
Berliner Philharmoniker
DG 2535 827 (1979)

Die Zauberflöte KV 620
Salzburg, Felsenreitschule, 27. Juli 1949
Wiener Philharmoniker
Chor der Wiener Staatsoper
Seefried, Lipp, Oravez, Grob-Prandl,
Rutgers, Bösch, Batiç, Wagner, Höngen, W. Ludwig, Klein, Häfliger,
Schöffler, Schmitt-Walter, Dönch, Gallos,
Uhde, Greindl
Discocorp IGI 337 (1975)

Die Zauberflöte
Salzburg, Felsenreitschule, 6. August 1951
Wiener Philharmoniker
Chor der Wiener Staatsoper
Seefried, Lipp, Oravez, Goltz, Steffek,
Meusburger, Leitner, Kenney, Wagner,
Dermota, Klein, Beirer, Höbling, Kunz,
Schöffler, Liewehr, Bierbach, Greindl
Fonit Cetra FE 19 (1982)

NICOLAI

Die lustigen Weiber von Windsor Ouvertüre
Wien, Musikvereinssaal, 18. Januar 1951
Wiener Philharmoniker
Electrola 1C 149 03584-6M (1979)

PFITZNER

Drei Palestrina-Vorspiele
Wiesbaden, Staatstheater, 10. Juni 1949
Berliner Philharmoniker
Discocorp RR 477 (1979)
Nippon Columbia OS 7069-70 (1981)

Sinfonie in C-Dur
Salzburg, Festspielhaus, 7. August 1949
Wiener Philharmoniker
Discocorp RR 437 (1976)

RAVEL

Rhapsodie Espagnole
Turin, RAI, 3. März 1952
Radio-Orchester Turin
Discocorp BWS/DIS 708 (1971)

Stuttgart, 22. Oktober 1951
Wiener Philharmoniker
Fonit Cetra FE 15 (1981)

ROSSINI

Der Barbier von Sevilla Ouvertüre
Berlin, 1935
Berliner Philharmoniker
DG 88021 (1969)

Die diebische Elster Ouvertüre
Berlin, 1935
Berliner Philharmoniker
DG 88021 (1969)

SCHUBERT

Sinfonie Nr. 8
in b-Moll (Unvollendete) D 759
Berlin, Titania Palast, 24. Oktober 1948
Berliner Philharmoniker
Vox Turnabout TV 34478 (1973)

Wien, Musikvereinssaal, 19.–21. Januar 1950
Wiener Philharmoniker
Electrola 1C 047 00907 (1970)

Berlin 1951
Berliner Philharmoniker
Nippon Columbia OS 7076 (1981)

Berlin, Titania Palast, 15. September 1953
Berliner Philharmoniker
Fonit Cetra FE 11 (1981)

Sinfonie Nr. 9
in C-Dur, D 944 (Große C-Dur Sinfonie)
Berlin, Philharmonie, 31. Mai–1. Juni oder 6.–8. Dezember 1942
Berliner Philharmoniker
Vox Turnabout TV 4364 (1972)

Berlin, Jesus-Christus-Kirche, Dezember 1951
Berliner Philharmoniker
DG 2740 260 (1982)

Berlin, Titania Palast, 15. September 1953
Berliner Philharmoniker
Fonit Cetra FE 12 (1981)

Ouvertüre zu Rosamunde
D 644
Berlin, 1930
Berliner Philharmoniker
Brunswick USA 90147

Wien, Musikvereinssaal, 3.–17. Januar 1951
Wiener Philharmoniker
Toshiba WF 60036 (1980)

Turin, RAI, 11. März 1952
Radio-Orchester Turin
Discocorp RR 405 (1975)
Berlin, Titania Palast, 15. September 1953
Berliner Philharmoniker
Fonit Cetra FE 11 (1981)

Rosamunde, Ballettmusik Nr. 2
D 797
Berlin, 1929
Berliner Philharmoniker
DG 88021 (1969)

Wien, Brahmssaal, 2. Februar 1950
Wiener Philharmoniker
Electrola 1C 149 03584-6M (1979)

Rosamunde, Zwischenaktmusik Nr. 3
in B-Dur, D 797
Berlin, 1929
Berliner Philharmoniker
Polydor 95458 (1932)

Berlin 1930
Berliner Philharmoniker
DG 88021 (1969)

Wien, Brahmssaal, 2. Februar 1950
Wiener Philharmoniker
Electrola 1C 149 03584-6M (1979)

SCHUMANN

Sinfonie Nr. 1
in B-Dur, op. 38 (Frühlingssinfonie)
München, Deutsches Museum, 29. Oktober 1951
Wiener Philharmoniker
London Japan MX 9011

Sinfonie Nr. 4
in d-Moll, op. 120
Berlin, Jesus-Christus-Kirche, 14. Mai 1953
Berliner Philharmoniker
DG 2721 202 (1979)

Konzert für Klavier und Orchester
in a-Moll, op. 54
Berlin, Philharmonie, 1.–3. März 1942
Berliner Philharmoniker,
Gieseking
Discocorp IGI 348 (1975)

Konzert für Violoncello und Orchester
in a-Moll, op. 129
Berlin, Philharmonie, 25.–28. Oktober 1942
Berliner Philharmoniker
De Machula
Discocorp RR 538 (1981)

Manfred-Ouvertüre
op. 115
Berlin, Titania Palast, 18. Dezember 1949
Berliner Philharmoniker
DG 2535 805 (1976)

Wien, Musikvereinssaal, 24.–25. Januar 1951
Wiener Philharmoniker
Electrola 1C 047 01415M (1975)

SIBELIUS

Konzert für Violine und Orchester
in d-Moll, op. 47
Berlin, Philharmonie, 7.–8. Februar 1943
Berliner Philharmoniker
Kulenkampff
Toshiba WF 60058 (1980)

En Saga
Sinfonische Dichtung, op. 9
Stockholm, Konzerthaus, 25. September 1950
Wiener Philharmoniker
Discocorp RR 507 (1976)

SMETANA

Mein Vaterland, Nr. 2 Die Moldau
Wien, Musikvereinssaal, 24. Januar 1951
Wiener Philharmoniker
Electrola 1C 149 03584-6M (1979)
Toshiba WF 60038 (1980)

JOHANN STRAUSS (Sohn)

Die Fledermaus-Ouvertüre
Berlin, 1937
Berliner Philharmoniker
DG 88021 (1969)

Kaiserwalzer
op. 437
Wien, Musikvereinssaal, 24. Januar 1950
HMV XLP 30106 (1969)

JOHANN UND JOSEF STRAUSS

Pizzicato-Polka
Wien, Brahmssaal, 3. Februar 1950
Wiener Philharmoniker
Electrola 1C 149 03584-6M (1979)

RICHARD STRAUSS

Don Juan
op. 20
Berlin, Philharmonie, 15.–17. Februar 1942
Berliner Philharmoniker
Discocorp RR 476 (1980)

Stockholm, Konzerthaus, 25. November 1942
Stockholmer Philharmoniker
Nippon Columbia OZ 7512 (1976)

Berlin-Dahlem, Gemeindehaus, 16. September 1947
Berliner Philharmoniker
DG 2721 202 (1979)

Stockholm, Konzerthaus, 25. September 1950
Wiener Philharmoniker
Discocorp RR 460 (1976)

Wien, Musikvereinssaal, 2.–3. März 1954
Wiener Philharmoniker
Electrola 1C 049 01155M
Toshiba WF 60031 (1980)

Till Eulenspiegels lustige Streiche
op. 28
Berlin, 1930
Berliner Philharmoniker
DG 2740 260 (1982)

Berlin, 1930
Berliner Philharmoniker
DG 2740 260 (1982)

Berlin, Philharmonie, 13.–16. November 1943
Berliner Philharmoniker
DG 2721 202 (1979)

Berlin, 1951
Berliner Philharmoniker
Nippon Columbia OS 7076 (1981)

Wien, Musikvereinssaal, 3. März 1954
Wiener Philharmoniker
Electrola 1C 049 01155M

Lugano, Apollo Theater, 15. Mai 1954
Berliner Philharmoniker
Cetra Japan SLL 5017-8 (1980)

Metamorphosen
Berlin, Titania Palast, 27. Oktober 1947
Berliner Philharmoniker
DG 2535 816 (1978)

Tod und Verklärung
op. 24
Hamburg, Musikhalle, 9. Juni 1947
Hamburger Philharmoniker
Discocorp RR 511 (1978)

Wien, Musikvereinssaal, 21.–24. Januar 1950
Wiener Philharmoniker
Electrola 1C 049 01155M

Sinfonia Domestica
op. 53
Berlin, Philharmonie, 9.–12. Januar 1944
Berliner Philharmoniker
Discocorp IGI 364 (1979)
Toshiba WF 60056 (1980)

Vier letzte Lieder
London, Royal Albert Hall, 22. Mai 1950
Philharmonisches Orchester Flagstad
Cetra Japan SLF 5011 (1980)

Lieder mit Orchesterbegleitung
Waldseligkeit; Liebeshymnus; Verführung; Winterliebe
Berlin, Philharmonie, 15.–17. Februar 1942
Berliner Philharmoniker
Anders
Nippon Columbia OS 7071 (1981)

STRAWINSKY

Der Kuß der Fee
Berlin, Titania Palast, 15. Mai 1953
Berliner Philharmoniker
Fonit Cetra FE 14 (1981)

Sinfonie in drei Sätzen
Salzburg, Festspielhaus, 15. August 1950
Wiener Philharmoniker
Fonit Cetra FE 14 (1981)

TSCHAIKOWSKY

Serenade op. 48 2. Satz Walzer und 3. Satz Elegie
Wien, Brahmssaal, 2. Februar 1950
Wiener Philharmoniker
Electrola 1C 149 03584-6M (1979)

Sinfonie Nr. 4
in f-Moll, op. 36
Wien, Musikvereinssaal, 8.–10. Januar
und 16. Februar 1951
Wiener Philharmoniker
Electrola 1C 047 01276M
Toshiba WF 60039 (1980)

Sinfonie Nr. 6
in b-Moll, op. 74 (Pathétique)
Berlin, Oktober und November 1938
Berliner Philharmoniker
Electrola 1C 047 00837M

Kairo, 19.–22. April 1951
Berliner Philharmoniker
DG 2533 165 (1976)

VERDI

Othello
Salzburg, Festspielhaus, 7. August 1951
Wiener Philharmoniker
Chor der Wiener Staatsoper
Martinis, Wagner, Vinay, Dermota, Schöffler, Greindl, Jaresch, Bierbach, Monthy
Vox Turnabout THS 65120-2
Cetra Japan GT 7101-3 (1980)

WAGNER

Der Fliegende Holländer Ouvertüre
Wien, Musikvereinssaal, 30.–31. März 1949
Wiener Philharmoniker
Electrola 1C 149 01197-9M (1979)

Götterdämmerung
Auszüge
London, Royal Opera House, 1. Juni 1937
Londoner Philharmoniker
Chor des Covent Garden
Flagstad, Nezadal, Thorborg, Melchior, Janssen, Weber
Discocorp RR 429 (1987)

Bayreuth, Festspielhaus, 30. Juli und 17. August 1937
Orchester der Bayreuther Festspiele
Chor der Bayreuther Festspiele
Leider, Heidersbach, Lorenz, Prohaska, Hofmann
Discocorp RR 540 (1982)

London, Royal Opera House, 7. Juni 1938
Londoner Philharmoniker
Chor des Covent Garden
Leider, Stosch, Melchior, Janssen, Schirp
Acanta HB 22863 (1976)

Götterdämmerung
Mailand, La Scala, 2.–6. April 1950
Orchester der Mailänder Scala
Chor der Mailänder Scala
Flagstad, H. Konetzni,
Höngan, Weth-Falke, Kenney, Gabory, Wagner, Lorenz,
Herrmann, Weber, Pernerstorfer
Everest S-476 (1976)

Götterdämmerung – Finale 3. Akt
Rom, RAI, 31. Mai 1952
Radio Orchester Rom
Chor des Radio Orchester Rom
Flagstad, H. Konetzni, Moor, Lindermeier, Michaelis,
Suthaus, Mermann, Greindl
Fonit Cetra FE 20 (1982)

Götterdämmerung
Rom, RAI
Prolog und 1. Akt, 20. November 1953
2. Akt, 24. November 1953, und 3. Akt, 27. November 1953
Radio Orchester Rom
Chor des Radio Orchester Rom
Mödl, Jurinac, Klose, Rössl-Majdan, Gabory,
Suthaus, Poell, Greindl, Pernerstorfer
Electrola 1C 147 02288-92M (1972)

Götterdämmerung
Szenen 3. Akt
London, Abbey Road Studios, 26. März 1948
Philharmonisches Orchester Flagstad
Electrola 1C 147 01491-2M (1972)

London, Kingsway Hall, 23. Juni 1952
Philharmonisches Orchester Flagstad
Electrola 1C 047 01149M

Wien, Musikvereinssaal, 23. Februar 1949
Wiener Philharmoniker
Toshiba WF 60030 (1980)

Wien, Musikvereinssaal, 8. März 1954
Wiener Philharmoniker
Electrola 1C 027 01198M (1979)
Toshiba WF 60029 (1980)

Götterdämmerung (Siegfrieds Tod)
Berlin, 1933
Berliner Philharmoniker
DG 2721 113 (1976)

Berlin, Titania Palast, 19. Dezember 1949
Berliner Philharmoniker
DG 2535 826 (1979)

Wien, Musikvereinssaal, 31. Januar 1950
Wiener Philharmoniker
Pathé 2C 051 03855 (1980)

Wien, Musikvereinssaal, 2. März 1954
Wiener Philharmoniker
Electrola 1C 027 01189M (1979)
Toshiba WF 60029 (1980)

Lohengrin (Querschnitt)
Bayreuth, Festspielhaus, 19. Juli 1936
Orchester der Bayreuther Festspiele, Chor der Bayreuther Festspiele
Müller, Klose, Völker, Manowarda
Fonit Cetra FE 25 (1982)

Lohengrin (Vorspiel, 1. Aufzug)
Berlin, 1930
Berliner Philharmoniker
DG 88012 (1969)

Wien, Musikvereinssaal, 4. März 1954
Wiener Philharmoniker
Electrola 1C 027 01198M (1979)

Die Meistersinger von Nürnberg
(Auszüge aus Akt 1, Szene 1 und Quintett, Akt 3)
Bayreuth, Festspielhaus, Juli/August 1943
Orchester der Bayreuther Festspiele, Chor der Bayreuther Festspiele
Müller, Kallab, Lorenz, Zimmermann, Prohaska, Greindl, Fuchs, Arnold, Fehn, Witting, Krollmann, Gosebruch, Rödin, Sauer, Dome Pina
Electrola 1C 181 01797-801M (1977)

Die Meistersinger von Nürnberg (Vorspiel und Akt 1)
Wien, Musikvereinssaal, 1.–4. April 1949
Wiener Philharmoniker
Electrola 1C 149 01197-9M (1979)

Berlin, Titania Palast, 19. Dezember 1949
Berliner Philharmoniker DG 2740 260 (1982)

Die Meistersinger von Nürnberg (Vorspiel und Akt 3)
Wien, Musikvereinssaal, 1. Februar 1950
Wiener Philharmoniker
Electrola 1C 149 01197 (1979)

Die Meistersinger von Nürnberg (Tanz der Lehrbuben)
Wien, Musikvereinssaal, 4. April 1949
Wiener Philharmoniker
Electrola 1C 149 01197-9M (1979)

Parsifal Auszug aus dem 3. Akt
(Ja wehe bis Ende)
Bayreuth, Festspielhaus, Juli/August 1937
Orchester der Bayreuther Festspiele
Chor der Bayreuther Festspiele
Discocorp IGI 379 (1981)

Parsifal Vorspiel und 1. Akt
Berlin, 15. März 1938
Berliner Philharmoniker
Electrola 1C 149 01197-9M (1979)

Parsifal (Karfreitagszauber)
Berlin, 15. März 1938
Berliner Philharmoniker
Electrola 1C 149 01197-9M (1979)

Alexandria, 25. April 1951
Berliner Philharmoniker
DG 2740 260 (1982)

Das Rheingold
Mailand, La Scala, 2.–11. März 1950
Orchester der Mailänder Scala
Wegner, Höngen, Gabory, Weth-Falke, Kenney, Wagner, Frantz, Treptow, Sattler, Markwort, Mattiello, Weber, Emmerich, Pernerstorfer
Everest S-473 (1976)

Rom, RAI, 26. Oktober 1953
Radio Orchester Rom
Gruemmer, Mallaniuk, Gabory, Siewert, Jurinac, Rössl-Majdan, Frantz, Fehenberger, Windgassen, Patzak, Poell, Greindl, Frick, Neidlinger
HMV RLS 703 (1974)

Siegfried
Mailand, La Scala, 22.–26. März 1950
Orchester der Mailänder Scala
Flagstad, Höngen, Moor, Svanholm, Markwort, Weber, Herrmann, Pernerstorfer
Everest S-475 (1976)

Auszüge der obigen Aufnahme
›Heil dir Sonne‹ bis Ende
Everest SDBR 3414 (1979)

Rom, RAI, 10. November 1953 (1. Akt)
13. November 1953 (2. Akt) und
17. November 1953 (3. Akt)
Rom, Radio Orchester
Mödl, Klose, Streich, Suthaus, Patzak, Frantz, Pernerstorfer, Greindl
Electrola 1C 147 02283-8M (1972)

Siegfried-Idyll
Wien, Musikvereinssaal, 16.–17. Februar 1949
Wiener Philharmoniker
Electrola 1C 027 01198M (1979)

Tannhäuser (Ouvertüre)
Rom, 1. Mai 1951
Berliner Philharmoniker
DG 2740 260 (1982)

Wien, Musikvereinssaal, 2.–3. Dezember 1952
Wiener Philharmoniker
Electrola 1C 149 01197-9M (1979)
Toshiba WF 60028 (1980)

Tristan und Isolde
Auszüge: ›Wohin nun Tristan scheidet‹ (2. Akt);
›Tot denn alles‹ (3. Akt)
Berlin, Staatsoper, 3. Oktober 1947
Berlin, Staatskapelle
Suthaus, Frick
Fonit Cetra FE 25 (1982)

Tristan und Isolde
London, Kingsway Hall, 10.–22. Juni 1952
Londoner Philharmoniker
Covent Garden Chor
Flagstad, Thebom, Suthaus, Greindl, Fischer-Dieskau, E. Evans, Schock, Davies
Electrola 1C 147 00899-903M

Auszüge aus der obengenannten Aufnahme:
Vorspiel (1. Akt), Isolde! Geliebte! usw.
...Rette dich Tristan (2. Akt)
Liebestod (3. Akt)
HMV HQM 1235 (1971)

Tristan und Isolde (Vorspiel und Liebestod)
Berlin, 1930
Berliner Philharmoniker
DG 88012 (1969)

Berlin, 11. Februar 1938
Berliner Philharmoniker
Electrola 1C 149 01197-9M (1979)
Toshiba WF 60030 (1980)

Stockholm, Konzerthaus, 25. November 1942
Stockholmer Philharmoniker
Discocorp RR 505 (1976)

Berlin, Titania Palast, 27. April 1954
Berliner Philharmoniker
Fonit Cetra FE 25 (1982)

Die Walküre 3. Akt
London, Royal Opera House, 26. Mai 1937
Londoner Philharmoniker
Flagstad, Mueller, Craven, Stenning, Bardsley, Seymour, Coates, Arden, Garside, Ripley, Bockelmann
Discocorp RR 417 (1978)

Die Walküre
Mailand, La Scala, 9.–16. März 1950
Orchester der Mailänder Scala
Flagstad, H. Konetzni, Höngen, Steingruber, Wegner, Cerkal, Schmedes, Kenney, Weth-Falke, Wagner, Batic, Treptow, Frantz, Weber
Cetra LO 86 (1979)

Rom, RAI, 29. Oktober 1953 (1. Akt)
3. November 1953 (2. Akt) und 6. November 1953 (3. Akt)
Rom, Radio Orchester
Mödl, H. Konetzni, Cavelti, Hellwig, Gabory, Scheyrer, Schmedes, Bennings, Malaniuk, Rössl-Majdan, Windgassen, Frantz, Frick
Electrola 1C 147 02278-82M (1972)

Wien, Musikvereinssaal, 28. September–6. Oktober 1954
Wiener Philharmoniker
Mödl, Rysanek, Klose, Scheyrer, Hellwig, Köth, Schmedes, Töpper, Herrmann, Blatter, Siewert, Suthaus, Frantz, Frick
Electrola 1C 149 00675-9M (1979)

Auszüge der obengenannten Aufnahme:
›Ein Schwert verhieß mir...‹ (1. Akt)
›Deinen leichten Sinn...‹ (3. Akt)
Electrola E 80039

WOLF

22 Lieder
Salzburg, Mozarteum, 12. August 1953
Schwarzkopf, Furtwängler, Klavier
Lebe wohl; Schlafendes Jesuskind;
Elfenlied; Phänomen; Die Spröde;
Die Bekehrte; Blumengruß; Epiphanias; Was soll der Zorn?;
Herr, was trägt der Boden hier?;
Wie glänzt der helle Mond; Nachtzauber;
Wiegenlied im Sommer
Electrola 1C 063 01915M (1969)
Toshiba WF 60033 (1980)

Im Frühling; Anakreons Grab; Die Zigeunerin;
Bedeckt mich mit Blumen;
In dem Schatten meiner Locken; Mögen alle bösen Zungen;
Wie lange schon; Nein junger Herr;
Mein Liebster hat zu Tische mich geladen.
Nippon Columbia OS 7071 (1981)

Personenregister